曦园星光
史苑流芳

复旦大学历史学系
建系九十五周年纪念文集

余子道 ◎ 主编

复旦大学出版社

编 委 会

主 编
余子道

委 员
（按姓氏拼音排序）

曹振威　陈宗海　傅德华　李春博
余子道　允　佳　张广智　赵建民
郑宝恒　邹逸麟

前　言

从复旦邯郸校区正校门入内,往右拐即是望道路,西首路口有一处胜景,入口处见一石碑,镌刻着周谷城先生书写的"曦园"两字,笔力遒劲,自成一体。走过梅樱坡,朝东一瞥,青松岭上的卿云亭,傲然屹立,从亭上登高一望:见近处,曦园美景,一览无余,有荷塘、鱼池、凉亭、曲桥,还有那翠竹、桃树、红梅、垂柳;看远处,风轻云淡,苍穹无边。夜阑时,望星空——如果说在中国史学的星空里群星璀璨,那么复旦历史系的群星也定会引人注目,本书收入的15位教授——陈守实、周予同、耿淡如、周谷城、王造时、蔡尚思、谭其骧、胡厚宣、杨宽、章巽、田汝康、程博洪、胡绳武、金重远、朱维铮(按出生年月排列),便是璀璨星空的一颗颗闪耀的明星,他们的人格魅力、学术思想,将永远在中国现当代史学的史册上流芳。

如今,进入了新时代,在复旦大学历史学系建系95周年之际,回顾历史,展望未来,我们以《曦园星光　史苑流芳》为题,怀着诚挚的心情,继承和发扬这15位先贤的史学遗产,追寻他们的足印再出发,创造复旦历史系更加灿烂的明天。

一、历史学系的前世与今生

时光流逝,物换星移,复旦大学自1925年设立史学系(1938—1949年改称史地学系),迄今已95年,桃李遍天下。这90多年的历史,反映着时代的巨变、社会的进步,是鲜活的中国现代教育史和学术史的一个缩影。

20世纪前期,中国现代高等学校在各地创立,各校随之先后创建了史学系,北京大学率先在1919年首创,接着复旦大学于1925年创办,随后,燕京大学和清华大学于1926年、辅仁大学于1927年、北京师范大学于1928年相继设立。在中国现代高等学校历史系设立的排行榜上,复旦历史系当在前列。

1925年复旦大学新设史学系,是在复旦创校20年以后。学校最初未设史地科,但由马校长亲自制订的学校章程规定,凡攻读政、法、文、商各科的学生,从预科到本科,每年都要把历史、地理当作必修课程,中外史地两课被列为"大文科"学生人人必读的通识教育项目。

复旦历史学系自发轫之初,至1949年上海解放为止,在有资料统计的20年中,共有16届毕业生,毕业学生83人,平均每届5.1人。1949年新中国的成立,不仅开始了中国历史的新纪元,也为复旦大学及其历史学系开创了新篇章。

1952年的院系调整,这一共和国重大的教育变革,使复旦文理诸系的综合实力大为提升,跨上了前所未有的新台阶,历史学系尤甚。由于江浙与沪上多所大学的著名史家加盟,复旦历史学系顿成东南史学第一重镇。经过院系调整后的本系,其阵营可谓秀冠群伦,在中国史方面,有陈守实、周予同、谭其骧、胡厚宣、马长寿、蔡尚思、章巽等;在世界史方面,有周谷城、耿淡如、王造时、陈仁炳、朱漱、田汝康、程博洪、靳文翰等,还有当时已脱颖而出的中青年史家,如张荫桐、胡绳武、金冲及、赵人龙、吴应寿等。在院系调整的基础上,经过20世纪50年代到60年代中期的锐意进取和开拓创新,全系在教学体制、专业建设、人才培养、学术研究和教材编选等各个方面,无不创造了具有奠基性意义的成就,为以后历史学系的发展打下了牢固的基础。正因为此,1961年初中央宣传部副部长周扬对全国重点大学文科进行调研时,对北大、复旦两校文史系科评价颇高,认为在史学系科,复旦历史学系可居鳌头。

党的十一届三中全会以后,拨乱反正,改革开放,犹如春风拂面,迎来了"科学的春天",也迎来了历史学科的春天。作为"文革"重灾区的复旦历史学系,度尽劫波,所幸老成未尽凋谢,比如周谷城、谭其骧、蔡尚思、杨宽、章巽、田汝康、程博洪等,个个焕发出年轻人那样的活力,老而弥坚,奋发有为,在中外史学的诸多领域做出了重大的贡献。

21世纪伊始,复旦大学迎来了新的发展机遇。国内外大环境为校、系大发展创造了有利的条件。复旦历史学系趁势而上,借助"外力",修炼"内功",在教学科研、学科建设、师资队伍、人才培养等方面都取得了新的长足的进步,在继承传统中又有了创新。

二、先贤给我们留下了什么?

复旦大学建校已115年,具有悠久的历史传统;复旦历史学系建系95年,亦具有深厚的学术文脉。须知,大学所承载的一个基本使命就是不断推动学术的发展,校庆也好,系庆也罢,该纪念什么呢?那就是学术。正如李大钊所说:"只有学术上的发展值得作大学的纪念。"同样,复旦历史学系建系95周年的纪念,也应当首先关注"学术上的发展"。为此,我们从历史学系的历史上,寻找出对本系学术发展厥功至伟的这15位代表人物,从他们身上,遥看中国现代学术尤其是现代史学的发展史。

众所周知,大凡历史稍长一点的学校(或系所),都有其自身的历史传统和学术精神,而这些传统和精神的建设就仰仗于那些学术大家。旨在不断开拓与创新的历史学系,在当下迫切需要把这些先贤所熔铸的传统发扬光大,使他们的学术精神与信念薪火相传。先贤给我们留下了什么? 从15位大家身上,我们试做归纳,列举以下几点。

首先要特别指出的是强烈的爱国主义精神。

我系先贤们的爱国主义精神是激励历史学系师生不断奋进、不断求得"学术上的发展"的根本动力和精神遗产。这种爱国主义精神在"两周"的生涯中表现得尤为突出。1919年5月,在巴黎和会上,中国政府外交失败,消息传来,引起全国民众的强烈不满。北京学生更是义愤填膺,5月3日北京学生集会,号召大家奋起救国,决定第二天在天安门前举行游行示威。是日,周予同参加了第二天示威游行的组织筹备工作。5月4日,北京学生赴天安门参加集会游行,行至赵家楼胡同曹宅时,北京高师学生匡互生首先冲开大门,与周予同一起,撕下床上的帐子,取出火柴,点燃了熊熊烈火,史称"火烧赵家楼"。而周谷城也参加了这场伟大的爱国运动。

"两周"身上所体现出来的五四精神,星火不息,不断传承。即使在艰难的岁月里,先贤们对国家和民族的前途也抱有希望。比如苦守在"孤岛时期"上海的耿淡如,因撰文痛斥日本军国主义的侵略行径被捕入狱,在狱中常赋诗作词,以寄托其爱国之情,后经多方营救才出狱。又如,同样在这时候,蔡尚思拒绝日伪当局的高职高薪,说:"哪怕给我一座银行,我也绝不当汉奸。"字字铮言,表现了一个中国学人崇高的爱国情操。身在海外的田汝康心系祖国,在新中国成立时,他是东南亚砂拉越地区第一个升起五星红旗的中国人,后于1950年归国任教。

先贤们教书育人,从事学术研究,为新中国的文化建设尽职尽力,在阴晴不定,甚至惊涛骇浪时,对祖国的未来依然充满信心。他们肩负时代的使命,担当民族和国家振兴的重任,这种精神深深地打动了我们。

其次是博大精深的学术传统。

从某种意义上说,复旦历史学系是与周谷城的名字联系在一起的。在新学期欢迎历史学系新生的黑板上,常写着"欢迎你,未来的周谷城"的标语,令人难忘。周谷城先后撰写《中国通史》与《世界通史》,历史学系博大精深的传统,周谷城身体力行,但他也由"博"返"约",院系调整后改授世界上古史,带这个专业的研究生。本系同仁亦并肩而行。仍以"四老"为例,周氏之外,陈守实笃信马克思的历史理论,周予同与耿淡如均有过编写本国史与外国史教材的史学实践,因而他们三位前辈即使从事各自的专长,即中国土地关系史、中国经学史、西方史学史,也都具有"通识"眼光。正因为如此,他们方能在各自专长的研究领域中游刃有余、业绩昭然。

复旦历史学系博大精深的传统,是通过"通专并举"的教学体系来实现的。20世纪30年代,本系"通专并举"的教育理念就已确立,此后渐成制度。80年代初周氏提出的办系建议仍是"通"与"专"的兼顾,直至当今实施培养通才的"通识课程"等举措。以本系1964届毕业生为实例,或可佐证。这届学生于1959年入读复旦历史学系,正逢"教育革命"余波,即使在这样的形势下,重新修订的历史学专业教学计划仍强调要有"较广的历史科学知识"。此时学制为五年,先用一半左右的时间集中全力学习两门"通史"(《中国通史》《世界通史》),后全班学生按志愿分列成中国古代史、中国近现代史、亚非拉民族解放运动史(实为世界史)三个"专门化"方向,学习为各"专门化"方向开设的系列专业课程。在当时整个本科教学过程中,十分强调"三基"(基本理论、基础知识和基本技能),并辅之以相关配套课程,培养学生系统的中外历史学知识和文史哲各科的广博知识,以及写作能力。总之,"通专并举"的教学体系,成了践行博大精深传统的支撑点,由于这一方针的贯彻,历史学系造就了一批"通专"兼具的专业人才,他们在走向社会以后,发挥自己的"通才"优势,利用扎实而宽广的基础知识,具有较强的分析问题与解决问题的能力,从而赢得了同行的称赞。

再次是独特的学术个性。

在复旦大学,历史学系的老教授们所彰显的独特个性永远是校园内的一道道风景。本书中的15位先贤,个个显示出独立不羁的学术风范与个性。前述"四老"之外,其他如蔡尚思之于中国思想史,谭其骧之于中国历史地理学,胡厚宣之于甲骨学,杨宽之于先秦史,章巽之于中西交通史,王造时之于政治学说史,田汝康之于中外关系史,程博洪之于拉丁美洲史,胡绳武之于中国近代史,金重远之于法国史,朱维铮之于中国思想文化史等,都反映出我系成为专业人才的荟萃之地。如同我们在翻译界常说的朱生豪之于莎士比亚、傅雷之于巴尔扎克那样,他们创造了后人一时所难以企及的学术成就。

彰显独特的学术个性,日渐成了历史学系的办系理念,成了历史学系的又一个好传统。事实证明,由于确立了这样的办系理念,复旦历史学系才能不断发展,不断培养出为学界所公认的专家,于是不仅在20世纪60年代初与北大历史学系相比时"可居鳌头",也可望在当今史坛擢居海内一流。

彰显独特的学术个性,需要"兼容各家"的胸怀与气魄。在这里,老一辈为晚辈做出了榜样。比如,院系调整后,周谷城与耿淡如在世界古代史教研室工作,两人各有所长,相互合作,足足共事了25年,也和谐相处了25年。这只是个案,谭其骧主持编绘的传世名作《中国历史地图集》,更是"兼容各家"、团结协作精神的范例。这项重大的学术工程,面临着周期长、人员多的问题,参加者学风有别,个性各异,倘没有一种兼容各家、和谐合作的精神,那这部巨著的完成确实是难以想象的。此后这种精神薪火相继,始终坚守。在中国新时期历史学系所出的重大成果中,比如"中国文化史丛书""世界文化史丛书"等,无不体现了这种精神。

最后是以学问为生命的真精神。

"博学而笃志,切问而近思",这是复旦的校训,也是复旦历史学系的系训。本系90多年来所取得的成就,属于那些矢志不渝、终身为历史学发展而献身的人。本书中15位先贤之事略,当为范例。前辈们那种一丝不苟、严谨求实的学风,令人肃然起敬,也令人称道。在此,我们还要特地添上一笔,为本系离退休老师点赞。他们"老骥伏枥,志在千里",越至老境,越加奋发,笔耕不辍,成就非凡,有的甚至比在岗时的成果还要多,令人惊叹。在他们身上,我们能清晰地看到,学问是一种生命的延续。

三、追寻先贤的足印再出发

复旦历史学系,从1925年创系至今已95年。从人的生理年龄来说,90多岁当是耄耋之年,但从现代教育史来看,或与西方国家现代大学历史学系系史相较,我们只能称作晚辈。这让我们记起周谷城在20世纪80年代初曾经说过,英国牛津大学的历史学系是世界上最好的历史学系之一,周氏希望将来的复旦大学能成为"东方的牛津",言下之意,是将复旦历史学系也办成"东方的牛津"。见贤思齐,向包括牛津大学在内的世界一流大学学习,借鉴他人办系的成功经验,不仅是老一辈史学大家周谷城的期盼,也是今天复旦历史学系全体师生、员工的共同愿望。倘若说复旦人曾备尝艰辛而坚韧不移,今天复旦的发展壮大不可阻挡,那么历史学系的发展壮大亦不可阻挡,借助"外力"正逢时也,修炼"内功"有其底蕴,遂应天时地利人和,昂然开拓,铸就明日的璀璨。

再过五年,就是复旦历史学系的百龄嵩寿、期颐之岁。在我们看来,只要历史之树常青,历史学之树也该是常青的。我们拥有90多年来积蓄的历史传统和学术精神,从中汲取资源、汲取养料,我们的历史学系将永葆青春之活力,而不断焕发出新的生机。揣一缕世纪的霞光,采一片绚丽的卿云;博学笃志,薪尽火传;切问近思,求索无疆。唯听驼铃声声,追寻先贤的足印再出发,探寻一流路,始终进行时,百年风云写春秋,旦复旦兮风华在!

附记:本文在写作过程中参考了复旦历史学系建系75周年所编《笃志集》、80周年所编《切问集》之"代序"、专文和"编序"(分别由张广智、邹振环和朱维铮执笔)。特此说明,并致谢忱。

本文执笔者 张广智
2019年6月

目 录

陈守实

- 003　求真守实　抉奥探幽——陈守实传　姜义华
- 024　再释陈守实师《读蔡著〈王荆公年谱考略〉》一文　允　佳

周予同

- 033　周予同教授与中国经学史研究五十年　朱维铮
- 061　文章丹心共辉光——周予同传　廖　梅

耿淡如

- 075　垦荒者的足印——回忆耿淡如先生　张广智
- 081　追忆耿淡如老师　黄瑞章

周谷城

- 087　周谷城自略　周谷城
- 089　斯人虽逝　风范永存——记周谷城先生学术研究、教书育人二三事　李春元
- 094　学者何为？周谷城为我们树立楷模——兼论周谷城先生历史观和治史方法的当代性　顾晓鸣
- 103　"纵论古今横说中外"的学术大家——周谷城传　武克全
- 116　两部史书通古今——评周谷城《中国通史》《世界通史》　张志哲

王造时

- 147　王造时自述　王造时
- 173　王造时——爱国君子、民主斗士、著名教授　何碧辉

蔡尚思

- 197 我是怎样冲破重重难关的——有关治学的精神和经验　　蔡尚思
- 207 巍巍师表　学界楷模——缅怀一代史学大家蔡尚思教授　　余子道
- 223 当代墨家巨子蔡尚思——贺蔡尚思百岁华诞　　姜义华
- 228 博古通今的蔡尚思先生　　吴瑞武　李妙根
- 238 百岁华诞出奇迹——记从副校长岗位退下后的蔡尚思　　傅德华

谭其骧

- 245 一丝不苟　精益求精——学习季龙师的工作态度和治学精神　　邹逸麟
- 254 谭其骧与《中国历史地图集》　　王文楚
- 260 悠悠长水　求索时空——谭其骧传　　葛剑雄

胡厚宣

- 283 人生漫漫为"甲骨"　　胡厚宣
- 295 我的求学历程和早期考古活动　　胡厚宣
- 299 胡厚宣先生与甲骨学商史研究　　吴浩坤
- 313 胡厚宣对甲骨文研究的重大贡献　　赵　诚

杨宽

- 329 杨宽先生与他的史学研究　　钱林书
- 339 杨宽先生的学术生涯和成就　　高智群

章巽

- 353 婺州学子多俊彦　丹枫接钵继前贤　　郑宝恒

田汝康

- 365 田汝康与中国的新文化史研究　　周　兵
- 375 桃李不言自成蹊——记我与田汝康先生的交往兼评其芒市傣族研究及其对人类学的贡献　　褚建芳
- 385 田汝康先生的非凡学术生涯　　傅德华

程博洪

395	程博洪先生——从名门望族走出的布衣教授	
		刘文龙　陈才兴
401	缅怀恩师程博洪先生	张森根

胡绳武

411	胡绳武自述	胡绳武
422	忆合作数十年的老大哥：胡绳武	金冲及
430	怀念胡绳武先生	王鹤鸣

金重远

441	永远难以忘怀的金重远老师	潘　光
445	读书·教书·著书：任重而道远	顾云深
449	金重远教授学术生平	张勇安　赵庆寺

朱维铮

455	朱维铮先生与20世纪80年代的"文化史"	邹振环
467	复旦兮忆吾师	李天纲
480	朱维铮先生的学术历程	刘　涛

489	附录　15位教授主要论著目录
515	后记

陈守实

陈守实(1893—1974),别名漱石。江苏武进人。历史学家。专长明清史、中国土地关系史、中国农民战争史等。

早年就读江苏常州府中学堂。1925年考入北京清华大学研究院国学门,师从梁启超。1927年从清华研究院毕业,先后入天津南开大学和无锡第三师范学校任教。1930年转入上海大夏大学和持志大学,任历史系教授。次年赴广州任中山大学教授。1933年转任安徽大学教授。1934年至1942年先后在广州、梧州勷勤大学执教,任该校师范学院历史系教授、文理学院文史系主任。1943年至1944年于福建建阳暨南大学任教授。1945年抗战胜利后,一度在上海之江大学分部任教。1946年至1948年入广州中山大学任历史系教授。1949年回上海,转任复旦大学历史学系教授,历任中国古代史教研室主任等职。

兼任上海市政协委员、上海社会科学联合会及所属历史学会理事、《学术月刊》编委等职。

在大学任教期间,开设"历史研究法""史学概论""历史唯物论""马列主义名著选读""中国学术思想史""中国通史""中国哲学史""中国史学史""中国土地关系史""历史文选""元明清史"等课程。

撰写并发表学术论文《〈明史稿〉考证》《读蔡著〈王荆公年谱考略〉》《论曹魏屯田》《土地问题简论》《曹操与天师道》《中国农民战争史散论》《农民战争与宗教》等数十篇。并留存60多万字的学术日记。其代表作有《中国古代土地关系史稿》《中国土地制度史》等。

求真守实　抉奥探幽——陈守实传

姜义华

陈守实,"文革"前一直为复旦大学历史学系中国古代史教研室主任。在上海同辈史学家中,陈守实以对马克思主义理论有精深的研究而著称,论史时,每每以其深厚的理论功底和独到的见解而使人折服。

一、矢志历史科学的一生

陈守实,别名漱石,1893年8月24日(旧历七月十四日)生,江苏武进人。

在1952年7月26日填写的《思想改造学习总结登记表》[1]"本人未独立时家庭经济来源及状况"项下,陈守实写的是:"本人未独立时,父亲教读,家人力耕,生活清苦。"实际情况正是如此。

他的祖父名翼新,是常州府学的秀才。太平天国定都南京时,他正在北京考试,因而滞留北京,任私家教读多年。回乡后,购置了一些土地,成为小地主。但是,在他死后,土地即被几个兄弟出售。因此,当陈守实的父亲还在童年时,就又变成了自耕农。

陈守实的父亲名云赞。十七八岁时,即开始在村塾中担任塾师。陈守实是其长子,其后,又生了四个女儿,家中人口多,劳力少,生活自然相当艰苦。云赞中年时,聚族而居的陈氏族人因祠堂公产管理不善,索性将祠堂所属田产分掉。书生气十足的云赞分得远祖一块坟地。别人争田,他却认为饮水思源,保护好坟地义不容辞。这样,他家的田地就增加到了30多亩。坟地杂树、毛草、竹篠丛生,不是耕地,却要负担同耕地一样的田赋差徭。这样一来,他家的负担更重了,负债越来越多。

在这样的家境下,陈守实无力接受系统的小学及中学教育。他少年时代一

---

[1] 复旦大学档案馆藏档,陈守实档案。陈守实传记部分还参考、利用了该档案中陈守实1952年填写的《高等学校教师登记表》、1952年6月30日所写的《思想检查报告》、1968年所写的《自传》。

直在父亲私塾里跟着父亲就读,读的是四书五经和家中一些藏书。读书之外,还要下田劳动。直到16岁,他方才由父亲的私塾转到一所新式的小学堂。

由于他的父亲信奉宋明理学,对封建家庭传统的行为规范深信不疑,管教孩子很严厉。陈守实后来常常说,他当年所接受的家庭教育是"斯巴达式"的①。在这样的家庭环境和家庭教育下,陈守实较早就养成了自立的精神,开始了对旧式家庭的反抗。十五六岁时,他出于对封建礼教的反感,偷偷拆毁了祠堂里的神牌,还趁夜间天黑破坏了村里的五通庙。

在小学堂只读了一年,他就考中了常州府中学堂。因家中拿不出学费与膳费,他曾预备放弃这一入学机会。由于得到他父亲的学生及一些亲友的资助,他方才进入中学堂。

进入中学堂后,他对旧式家庭更为反感,假期中也不回家去住,而住到离家半华里的陈家祠堂里去,对家庭表现出更大的独立性。但因此,经济上也愈加困难。在中学堂只读了一年,就不得不申请休学,去当小学教员,自己挣钱。一年后复学再读,读了一年后再次休学去工作。所以,他的中学是休学两次之后,方才读完的。

中学毕业后,他已没有经济能力继续到大学深造。他一边在小学任教,一边设法旁听高等学校课程。常州府中学堂增设了高等实业学校,他曾前去旁听,终因数理基础差,跟不上,只听了一个短时期,便停止了。他又去旁听过一些文科课程,因与自己教课时间常常发生冲突,也未能持续下去。

家庭的困境,以及陈守实本人已经逐步形成的不满于现状的倔强性格,使他不愿向环境低头。因为在旧学上下过一番功夫,他便想在学业上找出路。

常州府中学堂监督即校长原由屠寄担任,后由其子屠宽接任。屠寄为武进名宿,光绪十一年(1885年)举人,十五年入两广总督张之洞幕,校书广雅书局,主修《广东舆地图》;十八年为进士;二十年为工部主事;二十二年主修《黑龙江舆地图》;二十九年任京师大学堂正教习;三十年任奉天大学堂总教习。在史学方面,用力最勤的是蒙元史,代表作是《蒙兀儿史记》。陈守实对屠寄慕名已久。在正式就读和旁听常州府高等实业学堂都不成后,他决定自修文科,经由他任教的小学校长金监介绍,师从屠寄研究历史。

在屠寄的指导下,陈守实开始研习辽、金、元之史。应该读些什么书,由屠寄指定;有什么问题,由屠寄指示解决门径。他读了屠寄许多藏书,还读了常州图书馆不少藏书。他还受命帮助屠寄抄录一些蒙古史资料。他受到了历史考证之

---

① 见陈守实:《思想检查报告》(1952年6月30日),该报告题为《否定我的半封建半殖民地的小资产阶级思想意识——批判突出的自高自大的个人主义》,是思想改造运动中所写,具有突出的自贬倾向。

学的严格训练,写出了一些论文和读书札记。他没有大学学历,后来,就凭师从屠寄时所撰写的这些论文和札记,以同等学历资格报考清华研究院,而于1925年9月被录取。这时,屠寄已经去世四年,没有看到这一结果。而陈守实则始终不忘,引导他进入史学之门的第一位启蒙老师——屠寄。

在中学时代,他还遇到一位历史老师,即吕思勉。吕思勉研读二十四史,给他留下了深刻的印象。他开始治史时,也接受过吕思勉的热情指导。

进入清华研究院后,他师从梁启超,在梁启超的指导下专攻明史。梁启超是时开设两门通论性课程,一是"儒家哲学",一是"历史研究法"。研究院导师还有陈寅恪、王国维、赵元任、李济等。陈寅恪开的课程是"佛经翻译与原本的比较研究",参考多种文字文献,追求弄清原文原本的意义。他虽然也从事历史考证,但与传统考据不同,每一结论都能提出新的认识,发掘出史料的新意义,给人们以启迪。陈守实从陈寅恪的课程中获益最多。王国维当时开设的是"说文"与"古史新证",对古文字及古史都有独到的见解,也给陈守实以深刻印象。赵元任开的课是"广韵",李济开的课是"考古学",陈守实也去听过。陈守实在清华研究院三年,跟着这些导师,不仅在史学研究方法上接受了更为全面、更为严格的训练,更为重要的是在他们的熏染和示范下,他开始形成了无论是对先前的理论,还是对于史实,大至思想体系,小至一字一句,都锲而不舍地务要求真守实的学术精神。这种学术精神,以后贯穿于陈守实一生。

清华研究院这段时间的研究成果,发表于当时刊物的有《〈明史稿〉考证》《明清之际史料》《〈金史·忠义传〉完颜彝战迹及年月考》《清初奴患》《〈明史〉抉微》等一批论文①。《〈明史稿〉考证》力证《明史稿》是万斯同所撰,后为王鸿绪所剽窃与改窜,梁启超亲笔评阅,肯定所论。此文刊载于1926年12月《国学论丛》,使陈守实崭露头角。其后几篇论文进一步奠定了他在明清史研究方面引人注目的学术地位。在陈寅恪与王国维的指导下,他还进行了佛经研究与《说文》段注研究。

清华研究院似乎纯然为学术而学术,与政治是绝缘的。但1925—1927年大革命浪潮的冲击,在清华园还是引起了相当强烈的反响。对陈守实影响最大的第一件事,是李大钊1927年4月6日被捕,4月28日遇害。陈守实有一个同学高饶芹,是河北乐亭人,与李大钊同乡,对李大钊很熟悉,非常激动地向陈守实介绍了李大钊的生平、为人与业绩,使陈守实开始关注中国的政治演变。

---

① 《〈明史稿〉考证》刊于《国学论丛》第1卷第1号(1927年);《明清之际史料》刊于《国学月报》第2卷第3期(1927年);《〈金史·忠义传〉完颜彝战迹及年月考》刊于《新中华》复刊第4卷第10期(1927年);《清初奴患》刊于《史学与地学》1928年第4期;《〈明史〉抉微》刊于《国学论丛》第1卷第4期(1928年)。

这时,梁启超就中国近代历史的发展,在清华园做课外系列讲演,因为反对孙中山,受到清华大多数同学的反对而不得不中止。陈守实的指导老师、清华研究院的创始者梁启超,竟也不免得到这么一个结局,一下子就将政治问题提到了台前。王国维自沉于颐和园昆明湖,梁启超1929年1月19日病逝,特别是王国维之死,使陈守实大为震动。尽管这时他在政治信念、信仰上还较模糊,但以他的个性,一经关注,就会立即开始追求探索,努力得到明确的结论。他转而注意阅读新书报,对马克思主义者倡导的社会科学产生浓厚兴趣,和一些同学进行讨论。由于马克思主义原著不易读到,而且理解也不深刻,因此,陈守时常常陷入精神苦闷。

从清华研究院毕业后,陈守实于1928年到天津南开担任大学讲师与高中教员。高饶芹这时也在南开,他是研究哲学和文艺学的,给陈守实介绍了一些马克思主义社会科学著作。陈守实称,这时他还只是处在接受马克思主义社会科学理论的一个启蒙期。

1929年暑假,陈守实南归常州。暑假行将结束时,恰值新军阀混战,铁路不通,他无法回南开,便到江苏省立无锡中学(无锡第三师范)教书。教务长王寅生1928年毕业于北京大学历史系,关注中国农村问题,后来主编《中国农村》杂志。他经常邀请进步学者来校讲学。北大教授陈翰笙是专门研究中国农村和中国经济的,经常来校讲演,曾专门讲授马克思的《政治经济学批判》。陈守实和王寅生、陈翰笙等相识,在他们的影响下,对中国农村经济也产生了兴趣。

王寅生因请陈翰笙讲解马克思的著作,引起校中国家主义派的反对,发生风潮,不得不离校。陈守实也随之离开无锡中学,1930年转入大夏、持志私立大学任教授。这时大夏大学挂名校长是马君武,教授中有萧炳实、屠孝实、徐志摩等人。陈守实在这里教授"中国古代史""佛学概论""经学史"。他感到在这里实际上只是解决生活问题,思想上缺少同道,教学上难以有所发挥,1931年便转广州进了中山大学。

在中山大学,陈守实任副教授,开设了"学术文选""历史研究法"等课程。这是他第一次到华南,接触南部沿海社会。令他感兴趣的是,何思敬在中山大学所开设的"马克思主义讲座"这一课程。在何思敬等人的影响下,他开始注意研读马克思主义经典著作。

在中山大学待了两年,1933年他又转入省立安徽大学,开设"中国学术思想史""中国近代史"课程。一同进入安徽大学的有方光焘、陈望道、周予同、蒋经之等,是校长程演生请来的。程演生刻意仿效北大校长蔡元培,各方面的人物都想罗致到安徽大学来,因而引起南京政府教育部的不满而下台。因此,陈守实在安徽大学只待了一年。

这期间,当年资助他进常州府中学堂的陈志正,曾和他同住过一个时期。陈志正是陈守实父亲一个学生的儿子,中共党员。在革命工作中一有余暇,他就刻苦地用英文本、日文本对照研读《资本论》,同时进行翻译。在他的影响下,陈守实开始研读《资本论》,以求理论上得到提高。陈志正后来因参加反帝大同盟的集会被捕,死在南京陆军监狱里。

1934年,陈守实再度来到华南,就任广东省立勷勤大学教授。"勷勤"是国民党中央常委、原广州大本营秘书长古应芬(1873—1931)的字,这所大学是为纪念他而设置,分师范、商、工三院。校长为林云陔,师范学院院长为林砺儒。因为宁粤之间的矛盾时松时紧,广州政治空气相对自由,陈守实在历史系负责《中国通史》《史学概论》《中国史学史》等课程,编有部分讲义,还印发有一部分讲课记录稿①。

抗日战争爆发后,师范学院由林砺儒率领迁往广西梧州,改称广东省立文理学院。此前,陈守实于1937年暑假回上海,正值八·一三事变发生,匆匆返回常州,带着全家老小及亲邻向内地逃亡,一度跑到重庆。接到学院内迁的消息,他即赶到梧州返校工作。他开设了"历史唯物论"课程,另一位教授、摩尔根《古代社会》的译者张栗原开设了"新哲学",这两门课遭到陈立夫来文指名申斥。

广州沦陷后,文理学院迁至藤县、融县,后又迁至广东曲江附近之侯公渡。韶关沦陷后,又仓皇迁至粤北山区连州乡间东陂墟。由于地处湘桂粤山区,交通不便,国民党政治控制较为松弛。来这里任教的,有《资本论》与《剩余价值学说史》的译者郭大力等一批进步学者。学生也特别多,湘、桂、粤各地被开除的有所谓政治问题的学生,都集中到这里。陈守实1939年起任文史系主任,课程设置完全不理教育部的规定,开设了"政治经济学""历史唯物论"等课程,分别由郭大力和他自己主讲,这在当时大学中是很少有的。他为系里订了《新华日报》供师生阅览,虽邮路艰阻,往往是一大捆同时到达,却受到师生热切欢迎。他和郭大力在教学中突出宣传马克思主义、列宁主义,两人由此结下亲密友谊。他们还办了一个刊物《文理月刊》,社论多由陈守实执笔,言论都很尖锐。他还在桂林进步刊物《文化杂志》发表了一些论文。

1942年下半年,文理学院被迫改组。教育部和广东省政府联合逼迫文理学院院长林砺儒去职,由广东省教育厅厅长、党棍黄麟书来院接替。陈守实在开学后,又坚持上了一段时间课,终于不得不离开该院,于是率领家人重度流亡生活,

---

① 在大学期间,陈守实发表了《关于东西汉学家考证中国边疆史地的态度问题》《蒙古斡哥歹汗南征时之完颜绰华善》等论文,刊载于《勷勤大学师范学院季刊》1934年第1卷第2期及《勷勤大学系刊》1935年第1卷第1期。

东回浙江，在金华一个旧同事家寄居了几个月，然后转到常山、开化之间乡下一个临时中学教书。这时，《东南日报》一位副刊编辑、地下党员陈向平介绍他去见天目山民族文化馆副馆长卢文迪。卢文迪想办一个刊物，想拉陈守实前来帮忙。但刊物终于没有办成。这时，他接到堂弟常州来信，得知本家陈立平任新四军苏南太（湖）滆（湖）地区书记，开展游击战，便率同家属徒步返回常州乡间。他与陈立平会晤过多次，因觉得自己不适于武装斗争，在家乡住了一段时间，又徒步去闽北建阳暨南大学任教授。

暨南大学校长时为何炳松，熟人有方光焘等。在暨大，他开设了"明史研究""史学概论"等课程。在这里，他将流亡途中失散的儿子和外甥女接到自己身边。而他的女儿陈次青，中共党员，则在这一年在东江纵队抗日斗争中牺牲。

他在暨南大学待了一年半，撰写和发表了评论冯友兰著《中国哲学史》的论文。为参加革命文教工作，1944年8月他又回到苏南，一边在武进、宜兴乡间私立博文、西郊等中学担任一些临时课程，一边做革命宣传工作。抗战胜利后，他立即到了上海，先在私立建承中学任教，又兼任之江大学教授，开设"学术论文选"等课。因宦乡邀请，他担任《前线日报》主笔一个月，撰写社论与编余短评。

1946年8月，他再次南下广州，到中山大学文学院历史系任教授，开设"历史哲学""史记研究"等课程①。其时，中大校长是王星拱，文学院院长是王了一。他因为先前几次来广东任教，特别是在文理学院任系主任的一段时间，在许多进步学生中留下深刻印象，这时在粤汉线上英德地区农村从事革命工作的，多数都是他以前的学生。困难时期，他们即潜来广州，找他设法筹款。他们还经常将游击区出版的报刊、书籍寄送给他。不久，他又引起当局的注意。为防止被检举，1948年7月学期刚结束，他便离开广州返回上海。

1949年2月，由周予同介绍，陈守实进入复旦大学历史系任教授。5月，上海解放；10月，中华人民共和国成立。陈守实的课突然增多起来。因为当时大学中能讲马克思主义理论课程的教授甚少，因此，"马列主义名著选读""联共党史""中国近代史"等课程，全加在陈守实头上。除去复旦，沪江大学、财经学院、科学院、民主党派也请他兼开这些课程或做相关报告。原文理学院院长林砺儒担任了北京师范大学校长，侯外庐在该校历史系任系主任，他们熟悉陈守实，特来电聘他去师大任教。复旦不同意，但1950年初他仍不得不去北京师大给师训

---

① 在中山大学任教这段时间，陈守实发表的学术论文有《克拉维约东使记》（《新中华》复刊第4卷第21期，1946年11月）；《中国封建社会发展法则中之寄生虫》（《昌言》1946年6月）；《明初与帖木儿关系试探》（《新中华》复刊第5卷第17期，1947年9月）；《文献学的新解蔽》和《格义比附与中庸主义的解析》（刊于《新中华》复刊第6卷第10、11期，1948年5月、6月，又俱见新中华杂志社编：《中国传统思想之检讨》，1948年7月出版）。

班讲了一个半月的课,并做了学术报告,以报林砺儒先前粤桂湘山区共同奋斗之情。

直到1974年4月25日去世,陈守实在复旦待了整整25年。

余生也晚,1957年8月下旬方才来复旦就读,但第一位拜谒、也是第一位认识的历史系教授就是陈守实先生。那是因为听了高年级学长的介绍,未等开学,就冒昧登门求教。先生非但不以为非,反而很高兴地询问了我在中学学习的情况。首次见面,先生就谆谆嘱咐,学历史,一定要打好坚实的理论基础。而要学好理论,一定要先读马克思的《资本论》与《剩余价值学说史》,要在《资本论》上狠下功夫。先生本人精读《资本论》五遍以上,书上圈圈画画,做满各种记号,理论功底之扎实,于此可见其一斑。

就学五年间,听先生授"明清史""中国史学史"。"中国土地关系史"听过一遍,第二次开讲只听了一部分,因为我选择了中国近现代史专业,与中国古代史课程重叠,所以只能借了同学的听课笔记抄录。一有先生学术讲座,我们都必去听,因为每一次他都必能讲出精辟的独到见解。印象尤为深刻的是在课堂上,先生常常说:"这一点,从来没有人说过,你们可以拿去写文章。"他从来不把自己发现的新论点、新见解看作私有物。他认为,既然在课堂上给学生讲了,只要学生赞同这些见解,就应当欢迎和鼓励学生写成论文阐述这些见解。

毕业前夕,我因为就社会主义时期阶级关系、国内基本矛盾、"三面红旗"等问题,提出了同主流意识形态不同的意见,认为在中国社会主义建设问题上主要危险不是所谓的右,而恰恰是指导思想上的"左",而和几位同学一道遭到批判,又被取消了去科学院近代史研究所师从黎澍读研究生的资格,分配到内蒙古呼和浩特铁路中学。在许多同学都对我唯恐避之不及、忙于划清界限的那些日子,先生却从家中来到学生宿舍看望。特别是临行那天,天色已晚,先生却颤巍巍专程赶来送行,并再三叮嘱,到内蒙古要好好研究一下草原游牧地区的土地关系,并介绍我去内蒙古大学和内蒙古师范大学拜访他所熟悉的教授。先生还说:"你的弱点是棱角太突出。做人还是要内方外圆。"可叹,先生指出的这一缺点,我一辈子也未能改掉。

不久,我又被从内蒙古调回复旦,在历史系资料室工作,接受批判,成了一个不可接触的危险人物,也不敢再去找先生,怕给先生惹麻烦。最近看到一份市委教育卫生部1962年10月起草的报告,里面便说我的上述"错误言论"根源之一,就是"学校中资产阶级知识分子的思想影响,如陈守实教授的'人与物、经济与政治、主观能动性与客观规律性的关系'和'人民公社是生产倒退的产物'等看法"。"文革"中开我的批斗大会时,勒令先生站在一边陪斗,使我尤感难受,因为竟给高龄的他带来了这么多麻烦。我和先生在同一"牛鬼蛇神队"中同吃、同住、同劳动、同挂黑牌、同被抄家、同听训斥、同受批斗好几年。历史系"牛鬼队"是全复旦队伍最为庞大的一支"牛鬼队",陈守实先生年纪最大,周谷城、周予同先生次之,我在从大学生中揪出"小爬虫"纳入"牛鬼队"之前,年纪最轻,只能尽自己所能,在劳动中、在生活上,设法多照顾一点几位老先生。有时也说一点大道理,那是劝慰几位先生不必悲观,要相信历史终究是公正的。

先生在艰难的日子里,仍千方百计坚持读经典著作,写下了近60万字的学术日记。直至1973年底,因患食道癌而病势日渐沉重时,方才被迫中止。先生未能等到"四人帮"被粉碎和"文革"结束就含恨去世了。稍可慰藉的是,我参与张罗了先生的追悼会。

先生晚年培养的几位研究生,如李祖德、王春瑜、樊树志,"文革"结束后,均陆续有所建树。可惜最后整整八年,他未能再进课堂,再指导研究生,培养更多人才。

二、中国土地关系史的精深研究

陈守实过世后,复旦大学历史系徐连达将他留下的有关先秦土地问题、秦汉土地问题、北魏到隋唐时期土地问题的遗稿,整理成《中国古代土地关系史稿》一书,交上海人民出版社于1984年2月出版。从中可以窥见陈守实研究中国土地关系历史沿革的一些主要思路、主要方法。

1960年9月以后,陈守实几次讲授"中国土地关系史",可惜的是,他的这些讲课记录稿未能整理出版。结合这些讲课,可以比较清楚地了解陈守实研究中国土地关系历史沿革的主要特征和主要成就。

从20世纪40年代后期开始,陈守实对中国土地关系历史沿革的研究持续了近30年。这是因为他认定,在前资本主义阶段,主要劳动对象是土地;劳动的实现,生产的进行,离开土地就一切都无从谈起。如果说,解开资本主义社会形态秘密的钥匙是资本,那么就可以说,解开前资本主义社会形态秘密的钥匙则是土地。《礼记·大学》中说:"有土斯有财。"旧史中常说:"国君死社稷。"社即土地,稷代表农产品,那时,土地已变成可以支配一切的东西。大量社会冲突,都由土地问题引起。土地是地体的一部分,是自然物,它之所以有价值,是人与人之间的关系借由土地而实现。土地为领主或地主或农民自己所有,农业生产者要进行生产活动,就必须同领主、地主或其他自耕农形成某种关系。因此,研究土地问题,实际上就是研究社会关系。牢牢掌握这一基本点,就能使土地关系史的研究科学化。

陈守实研究了中国土地关系的全过程,从原始社会的土地关系、奴隶社会的土地关系、封建领主制的土地关系、封建地主制的土地关系，一直到近代土地关系，由合作互助到人民公社。除去汉族地区外，他还研究了各兄弟民族的土地关系，包含北方牧区的土地关系，北方边疆各兄弟民族入据中原以后土地关系的变化，西南半农业区的土地关系，西藏领主制土地关系，各兄弟民族的民主改革，即在土地关系上的各种革命过渡形式。

陈守实对于中国历史上包含一般形式与特殊形式在内的各种土地所有形式都做了研究。先秦时代，他研究了井田、辕田，领主式的分封制和土地分配形式，领主制向地主制的过渡，论证了井田制是农民以农村公社方式获得土地的一种土地分割形式，农村公社以地域为主，与以血缘为主的氏族公社以及后来以大家庭为主的家庭公社（只是一种公社残余）不同。秦汉时代，他研究了空荒地的分配、商人与豪族地主的土地兼并、世家大族及其土地占有、寺庙的土地占有等。魏、晋至隋、唐，他研究了曹魏的屯田（兼及此前边郡屯田与属国屯田），西晋的占田、课田，北魏的计口授田和均田制，从魏、晋到南北朝各类堡坞壁垒的土地关系，北朝、隋、唐的均田制，以及这一时代的各类军府屯田、官田、职分田、公廨田、营田。宋、辽、金、元时代，他研究了大地主的土地兼并与掠夺，各种形式的地主庄园，宋代的职田、屯田、营田与公田，契丹与女真的田制，元代的官田与民田。明、清时代，他研究了明代卫所屯田、官田、民田，清初均田、井田的最后尝试，八旗占地，对官僚豪绅兼并的压抑，以及外力渗入所引起的复杂变化。对于秦汉以来的土地关系，他重点研究了土地分散与集中周期性运动的规律，以及各类公有地因土地负担定量化而产生定量以外地租分割，从而使土地可以按一定价格买卖而最终走向私有化的过程。

地租和赋税，是陈守实中国土地关系研究的一个重点，因为他视地租为土地所有权在经济关系上的实现，视租、税为直接生产者（农民）扣除必要劳动消耗补偿后剩余产品的分割。从先秦时代的助、贡、军赋，到两汉的力役、兵役、口赋、算赋、更赋、田税，再到租庸调与两税制，包括均税与土地丈量，明代的鱼鳞图册，劳役的折变及其沿革（包含王安石的免役法及雇佣法、张居正的一条鞭法、清初的摊丁入地），各地区的特种贡纳，封建地租的特种消费机构匠役与官营手工业，田赋的各种变态（包括常平义仓的租税化、盐铁坑冶的官营与商办、茶酒的权沽、关税与市舶），田税的集散，封建王朝的三大支出：俸给、兵饷、宫廷靡费，官僚豪绅对田赋的优免、包揽、拖欠、规避，土地价格与土地买卖，高利贷及商业对土地兼并的影响，土地买卖的各种形式和附加的各种封建关系，如此等等，陈守实都分别进行了专门研究。

陈守实通过对历史记录的仔细辨析，充分论证了中国古代土地占支配地位的是私有制，尽管有时以国有、公有形式出现，也按私人财产方式来经营管理。

家庭是基本的生产单位,他们各自分散劳动,但是,一村、一里、一族、一乡、一会、一社,都有若干公地,这是古代公社的残余。愈是古代,公社残余面愈广;愈是后代,公社残余面愈窄,甚至仅存形式。但是,中国古代的这种土地私有制还不是完全的私有制,跟资本主义独立化了的完全土地所有权不同。

陈守实通过对于地租和赋税的全面考察,证实了先前各代都不可能有整齐划一的租税制度。包含唐代的租庸调、明代的一条鞭法,似乎是统一的制度,事实上,不同地区不同民族,情况各不相同。中央专制政权的物质基础是一般性的田赋,以及直接征用的劳役、兵役。相较而言,赋税负担,虽有高低,但通常较为平均,而地租高低各处则相差甚大。地租高低与土地肥瘠状况有关,但起更大作用的是人口密度高低不同。王朝之初,统治队伍较小,统治者消费欲较有限,赋税一般较轻;随着官僚队伍越来越庞大,统治者消费欲越来越膨胀,赋税就会越来越重,国家与地主、国家与农民生产者的矛盾就会日益尖锐。

奴隶与奴隶主,农奴与领主,农民与地主,是以土地为主要生产资料时形成的基本社会关系;土地关系史,实际上,也就是这些互相对立的阶级既相依存又相斗争的历史。这是陈守实中国土地关系史研究的又一重要方面。他说明了,秦汉以来,家族共同体为社会组织的细胞,中央集权的专制皇权就是由这些细胞堆叠集结的最高结构,而儒家由家而国、修齐治平的学说,就结晶为中国古代社会占支配地位的观念体系。他认为,了解这个细胞的重要性,正如了解资本主义社会的细胞商品一样。中国政治史、军事史、文化学术史,离开了家族共同体就说不清楚。无论研究土地所有者,还是研究直接生产者,都不能脱离这一社会细胞。

战国以来,尤其秦汉以来,在土地上从事直接生产的广大农民,他们的生产和生活状况,他们的均田思想,他们的暴动和所发动的斗争,是陈守实关注的重点。除去在"中国土地关系史"讲课中专论这些问题外,他还陆续发表了《中国农民战争的组织形态》《论曹魏屯田》《我国历史上的义仓制度》《曹操与天师道》《中国农民战争散论》《农民战争与宗教》等一系列论文①,展开讨论了这些问题。

他指出,自耕农在历史上占有重要地位,每个王朝之初的兴盛,便决定于自耕农的大量存在。但是,自耕农的地位并不稳定,生产规模小,技术保守,发展缓慢;随着人口不断增殖,生产范围更为狭小;封建剥削量的增加,捐税负担的加

---

① 《中国农民战争的组织形态》,发表于《新中华》1951年第14卷第18期,原刊于复旦大学历史系主编《人民史学》第3卷第1—3期,1951年10—12月;《论曹魏屯田》,发表于《学术月刊》1960年2月号;《我国历史上的义仓制度》,发表于《解放日报》1961年7月7日;《曹操与天师道》,发表于《中国史研究》1979年第3期;《中国农民战争散论》,发表于《中国农民战争史集刊》第1期,1979年1月;《农民战争与宗教》,发表于《中国农民战争史论丛》第2辑。《曹操与天师道》以后的三篇论文俱发表于陈守实去世之后,党的十一届三中全会之后。

重,使他们不得不将生活水准压到最低标准之下,最终,他们的土地不得不转到大地主手中,他们自身沦为佃农,或者从土地上游离出来成为流民。广大佃农负担着沉重的地租,还受到超经济强制的束缚,最主要的超经济强制是各种各样的劳役。他们丧失了自己的土地,生产积极性不会高,对技术改进不会感兴趣,生产的发展便不可能。在土地兼并过程中,大片土地荒芜,水利工程破坏,公共设施被地主豪绅化为私有,抗灾能力大为削弱,灾害于是频繁发生,生产终于无法继续下去,农民于是从土地上游离出来,变成逃户、流民。他们自流性地集结起来。这个集结破坏了原来家长制的分散的社会结构,发展为农民暴动和农民战争。农民因劳役集结,或因天灾集结,都能导致农民起义、农民战争。经过农民起义之后,调整了旧的生产关系,除去了一些旧的弊病,土地再次分散,自耕农增加,开始又一轮周期性运动。

在农民中,农村公社和家族共同体的残余气息一直相当浓厚。陈守实论证,当农业生产在其进程中遇到某些阻碍或打击时,这种共同体观念、公社残余气息会特别强烈起来。遇到社会震荡、社会动乱时,物质资料的生产极度困难,农民中共同体观念会急速增长。农民战争中流行的农业社会主义即由此产生。陈守实一再指出,农民的平均主义思想和行动,在一定历史条件下会发生进步作用,因为它可以动员农民参加农民战争。但是,它又有反动的一面,因为这种集体主义的生产和分配,从根本上来说,是行不通的。

特别值得注意的是他写于20世纪60年代之初的《曹操与天师道》及《农民运动与宗教》这两篇论文。他在这两篇论文中集中讨论了三国时代汉中张鲁政权及五斗米教问题。前一文指出,张鲁在汉中有一些特别建树,如:一、教使作义舍,以米肉置其中,以止行人。"量腹取足"。二、犯法者先加三原,然后行刑。又教使自隐,有小过者当治道百步,则罪除。三、依月令,春夏禁酒,禁杀生。市肆贾平。四、有病请祷,书病人姓名,说服罪之意,自首其过。五、习老子五千文,教以诚信不欺,等等。"前后计四十余年,汉中地区成为桃花源式的道家理想国。"文章旋即对这一道家理想国的本质做了剖析,指出"张鲁'不置长吏以祭酒为治'的宗教组织,乃是按等级各领部众的生产或军事集团",他在汉中的设施"通过宗教形式而部分地实现了朴素的共产主义体制"。这种现象之所以出现,是因为在社会发生动乱时,"封建统治关系被遮断,物质生产贫乏,或者遇上其他军事影响,这种集团就会回复到历史的旧型上去。氏族宗法的共同体,彼此共同生产、共同消费的简单办法,就会很自然地出现。"文章随即指出:"不过这种现象只是暂时性的。它停留在公社式的集体阶段的时间不可能很长。张鲁在汉中地区的组织,时间虽延续较久,但也在发生很大的变化。这种发展变化的结果,只会把旧型抛弃,它没有条件把义米、义肉、义舍扩展成为社会主义和共产主义。"文章由此得出结论说:"天师道张鲁在汉中的建树,在社会关系上是历史旧型的回复……随着时间的延长,逐渐发生变化,变化的迅速则与生产发展相等。因此,张鲁式的宗教化政治,只是在生产比较落后、如《蛮书》所述的少数民族地区还能留存下去。"①

后文就此进一步评论说:

> 科学的社会主义,曾科学地分析过原始基督教的共产主义,认为这是一种财富的平均分配,和消费标准化(亦即平均主义的分配)的共产主义,与科学的社会主义、共产主义主张财富集中、生产集中不同。原始的社会主义、共产主义,是建筑在生产力极低的自然经济的基础上的,即原始共产主义制度在私有制阶级社会的一种残余的回复,与高度发展和科学的社会主义、共产主义有原则的差别。②

须知,这两篇文章写于毛泽东为《三国志·张鲁传》写了批语,并在中共八届六中全会期间印发之后。毛泽东在批语中写道:

> 张鲁等行五斗米道,"民夷便乐",可见大受群众欢迎。……其法,信教者出五斗米,以神道治病;置义舍(大路上的公共宿舍);吃饭不要钱(目的似乎是招徕关中区域的流民);修治道路(以犯轻微错误的人修路);"犯法者三原而后行刑"(以说服为主要方法);"不置长吏,皆以祭酒为治",祭酒"各领部众,多者为治头大祭酒"(近乎政社合一,劳武结合,但以小农经济为基础)。这几条,就是五斗米道的经济、政治纲领。中国从秦末陈涉大泽乡(徐州附近)群众暴动起,到清末义和拳运动止,二千年中,大规模的农民运动,几乎没有停止过。③

这一批语写于人民公社化高潮中。当时,全国农村基本完成人民公社化。每个公社四五千户,政社合一,兵农合一,实行单一的公社所有制,吃饭不要钱,生活大半供给,共同生产,共同消费。毛泽东这段批语,称赞的是张鲁,是五斗米道,是"大规模的农民革命运动",抒发的实际是对人民公社化迅速实现的喜悦之情。

---

① 见《中国史研究》1979年第3期。
② 见《中国农民战争史论丛》第2辑,第8页。
③ 见《建国以来毛泽东文稿》第7册。

陈守实同样研究张鲁,研究五斗米道,所得出的却是前面一些结论。20世纪60年代以来中国历史发展的实际,特别是人民公社演变的实际历程,已经对这两种不同的评价做出了公正的总结。从这里可以看出,陈守实是如何勇于坚持马克思主义科学态度,对历史现象做出具有深度、实事求是的分析的。

陈守实多次说过,前资本主义社会是土地统治一切,资本主义社会是资本统治一切,社会主义社会是劳动统治一切。马克思研究资本主义社会写出了《资本论》;研究前资本主义社会与社会主义社会者,应当有志于写出《土地论》与《劳动论》。陈守实本人的《中国土地关系史》研究,其总体构思中就有着《土地论》的影子。可惜的是,非但《土地论》未能写出,连《中国土地关系史》的写作也未能按预定计划完成。

三、独树一帜的中国学术史研究

中国学术史、中国学术思想史,一直为陈守实所关注。他先后开过"佛学概论""史学概论""经学史""学术文选""学术思想史"以及"历史哲学""历史研究法"等课程,撰写过中国哲学史、中国经学史、中国史学史方面等一批论文。

他所开设的这些课程,绝大部分我都没有听过。只是在1961年9月至1962年1月听他完整地讲述了"中国史学史",新义迭出,可惜讲课记录未能整理出版。

陈守实讲授中国史学史,确定史学史的任务是对史学发展历程做批判性的叙述,对先前的史学成果做批判性的吸收。整个讲授,从历史学的产生,一直到清代史学,自始至终贯穿了以下三个特点:

其一,批判性。陈守实强调,历史的研究非带有批判性不可。尤其是学术史、学术思想史,更要具有批判性。学术史、学术思想史,要具有批判性往往更困难,因为哲学史、史学史、经学史、思想史、宗教史等研究,要批判,则首先要懂哲学、史学、经学、思想、宗教,不懂,就无法了解这些学术的实际状况。批判性,除去揭示学术自身的内在矛盾外,还要揭示它产生的社会历史根源。他认为,冯友兰的《中国哲学史》只做了一半,因为他仅仅就哲学本身论哲学,而没有从这些哲学的根基论起,不了解这些哲学依以存在的基础。过去各种史学史,抄了不少旧史,开了不少阅读书目,其实完全没有解决问题,就是因为都没有研究这些史著产生的背景或社会根源。

陈守实讲授中国历代史学的发展,包含各种史著、各种编纂形式和编纂方法、各种历史观点的产生及演变,都坚持了他自己所倡导的这种批判性,特别着重揭示它们之所以出现的社会历史根源。

1962年11月27日发表于《文汇报》的《关于王船山史论的现实性问题》,是陈守实讲授王夫之《读通鉴论》的一份讲稿。从这里,可以看出陈守实如何身体力行,实践他所要求的"具有批判性"。

文章集中分析了王夫之《读通鉴论》关于正统问题、府兵问题、均田问题的特殊持论。旧史正统论,是伦理体系与政治体系相结合的产物。王夫之只承认夏、商、周、汉、唐、宋、明为"中夏之大绪",把三国、六朝、隋,特别是后魏、周、齐、辽、金、元作为"余分闰伍,紫色蛙声",不许"强相缀系,以掩篡夺之迹"。陈守实指出,这种新正统论,所针对的是清廷宣布"继明统治,要与天下共遵明之祖训"的现实,斥责降清的范文程、洪承畴等人主张清承明统,以及清就是明的继续。关于府兵,王夫之的评价是"府兵犹之乎无兵",即作为销兵之法,也毫无用处。陈守实指出,这是因为与府兵制相近的明代卫所兵制,已为实践证明,非但不能作战,而且也无法从事农业生产。"现实中军事动态、社会动态,使他(王夫之)在史实的分析上扫去了很多陈说",发现寓兵于农,只会变成兵不兵,农不农,兵农必须分工。关于均田问题,王夫之的结论是:"为均田之说者,王者所必诛而不赦。"陈守实指出,王夫之发论的根据,一是明末农民运动中曾提出过土地分配的平均主义;二是满兵入关,在北京四周大规模圈地,对已被圈占的住房和土地的分配,就是以历史上的均田为模本;三是湖南地区,特别是湖南南部衡阳一带土地分配不成问题。王夫之反对"均田""限田",反对恢复"井田",是对八旗圈地分地的抗议,也证实了历史上的"课田""占田""均田",只不过是大片空荒地存在时按照劳动力来分配土地的一种操作方式。从上述三个论点的解剖,陈守实得出结论:"估计一个史论撰者对于历史的态度,取决于他对现实的态度;对于现实的认识与理解,又取决于他的社会地位、阶级立场和他的世界观。当然,先行理论的探索与研究,也极有关系,但这只是第二性的……因此史论撰者及史论的全面估价,必须透过这个曲折的三棱镜,才能探取他的原形。"

其二,按照历史发展的不同程序,在给予各个时期史家史学思想以批判性叙述的同时,应予他们的真知灼见及处理历史材料、历史人物、历史事件时所使用的新的方法以肯定。陈守实强调,在研究史学史时,要注意后人比前人在哪些地方有了发展。学术上不能要求完人,要善于抉取其中哪怕是一点一滴的可供积累的东西加以肯定。史学史的批判性特别强,但绝不能因史学家有错误而否定其一切。学术史研究中尤其不能唯成分论。过去史家多是皇帝的文学侍从之臣,士大夫做了官,总不忘回家乡买土地刮地皮。人的生活是复杂的,他们往往在某一点上很有见地,在其著作中表现出一线曙光,对于这些东西应当给予注意。当然,历史不是直线发展的,后人批判前人,有时也可能是错误的,可能将一些真相给颠倒了,将一些新的东西给扼杀了。因此,在评价这些史著时,必须以历史实际自身为依据,辨明这些史著在多大范围内、多大程度上反映了历史实际,或对了解历史实际提供了帮助,以及这些史著在其产生的时代或其后起了什么历史作用。

这就要求学者正确地给史著的是非得失做出价值评定。1962年4月12—13日,他在《文汇报》上发表的长文《读蔡著〈王荆公年谱考略〉——略谈历史人物历史事件的评价问题》,便对清代学者蔡上翔所著《王荆公年谱考略》一书做了价值评定。从这篇在《文汇报》上分两日发表的论文,可以考见陈守实本人是如何按照他自己所提出的要求去实践的。

蔡上翔生于康熙年间,历经雍正、乾隆,到嘉庆年间方才去世,积数十年之力,撰成此书。这部著作直到嘉庆九年(1804年)方才刊行。他为什么不在乾隆年间刊行?陈守实指出,这主要因为王安石是一位"代表时代变革的历史人物","他的历史定值,或者说他的历史价格随着历史的进程时刻在变动……在社会停滞时期,王安石的历史不大会引起注意,而他的历史价格也在低落,在社会矛盾尖锐化的变革时期,就不是这样,他的历史定值在变动,在上升"。雍、乾的政治压力强,嘉、道间由于矛盾的激化而统治力量疲弱,王安石在"雍、乾时期,不会被引起注意,他的历史价格正在低沉。嘉、道时期便不同。这就是蔡上翔所以要晚年才能发表这部著作的时间条件"。

文章指出,蔡著对王安石的生平事实、在历史进程中价值评判的曲折变化做了全面澄清考核工作。从黄庭坚高度评价王安石"贤辅圣能",到明代周德恭毁谤王安石为"古今第一小人",蔡著"在历史评价正反面的波动中,作出史料上的别择辩正,确是论定历史遗产及其代表人物独特范例"。

与此同时,文章指出蔡著也有不足,表明"蔡氏对于材料文献的科学考察,有些问题本身也同样受历史条件的限制"。文章以蔡著辨明王安石未诋斥《春秋》为"断烂朝报"一事,说明蔡上翔此等辩难并未触及问题本质。陈守实指出:"王荆公主张'经术正所以经世务',经义即理论,断不会菲薄《春秋》……至于诋斥《春秋》为断烂朝报一公案,到今日还会被人误用,这是由于王安石所主张的'经义'即理论,新经义的实践,被历史进程即后来有关王安石的历史价格的升降变动所迷惑;诬妄的语言,也就随时粘附,不幸为某些史家不自觉地随便沿用了。"

历史实际究竟如何呢?陈守实指出,王安石新政的理论依据是儒家经典。"儒家经典通过注释,使它理论化,和政治主张密切结合,实在可说是从王安石开始……宋儒的理学道学及各经的注释,也可说是王荆公'经术正所以经世务',经义即理论的继续。"陈守实在文章中进一步说明:

> 按儒家学说的社会基础,第一期是汉代及其以后的世家大族(即人口多、占地广的豪族),第二期是宋以后的家族宗法(即以一姓的族、分

>为单位,以氏族血缘共同体的残余为理想化的依据)。……儒家经典注释理解上的变化,以及经典数量的五经、七经、九经、十三经形成的过程,都是在世家大族和家族宗法的基础上分别凝结成功的。王荆公在这上面表现得最突出,亦即由第一期转入第二期的一个重要代表人物。新政变法的理论,和经典不凭注疏的新经义密切结合。全力注经,而且遍注各经。……南宋以后程朱一系的经解,只是王荆公经义的另一种方式的继续,而加以定型化,除去了经义实践化的"狂妄",而成为空想的烦琐演绎。①

结合王安石的政治改革实际,文章得出结论:"必须从实际的社会关系各种客观条件的探索分析而给予评价,王荆公的历史价格,才能有确切的论定。"这当然不是蔡上翔所能完成的,它应当由新时代的学术史研究者来承担。

其三,在学术史研究中,应当善于识别和勇于突破历史文献自身的各种障蔽,在方法论上,坚决摒弃根深蒂固的格义比附与中庸主义。

陈守实在1948年5月16日和6月1日在《新中华》上发表的《文献学的新解蔽》和《格义比附与中庸主义的解析》两文,曾对此做了专门论述。

《文献学的新解蔽》指出:"文献是历史经程中一切上部结构的蜕变,本身刻划着各种局限性的年轮与各别形态。作为历史性的考索,按照历史发展的阶段、范畴,一一予以清洗化验,在历史的莹彻与了解上,确为重要资料。"但是,在历史发展波浪式起伏过程中,迂徐的变化,急剧的变化,周期性动乱,以及革故鼎新的大转折,都会使文化的知识分子群在一大叠文献上"寄其回环往复的憧憬,而构成碎锦式的望古遥集之蓝图",或用之"组成解决实际问题的论据",或用之向现实"投掷一个阴沉的感情上的抗争"。于是,一些人"由某一角度断片地组织古文献的装配"以"托古改制",另一些人则"在文献上抽象探求,找到解释的根据",如魏晋清谈、玄学,宋元明心性理气的聚讼。文献自身的叠积,以及这些解释性撰述的大量附加,随着历史的发展而愈益增多,它便形成一大障蔽,使人们难以觅索这些文献最原始的本质。

文献学上的另一大障蔽,是现今研究者一方面标榜实事求是,另一方面却援用文献考索的成果来服务于现实政治。"不但史论是政论,同时考据亦是政论",这就难以避免会"包藏着许多背反历史的因素在内",甚至可能使其考索成果"变成另一中庸性折中理论的迷雾与伪装工具"。最常见的如将新兴理论公式化,"在文献上作枝节套印,使文献成为公式的注脚",如"东西文化的比附,有意的倒

---

① 见《文汇报》1962年4月12—13日。

错装配,成为现实的蓝图",等等。

陈守实指出:"学术思想上的障蔽,便是一切歧误与歪曲利用的防御工事。配合现实的需要,予以清洗解除,实为当务之急。"

《格义比附与中庸主义的解析》指出,格义比附,本是佛教经典传译和佛教传播时为与异型文化沟通融和而使用的方法,"格义是形式的改铸,比附是内容的粘合"。可是,这种方法却在随后被用于构建思想体系。文章指出:"由格义比附的方法论到思想组成体系的建立,在现实铸炼出来的思想形态上讲,是病态的。"因为格义比附"违背思想组成的独特的有力的尊严性"。文章认为:"中学为体,西学为用,便是最支离的格义比附,而为腐烂倒退势力依附者所援用支持。"文章指出:"东方与西方,在人类历史经程上各异其范畴、基壤,是显然的,不能相互比附。所以所得的结论是:凡作此类格义比附的人,大多数都是在现实动荡的场面下,作虚玄架构的某种腐烂势力的附属物。"格义比附既是"另一历史范畴中的传统力",当历史发展已经突入新的阶段时,便"应该使他自己埋藏自己"。

至于中庸主义,文章指出:"中庸主义是周期性运动上的必然产物。现在一切超然性的理论和措施,都以这一思想模式作胎盘。无原则,无立场;与科学背离,与人类进步的企求背道而驰。格义比附的广泛应用,使中庸主义在传统气氛未澄清的阶段上担负了迷人眼目的任务。因为中庸主义是以古典的历史范畴作为他的温床,所以传统压力经常充中庸主义的护士。"陈守实认为,五四运动以来,"社会结构没有被改组,儒家偶像虽然曾经刺破尊严,而中庸主义的理论依然存在,且与格义比附广泛联合,广泛应用在政治形态思想形态上支撑着反历史的势力,梦魇一般地压着活人的头脑。"因此,应当使中庸主义同格义比附一样"自己埋藏自己"。

不为笼罩在历史文献周围的重重障蔽所桎梏,不向格义比附与中庸主义屈服低头,陈守实本人这样做了,也一再这样要求自己的学生。他在学术思想上,包含经学史、史学史上,本可以写出更多有识见、有锋芒的论著,可惜,思想、学术、文化领域内越来越严峻的"对资产阶级实行全面专政"的形势,剥夺了他的机会。

四、功力毕现的明清史发微

陈守实在清华研究院时就集中精力研究《明史》撰著问题,以后展开明清史研究,这方面的论文,陈守实一生前后共写了十多篇,占他发表的学术论文大半。不过,早年撰写的论文,重在史书的考实订正;晚年撰写的论文,则重在结合史实做理论的思考。

《〈明史稿〉考证》是陈守实成名之作。这篇论文不仅有力地论证了《明史稿》

为万斯同所撰,王鸿绪纯为攘窃,并且颠倒乖舛,以掩饰其攘窃之迹,而且特别突出了史德的重要性,赞扬万斯同"其于史德,可谓纯备",谴责王鸿绪"既无记载是非之公心;而妄意改窜名人之稿,成为己有;又乾没史馆中长编草卷,以扶植其《史稿》,使人无可抉摘,而快其喙鸣;其于史家道德,可谓无纤毫存在"。

《〈明史〉抉微》评析清代官修钦定的《明史》,即列入二十四史的《明史》。以新朝而修旧朝之史,着笔本就为难;清朝开馆修治《明史》,更有民族问题夹杂其间。加上主持修史者或不学无术,或阿谀顺旨,或夹杂私念,或持门户之见,所修之史问题会更多。陈守实叙述了从顺治二年(1645年)至乾隆四年(1739年)修治《明史》的全部历程,重点研究了清王朝文字狱如何影响史事之记述,学派门户出现如何牵及史事之失实,修史人物学识、品行如何关系史事之裁核;然后对《明史》谬误扼要做了论纠,指出了明史料秽杂及湮佚的状况;最后讨论了《明史》之改造与补辑问题。

陈守实在论文中指出:"《明史》著'钦定'字样,故在有清一代有言《史稿》之谬误,独不敢诵言《明史》之失。且不惟是,凡记述明清之际掌故者,一须以《明史》及《御批通鉴辑览》等书为准则。"晚清方有学者稍稍言其漏略。综观《明史》之失,陈守实概括为五个方面,一一详加论证。这五个方面是:"(一)清帝之禁拑太甚,致事多曲讳。(二)因学派门户之偏见,致颠倒失实。(三)蒐访之漏略。(四)明清关系多失真相。(五)弘光迄永历之终,史实多缺。"最突出的问题是,明清交涉不得其相,明末抗清运动悉数被删;配合清帝极意表彰南宋风庳之道学,以柔服俊民,使不再为急激之反动;而对王阳明及其弟子则多所指摘。对"学术之论争,因清帝之偏党而任意轩轾"。积此种种,《明史》遂"褒贬无凭"、"事实乖忤"、缺略过多。

对于明代文人所写种种野史,陈守实提醒人们:"明代文人,最工作伪,中叶而后尤其盛。又党派轧轹,妄生是非,纂修实录者多失其平……而野史更不足信。"加上明人遗著,十不存一,改造《明史》,便非常困难。

《〈明史稿〉考证》与《〈明史〉抉微》实际上是史学史研究,同类型的论文还有《明清之际史料》与《克拉维约东使记》等。和20世纪60年代撰写的《读蔡著〈王荆公年谱考略〉》及《关于王船山史论的现实性问题》相较,后者理论上有较为深入广泛的展开,前者基本上是史事本身的考证、辨析与澄清。

1949年以前,陈守实也发表过《清初奴变》及《明初与帖木儿关系试探》这样考究明、清史事的论文;20世纪五六十年代,他所发表的《谈〈永禁机匠叫歇碑记〉》《跋〈苏州织造局志〉》[①]讨论了封建行帮与封建王朝的特种工场手工业问

[①] 《谈〈永禁机匠叫歇碑记〉》,发表于《复旦》1959年7月号;《跋〈苏州织造局志〉》,发表于《复旦》1959年10月号。

题;《土地问题检论》①就《宛署杂记》《明夷待访录》《日知录》《陶庐杂录》涉及土地问题的论述及一条鞭法施行后的丁徭问题进行了讨论;《特种"隶属状态"的历史考察》与《关于秘密会社的一些问题》②分析了堕民、世仆、乐户、丐户的性质和秘密会社的形成与演变;《〈土官底簿〉跋》③讨论明清时代的民族同化问题。这些论文大多从一些具体的较小的问题切入,力图说明明、清社会乃至整个中国古代社会的若干本质问题,理论性都相当强。

《谈〈永禁机匠叫歇碑记〉》与《跋〈苏州织造局志〉》俱发表于1959年。前一文论证机匠叫歇与帮行名色、挟众把持这种类型的群众性运动,并非资本主义市民运动,"决不能在形式上作偶然类同的附会,在历史时代上造成错觉"。文章指出:"'帮行'固然是劳动者的一种组织,可以对机户展开斗争,但机户机工同样在封建统治下受到剥削,而机工的帮行又受到封建生产关系的制限;劳动组织、劳动条件也使劳动者的依存关系没有摆脱,所以这种叫歇斗争,与资本主义的生产关系隔离得很远。反之,资本主义生产关系的萌芽与出现,必须首先毁灭帮行,毁灭苏州织造局这类封建统治下的加工消费机构,和变相的'行户祇应'的均机,以及民户贴养织造局机工之类的一系列封建强制义务关系的存在。"④后一文论证苏州织造局经历元、明、清三朝,"在中国历史上,此种属于官的特种工场手工业,是在社会生产缓慢的发展过程中,由于土贡的取消而出现的,同时明、清两代又更因落后外族的影响而存在。因此,是纯粹封建式的。如果民间简单协作的商品生产小作坊出现并能保持繁荣扩大,这类机构就必然缩小而复灭。与封建社会经济结构同其始终,与资本主义的工场手工业处在完全相反的地位。"⑤

发表于1962年6月的《土地问题检论》,以相当大篇幅揭示了明代各类官田的本质及其演变的规律。文章指出:

---

① 发表于《中华文史论丛》(1962年第2期),在《中国古代土地关系史稿》中以"陆:明清土地问题"为题收入。
② 《特种"隶属状态"的历史考察》,刊于《复旦学报(社会科学版)》1979年第2期;《关于秘密会社的一些问题》刊于《学术月刊》1979年3月号。
③ 《〈土官底簿〉跋》,副标题为《再论民族问题》,仅存记录稿,未见发表。这篇论文反对将欧洲民族问题和俄国民族问题套用于中国古代民族关系,强调"民族运动"在自然经济占支配地位的社会中是不能成立的,它是社会发展到一定阶段——资本主义阶段时方才形成的。资产阶级用"民主"的方式消灭封建特权,从而形成了有共同利害关系的"民族"。中国历史上是地主封建制。一个王朝开始时,统治关系处于正常化状态,与少数民族的关系虽然也有强制关系与剥削关系,但一般说来还比较正常,与少数民族的前进与同化都有相当程度的推动。到后来,封建王朝逐渐腐化、崩溃,与少数民族的矛盾、斗争便会加剧。总之,中国历史上汉族与少数民族的关系,和资本主义取得相当发展的俄国、欧洲国家的大民族主义是不相同的。
④ 见《复旦》1959年7月号,第8页。
⑤ 见《复旦》1959年10月号,第60页。

实际上的所有关系,决定于剩余产品的分割,亦即一般所谓地租的分割。封建皇朝对土地所征收的"田赋"包括实物、银两、徭役;地主的地租同样也包括实物、货币、工役。土地占有关系上面的人物是"封建皇朝"加"地主"加"佃农"。自耕小农减去中间一项,只有两项(皇朝与农民)。官田减去中项(地主),"租"与"赋"合并在一起,的确存在着国有的形式。但这种国有形式,在时间上无法完成和实现,因为租率在变动,在增加,结果所有关系就按照剩余产品的分割,"租""赋"合一的所谓国有式的官田的两项:皇朝与佃农,就马上变成三项:皇朝、地主(承租官田的地主豪绅,或部分原来承种官田的佃农)、佃农(或称转佃制)。这里面有一个定律,决定着封建土地的所有关系,即土地上剩余产品,额外价值的分割及其比率。……至于对这块土地所有权的大小,当然就需要决定于所分割到的剩余产品比率的大小;还要加上特种的封建关系。①

论文强调土地所有权,具体体现在剩余产品的分割中。论文反对用占有权、所有权、使用权一类用语来给传统土地关系做统一的界定,指出独立的、完整的所有关系的出现,就否定了封建主义的存在。②

结合明代土地关系的演变,论文批评黄宗羲"井田必可复"及顾炎武"后魏垦田均田之制,足为后世法"的主张,"这一类话代表着地主封建政权一个大段落的开始期——亦即断代史的开始期,恒产恒心,平均分配的小农思想的空想主义者所重复无数次的滥调"③。

论文还讨论了一条鞭法施行后的丁徭问题,指出徭役是经济外强制的一种方式,它渗透在封建制的全部机体中。生产的不发展,封建的土地关系,使徭役按比例增长。劳役部分在租和税的比例变化,逐次沉淀到土地上,当然标志着封建关系的浓度在时间上或地域上的稀释,体现着土地占有关系统治一切日趋明朗化④。

《中国古代土地关系史稿》附论《论兵农分合问题》研究兵役问题。这是徭役中的一种。文章详述各代用移民实边、边境屯田、属国屯田带有强制性的办法,使兵农合一,对抗落后游牧民族兵民合一、兵民不分的军事斗争,说明它们只能是暂时的。时间久,土地占有关系会发生变化,另一方面,兵同样也会发生变化。

---

① 见《中国古代土地关系史稿》,第251—252页。
② 见《中国古代土地关系史稿》,第253页。
③ 见《中国古代土地关系史稿》,第255页。
④ 见《中国古代土地关系史稿》,第260、268页。

王夫之所谓"兵不兵,农不农"的现象,必然会跟着产生,从而降低作战能力,失去防边意义①。

须知,这些论文都撰写于人们刚刚开始从人民公社化热浪中稍稍冷静下来的时刻,它们无疑有助于用一种宏大的历史眼光来审视现实生活中的所有制关系的变化,以及全民皆兵、组织军事化、行动战斗化、政社合一等现象,有助于透过语言表象去观察其实质。

《关于秘密会社的一些问题》和《特种"隶属状态"的历史考察》两论文亦写于20世纪60年代初,都是在陈守实去世后,在1979年3月发表的。前一文专门讨论了农民群众自发的集结问题,指出:"自然经济的结构,分散的劳动,家长式的生产,是散而不是聚。'散'是封建统治关系的基础。他的对立面当然就是'聚'。"被排挤在土地之外的农民,或由兵役、出征、戍边、筑城塞、河道开浚等徭役集结起来,或由饥荒、逃亡集结起来,或由移徙结集起来,或由宗教迷信及神秘主义集结起来,而他们一旦集结起来,就会形成冲毁现状的动力。文章强调指出:"由于封建社会的政治、经济、文化条件的限制,农民运动的组织,不可能超过原生的社会形态的框廓。所以皇权主义,宗党关系,即家族宗法关系,乡里关系等等,必然仍存在于否定力量的组织关系里面。"②

陈守实晚年的明清史研究,重点是经济史、社会史,农村问题、农民问题尤为他所关注。他一再说,他的研究,目的是获得明确的结论。这些结论就是对于历史事实、历史过程做出的理论性概括。陈守实的论著,特别富有理论性、思辨性,这在同时代史学家中并不多见。

陈守实公开发表的论文,只是他著述中很少的一部分,还有不少存稿和讲课记录稿未能整理刊布。这些遗稿若能出版,这位坚持以马克思主义治史的史学家的独到见解和杰出成就,必能为更多人所了解,所珍惜。

(原载《史魂:上海十大史学家》,上海辞书出版社2002年版)

---

① 见《中国古代土地关系史稿》,第282页。
② 见《学术月刊》1979年3月号。

再释陈守实师《读蔡著〈王荆公年谱考略〉》一文

允 佳

陈先生在文中说:"经义即理论,新经义的实践,就是新法新政的具体措施。"这里所说的经义,也就是王安石的三经新义。《宋史·王安石传》称:"初安石训释《诗》、《书》、《周礼》既成,颁之学官,天下号曰'新义'。"三经新义中,王安石自己实际操作的是《周礼》,王安石在《周礼义序》一文中便说"臣安石实董《周官》",而《诗》与《书》则有其子王雱参与。"经义即理论",王安石对《周礼》的解释,便是他实施熙宁新政的理论依据。而理论属于人的认识范畴,它又是从哪儿来呢?有两个来源,一个是过去的理论,也就是《周礼》,另一个则是人们对当时社会实际生活矛盾的感受。前者是流,后者是源,两者结合,所以才叫新义。

王安石在《周礼义序》中说:"制而用之存乎法,推而行之存乎人。其人足以任官,其官足以行法。"这里是讲从理论回到实践中去时,便涉及从理论到实践,要通过三个层次:第一个层次,一项好的制度需要有法律来保障;第二个层次,法律的贯彻要依靠人,也就是依靠大家共同来遵守和执行;第三个层次是具体推行法制要通过相应的官僚机构。中央集权制度下的统一国家,它的官僚机构是宝塔形的自上而下的层级结构,要在这样一个结构之下推行良法,必须要有好的官吏。如果这支官僚队伍不好的话,那么好的法制和政策法令,到了下层都会变样,出现理论、制度、法律与实际生活相互脱节的现象。自古迄今,要协调好这几个层次相互间的矛盾关系,谈何容易啊!

陈先生强调理财的问题是王安石新经义理论中突出的部分,另一方面也是对现实问题认识上最正确的部分。王安石在《答曾公立书》中讲到政事,他说:"政事所以理财,理财乃所谓义也。一部《周礼》,理财居其半,周公岂为利哉?"(《王文公文集》卷八)所谓理财,其本质乃是为民众平衡相互之间的利益关系,不是为某个个人,或某个机构谋取个人或小集团之私利。王安石在嘉祐五年(1060年)召入为三司度支判官,这是一个与理财相关的长官,那一年他40岁。他在《度支副使厅壁题名记》中有一段很精彩的议论,其云:"夫合天下之众者财,理天下之财者法,守天下之法者吏也。吏不良,则有法而莫守。法不善,则有财而莫理。有财而莫理,则阡陌闾巷之贱人,皆能私取予之势,擅万物之利,以与人主争黔首,而放其无穷之欲,非必贵强桀大而后能。如是而天子犹不失其民者,盖特号而已耳。"(《王文公文集》卷三十四)财,指国家的财政税收政策,它在再次分配的过程中,平衡各阶层和阶级之间的利害关系。何以理天下之财,那就是要有公平公正之法规,均衡负担,合理补贴,抑制兼并,缩小贫富的差别。如果法是良法,执行此法之吏不是良吏,也就是如果各级官吏队伍良莠不齐,那么怎么能贯彻执行这良好的法制意图呢?立法固然有各个阶级和阶层之间利益的博弈过程,所以它很难一拍即合,它有一个不断修正和完善的过程,而法制的贯彻执行也有一个不断整顿官僚队伍的过程,才能保证良法的有效实施,并得到良好的效果。故法制不完善,政策不到位,就不可能使人们在财富的生产、占有和分配上达到一个比较均衡的关系。用现在的话讲,便是扩大中产阶级的队伍,缩小贫富差别,抑制兼并的结果,而不是使少数人能"私取予之势,擅万物之利",并"放其无穷之欲",也就是使奢侈之风盛行,整个社会风气萎靡不振。从这一段话,可以理解王安石熙宁变法基本的政治经济思想。

王安石上述这两段以理财为中心的文字所表述的观念,可以证明《周礼》只是源流的流,当时的实际社会矛盾才是它的源。在嘉祐五年(1060年)之前,他曾经担任过三年舒州的通判。舒州在北宋的淮南东路,在今天安徽的潜山,潜水的出口就是现在安徽的安庆市,故离开长江很近。王安石有一首题为《发廪》之诗,其中有那么几句:"后世不复古,贫穷主兼并。非民独如此,为国赖以成。筑台尊寡妇,入粟至公卿。我尝不忍此,愿见井地平。大意苦未就,小官苟营营。三年佐荒州,市有弃饿婴。驾言发富藏,云以救鳏惸。崎岖山谷间,百室无一盈。乡豪已云然,罢弱安可生。兹地昔丰实,土沃人良耕。"(《临川先生文集》卷十二)王安石在皇祐三年(1051年)到至和元年(1054年)任舒州通判,此时他在31岁到34岁之间,正是年轻有为的时刻。这首诗正反映了他任舒州通判三年间所亲身经历的社会矛盾,那就是土地兼并与贫富差距两极分化。那个州"小官苟营营",那里穷人困苦至弃饿婴。发富藏,是指在山区开掘地下资源,山区的百姓实际上是"百室无一盈"。他在这首诗中,叙述了其任舒州通判三年所见之社会困苦的状况。他还有一首诗,题名为《感事》,写作的时间也在那个阶段,其云:"贱子昔在野,心哀此黔首。丰年不饱食,水旱尚何有。虽无剽盗起,万一且不久。特愁吏之为,十室灾八九。原田败粟麦,欲诉嗟无赇。间关幸见省,笞扑随其后。况是交冬春,老弱就僵仆。州家闭仓庾,县吏鞭租负。乡邻铢两徵,坐逮空南亩。取赀官一毫,奸桀已云富。彼昏方怡然,自谓民父母。揭来佐荒郡,㦛㦛常惭疚。昔之心所哀,今也执其咎。"(同上)这首诗也是他任舒州通判时,对当时当地征收农业税时民情痛苦的实际感受。那时下层社会的矛盾,已到山穷水尽的地步了,这些感受正是促使王安石进行熙宁新法的那套经义理论的源泉。从这里可以看到王安石的情感是倾向于社会底层弱势群体一边的。一方面,那个时候,即使丰收,老百姓也吃不饱,何况碰到水旱灾害呢?虽然还没有发生穷人们揭竿而起的事,但这样的稳定只能是暂时的,它不可能持久。另一方面,官民之间的矛盾激烈,地方官吏用吊打鞭挞来追缴农民所欠交的农业税,弄不好还不就是"官逼民反"!王安石作为一个稍有良知的地方父母官,"懔懔常惭疚",往昔自己所不愿意看到的局面,如今都要自己来"执其咎"。

在唐代,李白与杜甫这两个诗人之间,王安石比较喜欢杜甫。也是他在舒州任通判那个时期,他有一首诗,题为《杜甫画像》,他非常同情杜甫艰难困苦、流离颠沛的遭遇,其中有这样几句:"惜哉命之穷,颠倒不见收。青衫老更斥,饿走半九州。瘦妻僵前子仆后,攘攘盗贼森戈矛。吟哦当此时,不废朝廷忧。尝愿天子圣,大臣各伊周。宁令吾庐独破受冻死,不忍四海赤子寒飕飕。(那时老百姓也困于住房而不得安居。)伤屯悼屈止一身,嗟时之人我所羞。所以见公像,再拜涕泗流。推公之心古亦少,愿起公死从之游。"(《王文公文集》卷五十)这是王安石借一首诗,借杜甫一生的行事,以明己之志。故蔡上翔在《考略》中称:"李(壁)注云:公不喜李白诗,而推敬少陵如此,特以其一饭不忘君而志常在民也。"

王安石还有一首题为《酬王詹叔奉使江南访茶利害》的诗,宋代在仁宗嘉祐四年(1059年)二月罢榷茶,朝廷议茶法当在此前不久,故此诗当作于嘉祐三、四年间。盐、茶之专卖,用现在的话讲是国家垄断茶、盐买卖,其中弊端甚深,苦了盐工和茶农。从这首诗中可以见到王安石不满意由国家垄断的专卖政策,但是要改确实很难。他在诗中说:"止能权轻重,王府则多有。"那是讲政府只能做裁判官,不能当运动员,政府通过征税,可以得到足够的正当收入,用不到直接参与到买卖的过程中。宋仁宗景祐中,有叶清臣上疏议茶法,他主张放开茶叶贸易市场,其云:"若令天下通商,只收税钱,自及数倍,即榷务、山场及食茶之利,尽可笼取。又况不费度支之本,不置榷易之官,不兴辇运之劳,不滥徒黥之辟。"他算了一笔账,榷茶的收入不过90万缗,放开茶商贸易,税收可以增加到210余万缗。故其云:"比于官自榷易,驱民就刑,利病相须,炳然可察。"(《宋史·食货志六》卷一百八十四)但是真要改变既成的政策就很难了,那些榷场之官不会轻易放弃其既得的利益,且这也是地方财政来源之一。故王安石在诗中说:"公卿忠才难,州县固多苟。诏令虽数下,纷纷谁与守。官居甚传舍,位以声势受。既不责施为,安能辨贤不。区区欲捄弊,万谤不容口。天下大安危,谁当执其咎。"(《临川先生文集》卷五)当时叶清臣的建议,三司在议论时,皆以为不可。改革茶叶专卖政策的讨论并未间断,那时富弼执政,主张改榷茶之法,于是才有遣官分行江南诸路,才有王詹叔奉使江南访茶利害之事。这次调查研究的结果是主张改革茶法,而王安石这首诗是主张改变榷茶的政策,放开让商人自由贸易,国家只征收税赋,那就是政府只当裁判员,不再兼运动员了。嘉祐四年(1059年)二月,正式下令改革榷茶的制度,改革的诏令虽数下,实际上还是推行不下去,那就是王安石在诗中所言:"诏令虽数下,纷纷谁与守。"也就是"州县官多苟",地方官都苟且偷安,怕因此损害了地方的利益。为什么会这样呢?因为这个官僚机构很难改变它运作的传统,官员队伍都习惯于墨守陈法,"官居甚传舍",就是任期制下,官员把职位当作旅舍,任期之内无所作为,换一句话说,治贪官还好办,治不作为的庸官懒官,散漫的瘟官更不好办。当时没有考核黜陟制度,所谓考核黜陟,即当今借年终总结,考核积分以示升降的制度。故云"安能辨贤不",其实即便有考核制度,也可能流于形式。故这个以庸官为主的官僚队伍好坏很难分清,如果要改革的话,势必侵犯官僚主义者们的既得利益而成为众矢之的。"区区欲捄弊,万谤不容口",就是针对这一点而言的。那么天下之安危,又有谁来负其咎呢?这件事发生在熙宁变法之前,改革的阻力来自既成之官僚队伍中的既得利益集团。"人言不足恤"实际上与"万谤不同口"是同一意思。王安石有题为《众人》之诗,表达的也是同一个意思,其云:"众人纷纷何足竞,是非吾喜非吾病。颂声交作莽岂贤,四国流言旦犹圣。唯圣人能轻重人,不能铢两为千钧。乃知轻重不在彼,要之美恶在吾身。"(《临川先生文集》卷十)"颂声交作莽岂贤",是指王莽最初柄政时,正是一片颂声交作,其篡弑之心,谁人识得。周公在位时,"四国流言"是指那时管叔、蔡叔、武庚、淮夷四国之流言蜚语攻击周公有篡弑之心,周公并无篡弑之心,等成王长大以后,"周公乃还政于成王",事实证明周公毕竟是圣人。故对舆论也要分析其是与非,一面倒的舆论未必正确。

熙宁二年(1069年)二月,王安石拜参知政事,设制置三司条例司,为新政创立法制条例,具体便是农田水利、青苗、均输、保甲、免役、市易、保马、方田诸法相继付诸施行,号为新法,遣提举官40余辈,颁行天下,这些法制的中心是理财,也就是对社会各群体进行一次利益再平衡,处理好兼并与贫富税负不均的问题。《考略》在嘉祐三年(1058年)载王安石《上仁宗皇帝言事书》之后,附《存是楼读上仁宗皇帝言事书》一文,对熙宁新法的大历史背景及其失败的原因都做了比较客观而具体的分析。关于神宗之所以要借助王安石实施熙宁新政的背景,他如是言:"自宋承五代之余,西北世为边患。太祖太宗尚苦于兵,至澶渊之役,和议始成,虽以景德仁爱,有不忍战其民之心,而金缯岁币数十万,岁输于边,中原之财赋耗矣。浸寻至仁宗、英宗,天下安于无事,又六十余年,而积弱之势成矣。当是之时,公以不世出之才,而又遇神宗大有为之君,其汲汲于变法者,盖欲以救国家积弱之势,振累世因循苟且之习,而非以聚敛媚君,以加息厉民,并非假财用不足以利一己之私也。"这一段话,一是变法的历史背景和动机是想改变积弱的局面,二是为了抑兼并、均税赋之负担,逐步改变贫富两极分化的局面,并非是为了个人敛财,而是为国家和社会理财。这个分析还是客观并符合当时实际情况的,与前面所引述王安石任舒州通判时及其后的几首诗文,若《发廪》《感时》还有《兼并》等的心理状态也是一致的。

王安石的这些改革措施及其理论思维,在当时是有争议的,而争议则又来自过去曾赞赏过王安石才气的以司马光为代表的君子们。司马光对新法的指责无非是侵官、生事、征利、拒谏,王安石在《答司马谏议书》中都做了答复。有的如曾巩,指责的是青苗法,王安石在回答中也做了答复。指责王安石变法的许多言论中,有一个人的言论值得注意,那就是苏辙,他曾经参加制置三司条例司,议论立法的工作,由于意见不一,乞求外任。王安石有诗题《兼并》者,其云:"三代子百姓,公私无异财","赋予皆自我,兼并乃奸回,奸回有法诛,势亦无自来。后世始倒持,黔首遂难裁。"(《临川诗文集》卷四)这是讲贫富之间的矛盾。陈先生在文章中引了《年谱》卷四录李壁注引苏子由的话:"能使富民安其富而不横,贫民安其贫而不匮,贫富相持以为长久而天下定矣。王介夫小丈夫也。不忍贫民而深疾富民以惠平民,不知其不可也。"这几乎与当今美国共和党的领袖们一个腔调,他也是为富民说话,要大家能安贫乐穷,不主张抑制富民的兼并现象。换一句话说,财富都是资本家创造的,不是劳动创造的,难怪在纽约出现占领华尔街的抗议活动了。中国的老百姓还是守法的,遇到不公正待遇只是上访上访而已。子由任户部侍郎时,在《转对状》中言:"财赋之原出于四方,而委于中都,故善为国者,藏之于民,其次藏之州郡,州郡有余,则转运司常足。转运司既足,则户部不困。"他是主张藏富于民的。这个民可能是指富民,熙宁变法把财权集中于中央,均平民间税赋的负担,对富民不利,故他是反对的。故其云:"自熙宁以来,言利之臣,不知本末之术,欲求富国,先困转运司,转运司既困,则上供不继,而户部亦愈矣。"(《宋史·苏辙传》卷九十八)苏辙,这位苏东坡老兄弟的这些议论是站在富民这一边的,在地方与中央事权的关系上也不能说他的话完全没有道理,而熙宁变法的核心是劫富济贫,这一点正是引起君子们抵制新法的根本原因,也是君子们无法与王安石合作推行熙宁新政的根本原因。因此,王安石启用的只能是赞成和支持他推行新法的人,这就难免有吕惠卿、蔡京这样的小人掺和其间了。

《年谱》在嘉祐三年(1056年)引存是楼之文分析王安石变法之所以失败的原因时,有这样一段议论,其云:"观其与司马谏议书曰,人习于苟且非一日,士大夫多以不恤国事,同俗自媚于众为尚。(即安于贫富不均的现状)然犹以为未得救天下之术(指认为新法还不是救天下之术),以一县小而天下大也,且有治人无治法,得其人则治,不得其人则乱。公尝自言之矣。故一县者公之所得自为也。故其民安,天下者非公所得自为,而必藉其人以奉行之。于是贪吏蠹役乘势以行其私,此所以不得其人则乱,而为祸于天下也。"这一段分析还是有道理的。再看王安石《酬王詹叔奉使江南访茶利害》一诗,其云"公卿患才难",即上层高级官僚中没有才识高明的君子与他合作,"州县固多苟",地方官都苟且偷安,"诏令虽数下",即变法的法令虽然一再颁下,"纷纷谁与守"。各级地方官吏乱纷纷的,没有人帮助王安石把新法付诸实施,所以只能"遣提举官四十余辈,颁行天下",既是颁行诏书,也是推动新政的实施。结果是"官居甚传舍",官员根本不把自己的职责当回事,于是"贪吏蠹役乘势以行其势"。即使是很好的法制,推行时也需要有良好的官吏队伍去付诸实施,否则的话,良法也会造成恶果,关键是实施法令的官员队伍的状况。故一项重大的改革,正如他在《度支副使厅壁题名记》所言:"理天下之财者法,守天下之法者吏也。吏不良,则有法莫能收。法不善,则有财而莫理。"良吏与良法两者是相辅相成的,熙宁新法有良好的愿望,但法的制订太仓促,自然有不完善处,没有良吏的队伍,当然会被贪吏蠹役所利用。故建立完善的法制与组织能遵守并推行法制的干部队伍是紧密相联系的,而这样的队伍建设,既包括思想建设,也就是要有一支既抱有崇高理想又能实事求是深入掌握实际状况的人才,又具有严格组织纪律约束的队伍和组织机构,方能在良法推行过程中求得预期的效果。王安石变法的失败,一方面是法制还不完善,另一方面是缺少一支能真诚推行新法的良好的、不谋私利的官僚队伍。这个历史教训是有深刻意义的。

记得毛主席在抗战时期的《〈共产党人〉发刊词》中曾讲到中国革命的三大法宝,一是统一战线,二是武装斗争,三是党的建设,而党的建设也就是党员干部队伍的思想政治建设和组织建设,只有在认识一致及各级组织机构步调一致的基础上,才能保证路线政策方针的正确贯彻。新中国成立以来,我们取得了重大的成绩,但也经历了不少挫折,关键还是两条,法善不善,也就是我们的方针政策路线上是不是完全正确,方针路线上有错误,它会使我们走弯路,受挫折;吏良不良,就是我们干部队伍的状况如何,如果干部队伍变质了,那么共产党内也会滋生新资产阶级分子。队伍状况不良,即使有伟大的理想,比较正确的方针路线,也会在贯彻执行上出严重问题,也会遭遇失败。如果能对王安石熙宁新法的历史过程认真考察和思考,我相信它对我们如何总结新中国成立以来历次重大事件的经验教训,及如何处理目前所面临的各种问题,如何评价当代的历史人物,都是非常有益的。至少应该避免如邵伯温那样形而上学地、片面地、绝对化地对王安石熙宁新法采取那样错误的认知态度。

后记:此文定稿于元宵节之深夜,陈守实师之文发表于1962年4月12日之《文汇报》,距今已有50余年时间。过了50年,我亲身经历了沧桑变化,才能进一步理解此文之深意。本文之思想皆发源于(守实)师《读蔡著〈王荆公年谱考略〉》,本文中所引王安石《发廪》《感事》《兼并》诸诗,陈先生均在文中提到,故我只是具体阐释吾师文中的一个基本观点。最近看到报纸刊载李克强总理在上海座谈深化财税改革的消息,王安石熙宁变法的焦点是理财,说到底也是财税制度的改革,先人的得与失,对后人或有启发和借鉴作用。

(原载《读史求是》,中国长安出版社2015年版)

周予同

周予同(1898—1981)原名毓懋,学名蘧、豫桐,字予同。浙江瑞安人。历史学家。专长中国经学史、中国教育史等。

1915年毕业于浙江瑞安中学。次年就读北京高等师范学校国文部。1920年秋至1921年夏先后任教于北京高等师范附中和厦门大学。1921年秋入上海商务印书馆任《教育杂志》主编,并在立达学院、持志大学、神州女校等校执教。1932年至1942年,先后任安徽大学中文系主任、文学院院长,暨南大学史地系主任兼南洋研究馆主任、教务长等职。1943年至1946年,任开明书店编辑,一度兼任襄理。1946年8月起,任复旦大学历史系教授。1949年8月至1952年8月,任复旦大学历史系主任。1952年9月至1957年8月,任复旦大学副教务长。

新中国成立后,曾兼任华东军政委员会文化教育委员会委员、上海市人民政府文教委员会副主任、中国民主同盟上海市委副主任委员、上海社会科学院历史研究所副所长、上海市文史研究馆馆务委员等职。1964年当选为第三届全国人民代表大会代表。

在大学任教期间,讲授"中国经学史""中国历史文选""中国教育史""中国文字学""中国通史"等课程。

2018年入选上海社会科学联合会评定的"上海社科大师"。

任《辞海》副主编,主编《中国历史文选》(上、下两册)、《辞海》中国经学史部分等。发表学术论文《经今古文之争论及其异同》《朱熹哲学述评》等70多篇,并有《国文教科书》《中国现代教育史》《中国教育现状之剖析》《中国特殊教育问题》《教材之研究》等教育论著。其代表作有《经今古文学》、《群经通论》、《经学历史》注释本、《〈汉学师承记〉选注》等。有《周予同经学史论著选集》。

周予同教授与中国经学史研究五十年

朱维铮

我正式的宣示我的意见罢。经是可以研究的,但是绝对不可以迷恋的;经是可以让国内最少数的学者去研究,好像医学者检查粪便,化学者化验尿素一样,但是绝对不可以让国内大多数的民众,更其是青年的学生去崇拜,好像教徒对于莫名其妙的《圣经》一样。……如果你们顽强的盲目的来提倡读经,我敢作一个预言家,大声的说:经不是神灵,不是拯救苦难的神灵!只是一个僵尸,穿戴着古衣冠的僵尸!它将伸出可怖的手爪,给你们或你们的子弟以不测的祸患!

读者可知以上这段满怀愤激的话的来历吗?它是一篇题为《僵尸的出祟——异哉所谓学校读经问题》①的论文结语,发表于1926年10月。熟悉中国现代思想史的读者,当然不难据此推知,它是针对那时北洋军阀政府强迫各级学校恢复"读经"而发出的抗议。但也许很少有人知道,正是由这时起,论文的作者便发下大愿,"捉着这僵尸,剥掉它的古衣冠,用照妖镜似的眼光看它究竟是一个什么东西变成的",从而在此后半个世纪里,为中国经学史的研究,做出了贡献。

他的许多论著,写得那样系统、清晰,又饶有情趣,常令读者忘记面前出现的是本来非常枯燥乏味的经学问题,因而到现在还被许多学习中国思想文化史的青年看作上等参考书。

他的学术成就,不仅吸引着国内的研究者,而且影响已经飞到海外;近年来,我就不止一次地遇到日本、西欧的汉学研究者,主动谈起他的经学史论著,对他的学问造诣表示敬意。

他,就是复旦大学历史学系教授周予同。

已逾82岁高龄的周予同教授,1898年生于浙江瑞安。他在腐败的清王朝

---

① 《僵尸的出祟——异哉所谓学校读经问题》,载《周予同经学史论著选集》,上海人民出版社1983年版。以下凡引自本书的论文,均只注篇名。

统治下度过了童年。但辛亥革命并没有给他带来光明,相反,勉强念过中学以后,便不得不在18岁那年,千里迢迢去报考北京高等师范学校——当时向"穷学生"开门的极少数大学之一。在这所学府的国文部,也就是如今的北京师范大学中文系,苦读了五个春秋。

那是"五四"前后,旺盛的民主和科学的新思潮,激荡着年轻的大学生周蘧(周予同教授学生时代用名)和他同伴们的心灵。陈独秀、李大钊、胡适、钱玄同、鲁迅等的论说,同样感染着他们。社会主义、托尔斯泰主义、无政府工团主义等理论,同样吸引着他们。思想是不定型的,但意向是明确的,那就是周先生在1919年3月讨论中国千百万"苦学生"命运时所说的:"现在的社会是不平等,所以在这种社会上建设的学校制度也跟着不平等。"①为了改造社会,周先生与同伴们认为应该从自己做起,实行这样一个理想:"人类对于劳心劳力都不可偏废,决不能像孟子分出什么'治人''治于人''食人''食于人'的种种阶级。"②他们在北京高师先后发起励学会、工学会、平民教育社等组织,创办《教育丛刊》《工学》等杂志,从事印刷、木刻、办夜校等活动,天真地进行"工读主义"的实验。他们在校园里发表演说,到北大去参加辩论,积极投入爱国民主运动,并经过秘密准备,在"五四"那天"火烧赵家楼"③,猛烈地对着祸国殃民的封建军阀、官僚、政客"三害"展开冲击。在这沸腾的时代,周先生结识了一批进步青年,其中有毛泽东同志。④

五四运动的洗礼,使周先生对于腐朽的封建文化教育,更加深了憎恶,也对自己这一代人肩负的责任,更增进了认识。他在一首新诗里吟道:

> 今我是活泼泼的青年,
> 扫却了悲观和闲愁;
> 本着这肃杀的精神,
> 打破了糊涂的九州!放出了万千的狱囚!⑤

虽然未免过于乐观,却真切地反映出作者的憧憬和追求。这种打破封建蒙

---

① 《工读主义》(1919年3月),《工学》第1卷第1号,1919年11月。署名周蘧。
② 《工读主义》跋(1919年11月),同上。
③ 参见《火烧赵家楼——五·四·杂·忆》,《复旦学报(社会科学版)》1979年第3期。
④ 据北京师范大学校史编写组云刚同志访问周予同先生的录音记录(1979年9月29日、10月4日)。本记录稿及《工学》所刊周先生早期论作,均承云刚同志提供,附志谢意!
⑤ 《秋风》,《工学》第1卷第1号。署名予同。

昧主义的渴望,在周先生的毕业论文——《我的理想的教育制度》①里面,显露得更加明白。他控诉中国封建教育的野蛮和黑暗,也揭露资本主义教育的伪善和势利,提出应该吸取革命后的苏俄实行义务教育和大战后德国实行"能者升进"的免费教育的经验,在中国实行普及教育和终身教育,使教育成为改造社会的利器。1921年,他跨出校门,走进商务印书馆主编《教育杂志》,便热情地投入改造传统教育制度的研究和宣传②。

可是,有一种奇怪的噪声,却总在干扰这位年轻人的注意力,那就是北洋军阀政府不断叫嚷在学校里添设读经。1915年袁世凯政府不是规定过一回吗?"但不久袁世凯也就由总统变成皇帝了"。1925年段祺瑞政府不是要强迫学生读经吗?"但不久段祺瑞枪杀学生的'三一八惨案'又就随着发生了"。周先生愤慨地说:"在这样奇怪的国度里,僵尸穿着古衣冠,冒充着神灵,到民间去作祟,几乎是常有的事。你如果觉得太不入眼了,觉得有点忍耐不住了,你能沉默着不说话吗?"③

是的,真没法沉默。周先生感觉有义务,"要先动手去触这个僵尸了"。但周先生是谦虚的:"吾人愚拙,于社会无他贡献,只能廓清旧日思想之途径,使来者不致多走错路,枉费精神而已。"④

然而,这种打扫封建经学的肮脏马厩的工作,恰是当日学术界所需要的。众所周知,"五四"时期"打倒孔家店",反对封建主义的老八股、老教条,抨击纲常名教,揭露神道迷信,痛斥偶像崇拜,批判家族制度等,起过极大的启蒙作用。周先生也是参加者。现在还保存着他当时在北京高师所发表的几篇演说和文章,尽管某些具体见解同陈独秀、吴虞等不完全一致,但尖锐揭露封建专制统治者利用孔子作为愚民工具的丑态,则显得更直率。不过正像周先生由切身体验所认识的,如果停留在口号上,成天呼喊"打倒孔子""废弃经学",而不去研究打倒和废弃的充分理由,那么能够证明孔子的思想、经学的老路已不适合于现代的中国吗?显然不能⑤。因此,周先生觉得,使青年文史学者"由了解'经学'而否定'经学',在当时也是必要的学术思想工作"⑥。

这项工作,由周先生来担负,也很合适。作为钱玄同的学生,他对晚清经学

---

① 《民铎》第3卷第3号,1922年3月。
② 周予同先生于1921年秋至1932年初在商务印书馆编译所任《教育杂志》主编。已见他在该刊发表的现代教育论作有十多篇。可参看先生所撰《忆〈教育杂志〉》一文,见《东方杂志》第29卷第4期。
③ 《僵尸的出祟》。
④ 《与顾颉刚书》。
⑤ 《经学史与经学之派别——皮锡瑞〈经学历史〉序》。
⑥ 《〈经今古文学〉重印后记》。

的两大派——坚持古文经学的孙诒让、章炳麟一派和专主今文经学的廖平、康有为一派的学说,都有很深的了解。同时,他对"宋学",尤其是程朱理学,也有相当的研究。一旦他决定从历史入手,去廓清封建经学的魔障,他关于经学的丰富知识,当然就显出有利的作用。

所以,当 1926 年盘踞东南五省的军阀孙传芳公然下令各级学校恢复"读经",而某些高等学府也被这具封建僵尸闹得乌烟瘴气的时候,周先生发表了旨在"使年青的学者不致永久陷在'落后的'泥沼里"的《经今古文学》①,便很快引起了学术界的注意②。

自那以后,直到日本侵略者占领上海、迫使这位爱国学者搁笔抗议时止,周先生在经学史方面,共发表了六本著作:《经今古文学》(1926 年初版,1929 年重版)、《经学历史》注释本(1928 年,清末皮锡瑞原著)、《朱熹》(1929 年)、《群经概论》(1933 年)、《孔子》(1934 年)、《汉学师承记选注》(1934 年,清江藩原著)。同时,还有近 20 篇论文杂著,主要如:《经学史与经学的派别》《"孝"与"生殖器崇拜"》《纬书与经今古文学》《纬谶中的孔圣与他的门徒》《纬谶中的"皇"与"帝"》《"汉学"与"宋学"》《〈大学〉和〈礼运〉》《〈孝经〉新论》《〈春秋〉与〈春秋〉学》,等等。假如考虑到那时周先生还继续从事着教育史研究和教科书编写等繁重工作,包括写了《中国学校制度》(1930 年)、《中国现代教育史》(1934 年)等专著,编了《开明本国史教本》(1931 年,两册)、《本国史》(1935 年,四册)、《国文教科书》(1935 年,六册,系与人合编)等中学教材,那便不能不说,这十年间,仅经学史研究一项,周先生所取得的成果就已很可观。

在周先生立志清算封建经学以后不久,即 1927 年,他便拟订过系统研究的计划③,首先酝酿撰写《孔学变迁史》一书,"详述孔子自身及其学说之扩大与变化,就历史上的研究以塞梁漱溟氏辈以孔教代表东方文化及挽近之孙中山先生孔子化之误谬思想"④。梁漱溟自"五四"以后,在《东西文化及其哲学》《漱溟卅前文录》等著作里,屡次把封建化的孔子比作入世的佛祖,把陆王心学援禅入儒的所谓孔学说成东方文化的至善代表,那是大家知道的。而"挽近之孙中山先生孔子化"是怎么回事呢?也不难明白,说的就是 1925 年 3 月孙中山去世以后,戴季陶从事反共煽惑时所发表的言论。这位"举起左手驱逐共产派,举起右手打倒

---

① 《经今古文学》,初刊于《民铎》第 6 卷第 2、3 号,1925 年 2、3 月,1926 年汇编成书,改原题《经今古文之争及其异同》为今名。
② 参见王伯祥《读〈经今古文学〉和〈古史辨〉》,《一般》第 1 卷第 1 号,1926 年 9 月,后收入《古史辨》第二册。
③ 见《经学史与经学史之派别》,《民铎》第 9 卷第 1 号,1929 年 9 月。引文详后。
④ 《与顾颉刚书》。参见《经学史与经学之派别》,《民铎》初刊文;《第四期之前夜》,《一般》第 6 卷第1 号。

反动派"的所谓"戴季陶主义"的发明者,当时接连刊布《三民主义之哲学的渊源》《孙文主义之哲学基础》等论作,说三民主义乃"继承尧舜以至孔孟而中绝的仁义道德的思想",因而孙中山是孔子"道统"的嫡传,其作用便是替蒋介石背叛孙中山的新三民主义张目。周先生在蒋介石发动四一二反革命大屠杀之后的上海,坚持要摒除梁漱溟、戴季陶等的"误谬思想",这无疑在学术上、在政治上都需要勇气。

正因如此,我们在周先生的旧著内,不但时常看到他对历史上的封建专制主义冒出怒火,而且时常看到他对国民党蒋介石独裁卖国的反动行为直接发出冷嘲和抗议。他曾经谴责国民党出版法扼杀学术自由[1];他曾经直言没有民主便根本谈不上国民党所大肆宣扬的"教育合理化"[2];他曾经毫不客气地拒绝《东方杂志》编者要他在蒋介石的枪刺下"说梦"的请求[3];他又曾经直截了当地揭穿蒋介石集团再度主张学校恢复"读经","是将大多数的国民变成'阿斗',预先替帝国主义者制造顺民"[4]。

抗日战争的烽火,解放战争的浪涛,使身处危境的周先生不能不暂时中辍经学史的研究,更准确地说,是发表学术研究著作的环境变得更加艰难。然而,周先生仍然利用各种可能的机会,向大学生、中学生进行爱国主义和民主主义的历史教育,希望青年们挣脱封建士大夫的末运,绝不要学清末以来许多青年的样,"以革命志士的姿态踏上抗争的路,而终以腐败的官僚、政客、土劣的身价送进坟墓里去;甚至于借着一切可利用的幌子,在任何机关里,进行其攫夺的私计"。周先生呼吁青年学生认清自己的命运,认清国家民族的命运,除掉悲观,挺起脊骨,自觉地"负起'反帝''反封建'的历史任务","去消灭一切应该消灭的东西,去建设一切应该建设的文物制度",为社会改造,首先为神圣的民族解放运动而献身[5]。这也是周先生向自己提出的要求。所以,即使在日本侵略者重围下的"孤

---

[1] 《忆教育杂志》,《东方杂志》第29卷第4期。
[2] 《实施教育化政策之先决问题》,同前引《东方杂志》第29卷第4期,署名天行。又,《中国教育病态的诊治及其批判》,《文化与教育》第2期,1933年2月。
[3] "《东方杂志》的主编者说:'甜蜜的舒适的梦是我们所有的神圣权利啊!'对的,谁说不是?然而我们所有的神圣权利又岂仅'梦'而已。就梦而说吧,倘使你关门蒙被,做你的孤独的梦,或者没有什么危险;倘使你'不识相',觉得你的梦太有趣了,而向大众公开着,'在这昏黑的年头儿',保得住不掉脑袋吗?我们的神圣的权利啊!我们早已空无所有。现实的生活窒息到这样的程度,连你皱眉叹气揩磨各自的生命的耐力都没有了。东北三千万人民固然在帝国主义的枪刺下活受罪,我们又在谁的枪刺下受罪呢?这难道也算是我们的神圣权利吗?主编先生,请恕我拒绝你这个说梦的请求,虽然,我对于这个请求的苦衷是了解的,而我自己也是一位喜欢白日做梦的人。"见《东方杂志》第30卷第1号,1933年新年特大号《新年的梦想》征文"梦想的个人生活"栏,署名安徽大学教授周予同。
[4] 《对于"读经"问题的意见》。
[5] 《我们的时代》。

岛"上海沦陷的前夜,他仍然坚信中国不会灭亡,"必然的会保持他的悠久的历史与光荣的地位",而作文发扬中国史学渗透的争取民族解放的信念①。所以,即使在抗日战争刚刚结束,蒋介石又悍然挑起内战,使国民党统治区的人民重新沦入黑暗和恐怖的1946年,他仍然坚信这帮白昼跳梁的城狐社鼠绝不会长久,蒋家王朝造成的八表同昏的局面一定要终结,因而写道:

> 中国社会又演化到另一阶段了!崭新的社会正在临盆,这东亚的大地正在为阵痛而呼号而拘挛。新的号角又在吹起,要求知识份子们再度的改编。现在已经不仅仅是说啊写啊的时代,不仅仅是组织的时代,而是要求行动的时代了!数千年旧社会的蜕变,一期比一期紧,一段比一段难,现在正面临着"再生"或者"绝灭"的关头了。②

于是,我们便更可理解,为什么自1938年到1949年上半年,周先生很少发表论著。那个令人窒息的时代,"语言道断",一切求真理的权利,说真话的自由,统统被褫夺,整个民族被反动派推入灾难之中,有几位正直的学者还能安心地说啊写啊呢?当然周先生没有止于掷笔长叹。他投入了国民党统治区的民主运动,并且在1946年与张志让、蔡尚思、沈体兰等教授共同列名作为我们党所领导的上海大学教授联谊会(简称"大教联")的发起人。他和周谷城等复旦大学教授,多次联合上海各大学教授签名发表宣言,抗议国民党非法搜捕进步人士,要求保障人民的民主权利。他秘密地学习马克思、恩格斯的著作,继续着自青年时起便开始的用唯物史观说明历史演变的研究。如此等等,便是他在那黑暗年头的行动。虽然看来不那么壮烈,却表明他确实在为我们民族的复兴出力。

说到这里,似乎有点离题了。但我觉得,了解某位有成就的学者的学术思想,而不了解他生活的时代和个人的道路,就未免贻"凿空"之讥。所以,尽管我对周先生在旧中国的经历知道很少,还是率尔着笔向读者介绍了。

一提起"经",人们便不免联想起封建古董。确实的,自从西汉统治者把《诗》《书》《礼》《易》《春秋》五种儒家著作,当作孔子的经书,治国的法典,立为官学那时起,它们就逐渐变成僵硬的东西。"经"的名目愈增愈多,由汉朝的"五经",到

---

① 《五十年来中国之新史学》。
② "语言道断",《时事新报》副刊《学灯》1946年第9期。本文首谓:"本栏的主编,友人吴文祺先生要我为《学灯》写点短文……我觉得,这八表同昏的局面已经迫得我到了'语言道断'的境界了!你能说些什么呢?你可以说些什么呢?而且说了写了又有什么用呢?城狐社鼠,白昼跳梁。对于这些狐鼠们,你的言语,你的笔还有什么力量呢?"按"语言道断",出自唐代张说为禅宗北派开山者神秀所撰碑铭,其中形容神秀的学法生活为:"禅灯默照,语言道断,心行处灭,不出文记。"

南朝的"七经",唐朝的"九经",再到宋朝便扩充为"十三经"①。它们都是两汉乃至先秦的作品,或传巫术,讲礼仪,或论哲学,说历史,或为古代文件的汇编,或为两周诗歌的总集,还有"语录"和辞书。这些著作内容庞杂,文字古奥,要强迫百千年后的青年们当作宗教教条去死读硬记,已够难了,何况还要他们适应封建政治的不同需要,去寻章摘句、曲解附会呢。于是,传经的经师,解经的注疏,便愈来愈多,形成一种专门学问,叫作"经学"。从汉初到清末,2 100多年中,因封建王朝的提倡和封建传统的因袭,经部书籍在数量上已达到吓人的地步,单是《四库全书总目》所著录的,便总计1 773部,20 427卷。至于要知道经学注释多么烦琐,那只消一翻《通志堂经解》,正、续《清经解》,也足以令人目眩。

清理这份庞大的经学遗产,无疑应该从材料入手。理由很清楚:"必须先研究事物,而后才能研究过程。必须先知道一个事物是什么,而后才能觉察这个事物中所发生的变化。"②经学史中的情形也正是如此。清朝的乾嘉考据学者们对经学研究做了大量工作,但他们的工夫主要花在搜集材料上,辑佚、校勘、训诂、考订,将大部分经学著作"是什么"的问题,弄得比较清楚了。可是,除了很少数人之外,他们的共同缺点,便是把经学看成一成不变的事物。这在惠栋开创的"吴派"中间表现得尤其明显。梁启超批评他们"凡古必真,凡汉皆是",便颇恰当地道出了他们的形而上学气味。清末的经学家们,不论是表彰今文经学的康有为,或者是笃信古文经学的章炳麟,都程度不等地接受了进化论,也就是关于一切事物都有发生、发展以及彼此间存在着相互联系的过程的科学理论。他们本来可以在经学研究上迈出一大步,把乾嘉学者搜集的材料加以整理,即过渡到系统地研究封建经学如何随着社会的变化而变化,可是谁也没有跨出这决定性的一步。重要原因之一,就是康有为也罢,章炳麟也罢,都把经学上的门户之见同政治上的党派分野纠缠在一起,因而被实用的需要蒙蔽了求真的精神。结果,哪一派也没有替我们预备下关于经学发展过程的较完备的材料,虽然章炳麟一派提供的东西,或许比康有为一派要多些。

所以,尽管时间已经到了20世纪20年代,但要研究封建经学的历史,依然非自己动手整理材料不可。周予同先生便是从这里做起。他以为,经学是封建时代统治学说的总称,但它绝不是凝固的铁板,而是内部存在着不同学派的统一体,因此整理材料首先应该注意经学的分派,求同,求异,绝不能"混"。

关于经学的分派,清朝的考据学家一般分"汉学"和"宋学"两派。近人刘师培按照时代,分成两汉、三国至隋唐、宋元明、近儒四派。范文澜则分成汉学系、

---

① 《群经概论》。
② 恩格斯语,见《马克思恩格斯选集》第4卷,第240页。

宋学系和新汉学系三个部分。周先生觉得都不尽妥当。他认为,清儒所谓的"汉学",专指东汉古文学,并不包括西汉今文学,把经学史的首尾截去了;刘师培所说的两汉和近儒两派,都含有势同水火的古今文学两派①。而范老的汉学、新汉学系的说法,在周先生看来,也存在与刘说类似的问题。

那么,应该如何区分经学派别呢?周先生以为,封建经学的中心人物是孔子;历代经学家的一切分歧和争论,焦点便是对于"在中国数千年来封建社会的学术思想史上握绝大权威的经典和孔子,而他们的见解完全相异"②。如果以此为标准,则那样繁重的经学,也不过可以归纳成三大派:西汉今文学、东汉古文学、宋学。他说:

> 这三派的不同,简明些说,就是今文学以孔子为政治家,以六经为孔子致治之说,所以偏重于"微言大义",其特色为功利的,而其流弊为狂妄。古文学以孔子为史学家,以六经为孔子整理古代史料之书,所以偏重于"名物训诂",其特色为考证的,而其流弊为烦琐。宋学以孔子为哲学家,以六经为孔子载道之具,所以偏重于心性理气,其特色为玄想的,而其流弊为空疏。③

自然,这样的区分妥当与否,也可讨论。如周先生自己所指出,详密地说来,清代复兴的古文学与东汉原始的古文学有不同,清代复兴的今文学与西汉原始的今文学有不同,元明的宋学与北宋的宋学也有不同。20世纪60年代初期,周先生又从详密性着眼,对经学史中的学派问题,做了更细致的分析④。

恩格斯说过:"每一个时代的哲学作为分工的一个特定的领域,都具有由它的先驱者传给它而它便由以出发的特定的思想资料作前提。"⑤这个特点在中国经学史上表现得如此明显,以致经学史家们每每对学派的继承性赋予过大的注意,而或多或少地忽略了一个更基本的事实,即马克思早在批评黑格尔时所指出的,观念性的东西不过是在人类头脑中变了位并且变了形的物质性的东西⑥。长期以来,我们关于各种观念形态史的研究,经常令人感觉是在把一种思想当作另一种思想的原因正在于此,即使比较注意社会存在同社会意识的相互关系的

---

① 《经学史与经学之派别》。
② 《经今古文学》。
③ 《经学史与经学之派别》。
④ 《关于中国经学史中的学派问题》。
⑤ 《马克思恩格斯选集》第4卷,第485页。
⑥ 《资本论》第2版跋。

著作,也不免出现这样的缺点。周先生是一向愿意倾听学生的一孔之见的。因此,我在这里也可以冒昧地说,当我读周先生关于经学史学派的论述时,同样产生过那种感觉。

但如果我们不想重犯所谓"经济唯物论"的错误,那便必须同时承认,某种观念形态一经形成,就开始着自己相对独立的行程,因而它在社会发展的不同阶段所出现的变化,往往被似乎毫无变化的外表所掩盖。经学在这方面显得尤其突出,认识它的变化也就更加需要懂得辩证的思维。从这个侧面来看,周先生的经学分派说有个明显的长处,即指出了在经学家众口一词肯定孔子和六经的现象后面,隐藏着巨大的认识分歧。这对那些盲目宣扬专经复古的国粹家们——"他们连经史不分,汉宋学不分,今古文不分,他们只觉得一个完全无缺的所谓国粹也者在面前发毫光"①——无疑是一记针砭。

既然孔子问题是经学各派分歧的焦点,那么研究孔子的真相,显然是必要的。

为什么孔子问题总不得完全解决呢?周先生认为:"简单的说,就是真的孔子死了,假的孔子在依着中国的经济组织、政治状况与学术思想的变迁而挨次的出现。"譬如说,汉武帝采用董仲舒的建议,"罢黜百家,独尊儒术"——

  就表面上看,孔子的思想,到这时期,似乎大发展了。其实完全不然;因汉朝所尊奉的孔子,只是为政治的便利而捧出的一位假的孔子,至少是一位半真半假的孔子,决不是真的孔子。②

在周先生看来,由于"道统""学统"之类传统观念作怪,致使拿个人的主观的孔子来代替真正的客观的孔子的现象,在封建时代的学术思想史上,变化得更厉害;所以,他很同意梁启超的说法:孔子渐渐地变为董仲舒、何休,渐渐地变为马融、郑玄,渐渐地变为韩愈、欧阳修,渐渐地变为程颐、朱熹,渐渐地变为陆九渊、王守仁,渐渐地变为顾炎武、戴震——"这话颇能痛快地指斥中国数千年来学术冒牌失真的弊病"。③

正因如此,周先生同时研究了真、假两个孔子,"假的孔子正所以衬托出真的孔子的真实性"④。

周先生特别研究了两汉之际纬书中所描绘的假的孔子。《纬谶中的孔圣与

---

① 《顾著〈古史辨〉的读后感》。
② 《孔子》。
③ 《经今古文学》。
④ 《孔子》。

他的门徒》①是这类题材所仅见的专篇;而《孔子》一书给予纬书材料的特殊注意,也使它现出与以往同类著作很不相同的色彩。这不免令人感到惊奇:从《孟子》起,在儒家著作里,假孔子的形象比比皆是,为什么周先生却偏偏选择鬼话连篇的谶纬里的孔圣人作研究对象呢?

原来,周先生以为,在封建时代,孔子由人变成超人,变成救苦救难的神灵,其源盖出于谶纬。例如,什么孔子为黑帝精灵所"感生"说,什么孔子接受天启为汉"制法"说,诸如此类的妖言怪语,都是汉以后封建统治者尊奉孔子"玄圣素王"的根据,也都出现于纬书。既然归在孔子名下的经书,被封建统治阶级当作了宗教教义大全,那么在清算它的时候,能对从神学角度解经的材料置之不理么?

但这还不是作者的全部意向。周先生毫不讳言,他之所以挑出两汉纬谶中的假孔子形象来示众,还因为纬谶家们给孔子穿上奇装异服的伎俩,以后曾经不断被重复。"不信,在最近几年,孔子不是穿着不相称的'中山装'在摇摇摆摆的吓人吗?那么,现在发表这篇文章(《纬谶中的孔圣与他的门徒》——引注),命意也不过是在看看两汉间孔子所穿着的怪装,好使刁黠的政客与忠厚的书生们清醒清醒点。"②暴露古代神学的妖妄,也为了照出戴季陶辈制造现代迷信的丑态。这正是在实践作者当初要写《孔学变迁史》的初衷。

如此岂非有影射之嫌?没有的事。所谓借历史影射现实,是说出于某种主观需要,采取以今律古、指桑骂槐之类手法,对历史任意剪之裁之颠之倒之,甚至无中生有,恣情编造。因而,不论作者的动机多么良好,在歪曲乃至篡改客观历史的基本点上,却同假历史以搞阴谋者毫无二致,怎能起到揭露和打击敌人的目的呢?作为忠于事实的史学家,周先生自来反对这一套。他不隐瞒自己在反对谁,也就没有必要弄虚作假。他寻找的是足以照出论敌尊容的镜子,也就没有必要去改制历史。在他看来,现代神学同古代神学那样相似,恰好表明中国社会的落后和不幸,表明产生蒙昧主义的历史条件经过两千年仍没有彻底改变。所以,他认为只消通过历史学和宗教学的综合研究,把孔子由人变成圣人,变成通天教主的真相,展示在人们面前,自然就会映照出现代迷信的低劣和愚昧。我们看到,《纬谶中的孔圣与他的门徒》《纬谶中的"皇"与"帝"》中,除了简短的序言外,都是通篇采用白描的方法,将整理清楚的材料,忠实地译成白话,而附加原始材料的详细引证,以资读者检查、对照。那里面没有咒骂,没有隐语,可是对于给孔子穿上"中山装"来实现专制愚民企图的蒋介石王朝,难道不是深刻的讽刺吗?难道不比挨刀子还痛吗?也正因为周先生忠实于历史,所以他抨击的现实虽已

---

① 作于1933年初。
② 《纬谶中的孔圣与他的门徒》。

成历史,然而他所搜集整理的材料,至今仍然没有失去学术价值。谁想研究汉朝人编造的假孔子,研究封建"天子"的观念发生史,难道不会去利用它们吗?

假孔子不足凭信,那么真孔子是个什么样子呢?周先生继续研究孔子的传记,研究孔子学说的各个侧面,利用他判断可信的材料,尽力描画孔子的真相。他的结论是:这个孔子,既非今文经学家所尊的"素王",也非古文经学家所推重的专研名物训诂的学究,更非宋学家所刻画的那种头脑不清的哲学家,同时也不像康有为说的具有一种大同思想的乌托邦主义者。不是的,历史只证明——

> 他是一位实际的教育家,他是一位不得意的政治思想家,他是一位专研道德问题的伦理学家。①

清末以来,人们长期争论一个问题:孔子的政治思想,代表进步呢,还是代表反动? 周先生以为,如果从历史在变化的角度看问题,则争论不难解决。

他说,孔子是没落的贵族,迫于生活,成了中国第一位教书先生;但孔子以学识传授给一般平民,却从文化方面促使贵族封建制度崩溃,也可说是新兴的地主阶级的代言人;因而,孔子的政治学说,虽然只是斥责僭礼的卿大夫,并不希望平民起来反抗统治阶级,但实际上却对贵族封建制度不利。他写道:

> 孔子所以在当时不能得君行道,孔子所以在新兴地主阶级抬头的秦汉以来被人尊奉,孔子所以在地主阶级崩坏的现在被人反对,都由于孔子自身的政治学说与社会结构符合与否的关系。②

以上议论,说清楚孔子的真相没有,自可讨论。比方说,周先生强调真假孔子的区别,吸取了梁启超的意见;强调孔子办教育对世卿贵族垄断政治的破坏作用,又吸取了章炳麟的意见;而梁、章两人的意见,都有人不赞同。但周先生注意从经济基础与上层建筑的关系来看问题,注意从历史变化的角度来论证孔子学说的命运,则无疑是正确的方向。拿它同"五四"以来某些形式主义的孔子观比较一下,谁更实事求是一点,谁更接近马克思主义的历史观的要求,似乎也不难判别。这里,我还想指出一个事实,那就是周先生的话说于近50年前,而以后几十年里,这个基本观点没有随风而变。不信,请比较他1934年的《孔子》和1962年的《有关讨论孔子的几点意见》。

---

① 《孔子》。
② 《孔子》。

封建时代的统治阶级,都喜欢提倡读经、专经、尊经。所以者何?据说就因为"经"是孔子留下的东西,人们只有将它当作宗教教条去信奉的义务,而没有对它进行丝毫怀疑的权利。这只要看看东汉初的桓谭,因为不信分明是冒用孔子名义伪造的谶纬,便被皇帝痛骂为"非圣无法",终于被流放而送掉老命一事,便可窥见一斑。

周先生何等憎恶这一套,本文开头已经介绍了。其实,他在那僵尸出祟年头所写的论著里,到处迸发着这样的怒火。他曾对"五四"先驱者们提倡的"非宗教运动"表示不满,理由就是他们反对基督教,而没有同时强调反对中国的传统迷信,即"孔经的方士化"。他说:

> 我是一个无神论者……所以始终十分的同情于近来青年们的反基督教运动。但我总觉得"舶来品"的"鬼话"固然应该绝对的排斥;而"国货"的鬼神术数的思想似乎决不能因为是"吾家的",就宽容的饶恕吧。我更觉得扫清国货的"鬼话",在"反教"的原则上与策略上,都是根本的;不然,青年们的喊呐恐怕究竟只是喊呐了!即不然,第一个"幽灵"被吓退,而无数的"幽灵"继续的聚啸,思想界将更不可救药了。①

是这样的。西方的迷信和东方的迷信,都应该反对。但在中国反对迷信,便不能轻重不分,更不能轻重倒置,而必须认准哪种迷信对人民毒害更深。主要打击资产阶级化的外来宗教,却放过了封建专制主义所提倡所纵容的传统迷信,在客观上只会助长盲目排外的思想,结果任何迷信都排斥不掉。所以周先生认为,首先应该扫除的,倒是"同善社""悟善社""红枪会"以及各种色彩的封建妖妄思想。

义愤当然不能代替科学。于是周先生用了很大的精力,对宗教化的孔门经书,包括将孔子和六经神化的纬书,做了系统的分析。除了论纬书、论《孝经》、论《春秋》等单篇论文外,他的研究成果概要见于《群经概论》一书。这本著作对所谓十三经,逐部就名称、作者、篇第、种类、内容和学派的源流演变,分别予以论述。它写得浅显而又深入,生动而又准确,因而同《经今古文学》《经学历史》注释本一样,虽然都写在几十年以前,却至今仍不失为了解中国经学史的较好的入门书。

通过对于"经书"内容的解剖,周先生揭露了这样一个重要事实,就是从汉朝以来,尽管历代封建帝王都在威胁利诱人们尊经读经,可是经的定义是什么?经的领域有多大?经的次第怎样排列?尤其是经学上一个根本问题——所谓六经

---

① 《纬书与经今古文学》。

与孔子的关系究竟如何？一句话，就是"治经"所必需的起码常识，在各派经学家中间，不仅意见从来没有统一过，而且直到近代也仍在激烈的论难中。

周先生多次举经的次第问题为例。按今文经学派的主张，六经的排列次序，应该是《诗》《书》《礼》《乐》《易》《春秋》；但古文经学派则排列成《易》《书》《诗》《礼》《乐》《春秋》。这问题看来微不足道，素来被人忽略。但周先生指出，它其实非常重要。为什么呢？因为它反映两派对经的性质认识不同，进而又反映两派对孔子的观念不同：

> 古文学家视孔子为一史学家。他们以为六经都是前代的史料，所谓"六经皆史"；孔子只是前代文化的保存者，所谓"述而不作，信而好古。"孔子既是将前代的史料加以整理以传贻后人，则六经的次第应当按史料产生的早晚而排列。今文学家视孔子为教育家、哲学家、政治家。他们以六经固有前代的史料，但这只是孔子"托古改制"的工具。孔子所着重的，不在于六经的文字事实，而在于经学的微言大义；……孔子既是一位改制的"素王"，则六经的次第当然要按程度的浅深而排列。①

你看，假使连这样的常识问题也搞不清楚，还谈什么经，讲什么读经？所以，周先生无情地嘲讽那班提倡读经的封建官僚政客，说他们"所以经呵经呵这样无聊地喊，完全是自己被这个古衣冠的僵尸吓倒，因而把这个僵尸当作神灵样的去吓别人"②。

在神灵样的经书中间，《孝经》和《春秋》引起了周先生的很大兴味。这是有历史理由的。所谓孔子"志在《春秋》，行在《孝经》"，屡见于两汉的纬书。汉朝的经学家或神学家，围绕它们制造了很多神话或鬼话，说它们是孔子接受天启，担负起为三百年后出现的汉朝预制根本大法的神圣使命，而起草了两部救世宝典——《春秋》讲政治，《孝经》讲道德。虽然一部只有 18 000 字，一部只有 1 900字，却囊括了从做儿子到做皇帝都必须照办的全部万古不变的道理。只要看看汉朝的历史，会解释《春秋》的可以做到宰相，而谥号加"孝"则是给死皇帝的最高荣誉，便可想见这两部经书在那时的威力。但周先生对它们感兴趣的理由还不止于此。他指出，《春秋》只是部草创的编年史，同孔子有何关系还大有疑问，《孝经》则绝不是孔子的著作，也不代表孔子的思想，只是后人冒用孔子名义

---

① 《群经概论》。
② 《僵尸的出祟》。

编写的封建伦理教科书。它们在古代中国怎么会变成"宪法",完全可以由宗法封建关系的历史演变中间得到解释。奇怪的是到了20世纪,《孝经》居然还在现代的中国抬头,《春秋》居然还在现代的人们心里或手里活跃,"这确是文化上一个值得讨究的问题呢"①。

是这样的,作为时刻感受社会脉搏跳动的史学家,周先生从来不把自己密封在书斋里,去咀嚼前人早已嚼过的东西。他总是留神观察现代生活里面仍在起作用的历史传统,细心辨别哪些是精华,哪些是糟粕,哪些是古之精华而今已为糟粕,然后便动手去剥那些封建僵尸的画皮。这是他的经学史研究的一大特色。他中年时代所写的一些经典研究论文,例如《"孝"与"生殖器崇拜"》《孝经新论》《〈春秋〉与〈春秋〉学》《〈大学〉和〈礼运〉》等,尤其令人感觉这一特色。限于篇幅,这里不能详细介绍,好在都已收入他的论著选集。这里只想介绍一点,即它们都很值得一看。当然,如果想从中找到支持孔学提倡的"孝道""中庸"之类观念也是救世良药说法的论据,那肯定会大失所望。但吃过封建专制主义幽灵苦头的读者,假如不是"己所不欲,要施与人"的话,则必定会同意40多年前周先生已经得出的一个研究结论:"如果我们民族自力更生的第一义是'现代化'的话,那么,这发霉的经典已不是大众所必需的了!"②

中国封建时代的统治学说,到9、10世纪以后起了愈来愈明显的变化。孔子和五经,在表面上依然享有莫大的权威,但实际上已由"绝对权威"悄悄地下降为"相对权威"。发展到元朝,在"至圣"孔子的偶像旁边,便坐上了一位新升的"亚圣"孟轲,同他分享着皇帝官员所祭献的猪羊,并听着儒者们叩头的响声;而所谓孔子手定的五经,不仅在头上已爬着朱熹所论定的四书,被后者夺走了钦定做官教科书的为首地位,而且连它们自身某些部分的历史真实性,也遭到学者们的怀疑和非难。这个变化的过程,其实是中国封建经学的一个更新运动。更新了的封建统治理论,即现在人们习惯叫作"孔孟之道"的学说,过去或称"道学",或称"理学",而清朝学者因为它同两汉经学家所解释的孔子学说,即所谓汉学分属于两大门户,而它的体系又完成于程颐、朱熹一派宋朝学者,于是称之为"宋学"。

所谓宋学,或者更确切地说指程朱系统的理学,自13世纪起支配中国的思想界达500余年之久;如果把它已获得半官方哲学地位的两宋时期也算进去,则实际支配时间近800年。显而易见,研究中国的经学史,也就是封建统治学说的历史,是不能对这种经学更新运动的结果置之不理的,即使它结出的只是一串

---

① 《〈春秋〉与〈春秋〉学》。
② 《朱熹》。

苦果。

然而,由于元、明、清三朝"道学"的地位愈尊,思想界的僵化程度愈甚,科举出身的封建官僚所患的虚伪、迂腐、贪婪、残忍、不解事、无特操之类顽症也愈厉害,所以,凡对这种黑暗腐败现象有所不满的人,大都对程朱理学抱着难以克制的憎恶感情。清朝中叶的许多汉学家便是如此。虽然除少数人外,他们多半不敢公开反对已被供进孔庙陪吃冷猪肉的程子、朱子,有的还对程、朱的德行表示服膺,可是讲到学问,则向宋学投以鄙夷讥嘲的眼光,很少有人愿意认真研究此类"帖括之见"。这种情绪,一直影响到近代中国的学术界。

周予同先生同样憎恶理学家高唱的封建"道统"观念,更讨厌他们那套"存天理、灭人欲"的僧侣主义说教。但他总认为,主观的爱憎不能替代客观的研究,你反对被孔子、朱熹牵着鼻子走,就得认真了解孔子、朱熹是怎么回事,说清楚自己主张的切实理由。1929年,正当蒋介石背叛革命,戴季陶等人制造的从孔夫子到孙中山的新"道统"说闹得甚嚣尘上的时候,周先生写了《朱熹》一书。其中讨论朱熹的哲学部分,曾以《朱熹哲学述评》为题,先在《民铎》杂志上发表,篇前作者按语里写道:

> 内容,自然平凡得很,但似乎还有点系统,或者可以供这大时代中几个玩玩古董的人们消遣,或者可以打破流行而是荒谬的"道统"观念。①

他毫不隐瞒自己反对新"道统"说的态度,难道还不明显么? 然而也正是在这部著作里,同样表现出实事求是的严谨精神。如同周先生对待孔子那样,他也致力于剥掉后来封建统治者所崇拜的朱熹的假象,还历史上朱熹的本色,从而透过这位宋学集大成者的学术思想体系,使人了解由汉学到宋学的转变,以及两者的联系和区别。

这里不拟详说周先生关于宋学和朱熹的全部批评。本选集所收的《群经概论》和《朱熹》两书,相当集中地包含了他的批评内容。初学者假如觉得两者太专门,不妨先看看选集也收入的《汉学与宋学》一文。现在仅说他的若干特见。

同封建"道统"说的传统见解相反,周先生认为朱熹和他的先驱者,对经学的基本态度不是继承,而是怀疑;所谓宋学,其实是经学怀疑派之通名。怀疑经学之所以成一种时代思潮,在周先生看来,消极的原因有不满于训诂义疏堵塞思辨的道路,有不满于所谓纯文学的"玩物丧志";积极的原因则有道家和方士的思想

---

① 《民铎》第10卷第2期,1929年2月,即《朱熹》第三章。

影响,但最有力的刺激和影响则来自佛学,因而宋学可叫作"儒表佛里"之学。

这些见解,似乎并不新鲜。清末皮锡瑞便已说过宋朝是"经学变古时代",宋儒对汉儒说经多所怀疑;章炳麟更曾指出理学开始于调和儒佛的愿望,到程颐、朱熹形成宗派,特点就成为"里面也取佛法,外面却攻佛法"。但他们都还把理学看作儒家的宗派,周先生则以为这种儒佛混合的产物,已脱离了本来意义的儒家的轨道。

> 盖原始之儒家,留意于修齐治平之道,疲精于礼乐刑政之术;虽间有仁义中和之谈,要不越日常道德之际。及至宋代之理学,始进而讨究原理,求垂教之本原于心性,求心性之本原于宇宙。故儒家之特色为实践的、情意的、社会的、伦理的;而理学之特色则为玄想的、理智的、个人的、哲学的;二者殊不相同。①

就是说,在宋朝学者那些枯燥乏味的儒家语言的背后,隐藏着对于传统的儒家学说的否定,思辨代替了信仰,理性冲击着感性,个性的存在被承认了,哲学的最高任务不再是对伦理道德的教条做神学的训释,就是说出现近代意义的哲学。

正因如此,周先生认为,如果说汉、唐经学代表着"道统"的话,那么理学所起的作用,恰是对这种"道统"的破坏,使它失去了昔日头上笼罩的灵光。他从这里引出一个基本见解,一个同清朝以来流行的宋学批评相反的见解,那就是在中国经学史上,宋学比起汉学来,非但不粗陋,反而更少有神味,更多具人味,因而宋学实有其特殊贡献。

那贡献,据周先生的意见,主要在于"疑经"——怀疑唐、宋封建王朝所承认的孔学经传的历史真实性。南宋的陆游描写北宋中叶以后的经学学风说:"唐及国初,学者不敢议孔安国、郑康成,况圣人乎!自庆历后,诸儒发明经旨,非前人所及;然排《系辞》,毁《周礼》,疑《孟子》,讥《书》之《胤征》、《顾命》,黜《诗》之序,不难于议经,况传注乎!"②可见,在唐代还盛行的那种视"钦定"经书为神圣不可侵犯之物的迷信风气,所谓"曾经圣人手,议论安敢到"的风气,到北宋的欧阳修、苏轼等出来,已开始被冲击。当然,这种议经即议圣人的风气,在唐代乃至更早已有它的先驱,初唐的刘知几,中唐的啖助、赵匡、陆淳,都曾对某些经传加以批评。然而"疑经"成一种时代思潮,则确如周先生所说,大盛于宋。正是所谓一发不可收拾吧,随着理学体系化的过程,非但《易传》是否孔子所作成了问题,《周

---

① 《朱熹》第一章"引言"。
② 引自王应麟《困学纪闻》卷八《经说》。

礼》是否周公的书成了问题,《诗经》的毛传郑笺、《春秋》的三传是否可信成了问题,而且连《尚书》经传的真伪,孔子关于《诗经》的论断,《孝经》是否孔子所自著,等等,也都成了问题。周先生认为,这种怀疑精神的集大成者,就是宋学的代表人物朱熹。

譬如说,朱熹继吴棫之后,直斥孔安国的《尚书传》是"假书",进而怀疑后出的《古文尚书》也可能是赝品,"实开明清学者辨伪之端"①。朱熹不但继苏辙、郑樵之后,攻击《毛诗序》"实不足信",而且大胆地提出新解,就诗论诗,以为《诗经》中许多篇实为"男女淫逸之诗",也就是描写男女爱情的原始恋歌,从而破除了孔子所谓"诗三百,一言以蔽之:思无邪"的传统成见。这一类创见,即使反理学的学者,也无法完全否认。

既然经学史上的宋学确有贡献,为什么宋学家的研究成果,在学术上往往得不到清朝以来汉学家的承认呢?周先生着重从学术思想史的角度分析了原因。他认为,根本原因在于朱熹他们讲的分明是哲学——近代意义上的哲学,却要用经学形式表述自己的学说。但是,

> 经学与哲学,就性质言,实各自异趣。哲学着重于个人之理智的探索,故怀疑为创立新解之利器;经学则不免趋重于宗教性之因袭的训释,故怀疑之结论每易起无谓之纷扰。……宋儒皆以经学为其哲学之工具,故哲学虽若可观,而经学每多疵颣。②

哲学的性质是不是如周先生所说,那是别一问题。但这里指出宋学家怀疑传统的经学,其实体现着哲学与神学的矛盾,他们的毛病就出在他们的哲学本身仍然充满着神学的不彻底性,对不对呢?我以为是有道理的。从汉朝到唐朝,所谓孔子手定的《五经》,被封建统治者当作宗教经典强迫人们诵读,只许信仰,不许怀疑,以致像梅赜所献的伪《古文尚书》那样的冒牌货,也被当成了圣经。宋学家使用这种神学本身的符咒锻造的怀疑论,把它在理论上搞得百孔千疮,从而为在中国探究"形而上学"打开了道路。但事情也正如周先生所说,宋学家还只满足于充当经学的怀疑派,也就是以神学家的姿态出来抨击圣经贤传。因而当他们的怀疑论发展到连孔子的教主地位都成问题的时候,他们便骇怕了,踌躇了,不敢举步了,反而回过头来以"卫道"者自居,想方设法维护孔子的权威。正因如此,他们否定传统的经学,必然是不彻底的,自相抵牾的。

---

① 《朱熹》第四章"朱熹之经学"。
② 《朱熹》第四章"朱熹之经学"。

关于宋学家的这种矛盾,周先生在分析群经的宗派时,举过不少有趣的例证。为了便于不熟悉理学的读者了解,现在拣一则涉及文学史的例证介绍如下:

> 《诗》三百五篇,相传孔子所删订;而此三百五篇之中心思想,又相传为《论语》"思无邪"一语。自《诗经》具此二障(孔子与"思无邪"),后之言《诗》者,遂不敢就诗论诗,而仅拘执于道德讽劝之意;于是原始之恋歌,失其热情,而曲解迁释,等于咒偈。朱熹虽归宗于道学,而文学乃其素习;故能自拔于陈说,不以恋歌为讳。然为其仅属于道学的文学家,故仍不能跻《诗经》于纯粹文学,而指斥恋歌,以淫逸之作。……朱熹在经学上最能表现其怀疑之精神者在此,而其最受后世经学家之攻击者亦在此。①

怎么不是呢?既已"离经",又想"卫道",分明违背了孔夫子关于《诗》的说教,却道是在恪守他所谓"放郑声"之类道德训条,当然要大遭以"思无邪"说《诗》的经学家驳难了。周先生的分析,很能说明宋朝理学家的特点和弱点。这也可以解释朱熹从某些非经学的文学史家那里所得到的待遇。他们只看到朱熹《诗集传》指斥 24 首所谓淫诗,便痛骂这位老夫子维护"孔孟之道",而不知《诗经》里存在爱情诗的事实,正是这位道学先生背离孔子遗教才发现的呢。

由于宋学家最终没有跳出经学的框架,便给他们的经传研究带来其他的严重谬误。周先生认为,最大的错误在于他们删改经书以强证己说。例如朱熹怀疑《孝经》非孔子所自著,打破了汉朝经学家捏造的孔子为汉制法,"志在《春秋》,行在《孝经》"的神话;但他为了证明汉人的附会,自己也用臆断的手法,硬分《孝经》为经 1 章、传 14 章,并删改经文 233 字。周先生批评这种方法实不足为训:"考宋学在经学上所以不及汉学者,尚不在于不信注疏,怀疑经传;而在于删改本经,以就己说。盖校改旧籍,尚须凭证;况经传含有宗教性,岂可绳以主见,强为移易。"②我想问题还不止于此。自从朱熹开了随意删改经书的恶例,便使以后的封建统治者删改古书,篡改历史,以适应某种政治的或道德的所谓现实需要,成为风气。不合己意的古书要删,今书也要删;删过后对原书要禁、要毁,删不胜删者更加要禁、要毁;清朝乾隆间开四库馆大量删书、禁书、烧书,便是著名的实例。这种厉行封建文化专制主义的卑鄙行为,自然有其更深刻的历史理由;但竭

---

① 《朱熹》第四章"朱熹之经学"。
② 《朱熹》第四章"朱熹之经学"。

力表彰程朱理学的封建皇帝采取删改古书以伪造历史的手段,倘说是得自朱熹所开恶例的启示,大概离事实不远吧。

周先生还考察了朱熹所开创的四书学。这是令思想史研究者感兴味的题目。把《礼记》内的《中庸》《大学》两篇,抽出别行,不始于朱熹。远在汉朝,就有《中庸》的单独解说出现;近如北宋,司马光和程颢、程颐,都曾特别重视《大学》《中庸》。但把《大学》《中庸》与《论语》《孟子》合成四书,说它们反映着从"初学入德之门"到"孔门传心之法"的完整哲学体系,则正如周先生所说,始于朱熹。周先生指出,四书为朱熹一生精力所萃的研究对象,训释的详密程度远过于他的其他著作,虽然疏忽的地方在所不免,"然当微言大义之际,托经学以言哲学,实自有其宋学的主观立场"①。这是很对的。清朝的汉学家鄙弃朱熹的四书学,从名物训诂方面批评了他的许多纰漏,然而除了戴震几个人之外,都没有认真清算过理学家"托经学以言哲学"的问题和错误。即使戴震批评"理学杀人",出发点也是承认"求观圣人之道,必自孟子始",不仅没有最终翻出经学的窠臼,还把程朱学派完成封建经学更新运动的一个主要标志,即实现孟子的"升格运动"——"书"升为"经"而人尊为"圣",当作既成事实加以默许。于是便如胡适所说:"他们自以为打倒了宋学,然而全国学校里读的书仍旧是朱熹的《四书集注》、《诗集传》、《易本义》等书。他们自以为打倒了伪《古文尚书》,然而全国村学堂里的学究仍旧继续用蔡沈的《书集传》。三百年第一流的精力,二千四百三十卷的《经解》,仍旧不能替换朱熹一个人的几部启蒙的小书!"②胡适以为这是宋学家"重理解"的胜利,当然不能令人信服。周先生提出他们治经"不过假借道统之旗帜"以破坏传统的经学,但"卫道"的立场又使他们的学说充满宗教性的经学的不彻底性。这个见解比胡适进了一步。顺此研究,必然可对宋学本身所存在的怀疑与信仰的矛盾,怎样使它发展成自己的对立物,发展成新的宗教教条,发展成封建专制主义的新的理论支柱,做出合乎逻辑的说明。可惜周先生没有来得及再跨这一步。他批评朱熹的四书学,主要还是谴责朱熹根据主观需要删改经传,认为"其绝不可为训者,在于改窜《大学》本经"③。以后,在《汉学与宋学》等文中,周先生又谴责了程朱理学的"空疏"和维护封建伦理道德的恶劣影响,但总令人觉得还不够系统。尤其是朱熹在《四书集注》里大加发挥的那套"存天理、灭人欲"的僧侣主义观念,周先生素来表示深恶痛绝,曾在不少场合予以"口诛",20世纪60年代初期在讲授中国经学史时还对它做过驳斥,但没有撰写专文予

---

① 《朱熹》第四章"朱熹之经学"。
② 胡适:《整理国学的三条途径》,载《国故学讨论集》第二册。
③ 《朱熹》第四章"朱熹之经学"。

以"笔伐"。其原因或许在于环境所造成的审慎,却终究令人引为憾事。

就学术本身而论,周先生还揭露了宋学许多弱点和谬误,特别指出程朱学派仅止于怀疑经学的一个重要教训,说:"当经学权威鼎盛之际,以哲学托庇于经学,固自有其不得已之苦衷;然其结果,哲学上之立论不免于附会,经学上之训释不免于纷扰,则学术之贵乎独立,于斯亦可睹矣。"①

由经学到理学的研究,周先生不断剥落孔子和经传在封建时代被穿上的怪装,使他更自信已认识孔子的真相,即《孔子》尾语所概括的那些意见。了解经学史的读者也许要问,照周先生的看法,他不是接近于今文经学家,特别是清代今文经学家"视孔子为教育家、哲学家、政治家"的见解吗?这最好听听周先生自己的回答。

在论及近代思想史上经今古文学之争的时候,周先生坦率地说:"我个人是比较倾向今文的。"②后来,周先生回忆说,当他写这句话的时候,虽在五四运动以后,文史学的情况仍然落后于现实,更表现在高等学校和出版企业中。那时文史学界有四派;否定经学而转究史学的是少数;只知抱残守缺、汉宋乱用的是多数;但在大学讲坛上势均力敌的,却是坚持章太炎"古文"说和宣传康有为"今文"说的两派。"大概地说,南方各高等学校中主'古文'的较多,北方各高等学校中主'今文'的较多;而且大概地说,主'今文'的对新事物较易接受,主'古文'的对新事物每趋抗拒。"③于是,我们便不难想见,为什么当问题回到学术领域的时候,主张否定经学的周先生却倾向今文了。

当然,这绝不单纯是感情上的理由,它主要还来自周先生对中国近代史学变化的考察。

他认为,中国的史学,发展到19世纪末20世纪初,开始了它的"转变期"。转变的重要象征,便是史学继文字学之后逐渐脱离经学的羁绊而独立,并且运用进化论研究中国历史。在周先生看来,从思想方面给予中国史学以转变动力的,就是今经文学,其第一部著作,便是康有为的《孔子改制考》。

周先生说,从清末上追到西汉末,所谓孔子的"道统"说,所谓三代为"至治盛世"说,支配着中国的哲学家和史学家,从而使封建史学总在宣传世愈古而治愈盛,"陷入无可超拔的退化泥潭,而归结于悲观论与宿命论的史观"④。康有为受进化论影响而写的《孔子改制考》,主观上在于假借经学以谈政治,作为倡言变法改制的张本,但他以为中国历史由秦汉以来才可考信,人们所熟知的三代历史其

---

① 《朱熹》第四章"朱熹之经学"。
② 《经今古文学》。
③ 《〈经今古文学〉重印后记》。
④ 《五十年来中国之新史学》。

实是孔子出于救世改制的目的而假托的宣传作品,这在客观上便"破坏儒教的王统与道统,夷孔子与先秦诸子并列"①;它还提出时愈久而治愈盛的进化论新见解,从而使"孔子的地位与经典的尊严发生摇动"②,结果导致了史学开始向经学宣告独立。

因此,周先生认为,近代中国的史学,由"泥古""疑古""考古",发展到"释古"③,也就是发展到郭沫若等的中国古代社会研究,这中间清末复兴的今文经学,"在消极方面能发扬怀疑的精神,在积极方面能鼓励创造的勇气"④,实在起了桥梁作用。

这个见解,在20世纪20年代周先生的论著里已露出端倪,到抗日战争前夜比较成熟,而系统的陈述则见于1941年所发表的《五十年来中国之新史学》。从学生时代开始,周先生便对马克思的学说产生兴趣,但那时他注意的是这个学说同各种派别的社会主义理论的比较⑤。在他早期的经学史或教育学的论著里,我们虽然已经不时发现受唯物史观影响的明显印记,譬如由社会发展制的角度来阐释"孝"的观念的演变⑥,总的说来却可借用周先生的话道是处于"转变期",也就是存在着就思想论思想的缺点。然而生活与实践的教育,使周先生愈来愈倾向用唯物史观看问题。他在1929年就公开说应该承认唯物史观对经济和文化相互关系的认识,比唯心论者的见解要高明。用它来解剖现代史,则可知辛亥革命"只着眼于浅薄的政治上层组织之改革",五四运动"只着眼于浮广的社会全部思想之改造",都没有触及中国经济制度改造的根本问题,只有"五卅"运动"才稍稍触着社会问题的核心的经济制度","证明新的中国在一步一步地前进"⑦。人体解剖是猴体解剖的钥匙。周先生既然抓住了解剖现实的手术刀,自然会拿它去解剖历史。所以,在周先生20世纪30年代的论著里,我们便发现他愈来愈多地注意经济基础同上层建筑的关系,社会存在同社会意识的关系。例如1937年他向中学生所做的关于中国社会发展史概貌的一次介绍⑧,即证明他已基本接受唯物史观。正因如此,他讨论经学与史学的关系,也取得了突破前人陈说的成果。而他的踏实学风,坚持从材料入手,通过史实研究以达到结论的严肃态度,更帮助他在同样的观念指

---

① 《五十年来中国之新史学》。
② 《经今古文学》。
③ 《纬谶中的"皇"与"帝"》;又,《五十年来中国之新史学》。
④ 《经今古文学》。
⑤ 见《中国古代社会主义的思潮》(1919年10月),《工学》第1卷第4号,1920年2月。署名予同。
⑥ 《"孝"与"生殖器崇拜"》。
⑦ 《第四期之前夜》,《一般》第6卷第1号,1929年1月。署名天行。
⑧ 《我们的时代》。

导下获得学术上的创见。

即如前面介绍的关于清末今文经学的客观历史作用的见解,如今无疑还存在着争论,我也不敢表示完全接受。但无论我们是赞同还是反对,都不能不说这是周先生的创见。不妨将它同范文澜早期的经学史研究比较一下。范老很早就接受了马克思主义。恰好在1933年,紧接着周先生的《群经概论》出版之后,范老也出版了一部《群经概论》,同样讨论"十三经"。同时,范老也十分注意封建时代经学与史学的关系。但范老显然倾向古文经学,赞同"六经皆史"说。而且,在《文心雕龙注》里,还一再引证刘师培肯定两汉谶纬的史学价值的文章。即使到后来,范老的经学史观点已发生很大变化,但在《中国通史简编》《中国近代史》等著作内,仍然对今文经学基本持否定态度。这就表明,同样讲经学史,周先生和范老代表着两个不同的学派。

然而,正如范老倾向古文不等于是古文经学派一样,我们也不能因周先生自己承认倾向今文,而说他是今文经学派。

其实,对于今文经学,尤其是清末廖平、康有为、皮锡瑞等宣传的今文经学,所包含的荒谬思想,例如所谓"孔教救国"说,所谓"六经致用"说,所谓"纬候足征"说,以及他们处理材料时所抱的武断与狂妄的态度,周先生从来给予严厉的斥责。他那样力辨历史上真假孔子的区别,他那样力斥谶纬中假孔圣的可憎,一个重要原因便是痛恨这种古老的封建迷信的幽灵总在出现。他曾经直率地指出,他讨厌康有为他们提倡用孔教来治国,因为"现在近似这种荒谬的思想仍然流行着,不是将失真的孔子来代表东方文化,就是深一度的荒谬使孙中山孔子化"[1]。他也讨厌康有为他们探求六经致用之例,因为蒋介石、汪精卫和日本侵略者都把《春秋》之类经书变成灵咒,"对于西汉君主利用迂儒的策略,愚而且诬地在赞叹着,仿效着"[2]。他总是拿康有为思想的矛盾的演变,由传统的破坏者变成时代的落伍者,来提醒人们不要变成迷信"国粹"的"妄人",去"捧着封建思想,捧着宗教思想","向穿中山装的孔子神像叩响头"[3]。他也总是反对怀着主观偏见去研究历史,以为那是今文经学那套"诛心""致用"之类观念在作祟的表现;因而他批评有些人"政治趣味过于学术修养,偏于社会学的一般性而忽略历史学的特殊性,致结果流于比附,武断"[4]。

可见,不论周先生的具体见解有多少可议之处,但他对整个封建经学的弊病不表宽容,则是无可辩驳的事实。

---

[1] 《经学史与经学之派别》,《民铎》初刊本。
[2] 《经学史与经学之派别》,《民铎》初刊本。
[3] 《第四期之前夜》,前引《一般》杂志;又,参见《五十年来中国之新史学》。
[4] 《五十年来中国之新史学》。

在旧中国,周先生做过很多关于学术研究的计划。他在1928年曾经写道:

> 我年来时常作如此的计划,假使我的环境与学力允许的话,我将献身于经学史的撰著。我将慎重地著撰一部比较详密而扼要的《经学通史》,使二千年来经学的变迁,明晰地系统地呈献于读者。其次,分经撰述,成《易学史》、《尚书学史》、《诗经学史》、《经宋学史》及《经古今文学异同考》、《经汉宋学异同考》等书;再其次,以书籍或经师为经,以时代为纬,成《历代经部著述考》与《历代经学家传略》;再其次,探究孔子与经学的关系,成《孔学变迁史》与《孔子传记》;最后,我将以我个人的余力编辑一部比较可以征信的《经学年表》与《经学辞典》。自然,这在具有天才的学者们,或以为这是胥钞的事,而加以轻蔑的冷笑;但我总觉得学术要专攻,这初步的整理的工作,也应该有人忠实地埋头去做。我希望着,不,我热望着,我热望着我的环境与学力能够允许我,而同时热望着能引起读者的共鸣,而得到几位学术上的伴侣。①

读了这位年方"而立"的青年学者所写的这份宏大规划,我们钦佩,也不禁掩卷怃然。事实已经证明,写成这15部著作,尤其是其中几部主要的论著,以周先生的学识和才力,那是不成问题的。然而,自那以后,20年过去了,我们看到他已发表的论著数量虽可观,却只占原计划的很少一部分。

是周先生自谦的"秉性疏懒"吗?不是的。就在发表这计划的时候,周先生便大声疾呼,学术研究应该不说空话,不喊口号,更不能去做抄袭杂凑的文字,只有大家低着头去努力,抱着"锲而不舍"的态度,"扎硬寨,打死仗"的精神,才能真正对社会做出贡献②。他自己说到做到,因而在20世纪20年代就被誉为"谨严的学者"。事实上,我们现在所看到的不少论著,都是他拟撰作品的一部分,或者就是某部著作的导论,可证他的确在努力实现自己的宏愿。

然而周先生的计划竟大部分没有实现。当然,同客观需要和主观兴趣的移动,也有相当的关系。周先生还在做编辑,做教授,都需要花去大量时间。周先生在20世纪30年代对于近现代中国的历史和历史学进行了很多研究,也需要付出大量精力。不过根本原因不在于此。在哪里呢?在环境,在社会政治的黑暗,在生活条件的恶劣。凡读过周先生在那些年头发表的评论、通信和杂文的人,大概都会有这样的感觉。尤其到抗日战争和解放战争的时期,帝国主义侵略

---

① 《经学史与经学之派别》,《民铎》初刊本。
② 《顾著〈古史辨〉的读后感》。

者的重压,封建法西斯专制主义的猖獗,怎么可能安心地沉浸于学术研究中去呢?于是,我们便看到周先生最好的创作年华,即30岁到50岁之间,只不那么充分地利用了十年。而对于一位社会科学家来说,通常是最重要的岁月,也就是才学识都臻于成熟的"不惑"之年,在周先生却随着反抗黑暗和应付生活的忙碌,而没能主要用在学术研究上。我们非常惋惜地看到,自30年代后期到整个40年代,周先生竟没有经学史的新著问世,道理就在这里。

因此,我们就能理解,周先生在那时为什么热烈欢迎中国"整个的大地在震动"①。他是多么急切地盼望中国的封建长夜赶快过去啊。

当周先生同两位老朋友一起,通宵不眠地倾听着苏州河畔的枪炮声逐渐沉寂,而欢呼着迎来上海解放的曙光之后,便立即投入繁重的教学工作和学校行政工作,为培养新中国的建设者而忙碌。20世纪50年代前期,周先生相继担任着复旦大学的史地系主任、副教务长等职务。那时做领导工作的专家,还是受器重的。因而虽然周先生的行政事务已够忙了,但他依然坚持教基础课,教专业课。即使到1957年后,他已兼任上海历史研究所副所长,健康状况也差了,仍然克尽教授的职责,坚持到学校上课。我不记得在1964年师生都被"赶"下农村参加"四清"以前,有哪一学期这位年逾花甲的老人不在讲坛上吸粉笔灰。

可是周先生从来没有忘记中国经学史的研究。他勤奋地学习马列主义,重新检讨自己的研究成果。1955年他的《经今古文学》重印,便在后记里诚恳地批评自己过去讨论古代经学史,"缺点则在于没有阐明今古文学产生和演变与社会下层基础的关系;或虽略有说明,如清代今文学的复兴一段,但仍嫌不够详尽"②。

1959年起,周先生又重新开始了经学史的系统研究。他为复旦大学历史系中国古代史专业的学生专门开设了"中国经学史",这是当时全国大学文科中独一无二的一门课程。他指导学生撰写有关经学史的专题论文,从材料到见解到修正文字,都竭尽心力予以帮助。他主编《辞海》的经学史部分,几乎对每条释文都亲自修改,还不断同有关专家就释文进行商榷,例如关于王肃经学成就的估计便讨论过很多。他于20世纪50年代后期便提出:"用马克思主义的观点来写经学史,这有待于我们今后的努力。"③他再次率先低头努力了,动手编写《中国经学史》讲义,先解决学生迫切需要教材的问题,并准备在这基础上发展成专著,完

---

① 《语言道断》,前引《时事新报》副刊《学灯》。
② 《〈经今古文学〉重印后记》。
③ 《〈经学历史〉注释本重印后记》。

成年轻时撰写《经学通史》的夙愿。自20世纪60年代初开始,为了促进经学史的学科建设,也为了活跃学术界百家争鸣的气氛,周先生决定把讲稿的部分内容,先用论文形式陆续发表。

这时期周先生的中国经学史研究,可说进入了一个新的"转变期"。由于经学曾经长期作为封建主义的统治学说,所以在民主革命胜利之后,经学遗产每每会被当作纯属于封建文化的糟粕,而遭到唾弃。于是,研究经学史,不但容易被看成搞冷门,而且即使像周先生那样,分明抱着"检验粪便"的愿望去研究,也很容易受到从"左"边来的干涉和指责。虽然"中国经学史"已作为专题列入1956年的国家科学12年远景规划,虽然周先生不断强调研究经学史对于了解中国封建社会和封建文化的重要作用,却总扭转不了从什么"拔白旗"运动膨胀起来的一种偏见。这种偏见根本不顾或假装听不见周先生多次重申经学和经学史不可混同的理由,多次强调"在现在,经学之继承的研究大可不必,而经学史的研究当立即开始"的事实,而凭借自己的特殊想象力,构成一个古怪的逻辑,那就是经学既为"封建学",那么,总说它的历史应该研究的周先生必定是"封建人"。大家知道,那十年动乱时期,从这个逻辑演化出对周先生横加诬陷的多么可怕的罪名。

恩格斯早就肯定过斯宾诺莎的一句名言:"偏见比无知离真理更远。"那种根本违反马克思主义真理的"左"的偏见,迫使周先生在重建中国经学史学科的时候,不得不由起码的常识说起,譬如什么叫"经",什么叫"经学",什么叫"经学史"等。这种在从前对中学生进行的启蒙教育,居然需要在学术研究论文中加以重述,便不能不影响他在20世纪60年代初期若干论文的质量。我们读他那时发表的若干论文,总不免有似曾相识的感觉。比方说讨论经学史的学派问题,讨论两汉之际今古文学的争论问题,讨论秦汉博士制度与政治的关系问题,讨论顾炎武、章学诚、章炳麟等的经学思想等论文,尽管中间不乏周先生在课堂讲授中提出的新鲜见解,但周先生在经学史体系方面的新意,却没有得到再现。而且文字不像过去那样流畅动人,风格显得相当拘谨,常给人一种反复申说的感觉。这使那时很多学生都感到惊异,不明白道理何在,并且更愿意聆听他卓见时出、锋芒少敛的课堂讲授。

作为期望社会主义的学术文化繁荣的正直学者,周先生对于"左"的偏见,始终看不惯,忍不住。20世纪60年代初,他就在各种场合,表示对那种把政治与经济绝对对立起来的言行的愤慨,指出那与其叫"革命",不如说是程朱理学"存天理,灭人欲"说教的新版。他尤其憎恶动不动给学术研究扣帽子、打棍子的做法,认为这是不许人们通过自由讨论了解历史真相的行为,发展下去就会重蹈封建专制君主利用愚儒黠儒以惑世诬民的覆辙。1962年,他同许多学者一起讨论孔子时所发表的意见①，便集中表达了他在学术上的是非倾向，也再次显示了他在经学史研究中的特有风格。

周先生强调研究历史遗产，应该注意实事求是。他认为，孔子的影响不限于中国，孔子的思想对于亚洲以及其他地区的文化都有影响，因此搞清楚孔子问题，对于了解中国哲学、社会思想和文化的变迁，对于了解由孔子而引起的其他国家思想或文化的变异，都是必要的。但研究孔子的现状怎么样呢？周先生看来很不满意。他说：首先史料的运用有问题，常常先存对孔子的主观看法，然后在文献中去找论据替自己的臆说张目，例如用《易传》的思想来论孔子，便无是处；其次没有把孔子同后世的儒家区别清楚，常常"把后世的腐儒、愚儒、黠儒，更其是一些滑头政客的罪孽，都算在孔子账上"，而且有"唯成分论"的倾向；再次是忽略孔子思想的世界影响；最后还有基本功问题，特别是文字训诂上常犯以今律古、增字解经之类毛病。

如果我们回顾十年动乱前夜"左"的思潮也已侵蚀学术界的情况，那便不能不说，尽管周先生举的只是一个历史实例，尽管对周先生就这个实例本身所发表的见解存在着不同意见，但他通过这个实例所批评的倾向，却无可讳言地存在着，并值得我们经常注意。多年来，我们吃"以论代史"的苦头，我们受形式主义研究方法的危害，还少么？如以周先生对研究孔子现状的批评来说，当年曾经引出反批评。反批评是应该的，真理总是通过辩论逐步明确的。但当年的反批评，不是同样从事实的分析中引出不同的结论，而是抽象地谈论阶级分析方法，指责周先生说采取"唯成分论"无补于历史问题的解决是否定阶级分析等。这不正好反证"左"的倾向是客观存在么？

其实，周先生虽然在学术见解上不肯依违调和，但对于那些同样学术努力而见解与他不同的学者，却从来表示尊重。他多次称赞范文澜的经学史著作，列为学生必读的参考书，便是一例。即使对他的尖锐批评，有些显然并非抱有善意，周先生也十分认真地进行研究。20世纪60年代初，他主编一部教材，初稿撰成后先在高等学校内部征求意见，不料就有公开刊物载文只凭几条可继续商榷的释文而抹煞全书，还扣上了"封建"的帽子。然而周先生仍要求编写组慎重研究，尽可能采纳其中的合理成分，以后还在正式出版时公开表示感谢。这都证明，他绝不是一味党同伐异，非那种拘于门户陋见的人物可比。

正因为周先生关心学术文化的繁荣，关心学术界的百家争鸣能否坚持按照实事求是的精神正常开展，所以他经常不计后果，提出各种积极的建议。自然，他总急切地希望扫除经学史和整个思想文化史研究中的障碍。譬如在讨论孔子

---

① 《有关讨论孔子的几点意见》。

时,他就发出呼吁:

> 《孔子传》是目前一部急于需要的专著……欧洲资本主义社会能够写出好几本《耶稣传》,作为反封建的有力武器,难道我们社会主义社会不应该写出孔子传来清算这长期的封建社会吗?
>
> 一部儒教或者儒学发展史也是急于需要的。孔子影响于后儒,但决不同于后儒,这线索搞不清楚,孔子问题是不能彻底解决的;不仅孔子问题,连中国哲学史、中国思想史、中国文化史的问题也无法彻底解决的。
>
> 孔子思想,或者扩大些说,儒家和儒教的思想,以及由这些思想所形成的文化,对于亚洲以及其他地区,如欧洲,所发生的影响,在今天,应该加以注意,汇集资料,写出论文或专著,决不能再加忽略了。……我很希望我有生之年能看到《孔子思想在世界》或《世界文化史中的孔子》一类宏伟的著作!
>
> 我深切希望《中国哲学辞典》或《论语辞典》等早日出世!①

对照周先生1928年发表的计划,谁都可以清楚地看到,虽然他已入老境,但青年时代那股献身于经学史研究的劲头,那股渴望清算封建经学的热情,丝毫没有减退,所不同的就是更多地寄希望于广大学术工作者。不过,这也是周先生在展示他研究中国经学史的规划。假如能实现的话,尤其是很宜于由周先生自己来主持撰写的《孔子传》和《儒学发展史》能完成的话,那将是一个重要的学术贡献。

可惜,历史又走了曲折的道路,环境再度迫使周先生的规划搁浅,而且用无法想象的粗野手段迫使这位老人停止"清算这长期的封建社会"的经学史的研究。他数十年积累的经学史资料,他许多年撰写的经学史讲稿、著作和其他手稿,曾经装了两大麻袋,然而有的被愚蠢者付之一炬,有的被狡黠者趁火打劫,总之或永远毁灭,或不知去向,真正是一场浩劫。如今,用马克思主义观点指导经学史研究,阻力已大大减少。当我们搜集和编校周先生在半个世纪里研究经学史的主要论著时,越发感到周先生坚决主张清算长期的封建社会的历史多么必要,越发感到让更多的人了解封建经学的兴衰史多么必要。

1980年初稿
1981年增订

---

① 《有关讨论孔子的几点意见》。

本文初稿曾刊于《复旦学报(社会科学版)》1980年第4期,原题《经学与史学:周予同教授的经学史研究》。发表后,谬承周先生首肯,并得到很多师友的鼓励和指正。不幸,先生没有来得及看见这部选集出版,便于上月15日遽归道山。师友们震悼之余,要我对周先生的学术见解做更详细的评介。这使我很惶愧,因自知对于周先生研究中国经学史50年的丰富成果缺乏系统研究,而于如何用唯物史观去剖析这门中国封建时代的统治学说史,更远未窥见堂奥,所以甚感为难。但经师友们督促,不得已对初稿做了较大的增订,并改今题。主要增订的是周先生学术经历的简介,他关于"经宋学"的见解,其他部分也有所加详。自知言浅识陋,作编者后记,也难免"续貂"之讥,期待师友和读者们不吝批评指正!

——作者附识,1981年8月

(本文为上海人民出版社1983年《周予同经学史论著选集》后记)

文章丹心共辉光——周予同传

廖 梅

周予同,1898年生于浙江瑞安,初名周毓懋,学名周蘧、周豫桐,曾用笔名天行。瑞安地处浙江东南沿海,距现今浙江省省会杭州约400千米,依山面海,风景优美,人文荟萃。南宋永嘉学派代表人物叶适、元代南戏鼻祖高则诚、清末古文经学大师孙诒让都是瑞安人。周予同少时就读于孙诒让创办的蒙学堂,后入瑞安中学求学。1916年,18岁的周予同离开故乡,考入北京高等师范学校国文部,相当于今天的北京师范大学中文系,成为钱玄同的学生。1919年,周予同参与组织"火烧赵家楼"行动。毕业后,于1921年秋进入商务印书馆主编《教育杂志》。1932年离馆回乡探亲,任教温州十中。同年8月起,先后在安徽大学、暨南大学任教。1940年参与发起《史学季刊》。1943年至20世纪50年代初期,兼任开明书店编辑。1946年开始在复旦大学任教。1949年后任复旦大学历史系教授。担任《辞海》副主编,《中国历史文选》主编。"文革"中受到冲击,被押至曲阜挖掘孔子坟墓。1981年因病去世。代表作有《经学历史》注释本、《中国现代教育史》、《周予同经学史论著选集》等。

一、冷静的经学史家

周予同是一位享有盛誉的经学史家,他注重从社会、政治的变化中找寻经学嬗变的历史原因,为经学史的研究开拓了新的思路,留下了宝贵的成果。

辛亥革命以后,从袁世凯到北洋军阀政府,都在鼓吹学校读经。同时,"打倒孔家店",抨击纲常名教的呼声也越来越响。周予同是五四运动的参加者,他认为,如果仅仅停留在口号上,而不去研究打倒和废弃的充分理由,显然不能证明孔子的思想已不适合现代的中国。因此,他决心揭开经学的真面目,"廓清旧日思想之途径,使后来者不致多走错路,枉费精神"。

1927年,周予同拟订了系统研究的计划。首先酝酿撰写《孔学变迁史》一书,"详述孔子自身及其学说之扩大与变化,就历史上的研究以塞梁漱溟氏辈以孔教代表东方文化及挽近之孙中山先生孔子化之误谬思想"。梁漱溟自"五四"以后,在《东西文化及其哲学》《漱溟卅前文录》等著作里,屡次把孔子比作入世的佛祖,把陆王心学援禅入儒的所谓孔学说成东方文化的至善代表。而1925年孙中山去世以后,"举起左手驱逐共产派,举起右手打倒反动派"的所谓"戴季陶主义"的发明者戴季陶,接连刊布《三民主义之哲学的渊源》《孙文主义之哲学基础》等论作,说三民主义乃"继承尧舜以至孔孟而中绝的仁义道德的思想",因而孙中山是孔子"道统"的嫡传,其作用便是替蒋介石背叛孙中山的新三民主义张目。周予同在蒋介石发动四一二反革命大屠杀之后的上海,坚持要摒弃梁漱溟、戴季陶等的"误谬思想",无疑在学术上和政治上都需要巨大勇气。

作为钱玄同的学生,周予同对晚清经学的两大派——坚持古文经学的孙诒让、章炳麟一派和专主今文经学的廖平、康有为一派的学说,都有很深的了解。同时,他对"宋学",尤其是程朱理学,也有相当的研究。从1926年起,直到日本侵略者占领上海,迫使这位爱国学者搁笔抗议时为止,周予同在经学史方面,共发表了六本著作:《经今古文学》(1926年初版,1929年重版)、《经学历史》注释本(1928年,清末皮锡瑞原著)、《朱熹》(1929年)、《群经概论》(1933年)、《孔子》(1934年)、《汉学师承记选注》(1934年,清江藩原著)。同时,还有近20篇论文杂著,主要如:《经学史与经学的派别》《"孝"与"生殖器崇拜"》《纬书与经今古文学》《纬谶中的孔圣与他的门徒》《纬谶中的"皇"与"帝"》《"汉学"与"宋学"》《〈大学〉和〈礼运〉》《〈孝经〉新论》《〈春秋〉与〈春秋〉学》,等等。

一提起"经",人们不免联想起封建古董。确实,自从西汉统治者把《诗》《书》《礼》《易》《春秋》五种儒家著作,当作孔子的经书、治国的法典立为官学那时起,它们就逐渐变成僵硬的东西。"经"的名目愈增愈多,由汉朝的"五经",到南朝的"七经",唐朝的"九经",再到宋朝扩充为"十三经"。它们都是先秦乃至两汉的作品,或传巫术,讲礼仪,或论哲学,说历史,或为古代文件的汇编,或为两周诗歌的总集,还有"语录"和辞书。这些著作内容庞杂,文字古奥,要强迫百千年后的青年们当作宗教教条去死读硬记,已经很难。再要他们适应君主政治的不同需要,去寻章摘句,曲解附会,更是难上加难。于是,传经的经师,解经的注疏,便愈来愈多,形成一种专门学问,叫作经学。从汉初到清末,2 100多年中,因为封建王朝的提倡和封建传统的因袭,经部书籍在数量上已达到吓人的地步,单是《四库全书总目》所著录的,便总计1 773部,20 427卷。

清理这份庞大的经学遗产,无疑应该从材料入手。理由很清楚:"必须先研究事物,而后才能研究过程。必须先知道一个事物是什么,而后才能觉察这个事物中所发生的变化。"清朝的乾嘉考据学者们对经学研究做了大量工作,但他们的工夫主要花在搜集材料上,辑佚、校勘、训诂、考订,将大部分经学著作"是什么"的问题弄得比较清楚了。清末的康有为、章炳麟都程度不等地接受了进化论,原本可以系统地探讨封建经学如何随着社会的变化而变化,但是由于他们把经学上的门户之见同政治上的党派分野纠缠在一起,结果都没有为后人整理出关于经学发展过程的较完备的材料。

所以,尽管时间已经到了20世纪20年代,若要研究经学的历史,依然非自己动手整理材料不可。周予同便是从这里做起的。他以为,经学是封建时代统治学说的总称,但它绝不是凝固的铁板,而是内部存在着不同学派的统一体,因此整理材料,首先应该注意经学的分派,求同,求异,绝不能"混"。

关于经学的分派,清朝的考据学家一般分为"汉学"和"宋学"两派。近人刘师培按照时代,分成两汉、三国至隋唐、宋元明、近儒四派。范文澜则分成汉学系、宋学系和新汉学系三个部分。周予同觉得都不尽妥善。他认为,清儒所谓的"汉学",专指东汉古文学,并不包括西汉今文学,把经学史的首尾截去了;刘师培所说的两汉和近儒两派,都含有互同水火的古今文学两派。而范老的汉学、新汉学系的说法,在周予同看来,也存在与刘说类似的问题。

那么,应该如何区别经学派别呢?周予同以为,封建经学的中心人物是孔子;历代经学家的一切分歧和争论,焦点便是对于"在中国数千年来封建社会的学术思想史上握绝大权威的经典和孔子"的见解完全相异。如果以此为标准,则繁重的经学,也不过可以归纳成三大派:西汉今文学、东汉古文学、宋学。他说:"这三派的不同,简明些说,就是今文学以孔子为政治家,以六经为孔子致治之说,所以偏重于'微言大义',其特色为功利的,而其流弊为狂妄。古文学以孔子为史学家,以六经为孔子整理古代史料之书,所以偏重于'名物训诂',其特色为考证的,而其流弊为烦琐。宋学以孔子为哲学家,以六经为孔子载道之具,所以偏重于心性理气,其特色为玄想的,而其流弊为空疏。"

周予同也指出,清代复兴的古文学与东汉原始的古文学有不同,清代复兴的今文学与西汉原始的今文学有不同,元明的宋学与北宋宋学也有不同。20世纪60年代初期,周先生又从详密性着眼,对经学史中的学派问题,做了更细致的分析。

既然孔子问题是经学各派分歧的焦点,研究孔子的真相,显然非常必要。关于孔子问题始终未曾得到解决的原因,周予同认为:"简单的说,就是真的孔子死了,假的孔子在依着中国的经济组织、政治状况与学术思想的变迁而挨次的出现。"由于"道统""学统"之类观念在作祟,致使拿个人的主观的孔子来代替真正的客观的孔子的现象,在封建时代的学术思想史上变化得更厉害;所以,他很同意梁启超的说法:孔子渐渐地变为董仲舒、何休,渐渐地变为马融、郑玄,渐渐地变为韩愈、欧阳修,渐渐地变为程颐、朱熹,渐渐地变为陆九渊、王守仁,渐渐地变为顾炎武、戴震——"这话颇能痛快地指斥中国数千年来学术冒牌失真的弊病"。

正因如此,周予同同时研究了真、假两个孔子,"假的孔子正所以衬托出真的孔子的真实性"。他特别研究了两汉之际纬书中所描绘的假的孔子。《纬谶中的孔圣与他的门徒》是这类题材所仅见的专篇;而《孔子》一书给予纬书材料的特殊注意,也使它现出与以往同类著作很不相同的色彩。这不免令人感到惊奇:从《孟子》起,在儒家著作里,假孔子的形象比比皆是,为什么周予同偏偏选择鬼话连篇的谶纬里的孔圣人作为研究对象呢?

原来,周予同以为,在封建时代,孔子由人变成超人,变成救苦救难的神灵,其源盖出于谶纬。例如,孔子为黑帝精灵"感生"说,孔子接受天启为汉"制法"说,诸如此类的妖言怪语,都是汉以后封建统治者尊奉孔子为"玄圣素王"的根据,也都出现于纬书。既然归于孔子名下的经书,被封建统治阶级当作了宗教教义大全,那么在清算它的时候,就不能对从神学角度解经的材料置之不理。

但这还不是作者的全部意向。周予同毫不讳言,他之所以挑出两汉纬谶中的假孔子形象来示众,还因为纬谶家们给孔子穿上奇装异服的伎俩,以后曾经不断被重复。"不信,在最近几年,孔子不是穿着不相称的'中山装'在摇摇摆摆的吓人吗?那么,现在发表这篇文章(《纬谶中的孔圣与他的门徒》——引注),命意也不过是在看看两汉间孔子所穿着的怪装,好使刁黠的政客与忠厚的书生们清醒清醒点。"暴露古代神学的妖妄,也为了照出戴季陶辈制造现代迷信的丑态,这正是在实践作者当初要写《孔学变迁史》的初衷。

假孔子不足凭信,真孔子是个什么样子呢?周予同继续研究孔子的传记,研究孔子学说的各个侧面,利用他判断可信的材料,尽力描绘孔子的真相。他的结论是:这个孔子,既非今文经学家所尊的"素王",也非古文经学家所推重的专研名物训诂的学究,更非宋学家所刻画的那种头脑不清的哲学家,同时也不像康有为说的具有一种大同思想的乌托邦主义者,"他是一位实际的教育家,他是一位不得意的政治思想家,他是一位专研道德问题的伦理学家"。

强调真假孔子的区别,吸取了梁启超的意见;强调孔子办教育对世卿贵族垄断政治的破坏作用,又吸取了章炳麟的意见。而注意从基础与上层关系来看问题,注意从历史变化的角度来论证孔子学说的命运,则是周予同对经学史研究的新贡献。

周予同对宗教化的孔门经书,包括将孔子和六经神化的纬书都做了系统的分析。除了论纬书、论《孝经》、论《春秋》等单篇论文外,他的研究成果主要见于《群经概论》一书。这本著作对所谓十三经逐部就名称、作者、篇第、种类、内容和学派的源流演变,分别予以论述,写得浅显而又深入,生动而又准确,因而同《经今古文学》《经学历史》注释本一样,虽然都写在几十年以前,却至今仍不失为了解中国经学史的较好入门书。

通过对于"经书"内容的解剖,周予同揭露了这样一个重要事实,就是从汉朝以来,尽管历代封建帝王都在威胁利诱人们尊经读经,可是经的定义是什么？经的领域有多大？经的次第怎样排列？尤其是经学上一个根本问题——所谓六经与孔子的关系究竟如何？一句话,就是"治经"所必需的起码常识,在各派经学家中间,不仅意见从来没有统一过,而且直到近代也仍在激烈的论难中。周予同指出,今古文经学对六经排列的次序不同,不仅反映了两派对经的性质认识不同,而且反映了两派对孔子的观念不同。

在神灵般的经书中间,《孝经》和《春秋》引起了周予同的很大兴味。所谓孔子"志在《春秋》,行在《孝经》",屡见于两汉的纬书。汉朝的经学家或神学家,围绕它们制造了很多神话或鬼话,说它们是孔子接受天启,担负起为300年后出现的汉朝预制根本大法的神圣使命,而起草的两部救世宝典——《春秋》讲政治,《孝经》讲道德,虽然一部只有18 000字,一部只有1 900字,却囊括了从做儿子到做皇帝都必须照办的全部万古不变的道理。只要看看汉朝的历史,会解释《春秋》的可以做到宰相,而谥号加"孝"则是赠给已故皇帝的最高荣誉,便可想见这两部经书在那时的威灵。但周予同对它们感兴趣的理由还不止于此。他指出,《春秋》只是部草创的编年史,同孔子有何关系还大有疑问；《孝经》则绝不是孔子的著作,也不代表孔子的思想,只是后人冒用孔子名义编写的封建伦理教科书。它们在古代中国怎么会变成宪法,完全可以由宗法封建关系的历史演变得到解释。奇怪的是到了20世纪,《孝经》居然还在现代的中国抬头,《春秋》居然还在现代的人们心里或手里活跃,"这确是文化上一个值得讨究的问题呢"。

作为时刻感受社会脉搏跳动的史学家,周予同从来不把自己密封在书斋里,去咀嚼前人早已嚼过的东西。他总是留神观察现代生活里面仍在起作用的历史传统,细心辨别哪些是精华,哪些是糟粕,哪些是古之精华而今已为糟粕,然后便动手去剥那些封建僵尸的画皮。这是他的经学史研究的一大特色。他中年时代所写的一些经典研究论文,例如《"孝"与"生殖器崇拜"》《〈孝经〉新论》《〈春秋〉与〈春秋〉学》《〈大学〉和〈礼运〉》等,尤其令人感觉到这一特色。

参与过火烧赵家楼的周予同,既反感理学家高唱的封建"道统"观念,更讨厌那套"存天理、灭人欲"的僧侣主义说教。但他认为,主观的爱憎不能替代客观的研究。1929年,周予同写了《朱熹》一书,致力剥掉后来封建统治者所崇拜的朱熹的假象,还历史上朱熹的本色,从而透过这位宋学集大成者的学术思想体系,使人了解由汉学到宋学的转变,以及两者的联系和区别。同"道统"说的传统见解相反,周予同认为朱熹和他的先驱者,对经学的基本态度不是继承,而是怀疑；所谓宋学,其实是经学怀疑派之通名。怀疑经学之所以成为一种时代思潮,在周予同看来,消极的原因有不满于训诂义疏堵塞思辨的道路,有不满于所谓纯文学的"玩物丧志";积极的原因有道家和方士的思想影响,但最有力的刺激和影响则来自佛学,因而宋学可叫作"儒表佛里"之学。清末皮锡瑞说过,宋朝是"经学变古时代",宋儒对汉儒说经多有怀疑;章炳麟更曾指出理学开始于调和儒佛的愿望,到程颐、朱熹形成宗派,特点就成为"里面也取佛法,外面却攻佛法"。但他们都还把理学看作儒家的宗派,周予同则以为这种儒佛混合的产物,已脱离了本来意义的儒家的轨道。就是说,在宋朝学者那些枯燥乏味的儒家语言的背后,隐藏着对于传统儒家学说的否定,思辨代表了信仰,理性冲击着感性,个性的存在被承认了,哲学的最高任务不再是对伦理道德的教条做神学的训释,就是说出现了近代意义的哲学。

既然经学史上的宋学确有贡献,为什么宋学家的研究成果,在学术上往往得不到清朝以来汉学家的承认呢?周予同着重从学术思想史的角度分析了原因。他认为,根本原因在于朱熹他们讲的分明是哲学——近代意义上的哲学,却要用经学形式表述自己的学说。宋学家最终没有跳出经学的框架,这给他们的经传研究带来其他的严重谬误,最大的错误就是删改经书以强证己说。

在论及近代思想史上今古文学之争的时候,周予同坦率承认,他个人比较倾向今文学。当他写下这句话时,虽在五四运动以后,但文史界的情况仍然落后于现实,尤其表现在高等学校和出版业中。那时文史学界有四派:否定经学而转究史学的是少数;只知抱残守缺、汉宋乱用的是多数;但在大学讲坛上势均力敌的,却是坚持章太炎"古文"说和宣传康有为"今文"说的两派,"大概地说,南方各高等学校中主'古文'的较多,北方各高等学校中主'今文'的较多;而且大概地说,主'今文'的对新事物较易接受,主'古文'的对新事物每趋抗拒"。于是我们便不难想见,为什么当问题回到学术领域的时候,主张否定经学的周予同却倾向今文了。

当然,这绝不单纯是出于感情上的理由,它主要还来自周予同对中国近代史学变化的考察。他认为,中国的史学,发展到19世纪末20世纪初,开始了它的"转变期"。转变的重要象征,便是史学继文字学之后逐渐脱离经学的羁绊而独立,并运用进化论研究中国历史。在周予同看来,从思想方面给予中国史学以转变动力的,就是今文经学,其第一部著作便是康有为的《孔子改制考》。周予同说,从清末上追到西汉末,所谓孔子的"道统"说,所谓三代为"至治盛世"说,支配着中国的哲学家和史学家,从而使封建史学总在宣传世愈古而治愈盛,"陷入无可超拔的退化泥潭,而归结于悲观论与宿命论的史观"。康有为受进化论影响而写的《孔子改制考》,主观上在于假借经学以谈政治,作为倡言变法改制的张本,但他以为中国历史由秦汉以来才可考信,人们所熟知的三代历史其实是孔子出于救世改制的目的而假托的宣传作品,在客观上便"破坏儒教的王统与道统,夷孔子与先秦诸子并列";它还提出时愈久而治愈盛的进化论新见解,从而使"孔子的地位与经典的尊严发生摇动",结果导致了史学开始向经学宣告独立。

因此,周予同认为,近代中国的史学,由"泥古""疑古""考古"发展到"释古",也就是发展到郭沫若等的中国古代社会研究,这中间清末复兴的今文经学,"在消极方面能发扬怀疑的精神,在积极方面能鼓励创造的勇气",实在起了桥梁的作用。

日军侵华打断了周予同的学术生涯。直到1959年,他才重新开始经学史的系统研究,并且可以说进入了一个新的"转变期"。由于经学曾经长期作为封建主义的统治学说,所以在1949年之后,经学遗产每每会被当作纯属于封建文化的糟粕,而遭到唾弃。于是,研究经学史,不但容易被看成搞冷门,而且即使像周予同那样,分明抱着"检验粪便"的愿望去研究,再三强调"经学之继承的研究大可不必,而经学史的研究当立即开始",也很容易受到从"左"边来的干涉和指责,总有一些人认为经学既为"封建学",那么,它的研究者也必定是"封建人"。

作为期望社会主义的学术文化日益繁荣的正直学者,周予同对于"左"的偏见始终看不惯,忍不住。20世纪60年代初,他就在各种场合对把政治与经济绝对对立起来的言行表示愤慨,指出那与其叫"革命",不如说是程朱理学"存天理,灭人欲"说教的新版。他尤其反感动不动给学术研究扣帽子的做法,认为这是不许人们通过自由讨论了解历史真相的行为,发展下去就会重蹈封建专制君主利用愚儒黠儒以惑世诬民的覆辙。1962年,他同许多学者一起讨论孔子时所发表的意见,便集中表达了他在学术上的是非倾向,也再次显示了他在经学史研究中的特有风格。周予同强调研究历史遗产,应该注意实事求是。他认为,孔子的影响涉及亚洲其他地区,但目前对孔子的研究并不乐观。首先,史料的运用有问题,常常先存对孔子的主观看法,然后在文献中去找论据替自己的臆说张目,例如用《易传》的思想来论孔子,便无是处;其次,没有把孔子同后世的儒家区别清楚,常常把后世的腐儒、愚儒、黠儒,尤其是一些滑头政客的罪孽,都算在孔子账上,而又有"唯成分论"的倾向;再次,忽略孔子思想的世界影响;最后,还有基本功问题,特别是文字训诂上常犯以今律古、增字解经之类毛病。

"文革"再度打断了周予同的研究进程。他历年积累的讲稿、手稿和其他资料大多被付之一炬,或者不知去向。但是,他遗留下来的经学史论著,标志着经学史研究的新阶段,却是永远不会被任何火水虫害毁灭的。

二、热诚的教育学家

周予同出生在清政府实行"百日维新"的戊戌年。从那时起,兴教育、开民智,就是许多渴望国家富强的志士仁人的追求。只有教育,才能彻底改变中国人的精神面貌,培养热爱国家、关心时事、掌握知识和技术的国民。

周予同是一位教育学家,20世纪初期,志在解决现实问题的各种思潮纷呈并起,时刻激励着年轻人的身心。周予同也投身于对现实弊病的论断之中,他解剖中国的教育制度,编写中小学教科书,在讲台上教书育人,直至生命的终结。

五四前夕的北京,大学是思想最活跃的地带。蔡元培在北京大学实行兼容并包的政策,教员中既有新文化运动的领袖,也有传统文化的拥戴者。北大之外,受民主与科学新思潮的熏染,风气最为开通的学校,当属周予同所在的北京高等师范学校。不少提倡新文化的著名人物,都来兼课。周予同读大学不久,就成为"德赛两先生"的热情拥护者。他和同学们一起,发起平民教育社,创办《教育丛刊》,抨击旧有的教育制度,探讨教育的新方向。他认为:"现在的社会是不平等,所以在这种社会上建设的学校制度也跟着不平等。"他在毕业论文《我的理想的教育制度》里,控诉中国封建教育的野蛮和黑暗,揭露资本主义教育的伪善和势利,提出应该吸取革命后的苏俄实行义务教育和大战后的德国实行"能者升进"的免费教育的经验,在中国实行普及教育和终身教育,使教育成为改造社会的利器。

1921年,他跨出校门,走进商务印书馆主编《教育杂志》,更是热情地投入改造传统教育制度的研究和宣传之中。在短短的几年时间里,他写作了《中国学校制度》(1933年)、《中国现代教育史》(1934年)等专著,清理古往今来的教育制度。又编了《开明本国史教本》(1931年,两册)、《本国史》(1935年,四册)、《国文教科书》(1935年,六册,合编)等中学教材,试图为青年学生构建新的教育体系。他曾说,他心目中暂定中学国文的理想标准是:人人能用国语或浅近的文言,自由而敏捷地抒发思想情感,或纪述事实,绝对没有文法上的错误;人人能懂得中国文学和学术变迁的大概。周予同的研究是20世纪二三十年代现代教育体系理论探求的重要部分。

周予同不仅著书进行理论的研讨,而且还深入学生中,循循善诱,宣传做人的道理和治学的方法。当蒋介石要求学校读经时,周予同直言这"是将大多数的国民变成'阿斗',预先替帝国主义者制造顺民"。抗日战争爆发后,周予同用各种可能的机会,向大学生、中学生进行爱国主义和民主主义的历史教育,希望青年们挣脱封建士大夫的末运,绝不要学清末以来许多青年的样,"以革命志士的姿态踏上抗争的路,而终于以腐败的官僚、政客、土劣的身价送进坟墓里去。甚至于借着一切可利用的幌子,在任何机关里,进行其攫夺的私计"。他呼吁青年学生认清自己的命运,认清国家民族的命运,除掉悲观,挺起脊骨,自觉地"负起'反帝''反封建'的历史的任务","去消灭一切应该消灭的东西,去建设一切应该建设的文物制度",为社会改造,首先为神圣的民族解放运动而献身。这也是周予同向自己提出的要求。所以,即使在日本侵略者重围下的"孤岛"上海沦陷的前夜,他仍然坚信中国不会灭亡,"必然的会保持他的悠久的历史与光荣的地位",作文发扬中国史学渗透的争取民族解放的信念。

周予同一生中的大部分光阴都是在讲台边度过的。他曾在共产党地下文委主办的上海社会科学讲习所讲课。抗战胜利后,唐文治创办的无锡国学专修学校在上海复校,周予同也应邀主讲"群经概论"。他历任温州十中教员,安徽大学教授、中文系主任兼文学院院长,暨南大学教授、历史系主任兼南洋研究馆主任。1949年以后,任复旦大学历史系教授,1956年被评为二级教授。曾担任复旦大学副教务长。1957年后,任上海社会科学院历史研究所副所长。1956年起,周予同负责组织重建中国经学史学科。1959年,开始在复旦大学历史系讲授"中国经学史"课程,卓见时出,锋芒少敛。这是当时全国大学文科中独一无二的课程,他指导学生和两届研究生写作专题论文,自己也撰写相关论文,唤起了全国学术界对经学史研究的重视,开创了经学史研究的道路。他还开设"中国历史文选"课程,讲授期长达两年,每周四课时,为学生打下了扎实的学术基础。同时还受教育部委托,负责编选大学文科教材《中国历史文选》。他是复旦大学历史系最负盛名的教授之一,为国家培养了大批的历史学人才。

三、爱国的社会活动家

> 今我是活泼泼的青年,
> 扫却了悲观和闲愁;
> 本着这肃杀的精神,
> 打破了糊涂的九洲!放出了万千的狱囚!

这是周予同19岁时写下的诗篇。研究经学时,他是冷静的解剖师;面对生活时,他是激情似火的诗人和战士。从民国到共和国,他时刻关注现实的社会问题,从来就没有离开过土地和人民。

在北京高师,周予同一面钻研学业,一面如饥似渴地研究各种主义和理论,参加学校繁多的社会活动。他对社会主义感兴趣,也对无政府主义有好感。他宣称现有社会是不平等的社会,改造社会必须打破劳力劳心的界限,提倡学生学会做工,并帮助劳动者求学,主张"作工与求学是人生两件大事"。他外向豪迈,具有凝聚群体的性格魅力,和同学们一起先后发起励学会、平民教育社、工学会等组织,创办《教育丛刊》《工学》等杂志。其中工学会的参加者有30余人,经常集会研究学术,利用课余时间做工,从事印刷、木刻、照相、办夜校等活动,天真地进行"工读主义"的实验。他们在校园里面发表演说,到北大去参加辩论,积极投入各种爱国民主运动。

1919年4月底5月初,巴黎和会强迫中国承认"二十一条"、接受日本继承德国侵占山东权益的消息传到了北京,高校的学生组织纷纷准备集会抗议。周予同也热血沸腾,5月3日晚,工学会召开全体会议,商量对策,提出应迅速在次日即5月4日星期天举行游行示威,既可避免走漏消息遭到当局阻止,又可趁假日争取大多数同学的参与。5月4日上午,周予同作为北京高师的代表之一,与各校学生代表在法政专门学校举行联合会议,确定了游行方案和斗争口号。当天,工学会代表还联络到各校的激进派20人左右,准备牺牲,周予同和工学会的另一名发起人匡互生都写了遗书,打算以青年的一腔热血交换古老中国的新生。

5月4日午后,北京各高校沿着事前决定的路线进行游行。在东交民巷遭到外国卫队的阻拦后,愤怒的学生队伍开往了赵家楼。周予同托着匡互生从小窗里爬进了曹汝霖的宅院,大门打开后,学生们一涌而入,周予同把曹汝霖的汽车车窗玻璃打碎,划破了手掌,淋漓的鲜血倾诉着青年学生对懦弱政府的愤怒。客厅书房里,上房卧室中,到处都找不到曹汝霖的踪影,匡互生取出火柴,和周予同一起拉下卧室蚊帐,点燃了"火烧赵家楼"的大火。

那以后,国家的命运,社会的前途,时刻牵动着有着光荣经历的周予同的心。大学毕业进入商务印书馆后,除了进行教育史和经学史的学术研究,奠定自己在学术界的地位之外,由于编辑工作的性质和热情活泼的个性,周予同广交朋友,参与各种知识分子的活动,逐渐在学者群体中成了一名活跃人士。

他们批评时政,宣传民主,努力加强自身建设,增进群体的力量。1923年,周予同与郑振铎、叶圣陶、沈雁冰、王伯祥、胡愈之、顾颉刚等人结为团体,准备集资创办书店,宣传新理念。因醉心清代朴学,年轻的周予同给这个同人团体取名"朴社"。不久,他又和王伯祥、沈雁冰、俞平伯、胡愈之、叶圣陶、郑振铎、顾颉刚等人轮流主编文学研究会刊物《文学旬刊》。1926年8月,鲁迅抵达上海,郑振铎设宴欢迎,28岁的周予同也在欢迎的人群里,还在鲁迅的《日记》中留下了身影:"下午得郑振铎柬招饮……晚至消闲别墅夜饭,座中有刘大白、夏丏尊、陈望道、沈雁冰、郑振铎、胡愈之、朱自清、叶圣陶、王伯祥、周予同、章雪村、刘勋宇、刘叔琴及三弟。"1927年,参加大革命的周谷城来到上海,生活拮据,周予同立刻给予热情帮助。后来两人长期任教复旦大学,被称为复旦"二周"。1927年秋,李叔同过沪,暂居学生丰子恺家。丰子恺与夏丏尊、内山完造、叶圣陶、周予同、李石岑等,在上海功德林素食馆宴请李叔同,饭后随李叔同前往太平寺访问印光大师。叶圣陶专门著文《两法师》纪念这次活动。1928年春,周予同、夏丏尊、钱君匋、贺昌群、章锡琛、叶圣陶为欢送胡愈之赴法国,同到上虞春晖中学相聚,在白马湖平屋前合影纪念。1947年3月,中国语言学会在上海成立,周予同、叶圣陶、陈望道、章锡琛、郭绍虞、方光焘、魏建功七人任理事,郭沫若、郑振铎、马叙伦三人任监事。在这些活动中,周予同都是积极的角色。那是中国多灾多难的时期,知识界的思想虽然屡遭政治打压,然而压力却使思想绽出火花,也使知识分子格外活跃,努力拓展活动空间,发布学术自由、集会自由的信息,以自身的存在呼吁着民主社会的来临。

周予同同情的目光一直关注着社会民生。1924年9月,齐燮元、卢永祥之间爆发"江浙战争"。战后,周予同、王伯祥、叶圣陶等特意结伴前往曾经打过大仗的浏河考察军阀混战的恶果。1927年,国民党制造四一二大屠杀。4月14日,周予同和郑振铎、冯次行、章锡琛、胡愈之、吴觉农、李石岑七人以闸北居民的身份,公开致书国民党中央委员中的文化界人士蔡元培、李石曾、吴稚晖,就13日宝山路工兵冲突惨剧,要求国民革命军最高军事当局立即交出开枪的负责官长和兵士,组织人民审判委员会对其加以裁判;要求当局保证以后不向徒手群众开枪,并不干涉集会游行;要求国民党统辖下之武装力量,立即宣告不与屠杀民众之军队合作。因为这一事件,周予同、叶圣陶、郑振铎计划主编的大型选本《中国文选》,也未能成书。1935年,面对日寇侵华的严峻局面,周予同与李公朴、邹韬奋等署名发表《上海文化界救国会运动宣言》,要求释放政治犯、停止内战、共赴国难、保证言论自由等。1936年1月28日,上海文化界救国会和大学教授救国会、妇女界救国会、各大中学校学生救国会联合发起成立上海各界抗日救国联合会,宣传抗日,支持各界救亡运动,反对国民党的不抵抗政策。周予同在上海的活动得到了共产党人的关注,1940年秋,新四军黄桥大捷后,在苏北根据地的陈毅还特意委托上海记者带函给郑振铎和周予同两人,热情欢迎郑、周到苏北工作。1946年,周予同与张志让、蔡尚思、沈体兰等发起成立上海大学民主教授联谊会,简称大教联,多次发表宣言,抗议当局非法逮捕爱国学生,成为国统区投身民主运动的著名人士。

1949年以后,周予同以其渊博的学识和20余年民主活动的经历,受到了中国共产党和人民的尊重。他努力学习马克思主义著作,用马克思主义理论研究中国历史。他积极参加新社会的各种建设活动,成为民主爱国人士的典范。他先后担任华东军政委员会文化委员会委员、上海市文化教育委员会副主任、华东学习委员会上海市教育工作者学习分会主任、第三届全国人民代表大会代表、上海市政协委员、民盟上海市副主任委员等职。1956年,他与傅雷、周煦良、周谷城、罗竹风等人被复刊中的《文汇报》聘为社外编委。1963年,周予同赴京出席中国科学院哲学社会科学学部委员会第四次扩大会议,与周谷城、冯友兰等老专家受到毛泽东主席的接见,并留下了极为难得的毛主席与三位学者同框的影像记录。

周予同研究的是最传统的学说,他本人却绝不埋头书斋。他时刻关心国家的命运和人民的幸福,青年时参加了五四运动,壮年时反对国民党的愚民政策,晚年把全部的身心都献给了教育事业。他以毕生的研究和实践赢得了经学史家、教育学家和民主爱国人士的崇高声誉。

(本文主要参考朱维铮《中国经学史研究五十年——〈周予同经学史论著选集后记〉》和许道勋所撰《周予同小传》而编写)

(原载《史魂:上海十大史学家》,上海辞书出版社2002年版)

耿淡如

耿淡如(1898—1975)又名澹如、佐军。江苏海门人。历史学家。专长世界中古史、西方史学史等。

1917年考入复旦大学文科,后因经济困难辍学。1922年重返复旦大学求学。1923年毕业后,相继在海门中学与复旦附中任教。1929年,入美国哈佛大学研究院,攻读政治历史与政治制度,获硕士学位。1932年毕业回国至1951年,任复旦大学政治系教授、系主任;兼任暨南大学教授。其间,1933年至1951年任光华大学教授兼政治系主任;1940年至1946年,任大夏大学教授兼历史社会学系主任;1946年至1949年,兼任上海法学院教授。1946年至1947年,兼任上海诚明文学院教授。1952年起,任复旦大学历史系教授。

在大学任教期间,讲授"世界中古史""外国史学史"等课程。

任《辞海》编委、分科主编。主编高教部部颁教材《外国史学史》;发表《什么是史学史?》等学术论文数十篇;译著有《十九世纪历史学与历史学家》等;其国际关系和时政评论文章辑入《耿淡如先生国际论文集》。代表作有《世界中古史讲义》《西方史学史散论》等。

垦荒者的足印——回忆耿淡如先生

张广智

耿淡如先生是著名的前辈历史学家,第一代的中国世界史学科的开创者之一,中国西方史学史学科建设的奠基人,为后人留下了丰润的学术遗产。作为我国老一辈的学者,耿淡如先生毕生致力于学术研究,尤其为中国的西方史学史研究做出了开创性的贡献。记得先生生前对我们说过这样的话:"一个人走在荆棘丛生的路上,大概是很吃力的吧?我们从事西方史学史的研究,情况也可能如此。但我们应不畏艰难,不辞劳苦,在这个领域内做些垦荒者的工作。比如垦荒,斩除芦荡,干涸沼泽,而后播种谷物,于是一片金色的草原将会呈现于我们的眼前。"先生的这一段话也是他毕生矢志求索的一个缩影,我们愿追随这位先行者的足印,不断进取,继续耕耘,才能不致愧对先人,不致愧对中国的世界史,尤其是西方史学史事业的前程。

一、"耿老不服老"

余生也晚。当我于 1959 年秋入复旦大学历史系就读的时候,先生已步入花甲之年。复旦大学托 20 世纪 50 年代初那次院系调整之福,把各地大学的不少精英都调进来了,以我系而论,那时名教授云集,阵营十分强大,在中国史方面,有周予同、陈守实、谭其骧、胡厚宣、马长寿、蔡尚思等;在世界史方面,有周谷城、耿淡如、王造时、陈仁炳、朱澍、章巽、田汝康等,其综合实力,在当时可与北京大学历史系相媲美。刚过弱冠之年的我,对他们总是仰视的,又从他们的教泽中获益匪浅。

那时系里盛传有"四老":其中守老(陈守实)生于 1893 年,为最年长。其余"三老"同庚,都生于 1898 年,其中的排行分别为:予老(周予同)1 月生,三者中为最大;耿老(耿淡如)3 月生,次之;谷老(周谷城)9 月生,列老三。在他们三人中,"两周"在走过一段艰难的路程之后,都曾经历大地重光,有过劫后重生般的欢愉。

相比之下,耿先生的人生轨迹却要平凡得多,但也苦涩得多。1898年3月,先生出生于江苏省海门县的一个农家,在家乡念完小学和中学后,进复旦大学求学,20世纪20年代末赴美留学,进哈佛研究院,归国后在多所大学任职。1949年后,加盟院系调整后的我系任教授,迄至1975年7月9日逝世。我在历史系读本科的时候,先生距"从心所欲"的古稀之年不远,但在那时,我们学生听到这位老人最多的声音却是:"耿老不服老。"

1958年国内"左"的思潮泛滥,"大跃进"浪潮迄至我们1959年入校时仍有余波,那些过于膨胀的和不切实际的科研计划,也在复旦文科诸系蔓延,这之后又有1960年的"反右倾,鼓干劲","耿老不服老"就是我在一次全系"反右倾,鼓干劲"的大会上听到的。我记得很清楚,全系大会是在新落成的校工会礼堂举行的,全系师生都参加了,会场气氛相当热烈,尤其当系里几位老教师发言后,更是激发了全场蓬勃的气势。先生当然也发言了。进校后,我是第一次近距离地打量这位老人:稀疏的头发,略显花白;脸上的皱纹,略显苍老;有神的双眼,目光犀利,略显深邃;讲话舒缓,慢条斯理,略带乡音。先生发言的具体内容,忘了,但"耿老不服老"的声音却响彻大厅,超越时空,迄至今日,催人奋进。

先生真的是不服老的。他通晓多门外语,如英文、法文、德文、西班牙文等,还有拉丁文,但他从不满足。20世纪50年代初,在"向苏联学习"的口号下,各行各业齐行动,高校焉能例外,为了在教学与科研中更好地向当时视为最先进的苏联历史科学学习,先生决心自学俄文。他有天生的学习外语的禀赋,通过自学,很快地掌握了俄文,并在教学科研中迅即发挥了作用。先生据俄文原版大学教材和相关资料,翻译并编写出世界中世纪史讲义,后来他为了给高年级同学开设"近代国际关系史"选修课,又据俄文翻译出版了三册共60万字的《世界近代史文献》。

先生这种活到老学到老的精神,在其晚年尤甚。在他过世前两年,他因重病住院治疗。在病房里,他不顾病痛的折磨,坚持自学日语,很快地又能阅读相关文献,不由令人叹服。关于外语学习,先生常给我开导,记得的有两条:第一,要掌握一门外语,就像打拳一样,在于不断地"操练",倘要尽快进入专业领域,可找一本适合的外文书通读并选译若干片段,这之后的路便平坦多了。第二,要多掌握几门外语,倘仅为书面阅读着想,他认为任何一门外语,都可以通过自学解决。在这方面,先生是我们学习的楷模。

在20世纪五六十年代的复旦,老教授都是亲临教学第一线,直接为本科生授课的。先生在系里为学生开设世界中世纪史、外国史学史课程。我们那一级,世界中世纪史课是由留苏归来的陶松云老师上的,我最初在课堂上聆听先生的教诲已是1961年2月他为我们班级上外国史学史一课时。先生为本科生开设的前述这两门课,事必躬亲,亲自编写教材,翻译外文原始资料,绘制教学地图等,总之是费尽了心血。令人感怀的是,先生始终坚守在本科生的教学岗位上,直至"文革"发生,学校教学活动被迫中止。1965年初,他因癌症开刀,动了大手术,原本孱弱的身体较前更为虚弱了。但他不服老,硬是以其病弱之躯,坚守在教学岗位上。我记得在1965年前后的一年多的时间里,先生为本科生上课的情景:他从上海西南徐家汇天平路的家出发,换乘几辆公交车,赶往市区东北角的学校上课,刮风下雨,从不间断,为学生讲授"外国史学史"。我当时已是他的研究生,先生指定我担任他的助教,自此开始了我个人的从教生涯。他总是早早地来到教员休息室,因患有严重的老年性肺气肿,在坐定后便大口大口地喘着气,不停地咳嗽,歇息后便与我说起了"闲话",继而又咳嗽不已,看了真叫人心痛。两节课下来,先生总是气喘吁吁,疲惫不堪,但我从来没有听到过他有一句怨言。课后,他又沿原路返回家中。我每次都送先生上车,那时风气好,乘客见长者,没有人不让座的,待安顿好后,我方与先生告别,目送汽车向前开去……先生带走的不过是晚辈的点点问候和微微心意,而留下的却是前辈的高尚品格和精神风范。

不久,"文革"开始,他受到了迫害,被隔离审查,身心均受到摧残。1973年,他癌症复发,又加上老年性肺气肿的折磨,生命处于垂危之中。1975年7月9日,耿淡如师逝世。可叹造化无情,上帝没有给这位老人留下更多的时间,终于在距黑夜尽头仅剩下一年又三个月(1976年10月粉碎"四人帮")的门槛上倒下了。他没有像"两周"(周谷城、周予同)那样一起走进新时期。然而,"耿老不服老"的精神、他的教泽、他的学术遗产,将长留人间,总之,在西方史学史的领域里,在很长的一段时间内,我虽单枪匹马,但又总觉得有一种无形的精神力量在指引着我,因此,我并不感到势单力薄,因为我身后有一棵大树。

二、启人心智　点石成金

我是很相信缘分的,命运注定我此生要与西方史学史结下不解之缘。不是吗?先生竟与我是同乡,我的出生地海门县正余乡距他家真的很近。也许在冥冥之中,一双无形的"上帝之手"把我们师生俩的西方史学史情缘牵连在一起。1964年9月,我考取了他的研究生,真的成了耿门的嫡传弟子。先生招研究生(那时没有学位制),过去只收世界中世纪史专业方向,从1964年开始获准招收西方史学史专业的研究生,事实上我既是这一专业方向国内首名研究生和耿师指导的这一新专业的"开山弟子",也是先生培养的西方史学史方向的"关门弟子"。

我们那时候研究生不多,历史系就更少了。但先生高度重视新专业的课程设置，为我一人制订了周密的培养计划。我手头留有当年的培养方案（初稿）一份，所开课程除政治与外语课外，专业方向课（包括基础课与专门课）有下列几门：近代西方史学史、现代西方资产阶级史学流派、马克思主义史学理论、西方史学原著选读、专题研究等，其指导方式，前三门均为"座谈"，第四门为"答疑"，专题研究为"讨论"。那时没有像现在这样"正轨"，要正儿八经地选足多少门课，修满多少学分。培养计划中虽有五门课，除马克思主义史学理论课外，其余课都是由先生亲自上的。其实，所谓的"上课"，实为聊天，较为"随意"和"自由"。回想起来，那种"座谈"（即兰克式的Seminar）的授课方式，对于培养我独立思考的能力，颇有助益。耿氏的这种授课方式是这样进行的：先生每次提出要讨论的题目，然后布置要看的书目，隔一周（或两周），先由我报告读书心得，学生讲时老师不时插话或提问，话语不多，最后他有一些小结之类的话，言简意赅，再布置下一次的讨论题目……如此循环，反复不止，它真是能启人心智，比那种填鸭式的满堂灌授课方式要好得多。我虽天资不优，但并不愚钝，也算勤奋，自感在这种授课方式的熏导下，有了一点长进。就这样，在与先生零距离"聊天"，或手把手的悉心教诲下，日积月累，时间不算太长，而先生却要费尽心力，即便是顽石也成了金。

先生的"启人心智，点石成金"，在批改我的作业中也得到了印证。随着先生上的课程，我总是不断地写一些读书札记之类的文章，一次我写了一篇关于近代西方资产阶级史学的札记，发回后，首先映入我眼帘的是先生的评语："本文根据西方资产阶级史学发展过程，阐明史学为阶级斗争的武器这个道理，讲得头头是道。论旨正确，文笔畅达，虽算不了深入探索，也可称佳作。所有细节上的问题，均见附贴标签。"我还是有点自知之明的，这评语显然是对我的一种鼓励和鞭策，其实我的文章还是很稚嫩的。但透过这潇洒的字体和褒扬的文句，分明显示出老师对学生的无限期盼和殷殷嘱托。

先生对学生作批语时，总是在稿边贴条，把自己的意见写在上面，他在我的上述这篇习作中，附贴标签有30多处，或纠谬，或批注，或责疑。纠谬之处以纠正史实或改正错别字为多；批注要言不烦，引而不发，点到为止，让作者自己去思考；责疑之处，仅打了一个大大的问号，为写作者留下了广阔的思考空间。

我曾据先生生前所发表的论著、未刊讲稿等材料，归纳先生的学术研究之方法，亦是教书育人之门道，大约有十条，特录标题如下：历史研究务必求实；弄清概念的基本含义，应是从事研究工作的第一步；要熟读原著，认真领悟原著的精神；结合时代背景与社会特征来考察史学的发展；注意研究西方史学的新陈代谢；注意历史学家类型的分析；注意历史学家作风的分析；采用标本与模型研究的方法;介绍先于批判;习明那尔是一种培养历史学专业人才的有效方法①。先生之睿智,育人之门道,荦荦大端,难以言尽,以上所列,就我个人管窥所及,难免挂一漏万。

三、老骥伏枥　志在千里

先生早年留学美国。1929年入美国哈佛大学研究院,其专业方向是政治历史与政治制度。1932年归国后,开始了大学教书的生涯,相继在复旦大学、光华大学、暨南大学和大夏大学等高校任教授,讲授西洋通史、政治史、外交史、政治思想、政治学以及国际公法等课程。与此同时,也从事时政评论,发表了大量的国际问题的文章。

1949年后,他从复旦政治系转入历史系,根据工作的需要,他专事世界中世纪史的教学工作,成绩斐然,是这一领域20世纪50年代享誉国内的专家。20世纪60年代初,他开始致力于西方史学史的教学与研究工作。在迄至"文革"前的这五六年间,先生为西方史学史的学科建设做出了开创者的贡献。

"老骥伏枥,志在千里"。越到晚年,先生越加努力,老当益壮,像一个年轻人那样,笃学矢志,奋发有为,始终在这开辟的新领域内辛勤耕耘,直至生命的结束。关于中国的西方史学史学科的奠立,学界有"南耿北齐"之说,这里说的"南耿",即是先生,"北齐"指的是北京大学齐思和先生,正是由于他们在20世纪60年代前期的共同努力,成为中国的西方史学史学科建设的奠基者。

先生为中国的西方史学史所做的奠基性工作,约略可概括如下:

1. 重视西方史学史的学科建设。先生在20世纪60年代初国内关于史学史的大讨论中,率先提出"需要建设一个新的史学史体系"。此后,他不断撰文,对此发表了不少真知灼见。先生有其言,也有其行。这个"行",一是在我系为本科生开设"外国史学史"一课(当时忌讳"西方"一词,实际上是西方史学史);二是新招西方史学史专业方向的研究生,开当今招收西方史学史专业研究生之先河。

2. 主编《外国史学史》教材。先生是当时列入全国科学规划的世界史学史项目主持人。1961年年底,为贯彻高教部关于编写文科教材的精神,在上海召开了外国史学史教材编写会议,会议一致决定由先生任《外国史学史》这部教材的主编。会议甫告结束,先生就为编纂新中国的第一部《外国史学史》教材积极工作起来。据我所知,先生为编写工作前期所做的西方史学著作(原著与研究性作品)的摘译,从希罗多德至汤因比,辑录起来,就可构成一部古希腊至20世纪

---

① 详见拙文:《耿淡如与中国的西方史学史研究》,《史学史研究》2002年第4期。

西方史学的资料长编,可谓是西方史学史的雏形。此项工作因"文革"而被迫中止,这或许是先生终生的一件憾事。

3. 翻译西方史学名著。先生的著译工作,在1949年前著述与译事并举,20世纪30年代就有大部头的《近代世界史》译作,著述成果更丰,比如,为纪念耿淡如先生百年诞辰,在台湾出版的《耿淡如先生国际问题论文集》,仅选从1933—1934、1946—1949年几年间的国际问题论文190余篇,就有百万余字,且文笔犀利,思绪如潮,如今读来,深为先生年轻时的才华与多产所折服。1949年以后,译事多产,著述甚严,乃至惜墨如金。关于翻译成果,在其晚年颇盛,且多语种兼具,其中俄文的有《世界近代史文献》《世界中世纪史原始资料选辑》等,英文的有汤普逊的《中世纪经济社会史》,古奇的史学史名著《十九世纪历史学与历史学家》等,另还有其他语种的译作。令人难忘的是,他在病中(癌症开刀以后),还抱病为我系拉丁美洲研究室翻译西班牙文的《格瓦拉日记》等三本著作。

耿淡如先生,终其一生,淡泊名利,勤奋治学,他常说的"谦虚治学,谦虚做人"的教导,更成了我毕生的格言。即使在病魔时刻缠身的时候,他也仍在奋斗、求索,从不向困难低头,尤其在"文革"中遭受迫害,关在"牛棚"里暗无天日的时刻,对国家与民族的前途始终抱有信心。这里插举一例:"文革"初期,我校党委副书记徐常太同志与先生同关在一间房里,记得徐书记"文革"后曾给我讲起先生对他说的一段话:"常太同志,眼前的纷乱与不宁终会过去的,就像你的姓名所寓意的那样,慢慢地会好起来,回归到生活的常态:百姓总会过上太平安康的日子。"在这里,我要说的是,无论是先生对教学和研究的执着与敬畏,还是他对人生和前途的通达与信念,对我,对我们的后一代,都是一种经久不息的精神指引,一种为后人永远寻觅的垦荒者的足印。

(原载复旦大学关心下一代工作委员会等编《复旦名师剪影》(综合卷),复旦大学出版社2013年版)

追忆耿淡如老师

黄瑞章

耿淡如(澹如),又名耿佐军,1898年3月出生于江苏省海门县一个农民家庭。父母亲不识字。八岁时在当地一家私塾寄读,后又进小学。毕业后,以工读方式在私立海门中学完成中学学业。1917年来上海考入复旦大学文科。因家庭经济困难,入学发生了问题,遂与校方协商,日间就读,晚间在学校图书馆做些管理或抄写工作,以减免部分学费。大学三年级时,曾一度休学回海门中学任教。1922年重返复旦,至1923年以优异成绩得"茂材异等"奖牌一枚。毕业后,相继在海门中学和复旦附中教授英文、史、地等课程。在复旦附中教书期间结识了一位热心教育的同乡富商郁某。在他的资助下,1929年去美国,进入哈佛大学研究院,研究政治制度与政治历史,获硕士学位,1932年5月返国。

耿淡如回国后,开始了大学教书的生涯。1932年至1937年曾担任复旦大学和光华大学政治系教授,其间还兼任过暨南大学教授,讲授政治史、外交史、西洋通史、政治思想、政治学以及国际公法等课程。抗日战争爆发后,复旦大学内迁,耿淡如留在上海,曾任上海光华大学政治系主任,后又兼任上海大夏大学历史社会系主任。抗日战争胜利后,复旦大学由重庆迁回上海,大夏大学迁回沪西,耿淡如遂辞去大夏大学的职务,任复旦和光华两校政治系主任,直至1949年。

新中国成立后,耿淡如由复旦大学政治系转入历史系,从事世界史教学工作。这对他来说,一方面驾轻就熟,因为在1949年前的旧大学里他所开课以历史方面为多,并与人合作翻译过海斯和穆恩著的《近世世界史》,编写过高中世界历史课本等;另一方面也感到要掌握辩证唯物主义和历史唯物主义,摆脱资产阶级唯心主义学术观点,绝不是轻而易举的。当时高等学校正在进行教育改革,借鉴苏联教育改革的经验是一个重要方面。为此,耿淡如决心自学俄文。领导分配他教授世界中世纪史,他就根据俄文原版大学教材和有关资料,翻译并编写中世纪史讲义。苏联大学基础课程都有一套完整的教材和参考资料,如中世纪史课程,配合课本有供师生参考的"教学指导书",书中附有介绍与本课程有关的马列主义经典著作、原始资料、重要专著和论文目录等;还有文献资料汇编和地图集。耿淡如认为这些对于用马列主义指导教学,改造旧学科,提高教学质量,有一定的参考价值。于是,他利用所掌握的俄文,把"教学指导书"也翻译、印发给同学。他与青年教师合作,把中世纪史原始资料选译一部分,先是陆续发表于《历史教学》杂志,后又由天津人民出版社辑录成册予以出版。同时,中世纪史地图也一幅幅描绘出来。由于他不懈的工作,才把这门课程的教学用书搞得比较完备。后来,他为了有效地批判资产阶级学术观点,加强学生识别资产阶级学术的能力,决定选译一部资产阶级学者的中世纪史代表作。这就是迟至1961年才由商务印书馆出版的美国学者汤普逊所著的《中世纪社会经济史》(上下两册,共约80多万字)。为了给高年级同学开设近代国际关系史这门课,耿淡如又从俄文翻译出版了《世界近代史文献》(三册,共约60万字,高教出版社出版)。这些文献资料在国内都是首次翻译出版,对促进教学和研究起了一定的作用。20世纪50年代末60年代初,耿淡如还曾作为《辞海》的主要编写人参加重修版《辞海》的编写和定稿工作。

  20世纪60年代初,耿淡如的学术兴趣转到对西方近代史学史的研究。高教部把外国史学史列入高等学校历史系的教学计划,但是国内还没有一所大学正式开出这门课程。讲授这门课程难度较大,耿淡如努力克服困难,把这项工作承担起来。1961年底,高教部在上海召开的外国史学史教材编写会议,决定由耿淡如主持编写《外国史学史》教材。为了完成这项任务,他夜以继日翻译资料、撰写文章,做编写教材的各项基础工作。耿淡如掌握多种外国语,除英文、俄文外,德文、法文、西班牙文,甚至拉丁文他都可以阅读、翻译。因此,在研究工作中,他能够直接阅读许多西方著名史学家的原著。不久,他就把G. P. 古奇的《十九世纪的历史与历史学家》一书译完(《世界历史译丛》曾选登其中部分章节)。他还经常把翻译的资料发表在《现代外国哲学社会科学文摘》杂志上。此外,他的研究成果也常见诸报刊。1962年,他在《文汇报》学术版发表的《资产阶级史学流派与批判问题》一文,指出了近代西方资产阶级史学与资本主义发展的关系,概述了第一次世界大战前西方史学派别的交替过程:"最先出现了人文主义史学,继之而起的是博学派(即考证学派)。在法国大革命前夕,启蒙运动对旧制度发动了全面冲击,理性主义史学派猛烈地摧毁了封建主义的史学传统。在这以后,资产阶级史学迅速发展,于是接踵而来了浪漫主义史学派、实证主义史学派,德国兰克学派与普鲁士学派等等。"文章还列举了西方史家的类型和进行研究应采取的方法、步骤等。

  当时,耿淡如已年逾花甲,意识到这项工作必须后继有人,因此,他在组织的支持下招收了研究生。他亲自为研究生上外国史学史课,指导他们看书、讨论、写论文。他的研究生回忆说,耿老工作一丝不苟,批改作业非常认真细致,甚至连引文格式、标点符号的误用都一一指出并改正过来。

1965年,正当他成绩卓著的时候,突然病倒。医生诊断他患有膀胱癌。经过手术,生命虽得保存,但身体较前虚弱。不久,"文革"开始,耿淡如受到迫害。外国史学史的研究工作被迫中断,但他在病中仍协助复旦大学拉丁美洲研究室从西班牙文翻译《格瓦拉日记》《马里格拉文选》等著作。1973年,老年性肺气肿和复发的膀胱癌,又使他住进医院。在病房里,他不顾病情的折磨,还在不倦地学习,坚持进修日语。1975年7月9日,耿淡如终因病情恶化,医治无效,与世长辞。但是,他为社会主义教育事业所做的贡献,他对待工作和学习的认真态度和孜孜以求的精神,却使人不能忘怀。

(原载《中国历史学年鉴·1984》"现代已故史学家"栏目,原标题为《耿淡如》,人民出版社1984年版)

周谷城

周谷城(1898—1996)湖南益阳人。历史学家、教育家、社会活动家。

1913年就读湖南长沙省立第一中学。1917年考入北京高等师范学校英语部,1921年毕业后,历任湖南长沙第一师范学校教员、湖南省农民协会顾问兼湖南省农民运动讲习所讲师、全国农民协会筹备会秘书。1927年至1930年在上海暨南大学附中、中国公学任教。1930年至1933年任广州中山大学教授兼社会学系主任,1933年至1941年任上海暨南大学教授兼历史社会系主任。1942年由上海至重庆,任复旦大学史地系教授。1949年6月至1952年8月兼任复旦大学教务长。1952年后历任历史系教授、世界古代史教研室主任等职。

1949年9月出席中国人民政治协商会议第一届全体会议。后历任上海市人民政府委员,上海市人大常委会副主任兼文教委员会主任,上海市政协副主席,第五届全国政协常委,第一、二、三、五届全国人大代表,第六、七届全国人大常委会副委员长兼教育科学文化卫生委员会主任委员。

1930年加入中国国民党临时行动委员会(中国农工民主党前身),在上海创办《正理报》(周刊);积极参与爱国民主运动,发表大量政论文章。1952年加入中国农工民主党,历任中国农工民主党上海市委员会第一、二、三、四、五、六届主任委员,中央委员会委员,中央委员会主席团委员,中央委员会副主席、主席、名誉主席。

中华人民共和国成立初期,担任中国科学院历史一所学术委员会委员。历任中国史学会理事、常务理事、主席团执行主席。参与创建上海历史学会,任首任会长。历任中国太平洋历史学会会长、上海市哲学社会科学联合会副主席、中华炎黄文化研究会会长等职。

在大学任教期间开设"中国通史""世界古代史""世界通史""世界文化史"等课程。1982年,其编著的《中国通史》和《世界通史》被列为全国高等院校文科教材。2018年入选上海社会科学联合会评定的"上海社科大师"。

主持创办《中国文化研究集丛》,并主编《中国文化史丛书》《世界文化史丛书》《民国丛书》。其一生著述甚丰,有专著30余种,论文200余篇,在历史学、教育学、哲学、美学、社会学和政治学等各方面多有建树。其代表作有《中国社会史论》(3卷)、《中国通史》(2卷)、《中国政治史》、《中国史学之进化》、《世界通史》(3卷)、《古史零证》、《形式逻辑与辩证法》、《史学与美学》、《周谷城史学论文选集》等。有《周谷城全集》(16卷)。

周谷城自略

周谷城

我于1898年9月13日出生于湖南益阳县一个乡下的贫农家中,七足岁时,即1905年,进周氏族立两等小学读书。当时正是学制新旧交替之际,族中旧派多主张读经、史、子及古文释义等;新派则主张读国文、英文、算学、物理、化学等。其实一无书籍,二无仪器,三无考试等制度,新旧都读不好。我在那里混了八年,农忙回家做活,农闲在学校里混,除喜欢英文、国文及历史外,什么都没学到。1913年入中学读了四年。中学课程颇齐全,样样都喜欢;喜欢英文,曾组织英语学会,自封为会长;喜欢古文,常把《史》《汉》及《国语》《国策》上一些难认的字塞在文章里,先生改我的文章,有时要查字典,幸因文字大体清顺,先生也不反对,有时还鼓励几句。中学毕业后,考入北京高等师范学校,于1921年毕业。当时正五四运动期间,罢课之时多,我倒反读了许多课外的书。离毕业还差半年,就于1921年春到湖南第一师范学校教书。当时毛主席在那里,他当小学部主任,我教师范部英文兼伦理学。因受了毛主席的影响,后来参加了1925—1927年的大革命。1927年春在武汉,参加了毛主席主持的全国农民协会。国共分裂后,逃到上海,同朋友做一些反帝爱国斗争,以翻译及卖文为谋生的手段。曾译有《文化之出路》《苏联的新教育》《苏联及其邻国》等。至于自己著的书,有在湖南第一师范学校教书时所著《生活系统》,有在大革命期间所著的《农村社会新论》等。至于有关政治与学术的文章,也发表了不少,自揣可以当大学教授了。

1930年到1933年在中山大学当上了教授,并兼社会学系主任。1933年到1941年在暨南大学当教授,并兼史社系主任。1942年春到现在在复旦大学当教授,兼任过历史系主任及教务长。在大学教书,算是有了职业,有饭吃了,不必靠翻译谋生了;因此除了在中山大学教书时译了黑格尔《逻辑大纲》全文及《小逻辑》的一半外,没有译过什么书了。《逻辑大纲》最初用英汉对照印出过,后又由商务印书馆印了单行本;《小逻辑》译稿半部曾请艾思奇同志在他主办的《思维月刊》上发表;但《思维月刊》只出两期就被反动派压迫停刊,我的译稿还未印出就随着丧失了。在暨南大学教书时,曾写了《中国通史》上下两册,于1939年由上海开明书店出版;新中国成立以前及以后,销数都相当多,现又重排付印中。1942年,曾由中华书局出版了《中国政治史》一册;1946年又由生活书店出版《中国史学之进化》一册;1949年,又由商务印书馆出版了《世界通史》第一、第二、第三册,第四册未出;1956年由新知识出版社出版了《古史零证》一册;1959年由科学出版社出版了《形式逻辑与辩证法》一册,这书现在又重印了,由生活·读书·新知三联书店出版。现在重印中的书还有两部:一部为《中国通史》,另一部为《史学与美学》。至于《世界通史》第四册是否能续编出版,很成问题。我写书和写文章,好像很杂;既写历史,又写逻辑,又写美学。但这不是偶然的,在我的思想系统中非写这些不可。这一点,我在1923年由商务印书馆出版的《生活系统》一书中已经决定了。至于由中国史的研究转到世界史的研究则是由于反动派的压迫。在暨南大学教书时,《中国通史》一出,即被认为有马克思主义嫌疑,不许我教,责令我教世界史,并限定要教世界史学史,以为这可以折磨我。其实我正想多知道一点世界史,并且认为研究中国史而不研究世界史是很不方便的。于是从那时起教世界史,一直教到现在。

我一生除读书、教书及写作外,从未放弃政治;因为我虽不一定要问政治,但政治却要问我。所以在1949年前曾搞过农民运动,也常常参加反帝爱国斗争。1949年以后,形势完全不同,政治运动成了极光荣的任务。这一方面,党给我的光荣够多了:第一次全国政协我参加了,被安排在郭沫若先生领导的无党派民主人士组,凡12人,现只剩我同马寅初先生两人了;谁寿长,谁先死,大概也注定了。全国人民代表大会,我除第四届未当代表外,第一、第二、第三、第五届我都当了代表。上海市政协我曾任副主席,现在正担任上海市人民代表大会常委会副主任。此外还任中国农工民主党副主席及上海市的主任委员。学术活动方面,现任中国史学会常务理事,兼主席团执行主席,上海史学会会长及社会科学学会联合会副主席。我现已83岁了,精神兴趣还好,作短报告、写短文章还可以。要写的文章很多:美学方面,逻辑方面,中外历史方面……有很多文章要写。虽已年老力衰,感到困难;但在力所能及的范围内,量力而行,还可以写一些。为着替祖国的社会主义的四个现代化添砖加瓦,一息尚存,不容稍懈。

(原载晋阳学刊编辑部编《中国现代社会科学家传略》第一辑,山西人民出版社1982年版)

斯人虽逝　风范永存

——记周谷城先生学术研究、教书育人二三事

李春元

周谷城先生离世已逾 20 载，先生于学术上的开拓创新和追求真理的精神，教学上诲人不倦和倾囊传授的美德，是永远值得我们尊敬和学习的。

我跟周先生学习和工作达 30 余年之久。他的风范常常勾起我的回忆，他对我的教诲时刻萦绕在心头。近日，我又重读了他的著作、文章和有关资料。这里仅就他的学术思想、教书育人等方面，做一简要回顾，以表对老师的怀念。

一、不断开拓　勇于创新

周先生是享誉海内外的著名学者。他 70 年间纵论古今、横说中外，不断拓宽其研究领域，从哲学到史学，从社会学到政治学，从美学到教育学，无不论及。先生从不因循守旧、故步自封，而是刻意创新，自成一家之言。他充分发扬进取精神，力图使自己的学识达到博大精深的境界。他最早在北京高等师范学校学的是英文，但他并不囿于专业。他思想活跃，兴趣广泛，自学钻研，博览群书。1920 年就在校内刊物《教育丛刊》（他的同学好友周予同先生任编辑）上发表《论美学》一文，这是他研究美学的最早成果。

1921 年起，周先生受聘于湖南长沙第一师范学校，担任师范部英文兼伦理教员。在此期间，他撰写了两部著作：《实用主义伦理学》和《生活系统》。他说后一本书决定了自己的思想系统，是他学术思想体系的雏型。

受毛泽东的影响，先生参加了 1925—1927 年的大革命。1927 年春在武汉参加了毛泽东主持的全国农民协会。在长沙，发表了两篇论租谷的文章，公开指出租谷对农民的剥削。在武汉写下了《农村社会之新观察》等论文和一本《农村社会新论》，作为参加农民运动实践的纪实。

1927—1930 年周先生辗转至上海，这期间，他的学术研究兴趣转到了教育方面，先后发表了多篇论文，如《今日中国之教育》《教育新论》《教育界之党派观》

《中国教育之历史使命》《国家建设中之教育改造》《论殖民地的新教育》。他强调教育与社会密切相关,认为教育与经济也密切相关,并批判了当时所谓的新教育,揭露了教育界的腐败现象。

1930年秋,周先生受聘任广州中山大学教授与社会系主任。为了揭示中国社会变化的原因,找到改造社会现状的办法,他撰写了《中国社会史论》三卷:《中国社会之结构》《中国社会之变化》和《中国社会之现状》,并翻译了美国著名社会学家的著作。此外,周先生还翻译了《黑格尔逻辑大纲》和《小逻辑》的一半。(《小逻辑》的译稿曾在艾思奇主编的《思维月刊》上发表前半部,因该刊被当局查封,其余译稿未发表就遗失了。)

周先生学术研究还涉及政治学。他从事过中国政治的历史和现状的研究,写了《中国政治史》(1940年)一书,还发表过大量政治论文,如《论中国之现代化》(1943年)、《论民主趋势之不可抗拒》(1944年)、《论民主政治之建立与官僚主义之肃清》(1945年)、《近五十年来中国之政治》(1947年)、《中国之独立地位》(1947年)、《彻底肃清封建势力》(1949年)等,抨击了蒋介石的发动内战和独裁政治,力图论证中国的现代化与政治民主化的必要。

随着社会现实的发展,以及他本人所处环境的变迁,周先生不断开拓新的研究领域。他刻意求真创新,开创一家之说。他的两部史学巨作《中国通史》和《世界通史》在史坛上独树一帜。他自己曾欣慰地总结说:"我对我国史学很重视,曾以一人之力,在十分困难的条件下,写出两部通史:《中国通史》和《世界通史》。成为当代史学家中仅有的两部通史一个人写的先例。这两部书,自成体系,具有独特风格。"[①]

二、顶住压力 坚持真理

周谷城先生在其漫长的教学和学术研究生涯中,本着求真创新的精神,在社会科学的许多领域都提出了具有独到见解的观点和思想方法,为我国学术研究的繁荣和发展做出了巨大的贡献。特别是20世纪50年代以来,在党的"双百"方针的感召下,他积极参加了许多重大学术问题的讨论,以自己的实际行动证明"争辩讨论是推进学术的最好办法"。然而,在当时极"左"思潮的干扰下,他承受了巨大政治压力,却始终坚持自己的学术观点,从不随大流。

1956年,针对我国学术界流行的苏联逻辑理论,即把形式逻辑辩证法化的倾向,周谷城先生在《新建设》上发表了题为《形式逻辑与辩证法》一文。他认为,

---

① 国务院学位委员办公室编:《中国社会科学家自述》,上海教育出版社1997年版,第879页。

形式逻辑是讲思维过程,而辩证法是讲客观存在和发展变化的法则,两者互为独立的学科,不能混为一谈。显然,这是个学术争论问题。但是,身居高位的康生却凭借手中的权力大做文章,下令全国报刊对周先生开展批判(他亲自找报刊负责人定调子,强迫在刊登周先生文章时要加编者按语,全盘否定周先生的观点)。周先生不畏艰险,顶住沉重的政治压力,先后写了《九论形式逻辑与辩证法》等十几篇文章进行答辩,一直坚持自己的观点。为当代中国逻辑科学特别是形式逻辑科学的发展做出了重要贡献。

从1961年起,周谷城先生又探讨了史学与美学的关系问题,发表了《美的存在与进化》《史学与美学》《礼乐新解》等讨论文章。其中,1962年发表的《艺术创作的历史地位》一文提出的"无差别境界"和对"时代精神"的解释(所谓"时代精神汇合论"),更是引起了一场对他的政治大批判。周先生在《艺术创作的历史地位》一文中,从艺术创作的角度,反对艺术无冲突,并批评了把斗争绝对化的倾向,指出矛盾是普遍存在的,生活中充满了矛盾,但就每一具体矛盾而言,总有解决的时候;问题或矛盾解决了,就会由差别境界到无差别境界,由礼到乐,由科学境界到艺术境界。在谈到艺术创作的"时代精神"时,他提出各个时代的时代精神是一个复杂的统一整体,它是通过不同的阶级、不同的个人反映出来的;每一个时代总是既有革命的精神,又有非革命的精神,这些不同的部分互相联系、互相依靠、汇合而为当时的时代精神。不难想像,在那时阶级斗争必须年年讲、月月讲、天天讲的社会背景下,周先生提出"无差别境界"的学术观点和对"时代精神"的解释,需要有怎样的理论勇气,顶住多大的政治压力。一时间,周先生遭到全国各报刊的围攻,文痞姚文元更是手持"铁棍",大加政治讨伐,把他的观点斥之为"违反逻辑""违反历史进程"的"唯心论",硬把学术讨论纳入"政治轨道"中去,肆意歪曲,恶意攻击。然而,周先生在重压下毫无畏惧,顶着"铁棍",发表了《统一整体与分别反映》一文。反驳了姚文元的观点,充分表现了他作为一个正直学者捍卫真理的大无畏气慨。周谷城先生这些论文,后收入《史学与美学》一书,1980年由上海人民出版社出版。

三、培养青年　诲人不倦

在历史教学方面,新中国成立后周谷城先生主要从事世界上古、中古史的讲授。我国恢复学位制后,他虽已届高龄,仍然担任博士生导师,并亲自指导。周先生培养青年教师和研究生有自己的特色。

周先生经常对学生说,学习研究历史必须做到博大精深。他要求学生不仅钻研专业知识,还需读《中国通史》《世界通史》,以及哲学、政治、美学、考古学等,能做到博通阔识，融古汇今，视野开阔。1987年，他就招收博士生事曾给我来信云："刘心勇既已确定为博士生，我无异议。只希望他在三年内，能选一种外语加工，做到能使用自如，并到哲学系选读一门西方哲学史、一门中国哲学史、一门人类学。……"可见他对学生培养的理念。

要熟练掌握外语。因为外语是学习研究世界史的重要工具，不然就无法阅读、利用和分析外国史料。对研究生一般要求起码掌握一门外语，要达到熟练运用。20世纪60年代，他带一位青年助教，要求每天读四小时通俗英文本世界通史，并译成中文，定期送审修改，一天不可耽误。一年下来读了好几本书，进步明显，他感到很满意。可见，周先生对外语学习和掌握是何等重视！

认真批改作业。凡是青年教师、研究生送审的外文翻译、读书杂记和习作论文，无论怎么忙，他总是认真批改。语法、用词要求十分严格，连标点符号都不漏过。有时要学生当场把英文史料译成中文，然后精心加以修正。受过他这样严格训练的学生，无不感到受益匪浅。20世纪60年代，我的处女作《亚历山大远征》(商务印书馆出版)，就经过先生一字一句修改过。最后，还给我写了一段评语：

　　叙述颇为生动具体；要评的亦大体讲到。如加一简略地图就更好了。

谷城　一九六三年六月

毫不保留，倾囊传授。1958年全国"大跃进"前后，校领导响应中央有关号召，决定加快青年教师的培养工作，引导朝着又红又专方向前进。要求确定青年教师的专业培养方向，制订进修规划，确定指导老师，并提出接"资产阶级知识分子"的班。对此周谷城先生并未觉得半点不妥，而且将自己的教学心得毫不保留倾囊传授。我就是这批青年教师中的一员，领导决定1959年由我接周先生"世界古代史"的课。讲课前先生亲自指导、审阅我的教学大纲和讲稿。我记得第一次上课时，有90多位学生，心里有些紧张。周先生先帮我上了这门课的"导言"，然后把我介绍给同学，从此，我就走上了教学岗位。后来，有一次周先生亲自来听我的课。他不是坐在课堂前，而是站在学生中间走来走去，不时翻翻学生的笔记，就那样听了一节课，这个场景我一辈子也忘不了！课后，周先生还专门对我进行了指导：上课要分章节、条理要清晰；注意板书书写，因为世界史中很多音译的名词学生未必明白；要善于用地图，让学生有个空间概念……这些教导对我往后的教学有着极大的影响。

谆谆教诲、殷切期望。我们教研室一直有个不成文的惯例，每年逢年过节必带学生到周先生府上拜年。这天周先生总是兴致勃勃地准备茶水糖果,漫无边际地谈天说地。国内外的形势、学术讨论的热点、研究史学的经历心得、史学文化界的轶事,无所不谈。有时我们还请他谈谈毛主席接见的情况,他更是兴高采烈地介绍主席如何鼓励他积极参加"百家争鸣",他们之间的缕缕乡情交往,充满温馨和情意。有时他也关心学校和我们每人的情况,鼓励我们勤奋学习,为祖国史学事业做出贡献。

周谷城先生虽已离开我们,但他的业绩、著述和治学精神,他那勇于创新、独立思考、敢于坚持真理的凛凛风骨,他对青年学子平易近人、诲人不倦的风范,永远值得我们深深怀念、好好学习!

(原载《复旦名师剪影(文理卷)》,复旦大学出版社2013年版)

学者何为？周谷城为我们树立楷模

——兼论周谷城先生历史观和治史方法的当代性

顾晓鸣

周谷城先生具有百年来中国学界稀见的学术原创力。这源于他博大精深的历史洞察力和人生主动性。他在青年时期就形成了人格与学格相统一、多学科学理融通与客观的整体历史之探求相结合、个人积极进取奋斗的生活过程与正确的世界观和历史观之获得互为表里的个人思想学术系统，并随着历史的进步而发挥提升，一以贯之。以"历史完形论"为核心的史学观和治史方法，不仅在百年中国和世界学界中独树一帜，与盛极一时的机械历史论和文化论迥然有别，而且由此产生的反对"欧洲中心论"和"统一整体和分别反映"等观点，对今日世界现状和历史研究提供了学术的依据。其注重考古与文字的微观研究，并同上述宏观分析相结合所做的工作，预示了世纪之交的研究潮流。其选题、立论、写作的论辩的学术个人史，体现了一种具有当代性的研究方法论。学人操守、学问创新，学者之根本，周谷城先生为人们树立了楷模。

一

正好都是100年，世纪100年，中国开始近现代化100年，周谷城先生诞辰100周年。在这伟大而紧迫的100年的学术局面中，周谷城先生是一位在事实上实行"无差别境界"的时代敢于以"无差别境界说"显示自己差别的学者；是一位在许多中国学者因国家的挨打被辱而"言必称希腊"的情况下，敢于明确反对"欧洲中心论"的学者；是一位在"左倾"越倾越"左"的年代敢于提出"时代精神汇合论"，提倡全球视野的学者。在这100年中，能自觉地一面不遗余力地捍卫祖国文化，一面尽其所能地介绍世界文明；一面积极投身人民革命的历史运动，一面实事求是坚持学术的独立和学理的尊严；一面与众多人士保持友好合作关系，一面特立独行，不断探索，不断创新，维护学术的原创权，这样的学者，实是凤毛麟角，不可多得。同样，能彻底将自己的人格和学格坚持始终，在这千变万化的充满"占有欲"的诱惑①的 100 年中,不以物喜,不以己悲,真正以一颗平常心,在险恶的逆境中照样发表自己的独到见解,在众人拥戴的顺势中从不强词夺理以自己一家之言钓名沽誉,在这百年之中,也真的不多。

殖民地半殖民地国家的人民之最宝贵的性格,在于不要奴颜和媚骨,不要夜郎自大和崇洋媚外。周谷城先生写成《中国通史》和《世界通史》,恰是这一心态的表征。他力求从全球的眼光来看中国,和以中国与各个国家的平等态势来看世界,从更深刻更广阔的视角提出了历史研究的方法论,这是一种历史学家的眼光。历史学一直是反向的未来学,真正称得上历史学家的人一定拥有着与众不同的对未来的洞察力。中国史学界百年来在历史研究方法论上几乎没有大的建树,故到今日对此加以反思的文章很多,作为弥补,引述西方历史学理论者更多,但能自觉学习马克思列宁主义、毛泽东思想,提出自己的卓识洞见者则不多。我们纪念周谷城先生,就是要认真研究蕴含在周谷城先生独具一格的论述方式之下的历史观和历史研究方法,在时代的大变化中,考察他所提出的各种似乎不近俗理的论点所体现的超前性和洞察力,然后逐步明白在世界翻天覆地的今天,怎样做一名历史学者,怎样去做历史的学问。

二

在当今世界普遍"物化"和效益至上的情境中,"文人何为?"时常见诸报端。这是有良知的知识分子经过反思和自我批评所提出的一个做学问的元问题:做学者和做学问究竟为了什么?又应该怎样做?"文人何为"仿自德人海德格尔的文句之中译,这位大学者因在希特勒时代"一念之差"而永成学界的公案——学问的博大精深与历史洞见和政治觉悟的卑微低档形成强烈对比。我本人始终对这些学者的学问和人格抱一定疑虑。

"博大精深"是周谷城先生身体力行、谆谆教诲后辈的("后辈"是我们做学生的自称,他一生平易近人,始终把在年龄上小他几辈的学生看作学术途中的同志和同行)。在我看来,"博大精深"的学问首先要有人格和学格的高风亮节,尤其在变幻复杂的历史情境中更是如此,无此,哪怕日后忏悔或辩解,总表示出本人对历史和社会的认识水平不够,谈何"博大精深"?对于文人和哲学社会科学学者来说,这又恰好是学问的根本。

时至今日,在海外出版的 1998 年 6 月号《文化中国》中,人们还充满敬意(一

---

① 《周谷城教育文集》,吉林教育出版社 1991 年版,第 56 页;见《教育与占有欲》,原文载《教育杂志》1928 年 4 月,其中对"占有欲"与文化之关系有很多论述,作者对此甚为敏感。

种事过境迁,带有历史的冷静回味的敬意)地写道:"值得一提的是:在六十、七十年代中国'文化大革命'时期,周谷城一直坚持自己的学术观点。'文革'伊始,周谷城和周予同教授等被打成上海的'三家村'而被关进'牛棚',受尽凌辱与折磨。在'批林批孔'运动中,'四人帮'为迫周谷城屈从批孔,不择手段,动员周谷城的朋友和亲属向他做说服工作。并许诺不仅'解放'周谷城,并调回其当时在北大荒劳动的长孙女到复旦大学学习深造。周谷城不为所动,默然拒绝,表现了一个知识分子守道不屈的高风亮节。"① 学者操守,至少对自己呕心沥血研读而形成的学术观点应有足够的自信和自爱。如为权势物欲之故而随便改变,则只能算"学问"媚客;而稍遇压力和利诱,即违心检讨自己的理论和观点,那么如果不是人格有缺陷,便是学识太浅薄。我们这一代人是亲见周先生在"文革"期间如何坚决而机智地捍卫自己的学术成果的。

其实,周谷城先生在关于逻辑、"时代精神汇合论"等一系列笔战群儒的学术辩论中,早就置个人安危于度外,在 20 世纪五六十年代那样不开放、不改革的社会形势中,这样做不单单表明他探索学问、追求真理的勇敢精神,更体现他对世事学问的洞察——大封闭后终有"双百方针程效日",让真正做学问的人"甘居决不在中游"(周谷城的诗)的一天。

周谷城先生研究学问既不脱离时代、又不做时势奴仆的风格和做法,存于其治史之始终。也是在上述的《文化中国》上,至少有两篇文章与之有关。其一是《周谷城论孔子》,文章说:"自一九二七年蒋介石建立南京政权后,'孔教救国'和'道统'学说风行一时。周谷城从研究历史的角度出发,撰写《孔子的政治学说及其演化》一文,发表于一九二七年九月的《民铎》杂志,其目的在驳斥戴季陶的孔子至孙中山的'道统'论。"② 后人认为,他对孔子的评价有独到之处。其二是《走出史学研究的樊篱——论中国历史上有没有封建社会》。文章指出,中国有没有封建社会,这是可以讨论的学术问题。但在当时的情势下,周谷城先生敢于冒风险,与正统的大学者有异见并坚持始终,则是另一个问题,没有对世事学事的大彻大悟是做不到的。周谷城先生关于中国封建社会分期的独特见解,是众所周知的,可贵的是他持此种观点跨越了几十年、几个朝代,一以贯之,直到"新时期"可实事求是回顾往事之时,他在《怀念郭沫若先生》一文中作为双方治学交往的一则佳话引述,真如一片浑水中的一线清流。而这课题,恰与半个多世纪来世界学人对历史阶段的"单线直进"论之批评和反思,各国特色之发展道路论点的提出平行,甚至超前之。环视史学界,能在这类风口浪尖问题上坚持己见的有

---

① 周学舜:《周谷城论孔子》,《文化中国》1998 年 6 月号。
② 周学舜:《周谷城论孔子》,《文化中国》1998 年 6 月号。

几人?

限于历史条件,周谷城先生无法将早已开始的工作做全做完,但他由人格而促成的学格,确是博大精深的。

三

并非偶然,周谷城先生在1924年(时年26岁)由商务印书馆出版的《生活系统》中,已如他晚年所能自豪地说的:"我的思想体系就是这本书决定的。"在人生之初的这本著作中,周谷城先生就以学者的自信力和个人的人生信念提出自己的生活观,故此书实际上亦是本人人生的宣言。周谷城先生认为:"知、情、意三者前后相续。即首先是物我浑然一体,继而是物我分立,再是信仰生活。周先生认为生活的进化就是这三种境界轮流不息。而进化的原因是物我双方的运动。轮转一次便是进化一次,轮转不已,便是进化无穷。只要生活不停止,变动也不会停止,进化也不停止。"①周先生坚信生活只是生命之我与环境打交道,无信仰,物驾驭我,有信仰,我驾驭物。与周谷城先生有交往的人皆感受得到他笑对困境,甚至以游戏心态对待那些扯着虎皮打将上来的人的脱俗大气。他对人不严苛和刻薄,却敢于针锋相对,认为这才是学术和生活进步之道。这种平和的相辩相争的精神,是一种坚信自己、追求真理并执着本人信仰的人才有的人生态度和行事原则,一种自觉面对环境,积极奋斗、追求进步的历史主动性。

不只如此,人们说,《生活系统》是周先生学术思想体系的雏形,它与20世纪30年代所写的《历史完形论》和60年代所写的《统一整体与分别反映》以及《所谓意境》等思想是一脉相承的。周先生在20世纪初便力图把"情"与"体"、"美"与"史"、"个人"与"文化"通贯起来,这是有巨大的超前意义的。

众所周知,在这100年中相当长的时间里,"文化决定论"和"历史决定论"曾占了主导地位,个人的创造性不同程度地受到轻视。武断概括的"文化"和"国民性"以及机械推导的"历史规律"和"历史阶段"充斥中外各种著作。周谷城先生的《生活系统》是批判构造派心理学的;在1948年1月15日出版的《时代批评》所载的他的文章中,他又写道:"美国有一批研究文化的人……以为文化这个东西,一旦成了定型,便是超有机的,超个人的,超心灵的独立存在之物……人类生活于其中,一切被决定,无自主的余地;个人在文化发展的历史中,没有独立地位。这便是他们所谓文化决定论。其实这是彻头彻尾的机械论。文化决定个人,固然是毫无疑问的事情;但个人往往登高一呼,万山响应,能造出惊天动地的

---

① 《周谷城文化、艺术文集》,教育科学出版社1991年版,第438页。

事业……能够造出旋转乾坤的事业来,只是因为他代表了庸众……为最大多数的庸众服务。"①他点了大名鼎鼎的波亚士、韦士勒和克鲁伯这些至今为人乐道的文化研究创学派的人物,在别处也曾提及发明中国是××型文化、印度是××型文化、西方是××型文化的中国学者。我们知道,这些说法这几年还在兴盛一时,其原因之一便是一种机械的历史研究法的根深蒂固。

四

周谷城先生提出"历史完形论"是有非常负责的现实目的的。针对机械地区分"客观的历史"和"主观的历史"的两分法,针对把史料学视为史学和把史观视为史学的两种极端倾向,他旗帜鲜明地提出:"独立存在,不因吾人之知识而始终存在之客观的历史,究竟是什么呢?这很易回答,即人类过去之活动是也。"②他又指出,这点治史者似乎都懂,但史书所见只是静止而不是活动,只是活动之记述而非活动之自身,因而这些史书,多为"破坏完形的各体史书"。这个论点的意义近年来在国际学术界已逐步成为共识。仅举两例,一是在考古学上,人们愈来愈怀疑和批评以少量之"迹"(传世器物记载)为研究对象和依据的做法,人们提出已消失的和不留遗迹的部分才是重要的,只有两者之合方显历史全貌;故分析的焦点应从遗迹移向遗迹与遗迹、遗迹与无遗迹之关联和动态过程。另一例是所谓"疑古"和"走出疑古时代",其始于《圣经》研究、释义和考古,后影响到中国一批学者。而周谷城先生早在1944年发表的《中国史学之进化》中便旗帜鲜明地对盛极一时的"疑古辨伪"加以评论:"直至最近,又有疑古辨伪之风,此殆可视为乾嘉以来考古风气的继续。""疑古辨伪工作虽极重要,然偏于消极破坏者多;若积极求真,则有赖于考古的工作。"③周谷城先生重视对考古学家柴尔德的古史研究的介绍,对有争议的著名学者斯坦因的《古代中亚之遗迹》的中肯评介,都是与力求将考古的事实与历史的完形结合起来分析的显例。

所以,对"历史完形论"所蕴含的史学观和研究方法论,不但需要进一步研读和领会,而且依我之见,学者如不同时学习文史哲相关各科,是看不懂其精华所在的。

史之为活动,必有人;有人,必有知、意、情等精神状态;有此,又一定有生理和生命的介入,于是有史的活动与美的活动。广义而言,文化的活动相互联系和

---

① 《周谷城文化、艺术文集》,第22页。
② 《中国通史》,上海书店出版社1939年版,导论第2页。
③ 《周谷城史学论文选集》,人民出版社1983年版,第326—327页。

交融,由美的创造到史的创造,再由史的创造到美的创造,生生不息,进于无限。周谷城先生的《史学与美学》所做的论述,虽由于彼时彼地的原因还未透彻深入,但论题的提出对于文化史的研究是有很大意义的。如果说当年史学研究多见机械唯物论,而对上述立论方式颇觉唐突的话;那么,近些年来则反之,昔日大谈文化的经济基础,忽一变为不见经济生活的"文化史",只见"文化型式""文化精神""文化传统"等以文化解释文化的论著。周谷城先生在20世纪80年代主编中国文化和世界文化两套丛书和研究集刊时特别告诫:"物质文明是精神文明的基础。人类解决衣食住行问题的过程,是科学发展的过程,也是文化发展的过程。文化史应当研究物质文明和精神文明的相互关系,就必须重视科学技术的历史。"[①]周谷城先生在这100年中国学术界一波一波大唱"流行歌曲"的氛围下,能将自己学习历史唯物主义和辩证法的见解坚持始终,确确实实难能可贵。何谓创新?超越两个流行波便是,故矢志创新与执着己见实为一物的两面。

五

但"历史完形论"的深意并不止于此。早期提出的这一论点,时至今日愈发呈现出它的当代性。当代的特点是"和平和发展",当代最热门的名词是"跨国公司""引资""合资""对外交流""合作""一体化""多种所有制共存"等。它不正与周谷城先生提出的"时代精神汇合论""统一整体和分别反映"等论点相吻合吗?

近观中央电视台摄制的纪念《共产党宣言》诞生150周年的专题片,提及当今世界与《共产党宣言》关系的方面,最明确的一词即为"全球化"。"全球化"的说法现已成新时髦,有些人甚至有意无意地忽视民族与民族、地区与地区、阶级阶层与阶级阶层、利益群体与利益群体之间的冲突和斗争,从过去反对和批判周先生的"时代精神汇合论"的一个极端到现在走向另一极端。在这样的情况下,重新学习和体悟周谷城先生力主的"时代精神汇合论"和"统一整体和分别反映",正确理解其对认识当代世界的意义,就显得非常有必要了。

"时代精神汇合论"和"统一整体和分别反映"的理论基础是"历史完形论"。"历史完形论"的中心是要把全体与部分关联起来,从全体了解部分,并借对部分(和片段史料器物)的研究,正确了解客观存在的历史整体。周谷城先生写道:"全体成为复杂众多的诸部分;这些部分彼此是对立斗争的;因此这样的全体,不是什么超阶级的空洞之物。反过来说,部分在整体内对立斗争,无时或息;因此只能分别反映,不能彼此代替。"他又说:"历史自身之部分离却历史自身之全体,

---

① 《周谷城文化、艺术文集》,第6页。

亦往往不得其解。……虽然历史完形论明白认取了历史自身之完整,但并不希望以直觉的方法了解之。反之且认为历史自身之完整的了解,只能使用分析工作于耐烦的分析过程中求得。"①

因此,在历史叙述和通史写作方面,周谷城先生特别重视如何取舍材料,构建出客观的历史整体。他写道(1981年):"现在世界通史有如百科全书,按目录或索引抽查,可以查到个别事情的知识,这是优点;阅读全书,了解世界全局或统一整体,则很不易。今日我国大学历史系学生对世界史不大感兴趣,与此也有关系。……着重统一整体来编写世界通史时,如何开始呢?从单一的一个角度开始,还是从全局的本身开始?从单一的角度开始,贯彻下去,必有所偏;今日的欧洲中心论,就是这样产生出来的。"②这是从方法论的学术角度对"欧洲中心论"的分析,尤其值得注意。所以周谷城先生特别重视世界古史上各民族、各区域、各种文化的交流,并关注可以论证之实物和史料;特别重视足以体现这种统一性和整体性的地区,如西亚;特别重视可以横向比较的时期,如古代文明"经典"出现的时期等。他的《世界通史》在这方面的努力是极有价值的,后人顺着其格局和思路还有许多事情可做。

周先生的这一历史观必然导致反对"欧洲中心论"的学术立场。对于今日已为常识的这一观点,我们不能仅仅停留于对周先生的学术责任心和理论勇气的赞扬,而要进一步看到,他的立论没有我们在一般学者中常见的那种廉价民族至上倾向,亦并不止于单纯反抗殖民主义的义愤。他始终以平等的全人类视野,既重视每一个民族和地区(甚至每一阶级阶层群体,如隐含在"时代精神汇合论"中的提法和处理方式,试比较近年来人云亦云兴盛一时的"五极论"和"多极化"的说法,这种"×极论"往往无视第三世界人民的存在,甚至把阿拉伯、印度、伊朗、非洲等文化排除在外,内含的仍是"××中心论"),又对自己所属民族有一种炽热而深沉的关怀。他对中国文化和中国史家对世界文化、世界史的贡献所做的呼吁和介绍,与他力主"把中国近代史放在世界现代化中去研究"的精辟阐述,都体现了一种第三世界学者应有的气度和品质。他在论述中国近代经济开放、改革等的历史过程时,认为应将其放在世界现代化中去研究,他重引了自己的话"把照镜子的历史观稍稍扩大一点",他几十年强调对"第三世界"文化的研究,说明这态度和品格也是以他坚持一生的历史理论和方法论为依据的。

顺便说一句,今日世界已连成一体,且交流手段特别发达,各个有差异的国家、民族、地区和群体皆以自己的功利参与全球的经济、政治、文化。如何"汇合"

---

① 《周谷城史学论文选集》,第47页。
② 同上书,第112页。

而不造成诸如东南亚金融危机那样不测的社会文化的"厄尔尼诺现象",成了现实的尖端难题;像欧共体那样的"统一整体",已是各国不能不面对的"现实政治",而其内部研究最起劲的便是在这"统一整体"中由各国、各地区、各利益人群"分别反映"的矛盾各方面是如何"汇合"成一个共同实体的。在这里,时代精神和统一整体的问题,已不是文人耍嘴皮子的事了,而是创造和利用有利的国际环境、良好的商机和无穷的信息技术资源等生死攸关的大事。至少在中国,有一位学者敢于以自己对世界历史的这一整体性的研究心得,为"庸众"服务,并先于一般学者,昭示人们正确认识自己和世界,采取正确的行动。历史学家何为? 就做这类事。现在不少人哀叹历史书没有人读,认为"历史"两字意味着过时无用。但,用上述方式述说和分析的历史,人们求之不得,愿出高酬聆听,这类具有整体性眼光的历史著作,如黄仁宇所著,坊间印得多且卖得好,其实许多就是以周谷城先生倡导的视野和方法所写的历史书。

周谷城先生在主持文化史编撰工作时,反复强调这"整体"绝不是铁板一块。他告诫世人,对中国学者中的形而上学倾向,应有警惕。他说:"所谓文化,无论是中国的或世界的,东方的或西方的,都只能是一个概括的、复杂的统一体,决不是铁板一块……。"他又说:"今天所谓文化交流,只能是相互渗透,决不会由一方取对方而代之……有人认为,世界文化的发展会向东方文化(中国文化)复归。我看这是机械论。今后世界文化的发展,不会是纯粹的东方模式或西方模式,而是会走向综合。"①回想一年之前一片"亚洲世纪""中国世纪"的狂热,愈发感到周谷城先生对今后历史学在世事中的地位所做的阐释是多么重要。

同时,周谷城先生的上述历史观和方法论,直接影响了他的研究切入点。他对考古之重视已有前述,特别意味深长的是他的《古史零证》,其中古文字及释义学的功夫使同行折服;他从字词之"原子"去分析宏大问题和整体,也具有方法论上甚为前沿的当代性。

这种以活动和交流为形态的微观和宏观相结合的方法,直接导致周谷城先生特有的历史书写方式,限于篇幅,这里略提一二。

"草鞋没样,边打边像。"这是他多次对编、作者和学者们说的,这不是研究的权宜之计,而是对作为认识过程的研究与研究对象交互作用的深刻认识,与他的"活动"和"交流"的总观点有关;他又特别重视争辩和对话,这既可见诸他于1957年写的文章,又体现在他一生中对付的多种论题的文字大战之中;最值得留意的是他的文体,这固然与他反对简单引用演绎外著名言,主张以自己的方式讲话有关,但更深一步想,实与他力求在多方面、多学科做动态的连贯探索有关。

---

① 《周谷城文化、艺术文集》,第8页。

周谷城先生所生活的 100 年，尤其是他从事写作的 70—80 年，恰好是从中国新文体取代旧文体开始，又最终进入世界范围对学术文体的大反思和大重构的时期。在一定程度上，周谷城先生的那些最引起争议的文章开了探究的风气之先，其纵横捭阖、意到笔至的风格同样昭示了一种文化的当代性。

让我随手捡起一本有可能在中国又成时尚的译本：《实践与反思》。这是由法人布尔迪厄的理论著述组成，由美国人华康德介绍的。现摘引一段作为结束吧。"(布尔迪厄)从事的事业具有持久的重要意义，这一重要意义并不在于他所提出的一些个别概念、某些实质理论、几条方法论规定或一些经验性的考察结果，而在于他用的产生、使用这些概念、理论、方法论规定和经验材料，并使之相互关联的方式。""正是他的社会学的'做法'，而非'完工的作品'，才最充分地确定这一社会学的独创性。本书的主旨就是以各种各样的例子来说明：他作为韦伯所谓的'一个以不同寻常的方式进行思考的研究者和导师'所具有的'通常习惯'，从而使我们能体会他那'积极活动着的心灵'。"[①]用这位国外当红学者的话，以显现周谷城先生 100 年来在中国学界并不多见的那种原创力，似乎具有悖论意味。周谷城强调中国学者应当对自己的文化自信和自尊，反对人云亦云、亦步亦趋，也始终强调并身体力行，要在历史系中切实加强英、俄、德、法、日等多种外国资料的收集和应用，并紧紧把握最新动态，视之为研究教学最基础的工作。

周谷城先生并不热衷去外国到处开会游历，但他的心胸和视野确确实实紧连着五湖四海。历经这 100 年屈辱史和翻身史的中国人民和中国学界，已经深深厌倦了"言必称希腊"和"老子天下第一"的幼稚学风，周谷城先生以他的 100 年为我们树立的学人和历史学者的楷模，为我们正确面对世界，健康进入 21 世纪做出重要的贡献。

学者以自己的方式创造世界，历史学者以自己的方式创造历史。学人操守，学问创新，乃学者安身立命之所在。先生道而开之，吾辈继其志可耳。

(原载《复旦学报(社会科学版)》1998 年第 5 期)

---

① [法]布迪厄、[美]华康德：《实践与反思》，李猛等译，中央编译出版社 1998 年版，第 6 页。

"纵论古今横说中外"的学术大家——周谷城传

武克全

周谷城,复旦大学教授,中国共产党的亲密战友,杰出的爱国民主人士和著名的政治活动家,更是一位"纵论古今,横说中外"的学术大家。他一生从事教育和学术研究70多年,以对真理的不懈追求,勇于创新的开拓精神,研究领域涉及哲学、美学、历史学、社会学、政治学、教育学、经济学等诸多学科,著译十多部,论文300余篇,文字300多万。他是我国唯一的以个人之力编撰了《中国通史》《世界通史》两部巨著的历史学家。

一、贫苦农民家庭的儿子,思想活跃的学生时代

1898年9月13日,周谷城出生在湖南省益阳县长乐乡一个贫苦农民的家庭。

从七岁起,周谷城进入家乡周氏族立小学,农闲时在学校读书,农忙时回家做活,前后八年。戊戌变法之后,各地都在开设学堂,推行新学,但周氏族立两等小学旧势力很强,仍以旧学为主,故少年周谷城在这里初次接触的是经学、史学、子学与集学。周家慈父严母,父亲48岁时就过世了,母亲是一个没有上过学的乡村妇女,但很有主见,虽然家境贫寒,仍坚持送周谷城上学读书。周母高寿,活到90多岁,在"文革"期间过世。周谷城的倔强性格,很像他的母亲。

1913年,周谷城15岁,考入湖南省立第一中学就读。当时,该校有许多"洋学"课程,如国文、历史、代数、物理、生物、地理、英文、图画等20几门。对这些课程,少年周谷城都感到新奇,如饥似渴地学习,积累了不少知识。他尤其喜爱英文,读了好几本文法书籍,大胆模仿外国人说话,还组织了一个英语学会,自任会长。他的国文训练也很好,买了一套《十子全书》来读,其中有老子、庄子、韩非子、抱朴子等,读出了很多新意。他还系统地读了《国语》《国策》《史记集解》等史书。周谷城读古籍,自己断句,不怕断错,并把不认识的字抄在本子上,作文时把这些字写进去,先生改他的作文,有时要查字典。有位国文老师袁六甲,出身进

士,是湖南第一师范学校的国文教员,也到第一中学教过国文课,他对周谷城有深刻的印象,后来曾对人说:"我在第一师范教书时,古文好的学生是毛泽东,在一中古文好的学生是周谷城。"

1917年秋,周谷城毕业,考入北京高等师范学校英语部。他原想报考北京大学,学习政治学,后因家庭经济困难,就考了食宿免费的师范。但考试很不顺利。这一年,学校在湖南只招六名新生,却有150人报名,发榜时他被列入"备取"之中。他没有气馁,自己出路费赶到北京,参加复试。结果,"正取"的六人只考上三人,而周谷城等三名备取生,由于拼命努力,全部被录取了。

北京高师英语部的条件比较优越,除学英语外,还开设了用英语讲授的心理学、语言学、教育学、教育史等课程,这培育了周谷城在教育理论方面的素养。

五四时期的北京,更使青年周谷城受到了新文化运动的熏陶,接触了各种新思想。他参加了五四运动,并经常利用罢课的机会,阅读了很多关于各派政治思想的中外文书籍,如胡适、高一涵、李剑农等宣传科学民主思想的文章,恩格斯的《乌托邦与科学社会主义》(今译《社会主义从空想到科学的发展》)一书,无政府主义者克鲁泡特金的《互助论》《面包掠取》和蒲鲁东的《贫困的哲学》,等等。对杜威来华访问时推崇的"我们时代的三位哲学家"——伯格森、罗素、詹姆斯的著作,他也读了不少。此外对在校任教及由北京大学前来兼课的王桐龄、钱玄同、陈大齐、何炳松、朱希祖等人,周谷城都很佩服,也正是在他们的影响下,对历史学产生了浓厚的兴趣。

周谷城读书,很重视独立思考,不盲从别人,认为读书破万卷,总会成一家之言。因为不满足于当时的社会学思想与心理学说,他曾阅读了十几种这方面的书籍。周谷城还有一个特点,就是乐于参加学术争鸣,勇于发表意见。他接受了阶级分析方法后,组织三个同学,与清华学校的三个学生,开了一个辩论会,论题是"人类不应有单独的知识阶层存在"。辩论时,请胡适等三人当评判员,自己担任正方主辩,进行了两个小时,结果正方失败,他心里很难过。

就在北京高师读书期间,周谷城在校内的《教育丛刊》上发表了第一篇学术论文,名曰《论美育》。

二、任教于省立第一师范,从事湖南农民运动

周谷城在北京高等师范学校读了两年半。1920年春,在离毕业还差半年时,他返回长沙,到湖南省立第一师范教书,担任师范部的英语教员,兼教伦理课。就在那里,他认识了当时任一师小学部主事的毛泽东,从此开始了他们之间长达半个世纪之久的友谊。

在湖南第一师范教书期间,周谷城开始研读马克思的《资本论》。书是通过当时通行的 COD,即付款配货的办法,向日本的丸善株式会社购买的,一套是英文版,一套是德文版。通过对《资本论》的研读,他写了两篇论租谷的文章,用剩余价值理论分析农村中的阶级剥削,发表在长沙的报纸上。

1923 年,周谷城的第一本译作《实验主义伦理学》由商务印书馆出版;1924 年,商务印书馆出版了他的第一本学术著作《生活系统》。对于《生活系统》这本书,他一直很看重,认为自己后来的治学就是依这个框框进行的。在这本书里,周谷城把心理学上所谓的知、情、意三种精神状态看成相别而又相继的过程,它们有各自的作用,并进而把这三种精神状态转化为治学的过程,即"较为偏重知的为逻辑与科学等;较为偏重情的为艺术与科学等;较为偏重意的为道德与宗教等"。他在《我怎样研究起史学来的》一文中说:"我写书和写文章,好像很杂:既要写历史,又写逻辑,又写美学。但这并不是偶然的;在我的思想系统中非写这些不可;这一点,我在 1924 年由商务印书馆出版的《生活系统》一书已决定了。"①

在 1924—1927 年的大革命时期,周谷城同毛泽东、何叔衡、徐特立、夏明翰及国民党左派邓演达等人关系密切,有很多往来。他同徐特立、柳直荀等人一起组织了教育工作者协会,常常到船山学社(自修大学)讲授心理学。1926 年,他先到广州,后到衡阳、长沙,分别在湖南省农民协会、农民运动讲习所担任顾问、讲师。1927 年春,周谷城应毛泽东之邀前往武汉,在全国农民协会筹备会担任秘书和宣传工作,此时协会的秘书长是夏明翰。是年 4 月,他撰写了《中国农村社会之新观察》一文,作为农民运动讲习所的讲稿,后在武汉出版的《中央日报》副刊上连载,产生了很大的影响。②

事隔数十年之后,当他大女儿咏湘入党时,周谷城向女婿洪廷彦坦陈了自己当时没有加入中国共产党的原因:"共产党纪律严明,入了党应该遵守纪律。当初何老头(何叔衡)指着我的鼻子说:'周谷城硬不想入党!'我说:'共产党没有严格的纪律不行,我这个人毛病多,我要是入党,三天就会开缺,倒不如在外面做点有益的事;请放心,我不会做对不住你们的事!'"③事实证明,周谷城一生实践了自己的诺言。

1927 年夏,宁汉分裂,湖南反动势力抬头。为了躲避国民党反动势力的迫害,周谷城离开武汉,前往上海。

---

① 周谷城:《我怎样研究起史学来的》,《文史知识》1983 年第 6 期。
② 国务院学位委员会办公室编:《中国社会科学家自述》,第 878 页;周谷城:《教学、科研与反帝爱国》,载《周谷城学术思想研究论文集》,上海社会科学院出版社 1998 年版,附录。
③ 洪廷彦:《缅怀岳丈谷城师》,载《周谷城学术思想研究论文集》,第 201 页。

周谷城到达上海后,在这里居住了三年。因为谋生的需要,他先后在中国公学、劳动大学、暨南大学附中等校兼课,同时,替《民铎》《教育杂志》《东方杂志》等写稿、译书。他还和许德珩、陈翰笙、章申府等朋友一起,组织了社会科学研究会,相约著书立说。在20世纪30年代上海租界的环境下,周谷城养成了"西装革履,衣冠楚楚"的习惯,正如他在一首诗中所云:"夷场小住且为家,洋服披开以当裘。"

1928年,周谷城翻译了尼林的《文化之出路》(新宇宙书店出版)、亚诺得的《战后世界政治之关键》(春秋书局出版)、《苏联的新教育》、《苏联外交及其邻国》等书。1929年,出版了《农村社会新论》(远东图书公司)、《中国教育小史》(泰东书局)两本著作。与此同时,他还发表了多篇分析中国历史、教育的文章。例如,在《孔子的政治学说及演化》一文中,他以独到的见解,驳斥了戴季陶的所谓孔子至孙中山的"道统论"。① 在《今日中国的教育》《教育新论》《教育与占有欲》《教育界之党派观》《中国教育之历史的使命》《中国建设中之教育改革》《官场似的教育界》《论殖民地的教育》等文中,他强调教育与社会密切相关,教育与经济也相互联系,揭露了当时教育界派系林立、各占一方、把持校政、败坏校风的腐败现象,并指出,当时所谓的新教育,实质上是殖民地的教育。② 由于这些文章切中时弊,得罪了当局,他后来无处发表文章,只得另谋出路。

1930年8月,周谷城在上海参与发起成立了以邓演达为总干事的中国国民党临时行动委员会(中国农工民主党前身),反抗蒋介石的反动统治。对于这件事,他后来回忆说:"大革命失败,邓先生到各国考察,拟另组新党。归国后,常嘱章伯钧同志约我为另组新党的发起人。有一次,三人畅谈此事至深夜……我答谓'道德方面的支持我竭全力',所以革命行动委员会所创办《行动杂志》第一期上,我有国际经济论文一篇,足证心意。"③

三、大学教授,著书立说,投身爱国民主活动

1930年秋,周谷城经人介绍,前往广州,受聘于中山大学,任教授兼社会学系主任。这是他大学教授生涯的开始,从此一面教书,一面著书立说,同时,投身爱国民主活动。

作为中山大学社会学系主任,周谷城聘请杨东莼讲唯物论,张粟原讲文化人

---

① 载《民铎》1927年第9卷第1号。
② 这些文章分别发表于1927—1931年的《教育杂志》《社会与教育》等期刊。
③ 周谷城:《莫逆于心而共鸣》,《前进》1981年第11期。

类学,自己讲授中国社会发展史。为了让学生了解一些马克思主义观点,又开设了英文史学名著选读,其中,有摩尔根的《古代社会》一书的开头和结尾部分、恩格斯的《家庭、私有制和国家的起源》一书的最后一章、黑格尔的《历史哲学》一书的导言等。周谷城的这些进步举动,在学校产生了很大的反响,却遭到学校当局的妒忌。1932年淞沪战事爆发,上海的一批进步学生为躲避战乱来到广州,周谷城以社会学系主任的身份全部接纳他们在社会学系借读。这引起了学校当局的仇视,他们散布谣言,说周谷城从上海带来了大批共产党,宣传赤化,并唆使组织所谓的"护校委员会",对周谷城写匿名恐吓信,扬言要用手枪对付。恰在这时,上海暨南大学请他去任教,于是他便辞职回到了上海①。

20世纪30年代初,周谷城重点进行中国社会史研究,撰写了《中国社会史论》三卷,即《中国社会之结构》《中国社会之变化》和《中国社会之现状》,先后由新生命书局出版。同时,翻译了美国社会学家盖林(Gillin)等著的《社会学大纲》②《黑格尔逻辑学大纲》③以及《小逻辑》的一部分。

1932年秋,周谷城受上海暨南大学校长郑洪年邀请,到该校任教授,兼史地系主任。在这里,他讲授比较逻辑、社会学名著选读,后来转向主要讲授中国通史。不久,校长郑洪年被反动派赶走,新校长因周谷城支持进步学生,反对所谓"本位文化",撤了他的系主任职务。当时,上海暨南大学文法学院都要教授中国通史,课多教师少,周谷城就在以前中国社会史论的基础上,搜集资料,编写《中国通史》。经过多年的努力,1939年,《中国通史》上下两册由开明书局出版,共80多万字。

《中国通史》是周谷城作为历史学家的重要代表著作,在迄今的中国通史著述中占有重要地位。我国的章节体通史产生于20世纪初叶,在周著《中国通史》出版前,中国通史的著作仅有夏曾佑的《中国古代史》;李泰棻的《中国史纲》三卷;王桐龄的《中国史》四册;吕思勉的《白话本国史》四册。周谷城的《中国通史》,运用"历史完形论"这一史学理论,阐述中国几千年的历史。所谓历史完形论,就是要根据历史发展的规律,"分析人类过去活动的全体诸因素"④,整体地把握历史的变迁。在《中国通史》中,周谷城历述中国从远古直至北伐战争的整个历史,将其分作"游牧部族定居时代""私有田制生成时代""封建势力结晶时代""封建势力持续时代""资本主义萌芽时代"五编;每一时代都突出了经济制度的变革、阶级斗争、种族斗争,同时,又阐述了当时社会阶级的相互依存关系;在

---

① 国务院学位委员会办公室编:《中国社会科学家自述》,第878页。
② 《社会学大纲》,大东书局1933年版。
③ 《黑格尔逻辑学大纲》,商务印书馆1951年版。
④ 周谷城:《历史完形论》,载《周谷城史学论文选集》,人民出版社1983年版。

古史分期上,把西汉末年的新莽元年(公元9年),定为中国封建社会的开端,成为我国史学界古史分期说的一派。正因为《中国通史》的这些特点,它出版后很快被许多大学的进步教授用作教材。即便在吕振羽《简明中国通史》、范文澜《中国通史简编》出版后,尤其在国民党统治区内,本书的地位仍未被取代。到1948年,该书重印12次。20世纪50年代至80年代,又多次重印,至今在我国香港、澳门、台湾地区,乃至东南亚、日本和美国仍经常被列为参考书。

《中国通史》出版后,遭到国民党当局的查禁,校方也借口该书有马克思主义嫌疑,不再让他开设中国通史课程,而要他改教世界史、世界史学史。周谷城对此满不在乎,认为深入研究中国历史,了解它的过去与现状,不懂得世界史是不行的,应该将两者结合起来研究。

1940年,周谷城的新著《中国政治史》在中华书局出版。该书是继邓初民的《政治科学大纲》《新政治学》之后的中国政治学的又一奠基之作,也是比较早的客观评价洋务运动的代表著作之一。自新文化运动兴起以来,中国知识界开始出现以进化、进步、学习西方等为标识的现代意识,学者开始研究中国走向独立富强的道路,并围绕各种历史与现实问题,进行了反复论辩。至20世纪30年代,中国史学在以鸦片战争为近代中国的开端,以包括洋务运动、戊戌变法在内的晚清自上而下的改革为中国现代化的起点上,大体已取得共识。周著《中国政治史》对洋务派的经济活动的分析,其认识已超过了梁启超所谓"烟消云散殆为昨梦"或"无一成效可睹"的片面评价。

1941年12月,太平洋战争爆发。由于上海"孤岛"沦陷,暨南大学迁往福建,周谷城在中共地下党的帮助下潜赴大后方。他在途经杭州时被日伪逮捕,拘禁了37天后获保释,后来辗转到了重庆。

1942年春,周谷城经进步教授陈望道、张志让介绍,在内迁至重庆北碚的复旦大学任教。他先在陈望道为主任的新闻系任时事英语选读和文学院各系的选修课西洋通史教授,后在史地系开设西洋近古史。这时的复旦大学,有许多爱国民主人士在任教。周谷城除与校内的许多教授保持经常的联系外,还和当时居住在重庆的一些进步人士,如郭沫若、侯外庐、陶行知、翦伯赞等人保持着交往,一起从事抗日民主运动。他曾协助陶行知、翦伯赞、邓初民等开办社会大学,担任中国民主政团同盟顾问。与此同时,他关注世界局势的发展,1943年翻译了《美国与战后新世界之关系》《新英国与新世界之建设计划》两书,由独立出版社出版;在《新中华》《宪政月刊》《民主世界》《东方杂志》《新华日报》等进步报刊上,发表了一系列政治论文,抨击国民党的独裁统治,论证中国现代化与政治民主化的关系,引导青年为争取民主政治而斗争。

抗日战争胜利后,1946年春,复旦大学迁回上海江湾旧址,周谷城担任历史系主任。此时历史系教授的人事情况发生了一些变化,有些前往别处任教,为了充实师资力量,他聘请了周予同、胡厚宣、陈守实、蓝文徵等教授来历史系任教,自己主教世界史。蒋介石发动全面内战后,他与张志让、潘震亚、沈体兰、翦伯赞、李正文等人,发起成立了大学教授联谊会,在《大公报》上发表反对内战宣言,联同签名的有数十人。1947年夏秋,因为支持学生的民主运动,周谷城被学校当局解除了系主任职务。这之后,他除了继续参加大学教授联谊会的活动外,主要精力撰写《世界通史》。1949年,他的三册《世界通史》写成,由商务印书馆出版。

周谷城的《世界通史》,是中国人撰著的第一部世界通史著作,和国外同类著作相比,无论体系构成还是具体论断,都表现了作者鲜明的个性与独到的见解。首先,这部通史根据世界历史发展自身的规律和协调性,改变了以往世界通史中"分国叙述的倾向,而特别看重世界各地相互之关联"①。在书中,周谷城不是简单地排列一个个国家发展演变的过程,而注重阐明国与国之间、不同文化之间的互相往来、互相交叉、互相渗透的情况和趋势。例如,第一册叙述了尼罗河流域、西亚、爱琴海、中国、印度、中美六大文化区形成的历史过程,接着便分析"古文化之传播"。第二册把重点放在亚欧势力的往返及东西文化的交流上,认为15世纪地理大发现以前,"所谓世界活动,几乎只限于亚、欧、非三洲之间",这三洲各国的政治、经济、文化势力既互相并存,又互为消长,除相邻诸国存在的固有联系外,地理位置相隔较远的国家之间也一直存在着不同形式的接触和交流。其次,这部通史打破了先前世界通史几乎一以贯之的"欧洲中心论"思想。先前的世界通史,一般都从埃及开始叙述,接下去便是希腊、罗马,称之为"古典世界",即便提及亚、非地区,也将之归为古典时代。周谷城自始至终明确反对"欧洲中心论",指出欧洲在15世纪地理大发现后的两个世纪中确是世界发展的中心所在,但这并不意味着世界历史从头至尾都以欧洲为中心。在《世界通史》第一册中,他阐述了中国、印度等古代东方文明各有自己独立发展的文化系统,它们在世界历史的发展过程中起着不可磨灭的作用。在《世界通史》第二册中,除叙述西欧不同势力之间的消长、兴盛与衰亡外,更重点论述了亚欧非三洲的相互关系,并将从公元前6世纪中叶居鲁士创建波斯到公元13世纪蒙古势力全盛时期近2 000年的历史发展,做了完整的正面叙述,证明了以基督教文明为世界中心全无根据。《世界通史》第三册论述了16世纪以来的200多年中,欧洲政治变革、海外开拓及重商主义成功的全过程,同时叙述了东方重商主义失败的历史,进而叙述了重商主义下世界的变化及东西思想发展的状况,说明了即便在这一时代,

---

① 周谷城:《世界通史》第一册,商务印书馆1949年版,弁言第1页。

也绝不能以欧洲通史取代世界通史。最后,这部通史力求从世界历史发展本身的实际出发,揭示历史发展的内在规律,"力避机械的公式主义"①。例如,书中对于经济关系的变革、政治形态的发展、阶级斗争以及种族斗争、民族斗争、宗教斗争、国家斗争等,都努力按照其真实状况加以说明,避免用一个固定的公式去套用;同时强调,这些斗争并不是一切,通过斗争,各地区、各国家、各不同文明的人民有了更多的交流,人口迁徙,人种也产生混合,由此达到新的融合与统一。第四,这部通史广泛使用了历史比较研究的方法,有助于认识各个不同国家、不同地区、不同文明的特征以及相互之间的关系。

周谷城的《世界通史》是中国历史学家贡献于20世纪世界史学界的一部珍贵的科学著作,它在中国近代史学发展史上占有极为重要的地位。可惜的是,这部通史的第四册"平等世界之创造",叙述产业革命以来的历史,当时未及写出,后来作者一再想补写,但终其一生未能如愿。

上海解放前夕,1949年4月26日,国民党军警大肆搜捕复旦进步师生,周谷城也遭逮捕,被关押于淞沪警备司令部。后经校方具结担保,他被交学校"管束",直到5月26日上海解放,才获得自由。

四、新复旦的推动者,坚持真理不怕压力

上海解放后,1949年7月,周谷城被陈毅、粟裕任命为华东军政委员会教育委员会委员兼复旦大学教务长。是年9月,他以候补代表的身份,出席了在北京举行的中国人民政治协商会议第一届全体会议,参与了筹备中华人民共和国成立的活动。从此,周谷城以满腔的热情、高度的责任心,投身于新中国的文化科学教育事业。

在复旦大学教务长任内,周谷城借院系调整之机,积极做通各地一些著名学者的工作,邀请他们到复旦工作,并为他们提供良好的生活条件。例如,浙江大学的数学家苏步青、陈建功,沪江大学的学者蔡尚思等,就在这时应邀来复旦工作,增强了复旦教学与科研的实力。周谷城着力整顿校风校纪,制订了一套考试章程,明确规定考试舞弊成绩作废。他动员学生走与工农兵相结合的道路,他的言辞曾激起了学生的高昂热情,一次曾有700多位学生报名南下参军。他坚持上讲台,参与教学实践活动。复旦大学后来成为全国的名牌大学,周谷城当年的努力功不可没。

周谷城也为上海的哲学社会科学事业做了许多重要的创始工作。1951年,

---

① 周谷城:《世界通史》第一册,弁言第2页。

他受郭沫若、翦伯赞、侯外庐之托，成立了中国新史学会上海分会（后易名为上海市历史学会），并长期担任会长之职。由于周谷城和周予同、李平心、金兆梓、谭其骧、吴泽、陈旭麓、魏建猷等一批史学家的倡导、努力，上海市历史学会一度相当活跃和繁荣，成为全国有一定影响的学术团体。1956年，党中央发出了"向科学进军"的号召，他参加了上海市哲学社会科学学会联合会（即上海社联）的筹备，1958年3月该会成立时当选为副主席。

新中国成立后，周谷城专门教授世界上古史、中古史，而学术研究的领域相当广泛。20世纪50年代初，他先后发表了《中国奴隶社会论》[①]《奴隶社会意识形态的研究》[②]等文章。1955年，新知识出版社重印他的《中国通史》。1956年，新知识出版社出版了他的新著《古史零证》。1957年，他对《中国通史》进行了修订，转交上海人民出版社出版。20世纪50年代末60年代初，连续发表了《史学上的全局观点》[③]《论西亚古史的重要性》[④]《评没有世界性的世界史》[⑤]《迷惑人们的欧洲中心论——评〈世界史简易丛编〉》[⑥]等文章，旗帜鲜明地批判世界史研究中的"欧洲中心论"，进一步阐释了自己关于创立"有机的统一整体"的世界史体系的思想。

20世纪50年代后期至60年代初期，在我国学术界关于形式逻辑与辩证法关系、关于历史哲学问题的两场大讨论中，周谷城更是表现了坚持真理，不怕政治压力的崇高操守，受到人们的敬仰。

新中国成立后，我国高等学校的有关系科中开设有形式逻辑课程。但是由于受苏联哲学界的影响，我国逻辑学界出现了把形式逻辑辩证法化，从而在根本上否定形式逻辑的危险倾向。周谷城虽然不是一名专业的逻辑学家，但在这种情况下，他以自己逻辑学的深厚基础，挺身而出，在1957年《新建设》第6号上发表了《形式逻辑与辩证法》一文，对形式逻辑的一系列根本问题，诸如形式逻辑的科学性质、作用、客观基础以及形式逻辑与辩证法的关系等，做了理论上的正本清源、拨乱反正。然而，这篇文章发表后，引起了逻辑学界对形式逻辑与辩证法相互关系的大辩论，实际上是对周谷城观点的一场大批判。不少文章把他的看法视作离经叛道，"违反经典作家的直接指示""与马克思主义背道而驰"。周谷城虽然深感"孤立"，但还是一再撰文答辩，相继发表了20多篇文章，反复指出形

---

① 载《文汇报》1950年7月27日。
② 载《新建设》1951年第5期。
③ 载《学术月刊》1959年第12期。
④ 载《文汇报》1960年11月20日。
⑤ 载《光明日报》1961年2月7日。
⑥ 载《文汇报》1961年9月10日。

式逻辑只是一门涉及推理正确性及有效性的工具科学,它不仅与形而上学不同,也与辩证法相异,明确而深刻地阐明了形式逻辑的科学性质等一系列根本问题。后来,这场争论引起了毛泽东的重视,并得到他的支持与首肯,使这场争论事实上以周谷城观点的确立而告一段落。1962年,他发表的这方面论文以《形式逻辑与辩证法》为书名,由生活·读书·新知三联书店结集出版。

关于历史哲学问题的"讨论",发端于周谷城1961—1962年发表的三篇文章:一篇是发表于1961年3月16日《光明日报》上的《史学与美学》;一篇是发表于1962年2月9日《文汇报》上的《礼乐新解》;一篇是发表于1962年12月号《新建设》上的《艺术创作的历史地位》。在这三篇文章中,周谷城从史学、美学、艺术创作的角度,阐述了如何正确认识矛盾斗争的限度、矛盾斗争与矛盾统一的关系,如何认识时代与时代精神,如何正确认识科学、道德、艺术的社会功能等重大问题的看法,批评了当时支配一切理论与实践的"斗争哲学"的错误思潮。周谷城的这些文章,特别是其中提出的"无差别境界"和"时代精神汇合论",立即遭到了一场人多势众的围攻。文痞姚文元专门写了《评周谷城先生的矛盾观》《略论时代精神问题》两文,在政治上讨伐周谷城,把他的观点斥之为"违反逻辑""违反历史进程"的唯心论,"保卫腐朽的旧事物"。但是,周谷城毫无畏惧,孤军一人英勇奋战,在辩驳过程中又发表了五篇文章,其中的《统一整体与分别反映论》①一文,直接反驳了姚文元把矛盾斗争绝对化的观点。在争论过程中,他坚持认为,"不矛盾或无差别境界在自然界或社会中或历史上都有地位""各时代的时代精神是统一整体,然从不同的阶级乃至不同的个人反映出来,又各截然不同"。1964年,周恩来总理在上海招待外宾时,见到正在受到"学术讨论"四面围攻的周谷城,非常关切地询问说:"周谷老,受得了吗?精神还吃得消吗?"②这场"学术讨论"的走向,虽非当时的周恩来总理所能主导,但历史终于对周谷城做出了公允的评价。1980年,他的这些文章被收入《史学与美学》一书,由上海人民出版社出版。

"文革"开始后,周谷城首当其冲,被作为"资产阶级反动学术权威"打倒。他不仅在报纸上被公开批判,并且受到各种人身侮辱和肉体摧残。在"文革"那样的逆境中,周谷城的最可贵之处在于,他没有消沉,而是以哲学家的睿智和历史学家的博大胸怀,看待眼前的纷扰和个人的不平常遭际。对于许多色厉内荏的"大批判",他或者不予置理,或者厉声抗辩。在"牛棚"之中,他仍然坚持着自己的观点,表现了敢于为真理而献身的正直学者的风范。

---

① 《统一整体与分别反映论》,《光明日报》1963年11月7日。
② 周谷城:《怀念周总理》,《光明日报》1979年3月3日。

五、肝胆相照的战友,鞠躬尽瘁的学者

十年动乱结束以后,周谷城年事已高,但以老骥伏枥的精神,一面积极参与各种重要的国务活动,一面坚持不懈地为中国的文化科学教育事业贡献自己的聪明才智,真正做到了"鞠躬尽瘁,死而后已"。

作为政治家,周谷城坚决拥护中国共产党十一届三中全会的路线和方针政策,他晚年先后担任了上海市人大常委会副主任兼文教委员会主任,上海市政协副主席,第六、七届全国人大副委员长兼教育科学文化卫生委员会主任委员,第五届全国政协常委,中国农工民主党上海市委员会主任委员、中央委员会委员、主席团成员、副主席、主席、名誉主席等重要职务,以渊博的学识、坦诚的态度、诤友的胸怀,为党和国家的大政方针建言献策。在上海市人大工作期间,他积极提议制订上海市文物保护法规,主张加强上海市的基础教育,为推进全市社会主义精神文明建设的立法和监督提出许多意见,受到有关方面的重视。在担任全国人大领导职务期间,他不顾年老体衰,为推进国家的法制建设,为教育、科学、文化、卫生等领域的立法和执法检查工作,进行深入细致的调查研究,积极向有关方面提出意见和建议。他还为推进我国与各国议会间的交往做了大量工作。他是中国农工民主党的卓越领导人,和农工民主党其他领导人一起,带领各级组织和广大成员,为巩固和发展爱国统一战线,坚持和完善中国共产党领导的多党合作和政治协商制度,认真贯彻"长期共存、互相监督、肝胆相照、荣辱与共"的方针,为加快社会主义各项事业的建设积极参政议政,呕心沥血,努力工作。他始终关心祖国和平统一大业,重视弘扬中华文化,振奋民族精神,为此筹建了中华炎黄文化研究会,并担任第一任会长,还担任中华诗词学会会长。直到病重期间,他还关心中华炎黄文化研究会的工作,提出了许多宝贵意见。

作为教授、学者,周谷城积极参加思想理论战线的拨乱反正,以及上海市社会科学界联合会、上海市历史学会等的恢复工作,继续担任上海市历史学会会长、上海社联副主席,从1988年起担任上海社联名誉主席。他还是中国历史学会的主席团成员、执行主席。

周谷城对发展我国文化科学教育事业的热情不减当年。1982年,他写了《办好历史系的几点意见》一文,对我国高等学校历史系建设提出了重要的建议:历史系可开设三门课程,即基础课、必修课和自由选修课;加强中国通史和世界通史的教学;扩大外文范围,提高史学的情报工作,历史系至少要开设英、俄、德、

法、日五种外文;教师应把教学、科研、著作合理地结合在一起。① 他还担任复旦大学历史系教授,并登坛授课,指导研究生,培养了"文革"后的我国第一批硕士、博士。他一生的教育论著,经由张兰馨等人选编为《周谷城教育文集》,1991年由吉林教育出版社出版。

在史学研究方面,周谷城发表了《世界是多元的整体》②《加强近代史的研究》③《世界史上现代化的加速发展》④《把中国近代史放在世界现代化中去研究》⑤《再谈对中国古代历史分期的看法》⑥等文章,对繁荣我国新时期史学研究提出了许多重要、深刻的见解。1987年,复旦大学出版社出版了他的《中国近代经济史论》一书。

周谷城晚年特别关注中国文化史和世界文化史的研究,力主推进中西文化交流。1982年,他主持召开中国文化史研究学者座谈会,倡导开展新中国成立以来几乎空白的中国文化史研究;1984年,主持创办了新中国成立以来第一份以"中国文化"命名的刊物《中国文化研究集刊》。1985年主持召开世界文化研究学者讨论会,1986年主持召开中国文化国际学术讨论会,主持编辑出版《中国文化史丛书》,1987年主持编辑出版《世界文化丛书》。这些也都是新中国成立以来第一次。为了填补我国世界古典文明研究的空白,培养这方面的专门人才,1984年,他与武汉大学吴于廑教授、东北师范大学林志纯教授一起致书教育部,发起在东北师范大学等校建立埃及学、亚述学、爱琴文明学、希腊罗马文明学人才培养基地。这同样为新中国成立以来第一次。

在文化问题上,周谷城反对全盘西化,也同样反对全盘东化或全盘中化。为此,他撰写了《中国文化史研究的意见和希望》⑦《文化不是铁板一块》⑧《如何看中西文化的交流》⑨等文章。在《周谷城文化、艺术文集》自序中,他精辟地表述了自己对文化问题的看法:"我认为所谓文化,无论是中国的或世界的,东方的或西方的,都只能是一个概括的、复杂的统一体,决不是铁板一块,针插不进,水泼不进的东西。文化交流,只能是相互渗透,双向交流。决不会由一方取对方而代之。有人认为,世界文化的发展,会向东方文化(中国文化)复归。我看这是机械

---

① 载《高教战线》1982年第4期。
② 载《文汇报》1988年3月6日。
③ 载《光明日报》1988年6月15日。
④ 载《文汇报》1989年1月31日。
⑤ 载《求索》1989年第2期。
⑥ 载《文汇报》1990年10月3日。
⑦ 载《中国文化研究集刊》(第一辑),复旦大学出版社1984年版,第24页。
⑧ 载《中国文化报》1986年7月9日。
⑨ 载《文史知识》1987年第1期。

论。今后,世界文化的发展,不会是纯粹的东方模式或西方模式,而是会走向综合。"①这可视作周谷城一生研究中国通史和世界通史,研究哲学与美学心得的总结论。

1996年11月10日,周谷城久病后在上海逝世,享年99岁。周谷城逝世后,时任中共中央总书记、国家主席江泽民,国务院总理李鹏,全国人大常委会委员长乔石等敬献了花篮,表示深切的哀悼。根据周谷城生前立下的遗嘱,在他的遗体火化时没有开追悼会,没有搞遗体告别仪式,也不留骨灰,为他送行的,只有与他相濡以沫半个多世纪的夫人李冰伯与亲属,实现了作为一个彻底唯物主义者的宏愿。

(原载《史魂:上海十大史学家》,上海辞书出版社2002年版)

---

① 张兰馨、袁云殊编:《周谷城文化、艺术文集》,教育科学出版社1991年版,序第1页。

两部史书通古今

——评周谷城《中国通史》《世界通史》

张志哲

一

在现代著名史学家中,唯独周谷城先生一个人著成并出版了《中国通史》和《世界通史》。

20世纪二三十年代,周谷城先生来往于长沙、武汉、广州和上海等地,经历了大革命的洗礼。于1930年秋到广州中山大学任教授兼社会学系主任。

20世纪30年代初期,面对日寇侵略中国的形势,周谷城教授同仇敌忾,运用各种方式,宣传进步思想,唤起民众觉醒。周先生除教中国社会发展史之外,还讲授社会科学名著选读,以增加学生的理论知识。他所选的名著多出自摩尔根《古代社会》、恩格斯《家庭财产及国家起源》、黑格尔《历史哲学》、叔本华《意志世界》、马克思与恩格斯《共产党宣言》等。

周谷城教授还撰有《中国社会史论》三卷,即《中国社会之结构》[①]《中国社会之变化》[②]和《中国社会之现状》[③]。1988年,经修订统合为《中国社会史论》上下册,由齐鲁书社出版发行。周先生写这些书的目的在于揭示中国社会转变的原因,以图改造现实状况。他在《中国社会之现状·导论》中说:

> 我自己曾定了一个研究中国问题的范畴,并预备著三本小书,以发表我个人研究的结果。一曰《中国社会之结构》,二曰《中国社会之变化》,三曰《中国社会之前途》。第一书专从历史上下手,预备找出历史上中国的真相。第二书专从国际资本主义的发展中下手,想找出中国

---

① 新生命书局1930年4月初版,以后印到第四版。
② 1931年4月初版,以后印到第三版。
③ 1933年出版。

在这发展过程中所以转变的原因及变化的痕迹。这两种研究偏重于解释现在的中国。第三书,则打算把我们理想的中国作一种简略的描写。盖既把历史上的中国研究了一个大概,又把国际资本主义发展过程中的中国变迁的大势研究了一个大概;照顺序讲,应该于中国社会之前途有所描写。于《中国社会之结构》一书中,举出两个主要阶级:其一为借政权以夺取经济利益的统治阶级,另一为专事生产,因没有政权而被人剥削的阶级。历史上的变乱,便是这两阶级冲突爆发的时候。历史上的太平,便是这两阶级相安于无事的时候。在《中国社会之变化》一书中,我认为历史上传下来的中国,在近几十年之所遭遇大变,以及变化的结果,都与国际资本主义直接相关。近代几十年来中国一切变动,乃国际资本主义造成的。……倘国际资本主义的势力未侵入,中国或者仍循历史上的惯例,治乱相间地绵延下去。然国际资本主义毕竟进来了,所以中国也毕竟成了今日的中国,或摩登支那。循此发展,当然有一个我们理想的前途。我想写《中国社会之前途》一书,便是要把这理想的前途加一种描写,以作为我们今日努力的标准。但于今我这计划放弃了。我觉得理想的描写,不如事实之分析有益。于是我决计不写《中国社会之前途》,而写这本《中国社会之现状》。①

在这三本社会史论著中,周谷城教授注意"社会之阶段的结构",并运用"辩证唯物论"和"历史唯物论"。这在当时,无疑是进步的。

周谷城教授的爱国活动,很快引起学校当局的注意。但周先生毫不退却,他照样请杨东莼等来讲授历史唯物论,也照样以系主任身份接纳因淞沪战争而来广州的进步青年在社会学系借读。这样,周先生与校方的冲突达到了白热化程度。学校公开咒骂周先生无视校规,并用所谓护校委员会的名义写信恐吓周先生,声称要用手枪来对付他。在反动政权的淫威之下,周谷城教授终于被迫离开了广州中山大学,于1932年秋到上海暨南大学任教授并兼史地系主任,一直到1942年春。

周谷城教授一向把教学与科研紧密结合,所以他开课多,论著也多。周先生在暨南大学每周讲课有12个小时。他上课只用自编的大纲,讲自己的观点。在那民族危亡的时刻,周谷城教授既投身于反帝爱国运动,又担负着繁重的教学任务,但他仍不放弃撰写《中国通史》的计划。天时地利人和,对要写《中国通史》的周谷城教授来说是多么的需要啊!而他一桩也不具备。在暨南大学校长郑洪年

---

① 《中国社会史论》下,齐鲁书社1988年版,第657页。

先生被当局赶走后,新来的校长以周先生支持进步学生活动和反对所谓本位文化为理由,宣布撤掉他的史地系主任的职务。周谷城教授对此并不挂怀,仍埋头写完了《中国通史》上下册,由开明书店于1939年公开出版。《中国通史》刚一出版,接任周先生的新系主任陈某说,这本书"有马克思主义嫌疑",禁止了周先生这门课的讲授,责令他改教世界史和世界史学史。谁知周谷城并不是那种抱残守阙者,他深知各门课程的有机联系,不怕"改行",当时"正想多知道一些世界史,并认为研究中国史而不研究世界史是很不方便的"。周先生因势利导,跨入了世界史领域,很快又变成世界史的专家。但是可恶的是一批御用文人鼓噪而起,对周先生竭尽污蔑攻击之能事,南京中央大学一个姓缪的教授造谣说,周先生"拿了俄国人的卢布写《中国通史》"。这样周著《中国通史》很快被当作禁书,在杭州、西安等处的存书也遭没收。

这部《中国通史》为何一出版就遭到如此不幸呢?说明它确实起过作用。当年开明书店重印《中国通史》的广告就是个佐证。广告说:

> 本书为国立暨南大学周谷城教授所著史学五书之第一种,周君本其十余年的教授经验,汇合最新的史学理论,形成自己的一套系统,用来说明中国数千年往事,轻快自然,头头是道,书中有任何其他中国通史著作所未曾运用过的史学理论,未曾采录过的新鲜材料,未曾使用过的编制方法。文字诚朴,动人情感。凡大学一二年级学生,中等学校教师,从事党政军各界者,负有指导文化之责者,都应一读此书。前为敌人(按:指日伪)禁售,并将存书没收,兹特重印。

这三个"未曾"确实是《中国通史》的精华所在。其中的所谓"未曾运用过的史学理论",乃周先生的"历史完形论",它"意在指出历史事情的有机组织和必然规律"①,即写出一个客观存在的统一整体的历史。它的内容大致可以分为三个方面:一是完形论"务须维护历史之客观的独立存在,明了历史之自身,以增今人的知识"。但要了解历史自身的完整,必须要用分析的方法。周先生还引用了英国罗素(Bertand Russell,1872—1970)的逻辑原子论来进一步论证分析历史事实是重要的。二是批评了中国现有各体史书破坏了历史的完整统一。三是完形论的通史"以人类过去活动之自身为对象",而要维护完形论的通史,则必须做到"选材以历史自身为标准""行文以说明史实为标准""标题以符合内容为标

---

① 周谷城:《我是怎样研究世界史的》,《历史教学问题》1982年第3期。

准"①。这一史学理论贯穿《中国通史》的始终。

尽管《中国通史》是半个世纪以前的著作,难免带上时代的烙印,存有不足之处,但它以独有的风格和学术见解,赢得学术界的重视,流传于国内外。在大陆,《中国通史》从初版到现在,共印了50次以上,达150万册。在我国香港、澳门、台湾等地区,以及海外的新加坡等,《中国通史》开明书店版一直广为流传。进入21世纪以后,上海人民出版社新修订版《中国通史》在海外更加流行。

《中国通史》比较系统地反映了周谷城教授精心治史的独创之见。

例如,关于中国古代历史分期问题,周先生结合对世界历史的考察,认定新莽元年(公元9年)是中国封建社会开始,为我国史学界的一派。他以后发表的论文,就这个论点做了进一步的阐论。他结合世界发展趋势的考察,论述了中国古代社会的性质,一贯坚持自己的见解。1950年,周先生在《中国奴隶社会论》②一文中说:

> 中国奴隶社会阶段,何以一定要把秦汉帝国包括进去,而计算到西汉末叶为止呢?这也有些理由。一则秦汉时代,奴隶主的势力还很大,如秦帝国几乎完全是工商奴隶主所支配的;我们不能认奴隶的使用,到秦亡便终止。二则王莽篡汉之时,更名天下田曰王田、奴婢曰私属。王莽改革的壮举,尚包括更奴婢为私属,可见当时用奴的风气还很盛行。三则由全局看部分,我们觉得把秦汉归入奴隶阶段,较为正确。古代埃及帝国、亚述帝国、波斯帝国、印度帝国、罗马帝国等……无不是奴隶社会全盛时代。秦汉帝国与这些帝国同一系列,其内容断不会相差很远。

1978年周先生在《怀念郭老》③一文中说:

> 文章谓世界史有"系列性":奴隶制社会发展到最高峰时,许多并立的军事封建国,必然会被归并而为统一帝国。古代亚述帝国、印度帝国、波斯帝国、罗马帝国都是如此。中国古代的秦汉帝国也是如此,也是归并许多军事封建国而成立的奴隶主统一帝国。这样就把中国奴隶社会的时期拉到了西汉末。

---

① 均引自《中国通史》上册,开明书店版,《导论·历史完形论》。
② 载《文汇报》1950年7月27日。
③ 载《中华文史论丛》第八辑。

同年，周先生在《秦汉帝国的统一运动》①一文中，详细论述工商奴隶主领导统一运动。他说：

> 领导统一运动的，是工商奴隶主；领导分裂运动的，是贵族奴隶主。前者是工商业发展中涌现出来的，是平民；后者是封建国没落中遗留下来的，是贵族。斗争结果，前者胜利，后者失败，于是贵族奴隶主的封国并立制，一变而为工商奴隶主的统一帝国制。

又如，关于孔子的评价，周先生把孔子与法家相提并论，说孔子代表贵族奴隶主；法家代表工商奴隶主。而孔子思想的中心是"仁"。仁的本意即"人人"。意思即是人要像人，正如君要像君，臣要像臣，父要像父，子要像子一样。孔子以"仁"或"人人"为思想的根据、言论的中心、行动的准则。

再如，对待阶级矛盾和阶级斗争，周先生并不完全局限于两大对抗的阶级，而注意全体成员在社会矛盾和主要斗争总目标下的相互关系的解剖，实际上是作者20世纪60年代的"时代精神汇合论"的早期反映；又充分注意地理环境与天然资源对社会经济文化发展的作用，预料到生态环境对人类是多么重要。

还如，在编撰的格局上，虽然沿用了古代史、中世前期、中世后期、近代史四大段，但在论述中，观点鲜明，史论结合，纲目清晰，结构严密，从原始社会一直到五四运动，构成一个有机的统一整体。他把公元前2000年左右到公元9年定为古代史，"就横的方面说，是由并立的诸族归并为统一帝国的归并过程。就纵的方面说，是奴隶阶级同奴隶主阶级的斗争过程"；他把新莽开始（公元9年）到五代末（959年）定为封建社会全盛时期，"包括阶级斗争及各族间的战争"；他把北宋初（960年）到鸦片战争（1840年）定为封建社会持续时代，"包括阶级斗争，种族斗争。种族斗争比中世前期更厉害。对外海上贸易几乎完全代替了陆路贸易"；他把鸦片战争（1840年）到五四运动（1919年），定为半封建半殖民地时代，说"已有了资本主义"，但"内部仍有封建势力的压迫；外部则有东西方各资本主义国家，亦即后来的帝国主义国家，大肆入侵。广大人民，特别是劳动人民，在此双重压力下，进行激烈的斗争"②。《中国通史》的论证，基本上能够融会贯通，中外对比，给我们以宽广的视线和强烈的历史规律认识。它确实做到了持之有故，言之成理，成一家之言，为周谷城学术思想的重要组成部分。

如果我们用今天的眼光来看《中国通史》，无论是观点上或是在资料的引用

---

① 载《教育通讯》1978年第6期。
② 均引自《中国通史》，上海人民出版社1957年版的各篇序。

上,不足之处可能是明显的。虽经新中国成立后的两次修订,对包括秦桧和岳飞评价在内的许多问题,都有了大幅度的改动,但总的体系决定着它无法有更多修改,至于这半个世纪以来新发现的资料和新的研究成果,限于书的体例,那更是无法补进去的。这些不足之处,并无损于《中国通史》的学术价值和历史作用。

周著《中国通史》至今仍是学习和钻研中国历史的一部系统参考书,1982年起,被作为全国高等学校文科教材,广为印刷发行。

二

周谷城教授在上海专心治学和教学的时候,并没有放弃反帝爱国活动。抗战前夕,周先生住在上海一个犹太人的公寓里,突然接到邮局寄送来一卷报纸,拆开一看,内有毛泽东同志的一封信。信上写着"致师友",下面具名毛泽东。信不是给周先生一个人的,还提到顾颉刚、周予同、舒新城、李达、程潜、李烈钧等人。毛泽东同志在信中强调形势紧急,民族危亡,共同对敌。这是针对蒋介石当时不肯抗日、一心反共而发出的号召。到了八一三事变以后,周先生是上海"孤岛"的知名爱国人士,反动当局密切监视着他,迫害他。直至1941年,周先生的处境已是十分危险了,他在从事中共地下党工作的岳父母卢志英、张育民的支持和协助下,转移到内地重庆。

川渝是抗战时期的大后方,不少进步人士都云集在雾都重庆。1942年春,进步教授陈望道和张志让介绍周谷城先生进复旦大学。复旦大学同意邀请周先生去历史系任教授。但是历史系主任方某,却按有关方面的意思有意刁难,迟迟不给周先生开课。陈望道教授对此非常气愤,于是请周先生到他所领导的新闻系上英语课,教学生选读英文,并担任翻译。周先生和陈先生相处得很好,结下了难忘的友谊。他们一起请翦伯赞和丁淦林到新闻系召开语言问题座谈会。因为翦、丁两位是知名的进步教授,所以来开会的人很多,影响特别大,这又引起了校方的慌张,他们先是派人到会场进行捣乱,后又散布流言蜚语,大骂:"搞民主的滚出去!"陈望道教授为保全周先生,劝他暂时回避,周先生则以爱国无罪坚决不回避。周谷城教授又曾受聘为中国民主政团同盟的顾问,同陶行知等人发表宣言,拥护中共的联合政府的主张,支持进步青年的反帝爱国活动。

周谷城教授在国民党统治区的这些进步活动,随着形势的有利变化,得到广泛开展,到了1945年,蒋介石邀请毛泽东去重庆谈判,毛泽东应邀从延安飞到重庆。当时,重庆《大公报》有一个直写的通栏标题:"毛泽东先生来了!"周谷城教授看到这个消息,真是欢欣若狂,他连忙到中苏文化协会秘书长张西曼处进一步打听消息。张先生告诉了周先生,该协会会长孙科要开茶话会欢迎毛泽东,嘱周先生按时到会。老朋友久别重逢,特别是能见到毛泽东,这对于周先生来说,那是多么激动而又高兴呀!周先生又怕开会时的人多,难于同毛泽东谈话。于是在开会那一天,很早就到了,他站在会场入口处几十步远的地方,焦急地等待着。果然不久,毛泽东精神抖擞地走过来了,他身穿工人蓝布衣服,头戴白色邮帽。周先生跑上前双手握住毛泽东的手,一股暖流交织着两位友人的革命情谊。毛泽东说:"你是周谷城先生吗?"周先生说:"是的。"毛泽东激动得含着泪珠,伸着手指说:"一十八年了(即表示分别有18年)。"周先生也被感动得流下了眼泪,声音颤抖地说:"您从前胃出血的病好了吗?"毛泽东既严肃又幽默地答道:"我这个人啊,生得很贱,在家有饭吃,要生病;拿起枪来当'土匪',病就没有了。"讲了这几话以后,毛泽东赶紧向会场走动。周先生因见到了毛泽东,也就不再进会场了。过了两天,周先生又同徐冰、于立群、翦伯赞、邓初民等十几个人到张治中住宅去看望毛泽东。那次,毛泽东对大家着重讲了复员(即由重庆搬回南京之意)的问题,说复员问题并不简单,大家要听话,听人民的话。

抗日战争胜利之初,中国正面临着走向何处的问题。在这个时候,周谷城教授在重庆一连两次见到了毛泽东。新中国成立以后,有一次在上海,毛泽东正与周谷城教授交谈,上海市副市长许建国来了,毛泽东指着周先生说:"我认识周先生,比认识你们早得多。"许建国说:"是,是。"这时候,周先生插话:"我是一个没有出息的人,我怕死。"毛泽东连忙摇手,并大声说:"没有人怪您。"所以周谷城教授经常讲毛泽东"念旧之情很深,至于当初没有同他一道走的事,他全不介意"。党和毛泽东的鼓舞,激励周谷城教授革命到老、学到老。

周谷城教授进入复旦大学,最后教的是世界通史。当时复旦大学的文、理、法、商各学院都要上世界通史课,班大人多,周先生在讲课的同时,考虑撰写《世界通史》。在他看来,已有的世界通史著作犹如百科全书,大都是历史事件的机械堆砌,不能给人以世界全局或统一整体的感觉。因此,周谷城教授首先要考虑的是怎样写出一部反映客观存在的统一整体的《世界通史》。但又如何开始呢?传统的做法,是从单一的一个角度开始,即从埃及到希腊、罗马的所谓古典世界开始;然后讲中世纪史,讲基督教、封建制、文艺复兴、民族国家、专制政府、地理大发现等,所有这些,又都只限于欧洲;地理大发现以后,仍以欧洲为中心。似乎世界历史都以欧洲为中心。这便是他所反对的欧洲中心论。亚洲、非洲和美洲的古老文明,近代东方各文化系统,在以欧洲为中心的世界史著作中都在被轻视之列。这是个非常不合理的错误观点。但是这一传统偏见是非常顽固的。在中国史学界,周谷城教授是最早反对欧洲中心论的。他在20世纪40年代就提出,写世界史著作,要诸区并立,同时叙述,但又不排斥某一时期某一区域成为重点,并身体力行,撰成具有新格局的《世界通史》第一、二、三册,向欧洲中心论公开挑战。以往，在世界史研究中，几乎所有的著作都以欧洲为中心，欧洲中心论被当作正确的东西传入以后，它在我国史学界或隐或现地起着作用，严重地束缚着人们对世界史的研究。周谷城教授忠于历史事实，根据世界历史趋势的转移，在20世纪50年代末60年代初，又连续发表《史学上的全局观点》[①]《论西亚古史的重要性》[②]《评没有世界性的世界史》[③]《论世界历史发展的形势》[④]《迷惑人们的欧洲中心论》[⑤]等论文，向欧洲中心论的陈腐观念做进一步抨击。所以我们说，周谷城教授几十年如一日，始终不渝地坚持反对欧洲中心论。

周先生首先指出，欧洲中心论的目的，在于为欧洲资产阶级的扩张和侵略服务，而我们自己不能追随欧洲中心论。他说：

> 只注意扩张和侵略，自然会以欧洲为中心；要反扩张和侵略，就不能不从亚、非、拉丁美洲诸国本身的历史，作正面的叙述。……
> 欧洲资产阶级的史学家讲世界史，以欧洲为中心，如不坚持侵略，不以欧洲为侵略中心，原没有什么不可。但我们自己讲世界史，如果也以欧洲为中心，则大不可。就爱国的思想说，不应该；就地理方位说，有错误。我们自己在中国，也称巴比伦、埃及为近东，则听者除先假定我们在欧洲以外，将莫知所云。近东、远东、古代东方云云，在他人说来对；在我们说来则不对。因此我们不能追随以欧洲为中心的思想。[⑥]

为什么不能以欧洲为中心呢？周先生说："希腊、罗马并非世界古代史上驾于其他各地的文化中心。我们发言不必一定只称希腊；印度、中国、希腊、罗马是可以相提并论的。""中世纪的封建社会，并非最早出现于欧洲。欧洲封建的开始，一般地说，始于5、6世纪之交。但5、6世纪之交，并非世界史上封建社会出现的唯一时期；欧洲更不是世界史上封建社会出现的唯一地域。""地理大发现（15世纪），是世界历史大转变的一个标志。在此以前，世界范围限于旧大陆；在此以后，则扩大到了亚、澳、欧、非、南北美。在此以前，世界历史上占主导地位者为黄种人；在此以后，世界历史上的主导地位渐渐转移到白种人方面去了。""正因如此，我们不能追随以欧洲为中心的思想。我们忠于历史事实，更应先讲海外

---

① 载《学术月刊》1959年第12期。
② 载《文汇报》1960年11月20日。
③ 载《文汇报》1961年2月7日。
④ 载《历史研究》1961年第2期。
⑤ 载《文汇报》1961年9月10日。
⑥ 周谷城：《评没有世界性的世界史》，《文汇报》1961年2月7日。

活动较早者,以见世界大势转移的真相。"

周谷城教授指出问题的尖锐性,使一些持欧洲中心论的外国学者非常难堪。他们撰文指名攻击周先生,但又不敢正面回答欧洲中心论是否正确,却反噬周先生提出这样的问题是别有动机,是什么亚洲中心论等。周先生针对这班辩护者的非难,进一步反驳说:

> 第一,反欧洲中心论,并不抹杀世界史上某一时期某一区域成为突出的重点,把贯通全史的中心与一时突出的重点,混为一谈,是错误的;第二,我著的《世界通史》第三册,集中精力叙述了十六、十七、十八世纪欧洲这个突出的重点,为的是要找出今日民族解放运动的理由:没有欧洲的向外扩张,今日的民族解放运动即没有根据……第三,民族解放运动,我安排在《世界通史》第四册里,还没有讲。但目录却早已在第一册里印出,总名曰第四篇,"平等世界之创造"。①

不管欧洲中心论辩护者如何恼火,自从这场论战之后,我国世界史研究冲破了欧洲中心论的束缚,注意了全局,依据历史的辩证发展规律,重新研究世界历史。这与周谷城教授勇于坚持所起的作用是分不开的。直至今天的国际交往中,反对欧洲中心论,仍具有重要的意义。在人类文化发展的历史上,欧洲并不总是中心。古埃及、西亚、两河流域的巴比伦、波斯、印度和中国,都曾是世界古文明的发源地。《世界通史》由商务印书馆 1949 年出版,第三册于 1958 年做了修订。第四册目录已标出,由于"左"的政策影响和十年"文革"的摧残,没有完成。

周著《世界通史》打破了国别史集合的世界史著作旧框架,力求从部分与全体的对立统一角度,综合鸟瞰人类社会发展中的全局或统一整体。在《世界通史》中,欧洲的古代文明与近代文明,只是构成世界史全局的一个部分;而中国、印度等各有其独立发展的文化系统,与西方文化系统相互渗透、相互竞争,构成一幅生动而又壮丽的世界历史图画。

《世界通史》第一册一连举了六个古文化区,反对古代世界以欧洲为中心。这六个区是:尼罗河流域的文化区、西亚文化区、爱琴文化区、中国文化区、印度文化区、中美文化区。

《世界通史》第二册论述了 15 世纪以前世界历史的重点是亚、欧、非三洲之间的相互关系。首先叙述了古波斯的兴起及其向西发展到南欧,其次叙述南欧

---

① 《我是怎样研究世界史的》,《历史教学问题》1982 年第 3 期。

马其顿人的兴起及亚历山大向东进逼到印度河流域。亚历山大势力衰落以后，大夏、安息及新波斯兴起，雄视西亚，成为东西方来往的桥梁。再次叙述阿拉伯帝国的兴起及其西进。阿拉伯帝国的西进和以前新波斯帝国的兴起及以后色尔柱人的崛起，对基督教的发展都大为不利，这就引起了西方十字军的东征。从发展方向看，十字军主要是由欧洲向亚洲发展；蒙古势力，除向东南发展外，还向西深入欧洲，到达多瑙河流域。《世界通史》第二册就是论述自公元前6世纪中叶的波斯，到公元13世纪中叶蒙古势力全盛的这段世界历史的重点，是亚、欧、非三洲政治势力发展和变化的历史。这是历史存在的事实。

《世界通史》第三册集中论述了16、17、18世纪世界历史的重点是欧洲历史。从15世纪末到16世纪，由于欧洲经济发达、人口剧增、交通工具进步，海外活动增多，特别是地理大发现以后，海上贸易扩大，形成了所谓的重商主义。在重商主义的影响下，西班牙、葡萄牙、荷兰、法兰西、英国等国致富图强，先后向外侵略。欧洲殖民主义者将魔爪伸向亚洲、非洲和南北美洲，成为世界民族解放运动的敌人。

三

周谷城教授这一时期的历史著作，还有一本《中国史学之进化》，由生活书店1947年出版。它汇集了周先生20世纪40年代中外历史方面的重要论文。其中《历史与人生》和《中国史学之进化》两篇，是他20世纪40年代史学思想的又一具体反映。

周谷城教授在《历史与人生》一文中，通俗地把历史和人生比喻成"过日子"；所不同的是，历史是"民族的生活"。而理想的日子，即人生的理想与历史的理想是什么呢？是改造人，改造历史。此意在于强调历史的重要。周先生解释说：

> 什么叫人生的改造呢？这可以从两方面说：一面是消极的，就是改正错误，弥补缺陷；一面是积极的，就是实现理想。二者虽可合而为一，但从消极过渡到积极，确有一段距离。我们必须循着必然的道路，走过这段距离，才能进入理想的境界。……所以，从消极到积极，有三个阶段。我们举一个实例来说：一个高中毕业生，要进大学还没有能够进去，这是他生活上的缺陷，他苦恼；这是第一个阶段。但苦恼不能久长，他必须用理智寻找一条必然的出路；就是说，他准备考试，参加大学的入学考试。当他循着这条必然的路前进的时候，苦恼便逐渐减少了；这是第二阶段。如果理想达到、学校考取了，他的苦恼便得到了解脱，获

得了快乐,一时达到了绝对的境界,达到快乐是人生的正面。

　　改造民族生活,也分两方面:消极的,弥补缺陷,改正错误;积极的,也是实现理想。用辛亥革命作例:消极的在推翻专制政治,积极的在实现民主政治。历史的现实也和人生的现实一样,如果存在着缺陷,存在着错误,总是使人苦恼的。假若在苦恼中找出了一条必然的路,循着这条路向前迈进。就好像宗教信仰一样,精神上的痛苦便逐渐减少了。犹之在专制政治的重压之下,找着革命的这条必然的道路,循着革命的道路前进一样。若是一旦专制政治推翻了,民主政治实现一次历史上绝对境界,快乐的境界。

　　……

　　说到这里,大家或者要问:我们凭了什么知道人生的,或历史的错误呢?

　　我回答:只有"见多识广"这一句话。我们只有从宽阔的、深刻的生活实践中去体验、比较,才能分辨什么是对的,什么是错的。乡下老太婆没有见过大脚女人的方便,总以为自己的小脚又美又好;因为她无从比较。错误不是全凭想像所能知道的。因此,文学家创造文学作品,必须以复杂而多彩的现实生活中去生活过来。同样的理由,历史学家也必须从研究历史的实践中,也就是把握时间里(从古到今)到空间里(世界各国)的种种真实材料,加以纵横诸方面的比较,才能发现历史的错误,才能改正错误。因之我说:治历史与玩文章,是采不得窍门政策的,换言之,非持博大的态度不可。①

周谷城教授从历史与人生扩展到文学与历史,目的仍在于说明历史的重要性。在他看来,文学是人的表现与反映。所以他特别强调文学家与历史学家对社会的作用,但他希望两者相互取长补短。周先生说:

　　文学家要从感情走进知识之路,也就是走进历史里去,历史学家要从知识走到感情之路,也就是走到文学里去的。情知合一。否则历史家只知道历史发展必然之趋势,而不亲身去推动;文学家要亲身去推动,而又昧于历史发展必然之趋势,这便是两有所失。史学家不免旁观,但万万麻木不得;文学家自然热烈,但万万糊涂不得。史学家有深切著明之知,也必须有诚敬笃实之行;文学家有诚敬笃实之行,也必须

---

① 《中国史学之进化》,生活书店1947年版,第127—129页。

有深切著明之知。①

周谷城教授在《中国史学之进化》一文中,考察了中国史学如何从记录到史学再到史学之独立发展。在他看来,实用记录为中国史学的第一步。到有了文字之后,史书出现,而《春秋》与《史记》则是史书的代表。自东汉到唐末,纪传体史书出现,"当纪传编年两体史书发展之日,亦即史学渐趋独立之时。吾人所谓由史书进到史学,正此时之特征。其表现也有两事最足以引起吾人之注意:一则刘歆对于史书之假托,二则王充对于史事之批评。假托史事者,欲利用往事,以贯彻自己之主张;批评史事者,则欲肃清虚说,以明史书之进化。两者精神之相反,正学术上之一转机。"到了宋元明清时代,为史学发展之独立时代。而创造中之史学,乃近代的事。周谷城教授对创造中之史学非常关注,他说:

> 窃以为新史学如欲成为纯粹科学,如其他之纯粹科学然,则下举数端为不可忽视者。
>
> 一曰确认史学之对象。凡科学各有其一定之对象,生物学之对象曰生物,矿物学之对象曰矿物;史学亦然,其一定对象曰历史。历史为人类过去之活动,其里面则为生存竞争,亦即国父中山先生所谓人与天争,人与人争之"争"也。春蒐夏苗,秋狝冬狩,人与天争之表象也;布帛菽粟,农矿工商,则为人与天争之收成;古今之变,或理乱兴衰,人与人争之表象也;天下之文,或典章经制,则为人与人争之收成。(郑樵《通志·总序》云:"总《诗》《书》《礼》《乐》,而会于一手,然后能曰天下之文;贯二帝三王,而通于一家,然后能极古今之变。"马端临《文献通考·总序》云:"理乱兴衰,不相因者也;典章经制,实相因者也。")任公先生善言"整个的",整个的者,人与人之争也;彼所举汉永元二年连破北匈奴之事实,即其一例。唯先生仅能触及此点,而未能确认此点;故于专史之对象,能明言之;而于通史之对象,则未能以一语道出。因此之故,乃不能抛弃习俗之见,仍不能不以通史为等于专史之和。……积专史之和以为通史,无异于认通史之对象为不能独立自存;实则通史并非专史之和,其对象乃有客观独立之存在者。往日学者,不以客观独立存在之"历史"为"史学"之对象,常不惜寸寸断之,使各自成体;复于一切断体之中,摘取若干零件,嵌入自己之文章,以炫学问之博,以增文章之美;或又摘取若干零件,灌入他人之脑海,以博他人之信任,以坚自己之主

---

① 《中国史学之进化》,第130页。

张。凡此等等,皆与史学无关;史学非不重视功用者,特其重视之道,与此截然不同:首在阐明历史之自身,或历史发展之必然趋势。整个的历史发展之必然趋势,如果得到阐明,则其为用将较摘取零件之用高出万万。史学成立之经过,当在求真;其存在之理由,则为致用。求真以致用可,若欲致用而首先毁灭其真则大不可。

  二曰稳定史学之地位。史学与其他科学相较,虽有不同,然非对立。不同者,谓史学与其他科学各有个性,未可强之使同;非对立云云,则谓史学与其他科学,同属科学范围,并非完全相反。……

  三曰改进史学之方法。往日学者认史学与其他科学为相反,故其他科学所创之方法,史学不能利用之;实则其他科学之新方法,无论为经济学或政治学所创获,抑物理学或化学所创获;皆直接或间接,部分或全体,可为史学用。任何科学方法之用,在分解该科对象之诸种因素,求出其间不可移易之关系,或因果定律;史学方法之用,亦复如此,亦在分解其对象之诸种因素,求出其间不可移易之关系,或因果定律。……①

《中国史学之进化》一文最初发表于1944年《复旦学报》第1期。20世纪40年代之初,像周先生这样系统研究中国史学史,提出与梁启超等人不同的见解,也是很难得的。

面对蒋介石反共的嚣张气焰,周谷城教授不仅从行动上,而且从理论研究上,进行针锋相对的斗争,正如他自己所说的:"我虽不一定要问政治,但政治却要问我。"(《周谷城自略》)周先生在研究中外历史的时候,又着重于对中国政治历史和现状的探讨,力图证明中国现代化与政治民主化的因果关系,意在抨击当时的统治者。这既显示出周先生的学问,也表现出周先生学术上的勇气。

早在暨南大学任教授兼史社系主任时,周谷城教授就撰有《中国政治史》,由中华书局1940年9月出版,1943年9月在重庆重版。这本书的着眼点在于研究占统治地位的中国社会势力,引起人们的注意。正如周先生1940年2月8日《中国政治史·弁言》中所说:

  本书不是政治思想史,不是政治制度史;更与一般专讲理乱兴衰的政治史绝不相同。理乱兴衰为政治现象。然政治现象实为各种社会势力所造成。故善为政者,应该洞明每一时代支配政治的主要社会势力。

---

① 《中国史学之进化》,第116—122页。

本书研究着重这一点,在中国为初创;即在欧美各国,亦不多见。①

中华书局于 1982 年重版了这本《中国政治史》。

周谷城教授在国民党统治区的报刊上还发表有大量政治论文,例如《论中国之现代化》(1943 年)、《论民主趋势之不可抗拒》(1944 年)、《论民主政治之建立与官僚主义之肃清》(1945 年)、《人民时代之中国农民》(1946 年)、《近五十年来中国之政治》(1947 年)、《中国独立之地位》(1947 年)、《莫让教育与社会分家》(1948 年)、《彻底肃清封建势力》(1949 年)等。这些论文中的若干说法未必精当,但它产生在 20 世纪 40 年代中国严峻的政治环境之中,所以我们也该历史主义地看待它。

抗战胜利之后,在重庆的各方面人士纷纷复员回归。周谷城教授也跟着复旦大学迁回上海。到了上海,周先生又积极投入反蒋活动。他与张志让、潘震亚和沈体兰等进步人士组织大学教授联谊会(简称大教联),进行爱国活动。一次,大教联在上海八仙桥基督教青年会九楼开会,要就国民党当局所发布的条例而发表反对的宣言。由周先生与翦伯赞起草这一篇宣言,经张志让修改,联名签字的约有 60 余人。这篇宣言送《大公报》发表,虽被挖去了几句,开了天窗,但在社会上产生了巨大影响。当局对此没有罢休。事隔不久,张志让被撤去了复旦大学法学院院长,周谷城被撤去了历史系主任职务,并禁止他公开发表爱国言论,不准他与学生在一起开座谈会。周谷城教授并不因此就屈服,反而积极参加迎接上海解放的各种活动。上海解放前夕,中共上海党组织领导下的工人和学生的革命斗争,就像一股股扑不灭的山火,越烧越猛,越烧越旺了。但是复旦大学进步学生遭到了反动当局的镇压,很多人受伤。周先生仗义执言,为揭露其真相,草拟了一篇宣言,签名赞成的还有陈望道、洪深、周予同、曹享闻、朱伯康等人。这篇宣言送《大公报》,没有得到全文发表,只摘要刊登几句,却加了个小标题:"教授说话了!"这样,影响更大,灭了敌人的威风,长了人民的志气,也引起当局对周谷城教授的憎恨。到了 1949 年 4 月 26 日,国民党上海警备司令部强行逮捕了周谷城教授。后经学校的多方交涉,才保释在外,并保证要随传随到,无行动自由,被监视在家。一直到 5 月 26 日上海解放,周谷城教授才获得了自由和新的政治生命。几天后,陈毅同志代表上海市军事管制委员会,在八仙桥青年会九楼召开各界座谈会。会上,周谷城教授说自己被"解放了",陈毅同志很亲热地说:"不是解放,是我们会师了!"周谷城教授梦寐以求、而又长期为之努力的人民解放事业现在实现了,他感到无比的高兴。

---

① 《中国政治史》,中华书局 1940 年版,弁言第 1 页。

四

新中国成立以后,周谷城先生继续任教于复旦大学,并担任首任教务长。1949年9月,他以民主人士参加了第一届全国政协全体会议。以后,他被选为第一、二、三、五、六届全国人大代表,六届全国人大常委会副委员长、人大常委会教科文委员会主任委员。他又是中国农工民主党中央主席,还被选为中国史学会执行主席,上海市史学会会长,中国太平洋历史学会会长和上海市哲学社会科学联合会副主席。周先生的政治活动越来越繁忙,但他并不因此放弃治学。党和国家的高度重视和极大信任,激励着周谷城教授以更大的热情投入新中国的文化教育事业。他继续从学术研究的全局着眼,注意各门学科的有机联系和分别反映,发表了许多论著。周先生在史学、逻辑学和美学等方面的研究,不断取得新的成绩。

20世纪50年代,周谷城教授发表了不少历史考证的文章,汇集在新知识出版社1956年出版的《古史零证》一书中。它集中反映了周先生对一些具体史实考辨的功力。

"圭田说"是周先生关于"圭田"的新释,它与郭沫若同志的"开荒说"相呼应。周先生在《古史零证·圭田辩》中说:

> 什么叫圭田?旧说谓是清洁的上等田,分给士大夫作祭祀用的。……这说完全不对。圭并没有清洁上等的意见;据我们研究,恰恰与此相反。圭只有不方正,不平坦,不整齐或不正常的意思。……这样的圭田与历来所谓井田恰恰相反。井田即豆腐干块式的四方四正之田,其基本形式为□□□□。圭田即尖锥式或尖磅式的不方不正之田,其基本形式为△△△△(即圭字之形,井即井字之形)。井字或田字只是代表田垅之形式的,并无理想的田制之意。圭字亦然,也只是代表田垅之形式的,并无虚构的祭田之意。两种不同之点只是:一为四方四正,整整齐齐;一为不方不正,不整不齐。……四方四正的井田应该先出现,不方不正的圭田应该后出现。这先后相去当然不会很远,但总可以想到有一个先后之分。即如开荒,总是先开好地方,待好地方开完了,然后来开较坏的地方,曾记郭沫若先生有古代豪门开荒之说,现已忘其原义,大意似指于占领好地方之外,再向较坏的地方垦田。①

---

① 周谷城:《圭田辩》,载《古史零证》,新知识出版社1956年版,第27页。

关于"亂"字的新释,周先生与郭沫若同志的意见略有不同,但得到丁山先生的赞同。周先生在《古史零证·乱为乐之结》中说:

> 乱这个字的原义,既不是混乱,也不是治理,而是结合或亲近。
> 乱字即"番生殷"之𤔔字,即"毛公鼎"之𤔔字,即《说文》𤔔之古𤔔字。郭沫若先生以为是𤔔讹变之尤烈者,我则颇以为是最少讹变的。……郭认"朱𤔔"为朱鞣皮,故以𤔔为讹变之尤烈者;我疑"朱𤔔"为朱丝结,故以𤔔为最少讹变的。……𤔔作动词用,为打结或结合。作名词用,则是打成了的结子。……上面是手,下面是手,中间是丝;象两手相向把一根一根的散丝搓拢去。①

关于"庶"字的新释,周先生颇有见地,郭沫若同志赞成他的说法。周先生在《古史零证·庶为奴说》中说:

> 庶字金文里很不少。其形式,《孟鼎》作𠩺,《毛公鼎》作𠩺,《伯庶父敦》作𠩺,《伯庶父簋》作𠩺,《子仲匜》作𠩺,《朱公华》作𠩺。这些形式,一一分析,可得三件东西:一、厂相当于小屋子;二、口相当于煮东西的锅子;三、火相当于锅下所烧的火。合起来看,应该是厨房或杂屋或如上海人所谓"灶披间"之类。就形式而言,固然可以得到这样的解释;就音与义而言,也可以得到与此相符的解释。庶通煮,《周礼·秋官·庶氏》注:庶读如药煮。单就这一例看,庶与煮实含有相同的声音与相同的意义。……我们断言庶字的基本意义为杂屋,为灶披间,为烧饭或住佣人的地方。稍稍引申,有三个较为明显的意义:一曰卑贱,常用来形容最下层社会分子;古代所谓庶民,大概就是贱民或奴隶之类,其住居规定在杂屋里,不在正屋里;故他们常被称为庶民。②

郭沫若同志在肯定周先生这一见解的同时,还提出了意见。
他亲自写信给周先生说:

> "释庶"很有见地。"庶"即厨的初文,您说为"灶披间"是不错的。唯在周初已失其原义,而成为"庶人"之庶了。"者"亦即煮之初文,"者"

---

① 周谷城:《乱为乐之结》,载《古史零证》,第1页。
② 周谷城:《庶为奴说》,载《古史零证》,第22页。

假为煮,亦犹"庶"训为众。①

1956年,随着生产资料私有制的社会主义改造,党中央提出"百花齐放、百家争鸣"的方针,号召学术争鸣,以繁荣社会主义文化事业。周谷城教授热烈拥护,积极参加。毛泽东同志鼓励周谷城教授带头开展学术活动。在那前后,周先生去北京参加一个会议,毛泽东同志得知,请他去中南海露天游泳池一道游泳。毛泽东同志从深水一端下,周先生游泳技术不高,只好从浅水一端下。毛泽东同志喊:"来呀!"周先生说:"我既不能深入浅出,也不能由浅入深。"游罢上岸,毛泽东同志拿着一本大字线装本《汉书》,翻到第五十六卷《赵充国传》,其中有一段说赵充国:"不敢避斧钺之诛,昧死陈愚,唯陛下省察。""充国奏每上,辄下公卿议臣。初,是充国计者什三;中,什五;最后,什八。有诏诘前言不便者,皆顿首服。"毛泽东同志指着这一段,亲切地对周先生说:"这个人很能坚持真理,他主张在西北设屯田军,最初赞成者只十之一二,反对者十之八九。他因坚持真理,后来得到胜利,赞成者十之八九,反对者只十之一二。真理的贯彻,总要有一个过程,但要坚持。"毛泽东同志对周先生的信任和鼓励,使他在20世纪五六十年代连续发表了逻辑学和美学等方面的独创之见,引起了我国学术界的两次大争论。而这两次争论又都是以周谷城教授的意见为中心而开展起来的。

五

周谷城教授早在20世纪30年代就研究逻辑学,他曾翻译过《黑格尔逻辑大纲》和《小逻辑》部分,并曾撰有《黑格尔逻辑引端》②和《黑格尔逻辑中之"质量"论》③等论文。

新中国成立以后,周谷城教授研究逻辑学的论文,基本上汇集在科学出版社1959年出版的《形式逻辑与辩证法》一书中。生活·读书·新知三联书店又于1962年11月和1979年5月两次重印这本书。而引起争论较大的,乃是周谷城教授的《形式逻辑与辩证法》④一文。周先生提出形式逻辑与辩证逻辑在认识论上属于两个范畴,应该注意两者之间的联系和区别,因为形式逻辑只能问推理过程是否正确,不能同辩证法的要求相混淆。以周先生意见为中心的这场争论,时

---

① 见《古史零证·庶为奴说》附录。
② 载《新中华》第1卷第18期,1933年9月25日。
③ 载《时代公论》第3卷第5期,1934年5月15日。
④ 载《新建设》1956年第2期。

间之长、问题之集中、参加人数之多,是1949年以后少有的一次学术争鸣。周先生也再三撰文答辩。这本是个完全正常的现象。但是在"左"的政策影响下,康生推波助澜,他凭借着权势,下令对周谷城教授"批判",并迫使全国报刊杂志在发表周先生答辩文章时加"编者按"表态。实质上,形成对周谷城教授的围剿。一时间,天空乌云滚滚,一顶顶帽子套向周先生,一根根棍子打向周先生,周先生却坚信党的百家争鸣方针,不被狂风所压倒,勇于坚持自己的见解。

疾风知劲草。就在这场争论中,毛泽东同志在叶剑英、贺龙、刘伯承、徐特立、林伯渠等同志陪同下,来到上海。一天晚上,毛泽东同志请周先生在现在的上海展览馆咖啡厅里吃晚饭。等周先生一到,毛泽东同志即拿着一本《新建设》杂志,把他拉到另一间屋里说:"你的逻辑文章写得很明确,要继续争鸣下去。"周先生说:"我很孤立,火箭炮冲起来,我也有些受不了。"毛泽东同志说:"你不孤立,你的意见有人赞成。"周先生说:"意见虽有人赞成,但火箭炮冲起来总不好受。"毛泽东同志说:"有什么了不起,辩论就是嘛!"这是毛泽东同志又一次支持周谷城教授争鸣。

为了进一步调动知识分子的积极性,参加百家争鸣,发展学术,在周谷城教授又一次去北京开会的时候,毛泽东同志特邀了北京学术界人士贺麟、郑昕、冯友兰、金岳霖、费孝通、王方名、胡绳等,在中南海毛泽东同志住宅吃饭。毛泽东同志对来客说:"今天我请老朋友周谷城先生吃饭,请你们诸位作陪。"

毛泽东同志多次接见周谷城教授,鼓励他学术争鸣,坚持真理,不要怕犯错误,这就促进了周先生更加勇于创新,敢于坚持己见。

《形式逻辑与辩证法》这本书,按照周先生1959年7月4日的"序"所讲,"各篇皆争辩之作,不过《形式逻辑与辩证法》一篇,导论意味较多;《形式逻辑与辩证法的区别及关系》一篇,结论意味较多"。全书的宗旨是说明形式逻辑与辩证法的关系。

周先生认为形式逻辑属推论术,辩证法属宇宙观,两者截然有别,然又不可分离。他说:

> 形式逻辑既不可与形而上学混同,又不可与辩证法并列,然则究竟是那一类的东西呢?这里我们可以一言蔽之曰是帮助思维的东西。它与文法学修辞学相近,但不可与辩证法并列。辩证法要了解事物;形式逻辑则根据对事物已有的了解,依思维形式作各种推论,使了解更正确。了解事物,须与事物作斗争,须有感觉经验等;根据已有的了解作推论,则不与事物发生直接关系也可以办到。讲形式逻辑的教师,也许列举些最普通最常见的东西为例,说明形式逻辑的规定;但目的仅止于

此，那些最普通最常见的东西却不一定是他研究出来的。辩证法则不然：自始就要求我们对实际事物作斗争，要我们了解对象。列宁有言曰："形式逻辑……以最普通的、眼睛常见的东西为指导，采用形式的定义，并以此为限。……辩证逻辑要求我们更进一步。要真正地认识对象……"这区别是最基本的。由此区别，我们不但可以晓得形式逻辑与辩证法的不同，而且晓得两者相互的关系：辩证法要我们往前进，要真正了解一个对象；形式逻辑要我们根据已有的了解，作正确的推论。……求了解本身前后不相矛盾。辩证法指挥我们获得，形式逻辑则帮助我们进行推论。前者可以创获关于宇宙的新知，后者可以纠正关于认识的前后矛盾。创新与正误，都是认识真理所不可少的。学会了辩证法，知道一些东西。也许思考不精密；学会了形式逻辑，头脑很清楚，也许除了形式逻辑以外，一无所知。为求有所知，必须依照辩证法向实际中摸索；为求所知的东西内部很调和，前后不矛盾，则必须运用形式逻辑，作推论工夫。照这样说来，辩证法是主，形式逻辑是从；主从虽有区别，却时刻不能分离。①

  形式逻辑是规定思维过程的，辩证法是指导实践的。依辩证法的指导原则，深入实际，进行实践；我们从实践中认识自然，认识社会，获得一切知识。形式逻辑则不然，是规定思维过程的，它根据已知进行推论；照着推论规则做，可以使思维前后不矛盾，如在前提中肯定了的东西，在结论中如果变成否定的，则是前后矛盾；反之，在结论中如果也被肯定，则是前后不矛盾。形式逻辑的任务，始终要求思维过程或推论过程前后不矛盾。所思的东西是否有客观存在呢？毫无疑问，有客观存在，这在下面第四节里将予详论，不过它所着重的不是客观事物自身的性质，而是各事物之间的关系。所谓"肯定了全体，亦必肯定其部分；否定了全体，亦必否定其部分"云云，就是指关系而言。至于客观事物自身的性质，只能由实践决定，不能由推论决定。例如水银是不是金属，并不能由形式逻辑的推论来决定。形式逻辑是据已知以为推的，不是据未知以为推的。所以形式逻辑始终只是推论的方法，不属宇宙观的范围。辩证法属宇宙观，指导我们实践；从实践中我们获得认识；根据认识，我们可以进行推论。由实践而认识，而推论；不是由推论而认识，而实践。②

---

① 《形式逻辑与辩证法》，生活·读书·新知三联书店1962年版，第3—4页。
② 同上书，第90页。

周先生还认为形式逻辑在辩证法领导之下，为各门学科服务，但又不同于各种专门科学，不能与各科混而不分。他说：

> 然则逻辑推论与各科实践究竟是怎样联系的：以逻辑推论为主，拿实践来服务？还是以各科实践为主，拿逻辑推论来服务？毫无疑问，各科实践是目的，逻辑推论是手段。我们只能为各科实践而进行逻辑推论，却不必为逻辑推论而进行各科实践。逻辑推论是为各科实践服务的，各科实践却不是为逻辑推论服务的。形式逻辑每次进行推论，都是据已知以为推；并非从无到有，自找新知，以完成推论任务。假如每次推论，都要做一次临时科学实践，自找新知，则形式逻辑与其他科学将没有区别，或将其他各种不同科学一一包办起来。例如天文学、地质学、物理学、心理学等，都是要寻找充足理由，建立知识系统的。假如形式逻辑每作一次推论，即自找一次充足理由，则它的任务必与其他科学相混同。我们尊重各种科学，也尊重形式逻辑，因之决不应混同两者的任务。各科要从事物中寻找充足理由，以为认识事物的凭据；形式逻辑则只须有各科现成的认识，便可据以为推。认识的真不真，是各科的事；推论的错不错是形式逻辑的事。但各科在进行研究的时候，在任何求真的过程之中，却离不开形式逻辑。任何科学家在进行研究时或求真过程中，固然要问自己所知的与客观实在符合不符合，同时也要问自己所知的内部前后矛盾不矛盾。因此逻辑推论始终是为各科实践服务的，却不能与各科混而为一。①

周先生指出，形式逻辑不是指导求真理的原则，只是帮助求真理的必要手段，所以人人都应该学习和研究它。他强调说：

> 然则逻辑推论对于我们的整个认识，有不有作用呢？答曰：有。有些什么作用呢？概括的说，在帮助我们作正确的推论，使我们的思想认识不至前后矛盾。这一作用，大家都晓得，不要详细介绍。除此之外，我在《形式逻辑与辩证法》一文中曾就形式逻辑其他具体的作用指出了最关重要的四点：一曰由隐推到显，使认识更明确；二曰由零推到整，使认识更完整；三曰由已知推到未知，使我们的认识范围更扩大；四曰揭发论敌的差误，防止是非的混淆。原文云："知识固然要明确，同时也该

---

① 《形式逻辑与辩证法》，第103—104页。

很完整。演绎的推论把隐藏的知识转成明确的,归纳的推论把个别的知识转成整体的。至于类比推论,则更能从个别事物之已知的相同条件推论未知的现象或因素或作用等。……这竟是由已知推论到未知了,不仅整理已有的知识而已,当然更是形式逻辑的作用。……就知识的扩充进展说起来,正确的知识应该由隐推到显,使我们对它本身的认识更明确;同时,错误的知识也应该由隐推到显,使我们对它本身的认识更明确。正确的知识之敌人,不仅只是错误的知识,而且是错误的知识之隐藏。把错误的知识隐藏起来,使是非不明,那是知识扩充、进展的大敌。……形式逻辑能把错误的知识由隐推到显,正好发挥了它的工具性,表现了它应有的作用。"我这样说了,有许多讨论逻辑的人还说我否定了形式逻辑对认识的作用。其实完全不然。不过我不赞成形式逻辑绝对化而已。①

《形式逻辑与辩证法》一书既是周谷城教授学术上勇敢求实精神的表现,又是 20 世纪 50 年代后期一场持续五年的学术争论的产物。它从一个侧面反映出新中国成立以后学术争鸣的情景。

六

新中国成立后,周谷城教授在美学研究方面的论文,大体上汇集在上海人民出版社 1980 年 11 月出版的《史学与美学》一书中。周先生历来认为史学与哲学社会科学各个学科的关系密切,因而十分注意史学与美学的关系。他的基本观点是:"历史是人民创造的,艺术是艺术家创造的。就创造而言,两者相同。不过历史之创造其实现之理想是'真正的'。实现了的理想即成为新的历史现实。艺术之创造其实现之理想则不然,是'虚拟的'。实现了的理想不是历史现实,而是艺术作品。我们拿艺术作品去感动人,使之创造历史,那是完全可能的,也是应该的,不过那已是进入历史创造的范围了。"(《史学与美学·前言》)

根据这一基本观点,周先生于 20 世纪 50 年代后期和 60 年代之初,独树一帜,提出了"时代精神汇合"论、"无差别境界"和"使体成情"说等见解。由此而引起的轩然大波,至今人们还记忆犹新。

这场争论是由周先生与朱光潜先生的争辩开始的。针对朱先生的《美学怎

---

① 《形式逻辑与辩证法》,第 105—106 页。

样才能既是唯物的又是辩证的》①一文,周先生发表了《美的存在与进化》②,不同意朱先生的意见,主张美的存在是独立的。以后朱先生又写《表现主义与反映论两种艺术观的基本分歧——评周谷城先生的"使情成体"说》③,进行诘难,与周先生进一步争辩,而周先生再写《评朱光潜的艺术评论》④进行反诘,于是周先生的"使情成体"说,便成了一个受争论的问题。

所谓"使情成体",乃鲍山葵(B. Bosanguet)所讲,他把体现着自己的情感的作家创作,称为"使情成体"。周谷城教授的"使情成体"说,是认为艺术作品的内容来自生活,但不能简单地模仿生活,而必须经过艺术家创造出典型形象,动人情感,才能发挥出作用。

周先生具体论述了"使情成体"的物质条件及其与形象的必然关系。他说:

> "使情成体",首先须有物质作条件。如绘画,必须先有黄绢、白纸、粉墙等以为条件;如雕刻,必须先有玉石、象牙、黄杨等以为条件;如建筑,必须先有砖、瓦、木、石、钢骨、水泥等以为条件;如音乐,必须先有钟、鼓、琴、瑟、箫、管等以为条件;如歌唱,必须先有喉头上的发声器官以为条件;如舞蹈,必须先有能舞善蹈的手足以为条件。情感自己是不具形体的,不借外物以为条件,即不能成体。如喜、怒、哀、乐等等情感,虽极简单,亦必有物质以为条件。张口哈哈,可以表示喜;张开的口,哈哈的声,便是物质;没有这等物质,喜的情感即不能成体。咬牙切齿,可以表示怒;所咬的牙,所切的齿,便是物质;没有这等物质,怒的情感即不能成体。哀、乐亦复如此;没有物质以为条件,哀、乐的情感即不能成体。
>
> 情成了体,未必就能动人。为着要使成体之情能发生作用,而动人情感,必须有形象。形象是什么?从实物说,一切占据时空,可以看得见,可以听得出,可以触得着的东西,当是具有形象的。具有形象的东西,可以是天然现成的,可以是人工制出的。如人物、山水,如飞禽、走兽,如梅、兰、竹、菊,如虫、鱼、草、木,如高楼、大厦,如城、郭、沟、池,如风、云、雨、雪,如崖石、清泉等等,都是具有形象的东西。这些东西,虽不一定体现人类的情感,然都有体现情感的可能;虽不一定都感动人,

---

① 载《人民日报》1956年12月25日。
② 载《光明日报》1957年5月8日。
③ 载《文艺报》1963年第10期。
④ 载《文艺报》1964年第4期。

然都有感人的可能。自然景物,常能体现人的感情,也常能动人情感。我们欣赏自然景物,毫不加工是常有的事。稍稍加工:或就自然景物予以培养,如制造盆景那样;或就自然景物划个范围,如开辟花围那样;或将自然景物移到自己的住处,如栽花养鸟那样;或将自己移就自然景物,如游山玩水那样;凡此种种活动虽不能算创作,然离创作活动,已不远了。①

然而,引起争论最大的是周谷城教授的《艺术创作的历史地位》②一文。这篇文章主要是两个问题:一是"无差别境界"或"没有矛盾的境界",二是对"时代精神"的解释或叫"时代精神汇合"论。

关于"无差别境界",周先生说:

> "无差别境界"的提出,是反对艺术无冲突的,故曰:"无差别境界,不仅没有艺术创作,而且没有一切创作的活动可言。"反对者把这个用意搁在一边,专门来谈"无差别境界"或不矛盾境界的本身到底有没有。这样讨论也是可以的。照我看,不矛盾的境界是有的。大家都说,矛盾是普遍存在的,这当然不错。但这并不等于说不矛盾不存在;恰恰相反,更可以说不矛盾也普遍存在。我们作好了一件麻烦的事,随即感到轻松;解好一道数学难题,随即感到心情舒畅;打了一次大胜仗,随即开庆祝会等等,都是矛盾解决之后,不矛盾随之而来的实例。当然,旧矛盾解决了,新矛盾又会产生。不过那只能说是"矛盾永远解决不完",却不能说是"矛盾永远不能解决"。打仗只能一仗一仗地打,不能无止境地打;吃馒头只能一个一个地吃,不能无止境地吃。不矛盾与矛盾,在时间上是相续的,如团结——批评——团结;批评是解决矛盾的,团结即矛盾得到了解决。其次不矛盾与矛盾在空间是并列的,如军民团结如一人,试看天下谁能敌;无敌于天下云云,讲的是矛盾的方面,军民团结如一人云云,讲的是军民之间没有矛盾。事情真巧:矛盾愈激化的时候,不矛盾也常常随着愈显明。无产阶级与资产阶级斗争尖锐之时,其内部的矛盾几乎无形消灭!大家都说,矛盾是绝对的,不矛盾纵然有,也只是相对的。其实也不尽然:火车在轨道上走得很顺利,是不矛盾;忽遇障碍,不能走了,是矛盾;去掉障碍,又顺利地走,是不矛盾。我们

---

① 《史学与美学》,上海人民出版社1980年版,第123—124页。
② 载《新建设》1962年第12期。

所有的火车顺利地走应该是绝对的;遇障碍不能走应该是相对的;更不能说遇障碍是矛盾的激化,是产生新矛盾的条件。这样说来,宇宙不成了铁板一块吗?不然。我们虽说"不矛盾"也普遍存在,并不等于说"矛盾"不是普遍存在的。"不矛盾"与"矛盾"很好地构成了宇宙。若只有"不矛盾"而无"矛盾",宇宙真会成一块铁板;反之若只有"矛盾"而无"不矛盾",则矛盾两个字的本身,根本就不会出现,出现了也无人能懂。不矛盾构成矛盾的事,是极寻常的。例如矛与盾,是互相矛盾的,然而矛却不能同自己矛盾,而只能同一于其自身;否则不成其为矛。盾也不能同自己矛盾,而只能同一于其自身;否则不成其为盾。矛与盾都不成东西,其间的相互矛盾便谈不上了。所以宇宙不会是一块铁板,是由不矛盾与矛盾构成的。因此不矛盾或无差别境界在自然界或社会中或历史上都有地位。①

关于"时代精神汇合"论,周先生说:

  超出模仿的东西,就一方面说,虽属出于创作;然就另一方面说,却是广泛流行整个社会的时代精神。在原始氏族社会,因着人与自然的斗争,部落与部落的斗争,常形成各种不同的思想意识,汇合而为氏族社会的时代精神。在奴隶制社会里,生产力比以前大大进步了,社会分裂成为剥削与被剥削的不同阶级,压迫与被压迫的不同阶级。随着阶级而出现的有国家制度。这时的人,除与自然作斗争外,尚有阶级与阶级的斗争,民族与民族的斗争。所有这些,又形成较前此更复杂的思想意识,汇合而为更复杂的奴隶制社会的时代精神。由奴隶制社会进入封建社会,由封建社会进入资本主义社会,生产关系随着不同;各种斗争亦随时代而有异。封建时代,农民反抗封建地主的剥削和压迫,不断爆发斗争;资本主义时代,工人反抗资产阶级的剥削和压迫,也不断爆发斗争。因此封建时代又有各种思想意识,汇合而为当时的时代精神;资本主义时代又有各种思想意识,汇合而为当时的时代精神。各时代的时代精神虽是统一的整体,然从不同的阶级乃至不同的个人反映出来,又各截然不同。这种种的不同,进入各种艺术作品,即成创作的特征或独创性,或天才的表现。就其广泛流行于整个社会而言曰时代的

---

① 《史学与美学》,第129页。

精神;就其分别反映于具体作品而言曰天才的表现。①

王子野同志首先出来非难周谷城教授的这些看法,发表了《评周谷城〈艺术创作的历史地位〉》②一文。周先生也发表《评王子野的艺术评论》③进行反批评。其中是非,当属学术范畴,应该允许争辩,以便求同存异,而不是用指责对方距离马克思主义远近的简单方法可以解决的。可惜的是,周谷城教授的这一美学观点刚一露头,就遭到了姚文元的棍棒抽打。

姚文元在康生之流的指使下,将《艺术创作的历史地位》说及各个时代的各种思想意识"汇合而为当时的时代精神"之处,剜出六字,移头就尾,变出所谓"时代精神汇合"论,指为周谷城的意见;然后便施展其打棍上纲的本领,由"汇合"两字穿凿附会,对周先生进行攻击。姚文元在《略论时代精神论》④中说什么"这是难以想象的,是违反逻辑的","这是违反历史进程的","这种方法是属于从艺术解释艺术的历史唯心论的范围,而不属于坚持马克思主义的能动的革命的反映论的历史唯物论的范围"等,将此一连串的罪名栽赃在周先生头上。

面对这种以势压人、用武断代替说理的恶劣做法,周谷城教授嗤之以笑,不予理睬。但对于姚文元不学无术的胡言乱语,则予以反驳和澄清,以免贻误广大读者。例如,姚文元认为时代精神不是一个复杂的统一整体,而是一个清一色的革命精神。姚文元说:"文学艺术作品中的时代精神,是革命阶级改造世界的一种精神力量。它反映革命阶级改造世界的实践的要求,反过来推动革命实践的发展。它是历史变革中代表时代前进方向的新的、革命的阶级、阶层的思想、情感、理想在文艺作品中的集中表现,是一定历史时期广大劳动人民的利益、愿望、要求在文艺作品中的(直接或间接的)集中反映,是革命阶级和广大人民为实现一定历史阶段的主要任务而斗争的精神面貌和它的历史过程在艺术作品中的强烈反映。"⑤周先生予以驳斥,说时代精神是一个"类"概念,范围大;革命精神是它的一部分,是一个"种"概念,范围小。说革命精神是时代精神可以,说时代精神就是革命精神,则万万不可。周先生还针对姚文元说时代精神就是清一色的革命精神,说无产阶级既已同资产阶级进行尖锐斗争,无产阶级思想就绝不能同资产阶级思想汇合成统一整体,在《统一整体与分别反映》中进一步批驳说:

---

① 《史学与美学》,第125页。
② 载《文艺报》1963年第4期。
③ 载《文艺报》1963年第7—8期。
④ 载《光明日报》1963年9月24日。
⑤ 《略论时代精神论》,《光明日报》1963年9月24日。

不同阶级的不同思想已进行尖锐斗争,那么自始就在统一整体之内;不在统一整体之内,便不能进行你死我活的尖锐斗争。古今中外的阶级斗争都不是背对背的,而是面对面的;都不是隔了铜墙铁壁进行的,而是深入彼此的阵地的;不是和风细雨的,而是头破血流的。请问这样的斗争能在统一体之外吗?如在统一体之外,那便根本没有斗争,既已进行尖锐斗争,就必在统一体之内。斗争把不同的思想拉在一块,构成对立斗争的统一整体;单凭一致的思想放在一块,自始就不会有斗争,更没有整体可言。能构成统一整体的,必须是对立斗争的。姚先生大概是习惯于看单纯一致的东西,所以坚决不相信对立斗争的东西可以构成统一整体。其实自有宇宙以来,只要是统一整体,都是由对立斗争的诸部分构成的。而且对立斗争的诸部分如不在统一整体之内,便没有分别反映之可能,事实上也根本不会有分别反映。吾皇万岁的思想的前后左右如果没有非吾皇万岁的思想向它冲击,它会被分别反映出来吗?马赛曲的思想的前后左右如果没有非马赛曲的思想向它冲击,它会被分别反映出来吗?国际歌的思想的前后左右如果没有非国际歌的思想向它冲击,它会被分别反映出来吗?全世界三十亿人的思想都是国际歌的,国际歌的思想还会被分别反映出来吗?对立斗争的诸部分,自始就是在统一整体之内的,统一整体,自始就是包括对立斗争诸部分的。①

就在这篇文章发表之后,毛泽东同志于1964年6月曾说:"一切事物都是对立统一。五个指头,四个指向一边,大拇指向另一边,这才握得拢。完全的纯是没有的,这个道理许多人没有想通。不纯才成其为自然界,成其为社会。完全的纯,就不成其为自然界,不成其为社会,不合乎辩证规律。"(《毛主席论教育革命》)毛泽东同志的话,当然不会是专门支持周先生,也不是警告姚文元的,但事实上是支持了周谷城教授,警告了姚文元。

新中国成立35年以来,学术界有一股不正之风,往往用呼风唤雨的办法解决学术是非,这就使新学说、新见解刚露端倪,便被冠为"离经叛道"而销声匿迹。因此,在学术上勇于创新,固然可贵,而敢于坚持真理,则更加不容易了。周谷城教授在一些学术争论中,看上去处于少数地位,又与许多文章意见相抵触,但周先生言之成理,持之有故,不肯轻易放弃自己的一贯见解。一直到"文革",身陷"牛棚",触及皮肉,被罚跪在地上,遭到拳打脚踢之后,他仍坚持说"时代精神汇

---

① 载《光明日报》1963年11月7日。

合"论。问怎么解释？周先生答："社会现象是复杂的，有革命的、不革命的、反革命的，这是客观存有，不是清一色。""尼克松、田中来中国，他们不因到中国就不搞资本主义，我们也不因他来了而不搞社会主义，能说时代精神只是革命精神？"他的"交代"使审问者瞠目结舌，无言以对，显示出周谷城教授在学术上能勇敢求实的精神。

周谷城教授从20世纪50年代到60年代初，以他饱满的革命精神，战斗在教学岗位上和学术研究中，为繁荣社会主义文化教育事业做出了新贡献。遗憾的是，正当周先生披荆斩棘、奋勇前进的时候，我们的国家遭到了1966年5月至1976年10月"文革"最严重的挫折和损失，周先生在这场灾难中首当其冲，被打成"反动学术权威""牛鬼蛇神"，剥夺了一切政治、学术的权利，蒙受了惨无人道的侮辱和打击，但是周谷城教授坚信中国共产党的正确领导，不屈服于林彪、江青集团的淫威，敢于顶恶风、战恶浪，毫不放弃自己的政治信念和学术见解，顽强地生活着。他不愧是我国学术界勇敢求实精神的榜样，为中国知识分子保留了骨气、正气。

1980年，我为协助周谷城先生修订《中国通史》，曾在马飞海（时任上海市出版局局长）的带领下，去中共上海市委康平路苏振华、彭冲（苏、彭时任中共上海市委书记）办公室汇报情况。当时上海人民出版社的两位负责同志不同意周著《中国通史》重版，理由是书中"阶级斗争讲得不够""还有阶级调和论"等。彭冲听到这一汇报后，大为不满，冲着马飞海说："我们这些人都是20世纪30年代在暨南大学聆听周先生《中国通史》课时加深对马克思主义与阶级斗争理论的理解，当时许多青年学生因此而加入了中国共产党。你马飞海不也是这样吗？我俩都是周谷老的学生，现在拨乱反正，没有理由阻止《中国通史》重版。我与苏振华同志商量过，如果周谷老不改动，照常一字不改出版发行。"马飞海连连点头说："是，是。"并指着我说："请协助谷老修订《中国通史》的张志哲讲一讲周先生的意见。"我说："谷老愿意听领导和出版社的意见，但他坚持书稿的结构与观点不能改动，某些差错和不足之处，可适当做些改动。现在每周两个半天我去谷老处交换修改意见。我每修改一章，他审阅一章，估计在两个月时间内可以完稿交给付印……"彭冲听后，显得满意，又对着马飞海说："你代表苏振华同志与我，晚上去看望周谷城先生，告诉他今天中共上海市委领导听取了汇报《中国通史》修订出版进展情况，一定请他老人家放心。出版社个别领导的不同意见，不要告诉他。你是出版局局长，这是中央统战政策在上海的一个具体落实，应该亲自抓一抓。"当天晚上，马飞海带着我去泰安路周谷老家里，把周先生及师母约到衡山饭店相聚。相聚中，周谷老非常高兴，还讲了胡耀邦（时任中共中央总书记）与赵紫阳（时任国务院总理）找他谈话的情景，其中有邓小平叮嘱胡、赵的话："周谷城先生是南方老知识分子的典型代表,他在'文革'中不屈不挠,坚持真理,骨头硬,体现了中国知识分子的高尚品德,建议他来北京主持中国农工党,选任全国人大副委员长,参与国家大政。"所以后来周谷城先生住在北京。1986年,又因为要协助周谷老修改《中国社会史论》(上下册)给齐鲁书社出版,我从华东师范大学历史系吴泽先生处请假去北京住了两个月,朝夕相处,耳闻目睹,亲身感受到周先生晚年虽然历经劫难,仍壮心不已,要把自己的余生贡献给祖国的文化教育事业,他作诗抒怀明志:"往事重重未可伤,牛棚尽处是同行,老老犹有冲天劲,学府文坛作战场。"

(原载晋阳学刊编辑部编《中国现代社会科学家传略》第十辑,山西人民出版社1987年版)

王造时

王造时(1903—1971),原名雄生。江西安福人。历史学家、社会活动家。专长政治学、世界近代史等。

1916年就读于江西南昌第一中学,1917年考取北京清华留美预备学校。1925年毕业,赴美国威斯康星大学攻读政治学,1929年获政治学博士学位。随后赴英国任伦敦经济学院研究员,师从英国费边社会主义代表人物拉斯基(Harold J. Laski)研究国际政治。

1930年回国,任上海光华大学政治系主任兼教授,后担任文学院院长,并在大夏大学、中国公学等校兼课。

九一八事变后,参与发起并组织上海各大学教授抗日救国会及上海各界抗日救国团体联合会。1932年参加中国民权保障同盟,任宣传委员、上海分会执行委员。1935年12月、1936年5月,先后任上海文化界救国会、上海各界救国联合会和全国各界救国联合会执行委员兼宣传部长。1936年11月,以"危害民国罪"入狱,为著名的救国会"七君子"之一。1938年,任国民参政会参政员。

1949年新中国成立后,任华东军政委员会文教委员会委员,上海市政协委员、常委,全国政协委员、上海法学会理事等职。1951年入复旦大学,任政治系教授。1952年调任历史系教授、世界近现代史教研室主任。

1957年被错划为"右派"。1966年被关押进看守所,直至逝世。1978年获平反昭雪。

在大学任教期间,讲授"世界近代史""史学评论""黑格尔哲学""美国外交政策史"等课程。

2018年入选上海社会科学联合会评定的"上海社科大师"。

创办《主张与批评》《自由言论》《前方日报》等报刊。译作有黑格尔《历史哲学》等。代表作有《中国问题的分析》《荒谬集》等。

王造时自述

王造时

　　王造时先生在1957年反右斗争后,曾经设想写《自传》,但只开了一个头。十年动乱中,他遭受迫害,继续写了一些材料,叙述一生经历,并做自我剖析。我们认为这些材料有一定的史料价值,乃整理成文。为了尊重本人生前愿望,仍以《自述》为题。在整理过程中,得到先生家属和部分生前好友的帮助,在此表示感谢。希望了解先生生平的同志对我们整理的《自述》提出宝贵意见,并提供补充材料,以便在编写先生年谱和传记时参考。

何碧辉　赵寿龙
1983年10月于上海复旦大学

　　我是江西安福人,生于1902年8月3日。父名济善,字嘉美,号子泉(1869—1947),生前在安福县城木架巷经营竹木生意。大哥启瑞、大姐秀英是汪氏所生。我和二哥英生的母亲刘氏是继室。

　　我到八岁才跟朱廉夫老师发蒙。在发蒙那天,他替我取了"造时"这个富于个人英雄主义色彩的名字。这个名字对于少年时期的我有好的影响,亦有坏的影响。好的影响是鼓舞了我的雄心壮志,力求上进。坏的影响是助长了我的自高自大。读了三年私塾,读的是《三字经》和"四书""五经",受的是封建主义教育。但是老师并没有开讲,只管点书,我只管死读书,死背书,所以孔孟之道那一套维护封建统治的东西,对我来说,只有泛泛的印象。

　　就在读私塾的第二年爆发了辛亥革命,推翻了清朝君主专制,宣布了民主共和。我听说北京的皇帝老子被赶下台,看见家家户户都插起了一面写着一个大"汉"字的白旗,孙文、黄兴、李烈钧等人的传奇式的革命故事,从大人的口里传到我的耳朵里,这是中国几千年来一个大变动。民主共和的含义尽管那时我不懂得,但是这个名词的种子撒在我的头脑里,不可能不生根发芽。

　　辛亥革命成功了,民国建立了,再也不会有科举了,要读书只有进学校。那时安福全县只有一所高等小学,在里面读书的 200 多学生,大多数是 30 岁左右的青年,还有好些个没有考取秀才的老童生。我读完三年私塾,考上了那所学校。学的是国文、历史、地理、格致、修身、音乐、图画、手工、体操,最后一年还加上了一门英文。在高小三年中,除了接受那套洋教育外,有三件大事对我的思想有影响。

第一件大事是 1914 年爆发的第一次世界大战。那时我已看报,看的是学校订的上海《时报》和《申报》。上海的报纸在英法势力影响之下,不用说是拥护英法方面,反对德奥方面的。把前者说成是为正义、人道、公理、民主而战,后者是讲强权、霸道、专制、野蛮的。因此我亦跟着同情、拥护英法方面,痛恶、反对德奥方面。尽管后来才知道它们都是帝国主义国家,都是为帝国主义而战,但是正义、人道、公理、民主这些美丽的名词给了我不能磨灭的印象。

第二件大事是 1915 年 1 月 18 日,日本乘欧洲大战、列强无暇东顾的机会,向我国提出了旨在独霸中国的"二十一条",并于 5 月 7 日提出最后通牒,限 48 小时答复。袁世凯要做皇帝,想取得日本帝国主义的支持,竟于 5 月 9 日除对第五条声明"容日后协商"外,都加以承认。当时全国人民义愤填膺,激烈反对。我们这个高等小学也开了一次国耻纪念大会,由一位老师上台发表了一篇慷慨激昂的演说,全场师生无不为之感动。爱国主义在我头脑里打上了深刻的烙印,痛恨卖国求荣的袁世凯,痛恨侵略我国的日本强盗。

第三件大事就是袁世凯的洪宪称帝。这个窃国大盗依靠反革命的武力和帝国主义的支持,利用领导辛亥革命的资产阶级的妥协性,篡夺了总统的职位,还不称心满意,到 1915 年 12 月 12 日居然粉墨登台做起皇帝来了。接着就是蔡锷、李烈钧等在云南起义,各地纷纷响应,逼得他于 1916 年 3 月 22 日取消皇帝称号,6 月气死于北京。梁启超那篇反对他称帝的有声有色的文章《异哉,所谓国体问题者!》亦由国文老师讲给我们听了,民主思想的根子又深了一层。

高小毕业了,父亲原来有意要我帮助他做生意,但是恰好在这个时候他受到土豪劣绅的欺负,几乎闹到家破人亡的地步,于是,才决心设法让我出外升学,希望我将来能够扬名声、显父母。听说北京有个清华学校办得很好,基本上都是官费,毕业后还可以留学美国。到了暑假,我就别离家乡前往南昌报考。清华是适应美帝国主义需要而办起来的一所预备留美的学校,学制是中等科四年、高等科四年,然后留美五年,一共 13 年。每年中等科一年级招生是委托各省省政府办理的,然后到北京去复试。名额是按各省当年所担负庚子赔款的数目依照比例而定,江西每年分配名额约有五六名。由于清华有特殊的待遇和机会,各省有权势的军阀、官僚、政客、学阀都想把自己或亲友的子弟硬塞进去。1916 年江西省有六个名额,我没有八行书的介绍,考了个备取第一名。我气坏了,我痛恨政治的腐败和社会的不平。幸而随即考取了南昌第一中学,预备下年再考清华。在南昌一年中,有一件事情对我的思想有影响。那就是双十节那天,江西督军李纯为庆祝国庆到讲武厅去阅兵,文武官员都前呼后拥地跟着,把沿途的老百姓,连我们学生在内都赶到屋里去。我从门缝里窥看这些大小军阀骑着高头大马,威风凛凛地跑过去,老百姓连参加国庆活动的权利也没有,头脑里马上起了个大问号,这难道就是"民"国吗?

1917年暑假又到了,清华这次招考名额只有五个。我准备了一年,好不容易给我考取了。这是我一生的关键,这样一来,我就连续接受了美国资本主义教育12年和英国资本主义教育一年,这对于我的思想的形成起了主要的作用。到了北京,一进清华校园,我这个土包子,从来没有看见过这么一个洋学校,也梦想不到有这么一个洋学校。这简直是一个大花园!堂皇的大礼堂,富丽的图书馆,雄伟的体育馆,整齐的科学馆,水木清华的工字厅,宽敞的课堂和寝室,大片如茵的草地,宽阔的运动场,高低的小山,平静的小河,优雅的荷花池,杨柳成荫的马路,这一切的一切,都是劳动人民的血汗所凝结成的。课程设置除了小部分关于本国文、史、地、哲的功课是用国语教学外,大部分功课都是用英语直接教学的,从而使高等科毕业后学自然科学的学生能插入美国所谓第一流大学的二年级,学社会科学的能插入三年级。

五四运动以前,清华留美的学生差不多都是学自然科学的,五四运动以后,学社会科学的才多起来。教师中多数是留美的,也有不少美国人。这样一个大校园却只有500名左右的学生,而这些学生大多出生于地主阶级、官僚买办阶级、资产阶级和小资产阶级的家庭,很难找到工人和农民的子弟。我初入清华,不仅欣赏这种奴化、洋化教育,而且觉得自己能够享受这种特殊教育机会是一生的幸运。经过五四运动和随之而来的新文化运动,我才逐渐地认识到清华有大事改变的必要。我为学生会写了一本名为《彻底翻腾的清华革命》①的小册子,主张改组原来由教育部所聘请的教育专家所组成的校董会,把清华改成国立的、正式的、完全的大学,实行男女同校,多收学生,多造人才;留学办法可以继续,但须举行全国公开考试,选拔大学毕业生,不应由清华包办,留学年限缩短为两至三年;课程应增设专门科目,尤其应重视有关本国文化的科目;原有师资不能应付正规大学的需要,须聘请专门学者担任教授。这些意见经学生会讨论修改通过,作为代表全体学生的建议,促请当局采纳施行。同时社会上和教师内部也有类似的舆论,于是清华便由预备留美学校性质,逐渐过渡到正规的完全的国立大

---

① 《彻底沸腾的清华革命》写于1921年10月;1923年6月《清华周刊》增刊又登载王造时的文章《改良清华计划大纲》——整理者注,下同。

学了。这种改制完全不是所谓"翻腾的革命"，而是地地道道的改良主义。招收的学生仍然是地主阶级、官僚买办阶级、资产阶级和小资产阶级的儿女，工农子弟仍然被拒于校门之外，师资、课程、教材、设备以及其他种种方面，仍效法美国大学那一套资本主义教育制度。

五四前，清华学生只有级会、班会，没有全校性组织，五四后，学生会诞生了。学生会的组织，模仿美国资产阶级民主的三权分立制度。有由各级依照学生人数比例选出的代表组成的评议会，等于立法机关；评议会推举一人为主席，职权很大，等于学生会的主席；有由评议会选举的干事会主席一人和各部正副部长，等于行政机关；有由评议会选举的法官若干人，组成学生法庭，得审判记大过以下的错误行为，并实行陪审制和律师辩护制，等于司法机关。我在学生会活动中非常得意，连任评议会主席和干事会主席，因此很欣赏这种具体而微的资产阶级民主政治。

在清华读书八年，我深深受到美国资本主义教育的感染，但同时参加了五四运动、新文化运动和五卅运动。这三大运动不但对中国革命起了划时代的作用，而且对我的思想也产生了极其巨大的影响。

五四运动的爆发，起因于结束第一次世界大战的巴黎和平会议不把德国在山东的权利归还我国，而把这些权利转让给日本帝国主义。北京学生感于德、奥、俄三大帝国的崩溃，俄国十月革命的成功，受到世界革命形势的鼓舞，痛恨日本帝国主义的侵略和北洋军阀的卖国，发出"外抗强权，内除国贼"的吼声，举行示威游行，并对勾结日本的卖国贼曹汝霖、章宗祥、陆宗舆采取了革命行动，爱国运动的熊熊烈火即由北京燃遍了全国各大城市。清华与北京各校采取一致行动，举行罢课，成立全校性学生组织，参加北京学生联合会，进行各种爱国活动。运动如火如荼，声势越来越大，北京反对当局怕得要死，恨得要命，曾经采取高压措施，都无效果，决定于6月3日开始大逮捕。各校学生得悉之后，决定分批出发，准备前赴后继入狱。我参加了第一批，带领一个小分队到东安市场宣传演讲，当即被捕。6月4日各校第二批学生出发，遭到同样命运。6月5日各校学生就全体出动，反动当局捉不胜捉。轰轰烈烈的五四运动至此便由学生罢课发展到上海、南京、天津、杭州、武汉、九江、山东、安徽各地的工人罢工，商人罢市，成为无产阶级、城市小资产阶级和民族资产阶级参加的广大群众运动。北京反动当局迫于这种形势，只好接受学生各项要求，并将逮捕的学生释放。7月间，山东军阀马良枪杀宣传抵制日货的学生，济南、天津和北京各校学生组织代表团向总统徐世昌请愿，要求惩办肇事官员。我代表清华参加，又被拘捕。通过五四运动和两次拘捕，爱国主义深入我心，从此以后，反帝爱国主义我无役不从，几十年如一日。尽管我的世界观没有改造好，但我爱祖国、爱民族的心永不会变。谁侵略我们的国家,不管是日帝也好,英帝也好,美帝也好,其他国家也好,我就反对谁。谁出卖我们的民族,不管是袁世凯也好,段祺瑞也好,汪精卫也好,蒋介石也好,我就反对谁。但是我现在深切地体会到,我还必须走出狭隘民族主义和狭隘爱国主义的范围,遵循毛主席的教导,将爱国主义与国际主义结合起来,做一个爱国主义者,同时做一个国际主义者。

如果五四运动是反对帝国主义的爱国运动,那么随之而来的新文化运动就是反对封建主义的文化运动。它一方面反对旧教条、旧道德,提倡科学和民主;另一方面,反对文言文、旧文学,提倡白话文和新文学。它粉碎了几千年来套在中国人民头上的精神枷锁,解放了人们的思想,但是起主导作用的是《新青年》杂志。我受到新思潮的感染,亦在《清华周刊》《民国日报》及其他刊物上发表一些文章,摇旗呐喊拥护。后来这个运动起了分化,有左右两种倾向,以中国共产党机关刊物《向导》周报和国民党机关报《民国日报》为代表,主张反对帝国主义和封建主义;另一种是右的倾向,以胡适主编的《努力周刊》为代表,主张所谓好人政治。清华图书馆订有《努力周刊》和《民国日报》,至于《向导》周报不但学校没有购置,就是北京各书店也不售卖。清华是同美帝国主义有密切关系的特殊化的、贵族式的学校,教职员、学生中没有共产党员的活动。校址在北京西郊,自成小天地,脱离实际政治斗争。由于这种种原因,我没有接受共产主义教育的机会,跳不出小资产阶级的立场,摆脱不了美国式的资本主义教育的影响,也不可能参加共产党。1921年左右,我在清华学校还组织过"仁社",以联络友谊、砥砺学行为宗旨,在清华学校政治运动中起了些作用。社员有王国忠、贺麟、彭文应、林同济、陈铨等十余人。1925年我留学美国,仁社随即无形解散。总之,我虽然不是共产主义者,但是我是赞成孙中山改组国民党,实行国共合作和采取联俄、联共、扶助农工三大政策的。有下列三件事情可以说明我这个时期的思想情况。

(1) 1923年清华举行庆祝双十节国庆大会,特请在清华担任国学讲座的梁启超演讲,题为《我对双十节的感想》。他强调指出中华民国之所以闹到这样乱七八糟的地步,国民党要负重大责任。我听了非常气愤,认为他混淆是非,颠倒黑白,随即在《清华周刊》发表一篇文章,题为《梁任公先生讲学的态度与听讲的态度》,开头和结尾都是用下面两句话:"对于讲学问的梁任公先生,我是十二万分的钦佩;对于谈政治的梁任公先生,我是十二万分的怀疑。"[①]根据历史事实,

---

[①] 此文载《清华周刊》第292期,1923年11月。开头的原文是:"我们十二分崇拜学者的梁任公先生,同时我们也十二分怀疑论政的梁任公先生。"结尾原文是:"最后我要表示我对于梁任公先生的态度:(1)我极崇拜讲学问的梁任公先生,(2)我很怀疑谈政治的梁任公先生。"

我揭露他原来属于保皇党,后来又变为勾结北洋军阀的进步党和研究系的首领。中华民国之所以闹到这样乱七八糟的地步,不是孙中山和国民党,而是他和他所领导的派系要负重大责任,而辛亥革命的成功和中华民国的创立,倒不能不归功于孙中山和国民党,并进而论断他是政治上的落伍者。当时国民党有一部分党员在北京办了一个《时言报》,发现了这篇文章,便把它放在第一版首要的地位,加了按语转载出来,并用特大号标题,名曰《研究系包办华北教育的反响》。梁任公知道后,气急败坏地向清华校长曹云祥辞去讲座,曹云祥三番四复地把我叫去,要我写悔过书,并由他陪同前去向梁任公赔罪道歉,否则就要以侮辱师长的名义将我开除。我说在学校里我是学生,但在社会上我是公民,梁任公可以谈论国事,我也可以谈论国事,梁任公可以批评孙中山和国民党,我亦可以批评梁任公和研究系,我无过可悔,亦不愿意被开除。如果学校把我开除,我就要向法院起诉,向社会呼吁。曹云祥以我在学生中有影响,怕问题闹大,终于不了了之。梁任公随后不久也就离开了清华。再过十年(1933年),《东方杂志》元旦号以《生活的一页》为题,向我征文,我就把这个故事写成一篇题为《做学生几乎被开除》的短文。末了一段是全篇的主旨所在,大意说,这篇短文刚刚写好,有一个朋友来访,看了不禁哈哈大笑起来,说梁任公曾经说过,不惜以今日之我同昨日之我宣战,我看你十年前那样热烈地拥护国民党,今天又这样地批评国民党,亦是自相矛盾。我反问说,是我变了呢?还是国民党变了呢?说罢哈哈大笑,他也哈哈大笑。《东方杂志》编者怕国民党反动派找麻烦,竟把这段删去了。我立即提出抗议,要求下期刊出全文,并表示道歉。结果是第二期发表了一则启事,声明未经作者同意删去了最后一段文字,致与原意有所未合,特向作者致歉。

(2)1924年,我以清华政治学会的名义邀请苏联驻华公使加拉罕演讲。事后美国校董贝克大为不满,吓得中国校董和校长惊惶不安。曹云祥这次又叫我去大加训斥,说事先不经学校同意就胆敢做出这种事情,是不是"过激派"?(这是当时布尔什维克的译名,在北京很流行)我说我不是"过激派",还够不上做"过激派",清华各个学会邀请包括许多美国人士在内的校外名人来校讲演,都未经学校同意,为什么请苏联公使演讲就要学校批准呢?曹云祥以事关外交,亦不了了之。

(3)孙中山于1924年1月在广州召开国民党第一次全国代表大会,发表宣言,重新解释三民主义,确定联俄、联共、扶助农工三大政策,中国革命面貌为之焕然一新,由旧三民主义变为新三民主义。同年冬天,第二次直奉战争爆发,原属于直系的冯玉祥回师北京,推翻直系军阀吴佩孚,电请孙中山入京。孙中山应邀北上,行前发表宣言,重申反对帝国主义和军阀的主张,号召召开国民会议解决国事,但不幸于1925年春病逝于北京。我在《清华周刊》发表《笔血墨泪以吊中山先生》一文①,认为中国革命形势有了新的发展,在此重要关头,哲人凋谢,实为国家巨大损失,真使人有革命未成身先死,长使英雄泪满襟之感。当时汪精卫正在北京,我以清华政治学会名义请他演讲,他的演讲大受全体同学的欢迎。不料就是这个在前清末年以行刺摄政王而出名的汪精卫,这个以国民党"左派"面貌出现的汪精卫,竟于1927年在武汉叛变革命,并伙同蒋介石策动"马日事变",捕杀共产党人和革命群众,又于1938年12月逃离重庆,背叛祖国,出卖民族,公开投降日本帝国主义,组织南京傀儡政权,充当了头号汉奸,变为不齿于人类的狗屎堆。由此可见,谁要背叛祖国,背叛民族,反对人民,反对革命,谁就要受到历史的裁判。你可一时欺骗人民,你不能永远欺骗人民;你可一时欺骗一部分人民,你不能永远欺骗全体人民。

  1925年当我在清华高等科快要毕业的时候,爆发了反帝爱国的五卅运动。如果五四运动和与之而俱来的新文化运动是在思想上和干部上准备了中国共产党的成立和五卅运动的开展,那么五卅运动就为北伐革命战争开辟了广阔的道路。5月间,青岛、上海各地日本纱厂先后发生罢工斗争,遭到日本帝国主义及其走狗北洋军阀政府的镇压。5月15日,上海日本纱厂资本家竟枪杀工人顾正红并伤工人十余人。28日反动当局又屠杀青岛工人八人。30日上海学生2 000余人在租界内宣传声援工人,并号召收回租界,随后有群众万余人集合在英租界捕房门首,高呼"打倒帝国主义"和"全中国人民团结起来"等口号,英帝国主义巡捕竟悍然开枪打死打伤许多学生和群众。这就是有名的"五卅惨案"。游行示威、罢课、罢工、罢市的反帝爱国热潮立即由上海席卷全国各重要城市,形成极大规模的五卅运动。北京学生闻讯立即组织各校沪案后援会,领导各种反帝爱国活动。我代表清华参加,并在《京报》副刊主编《上海惨剧特刊》②。随后又被派往武汉调查该处惨案,并要求湖北督军萧耀南开放爱国运动。萧看到报上纷纷报道我到武汉后的活动,以为北京各校沪案后援会是教职员和学生的联合组织,欣然接见了我。但一看到我年纪很轻,正在惊奇之际,我劈头就说,现在全国舆论都说萧督军不爱国,压迫爱国运动。他急忙辩称爱国之心绝不后人,就是怕游行示威,共产党从中捣乱。我说中央不怕,各地不怕,就是萧督军怕了而禁止爱国运动,这样就要激起全国人民极大的公愤,实属不智。他说那么我明天就出布告,声明保护爱国运动。于是第三天武汉学生就举行了极大规模的反帝爱国游行示威。

  8月,我由上海经过日本到了美国。在西雅图上岸,就接到正在印第安那大

---

① 此文载《清华周刊》第340期,1925年3月15日。
② 清华学生会主编的《上海惨剧特刊》,从1925年6月8日开始至6月底,共出12期。

学举行的全体留美学生年会的电报,要我去报告五卅运动。我赶去报告后,群情激昂,一致决议,宣誓献身于救国事业。大会结束后,我即往威斯康星大学办理入学手续,学的主科是政治学。我深切感到五四以后参加政治活动太多,读书太少,决定在留学期间不参加党派活动,埋头好好读几年书。特别是自国共分裂,南京反革命政权投靠帝国主义,并大打其内战之后,我对国事前途越来越感到失望,也就越来越钻入书堆里。每年暑假的三个月则入芝加哥大学。因此只吸收了一些资产阶级的书本知识,而没有机会去领会被剥削阶级的真实生活;只懂得了一些抽象的民主自由、法治和宪制的原则,而没有深切理解这些东西的阶级本质;只看到美国资本主义社会的一些表面现象,而没有认识它的实际内容。在资产阶级革命时代的武器库中找来找去,找到一些过了时的东西,而形成了下列一些对于国事的看法。

(1) 中国必须独立和统一。中国是半殖民地半封建的国家,对外没有获得真正的独立,对内亦没有获得真正的统一。要把中国建设为一个现代国家,就必须排除帝国主义在中国的侵略势力,废除一切不平等条约,保障中国领土和主权的完整。而欲达到此目的,就必须提倡爱国主义,唤起全国人民,以民主革命的方法,把中国统一起来。军阀式的武力统一是不应该的,也是不可能的。北洋军阀袁世凯、段祺瑞、吴佩孚都失败了,蒋介石亦不可能成功。

(2) 中国必须是一个民主主义共和国。民主革命成功以后,必须把中国建成为一个民主主义共和国,由全国人民选出的代表,组成制宪会议,制订宪法,确保人民的基本权利,规定国家重要机关的组成及其职权。人民享有普选权,由下而上地产生各级代表机构;行政机关应直接或间接向人民负责;法律必须由代表人民的立法机关讨论通过;必要时,人民可以依法行使创制权、复决权和罢免权。反对国民党的一党专政,不仅违反民主政治的根本原则,而且此路必然不通。人民须有组织政党的自由;各党地位平等,并享有合法权利。

(3) 保障人民的各种基本权利。人民应该享有身体、思想、宗教信仰、言论、出版、集会、结社、迁徙、通信等自由,严禁司法和警察部门以外的任何机关或个人有拘捕、审讯及处罚人民的行为。反对国民党各种特务机关的非法、恐怖行为。

(4) 实行法治和司法独立。法治是现代国家的另一标志。国家必须颁布由立法机关讨论通过的重要法典,以确定人民的权利和义务,全国人民在法律面前完全平等。必须实现法律不追溯既往和被告不负举证责任的两大原则。司法机关应独立,不受行政机关或立法机关的干涉,法官任期应有保障,审判必须公开,并采取人身保护状制、陪审制和律师辩护制。

(5) 军队国有。军队应由人民产生的民主政府所掌管,作为捍卫国家、保护人民、抵抗外国侵略的武装力量。任何党派或个人不得保有军队,作为政争的工具。反对军人干政,现役军人不得兼任行政官吏。

(6) 社会主义的经济。我当时认为美国的民主政治给了人民以政治上的平等,但是它的资本主义经济制度造成了经济上的不平等,使它的民主政治和法治容易变成虚伪的东西。垄断资本可以操纵一切宣传工具,影响选举,产生代表它的利益的国会和行政机关的首要人员。同时由于受了资产阶级政治学说的影响和没有认真学习马克思列宁主义,我认为苏联无产阶级一个阶级的专政,共产党一个党的专政,不符合全民政治的原则,造成了人民在政治上的不平等。苏联虽然在经济上实现了平等,但是在政治上的不平等也可以反过来影响经济上的平等。大权在手的领导干部和具有专门知识和专门技术的教授、专家、工程师们享受很高的工资和特殊的待遇,容易形成特殊阶层,等于美国的垄断资本集团。如何解决这个矛盾,这是我要到英国去留学并研究费边社会主义的原因。在留学美国期间,我只有一个笼统的概念,认为以中国这样极其落后的经济和极其微弱的私人资本,要走资本主义经济的道路,赶上美、英等资本主义先进国家,同它们竞争,那是绝对不可能的。何况资本主义经济造成了种种罪恶的后果,从社会主义上看亦是不足取的。

(7) 科学的文化。美国各大学、各企业、联邦政府和各州政府所设置的科学研究机构不可胜数,科学的发明和创造层出不穷,技术革命和技术革新不断涌现,工业、商业、农业、交通运输业等各方面的进展日新月异,这与抱残守阙的封建主义文化形成一个极其强烈的对照。要使经济落后、文化落后的中国富强起来,就必须大力提倡科学文化,把外国的科学知识尽速地介绍进来,并用科学的精神和方法去整理、批判我国固有的文化,取其精华,去其糟粕。

1929年夏游历美国一些大城市以后,8月间我就由纽约到了英国,入了伦敦经济学院,作为研究员,跟拉斯基学习。拉斯基是当时国际上有名的资产阶级改良主义的政治思想家、费边社的社员、费边社会主义的阐述者,后来担任过英国工党主席。我受他的影响很深。在英国一年中,除跟他研究外,就是埋头在伦敦博物院图书馆,也就是马克思寄居伦敦时所经常去的地方。但是我所钻研的主要对象,不是马克思列宁主义,而是费边社会主义。结果是没有走上无产阶级革命的道路,而误入了资产阶级改良主义的邪路。

费边社会主义是什么货色呢?它是小资产阶级知识分子的理论,是资产阶级改良主义。它号称是"渐进的社会主义",认为实现社会主义最好采用一步一步的方法,迫使资产阶级一步一步后退,逐渐地把生产资料收归国有。它认为随着选举权和被选举权的普及,民主权利的扩大;随着工人阶级队伍的增加,工人阶级觉悟的提高,工人阶级组织的增强,从而工人阶级的力量壮大;随着代表工人阶级的政党的发展和强大,随着社会主义的传播和深入人心,随着资本主义弱点的揭发和暴露,随着社会的进步,文化教育的普及和提高,从而社会正义感即所谓的社会良心扩大,工人阶级的政党可以通过合法斗争和议会道路,逐渐实现有利于工人阶级的社会改革,以至于最后取得政权。工人阶级获得政权以后,根据科学调查研究的结果,逐渐将私人企业收归国家所有,国家经营,到最后成为一个全民所有、全民所治、全民所享的社会主义国家。拉斯基认为资产阶级可能被迫让出一个又一个的前哨阵地,但让到核心堡垒时,它是会用武力反击的,因此分析到最后,他亦不否认工人阶级应有革命权。

英国工党发展的历史亦使我对议会道路发生了幻想。工党在19世纪末期还不过是只有十几个议员的小党,但是到第一次世界大战以后它已经成为两大党之一,而自由党则由于向左右分化,变成了小党。当1930年世界经济危机席卷英国的时候,它便与保守党组成了联合政府。我根据费边社会主义这套理论、英国工党发展历史和英国的议会制度,对照我坐井观天所看到的所谓中国实际情况,于是又产生了下列一些想法。

(1) 半殖民地半封建的中国,工人只有200万左右,尚不具备实行无产阶级革命和全面实施社会主义的条件。中国革命的当务之急是反帝反封建,需要的是爱国主义和民主主义,待民主革命成功后,才能逐渐实施社会主义。

(2) 怎样逐渐实施社会主义呢?我认为全国工商企业应分为下列三类:(甲)国家所有,国家经营;(乙)公私共有,公私共营;(丙)私人所有,私人经营,国家监督。农业也分为三类:(甲)国营农场;(乙)集体农场;(丙)个体农场。随着国家机构的健全,管理人员和技术人员的培训,科学技术发展的情况,各行各业及该企业单位的具体情况,贪污的根绝等条件,经过科学调查研究,逐步地由(丙)类上升到(乙)类,再升到(甲)类,以达到一切工商业和农业都归国家所有、国家经营,即为社会主义的全面实现。

(3) 在政府组织方面,我认为英国的议会制,即责任内阁制,要比美国根据三权分立原则的总统制好得多。主要的好处有三:第一,比较能反映民意;第二,政党的责任分明;第三,工作效率较高。中国应效法英国的办法。

(4) 在中央政府和地方政府的关系方面,英国实行的是单一制,美国实行的是联邦制。中国几千年来实行的亦是单一制,从社会主义要求有全国一盘棋的计划经济的观点看来,也不应采取美国式的联邦制。

(5) 什么阶级来领导民主革命呢?毛主席教导我们,中国革命必须由无产阶级领导,才能成功;农民阶级是工人阶级坚固的同盟军,城市小资产阶级亦是可靠的同盟军,民族资产阶级则是在一定时期中和一定程度上的同盟军。这是现代中国革命的历史已经证明了的根本规律之一,而我对于马克思列宁主义没有研究,看问题不是用阶级分析的方法,而是用唯心主义和形而上学的方法,所以对于这个根本问题没有也不可能有具体的答案,在我的糊涂思想里隐约地认为应该由小资产阶级和资产阶级的知识分子来领导。秀才造反,三年不成,永远不会成,我的一生就是一个活的见证。

我花了五年时间,用了大笔公款,在英美学了一些过时的资产阶级民主和资产阶级改良主义的东西,以为可以用来打倒帝国主义和封建主义,建立民主主义共和国,同时实施所谓"渐进的社会主义",真是白日做梦。历史已经证明了这一切。

当我快要回国了,1930年国共早已分裂,国民党新军阀的混战也早已开始。1927年有桂系与唐生智的战争,有李济深与张发奎的战争;1928年有"济南惨案",有蒋介石对日本帝国主义的妥协投降;1929年有蒋介石与桂系的战争,蒋、冯、阎三派的战争也正在酝酿中。国际形势亦在世界经济总危机高潮时期,正朝着帝国主义战争方向剧烈地发展着。正在这个时候,我在伦敦遇到了江西第一中学同学CC派罗时实,我回国前后,他和周利生(我小时的私塾老师,亦是CC派)极力劝我到南京去做官,我拒绝了。但是回来做什么呢? 这是亟待解决的问题。有三条路摆在前面。第一条是革命的路。毛主席正在离我家乡不远的井冈山闹革命,要去很方便,但是由于我的阶级出身,受的英美资产阶级教育,逐渐形成的资产阶级改良主义理论、社会关系和生活方式,那是不可能的。第二条路是到南京去做反动政府的官吏。事实上,CC通过它派来英国留学的罗时实已经同我接洽过,要我回去直接找陈果夫、陈立夫。由于我对南京反动政权的不满和自己要发表所谓"政论"的打算,这条路也是不愿走的。剩下的第三条路只有到大学去教书,凭我的学历、学位,凭我的清华同学关系,这种机会是不难找到的。但是教书亦有两个问题,在什么地方教书? 在国立大学还是私立大学教书? 清华和北大是理想的教书地方,如果以教书为终身事业,那是不应该成为问题的。但是我要谈政治,发议论,北京离政治中心太远,不方便。到南京去教书吗? 中央大学是CC系控制的,官气很重,压力很大;金陵大学是教会大学,我又不是基督教徒。所以想来想去,还是在上海私立大学教书比较好,观察实际政治比较有言论自由。

主意初步打定了,我就于1930年5月离开伦敦,到欧洲大陆各地游历,访问苏联,取道西伯利亚回国。到北京正是蒋、冯、阎大打内战的时候,在清华、北大教书的朋友劝我留住,我见华北动荡,要到上海才能最后决定,于是取海道南下。到了上海①,由潘光旦介绍接受了私立光华大学的聘书,担任政治系主任兼教

---

① 到达上海的时间是1930年秋天。

授;后来潘光旦往北京清华大学任教,校长张寿镛①即聘我继任文学院院长,并在其他大学兼课。在讲课中,我极力宣扬爱国主义、民主主义和资产阶级改良主义,反对帝国主义在中国的特权和国民党的一党专政,主张实行民主宪政,保障人民的各种基本权利。同时在胡适、罗隆基、潘光旦等人办的《新月杂志》上发表一系列文章,最后一篇题为《从真命天子到流氓皇帝》,映射蒋介石,几乎使新月书店被反动当局勒令关门大吉。

1931年九一八事变发生,我认为是日本帝国主义实现田中秘密奏折、独吞中国阴谋计划的第一步,是关系中国存亡的大关键。基于这种认识,我就改变了至少在五年之内不从事实际政治活动、以便著书立说的打算,发表了题为《救亡两大政策》的小册子,主张对日实行抗战,对内实行民主,并走出课堂,与章益(当时复旦大学教育系主任)、谢循初(当时暨南大学校长)等发起组织上海各大学教授抗日救国会(我们三人是常务理事)和上海各抗日救国团体联合会。南京反动政府鉴于民气沸腾,为釜底抽薪、欺骗国人计,于1931年底1932年初宣布召开国难会议,聘请中国共产党以外各方面的代表人物包括我在内的70余人为国难会议会员。我们就发起了留沪会员座谈会,交换对时局的意见,我与黄炎培、吴经熊、彭允彝等被举为干事。

1932年一·二八上海战争发生,我参加上海各抗日救国团体联合会支援十九路军的工作,结识了陈铭枢、蔡廷锴、翁照垣。在战事紧急的时候,上海各抗日救国团体联合会及留沪国难会议会员座谈会推举我和熊希龄、左舜生三人为代表,前往北京督促张学良出兵东北,收复失地,以解上海之危。同时我代表上海国难会议会员与北京、天津的会员商讨出席的提案,在北京曾与张学良、吴佩孚、吴鼎昌交谈数次。张学良说,他的不抵抗是奉中央命令,只要中央抗战令一下,赴汤蹈火在所不辞。恰在此时,上海十九路军被迫停止军事行动,此事无法再谈。至于出席国难会议的问题,大家商量确定由上海、北京、天津三处的国难会议会员推举熊希龄、褚辅成、穆藕初、冯少山、李璜、罗隆基和我七人组成代表团前往南京,与南京政府谈判关于结束训政、实行宪制和抵抗日本帝国主义进攻问题。行政院院长汪精卫接见了我们,答复毫无诚意,我和其他一部分会员就决定拒绝出席在洛阳召开的国难会议②。

这时候,青年党曾琦、左舜生、李璜等极力拉我,并以中央委员相许,我以该党政纲太右,又与旧军阀勾结,予以拒绝。张君劢亦拉我发起组织新党,我认为

---

① 当时是国民党财政部次长。
② 留沪不去出席的国难会议会员张耀曾、黄炎培、左舜生、赵叔雍和王造时等,曾发起组织民宪协进会,并与当时的立法院长孙科谈判过数次,不久即无形解散。

是康、梁一系人物，思想比国民党还右，未同意。这两个小政党，因为想做官，对于结束训政、开放政权是很感兴趣的，对于抗日是假的，对于反共是真的，所以最后都跟蒋介石跑了。

淞沪停战协定签订，十九路军调往福建，南京政府以为高枕无忧了，于是对上海各抗日救国团体及活动人物开始采取分化瓦解、利诱威迫种种办法。CC系已经拉了一批教授过去，报纸上就出现了所谓十大教授的宣言。蒋介石通过李烈钧(江西同乡)和青年党的头目之一左舜生(中央大学教授)，要我到南京或庐山去见蒋介石。去还是不去呢？我考虑自己人微言轻，绝不可能影响他对日实行不抵抗、对内实行独裁的政策。他的意图，无非以高官厚禄为饵，要我为他所用，我还年轻，还有自己的理想和自己的政治前途，绝不能卖身投靠，最后做他的殉葬品。我分别请李、左两人代为婉词谢绝。接着蓝衣社头目之一的刘健群来到上海，约我在新亚旅馆谈话。他说，政府正在准备抗战，但抗战必须全国统一，而统一全国就必须先剿灭破坏统一的共产党，我最好去南京工作，向政府提供建设性的意见，不要在上海哇啦哇啦地发空议论，妨害国家大计。蚊子嗡嗡叫有什么用呢？只要举手一拍就完蛋了。我答复说，"好意"我很感激，但是我满意于现在的教书工作，不愿变更，至于国家大事，愿抒所见，绝不会超越三民主义的范围。

反动派见我态度倔强，便开始进行迫害。匿名信、恐吓信和带子弹的包裹邮件，相继而至。向后退却，还是向前苦斗呢？初生之犊不怕虎，我采取了后一种态度。我主编的《主张与批评》出版了①，被查禁后又改名为《自由言论》继续刊行②。首先发表了《我们的根本主张》一文，主张国家的独立和统一，民主主义的政治，社会主义的经济，科学的文化。其次发表了《安内必先攘外》以反对国民党反动派的"攘外必先安内"的政策。对于共产党的感情亦有了变化，由中立转为越来越同情，并且参加了共产党所影响的以宋庆龄、蔡元培为领导的民权保障同盟，被选为理事之一，以反对国民党反动派的白色恐怖。这些行动更激起反动派的注意和痛恨，于是他们对我采取了下列行动。

第一是彻底查禁《自由言论》的印刷和发行。

第二是1933年夏，密令全国各大学不许聘请我教书，原有聘约关系的光华大学、大夏大学和上海法学院也把聘约收了回去。这样一来，生活马上发生问题。怎么办？章士钊、赵叔雍(后来当了汉奸，做汪伪组织的宣传部长)和汤漪(江西同乡，旧国会议员)都劝我挂名做杜月笙的顾问，必要时替他做一些英文秘

---

① 《主张与批评》创办于1932年11月。
② 《自由评论》继《主张与批评》之后，创办于1933年2月。

书工作,每月可拿干薪四五百元,我毫不犹豫地拒绝了。我骂人家流氓,批评这个,批评那个,如果自己当了流氓的顾问、秘书,岂不要被人笑死、骂死,一辈子抬不起头来。章士钊欣赏我的这种态度,就要我在他的律师事务所挂牌做律师,一切开销不要我负担,并有他的帮办律师帮忙(我不是专门学法学的,我已料到教书饭碗将被打破,所以事先委托上海律师公会代我领了一张律师证书,以备万一之用)。商务印书馆总经理王云五则约我译书,每月交稿六万字,致送300元。这样,我的生活问题就解决了,每月收入和教书差不多,并且可以更自由地从事政治活动。

　　第三是暗杀。有一天李烈钧叫我到他家里去,把从程潜(他与程是邻居)那里得来盖有骑缝印的蓝衣社暗杀名单给我看,上面列有40多人,鲁迅先生和我也在其内。他劝我逃往香港或躲一个时期再说。我想家有老小,又无储蓄,逃无法逃,躲得过今天,躲不过明天,亦非长久之计。我想只有把这件事情在报上揭露出来,上海为国际观瞻所在,又有租界关系,反动派不能不有所顾忌。中国人办的报纸是不敢登的,美国人办的《大美晚报》,熟人张似旭①在里面做总编辑,如果愿意发表,反动派是不敢轻举妄动的。正在我对这名单半信半疑、还没有找到张似旭的时候,榜上有名的杨杏佛在亚尔培路中央研究院驻上海办事处门前被暗杀了,这就使我再不能不相信。张似旭在陈友仁当外交部长时做过情报司司长,对蒋介石不满,反对日本帝国主义,亲美帝国主义。我把暗杀名单交给他,要求他发表时,他面有难色。我说,你有美国的关系,他们绝不敢动你,他终于答应了下来。第二天《大美晚报》中英文两版就以头条新闻披露,轰动了全上海,迫使上海伪市长吴铁城不得不于次日在上海各报发表谈话"辟谣",榜上有名的人从此再没有被暗杀的了。但是新中国成立初期,上海市人民政府公安局派了一位王同志来向我了解,说有两个反革命分子供认,曾奉反动派命令来暗杀我,并且到过我住的地方察看情形,问我是否知道这件事,认识不认识这两个人。我说完全不知道这件事,亦不认识这两个人。反动派这样对我进行迫害,为什么我宁愿"北走胡,南走越",而不西上井冈山呢?这正好说明我的阶级局限性。

　　1933年11月,十九路军将领和李济深等公开宣布与蒋介石决裂,在福建成立"中华共和国人民革命政府",陈铭枢的亲信王礼锡(安福小同乡)密电邀我去参加。我秘密到福州住了几天,看不成气候,就回上海。在厦门搭船途中,在船上认识了章伯钧。

　　冯玉祥与共产党合作在张家口组织民众抗日同盟军,失败后退居泰山。他通过李烈钧于1934年春季,邀我随同李去泰山一游,谈了国际形势与抗日问题,

---

① 张似旭是王造时留美时的同学,抗战时期在上海被日本帝国主义特务所暗杀。

随后他又邀我们同他一起游历了胶东各县。

1935年夏天,李济深、陈铭枢由香港托人带信来邀我前去商谈组织抗日救国政党问题。到后看他们内部意见复杂,希望渺茫,乘桂系驻港代表甘介侯(清华老同学,曾以桂系关系做过外交部次长)邀我去广西参观的机会①,便由广州乘机转南宁,与李宗仁、白崇禧谈过几次,仍由香港回到了上海。后来李济深、陈铭枢派胡某(忘其名)来告诉我,他们已经组成民族革命大同盟,选出中央委员九人,把我也放在里面,并要我担任华东方面的领导工作。我因为不知道其中内容,又没有看到具体政治纲领,便未接受。

正在这万分苦闷之际,传来了中国共产党1935年8月1日发出的宣言,呼吁停止内战,全国各党派、各军队和各界人民共同抗日救国。我感到非常兴奋,由衷地赞成,当即参加了上海文化界救国会,在1936年又先后成立了上海各界救国联合会和全国各界救国联合会。我在三个组织中都担任常务理事兼宣传部长,这是我一生政治活动中最有意义的时期。在这时期以前,我是旧民主主义者,认为中国的民主主义革命应由小资产阶级和资产阶级知识分子来领导,结果是到处碰壁,一无所成。在这个问题上,我摸索了16年,救国会运动开始之后,我才初步转变为新民主主义者,基本上接受了无产阶级政党的影响和领导,并参加了广大的群众斗争运动。

国民党反对派对于发展迅速、如火如荼的救国会运动怕得要死,恨得要命。在1936年"两广事件"②的时候,上海警察局派了以一个姓范的督察员为首的八个特务,身带手枪,夜闯入我家搜查,气势汹汹,几乎开枪,幸而没查到什么,便狠狠而去。8月间,蒋介石以分化利诱等手段解决了两广事变,9月中旬以胜利者的姿态到了广州,电令上海伪市长吴铁城邀沈钧儒、邹韬奋、章乃器和我前往会谈,用"调虎离山"之计,企图使我们离开上海,不能领导即将来临的九一八五周年纪念大会和游行示威。我们的答复是过了九一八动身。这个答案显然激怒了反动派,我们七个人终于在11月22日深夜被捕,随后被押往苏州,以"危害民国罪"关进高等法院监牢。这是"七君子"事件。

20天后,以张学良为首的国民党东北军及以杨虎城为首的国民党十七路军,因受中国红军和全国人民抗日救国运动的影响,同意共产党提出的抗日民族统一战线,要求蒋介石联共抗日。蒋不但予以拒绝,而且积极布置"剿共"军事,并在西安枪杀爱国青年,张、杨乃联合行动,将蒋逮捕。这就是1936年12月

---

① 广西当时实行"三自政策",即自治、自卫、自给政策。
② 1936年6月广西和广东地方实力派以"抗日救国"为口号,联合反蒋,进兵湖南。蒋介石准备武力对付,由于全国人民反对,舆论一致要求国内和平,一致对外,两广事件得以和平解决。

12日著名的"西安事变"。由于中国共产党和平解决事变的正确决策,蒋介石被迫接受了联共抗日的条件,结束了十年内战,开创了抗日战争的新局面。

1937年7月7日卢沟桥事变发生,全国人民义愤填膺,一致要求抗战,蒋介石乃于7月17日在庐山发表谈话,宣布对日抗战,并于7月底电令苏州高等法院将我们释放①,要我们去南京会谈。我于8月13日下午5时从南京乘火车回到上海南站下车,恰好听见日军大举进攻上海的第一声炮响。上海八一三抗战开始了,我们马上投入了后援活动。

不久南京政府成立抗日大本营,各党、各派都有代表人物参加。我应邀参加第二部(政略部)和第四部(国民组训部)为挂名委员,除参加几次会议外,没有实际工作。上海沦陷以后,第二部部长兼江西省政府主席熊式辉邀请李烈钧、罗隆基和我回江西出席全省总动员会议,中共地下党员徐雪寒同志陪我同去。会议结束后,熊约罗和我密谈,留我们在江西担任行政工作,或从当时开始发行的江西省建设公债3 000万中拨给我们每人20万元,在江西开办实业,意图以官职或厚利羁留我们,免得我们在全国政治上"唱高调",与国民党反动派为难。我们不约而同地以无行政经验和办实业经验为辞婉言谢绝。12月13日南京失守,我回到安福原籍省亲后即赶往武汉。

1938年初,熊式辉通过卢作孚约我和罗隆基中的任何一人回省担任新近扩编的保安团的政训处长,而以与他有亲戚关系的肖淑宇为副处长,我们亦拒绝了。接着他又电邀晏阳初、罗隆基、许德珩和我回南昌商谈开办江西省政治讲习院,训练全省新县制工作人员以利抗战。我们以事关教育抗战干部,终于同意由我担任教务处主任,许德珩担任训导处主任,罗隆基担任研究处主任,蒋经国任大队长,而熊则自兼院长。第一期刚一结束,熊借口九江渐告吃紧,省政府准备后撤,解除了我们和讲习院的关系。1938年7月国民参政会宣告成立,我们三个人都被任为参政员,转往武汉出席参政会第一届第一次会议。这个时候,正值徐州失陷,少数失败主义者散播投降妥协的空气,又听说德国驻中国大使陶德曼有调停的活动,于是坚持抗战的人士有救亡总会的活动,在汉口青年会开过几次会,我也参加了。汪精卫当时是参政会的议长,要彭学沛约我去谈过一次话,我表示反对与日帝妥协,特别是徐州失陷以后,谈判就是泄气,就是亡国。他默不作声。

在参政会中,我的发言和提案可归纳为两类。一类是关于反对对日妥协投

---

① 王造时等被监禁在苏州时,陈立夫曾指使周利生(王造时小学老师,时任河北省监察使)从南京到苏州看望王造时,并与沈钧儒等谈话。周秘密告诉王造时说,如果沈钧儒和王造时同意释放后不再参与救国会活动,可以先放沈、王两人。王造时回答说,要放都放,并且无条件,否则以后天下以我王造时为何人乎。周利生游说分化不成,乃作罢。

降，要求抗战到底，争取最后胜利的。例如1938年在重庆召开的第二次会议，陈嘉庚打了一个简单电报提议"言和者以卖国贼论罪"，引起一场大辩论。国社党梁实秋发言说，任何战争都是以和平结束的，言和不等于出卖国家利益，为什么要以卖国贼论罪？当时主持会议的是汪精卫，他默默地同情梁的意见。我反驳说，日本帝国主义武力占领了东北，占领了华北，占领了南京、上海，又占领了武汉，而且正在继续进攻中，在这种形势下，除了屈膝投降为城下之盟以外，有什么和可言，主张言和者当然应该以卖国贼论罪。1939年1月蒋介石在国民党五届五中全会上公开说出他的所谓抗战到底的"底"只是恢复卢沟桥事变以前的状态。毛泽东主席针对他的这一投降论调，在6月30日发表的那篇题为《反对投降活动》一文里，指出抗战到底的"底"是要打到鸭绿江边，收复一切失地，而不是其他。我们在参政会上亦提出了抗战到底、收复一切失地的提案，反对蒋介石的投降政策。1939年底汪精卫与日本帝国主义签订了卖国协定，我于1940年1月在江西的《前方日报》发表《汪逆精卫卖国协定的分析》一文，并分发其他一些报纸转登，以公开打击汪精卫的方式来打击暗藏的汪精卫的投降活动。

另一类是关于反对国民党一党专政，要求实行民主宪政和各种民主改革，保障人民的言论、出版、集会、结社等自由的。例如1938年国民参政会第一届第一次会议在武汉举行的时候，我提议设立省、县各级民意机关。在1939年9月第四次会议上，我代表救国会提出了限期召集国民大会，制订宪法，实行宪政的提案。

此外，因为参政会的关系，我被派参加了第九战区的军风纪巡察团。团长为苏炳文，该团由军事委员会、国民党中央执行委员会、国民参政会、监察院、军法总监部等机关的代表担任委员，表面上看来权力很大，好像带有"上（尚）方宝剑"，可以就地处理违犯军纪的军人及贪赃枉法的地方官吏，但是实际上和检察院一样，不说不敢打老虎，就连苍蝇蚊子都不敢拍。每到一军部、一师部或一专员公署、一县政府，都事先通知，军长、师长或专员、县长照例欢迎，照例接待，照例开座谈会，照例听取报告，照例讲一套废话，然后恭送如仪。但是前方军部、师部的下级军官和政治工作人员大都是年轻人，朝气蓬勃，关心国家大事，往往邀请我给他们讲演国际国内形势。不料这些讲演活动引起巡察团中个别委员向蒋介石打秘密报告，说我在前方煽动军心，别有用意。后来到重庆开会，参政会秘书长王世杰把这事告诉我，并说经他多方解释，才化险为夷。我除把巡察团工作向他汇报以外，立即表示坚决辞职不干。后来这个形同虚设的巡察团干脆被撤销了①。

---

① 王造时在任军风纪巡察团委员期间认识了罗卓英，时任第十九集团军总司令，驻分宜。

1939年春,江西吉安有个《日新日报》,一无经费,二无人才,办不下去,要求我接办。我感于前方精神食粮的缺乏(大报纸都撤到粤汉铁路以西的大后方去了),江浙流亡到吉安、泰和(江西省政府所在地)一带无事可做的爱国青年很多,而吉安又是前方的一个日益重要的城市,经与在江西的救国会朋友商讨后,就接收过来了①。这张报纸始终以坚持抗战和坚持民主为宗旨,得到中共地下党组织的支持和各大报的交换,特别是重庆《新华日报》的交换,得到各地进步人士的来稿,得到民众的同情和拥护,得到参加工作的青年的艰苦努力,同时利用国民党内的派系矛盾,经历无数的苦难险阻、破坏、打击,逐渐发展成为全国性和地方性两种类型报纸以外的第三种类型的报纸,那就是既有地方性又有全国性的中间性的报纸,在东南文化战线上起了一些进步作用。它一直办到新中国成立以后,改名为《前进日报》。

　　1939年至1940年,国民党极力拉我入党,孙科、陈诚、张群、熊式辉、陈立夫都约我谈过,我以各种不同方式推辞了。1940年周恩来视察东南各地,路过吉安,在我内兄家里和我秘密会见,我曾向他汇报此事。周恩来说,那么将计就计,参加进去搞个反对派好了。我说我一向是公开反对国民党各项反动政策的,如果进去,就要失掉个人在社会上的影响,而且我是喜欢公开发表议论的,不适宜于做这种工作。我没有听总理的话。

　　1940年前往重庆途中,忽然接到江西省政府转来中山大学代理校长许崇清的电报,邀我前往曲江担任法学院院长。到了桂林,又接到由广西省政府转来的第二个电报。在桂林的朋友一致主张我接受这个职务②,以建立东南进步文化战线的根据地。恰好参政会延期,我便折往曲江,与许会谈,表示可以考虑,惟须回到江西才能最后决定。许在我一离开曲江之后,为了满足学生要求和安定学校秩序,立即正式宣布。国民党广东省党部深恐我对反动派不利,乃以中山大学系纪念先总理的大学为理由,认为非国民党员不宜担任此项职务。党部插手干涉,激起了全校绝大多数学生的反对,法学院全体学生并派了代表六人赶来吉安,接我同去。同时许崇清亦来一电,催我即日前往就职,但是又恳望入党,"以资表率"。我与在吉安的朋友商量后回电说,讲学与入党不应相提并论,入党问题中央原在洽谈之中(指上节所说国民党极力拉我入党事,用意是留有回旋余地),今以此相挟,殊不可从,谨请辞职,以让贤能。后来学生反对党部风潮越闹越大,传到国外。邹韬奋在香港发表《患难余生记》一文中,论及我的复电中插入

---

① 1939年5月王造时在吉安与孙晓村、王枕心、彭文应、许德瑗、刘九峰等组织前方文化书社,同时创办《前方日报》。
② 在桂林的朋友指千家驹、陈此生、狄超白、张志让、陈劭先等。

"入党问题中央原在洽谈之中"一语,以不明此中内幕,言外似有微词①。现在想来,我的态度确是不够明朗。当时我应采取的态度可以有两种:一种是复电辞职,但严词谴责广东省党部干涉大学的学术自由,将讲学和入党混淆在一起,促请全国注意,给反动派以有力回击。另一种是随同学代表前往就职,不入党,坚决与党部斗争到底,并诉诸全国舆论,争取各方的支持和同情,使之成为一个全国性的政治问题。不采取这两种态度而采取了上述复电所表示的那种软弱的态度,结果使学生群众大失所望。

1942年国民参政会第三届改组时,反动派把代表救国会的几个参政员都除名了。因为他们认为我们是"共产党的外围",在参政会碍手碍脚。

1943年底,国民党为了欺骗国人和应付国际舆论起见,又以准备实行宪政为幌子,在参政会之外设立了一个所谓宪政实施协进会,把与救国会有关系的张志让和我拉去做会员。我到重庆出席会议的时候,教育部次长顾毓琇(清华老同学)特来和我密谈,说如果能起草一部"适合最高当局身裁的,切合国情的宪法",我对国家的贡献就是无法估计的,我的政治前途亦是无可限量的。我说,国内党派问题,主要是国共问题未解决,民主改革未成事实,抗日战争没有达到最后胜利,即使起草好了一部完善的宪法,又怎样实施呢? 所以现在还谈不到起草宪法的问题。宪政实施协进会这个组织后来觉得无事可做,又要一部分会员分别在各省考察宪政有关设施,如各级民意机关之类。湘鄂赣区考察委员有湖南的仇鳌、湖北的张难先和江西的我。所谓考察委员,一无职权,二无办法,三无经费,四无交通工具,我们三个始终没有碰过头去做那煞有介事的"三省巡阅使"。我只在吉安、泰和附近几个县看了一下,分别邀请一些人举行座谈会,听听大家的意见,然后写了几份报告,说明现存的民意机关并不能反映民意,寄往重庆销差。

1944年日军进攻湘桂铁路线,前往重庆的交通极端困难。我被迫局处于吉安,孤陋寡闻,很感苦闷。1945年8月6日和9日,美国在日本的广岛和长崎各投下原子弹一枚。8月8日苏联对日宣战。10日蒙古对日宣战。同日日本发出乞降照会,14日正式宣布无条件投降。八年抗日战争算是胜利地结束了。国际国内形势将发生什么变化? 个人作何打算?《前方日报》如何处理? 这些都是我当时考虑的问题,我的看法大略如下:

(1) 德意日三个法西斯国家垮台了,英法等帝国主义大大削弱了,独有美帝国主义相对地增强了。

(2) 苏联大大地增强了,世界人民的革命力量变得强大了。

(3) 美帝国主义势必支持一切反动势力以镇压革命势力,苏联势必支持一

---

① 原文载《韬奋文集》第三卷,第233—235页。

切革命势力以反对反动势力。美苏关系势必趋于恶化。但因为第二次世界大战刚刚结束,美苏不致于马上发生直接军事冲突,不会接着就打第三次大战。

(4)国民党反动派绝不会容许共产党保有强大的红军,势必投靠美帝国主义,企图以武力消灭共产党的军队。这就是说它要挑起内战。共产党是反对内战的,对于国民党的挑衅是必定要反击的。

(5)中国有两种前途:一是内战的前途,一是和平民主统一的前途。中国人民经过长期的内战,又经过八年的抗战,是反对第一种前途,拥护第二种前途的。

(6)为了争取和平就要反对内战。为了争取统一,就要拥护民主。和平、民主、统一这三项原则是相互关联的。

今后个人的努力就是要根据这三项原则。正面说来,就是要争取和平、民主、统一;反面说来,就是反对内战,反对独裁,反对分裂,而实际的工作,还是以从事于文化教育事业为宜。《前方日报》迁往南昌作用不大,如果能迁往上海,就能发挥更大的作用。但是这些看法是否正确及如何把这些看法付诸具体行动,还有待于出去看看,搞清内外形势,并与救国会朋友共同商量决定。到重庆去的交通是十分困难的,只有等旧政协开完,后方的朋友纷纷东下,才好动身前往南京、上海。根据这种盘算,我于1946年3月离开吉安,在南昌徘徊了三个多星期,5月初到南京,与张群、吴铁城、李惟果等见了面。与张、吴会谈的目的在摸清他们的真正意图,是打内战还是想和平。与李会谈的目的是替《前方日报》申请迁往上海的许可证。张是行政院副院长,很圆滑,答复问题不着边际。吴是国民党中央党部秘书长,表示比较露骨,他说如果我是你,大可乘机到美国或英国去教一两年书再说,何必挤在国内惹得一身是非呢?如果同意,他倒可帮忙。我说让我考虑考虑。李惟果是清华同学,当时的宣传部长,他的答复也很有意思。他说,依私人友谊来说,今后的报纸很难办,劝我干脆把江西的报纸卖掉;依公事公办来说,《前方日报》的迁移许可证我可申请,但批准与否须经过研究,他不能单独决定。从这几个人的说话中,从私人朋友的消息中,我的印象是反动派已经决定了打内战的方针,正在争取时间积极准备。一到上海我就把这种看法告诉沈钧儒和张澜、罗隆基等。我认为为了争取和平,反对内战;争取民主,反对独裁;争取统一,反对分裂,应该在蒋管区发展中间力量,壮大中间力量,把软弱无力的民主同盟改组,不以三党三派为组成单位,而以个人为组成单位,召开一次全国代表大会,通过一个有系统的政治纲领。趁和谈未破裂以前,在全国各大城市尽快发展组织,并掀起一个声势浩大的反对内战、争取和平的运动,三党三派同时宣布解散。救国会领导成员对这个计划表示赞成,但不热心。张澜认为意思虽好,但很难实行,劝我先参加进来再说。罗隆基热衷于和谈。国社党和青年党是倒向国民党反动派的。张君劢、左舜生等都要保留自己的小摊子,作为买空卖空、讨价还价的依据。到1947年年底,我才开始逐渐认识到这个计划是地地道道的资产阶级改良主义,反映了中间路线的幻想,如果真正见诸实行,形成一种强大的中间力量,一个有力的资产阶级政党,那么,对于国民党的独裁和内战政策固然不利,对于共产党领导的整个革命运动亦会发生很大的阻力。本来民主政团同盟当初在重庆酝酿组织的阶段,我是参加在内的,但是后来正式成立的时候我却在江西。我因为上述改组计划未被采纳,而民盟内部又极其复杂,故没有同意参加。

这时候我的心情是相当空虚而苦闷的。田汉50岁寿辰在福州路杏花楼聚餐,郭沫若、夏衍、阳翰笙、周信芳等都参加,罗隆基和我亦在座。聚餐完毕后,我们两个一同走出门,罗问我怎么走法。我说向右走有跳黄浦的危险,中间向前,穿过马路可能被来往汽车压死,还是慢慢向左,走到跑马厅那边去吧。他报我以会心的微笑。

慢慢向左走,做什么具体工作?罗家衡(江西同乡)劝我做律师,办汉奸案子很容易发财,我说以一个主张抗日的人现在来为汉奸辩护,我不能干这种事情。想来想去,还是设法把报纸搬来上海,于是去找上海市长吴国桢(清华同学,兼房屋分配委员会主任委员)申请报馆房屋。他为敷衍面子,分配了北四川路底山阴路口一间门面的店房,既不能作编辑部,更不能作为印刷所。怎么办?我和生活书店经理徐伯昕商量,决定办书店。资金分作四股,生活书店担负两股,救国会同志杨伯鹏担任一股,我的一股是干股,作为我交涉房屋的酬劳。书店定名为自由出版社,职工由徐调配,我挂社长名义,以便对外,不支薪。初步经营贩卖进步图书杂志,凡是在别的书店买不到的,自由出版社出售。这样就引起反动派的注意,遭到两次搜查,职工吕诚一度被捕。徐伯昕1957年在北京告诉我,当年生活书店所担负的股金,实际上是由中共地下党拿出来的。自由出版社虽然没有出版什么有价值的书,但是在贩卖业务方面曾经起过一点小小的进步作用。

1946年7月蒋介石进攻解放区的准备大致就绪,开始发动大规模的反革命内战。美国总统特使马歇尔和美国驻中国大使司徒雷登发表联合声明,宣布调解失败。对于内战前途的看法,我偏高地估计了国民党反动派的力量,偏低地估计了共产党领导的革命力量。总的认为反动派贪污腐化无能,不得人心,必然是要失败的,但是由于美国的大力支持,内战可能延续五年或更多的时间,规模要比1937年的内战大不知多少倍,人民生命财产要遭到巨大的损失,国家要受到严重的破坏。面对这种局面我做了些什么呢?

第一,参加了反饥饿、反内战、反迫害的运动,到过十多个大中学校演讲,说明中国人民要的是和平而不是内战,是民主宪政而不是一党专政,是独立自主而不是美国插手干涉。这些演讲都是由陶行知挂钩联系的。

第二,出席参政会反对"戡乱"。1947年1月忽然看见报载国民党政府发表我为参政员,意在拉拢。我随即在《申报》等报上发表谈话,说明事前未经本人同意,是否接受和出席会议须看是否有利于和平、民主、统一。3月,我回江西料理报社事务,接家眷出来,并往安福原籍省亲。4月,参政会开会,秘书处来电通知,报载民盟领导成员梁漱溟、黄炎培及民主人士许德珩等已往报到,并在为和平奔走。我觉得这是反对内战争取和平的最后机会,一到南京就先与梁、许等商谈,许并于次日邀请主张和平反对"戡乱"的参政员十余人聚餐,当即决定两事:(1)推举我当场起草主和提案,由出席聚餐的人签名。(2)推举许德珩、江恒源和我去见陈诚和陈立夫,劝告不要镇压学生运动,避免造成流血惨案。这时,华丁夷来通知我,说救国会要我先往上海一行。我因为次日就要开大会讨论"戡乱"问题,作为主和提案的起草人,并且准备在大会上发言,事实上是不能离开的。次日,我发言后即遭到国民党参政员的猛烈攻击,但是我们少数派的意见通过《大公报》特派记者的关系立即在该报发表了。沈钧儒为学生运动问题来到南京,相见之下,就问我在江西是否接到孙晓村关于救国会决议要我不要去参政会开会的信,我说并未接到,并且向他报告到南京后所做的工作,他表示满意。但是作为救国会的会员,没有先去上海同领导成员会商,那是违反组织纪律的,特别是中共参政员拒不出席,我应该采取同样的抵制行动。

第三,反对解散民盟。1947年10月某日,褚辅成约请吃饭,说有重要问题商量,在座的有沈钧儒、楚图南、冷御秋等。沈报告接到黄炎培电话说国民党政府已下令解散民盟,请大家设法挽救。经商定由褚辅成去找杜月笙、钱新之,由我去找张君劢、李璜、胡政之,要他们出来说话。胡政之说,身体有病,不愿与闻。我同张君劢、李璜谈话时,张澜、陈铭枢亦在座。我说,我非民盟盟员,但这不仅关系民盟存亡问题,更重要的是关系民主政治的命运问题,希望张、李去庐山向蒋介石力争。张、李表示不愿意去,只答应出面打电报给张群转蒋。张要李主稿,其中"勿为己甚"一语是我坚持加入的(电文见当时各报)。国民党反动派的压力越来越大,张澜约了沈钧儒、黄炎培、张东荪、罗隆基,在寓所讨论是否要发表解散民盟、停止活动的公告,要我也参加。大家不愿首先表示意见,张澜望着我说,还是你这个非盟员来开个头吧。我说国民党政府要解散民盟,那是它的事,你们愿否宣布解散是你们的事。依照法律手续来说,这个重大问题应该召开代表大会来决定,你们少数领导成员是无权做出此项决定的。当年救国会的几个领导人被捕以后,国民党反动派亦以解散相要挟,当时我们的答复是我们没有此种权力。我说了之后,就先走了。

第四,参加反美扶日和反美扶蒋运动。美帝国主义看见共产党领导的革命战争正在取得一个又一个的胜利,它在中国的特权有被根本消灭的危险,因此,除了大力支持蒋介石打内战之外，还积极扶植日本军国主义，以便将来使它做对付新中国的马前卒。对此，1948年上海学生界、教育界、文化界有反美扶日和反美扶蒋的运动。关于反美扶日，上海文化界、教育界发表了几次宣言，我参加了这些宣言的起草和签名。关于反美扶蒋，最显著的例子是在《大公报》发表的致美国驻中国大使司徒雷登的两封公开信。一封是大学教授联合会的孙大雨起草的，他曾经拿稿子来和我商量过，签名的极大多数是大教联的人。另一封是我起草的，签名的范围比较广泛些。

到1948年底，国民党反动派发动的反革命战争，经过辽沈战役、淮海战役和平津战役，失败已成定局。毛主席于1948年12月30日号召"将革命进行到底"，又于1949年1月14日发表了《关于时局的声明》，提出了八项和平条件。1949年1月21日，蒋介石在走投无路的情况下，被迫"引退"，而由副总统李宗仁上台做代理总统。李的亲信邱昌渭（留美同学，曾任北大政治系教授）跑来上海，企图策动和平运动，希望我出来奔走。我干脆答复说，现在不是和平问题而是革命问题，不是条件问题而是投降问题。他要我同去找张澜、罗隆基，我也拒绝了。

眼看上海快要解放，全国快要解放，我一方面感到高兴，另一方面感到紧张。高兴的是蒋家王朝终于垮台了，新中国快要诞生，紧张的是怕国民党反动派迫害。有个朋友来报信，说根据他在国民党上海警备司令部工作的弟弟的消息，上海准备逮捕八个人的名单中末了一名是我，劝我马上躲起来。过了两天，他又来报信说，调查结果我未参加民盟，已把我的名字从名单上除去了，但是劝我还是小心为是，不要出门，最好每天到他家里去打打小牌消遣，并且介绍和他的弟弟见面，以便掩护，并可随时了解情况。我就依照他的办法，度过了新中国成立前夕最紧张的时刻。

新中国成立后，我一方面热诚拥护共产党的领导，另一方面又对于新的政治生活不习惯，对于无产阶级专政觉得陌生，以为新民主主义还要经历一个相当长的时期，体会不到国内的基本矛盾已经是工人阶级和资产阶级的矛盾，体会不到人民民主专政实质上是无产阶级专政。

不仅如此，我还背着一个沉重的"进步包袱"，进入新中国，自以为五四运动以来反帝爱国运动无役不从，坚持抗战和民主，反对国民党一党专政和对外投降政策，参加民权保障同盟，以至于拥护共产党的抗日民族统一战线，参加共产党所影响和指导的救国会运动，坐过三次牢，几乎被暗杀，因而沾沾自喜，固步自封。

有一次饶漱石约我在他寓所谈话，试探我是否愿意担任行政工作，我回答说我的自由散漫作风不宜于此，如有机会愿意到大学里去教书。所以后来复旦大学校长陈望道和法学院院长胡曲园来找我担任政治系教授,我欣然同意,并以把丢开了18年的教书工作重新拿起来,并不觉得费气力而引为自豪。

1952年,我参加学校的思想改造,这是一场很激烈的思想斗争,时间经历大半年,我受到了很好的教育。思想改造以后,院系调整,复旦的法学院和政治系归并于华东政法学院,我被调到历史系讲授世界近代史,并担任世界近现代史教研组主任。我很满意于教学生活,并且自以为对于教学工作是相当认真负责的。我觉得共产党对我也越来越信任,1956年优待高级知识分子,我在复旦第一个受到了最好的照顾。我的爱人逝世①,后事都是学校料理的,儿子看病的医药费都由学校包了下来,并且要我搬到18层楼的茂名公寓去住。我觉得同共产党越来越亲近了,胸怀也随之开朗。共产党不但在生活上照顾我,而且在政治上重视我,我担任了人民代表、政协委员、法学会副会长,历史学会、国际关系和律师协会的常务委员等职务。

1956年3月,苏共举行二十大会议,赫鲁晓夫揭发斯大林的秘密报告全文被美国杂志《世界新闻与报道》发表。苏共二十大以后,6月发生波兰事件,10月发生匈牙利事件,我私自庆幸新中国没有发生这样严重的问题。但是国内亦有几种情况使我觉得有扩大民主生活和加强法治的必要。第一,1956年中国的社会主义改造在生产资料所有制方面说来,已经基本完成,因之我认为资产阶级作为一个阶级已不复存在,阶级斗争已经基本上结束,扩大民主生活以防止官僚主义,加强法治以防止干部滥用职权,应该提到议事日程上来。第二,最高人民法院院长董必武已经有加强法制的报告,而且中央的刑法草案已经发到上海市政协法律组讨论,我就是该组的召集人之一,我认为颁布重要法典的时机已到。第三,上海法院已经采用律师辩护制和陪审员制,并且有律师协会的成立,而我又是常务理事。因此我认为这是批判地接受资产阶级法治的表现,可见资产阶级民主和法治并不是完全没有用处,而应当取其精华,弃其糟粕。

1957年2月,全国政协开会,上海市政协推举市统战部长刘述周和我两人去参加。到了北京,救国会的朋友沈钧儒、史良、沙千里等热情地招待我,史良并向我透露有重要工作在等着我。另外一些人则批评我说,新中国成立以后我太消沉了,今后应该多说话,在这次大会上应该发言。我就在这种气氛下,在全国政协大会上做《扩大民主生活》的发言,并且立即得到了马寅初的赞扬。

当时我想,在毛主席的英明领导下,中国共产党的政权是安如磐石的,中国共产党领导全国人民推翻压在中国人民头上的三座大山,把黑暗的、落后的、分裂的、被帝国主义欺侮的旧中国在很短的时间内,建设成为光明的、先进的、统一

---

① 指原配夫人朱透芳同志,救国会成员。

的、强大的新中国,并在社会主义改造和社会主义建设中,获得极其伟大的胜利。这都是铁一般的事实,凡是有良心的中国人谁能否认?正因为如此,为防止官僚主义的滋长,防止下情不能上达,以至于演成严重问题,就要按照"知无不言,言无不尽""言者无罪,闻者足戒""有则改之,无则加勉"这些名言向党提意见,这才是民主人士应尽的职责。如果民主人士不说,一般人更没有机会说了。所以我在全国政协的发言里说过"不患党内的唐太宗太多,而患党外的魏征太少"之类的话。

1957年6月14日,上海市一场急风暴雨般的反右派的激烈的斗争从我开始。经过漫长的学习和改造,到1960年国庆节前一天,党给我摘掉了右派帽子。

1961年我重新结婚了。我的新爱人①也是再婚的,她以前的爱人和我以前的爱人一样,因病去世已经多年,留下了几个孩子。我们彼此都有"同是天涯沦落人"之感,所以婚后互相照顾,感情甚笃。

1960年以后,我重新走上复旦大学讲台,再次担任世界近代史这门重点基础课的讲授任务,领导还叫我为教育革命时期没有上过这门课的班级补课。为了扩大学生知识面,历史系中几个老教师共同开了"史学评论"课,介绍和批判资产阶级史学流派,我担任其中关于黑格尔历史哲学的一部分。领导还叫我向研究生讲授欧美社会政治思想史,从英国资产阶级革命讲起,特别着重讲有关法国资产阶级革命的启蒙学派,一直讲到19世纪末期。领导还宣布,根据中央计划,复旦着重研究西欧北美资本主义国家,因此首先要开设美国史的课程,由我讲授美国外交政策史,还准备带三个研究生。

1961年,高教部在上海召开全国各大学世界史教材编译会议,参加的有北大、复旦、武大、中山、华东师大等重点大学的老教授20余人,我也在内。除编写世界上古史、世界中古史和世界近代史三部教材外(已出版),还编译130万字资产阶级史学流派的资料(后来减为30余万字)。我编译了两个资产阶级史学权威的历史哲学著作。

除了校内教学以外,校外的任务也纷至沓来。商务印书馆叫我介绍工党右翼理论的书籍,并要我把新中国成立前所译拉斯基的《民主政治在危机中》和拉丹纳的《美国外交政策史》加工和补译,作为内部参考资料出版。此项工作早已完成,稿子现在北京商务。上海人民出版社要我参加翻译汤因比的《历史研究》节本(已出版)和《历史研究》第12卷。后者我已译好20余万字,红卫兵造反时毁去大部分。上海哲学社会科学学会联合会出版的《文摘》杂志,要我摘译资产阶级法学方面的论文十余篇。我还参加了《辞海》编写工作,编写了近代国际关

---

① 即郑毓秀。

系史部分。总之,这几年中我改译和翻译的东西总数在 100 万字以上。

  1966 年"文革"开始后,大专院校首先是用大字报揭露"资产阶级知识分子",特别是"反动学术权威"的言行。揭露我的有四张。第一张是揭露我在讲授世界近代史那门课中散布了资产阶级民主自由的毒素;第二张揭露我在向研究生讲授欧美社会政治思想中散布关于资产阶级的自由、平等、博爱的毒素;第三张是质问关于罗隆基来上海和我见面搞了什么阴谋;第四张是揭露我在料理彭文应丧事中为右派分子张目的活动。由于揭发的大字报较少,我就认为这次不会挨斗。后来大字报揪出来的"反动学术权威""反动学阀""反共老手""反党反社会主义分子"越来越多,我亦被编进了"牛鬼蛇神劳改队",经受批斗,勒令"交代问题"。9 月 22 日晚,复旦的红卫兵来造我的反,分班轮流审问,要我交代。每日三班或者两班或者一班,斗争经历 42 昼夜,至 11 月 2 日以群众专政的方式,由公安局把我逮捕。

  1969 年 1 月 14 日上午,我突然胃大量出血,上吐下泻,昏倒在看守所。我被送进提篮桥监狱医院住院医治,经过医生、护士五个星期认真负责的治疗、护理,转危为安,于 2 月 21 日出院,又回看守所①。

(原载《上海文史资料选辑》第 45 辑,上海人民出版社 1984 年版)

---

① 王造时同志于 1971 年 8 月 2 日病故于看守所。关于他被错划为右派已于 1980 年 5 月改正,恢复名誉。

王造时——爱国君子、民主斗士、著名教授

何碧辉

一、初登舞台的爱国青年

王造时,乳名雄生,江西安福人。1902年8月3日,出生在安福县城木架巷一个经营竹木生意的商人家庭。

八岁时,他的父亲把他这个家里最小的孩子送进蒙馆读书。第二年,辛亥革命爆发,推翻了满清皇朝,建立了中华民国。安福县办起了新式高等小学。1913年,王造时考进安福高等小学,1916年毕业。1917年,考取北京的清华学堂。这是一座美国用庚子赔款办的留美预备学校,学制是中等科四年,高等科四年,留美五年,共13年。

少年王造时依依不舍告别家人,从江西山区走出,负笈北上,踏进北京清华园。在这里,生活在一片新天地之中,他感到一切都是那么新鲜。特别是《新青年》等杂志吹拂的新思潮,使他破天荒地接触到新文化运动。响亮的"民主""科学"口号,所向披靡。"独立人格""个性解放""个人权利"等新的理念强烈地吸引着青年们的心。对年轻的王造时,这可以说是民主思想的启蒙,对他世界观的形成起了积极作用。

1919年5月4日,正是清华建校周年纪念日。下午五时左右,北京城里学生举行反帝爱国游行示威的消息传到了清华。王造时立即与罗隆基、何浩若商量,决定派人进城了解详细情况。何、罗自告奋勇,立即进城。大约7点吃晚饭的时候,罗隆基打电话说,北京专科以上学校学生为争回山东和青岛权利问题,举行游行示威。王造时丢下电话,马上到饭堂将消息告诉同学,使平静闭塞的清华顿时沸腾起来,决定成立清华学生代表团,派代表进城与各校同学联系。第二天下午,北京各大专院校学生3 000余人在北大三院礼堂集合。清华代表在会上宣布:从今日起与各校一起行动。王造时是积极分子,他以中等科二年级级长

的身份参加各社团联席会议。清华代表团成立以后,他便是代表团的代表,在五四运动中,他两次被北洋政府军警逮捕。王造时说,从此以后,反帝爱国运动我无役不从,几十年如一日,我爱祖国、爱民族的心永不会变。

五四运动前,清华只有级会、班会,没有全校性的学生会。五四运动以后,学生会诞生了。王造时在学生会曾任评议会主席和干事会主席,在学生运动中崭露头角。

经过五四运动的洗礼,清华学生要求改革学校制度,实行民主与自治。1921年10月,王造时为学生会写了一本名为《彻底翻腾的清华革命》的小册子。主张改组原来由中国外交部和美国驻华大使馆双方代表组成的校董会,把清华改成国立的、正式的大学。1923年6月,王造时又在《清华周刊》增刊上发表文章《改良清华计划大纲》,更详细具体地提出改革计划,得到同学的好评。

1923年,清华举行庆祝双十节国庆大会,在清华担任国学讲座的梁启超做题为"双十节的感想"的演讲。他强调指出,中华民国之所以闹到这样乱七八糟的地步,国民党要负重大责任。王造时感到梁启超讲话混淆是非、颠倒黑白,随即在《清华周刊》发表题为《梁任公讲学的态度与听讲的态度》一文,批评梁启超原来属于保皇党,后来又变成依附北洋军阀的进步党和研究系的首领。中华民国之所以闹到这样乱七八糟的地步,不是国民党和孙中山,而是他和他领导的派系要负重大责任。而辛亥革命的成功和中华民国的创立,倒不能不归功于孙中山和国民党,梁启超自己却成为政治上的落伍者。梁启超知道后十分不满,要校长曹云祥开除王造时出校。王造时据理力争,说:"在学校我是学生,在社会我是公民。梁任公可以批评孙中山和国民党,我为什么不能批评梁任公和研究系?"

1925年3月,孙中山先生在北京逝世,王造时立即在《清华周刊》上发表《笔血墨泪以吊孙中山先生》一文,指出:"今日世界有四大人杰:俄有列宁,土有基马尔,印有甘地,而中国则有先生也。……四人之事迹虽有不同,然其所拯救被压迫人类则无异也。"对孙中山先生逝世表示沉痛哀悼和崇高敬意。

不久,上海发生五卅惨案,一场空前规模的反帝爱国运动在全国掀起。北京学生闻讯立即组织沪案后援会。王造时代表清华参加,并在《京报》副刊主编《上海惨剧特刊》。王造时慷慨激昂,接连发表了《本刊的缘起及使命》《驳蛮不讲理的第一次"使团复牒"》《再驳蛮不讲理的第二次"使团复文"》《援助沪案反抗英、日的根本条件》和《新国家主义——救国良药》等文章,痛斥英、日帝国主义制造上海五卅惨案的罪行。他指出:"上海惨剧,我们原来以为是工部局少数如牛的'捕头'干的,与那帮伪绅士的领事无关。现在乃知道不但那帮伪绅士的领事,就是那帮伪绅士的公使,也不脱胡气,蛮不讲理。"①

五卅运动给了青年王造时以极为深刻的影响,强烈地激发了他的爱国主义情怀,他大声疾呼说:"现在因为上海事件,更觉得中国有提倡国家主义的必要。中国受外国侵略可以分为四种:第一种是政治侵略,第二种是经济侵略,第三种是文化侵略,第四种是宗教侵略。我们为什么不能抵抗呢?为什么让他们来侵略呢?就是我们没有国家的观念,不能团结一致,同心对外。所以若是我们要抵抗强权,也就是要提倡新国家主义,使全国人民起来爱国救国,反抗外国的压迫,谋国家的独立。""为什么不说国家主义,而说新国家主义呢?因为现在及过去的所谓国家主义,是爱本国'害人国'的主义。是帝国主义的原形,是军国主义的本身,是国际战争的种子,是世界纷扬的根源。"王造时从14个方面论证他的新国家主义理念,主张要分清新国家主义与帝国主义、军国主义、狭隘民族主义、世界主义的界限,以反对外来侵略、谋求国家独立、爱国救民为宗旨,而新国家主义是与民主主义分不开的,两者相辅相成。他特别推崇民主主义,说:"民主主义是什么?民主主义是民有、民享、民治的政治,对内来说,便是人民所有的自由国家;对外来说,是民族自决的独立国家。由自主的意义来看,民主主义是反对少数专制政体。由独立意义看来,民主主义是反对外国侵略政策。""国家为全国人的国家,全国人的事情,应当由全国人民大家起来共同办理,人民应该忠国不忠君,爱国不爱君,大家应以国家利害为前提,不应以个人利益为前提。""我们现在只能内除国贼,以谋统一;外抗强权,以谋独立。以国家的力量,去开发实业,振兴商务,不受外国经济的压迫,脱离内乱的惨祸,那么国家自然会富强起来。到那时候,我们再去讨论实行社会主义共产主义方有把握。"②

在五四时期,各种思潮竞相登台,中外文化相互碰撞,王造时生活在大千世界之中。他密切关注着,细心鉴别着,从上面这些文章可以看出,他对当时的种种主义进行了比较,他选择了爱国主义和民主主义。

二、留学美欧探究西方政治学说

1925年8月,王造时以公款赴美留学,就读威斯康星大学政治系,每年暑假则到芝加哥大学学习。王造时深感自己参加五四运动,社会活动太多,读书太少,决心要在留学期间埋头读书。

然而,他爱国意识炽热,虽然身在海外,但对祖国绝难忘情。他仍关心国内

---

① 王造时:《驳蛮不讲理的第一次"使团复牒"》,《京报副刊》第173号。
② 载《京报周刊》第179号。

的政治形势和国家的前途,经常与其他留美同学畅谈国是,很想组织一个政治团体。为此,他与同学,如彭文应、徐敦璋、王国忠、陈国伦、潘大逵等商议,决定每人每月节约一点钱,由他保管,以备学成回国后,作为创办刊物的基金。①

1929年7月,经过论文答辩,王造时获政治学博士学位。博士论文题目是《论1919年以来大国对外纲领中的裁军问题》。指导老师是威斯康星大学政治系主任阿格教授,当时美国最著名的政治学权威。

8月,游历了美国一些大城市之后,他从纽约来到英国,进入伦敦大学经济学院,以研究员的身份师从拉斯基(Harold Joseph Lask,1893—1950),研究费边社会主义。拉斯基是国际上有名的资产阶级改良主义政治思想家,费边社的社员,费边社会主义的阐述者,曾任英国工党主席。王造时深受其影响,20世纪30年代初,曾自称为社会主义者。

王造时根据费边社会主义理论,英国工党的历史和英国议会制度,对照当时中国社会的实际情况,逐渐形成他对于中国政治的基本主张:第一,半殖民地半封建的中国,产业工人只有200万,不具备实行无产阶级革命和全面实施社会主义条件。中国的当务之急是反帝反封建的爱国主义和民主主义。第二,待民主革命成功之后,逐渐实行社会主义。第三,政府组织方面,实行英国式的议会制度,即责任内阁制。第四,中央和地方关系实行单一制。中国自秦以后,几千年都实行单一制。从社会主义计划经济的要求出发,也应采取单一制。第五,中国民主革命应由资产阶级和小资产阶级知识分子来领导。②

1930年5月,王造时离开英国,游历了欧洲大陆的一些国家,取道苏联回国。归国后,去做什么呢？王造时坦言,他是要谈政治,要发议论的。北平离政治中心太远,不方便。到南京去教书,中央大学是CC系控制的,官气太重,压力太大。还是到上海私立大学教书比较好,政治言论比较自由。于是由潘光旦介绍,受聘于私立光华大学,任政治系教授,翌年兼任文学院院长、政治系主任。同时在大夏大学、上海法学院、中国公学等校兼课。这时王造时不到30岁,年轻气盛,风华正茂,踌躇满志。

三、国难声中挺身而出

王造时从欧洲踏上故国大地,看到的是"中原大战"。蒋(介石)阎(锡山)冯(玉祥)新军阀空前的大混战,造成数百万流离失所的难民无家可归,国无宁日,

---

① 见潘大逵1984年12月16日来信。1932年创办《主张与批评》《自由言论》就使用了这个基金。
② 王造时:《王造时自述》,载《文史资料选辑》第45辑,上海文史资料出版社1984年版,第114页。

民不聊生。面对如此景象,他痛心疾首,认为国家病了。他在课堂上宣传他的理想、理论和政治主张,在胡适、罗隆基、潘光旦等人创办的《新月杂志》上,连续发表《中国的传统思想——中国问题的哲学背景》《中国社会原来如此——中国问题的社会背景》《昨日中国政治——中国问题的历史背景》《三千年来一大变局——中西接触与中国问题的发生》《由真命天子到流氓皇帝——中西接触的政治变化》《政党的分析》等政论文章。他说:"从前的政治,虽然腐败,但是还有旧道德、旧伦理、旧礼教,为之限制。到了现在,旧的东西都被西洋来的潮流冲得粉碎,而新的道德纪律又没有成立,于是自私自利、专制横暴,更加尽形毕露了。引用私人、收入中饱、贿赂公行、欺善怕恶、吹牛拍马、压迫人民、强奸舆论,举世间无所谓是非,所谓廉耻,所谓公德……武的流氓,可以做军阀,文的流氓,可以做高官。谁愈流氓,谁愈得势……流氓政治,流氓皇帝。"从这些言论中可以看出,王造时对当时中国现实的政治、文化、道德以致国家体制,发起了强烈的挑战和批判,认为中国政治必须改弦更张,来一番里里外外的改造,而关键是用现代的政党政治来改良半殖民地半封建政治,促进社会进步,治国病、救国家。

不久,九一八事变爆发,打断了他治国病的计划。他对国是的认识也随之发生变化,主张对外抗日救亡和对内政治改革是在新形势下必须实行的两大政策。1931年10月10日,王造时发表《救亡两大政策》。他大声直呼:"事到如今,不是我们对政府发牢骚的时候,更不是我们闹党见的时候。我们现在应该以国家利益为前提,找出根本有效的政策,来反抗狼心狗胆的日本。……对外准备殊死的战争与日本拼命到底,促成日本革命;对内取消一党专政,集中全国人才,组织国防政府。"

王造时提出的这两大政策,可谓指向明确,旗帜鲜明,切中时弊,在当时中国政治思想界不失其引领作用。

一方面,他主张团结抗战,与日本拼命到底。他认为我们要停止一切内战,"兄弟阋于墙、外御其侮"。"我们现在不许耗费一粒子弹去对付同胞。我们要把我们的枪炮、大刀的目标,一起指向我们的敌人。"①

王造时要求国民党当局改变对中共和红军的政策。他指出,日本侵略者打到关内来了,敌人的大军已经压境了,政府应该放弃"攘外必先安内"的政策。只有对日作战,实行抵抗,才能真正统一中国。"现在我们的飞机大炮不用去打日本,而用去打共产党;我们三十多万好的军队,不在前线抗日,而在江西剿共。长此下去,鹬蚌相争,渔人得利,只有让日本来一块一块割去。……我认为共产党不是普通土匪,乃是有组织、有主张的政党,而且是政治腐败与专制的反应,不是

---

① 王造时:《救亡两大政策》,载《荒谬集》,自由言论社1935年版,第20页。

剿杀所能了事。'九一八'以前剿了几次,没有剿灭;'九一八'以后又剿了几次,也没有成功。大炮飞机及三十万军队,不但不能消灭共产党的势力,并且共产党的势力日益在那里蔓延。这种事实,就是没有抗日的前提,也应该可以让我们觉悟,改变政策。何况有抗日的前提摆在我们的目前呢?"①"国家以人民的血汗,养兵数百万,只能用于同室操戈,而不能用于对外作战;只能用于压迫人民,而不能用于反抗日本侵略,天下痛心之事孰有过于此者。"

另一方面,他坚决反对妥协投降。王造时说,自从这件事情(指九一八事变)发生以来,中央政府到现在除抗议三次以外,只表示两种态度:(1)是对外乞怜于国际联盟,非战公约;(2)是对内要国民忍痛含愤,暂时逆来顺受。王造时认为,"抗议不过是照例文章,不会发生效力。日本要干就不怕抗议,怕抗议就不干了。政府当局只知做抗议文章,没有别的有效方法,那是缺乏常识的外交。'国际联盟'虽然以'公理'、'和平'为标榜,但这些不过是欺骗弱者的糖果。不但他本身没有什么权力,而且他全个组织也为少数列强所把持……强国与弱国间的争端,国际联盟更毫无办法。不但日本侵略东北事件是如此,此前也有过这种经验。'国际联盟'无法拘束强国行动的"。

王造时1931年11月与彭文应、潘大逵创办《主张与批评》杂志,创刊宣言题为《我们的根本主张》。这是他们的纲领性文件。王造时明确说,它能代表我的思想的大概。王造时在《国民党怎么办?》一文中向国民党当局提出,日本侵占东北三省,已经一年有余,请问国民党十几个怎么办。"远东风云,日趋紧急,各国军备正在加紧扩张,日本正在准备厮杀,山雨欲来风满楼,世界第二次大战的前夕。将做战场的中国,其存其亡,系于此举。请问当权的国民党怎么办?"《主张与批评》只出了三期就被查封,改名《自由言论》再度出版,刊出《安内必先攘外》等政论文,再次被查封。

王造时大声疾呼团结抗战的同时,身先士卒,走向社会,用实际行动实行团结抗战。他与章益(复旦大学教育系主任)、谢循初(暨南大学校长)等发起组织上海大学教授抗日救国会,不久又参加组织上海各抗日救国团体联合会。

他在上海大学教授抗日救国会会刊上发表《教授抗日救国论》,说:"我们中国社会向来尊重读书人的,所以士农工商四个阶级,以士为首。虽然旧的思想与制度已经逐渐崩溃,但社会上对于读书人的信仰,还没有完全失去。……遇到这种最严重的内忧外患,大学教授不出来说话,谁出来说话?大学教授不出来指导,谁出来指导?""无论什么运动没有组织是没有力量的,有了组织而不充实也是没有多大力量的。我们除非坐观国家危亡则已,否则在我们教授的地位,自然

---

① 王造时:《五月十五日的主张》,载《荒谬集》,第185页。

应该出来参加这个团体。""抗日救国运动,若是各自为政,那是事倍功半……所以我希望能进一步拟定一个全国抗日救国总会的办法。联络其他团体一致促其实现。"

他还主张取消一党专政,组织国防政府。王造时指出:"在一党专政之下,名曰民国,实为党国。所谓党国,即是党的国家,而非人民的国家。人民对于国事既无权过问,当然对于国家的观念也就日形淡薄。"取消一党专政之后,如何组织国防政府?王造时准备写长文专论,但是国民党坚持一党专政,国民政府也不可能改组为国防政府。因此,王造时只能谈民主宪政,保障人民权利等。

1932年一·二八事变爆发后,国民党决定邀请在野的各界代表人士,举行所谓国难会议。王造时被聘为国难会议成员。北平、天津、上海的国难会议成员推举王造时、褚辅成、罗隆基等七人组成代表团,前往南京与政府商谈结束"训政"、实施"宪政"和抵抗日本帝国主义侵略问题。行政院院长汪精卫接见了他们。汪对王造时等提出的要求大为不满,甚至声言:"诸位如果不满意政府的办法,去革命好了。"王造时当场反驳:"革命不是哪一个人哪一个党的专利品,如果逼得人民无路可走,自然会有人去革命。"[1]因国民政府的答复毫无诚意,王造时等拒绝出席国难会议。于是,他和张耀曾、黄炎培、左舜生、赵叔雍等在上海发起组织民宪协进会。

王造时发表关于实行宪政的主张,说:"自从部分被邀国难会议成员提出结束党治,实行民治的主张以后,训政与宪政问题引起社会上深切的关注。……我是研究政治并且主张结束训政实行宪政的人。对于这个问题,不能不贡献一点意见。"于是他连续发表《对于训政和宪政的意见——批评汪精卫、于右任二氏的言论》和《我为什么主张实行宪政》,指出:"现在中国没有宪法,自然谈不上宪政;曹锟时代,有了宪法,而不运用,也谈不上宪政。宪政既是根据国家根本组织的法律而行的政治,所以他第一个特点是法治,而不是人治。宪政大概是人民奋斗得来的,所以实行宪政的国家,至少总有一部分人民参加政治。因此宪政的第二个特点是人民参加政治,不是统治者独裁的政治。"[2]王造时对汪精卫等反对结束训政的理由,逐条进行了批驳。

1932年底,王造时毅然参加宋庆龄、蔡元培、杨杏佛等发起组织的中国民权保障同盟。1933年1月,同盟上海分会成立,他被选为宣传委员。3月,被选为执行委员。4月,同盟全国执行委员会组织营救政治犯委员会,他是委员之一。为营救被当局逮捕的廖承志、罗登贤、陈赓等共产党人及其他爱国民主人士做了

---

[1] 《由褚辅成先生的死想念往事如梦》,上海《大公报》1948年4月5日。
[2] 见《荒谬集》,第47页。

不懈的努力。

王造时在《自由之战争——民权保障运动》一文中指出:"民权可分两类:一是积极民权,如参政的权利,工作的权利,受教育的权利等;一是消极的民权,如人身自由,言论自由,出版自由,集会自由,结社自由等。如今宋、蔡等发起的民权运动,目的不是争积极民权,而在争消极民权,乃是退一步的要求,基本的要求,最低的要求。"

但是政府当局依然不能容忍。7月,当局密令全国各大学不准聘请王造时教书。原来发有聘书的光华大学、大夏大学和上海法学院也把聘书收了回去。当局企图用断绝生计的办法,迫使王造时屈服。可是,他在章士钊的帮助下,挂牌当律师;在王云五帮助下,以翻译稿费养家糊口。

当局眼见王造时态度倔强,便进一步迫害。匿名信、恐吓信和带子弹的邮包相继而至。最后,图穷匕见。国民党当局把王造时列入黑名单,准备予以暗杀。

1935年4月,王造时把1931年9月8日到1933年12月31日发表的文章收集起来,出版《荒谬集》。他在序言中明确指出,该书因为他在言论上的罪名是"言论荒谬"得名。在我个人看来,则认为这种言论或过于"正经",或太不"荒谬"。王造时坚持九一八事变以来的政见。

四、救国会运动中的一个领袖人物

1935年8月,在中华民族处于生死存亡的紧急关头,中国共产党发表了《为抗日救国告全国同胞书》(即著名的"八一宣言"),指出抗日即生,不抗日即死。抗日救国,已成为每个同胞的神圣天职。中共呼吁无论各党各派在过去和现在有任何政见和利害的不同,无论各界同胞间有任何敌对行动,大家都应有"兄弟阋于墙,外御其侮"的真诚觉悟。首先都应当停止内战,以便集中国力(人力、物力、财力、武力等)去为抗日救国的神圣事业而奋斗!王造时在苦闷中,听到了中共的呼吁,"感到十分兴奋,由衷地赞成"①。

接着,一二·九运动像在黑暗的夜空发出一声震动全国的惊雷轰然而起,抗日救亡的高潮到来了。12月9日,清华大学救国会发表告全国同胞书:"华北之大已经放不下一张平静的书桌。"北平学生冲出校园,高呼"打倒日本帝国主义!""反对华北自治!"等口号,举行游行示威。学生的爱国精神受到全国人民的赞许。第三天,王造时即与马相伯、沈钧儒、邹韬奋等280余人联名发表《上海文化界救国运动宣言》,声援北京学生的爱国行动。该宣言提出坚持领土完整,主权

---

① 王造时:《王造时自述》,载《文史资料选辑》第45辑,第121页。

独立,否定一切有损领土、主权的条约、协定,坚决反对在中国领土之内以任何形式成立由外力策动的特殊行政组织等八项主张。从此,抗日救亡运动南北呼应,掀起新的高潮。

同月27日,上海文化界救国会召开成立大会。王造时和马相伯、沈钧儒、邹韬奋、章乃器、李公朴等35人被选为常务委员。大会发表了《上海文化界第二次救国运动宣言》,提出根本改变对外政策,停止一切内战;开放民众组织,保护救国运动;迅速建立民族统一战线;武装民众,释放一切政治犯,共赴国难等要求。

1936年1月28日,是上海淞沪抗战四周年纪念日。上海文化界救国会、上海妇女救国会、上海大学教授救国会、上海职业界救国会以及上海大、中学生救国会等团体代表和其他爱国人士,在上海总商会礼堂内举行纪念大会,沈钧儒任主席。会上宣布成立上海各界救国联合会,选举沈钧儒、邹韬奋、章乃器、王造时、李公朴、陶行知等为执行委员,统一领导上海的救国运动,并筹备成立"全国各界救国联合会"。

1936年5月31日至6月1日,全国各界救国联合会(简称救国会或全救)在上海召开成立大会。王造时被选为常务委员和宣传委员。救国会响应中共号召,主张停止内战,团结一致,共赴国难,对国民党的"对外退让,对内用兵,对民压迫"的政策提出批评,引起全国各界的强烈反响。不但工人、农民、职员、知识分子和青年学生热烈响应,也得到大部分工商界人士、国民党内主持正义和爱国军政人员的同情和支持。

10月19日,伟大的文学家和革命家鲁迅先生逝世。22日,爱国的知名人士和群众为鲁迅送葬。宋庆龄、沈钧儒、章乃器、王造时、史良、李公朴、沙千里等救国会领袖走在群众队伍的前面,一路上高呼纪念鲁迅先生、打倒日本帝国主义等口号。悲壮的队伍成为上海人民抗日救亡的示威游行。送葬队伍到达万国公墓之后,葬仪在礼堂的石阶前举行,哀乐低回。主席蔡元培以沉痛的语调致悼词。接着沈钧儒报告鲁迅光辉一生的事略。最后由沈钧儒、王造时、章乃器、李公朴等四人将一面由沈钧儒书写有"民族魂"三个大字的黄绸旗覆盖在鲁迅先生的灵柩上。

11月12日是孙中山先生诞辰纪念日,在上海基督教女青年会草坪上,举行纪念大会。救国会主要领导人先后讲话,王造时在演说中高度评价孙中山先生的革命精神,特别是他的三民主义和三大政策。他批评当局"攘外必先安内"政策是背弃孙中山先生遗教的,呼吁全国各界、各党、各派继承孙中山先生的遗志,促成国共合作,团结抗日,为中华民族解放而努力奋斗!

全国各界救国联合会成立后的五个月中,努力进行抗日救国工作,在全国民众中声名卓著,但是,却为国民党当局所不容。当局宣称:"政府自不得不蝮蛇蛰手,壮士断腕之决心,为维持社会之秩序与保护国家之治安起见,当以最后的严厉之制裁。"①

国民党当局于 11 月 23 日凌晨,以"危害民国罪"在上海拘捕了救国会领导人沈钧儒、章乃器、邹韬奋、王造时、李公朴、沙千里。史良是稍后入狱的,她说:"那时我是救国会负责组织工作的人。为了使工作不受影响,只好暂时躲了起来,把组织工作交给其他同志。组织工作安排好了之后,我于 12 月 30 日到苏州,向高等法院投案。"②这就是震动全国的救国会"七君子事件"。

九一八事变之后,王造时始终主张全国团结抗战。在救国会里面,他"逼蒋抗日"的态度是比较激进的。可是,就在"七君子事件"时,张执一发表了《抗战中的政党和派别》一书,把王造时"逼蒋抗日"误判为"反蒋抗日",是不符合事实的③。

五、为民族抗战和民主宪政鼓与呼

抗战爆发后,蒋介石于 7 月 17 日在庐山宣布准备对日抗战。7 月底,苏州高等法院释放了"七君子"。8 月初,沈钧儒、王造时等受国民政府的邀请,前往南京"贡献一些关于救亡运动的意见"。蒋介石、冯玉祥会见了他们。陈立夫、叶楚伧同他们进行了会谈,要他们解散救国会,被沈钧儒、王造时等拒绝。

同年 8 月,南京政府成立抗日大本营,由六个部组成,其中有些部门邀请了一些非国民党方面的人士参加某些工作。王造时应邀成为第二部(政略部)和第四部(国民训练部)委员。

上海、南京沦陷前夕,王造时和救国会其他领导人撤退到武汉。1938 年初,王造时应大本营第二部部长兼江西省政府主席熊式辉的邀请,回江西创办"江西政治讲习院"。其他救国会领导人则在武汉失守前夕,撤退到重庆等地。从此,王造时像一只"孤雁"到了江西。1942 年第三届国民参政会之前,王造时是参政会参政员,常到重庆开会,他们还常相聚。以后,国民参政会改组,救国会参政员全部被除名。王造时去重庆的机会少了,因此,相聚的机会也少了,他与救国会其他领导人之间的关系就无形中疏远了。

王造时抗战期间大都在他的故乡江西度过。在以国共合作为基础的抗日民族统一战线旗帜下,他在江西主要从事了以下方面的活动。

---

① 载《申报》1936 年 2 月 12 日。
② 周天度、孙彩霞:《史良:民盟历史人物》,群言出版社 2011 年版,第 103 页。
③ 《王造时先生有一个历史问题值得研究》,《复旦校史通讯》第 94 期。

(一) 任江西政治讲习院教务主任

1938年初,王造时、罗隆基、许德珩、晏阳初等被邀请回江西创办江西政治讲习院,为江西省政府训练地方政工干部。熊式辉"兼任"讲习院院长。王造时任教务主任,物色救国会的同志去任教或工作,如聘请潘大逵为政治学教授,孙晓村为经济学教授,徐鹏飞为法律学教授,夏征农为教务处干事等。他自己定期为学员做抗日救亡形势演讲。除此之外,陈立夫、卢作孚、罗隆基、程希孟、史良、刘清扬、沈兹九等也被邀请去讲课或演讲。大队长是蒋经国,女生指导是雷洁琼[①]。第一期学习时间不到半年,因江西抗日形势紧张,熊式辉下令停办。

(二) 任国民参政会参政员

国民参政会1938年7月成立,被邀救国会参政员有王造时、沈钧儒等六人。王造时在参政会的发言和提案可以归纳为两类:一类是关于反对国民党一党专政,要求实行民主宪政和民主改革,保障人民言论、出版、集会、结社自由的。例如,1938年国民党参政会第一届第一次会议在武汉召开,王造时提出设立省、县各级民意机关。1939年第四次会议上,他提出限期召开国民大会,制订宪法,实行宪政案。另一类是反对投降,争取抗战最后胜利。例如,1938年在重庆召开的第一届第二次会议,支持陈嘉庚提出的"官员言和者以卖国贼论罪"。1939年提出"抗战到底。收复一切失地案"。1942年第三届国民参政会改组时,救国会参政员全部被除名,王造时自然也在被除之列。1943年底,国民党当局又以实行宪政为幌子,在参政会以外设立所谓宪政实施协进会。与救国会有关系的张志让和王造时被邀去做会员,任湘、鄂、赣区考察委员,以三省巡阅使的名义进行巡查。王造时曾在江西吉安、泰和附近几个县巡阅过。此外,王造时作为国民参政会参政员,还在1938年到1939年被派任第九战区巡察团巡察员。

(三) 创办和主持《前方日报》

1939年5月,王造时在江西吉安与孙晓村、王枕心、彭文应、刘九峰等组织"前方文化社",同时把吉安的《日新日报》,改组成《前方日报》,王造时任社长。《前方日报》从1939年5月创刊,到1949年7月16日,吉安地区解放,出版时间长达10多年。总的来说,该报始终坚持抗战、坚持民主,坚持团结,是一份爱国的、进步的报纸。他曾经得到中共地下党员的支持,获得后方民众的同情与拥护,在当地文化战线上起了一定的进步作用。1950年4月,经中共西南局批准改名《前进日报》继续出版,社长仍然是王造时。1951年6月,为创办以农民为主要读者的《井冈山报》,《前进日报》停刊。

王造时在《前方日报》发表了一系列社论、专论、星期评论、演讲辞等文章。

[①] 《江西民国日报》记者胡雨林采访记,1938年5月28日。

已收集到的共有74篇,绝大多数文章是鼓吹抗战,坚持民族团结,争取民主和改善民生的。其言论有以下几个重点。

(1) 主张坚持抗战到最后胜利。例如《望远镜与显微镜》一文指出:"我们用望远镜看远的特点,看清抗战总的趋势,提示我们取得最后胜利的信心。用显微镜把局部放大,看得精细的特点,明察秋毫,把局部存在的问题,很快发现,采取措施,及时解决。使我们抗战的肌体更加健全。"又如《战地心形录》《长期抗战国策的再认识》等文章,说明国家抗战的决心是坚定的;前线人民和战士的抗战行为是英勇的;中国的抗战是能够取得最后胜利的!

(2) 反对妥协投降,痛斥汉奸汪精卫。例如《举国同愤》《汪逆怎样把我们卖了——请看卖国协定的分析》《今日应提倡的道德——正义、气节、廉洁》等,对汉奸汪精卫的卖国协定,逐条进行分析、揭露,连载七天。文章要求政府针对抗战时期的社会特点,提倡正义、正气、廉洁风尚,发扬前线人民英勇抗战的精神,使全国人民进一步团结起来,同仇敌忾,抗战到底,取得最后胜利。

(3) 要求当局扩大民主,实行宪政。王造时指出,民主宪政不仅是建国的目标,而且是国家统一团结的大道,也是世界政治的主流。他在《国民参政会开会的经过及收获》《王造时先生谈宪政问题》《拥护赛恩斯先生——必须打倒赛恩斯先生的敌人》《请赛恩斯先生出来筑成我们新的长城》《这是中国革命的历史任务——民主宪政》《宪政与人民的基本权利》等文章中,大声呼吁国民政府乘全国人民抗战胜利的契机,改变作风,发扬民主,使人民真正成为国家的主人。

(4) 关心抗战后方人民的疾苦,建议当局采取措施,改善人民生活。1940年1月4日,王造时发表《平均战时人民负担》一文说,这次战争是关系全民族生死存亡的战争,而不是为哪一个阶级,哪一个党派谋利益的战争。国家民族利益高于一切,高于一切阶级,高于一切党派。可是战时负担仍很不合理,很不平均的现象普遍存在。一般劳苦的农民与工人负担最重,征兵征工固然荷在他们的肩上,就是课税捐款也转嫁于他们。反之,对于显官、富商、巨绅、贵人,征兵征工固然轮不到他们的子弟,就是捐税也没有尽到他们应尽的能力。结果如有人所说的:"有钱的没有出钱,有力的不仅要出力,并且要出钱,要出命。"从地域来说,接近前线的县份,要收容难民,要运输军火,要抬伤兵,要破坏道路桥梁,要建筑国防工事,种种任务,都较后方安全县繁重,甚至同一县份各地带亦苦乐不均,这是不平等不合理的又一方面。因此,王造时建议采取"不增加田赋并免除有粮无田农民的田赋"等五种办法,使战时负担趋于合理。

(5) 论述国际、国内形势,鼓舞同胞树立战胜敌人的勇气。王造时根据他对世界形势的判断和政治学方面的知识,畅谈国内外形势,例如《欧洲大局与远东》《美国对华基本政策》《由英美携手看国际动向》《德苏战争与英美中日》《为盟国进七解——对日发动太平洋战争的形势》《墨索里尼与法西斯之没落的影响》《世界为什么闹到这个样子——四种矛盾》等。文章指出，第一次世界大战之后，出现四种矛盾：战胜国与战败国、帝国主义国家之间、资本主义国家与社会主义国家之间、帝国主义与被压迫国家之间的矛盾。国际间的这种种矛盾，随着第二次世界大战的发展不断变化，国际国内的形势也随着变化。王造时有根有据的分析不仅增加了中国人的知识，而且认识到德、日、意法西斯侵略国家必然失败的原因和同盟国人民团结起来反法西斯必然胜利的根据。

六、《致斯大林公开信》一事之经纬

1941年4月13日，日本外相松冈洋右与苏联人民委员会主席兼人民外交委员长莫洛托夫在莫斯科签订了《苏日互不侵犯条约》（又称《苏日中立条约》）。《条约》宣称，双方维护和平友好关系，互不侵犯。如果缔约的一方成为一个或几个其他强国的战争对象时，缔约另一方将严守中立。此外，双方还申明"苏联誓当尊重'满洲国'的领土完整和神圣不可侵犯性。日本誓当尊重蒙古人民共和国的领土完整和不可侵犯性。"

《条约》签订的消息传到国内，全国震惊。在重庆的救国会领导人"深为惊异"，于是集会讨论，一致认为《条约》损害了中国领土完整和主权独立，有公开发表文件表示异议的必要。救国会当即推举王造时起草《致斯大林的公开信》。在《信》上签名的有沈钧儒、刘清扬、王造时、李公朴、张申府、沙千里、章乃器、胡子婴、史良共九人。《信》由沙千里誊写清楚，张申府校对，一式两份。一份由沙千里送交苏联驻中国大使馆，请潘友新大使转交斯大林；另一份由王造时送交国民党中央宣传部转交部长王世杰，要求在国民党中央社公开发表。陶行知同意写信和已表述的观点，但不同意公开发表，因此未签名。

《条约》的签订，对于苏联来说，自有离间日德关系，争取日本在一定时间内保持中立，保障苏联东部安全，以避免自己与德、日两面作战的局面的目的；但该《条约》确有损害中国领土完整和主权独立的内容，是苏联政府民族利己主义的表现。王造时等人向苏联领导人斯大林提出"异议"是完全正当的爱国行动。《信》中还阐明"中国抗战自始即抱定自力更生的原则"。"我们的抗战，不仅为中国的独立、自由、抑且有裨益于世界永久和平。"中国抗战"经全国团结一致，经长期奋斗，必然获得最后胜利，恢复我国领土与行政的完整"等，更是伸张了中国人民的正义和志气。

当时在重庆的周恩来知道此事后，立即与沈钧儒谈话，向他做了解释。大意是说苏联这样做，有利于集中力量在西线打击法西斯德国，援助中国抗战的政策不会变,并且诚恳地向他们建议,说救国会朋友这封信,容易被国民党内反苏反共分子利用。沈钧儒当即接受了周恩来的意见,承认此事欠妥。李公朴、沙千里、史良等随后也都表示了相同的态度。

对于此事,王造时新中国成立后在自述材料说:"过了几个月我到重庆,才知道国民党利用这个文件去做其反苏、反共、反人民的宣传,并挑拨共产党和救国会的关系。那时,纳粹德国已于6月22日进攻苏联,我意识到苏联同日本订立互不侵犯条约,以避免两线作战的必要和自己所作之不妥。"①

关于致斯大林公开信的经纬,在当时(1941年)的重庆就被严重误传了。可是救国会领导人长期不交换意见,不予以制止。直到1957年3月21日,全国政协第二届第三次会议结束,在沈钧儒家聚餐时,王造时要求讲清楚,史良才说:"这件事当时是我们大家一起做的。由我们大家负责,不能由你一个人单独负责。"可是,长期误传对王造时造成的负面影响是很大的,成为王造时沉重的政治包袱。

七、为和平、民主、独立而斗争

1945年8月15日,日本宣布无条件投降。中国人民抗日战争取得最后胜利。这次胜利来之不易,是近代中国人民反侵略战争第一次取得完全的胜利。

1946年3月,王造时带着胜利的喜悦,离开江西吉安,回到阔别多年的上海定居。王造时一度谋划将《前方日报》迁来上海出版,可这一计划由于缺乏必要的政治条件和财力很快落空了。于是,1946年9月,他与生活书店经理徐伯昕、救国会同仁杨伯鹏等一起,在上海创办"自由出版社",并出任社长兼法律顾问。他抱定办社宗旨,经营出版进步书刊,尽力做到别的书店不卖的进步书籍,自由书店设法出售。正因为如此,该社曾两次遭国民党特务搜查,职员吕诚被捕。王造时出面保释,与当局展开面对面的抗争。

蒋介石发动反共内战以后,上海、南京、杭州等地学生举行游行示威,反饥饿、反内战、反迫害的运动遍及各大城市。王造时积极声援学生的斗争。在中国人民救国会领导——陶行知的安排下,他曾到上海市内约十所大中学校发表演讲。他态度鲜明地表明中国人民要的是和平,不是战争;要的是民主宪政,不要一党专政;要的是国家独立自主,不要美国干涉内政。

1947年10月,国民党当局宣布"民盟"为非法组织,勒令解散。王造时曾经联系国社党张君劢、青年党李璜以及胡政之等人,企图说服他们去向蒋介石力

---

① 王造时:《王造时自述》,载《上海文史资料选辑》第45辑,第130页。

争,收回成命。这说明解散"民盟"不仅关系到"民盟"的存亡,更重要的是关系到民主政治的命运问题。此举未获结果。后来,张澜约王造时参加是否发表解散"民盟"、停止活动的公告的讨论。王造时在会上明确表示,国民党当局要解散"民盟","民盟"可以以解散事关重大、少数领导人无权决定为由加以拒绝。

王造时积极参加反对美帝支持蒋介石政权打内战,反对美帝扶植日本帝国主义势力的活动。上海文化界、教育界发表的几次关于反美扶日宣言,王造时都是起草人之一。为声援反美扶蒋斗争,上海文化、教育界部分人士在《大公报》发表致美国驻华大使司徒雷登的公开信,其中一封是王造时亲手起草的。

1947年1月9日,《申报》发布消息,国民参政会参政员王云五调任经济部长,缺额由王造时递补。王造时随即发表谈话,说明《申报》所登消息,"事前未经本人同意"。然而,第四届第三次国民参政会同年4月在南京召开时,王造时却出席了。5月23日,他与黄炎培、梁漱溟、章伯钧等五位参政员向大会提出《停止内战恢复和平案》。他还奔走于陈诚、张群、陈立夫之间,说明主和主张,反对政府镇压学生。可是,国民党当局根本不理睬他,这使他深感遗憾:"争吵了一顿,和平之门依然闭着。眼见山河破碎,人民涂炭的远景,离开南京时,我们的心情,确实沉重极了。"①

当然,在当时国共两党关系已经完全破裂,大规模内战全面展开,中间势力正在分化的情势下,王造时接受国民党当局的递补提议出任参政员,模糊了自己政治身份,客观上出现与救国会不一致的后果。这样的大事,事先未主动向救国会领导人请示,擅自出席是不妥的。

不可否认,这件事最明显不过地折射出王造时直到解放战争时期仍未抛弃中间路线的立场。这是他长期以来政治思想和路线的又一次表现。1937年7月,他从苏州出狱不久,到南京参加许宝驹约集的国、共两党以外各党派代表人物的座谈会,主张救国会、青年党、国社党、第三党、职教社、乡村自治派等联合起来,成立一个政治同盟组织。这个意见因得不到大家支持而没有结果。到了抗战胜利后,他依然想组织一个中间党派。1946年3月左右,他已感到内战迫在眉睫,主张在国统区发展中间势力,把民盟改组,形成一个强大的中间力量,与国、共两党三足鼎立。

这种中间路线固然对国民党内战和独裁政策是不利的。但是,对中国共产党领导的新民主主义革命也是不利的。这种中间派的立场不受国、共欢迎。聪明的王博士应该是心知肚明的。之所以这么做,说明他有着根深蒂固的中间派立场和资产阶级民主主义思想。

---

① 王造时:《由褚辅成先生的死想念往事如梦》,上海《大公报》1948年4月5日。

还有，1938年初，王造时被熊式辉拉到江西，直到抗战结束才回到上海，长期脱离救国会集体。在江西他曾任江西政治讲习院教务主任、第九战区军风纪巡查团团员等职。担任《前方日报》社社长时，因经济困难，王造时曾向有钱有势之士募捐，使他的社会关系复杂化。因为王造时是救国会"七君子"之一，是名士，当局如果能拉他加入国民党，可以为国民党添彩，又可以达到分化救国会领导集体的目的。于是，当局高官，如熊式辉、张群、陈诚、陈立夫、何浩若、彭学沛等都曾想方设法拉他加入国民党。王造时虽然没有答应，但是客观上成了国民党拉拢的对象。

1947年3月14日，上海文艺界举行庆祝田汉50寿辰及创作30周年纪念大会，在杏花楼餐馆聚餐，参加聚餐的有郭沫若、夏衍、阳翰笙、周信芳、罗隆基、王造时等。会后，王造时和罗隆基两人步出福州路杏花楼大门。罗问怎么个走法，王造时说，向右走有跳黄浦江的危险；中间向前走，穿过马路可能被来往汽车压死；还是慢慢向左走到跑马厅那边去吧！罗隆基报以会心的微笑①。可惜，形势发展太快，他们向左走的脚步太慢了一点。

1949年7月，救国会在北平开会讨论出席新政协代表的名单时，与会代表宋云彬两次在日记中提到王造时。7月18日，上海方面，王造时最热衷，曾召开会员大会，函电交驰，向衡老（沈钧儒）力争，非请衡老提出他的名字不可。7月25日，王造时来信，哀恳提名新政协，言辞凄婉，谓自己与衡老30年交情，且为"七君子"之一，若不代表救国会参加新政协，有何面目见人。可是，最终人们没有在出席新政协的名单中看到王造时的名字②。

八、在世界史教学园地开辟新天地

1949年10月新中国成立，王造时走进了一个新的历史时期。作为一位爱国民主人士和著名的知识分子，他被任命为华东军政委员会委员、华东文教委员会委员，还担任了上海市各界人民代表会议特邀代表，后来又担任上海市政协常务委员。

新中国成立之初，王造时没有在政府机关或事业单位正式任职，可以说他是一个自由职业者。他在一些私立学校担任兼职，如担任上海诚明文学院董事长、上海正平补习学校董事长、上海前进中学董事长等。

---

① 王造时：《王造时自述》，载《上海文史资料选辑》第45辑，第130页。
② 宋云彬：《红尘冷眼——一个文化名人笔下的中国三十年》，山西人民出版社2002年版，第142、144页。

1951年夏,复旦大学校务委员会副主任陈望道两次到王造时家拜访,邀请他担任复旦大学政治学系教授;校委会秘书长胡曲园教授随即将聘书送到王造时家。从此,他成为复旦大学政治系教授。

1952年8月,高等学校实行院系调整,复旦大学政治系被撤销。王造时留在复旦大学,转任历史系教授,担任世界近代史教研室主任。

对于他来说,从政治系转到历史系从事世界史的教学与研究,是开辟了一个新天地的。他原先学术研究的方向是政治学,以近代西方的政治学说为重点。在美国威斯康星大学取得过政治学博士学位,又在英国伦敦大学专攻费边社会主义学说。回国后,他在上海光华大学等高校任教,主要也是讲授政治学,还一度主政该校政治系。在20世纪30年代,在中国政治面临一场空前大变局的时代,他以西方近代政治学说为理论武器,观察、研究和剖析中国当代政治问题,提出了关于改造和革新中国政治的一系列主张,解剖中国现实政治问题之深刻,抨击国民党政治体制之尖锐,在当时国内知识界和舆论界,可谓鹤立鸡群。在《东方杂志》《新月》《主张与批评》《自由言论》等刊物,以及《申报》《新闻报》《时事新报》等报纸上,王造时发表了大量政论文章。其言论富有强烈针砭时弊的批判精神,言人不敢言的爱国知识分子敢于担当的精神,在国内产生了广泛影响。1935年,王造时把此前发表的政论文章结集为一册出版,取名《荒谬集》。如果说,那时他在大学是一位政治学教授,在学界之外名声还不显赫,那么,在社会和政治舞台上,他已经是一个大名鼎鼎的政治家了。

新中国成立之初,王造时先是登上复旦大学政治系的讲坛,教授近代西方政治学课程。转到历史系以后,从1952年到1966年,他做了15年的史学教授,尽管屡遭打击迫害,在艰难困惑中仍坚守教学和学术研究岗位于不息,在史学园地开辟了一个新天地。

他主持历史系世界近代史教学工作和新课程建设。从1952年秋季开始,他在本科生中开设"世界近代史"这门基础课。这门课原先是潘硌基教授主讲的,王造时接任主讲后,力求有效的进展和创造。他兢兢业业,尽心执教,从课程的结构、内容、观点到史料,无不求新、求真、求实,教学效果得到提升,受到同学们的欢迎。20世纪60年代初,历史系为贯彻"双百"方针,扩大学生学术视野,在高年级开设"史学评论"课程。系里许多知名学者,如周谷城、田汝康、耿淡如等教授都在这门课程中担纲主讲。王造时蹊径独辟,在该课中讲"黑格尔哲学"专题,大开学生们的眼界,在当时封闭的环境下,打开了了解西方哲学和史学的一扇窗户。不久,他又为世界史研究生开设"欧美社会政治思想史"。这是一门新课程,从英国资产阶级革命讲起,着重介绍英法资产阶级启蒙学派的思想和学说,一直到19世纪末。1961年以后,历史系加强对北美西欧历史的研究,并准备筹建世界史专业,王造时于是率先在高年级开设"美国外交政策史"课程。

他参加了世界史教材建设工作。1961年高教部在上海召开高等院校世界史教材编选会议,王造时作为复旦大学历史系的代表出席会议,与北京大学、武汉大学、中山大学、华东师大等校的世界史专家学者共商教材建设计划。会议商定,组织本专业全国力量,编著世界上古、中古、近代三部历史教科书;同时决定编译一部关于近代西方资产阶级史学流派的文选资料。他受会议委托,负责译编部分西方历史哲学著名学者的代表性著作。他十分重视此项工作,精心选择,细心译著,提交了德国学者卡尔·鲍勃尔的《历史有意义吗?》和美国学者卡尔·贝克的《人人都是他自己的历史学家》两部文选,后来都收入田汝康、金重远主编的《现代西方史学流派文选》一书而面世。他编写的世界近代史讲义上、中、下三册,虽然没有正式出版,但这是复旦大学自己编写的第一部世界近代史教材。

他长期从事西方政治学和历史学名著的翻译工作,获得丰硕成果。20世纪60年代上半期,他受商务印书馆之约,重新翻译新中国成立前翻译的拉斯基的《民主政治在危机中》和拉丹纳的《美国外交政策史》两书,作为内部书出版。他参加翻译英国史学权威汤因比的《历史研究》(节选),由上海人民出版社出版,同时翻译了《历史研究》第12卷,完成译稿20万字,可惜毁于"文革"运动。他还受上海社联之托,为《现代外国哲学社会科学文稿》翻译关于西方哲学、政治和社会学方面的论文,其中有《安德生编法律哲学研究》《法律生长社会学》《卡尔·贝克论历史》《保守主义的解剖》《查哥林对贝克的解释》等多篇。

新中国成立之初,王造时对党领导的各项政治运动,如抗美援朝、土地改革、镇压反革命、"三反五反"、知识分子思想改造等,都积极参加。他自己认为,他曾积极参加五四运动、五卅运动,九一八事变以后,更是一步步跟共产党走的,积极参加了宋庆龄领导的"中国民权保障同盟"。1936年"救国会"工作是在党的领导和影响下进行的。在反帝反封建的斗争中,是救国会"七君子"之一。因此,他在民主人士中间有一定威信,常常代表民主人士发言。王造时对新中国也确实是热爱的,而且是歌颂共产党和人民政府、拥护社会主义的。

但是,总的来说,王造时在新中国成立后不如此前活跃,相对讲是沉默了。其实这种情况并不是从新中国成立后才开始的。还在抗日战争后期,他就开始感到苦闷和孤独。新中国成立初,他听人说,共产党对他有点误会,但又不知道什么事,心里忐忑不安,疑惑不解。由于抗日战争以来历史上积累起来的一些原因,他总以为共产党对他有误会,不够信任。因此,他采取消极态度,不加入民主党派,不担任行政工作,少说话,少发表意见,还以为革命成功了,专搞学问,同样可以为人民服务。当华东军委会主席饶漱石试探他是否愿意担任行政工作时,他婉言谢绝了,自称有自由散漫作风,不能胜任。九三学社、民盟劝他出任工作,他也托故推辞。1956年,无党派民主人士想结成一派,设立一个办公室,黎照寰为此和他商量,他认为无此必要。

这种情况,旁观者也看出来了。新中国成立后,特别是1957年初,王造时在北京出席全国政协会议时,潘大逵曾对他说:"冠盖满京华,斯人独憔悴。"据王造时说,张孟闻也对他说过类似的话。

1956年1月,中共中央召开了关于知识分子问题的会议,党为调动知识分子的积极性,采取了一系列措施,上海党政领导对王造时的关心和照顾也增加了。1957年3月,全国政协第二届第三次会议在北京召开,上海市政协推举市委统战部部长刘述周和王造时作为特邀人士前往出席。他们2月中旬就到达北京,在北京,王造时受到救国会和其他民主党派领导人的热情款待,而且解释了多年来的误会,心情很是愉快。

在北京,周恩来同志会见了王造时。王造时向周恩来说明致斯大林公开信的起草经过,并做了自我批评。周恩来还谈了关于救国会的事。救国会是1949年12月18日结束的,发表了《中国人民救国会结束宣言》。对于这件事,王造时当时认为,如果其他民主党派不解散,救国会就不必解散,后来多数同志主张解散,王造时也就赞成了。周恩来说,抗美援朝开始后,各民主党派联合发表宣言,拥护"抗美援朝,保家卫国"的号召,决心为这一神圣任务而奋斗的时候,联合声明上缺少救国会,毛泽东主席感到很可惜。周恩来赞扬王造时当时反对解散救国会是对的。周恩来还征求王造时是否有意恢复救国会。王造时回答说,这要问沈钧儒和其他朋友。事后王造时曾经征求过一些同志的意见,如顾执中就极力主张恢复,并说如果别人不干,他支持王造时一个人出来领导干,希望王造时拿出当年的气概。可是由于种种原因,支持救国会的老战友不多,不久又开始反右斗争,因此恢复救国会的事就不了了之。王造时对周恩来总理的接见,与他长时间的谈话和鼓励,十分敬佩和感谢。他感谢共产党了解了他,信任了他,顿时疑虑冰释,心情十分高兴。

王造时在北京还直接聆听了毛泽东在最高国务会议上的讲话(即《关于正确处理人民内部矛盾的问题》的讲话)。毛泽东《在中国共产党宣传工作会议上的讲话》的内容,由陆诒向他传达。

总而言之,王造时在北京参加全国政协会议以后,由于民主党派人士多方关心,由于共产党的信任,积极性被调动起来了。在这样的情况下,他积极响应党的号召,帮助党整风。

他在全国政协大会上做了《我们的民主生活一定日趋丰富美满》的发言,并且立即得到马寅初等的赞扬。当时,王造时认为在中国共产党和毛泽东主席的领导下,推翻了压在中国人民头上的三座大山,把黑暗的、落后的、分裂的、被帝国主义欺侮的旧中国,在很短的时间内,建设成光明的、先进的、统一的、强大的新中国,并在社会主义改造和社会主义建设中,获得极其伟大的胜利,这些都是铁一般的事实,凡是有良心的中国人谁能否认。正因为如此,为了把国家的事情办得更好,防止官僚主义的滋长,防止下情不能上达,以至于演变成严重问题,就要按照"知无不言,言无不尽""言者无罪,闻者足戒""有则改之、无则加勉"这些名言向党提意见,这才是民主人士应尽的职责。如果民主人士不说,一般人就更没有机会说了。所以他在全国政协会议上发言说:"拿一个或许不伦不类的比喻来说,做唐太宗固然不易,做魏征更难。做唐太宗的非有高度的政治修养,难得虚怀若谷;做魏征的非对人民事业有高度的忠诚,更易忧谗畏讥。我想,现在党内各级干部中像唐太宗的可能很多,党外像魏征的倒还嫌其少。"①

  3月4日,王造时回到上海之后,在上海宣传工作会议上,在上海市政协会议上,在《新闻日报》召集的座谈会上,在《光明日报》召开的座谈会上,又多次发表了自己的看法。归纳起来,他主要认为,生产资料所有制的社会主义改造基本完成、阶级斗争基本结束之后,应该扩大民主生活,加强法制,充分保障人民的民主权利,反对官僚主义,要建立对党政干部的监督制度。

  关于加强民主法治宣传和教育问题。他说:"解放以后,大家的政治水平尽管都有了提高,但由于几千年的封建专制的统治,我们一般人对于法治,还缺乏了解,并且在生活习惯和处事作风上,始终没有完全摆脱一向重人治而轻法治的残余封建传统。我们一些机关干部轻视法律的规定,甚至有一些司法工作者也有时犯了有法不依的过失——这都是人治主义的表现。过去对于法治的宣传实在做得不够,今后应该特别加以注意。作为人民基本教育的一部分,务必使每一个人都认识到宪法是神圣不可侵犯的国家根本大法,大家都必须按照法律办事。全国人民在法律面前是平等的。""党固不可以党代政,也不可以党代法。这不仅对于人民是一种保障,对于党的威信也是一种保障。"

  关于切实实现人民的民主权利问题,他指出:"依照宪法,我们有广泛的民主权利,但是我们还没有通过普遍的立法来把它完全实现。例如宪法里面有二十几次提到'依照法律'、'依据法律'、'服从法律'、'法律保障'等等字样,但这些有关的法律大部分都没有制定出来。……什么是合法的,什么是违法的,什么是犯罪的,什么是不犯罪,在什么范围内可以自由,在什么范围以外没有自由,如何审判,如何处罚,在很多地方还缺乏明确的规定。人民在享受自由之中,仍有不安全之感。"

  关于建立监督制度问题,他说:"党的领导是我们社会主义社会的基本原则。

---

① 王造时:《在全国政协二届三次会议上的发言》,1957年3月。

为了进一步保证党的领导更加健全无失,毛主席看出了民主党派的作用并提出了长期共存、互相监督的政策。……我觉得这个政策尽可以扩大到人民团体,因为人民团体所代表的群众比民主党派更多。……中国古代的御史制度享有独立和公开的弹劾权,在历史上曾经起过积极作用,我们也许可以考虑把政治协商委员会已有的视察工作扩大为类似御史的弹劾权。……这不但可以具体而鲜明地充实互相监督的作用,而且还可以间接培养和发扬中国历来士人气节的优良传统。"

关于推行基层民主管理问题,他说:"民主的真义不仅仅是为广大人民谋幸福,而是要人民真正起来当家作主。""民主集中制是我们社会主义的民主特点。从革命的发展过程去看,集中或许是先行于民主;但从制度的本质上说,民主究竟是第一性。只有在民主基础上谈集中,这集中才是健全活泼的。缺乏民主基础的集中最是滋生官僚主义的温床。""应该使生产者在他的生产单位内,充分参加管理。……如果在这些基层组织里打下了民主基础,广大劳动人民充分享受了民主权利,培养了民主生活的思想和习惯,那么民主就生了根,就会开花结果。我们的社会主义社会便不是任何反动势力所可以渗入而破坏的。"①

王造时的建议和主张,其本意是为了帮助党整风,使党更加健康,消除官僚主义和脱离群众的不良风气,特别是要加强和完善社会主义民主与法治。在当时,其实都是切中时弊的真知灼见。就在今天看来,也不失其积极的建设性意义。尽管他的言论和主张不会是十全十美的,然而,他把自己当成了共产党的诤友,以"知无不言、言无不尽"的态度谏言,更是难能可贵的。可是,由于反右斗争扩大化,王造时被错划为右派分子,一度被赶下了大学的讲台。

1960年9月29日,正当国庆节前夕,上海市委有关部门和复旦大学党委决定为王造时摘去右派帽子。随后,历史系逐步恢复了他的教学和学术研究工作。经历了一场浩劫之后,他终于慢慢地重新振作精神,走上讲坛,编书作文,指导研究生,翻译外国学术名著等。他决心在余生为培养人才和发展学术事业多做贡献。

王造时1961年再婚,新夫人郑毓秀是民族资本家李康年的外孙女。王造时原配夫人朱透芳1956年病故;三个孩子先后患精神病,住院治疗;小女儿王海容和丈夫被错划为右派,家庭生活苦不堪言。再婚后,家庭产生了新的生气,王海容不久又生了女儿,王造时更加高兴,亲自为外孙女取名桑榆。这些都鼓舞着王造时重振旗鼓的勇气。

但是,他不会想到,一场空前的灾难正在一步步向他逼近。在短短几年后到

---

① 见王造时《1957年在上海市一届四次政协会议上的书面发言》。

来的那场"文革"运动中,王造时遭到了更为严重、残酷的迫害。同年11月,他被关押在上海第一看守所。1971年8月5日,在遭受长期迫害之后,冤死在狱中。

1978年12月,王造时的冤案得到平反昭雪。1980年5月,错划右派的问题终于得到改正。同年8月19日,上海市政协和复旦大学召开追悼大会,沉痛哀悼这位爱国君子、民主斗士和著名教授。他的骨灰盒被移入上海龙华烈士陵园;2005年上海青浦福寿园救国会"七君子"塑像落成,王造时的英名被镌刻在上面,永垂不朽!

(原载周天度主编:《七君子传》,中国社会科学出版社1989年版,收入本书时在原文基础上做了修改。)

蔡尚思

蔡尚思(1905—2008)，福建德化人。历史学家、教育家。专长中国思想史、学术史等。

早年在家乡半耕半读，曾入私塾和县立小学念书。1920年至1924年入永春福建省立第十二中学就读。1925年负笈北上，以同等学历在北京自由听课，克难苦学，曾入孔教大学国学研究科、北京大学研究所国学门，师从王国维、梁启超、蔡元培。1929年至1931年先后在上海大夏大学、复旦大学任讲师、教授。1931年下半年至1934年转入武昌华中大学任教。1934年秋至1935年入南京国学图书馆住读，日夜苦读一年余。1935年下半年入上海沪江大学任文史特种教席，1942年起兼任光华大学、无锡国学专修科、复旦大学、东吴大学等校教授，曾任光华大学历史系主任。1945年至1949年继续任教沪江大学。上海解放后，任沪江大学校务委员会副主任委员，主持全校行政工作。1952年调入复旦大学，历任历史系主任、校研究生院副院长、副校长、校长顾问、文科学术委员会主任、中国思想文化史研究室主任等职。

民主革命时期，曾加入中国民权保障同盟，参与发起组建全国学术工作者协会上海分会、上海大学民主教授联谊会。新中国成立后参与发起组织中国新哲学研究会上海分会、中国新史学研究会上海分会。曾任国务院古籍整理出版规划小组顾问、上海社会科学联合会顾问、上海史学会副会长、孔子基金会副会长、国际儒学联合会顾问等。

在大学任教期间，开设"中国历代文选""儒家思想""墨子研究""中国史学史""中国社会史""中国教育史""中国哲学史""中国思想史""中国通史"等课程。2018年入选上海社会科学联合会评定的"上海社科大师"。

一生学术论著甚丰，有专著近20种，论文200余篇。其代表作有《中国学术大纲》《中国思想研究法》《中国历史新研究法》《蔡元培学术思想传记》《中国传统思想总批判》《中国新民主主义时期通史》（合著）《中国文化史要论》《孔子思想体系》等。

我是怎样冲破重重难关的

——有关治学的精神和经验

蔡尚思

多年来时常有同志来信来访,他们对我各有目的:有的偏重了解我的治学经验,有的偏重了解我的体育锻炼,有的要求我写出比较全面而又有中心的自传,有的还开列了十多项目要我一一填写。我多遵命照办了。几个月前接到成都方面同志的来信,得悉他们正在搜集有关"人生探索"的问题,要介绍我们"这样敢于正视生活路途一切坎坷的人","以顽强毅力跨越了一道道坎坷",好"让更多的青年人","受到一些启发","增强他们战胜困难的力量"。我正在考虑写作这类问题,没有料到《浙江日报》也应许多读者的要求,开辟了"治学经验一席谈"专栏,请国内各方面专家学者介绍自己的治学经验和体会,特派同志前来组稿。我得到启发,真是高兴,就以生平治学为中心,以克服种种困难问题为范围,写出自己主要的精神和经验,作为"给予大力支持",来向青年人请教!

一、以亲身体会的精神冲破盲从迷信关

这个问题包括对待鬼神宗教和圣贤哲学两个方面,应当从前一个问题讲到后一个问题才能讲得清楚。

我生在福建德化,旧德化是个交通非常不便的山县,迷信空气非常浓厚,求神拜佛,和尚、道士、巫婆等都很吃香,几乎代替了医生。大人们又经常向小孩子们谈鬼说怪,使人闻而生畏、毛骨悚然,尤其是一到晚上,只听见野生动物在周围乱叫,就不敢走出屋外,独往独来,真像处于一座阴森森的地狱中。但我也听见有"见怪不怪,其怪自败"的一条格言,觉得鬼怪神仙、阴间地狱等的故事,全是耳闻而不目见,因此,我大胆做了一次尝试,约好一个农村青年月夜同到一座破庙和山中去访问鬼怪。一入破庙,他听见一种怪声就以为是鬼叫,我细听,却听出是老鼠的声音。一到山中,他以为远处有鬼,我细看,却看出是树影的随风摆动。我从来没有遇见过一个真鬼来打交道,于是断定鬼怪等绝不在身外,而在心中:

心中无鬼,处处无鬼;心中有鬼,处处有鬼。所谓鬼怪,全是自己的心理作用。我曾讲过笑话:"也许真的有鬼,但我们幸得是人,人总比鬼高强,只有鬼怕人,哪有人怕鬼?鬼也是胆小的,所以不敢在我这个大胆的人面前露面。"我又以为,如果真的有鬼,能主持公道正义,使人鬼之间,冤冤相报,那就毋需多劳迷信者来大肆宣传迷信了,世间也就根本不会有罪恶现象的出现了。事实上,一切迷信全是迷信者虚构出来的,我是不愿上它的大当的!从解决这个问题以后,我对于其他方面,也多采取这种不盲从不迷信的态度了。

我去永春读中学,校舍原是一座破庙和旧书院,共有四进,又长又高,寝室和自修室分设在南北两端,黑夜来往很不方便。我为了做优等生,往往迟睡。大考有时还通夜用功,只身孤灯如豆,独坐自修室中。有些同学妒忌我,宣传校址夜中常出现鬼怪,目的是使我骇怕。我从来不信这一套,听了毫不在意。

离开中学后,我不仅把这种精神带往北京,而且扩大到哲学领域去了。我曾经考入孔教大学的国学研究科,多次同校长陈焕章接谈,他是清末的进士和美国哥伦比亚大学的哲学博士,又是康有为的高足,并且同时是宣传孔子是教主的孔教会头子。我们师生见面,交谈总要涉及孔子的思想问题。陈校长对我大骂北京大学废除经学科,不满从事反孔的北大派。他翻阅我到北京写的《孔子哲学之真面目》初稿,特别指示我道:"你在文字方面,不要引据今人的话,尤其是白话文;在思想方面,必须先深信孔子是大宗教家而不下于佛、耶等教主。愿意据此改正,才会有存在的价值。我校最重要的一点,即在孔教二字,如你不承认它,那就没有我们立足的余地了!"我听毕,心中在想,好在我不是一个妇女;不然的话,我岂不从"三从"变成"四从"么?古人所谓"在家从父,出嫁从夫,夫死从子",如今加上"在校从师",便是"四从"了。在学术研究上绝不应当采取"父母之命"和"牧师之言"那些老方式。初次谈话,我就有一个印象,他和康有为都很主观武断。他后来又进一步地要我写出《春秋研究》一书,内容必须依据董仲舒的《春秋繁露》和何休的《春秋公羊传解诂》,还特别拿出他著的《孔教论》给我参考,又亲自写信给我道:"《春秋》为孔子晚年之作,其义存于《公》《谷》,而莫著于《公羊》。何绍公之注,董子之《繁露》,复足以发明之……"

我因此编写《春秋研究》,而以《春秋董说》附于稿末。他阅后当然要再来一个不同意。问题始终在于承认不承认孔子学说是宗教,方法在于"先信后学"与"先学后信"的尖锐对立。陈校长认为先信后学是治学的要诀,目的在于劝人信孔教。我却看出他有不可告人的用意,而坚决同他唱对台戏。我认为"先信后学"是宗教家传教的方法,"先学后信"是科学家治学的方法,前者是主观的片面的,例如尊孔者劝人先信孔后学孔,以"信"决定"学",便是以"信"取消"学",这种"信"只能是一种盲从迷信,这种"信"是完全靠不住的。反之,如果先"学"后

"信",以"学"决定"信",便是先了解后赞成,才不是盲从迷信。"先信后学"对各教来说,也是行不通的,例如信孔者劝人先来信孔教,势必至于反对其他各教;其他各教如果也同样地劝人先去信各教,那么其他各教也就必然要来反孔教了。

我在北京求学时期,觉得在师长中,要算陈焕章一个人最为可笑可鄙,我也不愿承认他是我的老师。直到后来,我才认识到,他即使是反面教员,对我来说,也还有益处。因为当时如果没有他对孔子尊得太肉麻、太没有道理,怎会引起我的反感和唱对台戏呢?说不定也不会有今天这样一个我。想到这里,我对他倒很感激了!可是依然必须看到,现今是科学时代,不科学的东西,对自己既没有好处,也是无法令人信服的。

我深刻体会到,一个人的一切,往往是由自己的头脑决定的。改造一个人,首先要从思想转变开始。我在1928年以前虽然已由尊孔进到疑孔,更由民主主义进到空想社会主义,对北洋军阀、国民党政府和旧社会的一切极端不满,但又没有研究过马克思主义理论,没有接触到共产党人,所以只能到此为止了。直到1931年去武昌的一个大学任教,才同学生何伟(原名霍恒德,新中国成立后曾任教育部长等职)、黄海滨(原名黄心学,四野干部)等秘密研究马列主义,如有新书,便互相介绍和借阅。我的思想就这样开始转变为信仰科学社会主义而不再盲从其他学说了。马列主义既然擦亮了我的眼睛,我便喜而写出《世界三大思想势力》的14句话(谈不上诗)以为纪念,主要是其中的八句:

> 思想虽复杂,三家可包罗:
> 前进归马氏,倒退从释迦;
> 尚有孔仲尼,自谓不偏颇。
> 最后胜利者,非泰山恒河。

1936年,何伟加入中国共产党,往来武汉、上海、天津等地做地下工作,他知道我可靠,才敢于一别多年以后秘密来沪江大学看我,我就开始为党秘密转信,暗藏文件,如此直到新中国成立,常有地下工作同志在联系着。

二、以忍饥耐寒的精神冲破生活困难关

1925年,我上北京求学,交不起公寓费,只好住在永春会馆里。从第二年起,每到向同乡借来的钱快用完时,就更加精打细算,束紧腰带,有时只吃一个小馒头,多喝几碗水度过一天,肚子饿得咕咕响。平时总是自生煤炉。素菜小米粥,有馒头吃,就太满足了。多年都只穿着那一件旧棉袄过寒冬。写到这里,我

不觉心酸泪下！记得，当时为了勉励自己，曾经写过叫《苦中奋斗》的四句话：

发愤著书史迁语，穷且益坚王勃序。
贤哲多从苦中来，苦中奋斗才可取！

1929年上半年在南京、1931年上半年在上海，我都一度贫病交加。到了现在，时隔数十年之久，我还常做挨饿的噩梦，而惊醒起来。痛苦生活在脑中的印象实在太深刻了。但我在那艰难的岁月里，越发想积极地前进，而不消极地后退，认为"一个人可以被饿死和被杀，而决不好自杀，自杀是弱者屈服的自我表现"。

抗战开始，我曾被沪江大学解聘，失业半年。20世纪40年代前五年，为了维持生活，不得不先后兼任私立的沪江、光华、复旦、东吴等大学和无锡国学专修学校的教授，工作日夜不休，后来每月的总收入还不够买半担米，自己越教越瘦，妻儿啼饥呼寒。但是，我一点也不羡慕那些汉奸教授花天酒地的生活。无论汉奸政府怎样妄图用重金来收买我，也是无法买到我的身心的。我一向反对宋代陋儒片面苛求妇女"饿死事小、失节事大"的礼教守则，可是到了帝国主义要灭亡自己国家民族的紧要关头，我倒觉得自己真是临到"饿死事小、失节事大"的考验了！妇女不应当为失节于丈夫的问题而饿死，国民却应当为失节于民族的问题而饿死。我既然有为正气大义而饿死的决心，就绝不会发生被人拖下水的问题了。回忆当挨饿受冻时，我当然也会感到困难无法解决，不知道将来会不会饿死；可是到了时过境迁之后，就对自己庆贺起来了。正是由于过去常挨饿受冻，所以养成了一种较好的习惯，对于超过正常生活的烟、酒等嗜好一点都没有，也从不想独自享乐，而去占人家的便宜，因为如果想到独自享乐就会想到剥削人民。吃过苦头而又能永不忘记的好处，真是说不尽！

三、以与时间竞赛的精神冲破图书资料关

我在永春中学读书时期，特别注意打好学问基础，先从文学入手，把韩文和部分《史记》《庄子》等书读得烂熟。熟能生巧，后来到北京应《世界日报》征文，被张恨水评为"吾知此君研究韩文有年矣"。梅光羲老师也有"文气极似韩文公"的评语。他们都看出我大受韩文的影响。在此之前，我自知有此基础可以出外求学了，但德化一位姓陈的中学校长却劝阻我道："小水出小鱼，大水出大鱼。我们命定生在小地方，缺乏图书文化，只能成为小读书人。"我是怎样回答他的呢？"正因为如此，我越发需要到大城市去做学问了！我是不迷信这种地理命定

论的!"

20世纪30年代,华中大学校长食言,我同他闹翻又失业了!但我却没有忘记从前人家说的"大水出大鱼"那一句话,心想这正是我到学海书林去的大好机会,于是就赶到南京,入住号称藏书为"江南之冠"的国学图书馆。总结一下,我的体会有:

(一)惜时、专心、苦读是做学问的一个好方法。我本来想把这个大图书馆的子、集两部翻阅一遍。有一次,一个馆员问:"先生来馆的读书计划如何?"我很爽快地答:"至少要把馆藏的历代文献翻完。"他摇摇头说:"古来没有此种人。搞文学史的人,尚且不能如此,何况搞思想史、文化史等门的人吗。"我反问道:"为什么不可以打开这种学术禁地呢?"他又问:"先生预备住读多少年呢?"我此时有点自苦答不出了,忽然想起在永春中学时,有位林大烈老师经常劝一般同学向我学习,说:"像蔡尚思已经养成日夜不休、用功读书的一种好习惯,他只要读三数年便抵得普通人读十数年了。"我过去如此被人肯定,为什么现在反而不能做到了呢?我于是喜而答道:"事在人为:一年可以等于二三年,例如每天用十七八小时读书;反之,二三年也可以等于一年甚至比一年还少,例如每天只用五六个小时以下读书。我决定每天用16到18小时翻阅中国历代文集。"他听后只是微笑。我看出他有讥笑我太不自量的一些含义,就在心中暗地警告自己:"一言既出,驷马难追!我如不说到做到,把这个大图书馆所藏的历代文集翻完,我将来就无面目向此等人告辞而走出这个图书馆的大门了。"在此期间,我阅读真是无比紧张,颇有"两耳不闻窗外事,一心只读馆藏书"之概。结果,我算是取得了胜利!

(二)除了上述"化一天为三天"的快读法之外,我还有简批而不自抄的快读法。讲到这个问题,我首先要感谢历史学专家、国学图书馆馆长柳诒徵先生,他既爱护公家图书如自己生命,又为广大读者翻查、阅读图书的便利着想,而领导馆员集中精力,首先编印出《江苏省立国学图书馆图书总目》,内分经、史、子、集、志、图、丛七大部。单集部书目就有五大册,内分别集、总集、文评、集丛四类。我把时间和精力都集中在翻阅别集类,从周秦汉起,到清代现代止,以明清部分为最多,其次为宋代,又其次为元代;唐代以前的别集不仅不多,而且为大多数人所熟悉。我的快读法是只看散文而不看诗歌、词、曲、传奇、制艺、楹联、新文艺等。只看一个人最详备的一种文集而不看他各种版本的文集。只在《图书总目》每集的眉上简批为"要"和"待",即重要和待抄的一小部分,以其内容非常丰富,还得留到将来重阅。只简注文集中有用而拟摘抄的篇、段起讫。有时也略指出其在经学、哲学、文学、科学以及其他方面的高见谬说,以备将来自己有必要时的翻查。有时由于图书总目批不下或者是我马上要用与另有用途的资料,我就随时摘录在自备的抄本上。我附批做记号的文字既简单又细小如蚂蚁。在我离馆就业有些余钱时,再请人到馆中为我主持校阅工作,还暂时请了很多人为我抄出。

(三)我得以在国学图书馆中大借书、大阅书,应当归功于柳馆长特别给我的权利,他先告诉阅览室的馆员,必须尽量给我自由借阅图书,每次五册、十册以至数十册,都不限制。如果不是如此,我是无法完成略阅赶阅馆藏别集的预订计划的。他是我在治学上最大的一个恩人,他除最大量地供应我研究用的图书之外,还经常对我讲文化掌故等,等于为这个后辈的我补课,使我得到书本上所得不到的许多知识。以前曾经有人劝我跟柳先生研究中国文化史,柳先生是中国文化史(史料)的专家,这个愿望可以说是有些实现了。我起初以为我与柳先生在孔子思想上、在政治思想上,至少也会有对立情绪;哪知他一点也没有这样要求我,相反,在纪念孔子诞辰时,请我为馆员讲孔子思想。他真是我的一位好老师。他有一个高足刘掞藜,也是历史学家,原任武汉大学历史系主任、教授,曾同顾颉刚先生辩论古史问题,有一段时间和我同住在图书馆内,我们有时上天下地无所不谈,但也各有信仰。例如,他敬重清代"中兴名臣",我喜爱太平天国等。柳、刘等在史学上都是信古派,我与他们之间只讲学问,不计较其他,相处极好,终身难忘。我应补充几句,当时的史学界,南北两派对峙,北一派有胡适、顾颉刚等,南一派以柳先生为首,有刘掞藜、缪凤林等。北大一位姓林的教授说:"现代要算柳先生门下人才出得最多。"

(四)我过去很迷信权威学者,到了入图书馆多读书、扩大知识面以后,才转变了念头,认识到世上再权威的学者,也还是有限的而不是无限的。试举一两例来看,号称"国学大师"的章太炎,于1935年在京、津各大报上发表《论读经有利无弊》一文,断言总计3 000年来主张井田者只有四人;而我已经考出的就有50多人。陈垣老师的《史讳举例》一书,我过去只叹"观止"而无异议,到了此时才知道避讳的缺笔和改音均非始于唐,避讳的方法和种类均应增补好多例子等。这很是教育了自己,没有充分根据是不好下结论的;别人为了学术前途,更应当这样对待我们。

(五)我在这个大图书馆翻查了几万卷文集和搜集了几百万字的思想史料之后,才能写出《中国思想研究法》一书。我的意图有两个:一个是要从史料上把古来思想精华大体集中在一起;一个是在学术思想不自由的时代里,要利用古人为挡箭牌,而尽可能地把新思想寓托于其中,名为引据古人的言论,实是发表自己的观点(参看顾颉刚、柳诒徵等的序文)。其他如《中国历史新研究法》《中国传统思想总批判》等书,也和利用这堆资料多少有关系。上述数书都是比较能代表我学术思想和成果的一部分专著。

(六)我有一个无法补救的最大损失。我拟就上述搜集到手的丰富的思想史料,先写成头尾两书,然后写成一部部的思想专史,以《中国思想研究法》为头,已于20世纪30年代完成出版;以《中国思想史通论》为尾,假使没有时间,没有精力,就以此书权代各种思想专史。我从20世纪30年代写到1968年所谓"文革"的"九五革命行动"(即1968年9月5日工宣队和红卫兵搜查复旦教职工宿舍),点点滴滴地累积起来,初稿告成,无法付印,竟被"四人帮"多次抄家抢走,不知此时是否尚在人间。我的著作《中国思想史》有头无尾,这个损失再也没有30年的时间可以来补偿了!这是多么令人痛心的一件事呀!

(七)这一大堆资料对我从事教育工作也大有益处。例如我一直兼教"中国历代文选"一门课,可是只隔了一个大图书馆的读书生活,前后就大不一样了。我离开这个图书馆到某大学去教书,自编《中国文艺文选》两册,其中就有《同事异体之例》,从晋代成公绥的《钱神论》选到清代共九篇;《一题数仿之例》从晋代陶渊明的《归去来辞》选到元代也有九篇,如此之类,都是古今任何文选中所看不见的,这难道是我以前少读书时所能想到的么?从此以后,我在学术上,遇到某些有关问题,多可去翻查之前在图书馆中自备自批的那五大册集部《图书总目》了。如果把这个《图书总目》看成我在学术研究方面的命根子,也不能说是太过分的!

(八)一般都认为教育上以大学的研究机构为最高,我在名义上也进过两个研究机构;到了入住这个大图书馆,多读些书以后,我才晓得大图书馆是"太上研究院"与"太上导师"。我认为私人藏书不如大图书馆藏书,上课堂有时不如上图书馆,在文科大学(外文例外)虚坐四年毕业不如去大图书馆勤读一年书,这个问题另详我当时发表的《学问家与图书馆》(参看《中国历史新研究法·研究与图书馆》)。

(九)我由于失业才入住图书馆读书,没有想到顾颉刚先生后来在南京相见,却说我是"得业"不是"失业",是"大幸"不是"不幸"。他表示要向我学习,又自惜没有此种良好机会。我现在回忆起来,以为单就此一点而论,我自己也感到再也没有此种良好机会了!新我也有愧于故我了!我在此前后,北自北京,东到上海,中到武汉的许多图书馆,虽然都有我的足迹,可是如此比之南京国学图书馆的那一段经历,就未免是小巫之见大巫了!

(十)我由于有在大图书馆住读的一些亲身经验,得到说不尽的好处,就很盼望今后有人肯到大图书馆中去做科研,体会一个时期,比我从容不迫,更扩大其范围,也更仔细认真地去通读一下:研究中国文学史的应当遍阅集部图书,其中有连我也没有翻过的诗、词、曲等;研究中国哲学史、中国史学史和其他专门史的也都到大图书馆中进行探索;研究中国通史的,除了集部以外,还要从全部地方志中去选集人民史的重要资料,张舜徽教授最近也发表了有关这个问题的一些文章。这样做,在史料上、人物上就不致陈陈相因了。

四、以正义斗争的精神冲破政治压迫关

"学"包括知行两者,知又在于行,不能实行不算真知,知行一致才成为一个完整的学者。

这部分主要是指:我在抗日战争时期,抵制日伪的威胁利诱;解放战争时期,在中国共产党的领导下,密切配合解放事业各个方面的斗争,成立了群众性的大学教授组织,多写富有斗争性的文章,同国民党反动派进行极其激烈的斗争;林彪、"四人帮"实行封建法西斯专政的十年浩劫时期,任他们怎样抄家、抢劫和围攻,以致家破人亡,我也不肯屈服,而断然拒绝他们种种的乱命,并且反驳他们的诬蔑。这些问题已另详于去年写的《自传》,没有复述的必要了。

五、以永不毕业的精神冲破资格证书关

我幼年入私塾多年,既无所谓毕业,入小学多年又不及格。入旧制中学毕业了,也只有我一个人不肯去领取文凭,大家都讥笑我是"怪人"。我自信升学要靠实际学力,不靠这种毕业证书。

由于当时听说国中许多著名学者云集北京,我就无比急切地想北上求学,一面打听学有专长的名师而自由地去听学术演讲,一面特别到城外去拜清华学校研究院的王国维、梁启超两教授为师,得到他们极其宝贵的教导。我又以同等学力考入孔教大学研究科,与校长陈焕章辩论治学方法和孔教问题(已详前)。同时还考入北京大学研究所,经常向陈垣、朱希祖、陈大齐、梅光羲、李翊灼、江瀚等导师请教,并同所长蔡元培通信。我生平得到名师的教益,实以此时为最。我最爱北大研究所的特色,主要在于:(一)这个研究所强调学术民主与自由研究,仍有"五四"前后蔡元培主持北大时树立起来的若干优良传统。(二)研究生考取后,在发给的一张"研究证"上填入研究的题目与年限,如题目届时未能研究完毕,尽可再延长,研究时间的长短完全由研究生自己决定。我的研究题目是"孔子思想"。记得我有"我要长期研究这个问题"的一条附注。这是因为在中国思想史上孔子影响很大,而其问题也很复杂。(三)北大研究生不像清华研究院那样定时上课,而是导师有学术报告,才通知研究生到所听讲。我把不要上课的时间移作到图书馆自修之用。在图书馆自修比到学校上课好得多,我是不大喜欢上课的一个人。当时的我认为中小学生必须上课,大学生可以半上课半自学,研究生完全可以自由研究,遇有重大问题不能解决再去向导师请教就够了。

北大研究所只有入学时的自填"研究证",而不发给统一规定的毕业证书和授予学位证书。我觉得这一点很好,好就好在符合"学无止境""学然后知不足"的科学结论,一个学子最多也只能算是在学校教育上告一段落。小学中学等也许可以有毕业,不毕业怕不得升学;至于研究生呢,就不完全一样了。学问知识,无边无底,永远无法毕业,毕业就未免太自限了。因此我一直不敢要"毕业证书",而要以"永不毕业的研究生"自居,自知到死也是没有资格取得毕业证书的。我在学问知识中,即如所谓九牛之一毛、沧海之一粟,也不足以比喻自己的浅见与无知。我以为学人的标准在实学而不在资格、地位,更不要图虚名、吃老本。历史上许多大学者都拒绝清王朝的博学鸿词科,戴震、陈澧、孙诒让、梁启超等连进士也未中,汪中、王国维等连举人也未中,章太炎等任何科举都没有;反过来看,像公孙弘、冯道、秦桧、李光地之流,就适足增羞了。我去考研究生既不是出乎本意,考进了也不自满足,所以要以"终生研究生"自居,即以研究生终其身。

我起先以为"师"全在学校中,后来自己觉得这种看法很不正确:孔子"学无常师",我更把师的范围无限地扩大了。在我的心目中,师不仅有今人,也要包括古人;在今人中,不仅有受业师,也要包括太老师(指老师的老师,对我来说,有章太炎、康有为等);不仅有同业师,也要包括异业师;不仅有长辈,也要包括后辈(连自己的学生也在内);不仅有多长师,也要包括一长师;不仅有正面师,也要包括反面师;甚至不仅要有人类师,也要包括动物师。我越来越觉得人类并不是无例外地为"万物之灵",也有许多地方,得好好向其他动物学习。必须这样,才能真正做到李斯说的"泰山不让土壤,故能成其大;河海不择细流,故能就其深"。这要以他人他物之长比自己之短,越比越谦虚,而要向他人他物学习;绝对不要以自己之长比他人他物之短,越比越骄傲,而不肯向他人他物学习。这是一个关键问题,也许可以一通而百通的!

自高自大,固然要不得;反之,自暴自弃就要得了么?也同样要不得。古今人多陈陈相因地顺口而出:"人非圣人,孰能无过?"我以为,人是"圣人",也难无过。历史上不知出了多少伟大人物,个个都有时代的局限性,如果有人自认是"最大圣人",就是无比自暴自弃,两者相反相成,同样会阻止历史的向前发展。中国2 000多年来都以孔子为"万世师表","前无古人,后无来者",以孔子的是非为是非,才会弄到没有是非。一切都在变化中,怎别以不变应万变呢?一切都在发展中,孔子的徒子徒孙那么多,而且一辈子都在学习孔子,为什么连这一点都没有搞通呢?这样,2 000多年来的时代岂不白过了么?2 000多年的人岂不白生了么?可见,对孔子和其他的伟人都要突破,绝对没有突破就一切都完了。不懂得突破的关键性,不懂得迷信权威的危害性,就会成为辩证法的大敌,就会成为社会发展史的大敌!

六、以永葆青春的精神冲破老年衰退关

青春精神就是富有生气朝气,同死气暮气不两立。
我在青年时最爱读李大钊同志下列几句话:

> 以宇宙之青春为自我之青春,宇宙无尽即青春无尽即自我无尽。……不仅以今日青春之我,追杀今日白首之我,并宜以今日青春之我,生于青春,死于青春。(《青春》,1916 年)

我从中年到老年,越来越以康有为、严复等人的日益开倒车为戒,同时也越来越以李大钊、鲁迅等人的日益向前进自勉,以为一个人不断前进而不倒退,是正常的;逐渐走下坡路甚至晚节不终,是反常的。身体上、生命上会有衰老病死,思想上、精神上绝不应当有衰老病死。前者是有限的,后者是无限的,这就是我的根本观念之一。佛教认为人的生、老、病、死是"四苦",我倒觉得人的生、老、病、死是"四乐":我们有幸得生出来,又活到老以至病死,四者是关联在一起而无法把它分开的,这怎好说不是"四乐"呢?有些毛病如失眠,医不好,我就利用脑子在床上构思,有心得时便中夜起坐,把它写出来,经过一段时间,就成了一篇文章或一本书了。这不是失眠病对我也有好处的明证么?老死虽是人生最后的一关,可以说"人生难过老年关"。可是这也有一个认识的重大问题在其中:许多人都好生恶死,骇怕越老越同死靠近,旧时代往往很庸俗地以"长命富贵"相祝,这可大错而特错了!要知道,人的寿夭生死,更主要的是在精神而不在身体,有些人长寿不如短命,有些人生不如死,以致有些人被人们痛恨为不早死,如王莽、苏威、秦桧、夏贵等。但在另一方面,精神也寄托在健康的身体上,没有健康,德智两育也就无所寄托了(参看我的《中国文化史要论》末节)。

我在青中年时期,很错误地认为锻炼运动是浪费时间。从新中国成立初起,对于体育问题才有所觉悟,没有强健的体魄,就不能从事艰苦的学术活动,于是下决心补课,单每天洗冷水浴一项,就坚持到现在。近两年多,还敢于再登泰山,我尚有其他几项自创的经验,终于自己治愈了几种毛病。我总觉得健身与病魔不能两立,自身强,病魔就不敢来侵犯;自身弱,就会成为病魔侵犯的对象。自强与医药也有主次之分,与其多求医药,不如从事体育锻炼。

(原载《浙江日报》1981 年 4 月 8 日、10 日)

巍巍师表　学界楷模

——缅怀一代史学大家蔡尚思教授

余子道

一代史学大家蔡尚思教授走过了百余年极不平凡的人生之路，与世长辞了。学界失一巨擘，士林同声哀悼。从呱呱落地降临这个世界，直到告别人世，百年行过，他的一生几乎与整个20世纪同行。风雷激荡的伟大时代，造就了这位杰出的学者、真诚的爱国者和共产党人。随着历史的巨大步伐执着奋进，他创造了无愧于这个时代的足以载入史册的光辉业绩。青年时期，作为一个贫寒学子的他，克难苦学，勇闯北京高等学府，成为国学孜孜不倦的研究者。人到中年，立业于南北诸所高等院校，以惊人的毅力攀登史学殿堂，成果迭出，在学术界崭露头角，声誉鹊起。继而以坚定的步伐进入抗日救亡和人民民主革命斗争，作为著名的民主教授，迎来了上海的解放和新中国的诞生。作为一个党员专家，一个在社会上有着广泛影响和拥有显著声望的学者，在社会主义时期，他一身而数任，在政治、学术、教育、文化以及社会活动等各个领域，做出了多方面的贡献，而学术研究和学校教育方面的成就尤为卓著，成为他一生中最为辉煌的岁月并终其一生。

在当代中国学术界和教育界，他被公认为德高望重、著作等身、桃李满天下的史学家和教育家，这应是当之无愧的。他在学术研究和高等教育战线上奋斗了数十年，把一生的心血倾注于科学和教育事业，为发展学术文化、作育人才、振兴中华而不遗余力。尤其是在中国思想史的研究工作中，他追求卓越，用力最多，积数十年之功而立一家之言，在这一领域中独树一帜，开创了一个新生面。

在我接触到的复旦园内许多老一辈学者当中，蔡尚思教授是一位最富赤子之心，最具学者风骨，最有平民本色，最率真正直，也可以说是最富独特个性的学者。从20世纪50年代中期我进入复旦大学历史系以来，与蔡尚思教授相处相知近半个世纪，前后约有20多年时间，与他同在一个党支部，也同在一个教研组工作。我非出自历史系学生的行列，更非他的入门弟子，但却是三生有幸，有机缘于这么长的岁月里，时时亲聆他的教诲，感受他的人格力量和高尚品德，学习他的治学经验,得益良多。蔡尚思教授的爱国爱民的赤子之心,坚定正确的政治信念,崇实求真、服膺真理的治学精神,诲人不倦、提携后学的师道师德,克勤克俭、艰苦朴素的生活态度,无不给予我深刻的感染而产生深远的影响,使我终身难忘。

一、克难苦学　玉汝于成

作为一个史学大家,蔡尚思教授的创业之路历经艰难曲折,极为崎岖不平,其千辛万苦的境况,非常人所能想象。记得1964年到1965年间我与他在奉贤头桥公社参加"四清"运动,同住一户农家的斗室。他多次同我忆述早年往事,说他曾是"一个穷学生、一个穷教员",在二三十年岁月中"苦读书、苦著书",不少时日处在半饥半饱的生活之中,仍毫不懊悔地苦苦坚持钻研学问,其中甜酸苦辣真是一言难尽。他的克难苦学的动人事迹,闻之每每使我肃然起敬而引为学习的榜样。如果没有他这种坚忍不拔、不避艰辛、不图安逸,执着奋进地勇攀学术高峰的崇高精神,绝不可能铸造起尔后在学术上的一座座丰碑。他治学严谨,夙夜勤奋,学识渊博,厚积而薄发,敢言人之未言,敢纠人之谬误。这与后来他在中国思想史学术研究中的杰出建树,具有水到渠成、春华秋实的内在联系,而绝非偶然。

蔡尚思教授出身于贫寒之家,少年时一度因家贫辍学,难为其父母勉力支撑而幸免失学。慈母谆谆勉励,嘱他要立志为穷人读书做事,中学的师长又多方提携鼓励,发愤求学、成才立业的志向乃逐渐萌发。1925年,不满20岁的他,告别故乡负笈北上,赴京求学。以一个来自福建德化乡间的贫寒学生,大胆地冒昧参见清华大学国学研究院教授王国维、梁启超,拜为导师。不久,考入北京孔教大学国学研究科。因对校长陈焕章一味崇孔而不满,便自行到北京几所著名高等学府当一个不需缴学费的旁听生。这时老家破产,生活难以为继。他苦读勤学的意志并未因生计无着而动摇,每每靠着向同乡借来的几角钱,买点小米稀饭聊以充饥,再无办法,只得一天买一只小馒头充饥度日,却坚忍不拔、废寝忘日地钻研国学。

志向高雅的他,为追求更高的学问和才识,于1927年考入北京大学研究所国学门成为研究生,师从陈垣、梅光羲等导师。北大研究所是中国自有新式学校以来最具权威的资产阶级自由主义性质并带有传统的书院色彩的最高学府,采取个人独立研究为主,辅之以学术讲座的学习方式。这对于特别寄情于独立研究、自由思考的他,可谓如鱼得水,用他自己的话说:"我喜欢这种学习方式,因为可以到各大图书馆阅读研究。"可是,贫穷依然困扰着他,以致在北京大学的研究难以为继。后来他回忆道:"因为生活难以维持,不得不在1928年下半年改为通讯研究,得校长蔡元培的介绍,南下南京教书为生。"

蔡尚思教授在南京谋业未能如愿,陷于失业达一年之久。生活无着,往往一天只吃一碗阳春面度日。幸而在南京福建会馆偶遇的一位福建老乡,怜惜这位志气不凡的穷困学子之苦难,得在其家中就食,而不曾挨饿而终。陷入生活困境,并未动摇他迈向学术殿堂的坚定步伐。这段在南京的艰苦日子里,他依然早出晚归,埋首图书馆研读,从不停息。到了1929年秋至1930年冬,蔡尚思教授先后于上海大夏大学和复旦大学教授中国历史,境况一度有所好转。但在这两所私立大学受聘为时短暂,不久又告失业,再度陷于穷困。

从1925年至1931年,在北京、南京和上海三地的三次生活上的磨难,蔡尚思教授后来将其称之为他一生中的"第一次至第三次的饥饿生活"。在多年的有了上顿无下顿的半饥饿生活境况之下,他以惊人的毅力和坚不可摧的意志,以及那常人不可想象的执着和努力,克服重重困难,夜以继日,奋力研究中国史学和哲学。他的最早的一批学术著作在这一期间陆续撰写完成,先后问世,成为他早年的代表作。1928年前后,他著有《孔子哲学之真面目》《老墨哲学》《三大思想之比观》等书。1929年至1930年间,《中国学术大纲》一书也告完成,并与学术界见面了。

第一次离开复旦大学以后,1931年秋,蔡尚思教授远赴湖北武昌,入华中大学任教。1934年秋,他辞却华中大学教职,返回南京。以后的一年中,虽然因失业而在生活上再次陷入困境,然而,在学术研究的征途上,他却迈开了具有深远影响的重要一步。他曾经多次与我们几个中青年教师深情忆述在南京的这段经历,说:"(在华中大学)我愤而辞职,失业回南京,入国学图书馆住读一年。每天用功到12个小时,查阅中国历代文集及其他方面的书籍数万卷,搜集了以中国思想史为中心的资料数百万字。"在这里,他的坚忍不拔、刻苦治学、勤勉奋进的精神又一次集中地得以显现,而在南京国学图书馆进行的上述基础性工作,也为他之后深入探究中国思想史构筑了一种坚实的基石。

在学术研究的道路上,他有一种严谨求实、追求真理的态度,勤奋好学,锲而不舍,孜孜不倦地探求历史真谛。既不浅尝辄止,哗众取宠,又不人云亦云,随风摇摆。出于互相探讨切磋,推动科学发展的目的,他往往会向学界权威提出不同见解,与之争鸣。在南京时期就已显露了他在这方面的独特风格。他曾经对我们几个后学者说过:"国学大师章太炎论中国历代主张井田制者只有四个人,我却发表一文,举出四十多人,争鸣章先生的少见和健忘。"又说:"在国学图书馆遇一位史学家刘揆藜,他崇拜孔子,而我却觉得还是墨子伟大。他崇拜曾国藩,而我却觉得还是洪秀全伟大。结果两人争得面红耳赤,但一点也不伤感情。我对刘的老师、南京国学图书馆馆长柳诒徵老史学家,也不把学术与感情混为一谈。"对于蔡尚思教授来说,这种对真理的执着追求和"吾爱吾师,吾更爱真理"的态度,是数十年如一日的。

1935年下半年蔡尚思教授入上海沪江大学担任教席,由此至1937年八一三事变爆发的两年中,生活状况有了改善,并且终于还清了十年来所拖欠的债务。然而,这短暂的宁静没有多久就被日本侵略者的炮火打破了。国难与家难几乎是在同一时间降临到头上的。八一三战火一起,沪江大学所在地顿时成为中日两军反复争夺的一个战区。他以多年心血聚积而成的珍贵的图书资料顷刻化为灰烬,令他痛惜不已。从上海沦为"孤岛"到太平洋战争爆发,在日寇铁蹄之下生活日艰,物价飞涨,他"每月全部收入少到只够买米数斗,全家在上海的生活苦不堪言,因得夫人之姐借钱相助,才不至于饿死"。在如此艰难困苦的岁月里,他依然坚持着学术研究的事业,生命不息,笔耕不止。这一时期他撰写完成的一批新的著作陆续问世。1939年出版了《中国思想研究法》,1940年出版了《中国历史新研究法》,1940年写就《蔡元培学术思想传记》(后于1950年出版);在此之前的1936年,还发表了《三十年来中国思想界》一文,该文当时曾被译成日文。他后来在一篇文稿中回忆说:"这一时期开始,我力求运用唯物史观作为研究历史的指导思想,但自己理解不深,仍不免有错误。我觉得在自己的撰写工作中,以《中国思想研究法》一书用力最多。"

以解放战争的胜利推进为标志的中国新民主义革命全国高潮的到来,唤起了蔡尚思教授的学术创造的新高潮。在中共上海地下组织的指引下,他以学术论著为武器,把一篇篇的学术论文作标枪,勇敢地投入到反帝反封建的人民大革命中;而且也在这个斗争过程中,他的学术研究水平获得了一次新的升华。这一时期,他在上海的进步刊物《时代》《时与文》《民主》《周报》《中国建设》《新文化》等,以及《文汇报》《大公报》等报纸上,陆续发表富有战斗力的论文百余篇。锋芒直刺国民党反动统治及其封建、半封建的意识形态,旗帜鲜明地反对尊孔复古,反对复辟倒退,反对洋奴买办思想,影响遍及国统区和解放区。这一系列文章尔后汇集为《中国传统思想总批判》和《中国传统思想总批判补编》两书,在上海解放后正式出版,成为蔡尚思教授十分重要的代表作。

经过长期积累而造就的广博深厚的学术功底,从不间断的精益求精的潜心研究和探索,学术成果的一批批推出,步入中年的蔡尚思教授如同一颗新星,在中国学术领域冉冉升起。他逐渐作为一个从20世纪30年代以来脱颖而出的新一代学者而进入学术界和思想界的视线。他长期专攻中国历史、中国哲学,尤以精研中国思想史,特别是对中国近代思想史和春秋战国时期思想史的独到研究,而称著于世。

二、丹忱为民　风骨弥坚

蔡尚思教授从一个埋头读书、醉心于学术研究的书生,步入中国共产党领导的人民民主革命的行列,以著名的民主教授的战斗姿态,登上解放战争时期第二条战线的历史舞台,进而成为一个真诚的共产党人。这漫长的历程中充满着艰辛、曲折和风险,但他始终勇往直前,百折不回,而在这其中支持他的最根本的内在力量就是他那忧国忧民、爱国爱民,一切为了人民的赤诚精神。终其一生,可以说,"横眉冷对千夫指,俯首甘为孺子牛",应是对他恰如其分的写照。

对广大人民群众的深厚的思想情结,在他少年时代就已萌发。他曾多次同我谈起少年往事,深情回忆说,他生长在农村的一个贫寒之家,少时因家贫辍学,约有两年半失学在家,参加牧羊、挑谷、担粪、种菜、割草等劳动,每天赤足同农民子弟一起往来于田野山间,过着半农民生活。及至进入中学就读,就已胸怀朴素的为劳苦民众读书做事的信念。在北京和南京寒窗苦读时,眼见民族的危机、政府的腐败、社会的黑暗和人民的苦难,更是一天天忧心如焚,强烈地激发他探求救国救民之途径。记得1956年秋天,他在一次党支部的思想小结时深情地回忆道:"(北伐战争前后)在南京挨饿,眼见反动政府无比腐败,军阀混战连年,民不聊生,我独居芦苇为顶的一间破屋,彻夜未眠,半夜坐起,对现实极度不满……也时常为被剥削者被压迫者鸣不平。"他日夜苦思,探索造福大众,救国救民之路。尽管当时他还未找到马克思主义的理论武器,也不了解中国共产党领导的人民革命运动,但却是在苦苦地探索着。

九一八事变以后国际国内形势的大变动和工农红军战争的胜利发展,给蔡尚思教授的政治方向和政治道路的转变提供了历史性的契机。这其中的关键,就在于他开始接受马克思主义理论并且与中共地下组织有了联系。从1932年开始,他在武昌华中大学与地下党员何伟(解放后曾任驻越南大使、高等教育部部长等职)等青年学生一起学习和研究马列主义著作,同时参与掩护地下党的革命活动。在这以后的数年中,他还陆续研读了恩格斯的《家族、私有制与国家的起源》,以及苏联编著的《辩证唯物论与历史唯物论》《辩证法唯物论》和《政治经济学教程》等一批阐述马克思主义基本原理的论著。用他自己的话来说:"这都是抗战前对我最有影响的书。"学习马克思主义和接受共产党的指引,是蔡尚思教授人生历程中的根本性的重大转折。由此,他以往的个人奋斗遂开始与中国共产党领导的伟大的人民民主革命直接联系了起来,他为实现救国救民的夙愿所做的奋斗,终于有了正确的方向和道路。

此后在潜心钻研学术和担任教职的同时,他一步步投身于适合他自身条件的进步的革命的活动。1932年,为了保护民权,反对国民党反动派迫害进步人士和屠杀无辜,他参加了由蔡元培、宋庆龄、鲁迅领导的"中国民权保障同盟"。1935年,由共产党员欧阳执无介绍,他加入了"中苏文化协会"。1936年何伟来上海从事党的地下工作,蔡尚思教授运用沪江大学教授的身份进行掩护和协助。他以自己的寓所提供何伟作为落脚点,代为保管和传递党的秘密文件,还在经济上给地下工作以支持。这时,同何伟一起在上海进行革命活动的陈家康同志(新中国成立后曾任驻埃及大使、外交部副部长),也得到了蔡尚思教授的诸多协助和悉心的掩护。

对人民的一片赤子之心与对敌人的绝不妥协的态度,可以说是蔡尚思教授政治性格中不可分割的两个不同方面。与那些惯于对反动统治者攀龙附凤、趋炎附势的文人截然不同,他无论是在北洋军阀时期还是国民党统治时期,从不向反动势力和黑暗势力低头,更不屑做任何献媚之举,始终保持了一个正直学者的铮铮风骨。1935年春,广东军阀陈济棠在广州创办的"学海书院",以每月500元大洋之高薪聘请蔡尚思教授前去执教。他以这所学院为军阀势力所操纵而予以拒绝,尽管对方开出的薪俸,比他在上海的现有薪给高出一两倍,也绝不为所动。他态度鲜明地表示:"我不愿为封建军阀服务,坚决拒绝!"

蔡尚思教授曾经说过:"我对反动派是绝不妥协的。"这铿锵有声的誓言绝无半点虚妄。抗战时期他断然拒绝与日伪合作便是明证。上海在太平洋战争开始后全面沦陷,进入最黑暗的时期。日伪当局控制的伪国立交通大学、伪申报馆用种种手段威胁利诱,妄图逼迫他去这些单位出任伪职,但被他一一拒绝。后来日伪当局又企图利用蔡尚思教授出山主持一家汉奸刊物,也遭到他的拒绝。对于当时对付日伪当局的这一场较量,他后来在20世纪50年代做过这样的回忆:"汪伪政府曾拟办一家大型杂志,他们知道我连三顿饭也难以维持,就通过一些熟人用高薪来引诱,要我去担任刊物的主编,还企图通过我与日伪当局的合作,引诱上海教育界一批专家出而投靠日伪当局,充当编辑等职。我再三表示,假使我到了饿死的境地,就算你们把伪政府的银行也送与给我,我也不会动心!"

经受了伟大的抗日民族解放战争的洗礼,亲历了国土的沦丧和人民的苦难,这一场近代历史上空前的大变动,给了蔡尚思教授的心灵以极大的震撼,大大地激发和提升了他那追求民族独立、人民民主和国家富强的强烈意愿和前所未有的积极性和主动性。抗战胜利不久,他积极参与由郭沫若、马寅初、侯外庐、杜国庠等民主和进步学者共同发起成立的"全国学术工作者协会上海分会",为24位发起人之一。该会以团结学术界人士为进步事业而奋斗为宗旨。这一期间,他还与长期同他保持着联系的中共地下党员方行(新中国成立后曾任上海文管会主任)合作编汇《谭嗣同全集》和《李大钊全集》,旨在抗战胜利后新的历史时期,传承和发扬光大改革志士和革命先驱的伟大志业。

当中国两种命运大决战的解放战争排山倒海地推进之时,在第二条战线的上海,蔡尚思教授以鲜明和坚定的姿态登上人民大革命的历史舞台。他以自己的实际行动,赢得了进步的教育界、学术界、文化界和广大青年学生的支持与钦佩,被誉为民主教授。可以说,这时他已在中共上海地下组织的直接领导下,以前所未有的自觉程度和组织行动,投身于反帝、反封建和反对官僚资本主义的斗争。

1946年冬,他与爱国民主人士沈体兰、张志让、周予同一起发起组织"上海大学教授联谊会"(简称"上海大教联"),联系与团结沪上高等院校教授,开展民主运动。他与中共地下工作者李正文(新中国成立后曾任复旦大学党委书记)等同志保持直接联系,在地下党的指导下积极开展"大教联"的工作,成为这个组织的一个核心人物。"大教联"成功地联合了各校教授近百人,在上海反对美蒋反动派的爱国民主运动中起了重要的作用。

这一时期,他的主要战斗在意识形态战线,而这种战斗是在党的领导下进行的。党的地下工作者梅益(新中国成立后曾任国家广播事业局局长)、唐守愚(新中国成立后曾任上海市高教局局长)和李正文同志,经常与他保持着秘密的联系。他以学术为武器,向着以国民党统治当局为代表的封建和买办的思想文化发动猛烈的进攻。在《时代》周刊、《民主》周刊、《中国建设》月刊、《时与文》周刊、《新文化》半月刊、《周报》、《消息》半月刊、《国讯》月刊、《展望》周刊,以及《文汇报》和《大公报》等报纸上,陆续发表的文章达百余篇之多。其中大多数文章是针对国民党统治的反动意识形态而发,一部分学术性研究的文章也深深地蕴含了政治斗争的意向。他以"批判的武器"紧紧地配合着解放战争对国民党反动统治的"武器的批判"。这一篇篇战斗檄文批得反动当局坐立不安,但在民主阵营引起了热烈的反响。不仅在国统区发生了广泛的影响,而且解放区的报纸也有摘要报导的。笔者当时还是一个初中刚刚毕业的小青年,记得1948年在杭州读到蔡尚思教授发表在《大公报》"星期论文"栏目的文章,也深深地受到了启示,思想的眼睛为之一亮;而他作为一位民主教授的崇高形象,也正是在这时开始在我的脑海里生根的。

学校的讲坛是蔡尚思教授的又一个战场。他在沪江大学等校讲授中国通史等课程,说古论今,揭示历史与现实之间的联系,以历史的眼光抨击时政,指明中国政治的必然走向,给了青年学生们以正确的引导。南京当局教育部将此视为大逆不道,急欲加以扑灭,秘密电令沪江大学校长严密注意而待机予以取缔。该电文的原件新中国成立后在沪江大学的档案中查获,其中称"该校中国通史教授蔡尚思……持论狂妄,平时教学专事打击政府,而在沪版《大公报》暨其他杂志发表之言论,尤其言伪而辩,悖逆反动……仰密切予以注意"。沪江学校当局乃对蔡尚思教授软硬兼施,企图逼他就范,停止战斗。该校政治系学生中一个国民党死硬分子,在校内公开扬言要用手枪打死他。面对解聘的威胁和被杀的危险,他并未有丝毫的动摇和退缩,坚持不从学校撤出,而且还多方设法保护学生运动,以铮铮铁骨昂然挺立,坚持与反动派进行不屈不挠的斗争,直到迎来上海的解放。

三、渐行前进　永无止境

蔡尚思教授从年轻时起就以一颗赤子之心和丹忱为民的一腔热情,探索救国救民的道路。在这里,他走过了相当漫长的历程和崎岖不平之路。与五四运动以后中国一部分先进的知识分子所走的道路一样,他也是从民主主义一步步地走向共产主义,从一个爱国者进而成为一个共产党人的。忧国忧民、爱国爱民的情怀也正是他在政治思想上的起点,而接受社会主义和共产主义,乃是政治上的合乎历史发展的归宿。从历史上看,同五四时期以后那些早期的共产主义知识分子相比较而言,在这条道路上前进的知识分子队伍中,蔡尚思教授并非先行者。然而,他从原先赖以安身立命的国学的象牙之塔中破门而出,以一介书生而步入人民民主革命和社会主义的洪流,其中冲破的各方面的阻力、克服的种种艰难险阻,为常人所不可想象。他的特立独行之举,出于公心,发自内心,是数十年来苦苦探索和不断反思而做出的正确选择。他走过的道路后世不可能重复,但其精神却是十分可贵的,永远值得我们后辈们学习。

百年行过,一步一个脚印。蔡尚思教授的人生步伐,总是与时俱进,一直随着历史的前进而前行的,从不倒退,更无背向历史逆行。现代中国的知识分子中,有些人原先一度站在时代潮流的前头,不失为一个改革者甚至是一个革命者,可是后来却走向保守、落伍,甚至开起历史的倒车。有的人做了一阵子有益于国家和社会的事业,却在另一种境况下,中途变节而堕落。有的人则在革命高潮时涌入革命阵营,但当革命低潮袭来时却销声匿迹而远离革命。蔡尚思教授虽不是革命的先行者,但他一旦接受了马克思主义的理论,认定了通向民族独立、人民民主和国家富强的正确道路,就坚定不移地奋斗前进,从无动摇。在中国革命处于低潮的20世纪30年代,他不畏艰险支持革命运动,而当40年代后期革命高潮到来之时,他更以前所未有的自觉性和积极性投入党所领导的革命斗争。人民共和国成立之后,他从未以过去的革命斗争历史为资本,谋求任何的个人私利,相反却是一贯地以一个普通的学术工作者和教育工作者默默地做出无私奉献,数十年如一日。他以自己的行动,忠实地实践了立党为公的宗旨。

他之所以参加共产党，成为一个共产党员，是经过了长期的政治思想的准备，多年的实际斗争的经验，以及党组织的严格的审查的。1953年5月27日，我曾参加了复旦大学历史系党支部讨论审查蔡尚思同志入党问题的支部大会。这次会议对我也是一堂深刻的党课教育，至今记忆犹新。令我非常感动的是，他抱有十分严肃的对历史负责，对党负责，也对自己负责的郑重态度。动机是崇高的，志向是远大的，襟怀是坦荡的，言行是一致的，这得到了与会同志的一致肯定。事实上，早在上海解放前的1948年，地下党组织根据他的一贯表现，已决定吸纳他参加党组织。当时，与他保持直接联系的地下党有关同志，也已告诉他要向党组织提交一份自传。后因地下工作的组织关系和负责联系他的地下人员的工作变动等原因，未能完成发展入党的组织程序。时隔五年，再次讨论审查入党问题，他的态度是那样的谦逊，对自己的要求又是如此严格，无不令人钦佩。他这样说道："我过去长期以来想做学术专家而未参加革命……太辜负了劳动人民的长期培养和党对我的长期栽培。""我应该在党的培养教育下，继续不断地提高自己的觉悟，成为党内一名战士。为共产主义而生，才是最有意义的生，为共产主义而死，才是最为光荣的死。"既是一个学者，又是一个战士；既要"红"，又要"专"。他在我们年轻党员的心目中，是学习的楷模，前进的榜样。

蔡尚思教授对自己的政治和思想发展的历程，将其根本特点概括为"渐进"。他认为自己既不是"激进"，更不是"倒退"，而是"渐进"。"渐行前进，既稳且坚"，是对他政治思想历程的真实写照。他曾经写道："我的思想行动既不是倒退，也不是激进，而是相当典型的渐进。由信仰中国传统思想，经过怀疑传统思想，而到反对传统思想，是对中国传统思想认识的一步步提高。由信仰空想社会主义，到信仰科学社会主义，是对社会主义认识的一步步提高。由在思想上同情和拥护革命运动，到在行动上直接投入党所领导的革命斗争；由反帝的民族立场，而进到人民大众的立场，到无产阶级立场；由不接近共产党，到接近共产党，由接受党的领导，到参加党的组织内来，而成为一名共产主义战士。"他对自身前进之路的这一概括，真实可信又符合规律，反映了蔡尚思教授数十年来一步一个脚印，执着、稳步、坚定地追求真理、追随革命的前进之路的轨迹，有着十分重要的借鉴意义。

他的可贵之处，还在于在"渐进"的道路上永不停止，生机勃勃，永葆青春。他的思想与行动始终与时俱进，活到老、学到老、改造到老、奋斗到老。这其中的一个重要原因，就是他永不自满，永不固步自封，时时以一个小学生自居，不断重新学习，不断自我更新。有一次，在党的组织生活中，他以自己的心路历程与吴玉章同志相比较，十分谦虚地自我批评说："我的进步太慢了点。以年岁而论，我比之于吴玉章同志有点像一个小孩子，然而他比我进步快。他参加各个时期的政治斗争,总是站在时代的前列。时代出现了什么新党派,他就投入什么新党派。他由维新派到同盟会,再到共产党,即由资产阶级改良派到资产阶级革命派,再由资产阶级革命派进到无产阶级革命派,是知识分子中进步快的一个典型,而我则是进步得较慢的一个小例,相差很远,自愧极了。"谦逊、坦诚、热切求进的心态溢于言表,在座的同志们闻之无不深受启示和感染。

四、尊重科学　办学治校

蔡尚思教授是作为一位史学大家而著称于世的,这可以说实至名归。然而,我们不应遗忘了他在担任学校行政负责人,管理学校教学和科学研究工作中所做出的贡献。上海解放之初,担任高校领导工作的著名学者可谓凤毛麟角,他是其中极为引人注目的一员。他是上海解放后最早出任高校行政主要领导人的一位学术专家;也是新中国成立后几十年中,上海高教界担任学校行政领导工作的教授中,任职时间最长的少数几位中的一员。事实上,上海一解放,他就众望所归地被推举为上海沪江大学行政革新委员会委员,代理校长职务,不久又出任新成立的校务委员会副主任委员,成为该校全盘工作的实际主持者。20世纪50年代初转入复旦大学,出任院系调整后历史系第一任系主任。从60年代初开始,出任复旦大学研究生院副院长多年。"文革"结束后,从70年代到80年代,他先后担任复旦大学副校长、复旦大学顾问等职。"最早"和"最长"这两个"最"字,承载着他担负学校行政领导工作的丰富的历史底蕴,记叙了他在学校管理工作中几十年的无私奉献。

他始终以满腔热情积极推进学校的教育与科学研究事业的建设与发展,于复旦大学文科的各项事业多有建树,而对于历史系的工作尤为关怀和支持。在"文革"前的十多年中,在处理和决定有关全系的教学、科研、人才培养、对外交流、人事关系等重要问题时,我总是要前往拜访,向他请教。无论何时,无论他有多忙,他都会放下手头的工作,与我倾情交谈,语重心长,一一指点。有时甚至连讲一两个小时,也不知疲倦。从大政方针、教学科研方案,到课程设置、教材编写和师资培养等诸多事项,他每每结合历史与现状、理论与实际,议论风生,其中颇多真知灼见。此情此景,历历在目,终身难忘。

对于办学治校理念,他主张民主办校、科学办校,着眼于培养出一批批优秀的哲学社会科学工作者,不辜负党与人民的希望。按照教育与科学事业的发展规律来领导和管理学校,在学术问题上必须坚持"双百"方针,人才培养必须坚持"又红又专"的方向。新中国建立以后的十多年中,高等教育和科学研究事业取得过长足的发展,获得了史无前例的成就。但是从20世纪50年代后期开始,随着党内"左"倾思想的日益滋长,复旦园内同一般高等学校一样,也错误地开展了"大跃进""教育革命""批判资产阶级学术思想""批判白专道路"等运动,造成学校各方面事业相当严重的混乱和损失。他对种种乱象深感忧虑,很有不同意见。可是,这呼啸而起的一连串"运动",无不是以"革命"的名义动员广大师生而席卷全校,并且又都是在各级党组织的领导下发动和推进的,一时间他不便公开议论和进行指责。于是他保持沉默,而在可能范围内在一些具体问题上对"左"的倾向进行抵制。记得1958年"教育大革命"浪潮中,他在党内多次会议上,对种种"左"的举措表达了不同意见。一次在历史系总支会议上,校党委一位负责人要求他对其开设的"中国近代思想史"课程加快进行改革,破除旧体系,建立新体系,在一周内提出改革方案,按新体系讲课。对此,他当场表示拒绝。他说,一门学科的学术体系建设需要进行长期的探索和研究,绝非几天"挑灯夜战"实行"突击"所能完成。对科学研究工作既不应神秘化,也绝不能简单化,一周完成学科新体系的方案是违反学术研究工作的规律的,他表示绝不可能做到!

1961年2月,周扬按照中央书记处邓小平、彭真的指示,来上海调研大学文科改革和建设工作,为即将召开的全国文科座谈会做准备。在上海文艺会堂,周扬召开了一次有上海几所主要高校文科有关干部参加的座谈会,他就如何正确掌握理论与实际、批判与继承、红与专、教学与劳动的关系,以及知识分子政策、"双百"方针等问题做了阐发,对"大跃进"以来学校工作的经验教训做了梳理,着重于纠正1957年以来的"左"的偏向。蔡尚思教授是被邀参与这次会议的党内专家之一,可是当时在北京工作,未能赶上这次会议。当他不久回沪后,我向他详述座谈会情形,他情绪十分兴奋,为这几年来所未见。他支持对前几年文科工作的经验教训进行总结。他认为这几年来文科成绩显著,但问题不少,后遗症甚为严重,亟须调整。说到理论与实际的关系,他说理论不应脱离实际,但学校教育的中心任务是传授知识,培育人才,教学就是把先前的外域的科学知识,以理论、知识、学术的形式传授给受教育的人。所以学校必须坚持以教学为主,不应以政治运动和生产劳动为主,课还是要教好的,书还是要尽量多读些。谈到教学问题,他说教学相长是好的,青年学生敢想、敢说、敢做的精神也应发扬,但这种想、说、做应是科学的实事求是的。前几年历史系一、二年级同学中国通史课程还未学完,就提出要自己动手编出中国通史著作,而且要在短期内超过范文澜、超过周谷城的通史著作,这愿望虽好,却是办不到的。对于用群众运动搞科研的做法,他指出再也不应重复了,说科学研究著书立说这样的精神劳动,采用几十、几百个人挑灯夜战,突击攻坚,是完全行不通的,无益有害。他很赞成周扬提出的复旦历史系要为本科生规定基本阅读书目,提倡博览群书。后来他还亲自动手,开了一批书目交给我,要求系里汇总为一个较为完备的五年制史学专业阅读书目。

1963年10月下旬，蔡尚思教授出席在北京召开的中国科学院哲学社会科学学部委员会第四次扩大会议。周扬在会上作了题为《哲学社会科学工作者的战斗任务》的报告，会议号召"积极开展反对现代修正主义的斗争，重新学习马列主义思想，加强对当前革命斗争经验的研究，锻炼培养哲学社会科学的队伍"。当时，正值批判现代修正主义，批判资产阶级思想的斗争方兴未艾之时，学术领域的"左倾"思潮呈现日益泛滥之势。他返回上海后的一天，我去他的府上拜访，商量北京学部会议精神传达之事。他滔滔不绝地说个不停，其中令我印象特别深刻的是，他一再强调，批判的旗帜要高高地举起，但是，批判必须是科学的，论理的，实事求是的，乱戴帽子、乱打棍子，不仅无益，而且有害。科学的批判必须建立在严谨踏实的科学研究的基础之上，放空炮，说大话都是无济于事的，绝不可取。谈到培养哲学社会科学的队伍，他对我说："我们历史系培养中青年学术队伍，要有马克思主义的理论素养，还必须要有文史哲专业素养深厚的功底，基础要扎实，学风要严谨，这样才能担当起中央提出的'战斗任务'。"同时他还强调，历史系要十分注意发挥老一代专家的作用。我领会到他的这番话，是针对当时学术界的一些令人不安的现象，有感而发的；当然，同样也是历史系工作中应予重视的问题。

对于历史文化遗产的态度，他结合北京会议的情况，认为对于学术和文化遗产，还是应当以马克思主义的观点进行批判的总结和传承，像毛主席指出的那样："从孔夫子到孙中山，我们应当给以总结，继承这一份珍贵的遗产。"他说，社会主义对封建主义、资本主义各种文化应当扬弃，既不是全盘继承而不加批判，也不是只有批判而不做继承的，批判地继承的态度是正确的。这就必须努力学习和掌握马克思主义思想武器，同时要认真读书，掌握丰富的知识，系统地积累历史资料，进行系统、深入的分析研究。

对学术研究的方针问题，他针对前几年学术批判中的偏向，反复地强调要贯彻"双百"方针，说如果在学术问题上不实行百家争鸣的方针，不鼓励自由讨论，不鼓励独立思考，而采取行政命令的办法，采取群众性批判围攻的办法，去解决学术问题和科学问题，那么学术界的思想就会僵化，学术研究就会被遏息，知识分子的积极性也就没有了，学术事业又如何能繁荣发展呢！

在这次谈话中，令我印象最为深刻的是，他谈到周扬报告中关于孔子问题的一段话。他翻着一个笔记本，说报告里有这样的话："五四运动当年那些敢于向封建文化、封建思想和它的偶像挑战的勇猛的先驱者，虽然他们还不懂得马克思主义的辩证法，形式主义地要么肯定一切，要么否定一切，但是，他们那种反封建的精神和勇气却是永远值得称赞的。现在有些人已经丧失这种精神和勇气了，他们似乎已经退到了五四运动以前的状态。某些人又把孔子作为偶像抬出来,在他的面前重新跨拜。不过这一回,孔子穿上了现代服装,跨拜也换成了脱帽鞠躬的新仪式。""孔子作为我国古代一个思想家和教育家,有他应有的地位。但是,在2 000多年的历史中,他的学说经过从董仲舒到朱熹的阐发,长期被封建统治者用来作为精神上奴役人民的工具。五四运动对孔子的大胆批判,是一大功劳,是我国人民在思想上的一次大解放。"根据我当时的理解,蔡尚思教授很赞赏报告中的这段话。当时交谈中,他还告诉我,说这次出席北京学部会议的成员中有几位老专家,在山东曲阜孔庙曾向孔子像行鞠躬礼。他说他是不会去行礼的,至于对那几位老专家,其心情可以理解,也不必去指责他们。他说,孔子说过他主张"和而不同",对于年届六七十岁的老先生,不必去强求他们改变世界观。

五、襟怀坦荡　思想常青

革命的科学的批判精神,不但运用于对待中国传统思想,也运用于对待当代社会思潮,而且,也坚持以这一批判精神来审视、解剖、鞭策自己的言行,这可以说是蔡老的精神世界中的一大亮点。"文革"结束以后的思想解放运动中,他所做的自我反思,便是坚持这种批判精神的一个新的范例。1980年初夏的一天,我去复旦第一宿舍访问他。当时思想界正开始冲破长期以来"左"倾指导思想的束缚和禁锢,呈现出生机勃勃的空前活跃景象,同时也出现了某些思想混乱。我看他的精神非常兴奋,他坚信经过拨乱反正,我们学术界和教育界是大有希望的,大家应当加倍努力。谈到"反思",他认为反思极有必要,我们要在批判旧我中发现新我,来个否定之否定。同时,他又表明关于反思的一些主张,反思应当遵循科学,不能胡思乱反,那样就会迷失方向;反思应为建设性的,探究以往是为了向前看,反思历史是为了更好地团结一致向前看;反思人人有份,党的高层领导固然要反思,各级干部都要反思,我们基层的一般党员也有必要进行反思。他的见解透澈明亮,立论精当,切中时弊,给了我以诸多的启发和教导。

令人肃然起敬的是,他不仅是这样说了,而且重要的是还这样做了。从20世纪80年代到90年代,在党内几次学习和整风中,他都是认真、严肃地以科学的态度反思历史,回顾和总结正反两方面的历史经验,特别是严于解剖自己,襟怀坦白,毫不掩饰地进行批评和自我批评,表现了一个真正的共产党人的高尚风格。我当时也一起参加了其中几次学习和检查,此情此景,感人至深,使我终身难忘,深受教益。

在20世纪80年代中期的一次学习中,反思和总结"文革"期间及其前后党的若干历史教训时,他的三点自我批评袒露出自己的内心世界,发自肺腑而切中要害,引出了具有重要意义而发人深省的经验教训。

他说道:"一、'文革'前有'唯上之命是从'的问题。我很有朴素的感情,但尚缺乏一些自觉的理智。总以为最高领导者的理论水平与长期斗争的丰富经验,不致会有大的错误;而且党章也有'下级服从上级,少数服从多数'的明文规定,于是对于上级的'左'倾错误未能明辨和察觉,有时还也有跟着'左'倾错误指导思想去贯彻执行。这是很大的教训!"

"二、有已经认识到而不敢提出的问题。我对'文革'前的反对'白专道路'、反右派斗争、'大跃进'运动、反右倾机会主义斗争、四清运动,特别是尔后的'文革'运动,当时都已认识是不对的,虽然不能说已有现在这样的认识水平,但却是已有所认识的。可是,当时自己缺乏胆量起而反对,这是尚缺乏大无畏斗争精神的表现,也是需要接受教训的。"我们对于"正确的领导应当服从,但明知其为错误也还要'唯上',就有问题了。我们不好专责怪某些领导的错误,也要责怪敢于直谏的党员不多(如彭德怀元帅等),上级党员犯错误,下级党员也是有责任的。要说自我批评,我也是几千万党员之一,党何贵有此等党员呢? 我又如何不自愧呢!"

"三、有虽敢于公开拒绝,而仍然害怕大祸临头的问题。如我在'文革'时期的拒不遵命宣传'儒法斗争史',拒不参加'杰出法家章太炎著作编著组',面斥'四人帮'爪牙乱戴'反革命'帽子之类,也都怕有后患的到来。这说明自己也非无私无畏,而存在'患得患失'的问题。"

他的心怀像透明的水晶体一样亮丽,他的自我批评在党的支部内堪称楷模。与党内那些文过饰非,把功劳归于自己,把错误诿于别人的人截然不同,他严于律己、虚怀若谷,反思历史时从不回避反思自己的言行,而是从实事求是的分析与批判中引出经验教训。这也是他的革命的科学的批判精神的一种表现。同时,对于蔡尚思教授而言,对历史的反思、对现实的批判和对未来的充满信心,是密不可分而融为一体的。不可否认,"文革"十年内乱和国际共产主义运动的低潮,使社会上出现了相当严重的"三信"危机。然而,他虽然也不免有这样那样的忧虑,但总是以历史学家的广阔深远的视野,对社会主义事业抱有坚定的信心和乐观的态度。他曾经这样总结道:"我研究中国历史,觉得中国近百年来的先进者都向西方寻求真理:戊戌变法是要求实行君主立宪的,辛亥革命是要求建立民主共和制的,两者都是属于资本主义性质的。资本主义在半殖民地半封建社会时代的中国是不可能实现的,所以结果都失败了。直到有了中国共产党的领导,才从新民主主义革命的取得胜利,进而到社会主义的开始建立。康有为、梁启超和孙中山,任何资产阶级政党都不能领导中国走上社会主义的道路。帝国主义就更不用说了,他尚且不允许让中国真正实现资本主义,那又怎么会让中国实现更先进的社会主义呢？所以说'没有共产党就没有新中国'，走社会主义道路是中国历史发展的必然。"

他在晚年对中国社会主义前途的乐观和信心，既是基于对中国近现代历史必然发展的深刻认识，又是从中国社会现实生活中看到了新的希望——这就是改革开放。他在20世纪80年代末的一次发言中，对这一认识有明确的表述："'文革'结束后，中央领导很有勇气地实行改革开放，有选择地向先进国家学习，以经济发展为重点而带动其他方面，使国家有起色，出现了许多举世瞩目的成就，这是非常正确的，也是值得庆贺的！"他每每强调要"以史为鉴"，说中国近现代历史对我们今天建设现代化强国具有最切近的借鉴意义。他认为，历史已经强有力地说明，"中国对资本主义固然不好照搬，对苏联的社会主义也不能硬套。所以说，中国正是根据自己的实际情况，建设具有中国特色的社会主义"。

"老骥伏枥，志在千里。烈士暮年，壮心不已。"似乎可以这样说，这也是对晚年蔡尚思教授的写照。人到晚年，一般往往容易趋向保守，缺少了锐意进取的志向。蔡老特别可贵之处，在于衰老趋势虽无法抗拒，但是他的思想、精神和意志却老而弥坚，青春永驻。1985年6月，年届80的蔡老依然是那样的精神抖擞，不知疲倦地表示要在有生之年继续努力，为人民多做贡献。他在为自己提出的"努力的方向"中说道："我遍观当代党员专家，认为范文澜是好榜样之一，做到'板凳须坐十年冷，文章不写一句空。'我已到老年，精力有限，不再多参与日常事务与某些活动。应当从学术研究上多要求自己，整理旧稿件，写出新心得……必须突出正业，为本专业方向的模范，作本专业领域中最好的党员……在本专业上有所贡献。"同年6月28日，蔡老欣然命笔，写下了励志自勉的七言诗篇一首：

坚持四性诗（自勉）

政治原则不交易，
思想方向不动摇。
"学术生命"不丧失，
道德纯洁不轻抛。

诗篇以朴质的语言，表达了他晚年崇高而实在的人生追求，在政治、思想、学术和道德等诸多方面为自己确定了必须"坚持"的基本目标。保持晚节，奋斗到底的耿耿之心，跃然纸上，昭然在目。常言道，诗言志。蔡老的晚年，就是坚持并实践了自己抱定的志向，走完一生中的最后岁月的。

蔡尚思教授是属于20世纪那个时代的。在刚刚逝去的20世纪，从长期研究中国传统思想的国学殿堂走来,义无反顾地进入人民革命的战斗行列,既是学者,又是战士,他是那个时代的佼佼者。在20世纪,在政治上、学术上、品德上各个方面,一生都能达到蔡老这样境界的知识分子并不多见,超越他的人似乎更少。蔡尚思教授是20世纪的一位杰出人物,应是不会有疑问的。斯人已去,风范长存。学习他的思想品格,传承他的道德文章,把他的精神遗产发扬光大,是对他的最好的纪念。

(原载傅德华等主编:《世纪学人蔡尚思》,复旦大学出版社2015年版)

当代墨家巨子蔡尚思——贺蔡尚思百岁华诞

姜义华

20世纪80年代以来,先是掀起一阵新儒家热,跟着又掀起一阵新道家、新佛家热。尤其是新儒家,不仅要从传统儒家资源中开出儒家资本主义,而且要从中开出儒家社会主义、儒家马克思主义。于是,祭孔大典举行如仪,儒家经书的各种读本蜂拥出版,堂而皇之地陈列在各大书店醒目的地方。许多儿童被要求自幼即背诵这些经典,这些经典被誉为中华民族智慧与心灵的结晶、民族生存发展的根基。在不少人眼中,中华传统文化资源就等同于儒家一家之学。于是,一些大学者表示忏悔,甚至竞相声讨"五四"新文化运动,指责陈独秀、胡适等的"激进主义"与"打倒孔家店",犯下了民族文化虚无主义的大罪,造成了中华文化的"断裂"。

然而,也还是有不少不识时务、不合潮流者,他们也在反思,他们认为,"五四"新文化运动中形式主义过多,看似轰轰烈烈,其实远远没有达到摧毁封建意识形态的目的。新文化运动将自己的努力专注于人们的观念、信仰、精神,几乎完全没有关注社会经济基础的变革,甚至因蔑视危机重重的西方资本主义,连带而将新文化运动同中国工业化、市场化、城市化、世界化运动分割开来,结果并未真正动摇中国传统社会盘根错节、异常强固的基础,"民主"与"科学"只成为一阵绚烂的烟花。蔡尚思便是这批不合时宜者中的一位佼佼者。

蔡尚思是著名的中国思想史研究者。1939年作为《中国思想史通论》的绪论而出版的《中国思想研究法》,该书所列中国经济思想史、政治思想史、教育思想史、哲学伦理思想史史料简目,每一门类仅宋元至清便开列名单数百人,这是基于他广泛阅读的宋、明、清人文集所发掘的思想材料。这一名单极大地扩展了思想史研究的范围。如顾颉刚在1936年为该书所写的序中所说:"盖阅十数寒暑,读别集至三千种,并其他著述垂四万卷,自三代载籍,先秦诸子,以逮近今,直欲取三千年来我国思想之弊病而廓清之,取其讹误而匡订之,取其罅隙而补苴之,取其蕴蓄而启发之,取其束缚而解放之,取其蟊蠹而掊击以歼覆之。……于是梦者以整,晦者以彰,尚实绌虚,潜研沉赴,而卒也泛应曲当,多所创获。"顾颉刚还盛赞蔡尚思:"要之,其学也博,其思也慎,其辨也明,其行也笃,凡昔人叹为大难者,君并有焉。惟其善疑能博,所以善断;惟其善断,故得阐人所弗敢阐决人所弗敢决,非特为思想界放一异彩,所系于整个学术者亦至宏且切。"①这固然是期待与鼓励,但也突显了蔡尚思治学特点。这部著作被蔡尚思视为"生平著作中第一代表作"。

1949年底出版的《中国传统思想总批判》是最能代表蔡尚思学术思想的另一部著作。原书分上中下三卷,下卷中一部分内容后被抽出,以《中国传统思想总批判补编》为题出版。这部著作主要由解放战争时期蔡尚思所撰写的批判封建传统思想的一部分论文结集而成,第一篇为"孔学总批判",第二篇为"再论孔学和新时代的不两立",第三篇至第六篇批判程朱派思想、陆王派思想及整个宋明理学,第七篇批判清末民国西化的旧派。他在该书《自序》中指出:"中国的传统思想几乎就是封建思想,封建思想几乎就是儒家思想。儒家的祖师是孔子。"儒家已成为"中国大多数人民精神上最重的刑具,思想上最大的毒品"。历史上不乏儒学与孔子的批评者,但是,"古来的非儒反孔者,自墨子、王充、李贽至五四时代诸贤,对于儒家孔子的抨击,也还嫌不够:有的是皮毛的而非要害的,有的是部分的而非整个的,有的是杂乱的而非系统的,有的是空泛的而非有据的,有的是妥协的而非彻底的"②。这部著作名为"中国传统思想总批判",实际上就是对于儒家及孔学的总批判,对于孔子和孔学的评击,犀利与严厉程度超过同时代其他人,也超过"五四"新文化运动诸健将。这是针对当时社会一片尊孔喧闹的,所以他在该书《新版自序》中说:"我并不怪孔学的不合新时代,而只怪新时代的人们的尊孔学;又不怪封建派的尊孔学,而只怪反封建派的尊孔学。"③

对于孔子和儒学的这一批评态度,蔡尚思在其后数十年中可谓一以贯之。1987年9月22—24日他在《人民日报》海外版发表的《孔学研究的几个主要问题》中,集中讨论了真伪孔子、孔学变与不变、孔子思想主次与方向问题。他指出,孔子思想在战国时代,在子思那里已变成偏重中庸的思想,在孟子那里则变成偏重仁义的思想,在荀子那里已变成偏重礼乐的思想。汉儒把孔子神化,魏晋玄学家把孔子玄学化,宋明理学家把孔子理学化,近代又有学者把孔子资产阶级化。这表明,孔学在中国历史上,有其随着研究者的变化而变化的一面,但更加重要的一面,是万变不离其宗,这就是礼教。孔子以三代的礼为不变的"宗",要求沿袭三代根本的礼制,孔子的最高理想是恢复西周社会,最尊重的圣人是文

---

① 见蔡尚思:《中国思想研究法》,复旦大学出版社2001年版,第6—7、8—9页。
② 《蔡尚思文集》,上海人民出版社2001年版,第212—213页。
③ 《蔡尚思文集》,第210页。

王、周公。蔡尚思一直将对孔学的批判视为反对封建传统思想的一个极为重要的组成部分。

蔡尚思认为,在中国传统思想文化遗产中,最值得继承与弘扬的,是长时间被忽视、被压制的墨家思想学说。蔡尚思评价自己正在写作中的《中国文化两大系统》一书,是他"生平学术思想研究的中心"以及最富创意的著作。他认为,中国传统思想文化史上形成了朝野两大系统,即在朝的儒家与在野的墨家。中国历代封建王朝,从来没有一个反儒家的。而墨家经过汉文帝、景帝、武帝几代封建统治者的打击,只能秘密流行于民间,名亡而实存。其思想学说封建王朝无法加以消灭。他强调,在中国古代思想家中,优点最多的是墨家。他们反对宗法,反对宿命,反对述而不作,反对知而不行。在封建社会中,敢于为百姓鸣不平的,多是墨家。他说,在他心中最崇拜的就是墨子,因为墨家与任侠,是一而非二。儒家爱人,先亲后疏;墨子爱人,先贫贱后富贵。儒家注重宗法,偏私;墨子反宗法,无私。墨子最利他。儒家和法家都代表统治者,墨子则代表被统治者,两者对立。以此,他说,中国古代大思想家可作为"万世师表"者,是墨子而不是孔子。墨家是一个劳动者,他是比孔子高明的圣人①。

蔡尚思除去尚未完成的《中国文化两大系统》一书外,关于论述墨子的论著很多。《中国传统思想总批判》中所附专论《大同主义不出于儒家考》,论证《礼运》的"天下为公,选贤与能",便是墨子的"尚贤尚同";《礼运》的"故人不独亲其亲,不独子其子",便是墨子的"兼相爱,交相利""爱利万民";《礼运》的"老有所终……幼有所长,鳏寡孤独废疾者皆有所养",便是墨子的"老而无子者,有所得终其寿,连独无兄弟者,有所杂于生人之间,少失其父母者,有所放依而长";《礼运》的"货恶其弃于地也,不必藏于己,力恶其不出于身也,不必为己",便是墨子的"有力者疾以助人,有财者勉以分人,有道者劝以教人"。他引用俞樾之论作证,说儒家倡导的是人人亲其亲,长其长,只有墨家倡导有公无私②。这篇文章已明确区分了儒墨两家。1990年,由广东人民社出版的《中国古代学术思想史论》所收录的《墨子思想体系——一个反宗法反宿命反述而不作的伟大思想家》及1992年发表于《中国哲学史》的《中国思想文化形成儒墨两大系统》等论文中,对墨子思想体系及其与儒法思想的差别都有相当系统的论述。他突出阐述了墨子的亲疏人我平等,强弱大小平等,贫富贵贱平等,努力生产与节用节葬,反对用人唯亲和君主世袭等主张,并据此做出结论:"在中国思想文化史上,我认为墨学是优点最多的文化遗产,墨子也是我最被启发最受教益的一个伟大思想家。"他

---

① 《蔡尚思学术自传》,巴蜀书社1993年版,第151页。
② 《蔡尚思文集》,第282页。

比较儒法道墨诸家优劣说:"就道德来比较。墨家多平等的积极的社会的道德,道家多个人自由的消极的道德,儒家多中庸与家族的道德,法家韩非多压迫者剥削者忠君者的道德。……只要你不站在封建朝廷的立场,便会发现墨子的大部分思想与精神,在中国思想文化史上是无比伟大的。中国出了一个墨子,是最值得中国人民骄傲的。"①在创建现代新文化或先进文化时,对于儒墨道法及佛学等传统文化资源,都有重新估价的必要,蔡尚思倡导尊墨,是要人们充分重视历史上存在于下层民众之中、处于在野地位的思想文化资源。针对一些人责备他坚持批孔为民族文化虚无主义,他反诘道,不能只知尊孔子、儒家,而以虚无主义对待墨家与西方文化。近现代的尊孔反墨者或厚孔薄墨者,只以不尊孔者为民族文化虚无主义,而不以不尊墨者为民族文化虚无主义,未免太片面了。

蔡尚思在其《学术自传》中给自己的学术活动定位时说过:"我自知生平学术研究的大范围是在哲学社会科学内,较确切地说是在文史哲的范围内;最正确地说是史哲结合,尤其偏重思想方面。与其称我为思想史家、哲学史家,倒不如称我为'思想家'、'哲学家'。"②旗帜如此鲜明地非孔扬墨,即非常清楚地突显了蔡尚思这一思想家特色。

蔡尚思服膺墨子,高度评价墨子思想,大力提倡墨学,在其立身行事中,也处处以墨子精神自律,成为墨学当代一位极为认真的身体力行者。

我是1957年进复旦大学历史系读书的,蔡尚思当时任历史系主任。开学初,师生首次见面,他就现身说法,以自己当年在南京国学图书馆中,每天十数小时苦读集部前后共数千种的实践,要求历史系学生一定要有苦读的精神,一定要多读书。后来,我选修了蔡尚思开设的"中国现代思想史"课程,蔡先生上课提纲挈领而又系统全面,尤其令人难忘的是他的讲课可谓全身心投入,讲到高兴处手舞足蹈,讲到愤慨处拳打脚踢,口若悬河,滔滔不绝,激昂慷慨,声如洪钟。那时,读了所能找到的蔡尚思先生的全部学术著作,也培养了我研究中国思想文化史特别是近现代思想文化史的兴趣。我的毕业论文《论辛亥革命时期章炳麟的政治思想》,指导老师即是蔡先生。蔡先生认定章炳麟属于地主阶级反满派,有浓厚的封建主义倾向。我在较为深入地阅读了章炳麟及相关的许多著作后,在毕业论文中提出了和导师相异的看法。蔡先生却不以为忤,仍然推荐我去读黎澍的史学理论研究生。

经数十年的接触,我深深感到蔡尚思有棱有角、极富个性的治学任教及为人处世风格,表明他是一位名副其实的墨学实践家。平时,人们茶余饭后,常常会

---

① 《蔡尚思文集》,第165、168页。
② 《蔡尚思学术自传》,前言第6页。

兴致勃勃地谈起蔡尚思的特立独行,一联系墨家对于他的深刻影响,便可发现,这些特立独行背后,贯穿着的正是实实在在的墨家精神:

在生活上,他从不吸烟,不饮酒,在家里连茶也不喝,只饮白开水,衣服力求简便,饮食与全家老幼一样,没有任何特殊,这是因为他努力实践着墨子所倡导的节用非乐,经常自愧比不上墨子的艰苦,而不羡慕孔子与儒家所追求的奢华与享受。

在工作上,他一贯倾力投入,不懈怠,不取巧,年轻时以墨子"日夜不休"精神苦读苦思,退休后,老而弥坚,以八九十岁高龄仍挤着公共汽车,从复旦大学赶往数十里外的上海图书馆及该馆长乐路藏书处去查阅资料,毕生都以图书馆为自己的最高学府、太上研究院。

在劳动上,他效法墨子既重脑力劳动,又重体力劳动,能文能武。举凡上山下乡,参加"四清",与贫下中农同吃、同住、同劳动、同学习,他都一直不落人后。喜爬山,喜走路,长期冷水浴,做水中推拿,练水底气功;80多岁健步登山,一概不用人搀扶。

在待人接物、为人处世上,他始终保持平民化风格。他做过沪江大学校长,"文革"以后又做了复旦大学副校长,从副校长岗位上退下来以后仍任复旦大学校长顾问,但他最不会用权,连用信封、信纸都公私分明。他不用公车办任何私事。人们常说,他最不像官,最不会做官,他也始终称自己只是一介平民。

生于1905年11月10日的蔡尚思,早就投身进步思想运动,特别是在解放战争时期,在思想文化战线上冲锋陷阵,纵横驰骋,还参与发起组织上海大学教授联谊会,积极展开反封建法西斯专政和帝国主义侵略的斗争。1953年5月他参加中国共产党,成为当时上海乃至中国高级知识分子中最早入党的一名共产党员。墨家钜子精神与共产党人的品格,在蔡尚思身上融为一体。"文革"中,他也受到冲击,但红卫兵也好,工宣队也好,军宣队也好,毕竟难以给他罗致许多吓人的罪名,如其他名教授那样。亦以此,我认为,蔡尚思无愧为一名优秀的共产党员,亦无愧为一位当代中国墨家钜子。

(原载《复旦学报(社会科学版)》2005年第1期)

博古通今的蔡尚思先生

吴瑞武　李妙根

蔡尚思教授,1905年11月10日生。汉族。福建德化人。少时半耕半读,1912年到1920年在家乡入私塾、县立小学,参加农副业劳动。1921年到1925年夏,在邻县永春读中学。1925年秋起,冲破家乡闭塞落后的环境,到北京求学,寻访名师,先后考入孔教大学国学研究科、北京大学研究所国学门哲学组。1929年秋起,历任上海大夏大学、复旦大学、武昌华中大学(原名文华大学)、沪江大学、光华大学、东吴大学及无锡国学专修学校(后两校迁沪)等校讲师、教授。1932年,由蔡元培等介绍,加入中国民权保障同盟,开始参与掩护地下党的秘密工作。抗日战争期间,留须装老,拒绝日伪威胁利诱。1945年,与郭沫若等24人发起中国学术工作者协会上海分会。1946年,与张志让等四人发起上海大学教授联谊会。上海解放后,任沪江大学代理校长、校务委员会副主任委员。1952年9月经院系调整,任复旦大学历史系主任、校务委员会委员。1953年5月加入中国共产党。1978年起,先后任复旦大学副校长,文科学术委员会副主任、主任,学位评定委员会副主任,中国思想文化史研究室主任等职。此外,他还担任复旦大学、国务院古籍整理出版规划小组及中国哲学史、蔡元培、墨子等学会顾问,孙中山研究学会理事,孔子基金会副会长,朱熹研究中心名誉理事长,中山大学文化研究所顾问,国际儒学联合会顾问,比利时太极研究院世界太极学会荣誉会长等。

蔡先生生平治学,从文学入门,以中国通史为基础,以中国文化史、学术史为专业,以中国思想史为重点,文史哲结合,把文化、学术、思想三者有机地贯穿起来。一生勤学苦读,辛勤耕耘,著述甚丰,桃李满天下。共著有专著20余部,主编10种,文章300多篇。先后长期开设的课程有中国历代诗文选、中国通史、中国思想史、中国哲学史等,以及不同时期根据教学需要开设的课程,有国学大纲、人生哲学、儒家哲学、墨子研究、诸子概论、中国社会史、中国政治思想史、中国教育史、中国史学史、经学概论、中国学术概论、中国思想概论等。新中国成立后还先后在上海以及南京、北京、成都、泰安、济南、曲阜、武昌、西安、郑州、洛阳、开封、宁波、广州等地讲学或做学术报告。蔡先生以其见识博大精深、博古通今而盛名于学术界、教育界,成为海内外闻名的大学者、大教授、大专家,正如一位专家所指出,蔡先生是"学人而非通人"。

蔡先生在成为博古通今的大学者的漫长道路上,有以下几个令人瞩目的时期:幼年受益于母教。蔡先生经常说:"我的受教育,首先是受家庭教育。我所以能有今日,首先要归功于母亲。母亲是我的唯一无二的家庭教师。"蔡先生的母亲姓郭名有,出身城市贫民。生前被旧礼教毒害,一字不识,但很贤明正直。她不迷信鬼神天命,怀疑圣人能想出什么救苦救难的好办法,对男女太不平等的礼教表示深恶痛绝,痛斥抱有升官发财的念头。她教导蔡先生说:"千言万语都没有'为老百姓读书''为老百姓打不平而读书'这两句话的重要,只要多少不曾忘记这两句话,就算得一个不忘本的好人了。一辈子无论想什么都应该围绕这点。如果将来能有所成就,也会在这点上。"蔡先生一直牢记母亲的教导,认为其重要性远远超过了许多儒家经书,说道:"我为母亲一生痛苦抱不平,也为古来被迫害的妇女鸣不平。这就是我少时所受最大的一种教育——家庭教育。"[①]正是这种教育,奠定了蔡先生学术思想的一个重要基础,亦即蔡先生一以贯之的唯民思想或为民思想、唯有人民是至高无上的一种思想。母亲的教诲,加上蔡先生自己一生也有种种不幸遭遇,自认是一个苦人,最同情天下的苦人,这在他的学术论著中到处都表现出来。他认为人民才是他的"皇上",人民才是他的"上帝"。早在20世纪30年代,他就鲜明地提出:"人君既被人臣认为皇上,则一般民众或人民,便是皇上的太上皇了。至看到皇上的一夫,而未看到太上皇的民众,至多只是忠半路而未忠到家,忠仆隶而未忠主人,所以我们要反过来忠于社会,忠于民众,而成为真忠大忠。"[②]他大胆地提出了"死圣人与活人民孰重"的问题。[③] 新中国成立以后,他更明确地提出:"社会经济、政治法律、文化教育、哲学道德等等,都应当以能'全心全意为人民服务'为唯一无二的目标,一切评价都应当是以是否爱民利民,有多少最根本性的爱民利民为标准。"[④]以母教奠基的唯民思想或为民思想,像一根红线贯穿着蔡先生八九十年的学术生涯,使他成为一名忠实的唯民大学者。

1921年到1925年在永春用力研究古典文学,为他打下了治学的基础。其时蔡先生在永春福建省立第十二中学读书,认识到治学必先打好古典文学的基础,以便读通古书,于是就刻苦地研读以韩愈古文为中心的古典文学,而对于子

---

① 蔡尚思:《我的母亲》(第二辑),香港中国文化馆1990年版。
② 详见蔡尚思:《中国思想研究法》,商务印书馆1939年初版,湖南人民出版社1988年横排本。
③ 蔡尚思:《死圣人与活人民孰重》,载《中国近现代学术思想史论》,广东人民出版社1986年版,第441页。
④ 详见《蔡尚思自传》,巴蜀书社1993年版。

部的《庄子》、史部的《史记》等也偏重其文学方面。他节约出一些钱汇给上海文瑞楼书局买到一部有五百家注的《韩昌黎全集》，只读文不读诗，读得烂熟，随读随批。他最爱读的有《祭十二郎文》《柳子厚墓志铭》一类，认为八大家中以韩愈的文气最盛。其他如李斯、贾谊、欧阳修、苏轼的文章也多读。他把 1924 年到 1925 年所作的古文编成《青少年古文稿》，带到北京，1925 年寄给王国维老师请其指教。王来信鼓励道："昨日接手书，并读《文稿》，如《陈玄传》等，具有思致笔力，亦能达其所欲言，甚为欢喜！"然后又投稿著名小说家张恨水主编的《世界日报》副刊《明珠》，张于《留别二康序并诗》一文评道："句法挺拔，字字皆锻炼而出，如此作古文，文未有不佳者。文中用'矣'字'焉'字'也'字处，皆声调铿锵，吾知此君研究韩文有年矣。"蔡先生再作《送南昌梅先生序》寄给梅光羲老师，得他从天津来信说："大著文气极似韩文公，足见兄于文学，造诣极深，至堪钦佩也。"蔡先生青年时期专心致力研究韩文并作古文，被张恨水、梅光羲不约而同地指出，为他一生最多读书创造了良好的条件。

　　1925 年至 1931 年他到北京、南京、上海最多求师问学，打下了史哲结合的基础。如果说蔡先生在永春求学时期是偏重于古典文学研究时期，那么在北京求学时期就不失为史哲结合研究开始时期了。蔡先生一贯认为，做学问必须文史哲结合，尤其要史哲结合。只研究史学而不研究哲学，会失之烦琐而缺哲理，如汉代经学、清代朴学等；只研究哲学而不研究史学，会失之玄虚而欠缺史实，如魏晋玄学、陆王心学等。所以，只有把史学与哲学密切结合起来研究，才能避免过于烦琐与过于玄虚的两种毛病。因此，蔡先生在北京求师两者均重，史学专家有王国维、陈垣、朱希祖等，哲学专家（佛学在内）有陈大齐、梅光羲、李栩灼等，兼而有之者有梁启超等。其中尤以梁启超的影响为最大。1925 年蔡先生在北京写成《自家思想》一稿，主要内容是评价孔、老、墨三家的高下而说出自己与三家不同的想法，得到梁启超的赞许与鼓励。梁启超来信写道："大稿略读，具见精思，更加覃究，当可成一家言，勉旃勉旃！"从此，蔡先生自北京求学时期开始，就一直把史哲结合起来研究，直到晚年仍坚持这一结合原则。这种结合研究法，反映在蔡先生的学术思想上，与其说他是史学家，莫如说他首先是思想家、哲学家。早在 20 世纪 30 年代，欧阳予倩已称蔡先生"是个青年学者，又是思想家"。20 世纪 80 年代，原苏联科学院哲学研究所高级研究员、哲学博士包罗夫也称他是哲学家。

　　1931 年到 1934 年，他在武昌专心学习马克思主义，打下了新理论的基础。其时蔡先生在武昌华中大学任教，在三年时间里，与进步学生一起专心努力学习马克思主义新理论，反对近人辜鸿铭、陈焕章、梁漱溟、马一浮、熊十力、钱穆以及胡适等人因不学习最新的理论而仇视或反对最新的理论，当时学生中有何伟（新中国成立后曾任教育部长、驻越南大使等职）、黄海滨（曾在解放军第四野战军任职)等都选修蔡先生的课,双方志同道合,经常过江到汉口秘密采购有关马列主义的新理论书,不论是从日本、苏联翻译过来的,还是中国进步学者自己编著的,也包括一部分中国人运用新观点编著的哲学、史学、经济学著作,几乎新出一本就买进一本,买到后彼此互相借阅,先后共有百种左右。随读随时摘录出来,并把书本分铺在地板上,互相对比,草成表解多种,便于记忆。由于认真阅读研究马克思主义新理论,加以社会的不平、自身的痛苦,终于在认识上摆脱了空想社会主义的成分,转变为信仰科学社会主义了。1934年6月,蔡先生作了《世界三大思想势力》一首通俗诗,记录下了这种变化。原诗如下:"思想虽复杂,三家可包罗:前进归马氏(马克思),倒退从释迦(佛教出世),尚有孔仲尼,自谓不偏颇(儒家孔子中庸之道)。思想随境遇,古来无奈何。阶级一消灭,不再倡调和(儒)。人间成天堂,不念阿弥陀(佛)。最后胜利者(指马克思主义),非泰山(孔子)恒河(释迦)。"

1934年到1937年,他在南京、上海破例入住大图书馆,最多地读历代文集和搜集思想史、史学史资料。这是蔡先生生平治学的黄金时代。蔡先生于1934年8月于华中大学自动辞职,入南京龙蟠里国学图书馆住读。南京国学图书馆在中国图书馆中占有独一无二的历史地位:它允许专家学者长期住馆读书与搜集所需资料,并编有一部包括善本普通本在内的二三十册的全馆《图书总目》。蔡先生有鉴于中国哲学史、思想史、伦理学史、政治思想史、经济思想史等类著作中的人物寥寥无几,于是就发愤要从各方面的历史文集中去补充搜集。他自购该馆新出的《图书总目》集部,按总目遍读馆藏除诗赋歌曲以外的历代文集,从汉代到民初,按照先后次序读下来。凡前此已读过的许多书不读,读后只做最简单的批注,留待后来请他的最早期学生邱汉生主持,招十多人抄出。整整一年时间,加上以后几个寒暑假,他每天用十六七小时,从无法统计卷数的集部文集中,文海捞珠,选出中国思想史、史学史等资料200余万字。这是蔡先生生平治学最苦也是最乐的时期。蔡先生认为读书要讲一个"苦"字,就是要苦读,以为劳苦是一切之母,没有劳苦就不会有一切,读书也不例外。当时他以"不勤学即自杀,不自杀即勤学,无必死之精神,则无必成之事业"作为座右铭,每天吃饭睡觉不到八小时,不论严冬或酷暑,日日苦坐冷板凳,不可谓不苦矣。但是,乐也在其中,没有这种苦,也就没有这种乐。譬之丰收,蔡先生读书之多,学识增长之快,在其一生中都没有超过这个时期。蔡先生的这种苦读搜集资料,被著名史学家柳诒徵比作蜜蜂采花成蜜,被苏维岳比作矿工开矿,被某杂志一篇文章比作"竭泽而渔"。正是有了这种苦读精神,蔡先生才能于20世纪30年代以七年的时间写出《中国思想研究法》《中国历史新研究法》,以及能在后来写出《中国礼教思想史》等代表作,发现了大量各种思想史、史学史的新问题。《中国思想研究法》一书,是蔡先生学术思想成型期的一部力作,也是其生平第一部代表作,被学术界认为是引证资料最广最多的一部书。好比学术上的老母鸡,蔡先生以后的著作都是在此基础上形成发展起来的。它由蔡元培、蒋维乔、柳诒徵、顾颉刚、陈中凡等许多名家作序,在学界影响深远。直到1988年湖南人民出版社还重版了横排本,1991年台湾商务印书馆又有影印本,并被收入《民国丛书》第三编。顾颉刚在序中写道:"其学也博,其思也慎,其辩也明,其行也笃,凡昔人叹为大难者,君并有焉。"柳诒徵指出:"其博贯独到处,语语石破天惊,洵为并时无两之钜著。"在某种意义上可以这样说,《中国思想研究法》是南京苦读的产物。也正是有了这种苦读精神,他才能发现目录学、校勘学上的许多新问题,指出该馆出版《图书总目》集部的种种错误,能为陈垣名著《史讳举例》有所补充订正,并能为一些著名国学大师纠正一些说法,如历史上主张井田者不是章太炎所说的只有四人,而是有四五十人之多;历代主张理欲合一(或情感哲学)者,不是梁启超所说的只有两人,而是有20多人,等等。蔡先生在南京国学图书馆遍读馆藏历代文集,在中国学术史上也有其应得的地位。正如柳诒徵馆长亲口对他说的:"像你这样住在大图书馆按照我馆编出的《图书总目》集部五大册,一部一部地翻阅下去,从历代文集中搜集中国思想史资料,前既无古人,后也恐怕难有来者了。我有幸同你相处一年,我是最知道你的多读书的!"①

1945年到1949年,他在上海为进行政治斗争而发表很多具有战斗性的文章。这一时期,蔡先生经常在上海《大公报》《文汇报》发表文章,有不少是被作为"星期论文""星期评论"发表的。除发表在日报外,还发表在月刊、半月刊、周刊、不定期刊等刊物,如《时代》、《民主》、《周报》、《时与文》、《新文化》、《展望》、《国讯》、《消息》、《老百姓》、北平版《中建》、综合版《中建》、《中国建设》、《新中华》、《启示》、《现代教育丛刊》、《中国杂志》、《求真杂志》等。内容主要是政治与学术批判,寓政治于学术,共100余篇。当时上海和香港有人统计,认为蔡先生是同期发表此类文章最多的一个人②。由于在这不到四年的时间发表战斗性文章最多,因而也是蔡先生生平最闻名的时期。文章涉及政治、经济、社会、教育、哲学、史学、文学等诸多方面。政治方面如民主、统一、学生运动、大学教育、知识分子、穷人、文盲、青年、女权、官迷、盗贼、自杀等;学术方面如孔学儒家、封建传统思想、墨子、许行、老庄、韩非、程朱派、陆王派、道统派别以及近现代的谭嗣同、蔡元培、李大钊、鲁迅、闻一多、陶行知、梁漱溟、冯友兰、王芸生、李季、贺昌群、熊伟、

---

① 详见《蔡尚思自传》,巴蜀书社1993年版。
② 蔡尚思:《我与中国二十世纪思想文化界》,载《我与中国20世纪》,河南人民出版社1994年版,第145页。

聂其杰、甘地等。这些文章充分体现了蔡先生政治上的进步倾向和学术上博古通今的才华，引起了社会各界的注意。当时国民政府教育部特电斥蔡尚思"持论狂妄""言伪而辩"，令沪江大学"密切予以注意"。可是另一方面，广大读者群众，却纷纷致书鼓励和叫好，有的比之"在齐太史简，在晋董狐笔"；有的比之大海孤舟的星星之火；有的说"愿先生再接再厉，用三寸毛锥击毁原子弹，个人利害勿顾也"，被有的青年人引为"最好的朋友"。而一位老太太读了《传统思想的真面目》，觉醒过来，认为文章很有说服力，真是功德无量。郭沫若写文章支持蔡先生的论点。连自称"纯学者"的黄云眉也致书说，"每于杂志中读所撰时论，未尝不拍案称快"，真是"胆识俱坚"，称他是"吾徒中之北宫黝"。新中国成立初期，作者把学术方面的文章汇编成《中国传统思想总批判》和《中国传统思想总批判补编》两部集子出版，引起了学术界的瞩目。范文澜、黎澍、齐思和等学者纷纷来信表示支持和鼓励。范文澜指出："《中国传统思想总批判》对封建残余进行严正的批判，作用甚大，殊堪钦佩！……希望公余能多写关于思想方面之文章。"近年仍有读者来信认为，该书是著者诸书中"最为精彩"的一书。1981年，湖南人民出版社有横排新版本，补入了"道家与佛家的批判"等部分。总之，在解放战争时期，蔡先生发表的战斗性文章犹如重磅炮弹，在第二战线上有力地配合了党领导的中国革命第一战线，为反帝反封建反官僚资本主义做出了贡献。

新中国成立后，特别是1979年以来他在上海最多编著专书。如果说，20世纪30年代在学术思想上已定型的蔡先生，尚是一个初出茅庐的小青年；那么，到了八九十年代，蔡先生已是进入耄耋之年的古稀学者了。但是，他老当益壮，思考问题和解决问题的能力更提高，经验更丰富，学问更成熟了。他在这个时期的学术成就，就其编著专书之多、质量之高，超过其一生的任何时期，是青中年时期所无法比拟的。他排除一切与学术无关的杂务，集中时间和精力，著述不辍，先后完成和发表了十余部专著和百余篇论文。尤其是20世纪70年代末和90年代初，几乎每年出版一部专著。在蔡尚思学术思想中占有最重要地位的主要代表作，大都发表于这个时期。蔡先生晚年的学术生涯如此充实和富有成果，主要在于他思想健康，学术之树长青。蔡先生自称"忘年人"，曾写下一首题为《忘年人》的通俗诗："忘年人，忘年人，耄耋如青春，晚上如早晨。生活过难关，常令人感叹，不怕饥寒，不怕艰难。思想求日新，只知路向前，不迷神仙，不迷圣贤。治学意志坚，自甘做异端，不愿效颦，不愿守残。也注重健身，锻炼贵野蛮，不避高山，不避冷泉。一切做不完，非如山有巅。忘年人，忘年人。"①在他的自勉诗中，

---

① 详见蔡尚思：《我是忘年人》，载《文化老人话人生》，上海文艺出版社1992年版；施宣圆：《"忘年人"蔡尚思》，《文汇报》1995年9月1日。

也有"年龄有老学无老,健在不休死后休"之句。直到晚年,他依然孜孜不倦地忙于《中国文化两大系统》一书的著述。

蔡尚思先生的学术思想,主要反映在他的论文和专书中。

在蔡先生的 300 多篇论文中,最重要的有如下篇章:《死圣人与活人民孰重》《必须打破道统文统史统治统四个观念》《论陈垣师的历史避讳学》《民族文化的新看法——兼评梁漱溟氏的〈政治根本在文化〉》《思想统制的祸害》《我不信仰甘地》《中国资本主义萌芽时期的新思想——明清思想界的分野和创见》《辛亥革命时期的新思想运动——资产阶级各派主要的反孔反封建传统思想》《中国各民族的血统与文化》《孔子一生都尚礼》《孔子礼学体系》《孔子论仁的重点和范围——析孔子宗法名分性的仁学》《我爱孔子,我尤爱真理》《墨子思想体系》《老子思想体系》《韩非思想体系》《司马迁是寓思想于历史的模范——表面尊孔实则反儒》《朱熹思想的来源、核心和评价》《李贽思想体系纲目》《黄宗羲反君权思想的历史地位》《袁枚思想体系纲目》《向西方寻求真理的先进者——纪念严复名著发表九十周年》《康有为黄金时代的思想体系和评价》《孙中山的中心思想和历史地位》《论章炳麟思想的阶级性》《梁启超的总评价——梁启超有创造历史记录的一面》《李大钊的思想评价》《蔡元培的创造历史记录》《王国维在学术上的独特地位》《范文澜同志的长于各种结合》《我是怎样冲破重重难关的》《我是忘年人》《我的两个最高学府——北大国学研究所和南京国学图书馆》《我有一把金钥匙》《中国思想文化形成朝野两大系统》《中华文化的过去与今后》《今后新文化应当是"辩证发展"——从评价孔墨思想到对古今中外文化的批判继承》等。从这一简单的篇目中,也可显示出蔡先生是怎样一位博古通今的大学者了。

在蔡先生诸多的论著尤其是专书中,最能反映他的学术思想品德,在其一生治学中占有重要地位的,是他的两部研究法——《中国思想研究法》《中国历史新研究法》,两部传统思想批判——《中国传统思想总批判》《中国传统思想总批判补编》,两部学术思想史论——《中国古代学术思想史论》《中国近现代学术思想史论》,三部思想体系——《孔子思想体系》《王船山思想体系》《墨子思想体系》,以及《中国礼教思想史》《中国文化史要论》《论语导读》《蔡尚思自传》等,还有上述写自己思想的论文。蔡元培、顾颉刚、柳诒徵等人的《中国思想研究法·序》、谭其骧的《王船山思想体系·序》,以及嵇文甫、侯外庐、黄云眉、范文澜、齐思和、郑鹤声、郑天挺、张舜徽、李一氓等致蔡尚思先生的信,《文汇报》记者施宣园写的访问文章《"忘年人"蔡尚思》[①]等,对了解蔡先生的学术思想品德也很有帮助。

[①] 详见蔡尚思:《我是忘年人》,载《文化老人话人生》;施宣圆:《"忘年人"蔡尚思》,《文汇报》1995 年 9 月 1 日。

我们在蔡先生身边多年,也较多掌握与他有关的资料,包括见闻在内,认为蔡先生的学术思想的特点,约有如下几点:

第一,多访名师。蔡先生不满20岁,就不顾一切地赶到当时国中所有国学研究院(所)向许多名师求学。他与北京大学国学研究所、清华学校国学研究院、孔教大学国学研究课、燕京大学国学研究所的许多导师、教授都有关系。他出来任大学教授以后,又常向上海的几位大师请教。王国维、梁启超、陈垣、陈大齐、朱希祖、江瀚、梅光羲、李栩灼、陈寅恪、蔡元培等都是他的老师,他还向胡适、章太炎、柳诒徵、吕思勉、太虚法师等前辈问学。欧阳予倩、陈中凡、顾颉刚、嵇文甫、侯外庐、赵纪彬、范文澜、杜国庠、艾思奇、谭其骧、张舜徽、李一氓等都是他的好朋友。邱汉生、虞愚、何伟等都是他的好学生。

第二,最多读书。蔡先生最突出的一点,是许多专家一致认为他是读历代文集最多的一个人。文集包括经史子集四部的内容。他对于文史哲及政治、经济、教育等都很注重研究。他的著述,于"经"有《周易思想要论》《春秋研究》,于"史"有《中国历史新研究法》,于"文"有《青少年古文稿》《中国历代诗文选》,而于"子"所著的书最多。蔡先生常说,不承先就不能启后,不继往就不能开来。要先述后作,而不要"述而不作"。要一代高于一代,而不要"一代不如一代"。他希望中国文化或文史哲等能与理工科并重,而不致文史哲落在数理化之后,甚至拖住数理化的后腿。在这里有一事应当指出:蔡先生由于出生在山县,无书可读,他的学问是从永春一个藏书家与北京、南京、上海、武汉等地的大图书馆得来的。所以饮水思源,推己及人,也就想到山县读书人无书可读的痛苦,就毅然决然地多次向原籍德化图书馆大批赠书,最后一次已是第四批了。

第三,一生反封建。蔡先生有句口头禅:"我一生反封建。"他是以评孔反宗法礼教而闻名于学界的。他对神学、理学、心学及天书化的大小玄学、元学等都很不以为然,认为近现代最新理论中没有这类自欺欺人的东西。黎澍生前曾深情地致函蔡先生说:"我兄数十年来坚持批判传统思想,至为钦佩!尚望奋笔继续战斗,争取中国的更大进步。"一位很肯定孔子的著名人物也说:"蔡先生的批判孔子有独到之处。"数十日如一日,在任何情况下一以贯之坚持对以孔学为代表的旧封建传统思想敢于批判,是蔡先生的学术思想的精髓,也是蔡先生对中国学术界所做的最大贡献。不论处于顺境还是逆境,半个多世纪以来,蔡先生从未放弃对孔学的批判,在学术观点上忠诚执着,文如其人,只问真理,不问其他,不见风使舵,不怕孤立。解放战争时期他曾发表了大量批判封建道统的文章,新中国成立以来仍积极参加孔学问题的争鸣,反对封建旧传统思想的原则立场,始终不变。

第四,勇于争鸣。学术界公认,蔡先生是同时代学者中最勇于争鸣的一位。

他少时对他的父亲已经有所谏诤。后来对他的老师如梁启超、陈焕章、陈垣等，对太老师如康有为、章太炎等，对时人如梁漱溟、钱穆、贺麟、冯友兰等，对古圣贤如孔子、董仲舒、朱熹、王阳明等，都敢于予以批评。相反，他却为墨子、李贽、袁枚等以及历代被压迫的妇女鸣不平。他对在近现代各种纪念性的学术研讨会上，人们的讲话和论文几乎全是报喜而不报忧，好像在菩萨庙、礼拜堂、殡仪馆、祝寿会里的歌颂讲话一样，"开会热"等于"捧场热"，对这一类的现象十分反感。

第五，视学术生命为第一生命。蔡先生重视自己的学术生命胜过其肉体生命。在他看来，学术思想家的学术生命与肉体生命应该是一致的，学术生命若一中断，就等于行尸走肉；即使有老本可吃，也等于夭死。所以，一个学者的生命在于怎样正确对待时间，而不在于形式上的岁数大小。抓紧利用时间对学术做出一定贡献才是长寿；浪费时间与作业时间、自动中止学术活动都是短命。因为学问是不会从天上掉入脑中的，治学与坐冷板凳是分不开的。这在近现代学术界，还有王国维、吕思勉、柳诒徵、范文澜、张舜徽、罗尔纲、钱钟书等人可作为代表。就蔡先生的读书经验来说，一个学者能一辈子坐冷板凳，当然很好，但至少也要有一个时期到大图书馆去坐冷板凳。蔡先生重视学术生命，还表现在他在思想上能"永葆青春"。他认为，凡能做到始终前进的，都等于长生，如李大钊、鲁迅等；有始无终的，都等于短命，如严复、康有为等；始终顽固的，都不如无生，如叶德辉、辜鸿铭等；还有无耻出卖自己学术的，如廖平、刘师培等。更有"文革"时期的所谓"风派"，如此之类，都是不足为法的。直到耄耋之年，蔡先生一直坚持在学术阵地上，"耄耋如青春，晚上如早晨"，每天置身书斋，拜书为师，古今同时，中外同地，心胸开阔，青春常驻。

第六，对学术前途充满信心。蔡先生敢于明确地肯定中国思想史上首先由孔墨两家开始形成朝野两大系统。[①]他生前曾开了个名单，认为如果说儒家只有一个圣人，那是可以的；如果说中国只有一个圣人，就大不可了。要知道中国各界不仅都有圣人，而且多到将近百个，绝不是只有孔子一个。而且圣人也是有过失的，绝不是传统语言的"人非圣贤，孰能无过"。更不是只有中国能出圣人，而外国就没有圣人或少出圣人。时至今日，再也不要"夜郎自大"了。蔡先生认为，今后的新文化应当是"辩证发展"，而对古今中外文化应该有批判地继承。辩证即辩证法的辩证，而不是形而上学的极端片面与教条主义的一切照搬的旧方法；发展即发展史的发展，是必须基本遵循发展史的发展，而不是停止、倒退或者折中的旧方向。不能对封建主义与资本主义各打五十板，更不宜如一些人的以尊

---

① 详见蔡尚思：《中国思想文化形成两大系统》，《中国哲学史》1992年创刊号；另详蔡著《墨子思想体系》，收入《十家论墨子》，岳麓书社1996年版；《论语导读》，巴蜀书社1996年版等书。

孔子来反马克思,或把孔子与马克思等同起来。总而言之,蔡先生认为,古今中外,一切的一切,都难免"尺有所短,寸有所长"。我们对它都应当"利之中取大,害之中取小"。不要老是空想什么只有长而没有短,只有利而没有害。既不是绝对的绝对,也不是绝对的相对。

(原载《文史哲》1996年第2期)

百岁华诞出奇迹

——记从副校长岗位退下后的蔡尚思

傅德华

2006年10月的一天,上海市科学会堂座无虚席,大屏幕上正在播放本年度上海市第八届哲学社会科学最高荣誉奖——学术贡献奖几位获得者令人瞩目的学术成就和感人肺腑的人生阅历。复旦大学的百岁老人蔡尚思先生也在其中,而且他是本届学术贡献奖获得者中年龄最长的一位。

1930年9月,蔡尚思先生经他的老师蔡元培向时任复旦大学校长的李登辉举荐,首次进入复旦,任中文系教授。直至1952年院系调整,第三次结缘复旦,从此再也没有离开。70多年来,他锐意进取,常葆青春,不仅在教书育人和著书立说方面取得卓越的成就,且在"养心"和"炼身"方面,流传着不少与众不同的故事,由此他一生在复旦大学创造过多个历史奇迹。

一、年龄最长的副校长

1978年,经过拨乱反正后的新一届校行政领导班子组成时,1905年出生的年已73岁的蔡尚思先生被任命为副校长。与他一起被任命的副校长有王零、郑子文、谢希德、徐常太、蔡祖泉、谈家桢、刘博泉。他们七人中,年龄最长的是1909年出生的谈家桢,年龄最小的是1924年出生的徐常太和蔡祖泉。查阅2005年由复旦大学出版社出版的《复旦大学百年志》"副校长"一栏,1925年自郭任远始,迄至2005年陈晓漫,共计有58位副校长,蔡先生为第16任。但无论从在位时每位副校长的年龄,还是谢世的年龄,到目前为止,还没有一位超过104岁的蔡先生的,我看以后也很难有。由此蔡先生成了复旦有史以来,在位年龄最长、谢世年龄最高的副校长。仅此一举创造了两个奇迹。

二、退职后的第一本书

蔡尚思先生是一位视学术为生命的学者。他从1978年1月担任副校长一职,迄至1982年7月离任,历时四年半的时间。期间,他一方面为恢复复旦大学正常教学和科研的秩序不懈地努力工作,另一方面继续挤出时间从事自己的中国思想史研究。在任四年间,在朱维铮、李华兴、施悟(吴瑞武)和李妙根教授的协助下,出版了《孔子思想体系》和《蔡元培》两书,在《文史哲》等学术刊物上发表了《顾颉刚先生的几个特点》等论文13篇,赢得学术界一致赞誉。

据笔者在蔡先生健在时即着手编纂的《蔡尚思先生学术年表》记载,蔡先生从副校长岗位退下来后的第一本专著是由湖南人民出版社1983年出版的《中国文化的优良传统》,副标题是"文化人立身治学经验"。此书共立了"文化事业的重大作用"等34个小标题,从评价《左传》、刘知几,到评介严复、孙中山、朱执信和李大钊、蔡和森等,既有理论又有自己独到的见解。作者在其书序中曾"声明",本书"既不是全部中国文化人的重要代表作,也与'道统'代表人物根本相反,更不同于曾国藩《圣哲画像记》开列的三十二人以及义理、词章、经济、考据四种学问的十种书",而是一本"打破常规,采用纪事体、类编体,按照问题来分,而不是采用按照人物来分的纪传体和按时间来分的编年体"的著作。

笔者在与蔡先生长时间的接触过程中,发现蔡先生并不认为他退休后出版的第一本书是其最具代表性的著作。他以为,能反映其一生代表性的专著是1939年上海商务印书馆出版的《中国思想研究法》。此书在出版时,内有蔡元培、蒋维乔、柳诒徵和顾颉刚写的序。由此,蔡尚思先生又一次创造了民国时期数位名家为一位当时还名不经传的作者撰写序言的先例。1978年,蔡先生在此书重印时在"新版卷头语"中这样写道:"(本书)是著者自以为生平著作中第一部具有代表性的著作。"这是他"费大力气对中国文化、学术、思想精华方面的化合集成"。柳诒徵对其书的评价是"其博贯独到处,语语石破天惊"。

蔡先生健在时认为自己的其他几部代表性的著作是1985年由长沙湖南人民出版社出版的《王船山思想体系》,1986年和1989年由广东人民出版社出版的《中国近现代学术思想史论》和《中国古代学术思想史论》,以及1991年由香港中华书局出版的《中国礼教思想史》。其中让蔡先生最满意的著作是《王船山思想体系》。

1981年底,蔡先生在其寓所不慎摔伤腿部并住院开刀。出院后他利用在家休养的机会,重借1930年上海太平洋书店出版的80大本《船山遗书》,从头到尾通读了一遍,并摘录其要语,先写成《王船山思想体系提纲》一文,发表在1982年11月3日的《光明日报》上。之后,曾有人扬言要对他的这篇短文"逐条辩驳"。于是就更促使其"集中精力来编著"《王船山思想体系》一书。为从中国学术思想史上看清楚王船山的"真面目",蔡先生从全部原著中选出极其丰富的材料,分为哲学、宗教、政治、法律、军事、经济、教育、史学、文学、美学、科学11个方面,作为无可否认的论据,证明欧阳兆熊、谭嗣同、梁启超、章太炎、张西堂、熊十力、侯外庐等人宣传王船山思想不合事实之处。其结论是"王船山的思想精华与糟粕两方面都很突出"。此书被中国历史地理学家谭其骧先生称为:"不仅是王船山研究著作中的一个典范,也是整个中国学术思想史研究领域中的一个典范。"因为在数以百计研究王船山思想的著作中,蔡先生的这本书具有两个与众不同的特点:"一是别人往往只看过船山著作的一部分,遽尔发为议论,而此书作者则是把将近五百万字的《船山遗书》从头到尾通读了一遍,分类摘出原始资料后,才根据这些资料进行分析研究,从而得出结论写成这部书的;二是别人读船山的书都只取其一面,随意发挥,所以所作评价不可能全面,也不可能正确,而此书作者由于全面掌握了体现在船山全部著作中的船山思想的各个方面,所以就能做到正确地阐述船山思想的整个体系,既指出其进步的精华的一面,也指出其落后的糟粕的一面,作出既是全面的、也是实事求是的评价。"

三、百岁生日的一份厚礼

2005年11月10日,是蔡尚思先生的百岁华诞。一年前蔡先生因患前列腺炎住进华东医院,但其精神状态和思路都很好,只要有人去探望他,话匣子一打开就没完没了,刹不住。为让蔡老在百岁生日有一个惊喜,他的学生上海《文汇报》学林专刊原主编施宣圆先生专门给福建泉州市委书记施永康写信,希望在蔡尚思先生百岁华诞时资助出版《蔡尚思全集》。这一要求与当时泉州市委提出的"发展大泉州经济、弘扬大泉州文化、建设大泉州城",以文化撬动经济发展,重塑泉州城市形象的战略决策十分吻合,因而很快就得到批准。复旦大学很快组成编委会,并委托笔者负责搜集蔡先生在新中国成立前报章上发表的学术文章,作为专门一集《集外集》编入全集。大约经过一年时间的努力,终于赶在蔡先生百岁华诞之前,将洋洋400万字,皇皇八大卷的《蔡尚思全集》如期出版,这是献给蔡先生一份实实在在的生日厚礼。

当蔡先生在华东医院病房百岁生日时,手捧泉州市及德化县政府资助出版的八大册《全集》,脸上呈现出无比灿烂的笑容,心情激动不已,讷讷道:"多谢、多谢,多谢我们家乡领导的关心!"当地政府和他的弟子看到蔡老如此开心,无不为之感到欣慰,能为教导自己多年的老师尽到自己的责任和义务,而感到非常的满足,这也是所有复旦莘莘学子献给为复旦的教学科研服务一辈子的蔡老最厚重的生日礼物。由此蔡先生又在复旦的历史上创造了一个在百岁华诞之际,能亲眼看到、并手捧本人一生著述《全集》出版的奇迹。

四、学术贡献奖获得者

"学术贡献奖"是目前上海哲学社会科学界的最高荣誉奖,每两年评选一次,能获此殊荣的都是在某一学科或领域取得过卓越成就的专家学者。

在2004—2005年该奖项的申报启动时,学校通知历史系把蔡老报到市里参加竞选,系领导让我给蔡老写申报材料。经过一周反反复复翻阅他出版的20余部专著和300余篇文章,我寻找出蔡老与众不同的特质,在于中国思想文化领域里的独特见解和丰富著述,这是一般学者很难达到的。更重要的是这次他的年龄正好赶上100华诞,上海学术界要想在尚健在的专家学者中找出几个在某方面有特殊贡献的老人并不难,但要寻找到百岁老人具备上述条件的谈何容易。蔡老恰恰身逢其时,其学术成就又的的确确符合评选要求,于是在上海市第八届哲学社会科学优秀成果(2004—2005)评选中,当之无愧地获得了本届"学术贡献奖"这一殊荣。其代表作是八大册《蔡尚思全集》。由此蔡老再一次创造了复旦大学的历史,成为百岁高寿获得这一最高荣誉奖的第一人。

此消息传到复旦、传到在华东医院的蔡老的病房,包括医院的医生和护士,无不为之欢欣鼓舞。代表蔡老到市里领奖的是时任复旦大学人文学院院长的姜义华教授。姜教授原就在蔡先生领导的中国思想文化史教研室任教,曾与蔡先生共事过多年。蔡先生戏称他为自己的"四大金刚"之一。姜教授把领回的证书和市政府奖励的5万元奖金交给我,嘱咐由我亲自转交蔡老。在征得蔡先生同意后,原先打算用学校配套的5万,共计10万元,在复旦设立蔡尚思学术出版基金,以鼓励更多的中青年学者以蔡老为榜样,撰写出版更多的学术著作。准备工作一切就绪,就等第二天由复旦党委书记兼复旦大学基金会主任秦绍德举行仪式公布于众,结果由于意想不到的原因,蔡先生的这个愿望未能实现,这不能不说是一个极大的遗憾。此桩造福子孙后代的好事虽未能如愿以偿,但蔡先生百岁之余,还在为复旦莘莘学子着想,希望他们也和自己一样,"永不毕业,常葆青春"的精神值得继续发扬光大。

五、坚持独特的健身法

蔡先生是复旦历史上屈指可数的百岁教授之一。他为什么能够如此高寿,当有人以好奇的口吻向他请教时,蔡先生不假思索的脱口而出:"一曰养心,二曰炼身。"这就是蔡先生的长寿之秘。

所谓"养心",即淡泊名利和乐于过清贫的生活。在他担任副校长期间,曾专门讨论拨乱反正后的第一批博士生导师人选,他竟然没通过。但蔡老并没介意,像往常一样,做自己的学问,从未在任何人面前提起过此事。其时他享受副局的待遇,他的同事姜义华教授曾说过:"蔡先生是最不会当官的人。""蔡先生当领导时,没有任何待遇上的要求,退下来后,除了去华东医院看病,他从不使用学校派给他的小车。"他年逾九旬撰写文章时,仍自己挤公交车到上海图书馆查阅资料。更让人费解的是,他直至104岁时才被批准享受离休待遇。这恐系蔡先生在复旦历史上创造的又一绝无仅有的奇迹。

在生活上也一样,蔡先生乐于过清贫的生活。他不沾烟酒不喝茶。去过他家里的人都不敢相信,这就是一位知名教授的住所。楼上下60平方米的屋子中,住着蔡先生和儿子、儿媳,还有两个孙女好几口人。家具都很旧,没有一台空调。书房仅两个旧书橱和一个长的老式写字台,还有存放手稿的两个樟木箱。

以上就是蔡先生的"养心"之道。除了心态特别好,还有就是坚持独特的"炼身"法。其内容包括从上海解放的第二天起,就开始的无论春夏秋冬的洗冷水澡。"文革"中"靠边站"后趁机读了不下百本医书,结合自己的实际他摸索出来一套简便的健身法,这就是"开关功""桔槔功""全面操"。靠这套自创的健身法,蔡先生竟然治好了自己手发抖、漏肩风、腰酸、骨质疏松等毛病。其九旬时,走起路来健步如飞,年轻人都跟不上。他每日下午四时左右,无论刮风下雨,从自己的宿舍国年路出门散步,途经四平路、五角场、邯郸路、国权路,然后返回寓所。他不止一次对我们讲,"看人老不老,先看走和跑"。

蔡先生的上述健身法,难以长久坚持的是冷水澡和"桔槔功"。即便是冰天雪地,他也坚持将全身浸在浴缸里只露出头(有照片为证),一般要泡在水里八分钟或一刻钟,并在水里一动不动练静功。这一洗就是50年,从未间断。所谓"桔槔功",其做法就是人体平躺在床上,双腿、双臂不断使劲地朝头部向上用力,形似后翻滚,直至双脚越过上肢,两只脚尖碰到头顶后面高出的床架(有照片为证)。由此蔡先生再次创造了复旦历史上的又一个奇迹。蔡先生年近九旬高龄时,仍然能很轻松地完成这一套动作,许多青年人目睹蔡先生上半身平躺在床上,双脚越过身体,脚尖已碰到床架的照片都简直不敢相信这就是蔡老,感叹难怪他能够如此高寿。

(原载复旦大学关心一下工作委员会等编:《复旦名师剪影》(综合卷),复旦大学出版社2013年版)

谭其骧

谭其骧(1911—1992)，字季龙。浙江嘉兴人。历史学家、中国历史地理学家。

早年就读于嘉兴秀州中学。1926年入上海大学社会学系学习。1927年转入上海暨南大学，先后就读于中文系、外文系和社会历史系。1930年夏毕业，进入北平燕京大学研究院，1932年硕士毕业后任北平图书馆馆员、辅仁大学兼任讲师，后又兼燕京大学、北京大学讲师。1934年与顾颉刚等发起成立禹贡学会，创办《禹贡》半月刊。1941年初至贵州浙江大学史地系任副教授、教授。1946年随浙江大学史地系回到杭州。1948年兼任上海暨南大学历史系教授。1951年至复旦大学任历史系教授。1957年起任历史学系代主任、主任。1982年任中国历史地理研究所所长。

兼任中国史学会常务理事，中国地理学会理事、历史地理专业委员会副主任，上海历史学会副会长、代会长，上海市社会科学联合会副主席等。历任国务院学位委员会第一届历史学科评议组成员、国务院古籍整理出版规划小组成员、《中华人民共和国国家历史地图集》编委会副主任兼总编辑。1960年获全国文教先进工作者称号。1980年当选为中国科学院地学部委员；是第三、四、五届全国人民代表大会代表，九三学社第七届中央委员会顾问、第八届中央委员会参议委员会委员。

在大学任教期间，讲授"秦汉魏晋南北朝史""隋唐五代两宋史""中国历史地理""中国古代史""历史地理概论"等课程。

2018年入选上海社会科学联合会评定的"上海社科大师"。

兼任《辞海》编委兼分科主编，主编《历史地理》《黄河史论丛》等学术刊物，1955年起主持改编、修订杨守敬《历代舆地图》。历时30余年主编的《中国历史地图集》，1986年获上海市哲学社会科学特等奖(1979—1985年)。另主编《中国自然地理·历史自然地理》《辞海·历史地理分册》《历史大辞典·历史地理分册》等。从1982年起，主持《中华人民共和国国家历史地图集》的编绘。

主要论文编入《长水集》(上、下编)、《长水集续编》和《长水集补编》。

一丝不苟 精益求精

——学习季龙师的工作态度和治学精神

邹逸麟

季龙师是我国当代历史地理学的奠基人之一。自20世纪30年代起即从事历史地理的教学和研究工作。如果从他1930年进燕京研究院攻读历史地理学算起,正好一个甲子。如今桃李满天下,声誉海内外。他那宏博的学识、精湛的见解、卓著的贡献,已为世人所公认,当然无须我做学生的妄加评议。只是程门立雪30余年,对老师的工作态度、治学精神略有所知,并在其中获得很大的教益和启发,今值祝贺季龙师80华诞之际,略谈体会点滴,以作为对自己的鞭策。

一

季龙师平时与我们谈及治学之道时,常常说他一生在学问上之所以有所建树,重要的一条就在于做任何工作时都十分认真的缘故。所以教导我们对待任何工作都要认真,不能马虎从事。认真则能使水平逐步提高,马虎则终将一事无成。"做事要认真",是一句很普通的话,但要真正做到,特别是凡事都要做到"认真"两字,真是谈何容易!

然而我在追随季龙师的数十年的接触中,确确实实感到他在对待任何工作时那种异乎常人的认真态度。最能说明问题的,是他为之付出毕生精力的《中国历史地图集》的编绘工作。编绘一部大型、详细的《中国历史地图集》是季龙师早年的夙愿。新中国成立前,国家多难,社会动荡,个人生活不安定,当然无法实现这个愿望。所以当1955年吴晗同志将毛主席交待重编改绘杨守敬《历代舆地图》的任务交给他时,他感到十分光荣和欣喜,就将自己的全部精力扑在这项巨大工程中去了。

开始时对这项任务的艰巨性估计不足,以为以季龙师为首,配上一两个助手,花上两三年时间就可以完成的。不料自1955年至1956年底季龙师住在北京科学院历史所的近两年时间里,只编出了两汉图,其中还有一些问题没有解决。1957年初因复旦校方的催促,季龙师随即返校,我就是在这时与文楚兄一起跟着来沪参加这项工作的。起初工作室设在苏州河畔河滨大楼内一套房子里,季龙师除了上课外,每天一早从复旦宿舍乘车赶来上班,下午总是在我们大家都下班后才离开。同年9月工作室迁到了复旦校内,对他来说当然是方便多了,于是就和我们一样,每天上、下午都来工作室编图,成了规矩。"文革"以前,在全校文科二级教授中每天上、下午都来上班的,他恐怕是唯一的一个。1958年"大跃进"开始,差不多有一年多时间,他与我们一样,不论暑寒假天天加夜班。一天三班工作,在当时的所谓"资产阶级知识分子"队伍里恐怕是罕见的。

1960年以后,因为扩大了编绘范围、增加了内容,已经不是杨守敬《历代舆地图》的原貌了,于是干脆改名为《中国历史地图集》(以下简称《图集》)。这样一来又增加了许多工作量,例如要重新考虑《图集》的总体设计,撰写各个图组的编例,制订图式、图例等一些十分烦琐、细致的工作,落在作为主编的季龙师肩上。对这些问题,他是十分认真地反复斟酌而定的,真是做到了一丝不苟。吴晗同志是他20世纪30年代的旧交,私谊很深,1955年以后又是重编杨守敬图和编绘《图集》工作的组织者,但在有关《图集》科学性问题上,季龙师是十分顶真,绝对不肯迁就的。例如开始时吴晗同志急于完成,曾设想《图集》所采用的今底图的山川框架即依杨守敬图的底图《大清一统舆图》,只是将图中清代的地名改成今天的建制就可以了。但他没有想到,《大清一统舆图》的山川框架是根据18世纪测绘的《内府舆图》编制的,政区是晚清的建制。新中国成立后根据最新测绘成果和政区制度编制的地图,其精确程度远远超过前者。再说政区建制上也有很大的差别,要将近半个多世纪以来新设的市、县治所以及新改的省界搬到18世纪测绘的山川框架的底图上去,实际上是办不到的。因而季龙师坚决主张用今图作底图。对这个问题他们有过争论,最后还是因为实际工作中行不通,吴晗才同意改用今图的。另一个例子也是关于底图的问题。制图工作者认为古今对照图面载负量太大,建议删去大量底图上的今地名,同时还主张在古地名比较密集的地区,如长安、洛阳、建康附近,删去一些不重要的古地名,这样既可减轻制图的工作量,又使图面清晰可读。这个建议得到了吴晗同志的同意。季龙师却坚决反对这样做,他认为:第一,古今对照是我国历史地图的优良传统,如果删去大量的今地名,就不能显示我国历史图的优点,也不能给读者以古今地名对应的明确概念;第二,《图集》上需要画哪些古地名是由编例规定的,不能随意增删,再说《图集》是一部工具书,它面对不同专业、不同层次的读者,孰者重要,孰者不重要,不同读者有不同的要求。有的古地名历史上经常出现或曾在该地发生过重大历史事件,应该说是比较重要了,但它恰恰为一般读者所熟知;有的地名在历史上偶尔出现过,比较生僻,可有的读者就需要知道在今天什么地方,这个地名对这位读者来说,就是重要的了。因此由编者主观判断哪些地名重要、哪些不重要,实在是很不科学的。对那些古地名过于密集的地区,应作局部扩大图,而不应删去古地名。在这个问题上双方争论了很长时间,并都坚持各自的意见。最后还是采用了在长安、洛阳、建康地区作扩大图,只要图面清晰,尽可能多画今地名的办法,果然取得较好的效果。以上两则事例,说明季龙师在一些重大科学问题上坚持原则、不碍情面、一丝不苟、精益求精的治学态度。

《图集》的编绘工作一开始就实行主编负责制。吴晗同志在历次工作会议上不止一次地强调所有图稿都得由主编谭其骧审查通过签字后,才可交出版社,这无疑是对季龙师学术上的信任,但客观上也是给了他一副重担,这副重担他挑了20多年。

我和文楚兄1957年初随季龙师返沪,说是当助手,实际上根本起不了助手的作用。起初我们只是学习季龙师编的两汉图稿,读一些正史地理志以及《读史方舆纪要》《大清一统志》等一类有关沿革地理的基本书籍,抄录一些资料而已。约大半年后,对编图的工作略有所知,季龙师就派我们试编西晋图。众所周知,《晋书·地理志》是正史地理志中修得较差的几部之一,清人虽然做了不少校订工作,遗留的问题还是不少。对我们两个初学者来说遇到的困难可想而知,结果编出的图稿错误很多,绘制草图的技术也不行,图面杂乱无章。但他还是一点一线地认真审阅,并在校语里一一指出错误的原因和应注意的事项,使我们读后有了很大的提高。从1958年10月开始有十位复旦历史系三年级同学和一位青年教师参加了编图工作,与我们一样,他们也有一个学习编图的过程。这样,他就得一个人审阅我们十几个人的初稿,真是忙得不可开交,而我们就在他的一条条校记中逐步提高了自己的水平。

1966年"文革"开始,编图工作停顿了,季龙师也被打入"牛棚"。1969年6月1日编图工作恢复,他是以"一批二用"的"资产阶级学术权威"的身份参加工作的。"文革"前,他是《图集》的主编又兼历史地理研究室主任,有一间独用的办公室。"文革"期间,他的办公室为两位"掺沙子"进来的红卫兵所占用,他就与我们一起在一间大办公室内工作。那时主编负责制已被作为资产阶级专政的"黑货"给批臭了,他做的也是初编工作,但他一样十分认真细致地填写编稿表,撰写考证,绘制草图。因白天人多、书不凑手,就把问题带回家晚上搞。对我们在编图中遇到的困难,仍不厌其烦地帮助我们解决,还修改我们的考释。他作为过去的主编,却仍然十分重视初稿的编绘,身体力行,这种对事业的负责精神,给了我很大的启发。

1980年开始了公开本的修订工作。当时已在十一届三中全会以后,恢复了主编负责制。季龙师重新履行主编的职责,认真制订了修订原则,《图集》的前言是他亲自撰写的,还审阅了全部修订的初稿。可惜一则因时间仓促,二则因1978年2月突发脑血栓后,季龙师留下了后遗症,半身不遂,也影响了工作,且年逾古稀,不可能像"文革"前那样一天三班干了,因而对一些过于琐碎的改动不能一一过问了。但对一些难度较大的问题,他仍一丝不苟,下了很大的工夫。例如对唐代西南羁縻府州不同时期的不同隶属关系,他提出了新的见解,对中越边界问题做了详尽的考订,写出了数万字的校记。在有关历史边疆的一些重大问题上与有关同志意见不一,他坚持自己的观点,一而再、再而三地写出长篇考证文字,摆事实、讲道理,陈述自己的观点,其态度之认真,是我们一些中青年知识分子所不及的。

　　季龙师不仅对《图集》的工作十分认真,对待其他项目也莫不如此。凡是经过他手的,他都给予充分的重视,严格把关。1977年冬至1978年初,我们一起在华东师范大学集中审订《中国自然地理·历史自然地理》一书的初稿,他对原稿引用的原始材料及其判断有怀疑处,就把原书找来一一核对,结果纠正了许多错误。1987年中国大百科全书出版社寄来28条历史地理条目请他审定把关,原先估计一两个月内可以审完,不料他看下去发现问题实在不少,有的条目并非提几条意见发给原作者能够改好的,季龙师就试着挑几条问题比较大的,亲自动手改写,孰知此例一开就无法收拾,许多条目都由他重新改写、誊清,前后足足花了他大半年的时间。他是《大百科全书·中国历史卷》的编委,并不是哪一分册的主编,完全可以提几条意见对付过去,反正文责自负,我们也曾经这样向他建议过。但他还是以高度的负责精神,认真地对待这样一件对他来说既无名又无利的工作,使我们后辈感到惭愧和钦佩。

　　编辞典是一件吃力而又不易讨好的工作。当然,这类工作的弹性很大,你可以为之呕心沥血、耗尽岁月;也可以找几本旧辞书放在一起,斩头去尾、东摘西录、七拼八凑弄出一部辞书来。这种粗制滥造的辞书对读者不但无益反而有害,往往以讹传讹,谬种流传,贻误后学。季龙师最反对这样做。他在1959年主编《辞海·历史地理分册》时,除了辞目曾参考一些旧辞书外,释文全部是直接根据原始材料撰写的,因而出版后获得学术界的好评。1982年开始,社科院组织编写《中国历史大辞典》,他任编委会主任兼历史地理分册主编。郑天挺先生去世后,他任辞典的编委会主任,不论对历史地理分册或是对整部辞典的其他分册的质量问题都十分关切,凡有样稿送到他那里,总要认真审阅。所以在每次工作会议上,他从不说套话,而是针对现有稿子中存在的问题提出自己的看法,有证有例,与会者都感到说服力强,对工作帮助很大。他之能够做这样的发言,除了渊博的知识、严密的逻辑思维外,更主要的还是他事先对样稿逐条做了研究,核对原始资料,一条短短百把字的释文,有时会花上他半天的时间。可能有人认为这样做不值得,可季龙师想法不一样。他认为一篇专题论文出点差错固然不好,影响毕竟不大,但因为读者面较狭,有关专家也会看出其中的错误。辞书则不同了,作为一种专业工具书,读者往往不是这一行的专家,他们是将它当作经典来查阅的,因而编者草率而出的差错对社会的影响就很大了。所以他认为编撰工具书需要格外认真和谨慎,半点马虎不得。

对年轻一代的培养,季龙师言传身教,首先教导我们对工作要采取认真的态度,不能草率从事。他自己在审阅我们写的东西时,从不敷衍了事,不仅对内容、论点提出许多重要的意见,连文字里的错别字以及标点不妥处也一一指出。有时一张500字的稿纸边上所写的意见竟比原稿还多,不禁使我们对他这种认真负责的态度肃然起敬。

与认真相呼应的是"实事求是"的科学态度。他认为科学研究就是求"真"。所谓"治学务求真知",求"真"就得实事求是,如果为了某种原因歪曲和假造历史事实,那是对科学的亵渎,也不可能真正认识事物的客观规律。他的实事求是的精神在他所写的《中国历史地图集》前序和后记里讲得很明白,在此我也不赘述了。

我们与他共事的30余年内,从未见他草率对待过一件工作。这几年来,季龙师的体力、精力已不如前,为了要他保重身体,我们只劝他少做些工作,绝不敢叫他马马虎虎对待某一件工作,因为马虎是他最深恶痛绝的。

二

刘知幾说:"史有三长,才、学、识。"才是天赋的,学则是后天的努力。"夫有学无才,犹愚贾操金,不能殖货;有才无学,犹巧匠无楩柟斧斤,弗能成室。"所以必须两者结合才会产生识,就是独到的见解,这是做学问中比较高的境界。有的人少年时才气横溢,然恃才傲物,不肯努力,终于江郎才尽,中年以后就悄然无闻了。有的人书读了不少,也写了些东西,但才气不足,大多平庸之作,没有什么创见。季龙师少年英华,很早就崭露头角。顾颉刚先生给胡适的信中,就提到他这位得意门生无可限量的前途。那时候季龙师才20出头。他在燕京大学当研究生时,就确定以历史地理为其终身事业,他发愤读书、锲而不舍,数十年如一日,至老不倦。更主要的是他在学术问题上不迷信古人,不囿于旧说,善于思考,能发现问题、解决问题。他的文章每篇均有新意,靠的不是孤本秘笈,而是在常见的典籍中看出了别人没有看出的问题,并给予科学的解决,这就是他的高明之处。

新中国成立前季龙师已经发表了许多很有影响的论文。如《秦郡新考》《秦郡界址考》《新莽职方考》《晋永嘉丧乱后之民族迁徙》《湖南人由来考》《播州杨保考》《论丁文江所谓徐霞客地理上之重要发现》等数十篇力作,至今仍为研究者所引用。1955年后,季龙师主要精力集中在《中国历史地图集》《辞海·历史地理分册》《中国历史大辞典》等多项重大科研项目中,个人专题研究论文不算很多。但已发表的可谓都是掷地有声的传世之作,今试举数例以说明之。

《〈山经〉河水下游及其支流考》一文是他的得意之作。一般读者可能以为这只是一篇材料排比的考证文字,实则其意义远不止此。自司马迁以来,直至这篇文章发表以前,2 000多年来古今所有研究黄河的学者无不认为《尚书·禹贡》篇里记载的河水是我国最早的一条大河故道。而《汉书·沟洫志》记载到王莽时大司空掾王横所引《周谱》里"定王五年河徙"一次,是汉代以前唯一的一次改道。这种说法似乎已成定论。而季龙师此文发现了一条比《禹贡》记载更清楚、更确凿的先秦大河故道,打破了2 000多年来的定论,岂非黄河研究史上的一大突破?另一篇《西汉以前的黄河下游河道》可说是上文的姊妹篇。在这篇论文里,又进一步论证了《汉书·地理志》里见存的大河,事实上在春秋战国时代已长期存在,并曾与《禹贡》大河、《山经》大河在春秋战国时代相迭为大河干流,从而否定了古今学者对《汉志》大河形成的几种说法,即《禹贡》河、周定王五年改徙后的大河、汉武帝元光三年改徙后的大河。同时又指出,在唐以前"河"是黄河的专称,《汉志》《水经》里出现不少称为某某河的水道,这是因为这些水道曾经一度为黄河所流经或为黄河的分流或汊道,因而用上了"河"的名称,以后黄河改徙,"河"的名称被沿用下来了。这样的水道,仅《汉志》中就有12条。如此说来,春秋至战国中期筑堤以前的黄河下游,不仅不是没有改道,或仅在周定王五年改道一次,而是多次频繁改道,在河北平原中部自由泛滥,犹如今日不筑堤防的河口三角洲地区一样;自战国中期黄河下游全面筑堤以后,才形成比较固定的河道。

其实,说先秦时期黄河下游还没有全面筑堤以前,黄河从未改道过,或仅在周定王五年改道一次的说法,在地理学上是难以说通的。黄河中游有一片数十万平方千米的黄土高原,自地质时代以来就不断在侵蚀,并向下游输送大量泥沙,黄河自古以来就是一条多泥沙河流是毫无疑问的。"俟河之清,人寿几何"反映了古代人祈盼河清的心情。远古时代黄河处于完全不受人为控制的自然状态之下,在数千年泥沙长期堆积的情况下,黄河下游怎可能一次也不决溢改徙?然而地理学家不熟悉历史资料,拿不出实证与之辩论。而季龙师的这两篇论文揭开了被迷雾笼罩了2 000多年的先秦黄河之谜,还其庐山真面目,实是黄河史研究上的重大贡献。

另一篇《何以黄河在东汉以后会出现一个长期安流的局面》,是黄河研究史上第一篇用现代地理学观点将黄河流域作为整体来研究的学术论文。黄河下游的问题主要在于中游的水土流失,这一点20世纪初地理学家和水利学家都已认识到了。但是历史上情况如何?有没有史例可以援引?季龙师这篇论文就回答了这些问题。该文主要说明两点:一是历史上黄河曾经出现过自东汉至唐后期大约800年相对安流时期;二是这种安流局面的出现,其根本原因是游牧民族入居黄土高原,土地利用方式由农转牧,减轻了水土流失的缘故。这就从历史地理角度科学地证实了黄河下游变迁与中游水土流失的直接关系,从而为今天上、中、下游全面综合治理黄河提供了历史根据。

按说宋代以后的黄河变迁要比唐代以前复杂得多,但因为资料丰富,只要肯下工夫,慢慢爬梳,要理清这笔账,并不太难。先秦时期则不然,总共只有古今学者都翻烂了的几部书,要在其中将千年来几乎成为定论的东西翻过案来,并且在文献上、科学上都说得通并经得起时间的考验,非独具慧眼和严密的逻辑思维是难以做到的。

云梦和云梦泽的研究,也澄清了一个千年疑案。季龙师根据《左传》《国语》《国策》《楚辞》《子虚赋》等文献,经科学地辨析,认为先秦古籍中的云梦和云梦泽是两个不同的地域概念。一般所谓云梦,是指一块地域广阔包括山林、川泽、原隰多种地貌形态的楚王游猎区,东面约至武汉以东大别山麓以及江滨一带,西至沮漳水下游,北至今钟祥、京山一带的大洪山区,南至江汉之间的平原湖泊地带。而云梦泽则是这一地区南部、江陵以东、江汉之间,今潜江市西南古华容县境内的一个泽薮。但在汉晋各家注疏中,往往将两者混为一谈。西晋杜预开始将云梦泽解释成"跨江南北"的两部分。到了北魏郦道元《水经注》里,将他见到凡称云梦的地方都看成云梦泽的一部分,于是云梦泽的范围变得很大。由于郦氏为地理学的权威,他的看法为后人所继承。到清代,云梦泽的范围被越说越大,终于将跨江南北的江汉洞庭平原及其周围地区都包括进了这个云梦大泽的范围之内,与先秦古籍中云梦泽的含义已差之千里了。

季龙师的这一发现,不仅是个正名问题,实际上是一篇江汉洞庭平原区地貌变迁和地区开发史的论文,对研究长江流域湖泊平原的变迁很具有典型性。他指出,秦统一后云梦游猎区开始为人们所垦辟。晋末永嘉之乱后,大批北人南迁,云梦区也归于消失。而云梦泽部分,由于江陵以东陆上三角洲的延伸和江汉泛滥平原的扩展,迫使云梦泽东移,并发生几度消长的演变过程。近年的江汉洞庭盆地地质钻探资料,也证明江汉洞庭平原在古代不存在一个跨江南北的大云梦泽,与季龙师的研究不谋而合。

1986 年发表在《历史地理》第 4 辑上的《海河水系的形成与发展》,是他 30 年前的旧作,原是一篇报告的发言提纲,发表时改写成论文形式。我们知道,我国境内的河流除黄河外,要数海河水系变迁最大。但海河水系形成于何时,以前所有学者都没有搞清楚过,也就影响到整个水系变迁的研究。季龙师在这篇论文里不仅讲清楚了海河水系形成以前海河平原上的河流面貌,更重要的是论述了海河水系形成及其演变的过程,可以说是我们研究海河水系变迁的纲领性论文。

正如季龙师在《长水集》自序中所说:"文章千古事,没有独到的识解,不能发前人所未发,写它干什么?"他之所以能在历史地理领域里取得如此宏博精湛的成就,正是他才、学(即认真和勤奋)相结合的结果。

三

一个人要在学术上有所成就,既要有远大的理想,又要有踏踏实实、坚韧不拔的钻研精神,所谓"千里之行,始于足下"。早在 1934 年我国第一份历史地理专业刊物《禹贡》创刊号上,季龙师就提出要建立我国现代历史地理学科必须做三件基础研究工作:一部详细的历史地图,一部详明的历史地名辞典,一部历代正史地理志汇编。半个多世纪以来,第一项任务总算是完成了,第二项任务只能说即将完成,而第三项任务还没有动工。可见建立一门新兴的学科是多么艰巨。

季龙师大半辈子的时间和精力都贡献给了历史地理学的基础研究。他认为中国历史地理学还是一门很不成熟的新兴学科,欲使其成熟完备,必须建立在扎实的基础研究之上。基础研究搞好了,后人就可在此基础上发展学科。这种基础研究并不完全是为他人作嫁衣裳,通过这种研究同样可以培养一大批专家学者。殷墟发掘数十年,培养出了一批甲骨文、殷商史专家;汉简、吐鲁蕃文书的整理,也同样培养了一批汉、唐史专家;故宫档案整理,也出了一批清史专家。季龙师主编的《中国历史地图集》无疑也培养出了一批中青年学者。可见重大的基础研究对学科建设、人才培养都是有利的。

半个世纪以来,季龙师为我国历史地理学的发展做出了重大贡献,也培养了一批中青年历史地理工作者。他那认真严谨的治学态度、实事求是的工作作风,也感召了他的弟子们。所以,不仅他的研究成果是我国历史地理学科的瑰宝;他的治学精神、态度也是学术界的一笔财富,是我们学生一辈子也学习不完的。

最近我读了他发表在上海地方史研究刊物上的一篇关于上海地方志中一些问题的文章。文章的内容,平时他大多和我们谈起过。使我惊讶的是,文章结构之严密、说理之详尽、层次之清楚,绝不像一位年近80岁老人的作品。可见季龙师虽年过耄耋,头脑仍十分清晰敏锐,使我们做学生的感到无限庆幸。祝愿季龙师健康长寿,在学术上永远是一棵常青树,继续带领我们为祖国的历史地理学科的发展做出更大贡献。

1989 年 12 月 6 日

(原载《历史地理》第 9 辑,上海人民出版社 1990 年版)

谭其骧与《中国历史地图集》

王文楚

今年2月25日是季龙师(谭其骧先生字季龙)百年诞辰。季龙师是著名的历史学家、历史地理学家,是现代历史地理学科的主要开创者、奠基人。标志着我国历史地理学迈入一个新阶段的《中国历史地图集》(以下简称《图集》)八卷本是复旦大学历史地理研究所和兄弟单位协作共同完成的一部科学巨著,是历史地理学研究的巨大成果,也是主编季龙师努力奋斗的丰硕成绩,他为之付出了大量时间和精力,凝聚了他无数心血和渊博学识。

(一)辛勤工作,含辛茹苦,耗费了30多年的心力

早在20世纪三四十年代,季龙师就有编制一部规模较大、内容详赡的《中国历史地图集》的愿望,可是,那时政治腐败,社会黑暗,制图印刷技术又极差,未能如愿。1954年冬,著名历史学家范文澜、吴晗依据毛泽东主席的建议,组织史学工作者和地图工作者重编改绘清末著名地理学家杨守敬编著的自春秋至明代的《历代舆地图》,组成了"重编改绘杨守敬《历代舆地图》委员会",简称"杨图委员会",设在中国科学院哲学社会科学部。次年春,吴晗推荐季龙师去京改编修订,这正合季龙师的夙愿,他欣然应命,从此就将自己全部精力和学识贡献于这项光荣而艰巨的任务。

1957年初,编纂工作转移到上海,做长期的规划。开始时有章巽、吴应寿、邹逸麟和我四人参加。季龙师勤于所事,乐之不倦,每天上午、下午都来工作室编图,成了常规,这在全校文科著名教授中是独一无二的。1958年"大跃进"时,他和全室同志一样,除每天上班外,一天三班,还经常夜以继日,通宵达旦,以室为家,不论寒冬酷暑,坚持不懈,这在当时著名教授中更是罕见。

1957年9月在反右斗争中,季龙师的妻子和大儿子遭难,被错划为右派分子,这对季龙师而言,是个沉重的政治包袱,身心受到重大打击,但他仍以高度的责任心全力投入编图工作。

此后,由于接连不断的政治运动,编图工作的繁重艰巨和编图人员的不足,严重影响工作的进展。复旦党委为加快进度,决定选派当时历史系三年级学生

和一位年轻教师以边干边学的办法参加编图工作。季龙师把培养年轻一代视为己任,循循善诱,诲人不倦,祈望的是多出人才,快出成果,不仅审阅每一位的编图工作,也指出错误及其原因。他一个人审阅我们十几个人的初稿,忙得手足无措,但毫无怨言。他奖掖后学,识拔人才,不遗余力,并每隔一段时间,做有关编图方面和历史地理学的学术报告,充实和丰富编图者的知识,提高学识水平,加速编图工作的进展;遇有编图成绩突出者,予以表扬,欣然寄以莫大希望,每每称道不止。他创办"内部参考资料",刊载他自己在编审图稿时撰写的考释,并选登其他年轻教师撰写的具有一定质量的考释,以鼓励大家的积极性,又可相互交流与促进。遇有在历史地理学术研究方面具有一定见解的论文,更是予以帮助,推荐给学术报刊发表。季龙师博学强记、治学严谨,他对我们的论文从不降格俯就,凡编图工作有差错疏误者,不论何人,都直言不讳,予以批评,是一位令人敬重的严师。这样,在他长期精心培育和严格训练下,一批中青年学者脱颖而出,成为学术骨干,在编图和历史地理研究领域都涌现了令世人瞩目的丰硕成果。1959年,在编图室的基础上,建立了历史地理研究室,一批年轻学者在季龙师的指导下,聆受教诲,朝夕相处,相互研讨,疑义相析,共同奋斗,进一步推动了编图工作的进展。

此后随着《图集》编绘范围的扩大、内容的不断增加,突破了杨守敬《历代舆地图》中原王朝的范围,于是陆续邀请中央民族学院、南京大学、中国科学院民族研究所与近代史研究所、云南大学的著名专家和学者参加各边区图的编著。中国科学院历史研究所、考古研究所的著名专家和学者参加原始社会及其地图的编著,这已经不是杨守敬《历代舆地图》的原貌了,重编改绘已不能适应时代要求。放弃旧事,重创新业,改为《中国历史地图集》,季龙师仍任主编之职。

1966年夏,"文革"一开始,季龙师被戴上"反动学术权威"的帽子而打入牛棚,受尽了折磨和煎熬,编图工作全部陷于停顿,他对在"文革"中浪费的时间、精力和才华,深感惋惜和痛心。三年之后,编图工作恢复,他被宣布为"一批二用",思想上无间断的批判,精神上受尽折磨,身心受到摧残,主编之职已被剥夺,也做初编工作,编的图稿规定由"掺沙子"进来的历史系学生红卫兵审查,但他并不计较个人的得失,仍认真地编制初稿,撰写校记,对我们在编图过程中遇到的各种难题,尽力帮助解决,还修改我们撰写的考释。这种对国家科研事业高度负责的精神,给予我们很大的教育和鼓励。这样又经过四五年艰难曲折的奋斗,终于在1973年完成原定的全部编稿,自1974年起,分八册陆续出版内部试行本。

由于《图集》的完成阶段正值"文革"动乱时期,片面强调"为政治服务""为工农兵服务",存在着不少缺点和错误,存在着不科学、违背历史事实的内容。1981年夏,在中国科学院领导下,开始对内部试行本进行修订和补充。当时已在党的十一届三中全会以后,恢复了实事求是的优良传统,清除了"左"的错误,为按照历史事实、科学地修订《图集》创造了良好的条件。季龙师重新履行主编职责,制订了修订原则、办法及具体方案,并撰写《图集》的前言和后记,修订的编稿人员也由季龙师约请。修订的图稿完成后,按图册集中,交其审阅。当时预订计划八册《图集》于1984年底,以近四年时间全部公开出版,但因任务繁重,时间紧迫,又因季龙师于1978年2月患脑血栓后,留下了后遗症,半身不遂,且年逾古稀,工作受到一定影响,但他仍以顽强的毅力,不辞辛劳地忘我工作,认真仔细地审查每册修订的图稿和图组编例,反复斟酌,详予订正,一丝不苟。有时为了按时交稿,不影响出版日期,季龙师经常工作到深夜甚至拂晓,严寒酷暑不辍。我负责修订的第二册秦、西汉、东汉时期图,因为是修订的第一批图稿,要严格按照规定日期交稿,我于既定日的凌晨携带修订后的图稿,赴季龙师家,交与他审阅,得知季龙师昨夜为《图集》工作通宵达旦,刚睡不久。这种坚忍不拔的意志,实在令人惊叹和钦佩。他为了集中时间完成《图集》的修订工作,摆脱社会上对他不必要的干扰,在相当长的一段时期内,住在衡山宾馆,与外界隔离,孑然一人,闭门奋力。正是由于季龙师和全体参与修订图稿的同事们的共同艰苦努力,历时八年半,于1989年1月公开本全部出齐,为中国的科学事业做出了不朽贡献。

(二)渊博的学识,精湛的论断,严格按历史事实、按科学编图,并为之呕心沥血,坚韧不拔

《图集》的编绘工作,令季龙师煞费苦心,绞尽脑汁,他对《图集》采用的底图、设计方案、具体处理办法等,无不躬亲,力求按科学性、按历史史实编图。

1. 起初计划只是将清末杨守敬《历代舆地图》予以重编改绘,改正、增补杨图显著讹脱之处,设想采用的今底图就依杨图底图——胡林翼《大清一统舆图》,只将图中清代的政区地名,改成20世纪50年代的政区建制。季龙师认为,《大清一统舆图》刊印于清同治初年,主要根据康熙、乾隆时期测绘的两内府舆图编制而成,与根据现代测绘技术所制成的今图相比,存在很大误差,要将清同治以后近百年改设的新政区地名及改变的新省界转移绘到《大清一统舆图》上,是根本不可能的。因而他坚决主张采用精确度高的今图作为底图,经过杨图委员会多次商讨,决定摒弃杨图的旧体系,不再用《大清一统舆图》为底图,改用依据最新测绘资料新编的底图,这对于保证《图集》的精确性起了决定性作用。

2. 季龙师对编著中国历代疆域政区图具有科学的见解。原计划重编改绘杨守敬《历代舆地图》,范围一仍其旧体系,只画中原王朝的直辖领域,不画各少数民族政权的领域。季龙师认为,我们伟大祖国是各族人民共同缔造的,各少数民族在各个历史时期建立的政权,都是中国的组成部分,新中国的历史学者,不

能再蹈封建史家的覆辙,要正确反映我们这样一个多民族国家的历代疆域与政区的变化,仅仅局限于编绘一部历代中原王朝疆域政区的地图集不能适应时代的要求。经过杨图委员会数次反复讨论,季龙师的正确论说被采纳,决定抛弃旧体系,将我国历史上各个民族的活动区域纳入中国历史疆域政区的范围,重新编绘一部既有中原王朝,又包括各边区民族的分布地及其所建立的政权版图的《中国历史地图集》。

季龙师对历史上的中国疆域,有其精湛宏通的学说,认为编绘《中国历史地图集》,既不能以古人的"中国"作为历史上的中国范围,也不能以今天的中国范围来限定历史上的中国范围。因为今天的中国疆域,是1840年以后100多年来帝国主义侵略宰割了中国部分领土形成的,所以不能代表历史上的中国疆域,应采用几千年来历史发展所自然形成的中国作为中国的范围。而1840年鸦片战争以前的清朝版图,是几千年来历史发展所自然形成的中国,这就是历史上的中国范围。各历史时期所有在这个范围之内活动的民族,都是中国历史上的民族,在这个范围之内所建立的政权,都是中国历史上的政权,包括虽有部分辖区超出这个范围,而其政治中心在范围以内的政权。《图集》内部试行本基本上是根据季龙师的科学论说进行编绘的,但未能完全做到。1981年开始进行修订时,他要求尽力按此处理,以体现中国各民族共同缔造祖国的历史,修订后的《图集》,完整地显示了中国疆域形成和发展的历史。

3. 季龙师认为,编著各代总图或分图,应选定中原王朝和边区政权的疆域政区都比较稳定、明确,文献记载也较为详明的年代作为一个标准年代,所绘疆域和政区都以这一年为准。历史上每一王朝、政权,先后延续几十年乃至数百年,疆域时有伸缩,政区建制常有改易,治所屡有迁移,前后变迁很大,如不按一个年代断限,会将不同年代的建制混杂于一图,不能科学、准确地反映历史的真实。杨守敬《历代舆地图》将自汉代以后各朝图全部按各史《地理志》或清人《补志》编绘成图,而各史《地理志》于年代断限都不是很严格,往往混一朝前后不同年代的建制于一篇,因而杨守敬《历代舆地图》的各朝图往往不是同一年代的建制,前后相去数十年或百余年,造成混杂与错乱。季龙师为贯彻这一学说,不遗余力,力求达到科学、准确。在每一图组开编之前,均花费很大精力,认真反复考虑图组的总体设计,拟订编例草案,然后召集全体编稿人员开会,讲解这一历史时期中原王朝和边区政权的疆域变迁、各级政区建制沿革、选定某年为标准年代的依据和理由,全体编稿人员进行充分的讨论,各抒己见,从善而改。图组编例定稿后,由一人或两人排出政区表,然后按各朝政区分工,各自负责。编稿者根据各政区特殊性及历史资料,经过缜密考证,确定各级政区治所地点和界线的今图位置,编制成图,然后交由季龙师审定。

《图集》内部本每一历史时期都有一幅标准年代的总图,都是由各地区的分幅图拼成,边区各分幅图都按中原王朝在该地区辖境最大时编绘。实际上中央王朝统辖各边区范围的伸缩在时间上并不一致,先后相差几十年乃至百余年,并不存在如图中那样的疆域政区,那是不符合历史事实、违反科学的。季龙师制订了修订原则,凡总图都一律改成统一年代。

《图集》内部本都只有一幅标准年代的总图,而历史上各个统一王朝先后延续几十年乃至数百年,疆域政区前后变迁得不到充分反映,为了弥补这方面的缺失,修订本对前后疆域政区变迁较大的历史时期,增补了几幅总图。例如唐朝,原有以开元二十九年(741年)为标准年代的总图一幅,修订本增补了此前的总章二年(669年)及此后的元和十五年(820年)两幅总图。又如清朝,原有嘉庆二十五年(1820年)为准的总图一幅,修订本增补了光绪三十四年(1908年)的清末总图,如此等等,不一一列举,这显示了各个历史时期疆域政区的前后变迁,进一步提高了《图集》的科学性和准确性。

4.《图集》内部本的定稿正值"文革"动乱时期,受到"左"的严重影响,存在着完全违背历史事实的内容。尤其突出的是,内部本自三国以来都把台湾、澎湖作为中原王朝的领土来处理。季龙师根据历史记载,认为三国孙吴征伐夷洲(今台湾)但并未成功,后来荷兰人侵占台湾,清初郑成功驱逐了荷兰侵略者,在台湾建立了奉明朝为正朔的政权,直到清康熙二十二年(1683年)平定郑氏政权,台湾才正式成为中原王朝疆域的一部分,这是正确的,不能曲解为台湾自古以来是中原王朝的一部分。季龙师当时处于"一批二用"的处境,不顾自己安危,多次阐述这个科学真理,而屡被推翻,直到《图集》修订时,才坚持予以改正,按照历史真实编绘。

5. 编稿人员根据图组编例编成的图稿,地名分布稀密极不均匀,有些地区稀疏,有些地区密集,尤其政治、经济中心的京畿附近,甚为密集。制图工作者由此认为图面载负量太大,建议删去底图的今地名,或删去不重要的古地名。季龙师坚持反对,认为古今对照是我国历史地图的优良传统,阅读查对,一目了然;《图集》上的古地名是据历史文献记载著录的,是由编例规定的,不能随意增删,由编者主观判断哪些重要、哪些不重要,是很不科学的。他建议古地名密集的地区应作扩大图,使图面清晰,而不删去今地名或古地名。经过多次争议和商讨,最后采纳了季龙师的正确意见,在首都近郊作扩大图。但在"文革"动乱中,原来编绘得相当详密的首都长安、洛阳、建康近郊插图,因是"帝王将相居住活动区",而被无理删除。《图集》修订时,季龙师再次建议重编,重新增补了长安、洛阳近郊扩大图,但遗憾的是,由于时间匆促,如东晋南朝建康附近扩大图就无法恢复了。

季龙师在《图集》修订过程中,对一些疑难问题,广泛搜集史料,勾选剔抉,审慎考辨,思想深刻,多有创见,发前人所未发。如对唐朝西南羁縻府州在不同时期的不同隶属关系,刊正前人并谬,提出新的见解,如此等等,不一而举。

总之,《中国历史地图集》的编著足以表现季龙师富有卓见和精辟的学术思想,以及他为之呕心沥血、坚持不懈、锲而不舍、顽强奋斗的精神。他治学严谨、勤奋刻苦、态度科学和实事求是的精神都堪为楷模,堪称一位学识精深的著名学者。他在编纂《图集》时期内,严格训练了一批中青年学者,为促进历史地理学的发展做出了卓越的贡献。他又是一位德才兼备、品行醇正的当代人师,因此受到国内外学者和后人的推崇和景仰。他的光辉业绩和形象,将载入史册,长留人间。

季龙师有他毕生的追求,在他完成《中国历史地图集》这部巨著后的又一奋斗目标是,于1982年底开始着手主编《中国国家历史地图集》的工作,其内容包括历史时期自然、经济、政治、军事、民族、交通等图组,"只有等这部地图集完成了,绘制中国历史地图的事业才能算大功告成",他希望在有生之年能看到这部新图集的完成和出版。虽然图稿早已完成,季龙师已作古近十年,原来从事编著的中年学者已是耄耋矣。迄今十多年,迟迟未能出版,壮心未酬,宏愿未竟,这是他的莫大遗憾!我们企盼着这部新地图集的早日问世,以告慰他在天之灵!

(原载复旦大学历史地理研究中心主编:《谭其骧先生百年诞辰纪念文集》,上海人民出版社2012年版)

悠悠长水　求索时空——谭其骧传

葛剑雄

尽管至迟在20世纪初上海就成了中国第一、世界闻名的大都市,但直到60年代初,人们对"上海"一名的来历还沿用了几百年来的旧说,即因为"地居海之上洋",历史学家对此也不甚了了。但到1960年谭其骧发表《关于上海地区的成陆年代》一文,明确指出,上海得名于一条名叫"上海浦"的小河,最早的聚落就在这条小河旁形成,以后成为上海镇、上海县,并为新兴的上海市所沿用。

在上海已故的历史学家中,谭其骧是唯一一位"两栖"人物:他当然是一位历史学家,长期担任中国史学会的理事、常务理事,首届国务院学位委员会历史学科评议组成员,上海历史学会副会长、代会长,复旦大学历史系主任。但他同时也是一位历史地理学家,是中国地理学会的发起人之一,长期担任理事、历史地理专业委员会副主任,复旦大学中国历史地理研究所首任所长,并于1980年当选为中国科学院学部委员(后改称院士)。虽然他不是土生土长的上海人,但20世纪20年代在上海读大学,40年代在上海当大学教授,1951年定居上海,直到1992年去世,前后在上海生活了近半个世纪。

一、差一点成了职业革命家

谭其骧,字季龙,浙江嘉兴人。谭氏定居嘉兴数百年,到明、清时已子孙繁衍,到晚清时更因从商致富,蔚为大族,所以潘光旦在《明清时嘉兴的望族》一书中已将谭氏列入。但盛极而衰,谭其骧祖父虽中过举人,家道却日益凋蔽。清末废科举,谭其骧的祖父与父亲都东渡日本。1911年2月25日,谭其骧出生在奉天(今沈阳)皇姑屯车站站长宿舍。不过第二年父亲谭新润就因病去职南归,谭其骧的童年是在嘉兴家中和海盐姑母家中度过的。

或许是受到五四运动后席卷江南的新潮的影响,或许谭其骧家庭中本来就有旧学与新知并重的传统,或许他的父亲给了儿子过多的自由选择——直到谭其骧读大学时还不知道儿子学的是什么专业。在读中学时,谭其骧就产生了一种革命倾向。

1925年5月30日,上海发生了震惊中外的五卅惨案,引起了全国各地的反帝高潮。离上海不远的嘉兴很快受到影响,在一向平静的秀州中学里,开始出现反对学校当局的言行。当时,谭其骧的大哥其玉在上海工厂当职员,常将《新青年》《向导》等进步刊物带回家中,使他从这些刊物中接触到了革命思潮,更激起了对帝国主义列强的仇恨。1926年夏,在高二下学期即将结束时,为了抗议学校对学生的压制,谭其骧和班里一些同学同盟退学。后来有的同学在学校和家长的劝诱胁迫下复学了,但谭其骧和另外几位同学仍坚持退学,就此结束了中学生活。由于多次跳级,已经读到高二的谭其骧还不满15岁。

当时谭家经济相当窘迫,谭其骧退学后,正好上海一家无线电公司招收练习生,家中就要他去报考,但他对无线电毫无兴趣,就故意不认真考试,结果自然没有被录取。他不愿再上其他中学,就到上海考入了上海大学社会系,靠谭氏宗族义庄的补助和亲戚的资助凑足了学杂费和伙食费。

上海大学由共产党人恽代英、萧楚女等人创办,是当时上海一个传播马克思主义的堡垒,也是共产党人培养进步青年的基地。当时上海大学已在郊区江湾建新校舍,临时校舍和学生宿舍则还分散设在闸北青云路宝山路口的几幢民房里。主持校务的是陈望道,教授主要有李季、施复亮(存统)、郑振铎、沈雁冰(茅盾)等,曾经担任过教授的瞿秋白等已经离校。上海大学有共产党和共青团组织,谭其骧进校不久就参加了共青团。除了开会、讨论等活动外,共青团员经常在闸北一带张贴标语,散发传单,在马路上和茶馆中向群众演说。孙传芳的"大刀队"不时出没,团员们得随时注意,一有动静就散入小路,或从弄堂中溜走。

1927年春新学期开学,学校迁至江湾,但北伐军已逼近上海,时局紧张,没有开课。谭其骧和同学们成了职业革命家,天天在闸北街头做宣传。3月21日,上海工人配合北伐军,举行第三次武装起义,上海大学同学跟随队伍呐喊助威,并参加救护伤员。在攻打北火车站时,一位指挥员让谭其骧随同,临时发给他手枪一支,但到达不久车站就已攻克,他的手枪还没有使用就交回了。北伐军进入上海后,谭其骧和同学们又多次参加群众大会,他们沉浸在胜利的喜悦和振奋之中,革命热情更加高涨,对即将到来的反革命风暴完全没有思想准备。

每年清明,谭氏合族老小都要去杭州扫墓,往返费用和在杭州的食宿都是由义庄负担的。谭其骧舍不得放弃这个免费游玩杭州的机会,作为一名普通团员他也不了解局势的严重性,就在4月初向团组织请假去了杭州。他和家人在杭州住了一个星期,归途中又在家乡嘉兴停留了几天,回到上海已是四一二政变以后,上海大学已被蒋介石当局封闭。谭其骧从学校取出行李寄存在大哥处,带上随身用具，过上了革命流浪生活。为了与组织保持联系，也为了躲避当局的追捕，他们几乎每天换一个住处。最后，他和一位姓康的宁波籍同学住进了一位负责同志租的公寓，这位负责同志因风声很紧已在事先撤离。两三天后的黎明时分，一伙拿着手枪的便衣闯进屋来，当发现他们要逮捕的人已经不在时，就抓走了谭其骧和康某。他们被押送到设在引翔港一所停办的医院里的宪兵司令部，分别囚禁，被提审了几次。由于所有的文件事先都已销毁，敌人没有找到任何证据，他们又不是搜捕的对象，所以每次提审时只是恐吓诱骗。他俩自然不会上当，一口咬定是因为学校被封，没有住的地方，才住到那人的空房中去的。一个星期后，同学陈广云得到他们被捕的消息后，立即通知了谭其骧的大嫂。大哥闻讯后赶到宪兵司令部营救，经办人大概觉得这两个十七八岁的小伙子没有什么油水，在收了100块钱后就同意保释。

出狱后，康某回了宁波，谭其骧暂住在曹家渡他大哥的工厂里。他两次到闸北寻找组织，但所有认识的同志都已转移，没有得到什么线索。这时，家里得知他的消息，来信催他立即回嘉兴。在上海没有工作，大哥厂里也不便久住，他只得返回故乡。

两星期后就到了暑假，谭其骧决定重新报考大学，结果考上了上海暨南大学中文系。他之所以选择暨南，是考虑到自己高中少读了一年多，大学一年又没有上过多少课，要考名牌大学把握不大，而暨南大学虽是国立，却以招收归国华侨子弟为主，录取要求相对较低。

开学到暨南大学报到后，谭其骧仍然没有放弃与组织接上关系的念头。有一次偶然打听到上海大学一位同学的地址，他估计此人与组织有联系，就给他写了信，却如石沉大海，杳无音讯。几个月下来，连熟人都遇不到一个，他绝望了，给短暂的革命生活画上了句号，走上了另一条道路。

二、师生之争引上治学之路

脱离了革命活动的谭其骧思想依然激进，对新文学充满热情，发表过小说，所以得快得到系主任夏丏尊的赏识，他还带谭其骧和几位同学与鲁迅座谈。但半年后开学，夏丏尊因故去职，中文系主任换了陈中凡。陈中凡是崇尚旧学的，擅写古文，请来的教授也比较守旧，上课都讲旧学，深为谭其骧所厌恶。于是他串联了班上同学，联名上书校长郑洪年，要求撤换"顽固派"陈中凡，还在饭厅前张贴壁报。校方自然不为所动，他们换来的只是教务长的召见和一顿训斥，系主任依然是陈中凡。

于是，谭其骧再也不愿在中文系读下去了，好在学校允许转系，他就转入了外文系。外文系主任是叶公超(崇智),加上当时普遍重视外文,在一般人看来,能转入外文系自然是幸运的。谁知才上了两个星期课,谭其骧又转系了。

原来学校新成立了历史社会系,并贴出布告招生。不过这一次他却寝食不安地思考了好几天,究竟要不要转?当时不少人对他的转系打算不以为然,劝他慎重考虑,最后他还是决定转入历史社会系,主修历史,兼修社会学。他的选择是认真的,以后的事实也证明,他的选择是正确的。

历史社会系第一任主任是黄凌霜,几个月后就由陈憬代理,以后又换了许德珩(楚生),教师有孙本文、邓初民、潘光旦、周传儒、王庸(以中)、徐中舒、方壮猷等人。陈憬教中国古代史,传播的是当时风靡一时的以顾颉刚为代表的疑古学派观点,使谭其骧感到很新鲜,对顾颉刚十分向往。陈憬还经常邀谭其骧去他家,谈疑古学派,谈做学问的方法。在他的鼓励下,谭其骧开始翻线装书,他到福州路买书时也逐渐转而选购史学书籍了。徐中舒、王庸、方壮猷都出身于清华大学国学研究所,深受王国维、梁启超的学术思想和学风的熏陶,他们的课又使谭其骧受到考据方法和史学理论方面的训练。

另一位对谭其骧有重要影响的教师是潘光旦。潘光旦是著名的社会学和人类学家,他开的两门课——社会学基础和种族问题,谭其骧都选了。潘光旦讲课非常动听,对学生极有吸引力。尽管谭其骧没有完全接受他的优生学理论,对他的很多见解却完全赞同,并经常提出一些问题求教,潘光旦也很乐意做指点和讨论。他们讨论的范围很广,如有移民问题、血统和人口素质的关系、汉族和少数民族的交流和同化、江南的宗族、一些民族和地方人口的来源等。虽然限于谭其骧当时的知识,这些讨论不可能很深入,但给谭其骧留下了深刻的印象,以后他的一些重要论文的观点就是在这些讨论的启发下产生的。谭其骧将一套《谭氏宗谱》送给潘光旦,成为潘光旦写《明清两代嘉兴的望族》一书的资料来源之一。谭其骧的毕业论文就以《中国移民史要》为题,由潘光旦指导完成,并得到潘的激赏。

到1930年夏,谭其骧已修满学分,完成毕业论文,提前毕业,他在暨南大学实际只读了两年。毕业时的谭其骧已经选定了治学的目标,决定到故都北平攻读史学。陈憬将他推荐给燕京大学研究院。燕京研究院录取研究生不通过考试,只审查大学成绩和推荐书,谭其骧很快收到了录取通知,在9月登上了北行的火车。

1931年9月,顾颉刚新开"《尚书》研究"一课,谭其骧因学分已满,是三位旁听生之一。顾颉刚当时正准备作《王制考》,所以准备将《尚书》一篇篇地教读,编了《尚书研究讲义》两册,但只是他计划写的讲义的三分之一。讲义的第二册包括四个问题,第一个就是"《尧典》著作之时代"。顾颉刚认为《尚书·尧典》的写作时代应在西汉武帝以后,一条主要的证据就是《尧典》中说虞舜时"肇十有二州"。而先秦著作称述上古州制的只有九分制(分为九州),却没有十二分制(分为十二州),到汉武帝时置十三刺史部,其中十二部都是以某州为名,自此才有十二州之名,所以《尧典》中所载十二州应是汉武帝时的制度。

谭其骧在读了这段讲义后,又把《汉书·地理志》仔细翻阅了一遍,觉得顾颉刚在讲义中所列举的十三部并不是西汉时的制度,而是东汉的制度。一天下课,他就向顾颉刚提出了自己的看法。听到学生的不同意见后,顾颉刚非常高兴,鼓励他写成书面意见。原来谭其骧只是想口头说一下,由于老师要他写成书面意见,促使他又查了《汉书》《后汉书》《晋书》等有关篇章,结果更加坚定了自己的看法,在10月2日将三点意见写成一封信。

在信的一开始,谭其骧就直截了当地指出:"先生《尚书研究讲义》中所列之十三部,非西汉之十三部(不但非武帝时之制,亦且非平帝时之制),兹已证实。"并列举了三条理由。他建议,"先生所谓'《尧典》之十二州系袭诸汉武之制'一义应有所改正"。不过他认为,"推翻此点,殊无伤于全文之大旨;不但无伤,且益可证实之"。因为西汉虽抚有朔方、交趾而不设州,与《尧典》中所载尧抚有朔方、南交之地而不设州是一致的。至于西汉实际只有十一州,《尧典》却要凑成十二州,是因为作者有意要凑成"天之大数"的缘故。

在收到谭其骧来信的当天,顾颉刚就复了一封5 000多字的长信,首先肯定了他的努力:"西汉的十三州久已成为一个谜,现在经你这样一整理,觉得大有弄清楚的可能了。"接着又详细讨论了与意见有关的史料,在学术问题上,师生之间没有什么客气了。

在做了详细论证后,顾颉刚的结论是,赞成他的三点意见,即:(1)元封五年之十三部内无司隶校尉一部;(2)元封五年之十三部内有朔方刺史部,不属并州;(3)元封五年之十三部内有交趾刺史部,不称交州。不赞成他另外三点:(1)朔方刺史部与并州刺史部同时存在;(2)朔方郡属并州,朔方刺史部分自雍州,两不相关;(3)交州之名始于东汉建安八年。认为取得了三点收获,另有两点只能存疑。根据这些意见,顾颉刚重新排列出汉武帝所立之十三州、王莽所更定之十三州和光武帝所列之十三州,并说"不知尊见以为如何,敬待商榷"。最后他又鼓励谭其骧继续努力钻研:"但我们不要怕,只要肯找,总有新材料可以发现!"

这封回信进一步激发了谭其骧钻研的兴趣和辩论的勇气,六天以后果然找到了新材料,于是他又写了一封信,对被顾颉刚反对的三点提出异议,认为顾先生的三点收获应有所改正,但仍有两点不明白。

在认真研究后,顾颉刚于10月24日再次复信,表示对谭其骧的来信"佩甚"。"你既寻出了朱博在成帝绥和元年前曾为并州刺史,又寻出了翟方进在成帝世曾为朔方刺史,那么,并州自是先于王莽的更定州名而存在,且确是与朔方刺史部同时存在"。接着顾颉刚主动为谭其骧提供了一条证据,即根据扬雄《益州箴》的内容,"益州确是梁州所扩大的而不是与梁州并峙的",益州不与梁州同时存在,"证明我上次猜测的失败"。"并州既与朔方刺史部同时存在,益州又不与梁州同时存在,则武帝所设的十三部刺史的事实可定,且足证明《汉书·地理志》叙论中的话是不错的"。随后他考订了十三部的具体名称和来源。但顾颉刚不赞成谭其骧对交趾改交州时间的结论,也不同意朔方与并州合并是在光武帝时而不是王莽时代。

尽管还有不同意见,顾颉刚认为主要问题已经得到解决。更加难能可贵的是,顾颉刚不仅如此虚心地接受了学生的意见,还将往返讨论的这四封信加上附说,作为讲义的一部分印发给全班同学。

这场讨论决定了谭其骧此后62年的学术方向,也给他留下了终生难忘的印象。50年后,谭其骧还在发表这些信件的《后记》中忆及往事:

> 我两次去信,他两次回信,都肯定了我一部分意见,又否定了我另一部分意见。同意时就直率地承认自己原来的看法错了,不同意时就详尽地陈述自己的论据,指出我的错误。信中的措辞是那么谦虚诚恳,绝不以权威自居,完全把我当作一个平等的讨论对手看待。这是何等真挚动人的气度!他不仅对我这个讨论对手承认自己有一部分看法是错误的,并且还要在通信结束之后把来往信件全部印发给全班同学,公之于众,这又是何等宽宏博大的胸襟!正是在顾先生这种胸襟气度的感召之下,才促使我对这个问题努力深入钻研下去,勇于独立思考,提出了一些合理的见解,对这个问题的解决作出了一定的贡献。而顾先生后来之所以会写出《两汉州制考》这篇名著,我的这两封信当然是起了推动作用的。
>
> ……当年这场讨论,不仅像顾先生在附记里所说的那样把一个二千年来多少学者没搞清楚的问题基本上搞清楚了,还有一点顾先生没有提到而同样很重要的,那就是:通过这场讨论,使我这个青年对历史地理发生了浓厚的兴趣,又提高了我做研究工作的能力。这对于我后来能够在大学里当一名还算称职的教师,在学术上多少能够取得一些成就,是起了很大的作用的。①

---

① 见《关于汉武帝的十三州讨论书后》。

三、既开风气亦为师

燕京研究院的学制是两年,谭其骧完成答辩时离毕业还有一个学期,按燕京大学的规定虽不能提前毕业,却可以离校工作。他的从伯谭新嘉(志贤)先生是国立北平图书馆的元老,时任中文编目组组长。经新嘉先生向馆长袁同礼(守和)推荐,谭其骧于 1932 年初被录用为馆员,负责汇编馆藏方志目录。

就在谭其骧到北京图书馆报到上班后一个星期,一个偶然的机会使他登上了大学讲台。当时在辅仁大学教中国地理沿革史的是柯昌泗(燕舲),就在春季开学前不久,他却突然因家庭纠纷不辞而别。这门课是一学年的,不能就此停止,辅仁大学代校长沈兼士十分焦急,只得四处找人代课,邓之诚先生极力举荐谭其骧应聘。沈兼士对初出茅庐的谭其骧自然一无所知,但一则是邓之诚的面子,二则临时实在找不到代课教师,只能同意一试。一学期后,学生对谭其骧的课相当满意,辅仁大学就续聘下去了,结果连续上了三个班。当时谭其骧刚满 21 岁,而这门课是为高年级开的,学生中不乏比他年长的,仗着初生牛犊的锐气,他以严密的条理、充实的内容和洪亮的声音使学生折服。正巧谭其骧在燕京结识的好友周一良在上一年考入了辅仁大学历史系,是一年级学生,他觉得沿革地理很重要,谭其骧也希望他来听课,以便作为"坐探"了解学生的反应。因此周一良放弃了必修的谌亚达先生的"中国地理概论",成为谭其骧课堂中的一名学生,这使谭其骧能不断根据学生们的要求改进教学。第二年听他课的学生中有一位来自山西平陆的史念海(筱苏),比谭其骧小一岁,他大学毕业不久就成为禹贡学会的驻会研究人员,新中国成立后长期任教于陕西师范大学,曾任副校长,现为该校教授、历史地理研究所所长,是著名历史地理学家。

辅仁大学的课每周才两个钟点(两节),第二年邓之诚先生又向燕京推荐,让谭其骧在燕京兼同样的课。在燕京听课的学生中有侯仁之、张家驹,侯仁之毕业后留校任教,并成为顾颉刚的研究生,以后又赴英国留学,归国后长期任北京大学教授、地理系主任,是著名的历史地理学家、中国科学院院士;张家驹 20 世纪 60 年代曾参加《中国历史地图集》的编绘工作,是上海师范学院历史系教授,"文革"中病逝。1934 年 8 月顾颉刚先生因继母在杭州逝世,奔丧南归,请假数月,开学后顾先生在北京大学史学系兼任的中国古代地理沿革史一课委托他代上。当年 11 月底顾先生回到北平,但仍由谭其骧将这一班的课上完。当时北大规定选课满五人的课才能开,顾颉刚为了保证谭其骧能开课,特别动员了高年级学生杨向奎(拱辰)选这门课。谭其骧还在辅仁大学讲过魏晋南北朝史和隋唐五代史,也是代邓之诚先生上的,因为邓先生的家已从城里搬到了燕京大学,那年他身体不好,不愿再城里城外来回奔波。

1934年2月4日,顾颉刚约谭其骧在他寓所附近的斌泰饭店吃饭,席间邀他共同发起筹组一个以研究中国沿革地理和相关学科为宗旨的学会,商定以我国最早的一篇系统描述全国自然、人文地理的著作——《禹贡》作为名称,还决定创办《禹贡》半月刊,作为未来学会的机关刊物。当时,他们正在北京大学、燕京大学、辅仁大学讲授中国地理沿革史,所以准备以三校学生为基本成员,并以学生们的习作为主要稿源。

学会的筹备处和刊物的编辑部就设在燕京大学旁成府蒋家胡同3号顾颉刚家中,全部人员就是他和谭其骧这两位主编,由顾的女儿顾自明担任刊物的发行人。经费主要靠顾、谭月捐20元,有时捐40元维持;一部分来自会费:他们广泛邀约班上的学生及平、津、沪、宁、杭、穗等地的熟人参加学会,普通会员每月收会费一元,学生会员收五角。刊物不设稿酬,写稿、审稿、编辑和全部工作都是义务的。就在这样的条件下,《禹贡》半月刊的创刊号在3月1日问世,16开本,连封面、封底在内24页。此后基本每半月正常出版,到当年8月已出了12期,约40万字,每期的发行量也增加到数千册。那时,顾颉刚对谭其骧的才华和能力都极为赞赏,在给胡适的一封信中写道:"谭君实在是将来极有希望的人,他对于地理的熟悉,真可使人咋舌。任何一省,问他有几县,县名是什么,位置怎样,都能不假思索地背出。对于地理沿革史,夙有兴趣,且眼光亦甚锐利,看《禹贡》半月刊、《史学年报》、《燕京学报》诸刊物所载可知,他在燕大研究院毕业生中应列第一。今年我所以敢办《禹贡》半月刊,就为有了他,否则我一个人是吃不住的。"

《禹贡》的第一、二期是由顾颉刚编的,第三期由谭其骧编。他毕竟缺乏编杂志的经验,稿子排出来后是26页半,装印不便,临时由顾颉刚补了三个短篇和校记,凑满32页。8月中旬,顾先生因母丧南归,请假期间《禹贡》的编务及燕京、北大的课程均由谭其骧负责。11月底,顾先生回北平。次年1月底至5月初,顾先生南归度假及葬母,谭其骧单独编了《禹贡》第三卷第一至第五期。

在离开北平前的1935年1月8日,顾颉刚向谭其骧提出合编一本中国地理沿革史,谭答应先试写一部分。但顾颉刚到上海后即与商务印书馆签订了出版《中国地理沿革史》的合同,希望尽快写出,致函催促谭其骧。谭其骧复函顾颉刚,答应不久将先寄出一部分。虽然谭其骧已经开了三年的中国地理沿革史课,又写过一些专题论文,但动笔后却发现写沿革史并非如此简单;加上独自编《禹贡》和负责三校的课程,深感力不从心,《禹贡》第三卷第一期也迟出了一星期。3月6日,顾颉刚得知后十分不满。次日他向谭发出一函,除催促沿革史外,又提出《禹贡》务必不能脱期,信中对谭颇有责难。13日,顾颉刚收到第一期《禹贡》,又生"才难"之叹。正在此时,谭其骧的回信也到,针对顾的诘难诉说了自己积郁已久的烦闷,谈到"自己不能安心写一篇比较像样的文章,不能好好儿看一点不为做文章而看的书"。

3月18日,顾颉刚给谭其骧写了一封3 000多字的长信,告诉他《沿革史》"书肆之约已定,不可愆期","请将大作已成者及其他必要之参考书"寄来,"当急遽写成,寄沪而后回平也"。接着又就谭对自己烦闷和繁忙的诉说,谈了他的看法:"这个愁闷不是某人某人加给你的,乃是这时代、这国家加给你的。""兄之忙,从表面看来都是我加给你的……但你须知道……乃是我想帮助你。"他力劝谭应面对现实,"最苦的一件事,就是做了现代的中国人,无论你学问怎么好,无论你将来的学问可有多大的成就,而依然不能不顾生计问题,依然不能不受生计问题的压迫"。"所以,你固然忙得没办法,但这忙是在社会上奋斗所不得不经过的难关;而且这忙的性质是一贯的,并不是乱忙。……所以,我劝你尚友古人固是要'论世',评论今人和为自己计划也应'论世'。须知今日决不是乾嘉承平之世……我们的不成熟的作品,并不是我们自己的罪过,乃是受了时势的压迫,不得不然。只要我们不存心欺世,发见了自己的错误就肯改正,那就对得起这时代。若一味希望'水到渠成'的作品,这仿佛责乞儿以鱼翅席,得无望之太奢乎!"

顾颉刚说:"我深知和你性情学问有很不同之点。龚定庵诗云'但开风气不为师',拿适之先生的话来说,开风气者是敢作大胆的假设的,而为师者是能作小心的考证。这两种精神固然最好合于一个,但各人的才性不同,不得不有所偏畸。我是偏于开风气,你是偏于为师,这是没法强同的事情;但正有此不同,故得彼此救蔽。这半月刊由我们二人办,以你的郑重合上我的勇往,以相反而相成,事就做得好。……不幸你不甚热心,弄得偏重到我的肩上。"

对《禹贡》的办刊方针和方法,顾颉刚重申了他的看法:"我说《食货》篇幅多,《禹贡》不应少,为的是有了比较。你说东西好坏在质不在量,不必计较这个。你的话固然很对,但你的经验实在不够。试问懂得质的美恶的,世上能有几个?大多数人是只懂得量的多少而已。你将说,办这刊物何须取悦于大多数人!学问之道何必妥洽于一班庸众!话说得自然对,但试问《禹贡》半月刊的基础建设在哪里?如果定户与零售减少,我们能不能存在?"

但顾颉刚的信并没有说服谭其骧,他于23日复信,说本来没有能力编辑《禹贡》,也不可能在短期间内写出一部沿革史,所以勉强从事只是遵顾先生之命;对顾的其他批评也申述了自己的看法。因此顾颉刚在28日又给他写了一封3 000余言的长信,对"中国知识阶级的不济事"大发感慨,联系到自己参与过的新潮社、朴社、景山书社、技术观摩社等都不能善终,感到"真是使我伤心极了",说:"中国人为什么竟不能合作?我为什么永远找不到一个合作的伴侣?"又谈到他之所以要个人出版《禹贡》,而不在一个机关,是因为以前在北大编《歌谣周刊》

和《国学周刊》，在广州中山大学编《语言历史研究所周刊》《民俗周刊》都是人一走就烟消云散，"我办《禹贡》，就是要避免机关中的厄运，让我用一个人的能力维持下去"。他表示下学年决计不离开北平，把《禹贡》办下去。"但是这个刊物，终究有一半为了你而创办的"，所以，他与谭约定："此后你应当担负下列两个责任：1.你常做小篇的考据文章。2.凡属于汉以后的沿革文字，我把排样寄给你看；如有大笑话，请你改后寄我，免得又有'唐三十六道'等语句出现。此外都由我来做，好吗？"

顾颉刚认为他们的分歧之一，是创办刊物的胸怀太不相同。其次是治学方法的差异："现在研究学问，已不是一个人目不窥园可以独立成就的，分工合作乃是避免不了的方式。你要一个人编一部《中国地理沿革史》，而实际上是无数人帮着你编。一个人精神有限，对于一种学问，无论怎样用心，必有看不到的材料，想不到的问题。几个人一讨论，就都看到了，想到了。你说你不赞成编《禹贡》，试问你将来编纂沿革史时能否不看《禹贡》？"再次是工作精神的不同："你说我的笔头快，也是当编辑的便利，这话也可商量。诚然我写字快，写议论文章也快……但考据文字，你要查书，我也要查书；你要整理材料，我也要整理材料；彼此便没有大差异。实告诉你，我的作文是拼了命的。"他告诫谭："你如不欲解决生计问题则已，如果打不破这现实的需要，而犹欲解决之，那么，照你这样慢吞吞地干去是不成的。一个人有一个人的才性，我固然决不该希望谭季龙也成了顾颉刚，作同样的艰苦奋斗；但至少也须把精神紧张起来，才可在社会上打出一个自己的地位。"

1935年5月初顾颉刚回北平，《禹贡》从第六期起仍由他主编，谭协助。至暑假，谭其骧决定应广州学海书院之聘，正式向顾颉刚辞去《禹贡》编务和学会事务。顾无法挽留，心中却十分惋惜和遗憾，在谭其骧向他辞行的当天又在日记上写下了"才难"之感。《禹贡》改由顾颉刚和冯家升主编。

促使谭其骧离开北京的原因既有经济因素，学海书院的薪水相当于北平的教授；也有其他老师的作用，他们都认为谭其骧留在燕京缺乏前途。不过最重要的原因还是他与顾颉刚在治学、处世、为人方面的歧见。顾颉刚在信中将自己称为"开风气"者，而把谭当作"为师"者，实在是一语中的。如果真能做到"以你的郑重合上我的勇往，以相反而相成"，无疑是最佳组合，但实际上却办不到。

不过顾、谭都不愧为"和而不同"的君子，事情过后都不再提及。谭其骧离开北平后，遵守对顾的诺言，继续为《禹贡》撰文审稿，《禹贡》也不时刊出他的文章与来信。1936年5月24日，禹贡学会在燕京大学举行成立大会，选出的七位理事中就有正在广州的谭其骧（其余六位为顾颉刚、钱穆、冯家升、唐兰、王庸、徐炳昶）。当年夏天，陈济棠反蒋介石失败下台，学海书院被封，顾颉刚在为历史系向

谭其骧

校长司徒雷登争取到 5 000 元追加款后就聘请谭其骧为兼任讲师,谭其骧回北平后也还是学会积极的一员。1953 年,顾颉刚与章巽合编成《中国历史地图集(古代史部分)》后,特请谭其骧审校。1979 年,中国地理学会历史地理专业委员会筹备出版《历史地理》丛刊时,谭其骧任主编,顾颉刚是两位顾问之一。总之,他们一直保持着良好的师生和朋友的情谊。

四、奠定里程碑——主编《中国历史地图集》

1937 年"七七事变"爆发,日军侵占北平,由于燕京大学是美国教会学校,还能保持正常的教学。加上家庭负担无法离开,谭其骧只能暂留北平。但到了 1940 年下半年,日伪活动日益猖獗,伪"新民学院"多次试图拉谭其骧任教。北平非久留之地,谭其骧于 1941 年初经天津、上海、香港、河内、昆明,至内迁于贵州遵义的浙江大学史地系任副教授,次年升为教授。1946 年,他随浙大回到杭州。1948 年因物价飞涨,家庭生活无法维持,同时在上海暨南大学历史系任教授。新中国成立后,浙江大学停办历史系,他于 1951 年至复旦大学历史系任教授。

1954 年秋,毛泽东在中南海怀仁堂出席第一届全国人民代表大会,有一天与吴晗坐在一起。他们谈话时说起《资治通鉴》,毛泽东说这部书写得好,尽管立场观点是封建统治阶级的,但叙事有法,历代兴衰治乱本末毕具,我们可以批判地读这部书,借以熟悉历史事件,从中吸取经验教训。但旧本没有标点,不分段落,今人读起来不便,市上流传亦已不多,应该找些人把它整理出一个用标点、分段落的新本子来,付诸排印,以广流传。又讲到,读历史不能没有一部历史地图放在手边,以便随时检查历史地名的方位。新中国成立前一些书局虽然出版过几种历史地图,但都失之过简,一般只画出一代的几个大行政区划,绝大多数历史地名在图上都找不到。这种图只能作为中小学教学之用,满足不了读《资治通鉴》之类详细的史书时的要求。

吴晗想起清末民初的杨守敬编绘过《历代舆地图》,内容相当详细,凡见于正史《地理志》的州县一般全部上图,正符合毛主席所提出的配合读史的需要。不过杨守敬的地图是以木版将分别代表古、今内容的黑、红两色套印在连史纸上,是有 34 册之多的线装本。而且是将一朝版图分割成几十块,按自东而西、自北而南的次序排列的,翻检起来极为不便。再者,杨守敬地图上的"今"是清同治初年胡林翼刊行的《大清一统舆图》,许多州县的名称、治所已不同于 20 世纪 50 年代的"今"了,必定也会给读者带来许多麻烦。因此,他向毛泽东建议,在标点《资治通鉴》的同时,也应该把杨守敬的《历代舆地图》加以改造,改用现时的地图为底图，绘制、印刷和装订都采用现代技术，以适应时代的需要。毛泽东赞成吴晗的建议，就把这两件事都交给他负责办理。

会后吴晗就找了范文澜、尹达等商议，决定请谭其骧来北京主持编绘工作，并初步制订了计划。吴晗写信向毛泽东汇报，毛泽东给吴晗写了回信，表示同意他的计划，"标点《资治通鉴》、改编'杨图'委员会"正式成立。以后由于标点《资治通鉴》的工作很快结束，而改编"杨图"工作既需延长又有扩大，委员会也改名"重编改绘杨守敬《历代舆地图》委员会"，简称"杨图委员会"。

1954年底的一天，复旦大学校长陈望道亲自来到谭其骧的寓所，告诉他高教部下令借调他去北京编绘历史地图，为期一年，春节后即赴京报到。此前没有任何人向他透露过风声，所以他既感兴奋又觉突然。但编绘一部中国历代沿革地图不仅是当年禹贡学会未竟的事业，也是谭其骧的夙愿。在遵义浙江大学期间，他曾着手编绘，系主任张其昀也相当重视，校方为他配备了助手，但他能用以编绘的时间有限，资料的收集也异常困难，仅画成了二三十幅，只能用红黑两色印在土纸上。现在有此良机，自然欣然从命。1955年2月11日，谭其骧乘火车去北京，复旦大学党委书记兼副校长杨西光、党委副书记王零、党委统战委员王中等在校门口欢送，说明谭其骧此行实系重大政治任务。

到北京后稍事安顿，谭其骧就开始了西汉敦煌和河西走廊水道、清朝图的编绘，以便试验不同时代和内容使用的方法，估计工作量。实际上，除了吴晗与范文澜外，"杨图委员会"的其他成员只是在开会时发表意见，而吴晗身为北京市副市长，还有大量社会兼职，难以分身，范文澜也只在与有关方面沟通时起作用，所以对谭其骧的方案和设想都没有表示什么意见。但是在首次会议上，对将"杨图"改到什么程度就产生了不同意见。直接向毛主席领受任务的吴晗倾向于比较简单的方法，以便尽早完成，而谭其骧认为应保证质量，主张改用当今地图古今对照的底图。不久发现底图非改不可，委员会便同意了谭其骧的方案。

原来以为花一两年的时间就能完成改编，进行后才发现根本不可能。这不仅是因为"杨图"的错漏比想象的要多，更主要的是"杨图"只画中原王朝，甚至连中原王朝的疆域也没有画全；"杨图"只画到明朝，清朝的地图必须新编；"杨图"以《大清一统舆图》为底图，改用新底图后绝大部分点线都得重新确定；任何一项工作都得花费巨大的工作量。

转眼已近一年，复旦开始催谭其骧如期回去。北京方面好不容易争取到让谭其骧延长一年，但结束遥遥无期。吴晗怕谭其骧返回复旦后无法集中精力编图，就与竺可桢（中国科学院副院长）等动用了不少关系，想将谭其骧调入中国科学院。但高教部和复旦大学都不同意，于是商定由复旦提供条件，保证谭其骧返回后继续主持这项工作。

1957年1月13日,谭其骧回到上海,次日就着手安排工作,学校专门组织配备了研究和辅助人员。尽管谭其骧、章巽、吴应寿、王文楚、邹逸麟和三位绘图员全力以赴,但不出吴晗等所料,谭其骧一回学校就身不由己了。当然也有吴晗等意料不到的事,那就是不久就开始的整风运动与反右运动和接踵而来的大小运动。

1959年1月的"杨图委员会"会议决定彻底改变"杨图"的旧体系,到1960年6月又决定扩展原来的计划,将中原王朝以外的少数民族和边疆政权也包括进来。至此,"重编改绘"实际上已经成为新编一套足以显示历史时期中国和中华民族的全部疆域政区的历史地图集了。

从1958年开始,一批历史系四年级的学生和其他学校的本科毕业生、青年教师陆续参加,1959年在历史系成立了中国历史地理研究室,到1966年"文革"前,历史地理研究室已有教学、研究和辅助人员30多人,成为国内最大的历史地理研究机构。随着范围的扩大和工作量的增加,中国科学院的历史、考古、近代史、民族等研究所,中央民族学院、南京大学、云南大学、武汉测绘学院等单位的专家学者先后加入,最多时人员上百,临时参与审稿、讨论的人更多。作为主持日常工作的主编,谭其骧在学术上承担的责任和工作的繁重是可想而知的。1963年1月,"杨图委员会"在上海锦江饭店开会,由于争论激烈无法分身,尽管谭其骧知道住在离饭店不远的母亲已经病危,却没有能再见上一面。

1965年7月,"文革"前最后一次,也是历时最长的一次杨图工作会议在北京和平宾馆举行,数十位一流的专家参加了已完成编稿的审定。8月11日会议结束,确定了到1967年底完成全部编稿的目标。但几个月后,"文革"序幕拉开,吴晗首当其冲。不到一年,"文革"全面爆发,编图工作全面停顿,吴晗、尹达、谭其骧和杨图委员会全部成员,都毫无例外地遭受批斗审查,甚至被迫害致死。

但编图工作毕竟是毛主席交办的,所以得以在1969年5月恢复。此时的谭其骧只是一位刚被解放出来、"一批二用"的反动学术权威,尽管很多方面还不得不依靠他制订方案、解决难题和最后把关,却一次次地将他当作批判的靶子。更使谭其骧为难的是,盛行的极"左"思想已渗透至学术领域,不仅当时的领导一切从"政治"出发,就连一部分同事也深受毒害,完全不顾历史事实,一味强调为现实服务。在这种形势下,绝大多数人都噤若寒蝉、谨小慎微。

实际上,大部分图稿到"文革"前夕已经完成,复工后虽然做了不少补充,却也增加了很多新的错误,甚至造成了至今无法消除的创伤。例如,原来已经着手编绘的首府城市图和一些首府城郊插图被扣上"突出帝王将相"的罪名而被删除,唐大中时期图组被取消,东晋十六国图、南朝宋梁陈图、北朝东西魏和北齐周图、五代十国图都被简化为只画州郡而不画县治,还删去了不少民族注记和县级以下地名。为了显示中国历史上的"最大疆域",一些全国总图还故意混淆标准年代,将不同年份的最大范围拼在一起,凑成一个实际上并不存在的"极盛疆域"。

《中国历史地图集》(以下简称《图集》)的初稿完成于1974年,后陆续以"中华地图学社"的名义内部发行,作者一栏署名为"中国历史地图集编辑组"。"文革"结束,拨乱反正,中国社会科学院(原中国科学院哲学社会科学部)于1980年决定对内部本进行修订后公开出版。从提出方案到主持修订,谭其骧又付出了多年的辛勤劳动,而此时他已年过70,又因患脑血栓而半身不遂,行动不便。在"解放思想,实事求是"思想路线的鼓舞下,谭其骧提出了尊重历史事实、恢复历史真相的修订方案。如他认为,为了充分体现各民族共同创造历史的精神,对历史上的少数民族政权同样应该显示它们的最大疆域,所以他增加了一幅公元920年吐蕃图。有关部门和同仁或心有余悸,或习惯于旧的思想方法,但他的方案得到了中央领导的批准,使他深受鼓舞。《图集》自1982年起分册出版,至1988年出齐。这是我国历史地理学最重大的一项成果,也是谭其骧最杰出的贡献。

这部空前巨著共8册、20个图组、304幅地图,收录了清代以前全部可考的县级和县级以上的行政单位、主要居民点、部族名以及河流、湖泊、山脉、山峰、运河、长城、关隘、海洋、岛屿等约七万余地名。除历代中原王朝外,还包括在历史上中国范围内各民族所建立的政权和活动区域。《图集》以历史文献资料为主要依据,吸取了已发表的考古学、地理学、民族学等相关学科的成果,以其内容之完备、考订之精审、绘制之准确赢得了国内外学术界的高度评价,被公认为同类地图集中最优秀的一种,至今还是国内外最权威的中国历史地图集。

但谭其骧清醒地认识到,这部地图集还只是一部以疆域政区为主的普通历史地图集,还不足以全面呈现中国历史人文地理和历史自然地理各分支的要素,难以充分反映我国历史地理研究的成果。从1982年开始,在中国社会科学院的主持下,他又主编了《中华人民共和国国家历史地图集》。直到生命的最后时刻,他还在关注这一项目的进展,可以告慰他的是,该图集的第一卷将在不久后出版,其他两卷也将陆续出版,这部包括疆域、政区、民族、人口、文化、宗教、农业、手工业、城市、交通、战争、地貌、气候、灾害、植被等图组和1 000多幅地图的国家级历史地图集将成为中国历史地理学和历史地图学一个新的里程碑。

五、从沿革地理到历史地理学

谭其骧对中国历史地理的研究是从沿革地理入手的,但早在1935年,顾颉刚与他所主编的《禹贡》半月刊就开始以 *Historical Geography*(历史地理)作为该刊的英译名称。从 1942 年起,他就在浙江大学开设了"中国历史地理"这门课。数十年孜孜不倦的求索,使他从沿革地理走向历史地理学,为中国历史地理学奠定了坚实的基础。

疆域政区是沿革地理最主要的研究领域,早在 20 世纪三四十年代,谭其骧就对历代疆域政区做过较全面的研究,发表过《秦郡新考》《秦郡界址考》《新莽职方考》等重要论文。但对中国历史疆域的理论探索和综合研究,还是从 1955 年开始的。从主持重编改绘杨守敬《历代舆地图》起,如何理解和确定历史上的中国及其疆域范围就成了谭其骧和同事们一个无法回避的难题。他一直在思考这个问题,并提出过一些自己的想法。经过长期、反复的讨论和实践,最终确定的原则是:"十八世纪五十年代清朝完成统一之后、十九世纪四十年代帝国主义入侵以前的中国版图,是几千年来历史发展所形成的中国的范围。历史时期所有在这个范围之内活动的民族,都是中国历史上的民族,他们所建立的政权,都是历史上中国的一部分。"同时确定:"有些政权的辖境可能在有些时期一部分在这个范围以内,一部分在这个范围以外,那就以它的政治中心为转移,中心在范围内则作中国政权处理,在范围外则作邻国处理。"(见《中国历史地图集》总编例,载《中国历史地图集》第一册,中国地图出版社 1982 年版)对中原王朝超出这一范围的疆域,也保持其完整性。

在《中国历史地图集》的编绘工作基本完成以后,谭其骧就在多次学术会议上对这一原则做了理论上的阐述。他指出,某一历史时期的中国边界不等于这一时期中原王朝的边界,这是两个不同的概念,不要混为一谈。中国的边界绝不能仅仅指中原王朝的边界,而应该包括边疆其他少数民族建立的政权的边界,其他少数民族所建立的政权,也是中国的一部分。中国是一个由多民族结合而成的拥有庞大人口的国家,是中华民族的各族所共同缔造的。不仅现在的中华人民共和国是由中华民族的各族共同建设的,就是历史时期的中国,也是由各族共同缔造的。正因为如此,我们应该把中华民族各族人民的祖先都看成中国历史上的成员,各民族的历史都是中国历史的一部分,各民族所建立的政权都是中国的政权。谭其骧的这一理论为《中国历史地图集》的编绘确定了重要的原则,也为中国历史地理的研究确定了空间范围。

长期的深入研究,使谭其骧对中国历史政区演变的内在规律有了深刻的认识,他归纳出的三个主要方面是:(1)同一种政区,通例都是越划越多,越划越小;到一定程度,它的级别就会降低。其原因主要是经济开发,但也有政治、军事诸方面的因素。(2)汉武帝后二级制就已不适应需要,多级制又不利于政令民情的上下传达,所以 2 000 年来最常用的是三级制,但有时采用虚三级制,有时用实三级制,民国以来的三个阶段则分别采用了不同的虚三级制。(3)历代最高一级行政区往往由吏治监察区或军务管理区转变而来,最高地方行政长官往往由派遣在外的中央官转变而来。他认为政区的这些演变规律,一方面正好说明了中国自秦汉以来长期在中央集权制统治之下,所以中央的使者能以监督的名义侵夺地方官的权力,终于使中央使者成为最高地方长官,原来的地方长官降而成为他的下级或僚属。但另一方面,因为由这种方式形成的一级政区辖境、权力过大,所以一到乱世,这种政区的首长很容易成为破坏统一的割据者,犹如东汉末年的州牧刺史,唐安史之乱后的节度使和民国的督军、省主席。

从总结历史经验出发,谭其骧一直关注着我国现行行政区划的改革。他认为,现行的行政区划制度是 2 000 多年来中央集权制度下长期演变发展的产物,有其合理的一面,也有其不合理或不适应时代需要的一面,必要的改革是不可避免的。与其花费很大的人力物力做划定省、区界线的工作,不如下决心调整省、区的设置,理顺省、县两级政区的关系,从根本上解决问题。1989 年 12 月,他在中国行政区划学术讨论会上做了"我国行政区划改革设想"的报告。他的建议主要包括:调整现行政区的名称,避免不同等级的政区使用同一名称,如市、区等。划小省区界,将省级政区调整增加至 50 个,每个平均辖 47 个市县;在此基础上取消虚三级制(省、地或市、县),实行两级制(省、县)。

还在涉足历史地理之初,谭其骧就注意到了历史自然地理研究的重要性。例如,黄河下游水道在不同历史时期的变迁,不仅是政区沿革的重要原因,也是整个历史地理研究中不可或缺的因素。而要进行历史自然地理研究,特别是要研究各种自然因素演变的规律,只依靠文献资料和历史学手段的传统方法就显得力不从心。

1955 年,在为一次有关黄河与运河的学术报告做准备的过程中,谭其骧把黄河有史以来的变迁分成唐以前和五代以后两个时期,指出黄河在前期决徙的次数并不很多,基本上利多害少,后期却决徙频仍,害多于利。发生这种变化的原因,是整个流域内森林、草原的逐渐被破坏,沟渠、支津、湖泊的逐渐被淤塞。但同时他也发现,黄河的灾害不是一贯直线发展的,而是在中间有过一个大曲折;前期的灾害虽然比后期少,但在前期本身范围内,灾害也不是一个愈演愈烈的过程。过去研究黄河史的学者,习惯于把各个时期黄河灾害轻重造成的原因,归之于时势的治乱和防治工程的成败,这也与史实不符。乱世未必多灾,治世却常常有决溢泛滥。归之于治理工程的成败更不可思议,难道数千年来工程技术是在退步吗?元明清时的贾鲁、潘季驯、靳辅等人主持的治河工程难道反而不如东汉的王景和传说中的大禹吗?对于这些矛盾,当时他还没有找到有说服力的答案。

1957 年,在编绘西汉河北地区的地图时,谭其骧发现杨守敬《历代舆地图》中西汉河北水道的画法不符合《汉书·地理志》的记载,而《汉书·地理志》的记载又可以证明《说文》《水经》中有关部分存在错误。将这些史料综合分析,可见西汉时河北平原上的主要河流是分流入海的,还没像以后那样合流于今天津,形成海河水系。直到公元3世纪初曹操开白沟和平房渠以后,才逐渐使各条河的下流淤塞,合流入海。在当年复旦大学校庆学术报告会上,他将这一探索成果在历史系做了一次题为"海河水系的形成与发展"的报告。此后他一直没有时间将提纲写成论文,直到1984年才写成《海河水系的形成与发展》①。但这一研究成果已得到广泛运用,治理海河的基本思路,就是通过人工开凿的水道将海河水系由众水合流入海变为分流入海。

谭其骧对黄河变迁史的探索终于在20世纪60年代初找到了新的答案。他从导致黄河决溢改道的地理环境着手,肯定泥沙淤积是关键因素,而黄河泥沙的主要来源是中游泾、渭、北洛河水系流域的黄土高原。在同样的降水条件下,植被保存的好坏会使水土流量相当悬殊,因此当地人民土地利用的方式是影响水土流失以至于黄河灾情的主要因素。从历史事实看,秦汉以前,山陕峡谷流域和泾渭北洛河地区人民还是以畜牧、狩猎为主要生产手段,原始植被未受破坏,水土流失轻微。秦始皇、汉武帝大规模向西北边郡移民,导致该地区不合理的开发,牧地、荒地辟为农田,引起水土严重流失。东汉以后,以牧为主的少数民族逐渐迁入该地区,经营农业的汉人日益减少以至于基本退出。此后几个世纪中,该地区重新成为牧区或半农半牧区,天然植被得到恢复,水土流失得到控制。显然,这才是东汉以后黄河长期安流的根本原因。发表于1962年第3期《学术月刊》的论文《何以黄河在东汉以后会出现长期安流的局面——从历史上论证黄河中游的土地合理利用是消弭下游水害的决定性因素》正是这一研究的成果。

从1973年起,谭其骧承担了《中国自然地理·历史自然地理》的主要编撰任务。除了拟出黄河、长江演变的大纲外,他还在长江中游、黄河中下游进行了广泛的调查考察。这使他对长江、黄河的变迁增加了大量感性认识,特别是对黄河下道变迁及其造成的影响所做的实地调查使他对黄河变迁规律的认识产生了升华,最终构成了关于黄河下游河道变迁的名作,这是谭其骧的历史自然地理研究进入成熟期的标志。

西汉以前的文献记载极少,古今学者讲西汉前的黄河故道,都只知道见于《尚书·禹贡》记载的那一条,都没有注意到在《山海经》中还隐藏着相当丰富的有关黄河下游河道的具体资料。1975年,谭其骧在研究先秦时代黄河下游河道的位置时,发现在《山经·北次山经》中记录了数十条黄河下游的支流。与《汉书·地理志》《水经》及《水经注》中所载的河北水道做比较,这些支流的终点,即

---

① 见《历史地理》第4辑,上海人民出版社1986年版。

它们流入黄河的地点不同于后世,所以只要将这些支流的终点连接起来,就可以钩稽出一条径流确凿、远比《禹贡》河水详确的古河道,这就证明了西汉以前的黄河水道绝不止《禹贡》中记载的这一条。

谭其骧进而考虑另一个重大课题:西汉以前的黄河河道是不是只有已知的几条,也就是说,在西汉以前黄河究竟改道过了多少次?前人只有两种看法:一种是认为汉以前只发生过一次改道,从东汉的班固、北魏的郦道元、南宋的程大昌,到清代的阎若璩、胡渭都是如此。另一种是认为《周谱》的记载不可信,汉以前黄河根本没有改过道,首先提出这一观点的是清代学者焦循所著《〈禹贡〉郑注释》,史念海《论〈禹贡〉的导河和春秋战国时期的黄河》一文更进一步提出,见于《汉书·武帝纪》元光三年的"河水徙从顿丘,东南流入勃海",才是历史上的第一次改道。

谭其骧认为,从黄河下游的地形特征分析,黄河在汉以前不可能不改道,《周谱》中的记载只是很多次改道中偶然被保留下来的一次,以上两种看法都不正确。他把目光转向考古发现,果然找到了新的论据。因为迄今为止的考古发掘,从新石器时代直到春秋时期,河北平原中部始终存在着一片极为宽广的空白地区,其间既没有发现过有关的文化遗址,也没有任何城邑聚落的可靠记载。这片空白区直到战国时期才逐渐消失。谭其骧指出,由于这片空白区正是河北平原相对低平的地区,在战国中期黄河筑堤之前水道经常在这一带摆动。因为没有河堤的约束,每遇汛期,黄河不免漫溢泛滥,河床渐渐淤高,每隔一段时间就会改道,所以人们不会在这里定居。而在筑堤以后,经常性的泛滥和频繁的改道得到控制,两岸的土地才逐渐开发,大小居民点才会形成。因此他在《西汉以前的黄河下游河道》一文中得出了一系列重要结论:汉以前至少可以上推到新石器时代,黄河下游一直是取道河北平原注入渤海的。黄河下游在战国筑堤以前,决溢改道屡见不鲜,只是因为当时人烟稀少,黄河改道对人民生活的影响很小,因而为一般古代文献记载所不及。《汉书·地理志》所载河道始见于公元前7世纪中叶,并且是春秋战国时代长期存在的河道,《禹贡》《山经》两河形成时间较晚,目前无法决定两者的先后。春秋战国时黄河下游可能有东(《汉书·地理志》"河")、西(《禹贡》《山经》"河")两股长期并存,迭为干流,而以东股为常。战国筑堤以前,黄河下游曾多次改道,但黄河经流每条河道的确切年代已不可考。约公元前4世纪40年代,齐与赵、魏各自在河的东西两岸筑堤,从此《禹贡》《山经》"河"断流,专走《汉书·地理志》"河",沿袭至汉代。

为了正确显示历史时期长江流域的地貌和水系的变迁,谭其骧曾与张修桂等一起搜集、整理、研究了大量文献、考古和水文调查资料,对古代的云梦、洞庭湖、鄱阳湖的演变过程得出了与传统说法迥然不同的结论。关于洞庭湖和鄱阳湖的演变由张修桂写成论文,他自己则撰写了《云梦与云梦泽》一文。他做出的结论是:古籍中的云梦乃是泛指一个楚王游猎区,包括山、水、湖、平原等多种地貌,范围也极为广阔。云梦泽只是其中一部分,位于大江北岸,主要在江汉之间,与云梦游猎区不可等量齐观。先秦的云梦泽有三个部分,但从战国至南朝已先后淤为平原,或被分割为更小的湖泊和陂泽。令人惊喜的是,湖北省的地质工作者通过大量钻探和实地调查得出的结论,与谭其骧不谋而合,即历史上不存在跨大江南北的云梦大泽。

谭其骧对历史时期水系演变和历史地貌的研究成果,不仅开拓了中国历史自然地理的研究领域,而且为中国历史自然地理的研究提供了可贵的范例,具有重大的理论和方法论的意义。

谭其骧一直认为,历史人文地理应该是中国历史地理研究的一个主要领域,他自己早年的研究就是从政区沿革、人口迁移和民族分布等方面入手的。但从20世纪50年代开始,由于众所周知的原因,人文地理在中国大陆实际被列为禁区,历史人文地理自然也难逃厄运。

进入20世纪80年代,尽管他依然忙于国家项目,但只要有可能,都要大力倡导、推动历史人文地理研究的开展。从中国的实际出发,他特别重视研究文化的空间和时间差异,在1986年发表的《中国文化的时代差异与地区差异》一文中,他强调,中国自古以来就是一个多民族的国家,各民族在未完全融合为一体之前,各有本族独特的文化,所以中国文化理应包括历史时期中国各民族的文化。即使是汉族文化,也各有其具体的时代性,同时各个时期也都存在好几个不同的文化区,各区文化不仅有差别,甚至完全不同。在简要列举了中国文化在六个历史时期的不同特点后,他着重论述了西汉中期至明代中原王朝范围内显著的地区性差异。他的结论是:2 000年来既没有一种纵贯各时代的同一文化,更没有一种广被各地区的同一文化。虽然儒家学说一直是2 000年来中国文化的一个重要组成部分,却从没有建立起它的一统天下。他指出,历史文化地理的重点是要研究历史时期文化区的界定和演变过程。这几年来历史区域文化的研究方兴未艾,与数年前已不可同日而语,无疑与他的大力倡导有关。

1991年11月,在复旦大学历史地理研究所召开的国际学术讨论会上,谭其骧做了题为"积极开展历史人文地理研究"的主题报告。在阐述了积极开展历史人文地理研究的迫切性与必要性后,谭其骧说:"尽管现在可能还为时过早,但我还是要大胆地预言:历史人文地理将是中国历史地理研究领域中最有希望、最繁荣的分支。在中国实现现代化的过程中,历史人文地理研究必将做出自己的贡献,这是其他学科所无法替代的。"

他觉得不能光提出问题,还应该以自己的积累,对历史人文地理研究提出一些具体的内容,因而决定写一篇《历史人文地理研究发凡与举例》,将此文作为上篇,另外撰写人口、政区、文化各一部分作为下篇。但在人口部分写完后,疾病便夺去了他的工作能力,这篇未完成的文章终成广陵绝响。

谭其骧认为,我们不仅应该注意中国历史文献这个历史人文地理研究的宝库,还要留意发掘古代学者的人文地理研究成就和人文地理学家。他早就发现了明代学者王士性在人文地理学上的贡献,认为他是一位杰出的人文地理学家,地位不在徐霞客之下。1985年12月,广西桂林召开纪念徐霞客学术讨论会,谭其骧利用这个机会,介绍了这位"与徐霞客差相同时的杰出的地理学家——王士性",着重评价了王士性的代表作《广志绎》的价值。他的观点已引起学术界的重视,对王士性的介绍和研究已产生不少成果。

谭其骧对中国的古地图和古代地理名著的研究也取得了显著成就。

1973年,长沙马王堆三号汉墓出土了三幅汉文帝时代的帛制地图,其中最重要的一幅是长沙国西南部当时的深平防区和相邻地区的地形图。此图发现之前,中国地图史学者对西汉地图的评价只能依照西晋地图学家裴秀的说法,"各不设分率,又不考正准望,亦不备载名山大川,虽有粗形,皆不精审,不可依据"。但在仔细研究了这幅古地图后,谭其骧认为裴秀的说法是完全不可信的。他发现这幅图的主区部分和采用现代测绘前的旧图相比,绝不比任何图差,"它不仅是一幅截至今天为止我们所能看到的最古的地图,同时又是一幅足以显示我国制图学早在2 000多年前业已达到高度科学水平的地图"。他的研究确立了这幅2 100多年前的古地图的科学价值和历史地理学意义,国际权威的地图学史著作已经采用了他的结论,重新评价了中国早期的制图学成就。

在我国最早的有关地理的著作中,人们对《山海经》一直评价不一。谭其骧认为对《山海经》各部分应该加以区别,其中的《山经》从内容到形式都以叙述山川物产为主,是很有价值的地理书。但《山经》同样掺杂着诡谲荒诞的幻想和臆测,前人注释中的问题也不少,必须去伪存真,才能恢复其本来面目。任何解释都不能离开经文本身,重要的是要具体弄清《山经》中每座山所指,相互间的实际方位和里距,因为《山经》中的二十六经,每经在首山后的第二山开始就记载了方向和里距,如能最大限度地复原出其中一部分,其他地域范围就可以大致明白了。在最终完成的《论〈五藏山经〉的地域范围》一文中,他在分析了其中七篇所录140座可考定确址的山的基础上,推断《山经》所述的范围大致西起新疆东南,东抵山东半岛东端,北至内蒙古阴山以北,南达广东南海。他还断定《山经》成书于秦始皇统一六国(公元前221年)之后、完全征服南越(公元前214年)之前。

在谭其骧和其他学者的共同努力下,从20世纪30年代起,沿革地理逐渐向中国历史地理学发展,至80年代已形成了比较完整的学科理论和分支体系,取得了以《中国历史地图集》《中国自然地理·历史自然地理》等为代表的重要成果,这些都离不开他的贡献。谭其骧被公认为中国历史地理学科的主要开创者和奠基人。

1991年10月18日下午1时多,谭其骧在家中用餐时突发脑溢血从座椅上倒下。经医院抢救后暂时脱离危险,但他再也没有恢复说话、写字和走路的功能。1992年8月28日0时45分,他在华东医院的病床上走完了人生的历程。遵照他的遗嘱,他的骨灰撒在长江口外的东海,汇入海洋,回归自然。

(原载《史魂——上海十大史学家》,上海辞书出版社2002年版)

胡厚宣

胡厚宣(1911—1995),幼名福林。河北望都人。历史学家、古文字学家。专攻甲骨学、殷商史。

1928年考入北京大学预科,两年后入史学系。1934年北京大学毕业后,进入中央研究院历史语言研究所考古组,参与安阳殷墟发掘与殷墟甲骨文整理。1940年任齐鲁大学国学研究所研究员兼中文系、历史社会系两系主任。1947年改任复旦大学历史系教授,1952年兼历史系中国古代史教研室主任。1956年奉调北京,先后任中国科学院历史研究所、中国社会科学院历史研究所研究员、甲骨学殷商史研究中心主任。

兼任中国史学会、中国考古学会、中国古文字学会、中国先秦史学会等学术团体理事或副理事长,殷商文化学会会长,中国训诂学会顾问,联邦德国东亚文明研究会顾问委员,加拿大多伦多大学东亚人文科学研究所特聘理事等职。

在大学任教期间,讲授"中国通史"先秦两汉部分、"考古学通论"、"甲骨学商代史"、"古文字学"等课程。

共发表、出版学术论著170余种。其中有《释牢》《释兹用兹御》《卜辞同文例》《卜辞杂例》《卜辞下乙说》《甲骨文四方风名考》《甲骨文所见殷代之天神》等学术论文。历时30余年,主持编辑大型甲骨文资料集《甲骨文合集》(获第一届全国古籍整理图书奖特等奖、吴玉章奖历史学特等奖)。代表作有《甲骨学商史论丛》初集至四集、《五十年甲骨文论著目》、《甲骨续存》、《古代研究的史料问题》、《五十年甲骨文发现的总结》、《殷墟发掘》等。

人生漫漫为"甲骨"

胡厚宣

我，胡厚宣，1911年12月20日生于河北省望都县大王庄。父亲胡步云，字倬汉，前清秀才，在天津一个刘统领家里教私馆。所生子女七人，我行六。家中土地不多，生活还是比较困难。

一

我没有上过私塾，6岁进农村的国民小学。因为年纪小，但成绩比较突出，我的一个本族的兄长胡世严，在保定第二师范读书，他同我母亲商量，带我到保定第二模范小学就读。第二模范小学校长刘清江先生是望都同乡，他看我年纪小，让我插班读初小四年级，这样连高小三年，我在第二模范小学就一共读了四年。那时正当五四新文化运动以后不久，保定受其影响，连小学都读白话文、白话诗。在国文班上我们读的是高语罕的一厚本《白话书信》，都是一些反封建的文章。星期六下午作文课，我有时也写一些长篇白话文的文章或小说。

1924年我小学毕业，考入培德中学。在培德中学，我非常幸运地遇到国文老师缪先生。缪先生名钺，字彦威，原籍江苏溧阳，随家迁居保定。他幼承庭训，耽学文史，博闻强记，在保定有才子之称。1924年，先生20岁时，父亲逝世，遂从北京大学辍学，回保定，在培德中学任教，以赡养家人。缪先生在培德中学四年，先后开国文、国学概论及中国文学史三门课程，材料充实，分析明确，口齿清俐，语言生动简洁，深受学生欢迎。又指导同学课外读书，根据梁任公所开书目，凡先秦诸子，《说文解字》，四史通鉴，《昭明文选》和诗词选集等，无不研习，使我中学四年在国学方面就打下了一定基础。

我在国文、国学及中国文学史班上，深受缪先生厚爱，在我的作文本上，先生常用朱笔写出美好的批语，如说"鹤鸣九皋，不同凡响"，"殆庄生所谓处于材与不材之间者欤"等。又或让我将自己的作文抄在黑板上，他为同学们解说。还赠诗一首：

> 胡生诚秀出，卓尔凤凰群。
> 美志云霄上，清才兰蕙芬。
> 荷衣须自洁，聋俗岂相闻。
> 马帐多高足，传经还望君。

以马季长之于郑康成相比，期许之情，使我极为惭愧，也深深受到鼓舞。

在中学四年，我各科成绩都还不错，每一学期发榜，总是名列第一。因此毕业时学校破格给我一笔奖金，每学期100元，12学期共计1 200元，助我上大学预科、本科六年毕业。

1928年，我从培德中学毕业，考入北京大学预科，这年刚好是中央研究院历史语言研究所成立，董作宾先生奉命发掘殷墟，出土了一批甲骨文字。

1930年，我从预科升入史学系。史语所从广州迁到北京，在北海公园静心斋和蚕坛办公。这时北大校长是蒋孟麟，文学院长是胡适，史语所所长傅斯年兼代史学系主任。史学系名教授本来已经很多，傅先生还请胡适和史语所的专家们还有他自己在史学系教课。胡适教"中国中古思想史"，傅斯年教"中国上古史单题研究"，李济、梁思永合开"考古学人类学导论"，徐中舒开"殷周史料考订"，董作宾开"甲骨文字研究"。董先生去发掘的时候，则由唐兰先生代课，除了"甲骨文字研究"之外，他还教过"先秦文化史"和"古籍新证"等课。

徐中舒的"殷周史料考订"我选修了两年，记有"殷周史料考订"的笔记。后来听说周传儒作《甲骨文字与殷商制度》，就是参考徐先生的讲稿，事实上就是我记的他的讲课笔记。徐先生著作目录中有"殷周史料考订大纲"，也是我所记的笔记，并没有正式出版。

在北大预科时，我曾与许维遹、李曾笃等同学合组礼社，点读《三礼注疏》，并参考张惠言的《仪礼图》和吴承仕的《三礼名物》讲稿。

在本科的时候，我又与杨向奎、高去寻、张政烺、王树民、孙以悌等同学合组潜社，并仿清华研究院出版《国学论丛》之例，出有《史学论丛》两期。我也写了文章《楚民族源于东方考》。对老师们的文章，加称"先生"；同学的文章则直称其名。学生出版学术刊物，在当时颇得好评。

我在北大亦曾得过"中华教育文化基金董事会"的奖学金，每年280元。

二

1934年北大毕业后，我在傅斯年"拔尖主义"的政策下，进了中央研究院历史语言研究所的考古组。

考古组主任是李济,组内研究员有董作宾、梁思永两人,徐中舒本来是历史组的研究员,也参加考古组的工作。

我到考古组,先随梁思永先生去安阳殷墟发掘团工作一年。到那里后,先是同石璋如发掘同乐寨的小屯龙山与仰韶的三层文化,后去侯家庄,在梁先生的指挥下,发掘西北岗的王陵,我分工的是西区1004墓的发掘工作。

1004墓平面略作长方形,占地面积约320平方米,东、南、西、北四边各有一个墓道。南墓道最长,达32米,作成斜坡,从地面直通墓底。东、西、北三道都有台阶,只通到椁顶二层台。地面下9米露椁痕,从地面以下13米到底,已达水面。底的中心有腰坑。这个墓室本身已被盗一空,但在南墓道与墓室相接连偏东的地方,发现未经扰动大铜长方鼎一对以一牛鼎、一鹿鼎,又有玉磬一组计三个。在南墓道入墓室口上,又发现带木柄的戈一层,成捆的矛一层,又包括七种不同形式的铜盔一层计200余个。

从1934年到1935年侯家庄西北岗殷代王陵发掘共三次,共发掘大墓十座,即1001、1002、1003、1004、1129、1217、1400、1445、1500、1550,小墓1228座。项目由梁思永主持,年轻的有李景聃、石璋如、李光宇、尹达、尹焕章、祁延霈、胡厚宣、王湘、高去寻、潘悫共十人,号称"十兄弟"。

墓葬掘土,堆积如山,每日工人总有几百。大墓十座,其形有三,亚字形、方形和长方形。一个墓占地面积从5平方米到460平方米,一般都有四个墓道,只有一座有两个墓道,深8米至13米,已到水面。大墓都被盗掘,小墓被盗掘的较少,出土遗物极为丰富。

这三次殷代王陵的发掘,成绩辉煌,在国内国外引起轰动。为此还特别拍了电影,法国的著名汉学家伯希和还专门来参观,所长傅斯年先生和领队梁思永先生陪他,还在1004墓坑照了像。

1935年我回到南京,继续研究甲骨。先协助董作宾先生编辑《殷墟文字甲编》,然后根据柘本,对照实物,撰写《殷墟文字甲编释文》,并有简单的考证。抗战结束,回到南京,夏鼐代理所长曾计划付印,后来迁到台湾,因为我已经离开,就由屈万里以《殷墟文字甲编考释》名义出版了。

1936年殷墟第13次发掘在小屯村北C区发现了编号为127坑的一大整坑甲骨,在工作地清理不方便,就连泥带土,做成大木箱,把甲骨运到南京所里,放在图书馆楼下大厅,在董作宾先生领导下,由我带着技工关德儒、魏善巨等做室内发掘工作,剔剥、绘图、清洗、拼合编号等,共有17 096片,前后八个月方告完成。后由我写了《第十三次发掘所得甲骨文字举例》,之后又写了《殷墟127坑甲骨的发现和特点》一文。

这时候我还写了三篇文章,比较引人注意,一是《甲骨文材料之统计》,二是

《论殷代的记事文字》,三是《中央研究院殷墟出土展品参观记》。我还与董作宾先生合编了一本《甲骨年表》,又翻译了日本梅原末治博士的《中国青铜器时代考》一书。

1937年"七七事变"爆发,全面抗日战争开始,8月13日敌机轰炸上海,14日轰炸杭州,15日轰炸南京,19日我即随机关从南京迁长沙,半年后,又从长沙经衡阳迁桂林,不久又从桂林经柳州、南宁、龙州绕道越南迁昆明。这时期我主要发表了《卜辞下乙说》《释牢》《卜辞杂例》《释丝用丝御》《卜辞同文例》《卜辞记事文字史官签名例》等文,还写了一篇长文《卜辞中所见之殷代农业》。

三

正在云南大学任教授的顾颉刚先生于1939年应成都齐鲁大学之聘,任国学研究所主任,他邀请了西南联大的钱穆和我任研究员,他说齐鲁大学有明义士搜集的大批甲骨,可供研究。

我向史语所傅所长请了假,从龙头村乡下搬到昆明城里,准备启程。傅先生听说我可能去齐鲁大学,不再回来,就先后派了汪和宗、石璋如、王崇武三位先生去昆明城里对我加以劝说和挽留,说,你有什么困难,都可以解决。我因为东西都寄走了,最后还是没有留下,负了傅先生的好意,可能董先生也不会高兴,现在想起来,我还是有些后悔的。

1940年正当史语所从昆明要迁南溪的时候,我终于离开了工作七年的史语所,到成都齐鲁大学国学研究所任研究员,并在大学部教课。我担任过一年的中文系主任,后由高亨前来接任,我改任中国历史社会系主任。在研究所我为研究生开"甲骨学",在大学部开"商周史"和"考古学通论"。

在齐鲁大学七年,除了在《责善》半月刊、《学史丛刊》、《大学月刊》、《学术与建设》、《中央日报》、《大公报》和《新中国日报》发表过16篇长短不同的文章之外,我主要是编写《甲骨学商史论丛》一书。自1944年至1946年共出版四集。其中,初集四册,收论文20篇;二集两册,收论文4篇;三集一册,收论文6篇;四集两册,收论文3篇。共四编九册,收论文33篇。

1942年故宫博物院院长马衡教授来成都讲学,当初在北大时他曾是我的老师,我去看他,并带了《甲骨学商史论丛》刚印出的几篇文章,请他指教。承他称赞,并带回重庆向教育部推荐,结果我得了教育部全国学术审议委员会的科学发明奖,奖金大洋8 000元。

《甲骨学商史论丛》初集印出,研究所主任顾先生为题书签,并题赠七绝一首:

忽地黄昏起异军,凤雏才调信超群。
一声裂帛惊天下,燕赵悲歌今又闻。

徐中舒先生为写一序说:

余生既逢甲骨之发露,故师友间治此学者尤众。而陈义丰长,用志专笃,翕然为世所崇信者,则不得不推三人焉:曰海宁王静安先生,南阳董彦堂先生,望都胡厚宣先生。此三人者,或资宏富之收藏,或与发掘之工作,凡先民之手迹,不但有墨本可据,且得摩拂其物,而较其点画卜兆,故其所得弥为深切,实为甲骨学划时期之学者焉。

他又称王静安为开山导师,董彦堂为此学之中坚,而于厚宣,则称:

若夫纲罗放失、广征博引、比类并观、剖析微芒,此则厚宣今兹所努力以赴者也。

陈子展则称:

堂堂堂堂,郭董罗王,观堂沉渊雪堂化,彦堂入海鼎堂忙,君不见胡君崛起四君后,丹甲青文弥复光。

后来《论丛》初、二集传至日本,日本爱知大学内藤戊申教授评价此书:

《论丛》不是通史,但几乎包含了殷代史的主要方面,确可称为殷代研究的最高峰。由于此书,一举而确定了胡氏在甲骨学界的地位,与王国维、董作宾先生并称为三大甲骨学者。

立命馆大学著名甲骨金文学家白川静教授评价《论丛》一书,乃是:

这一学科空前的金字塔式的论文集,是继董先生《甲骨文断代研究例》之后,又一划时代的著作。

白川静教授还说:

甲骨学自孙诒让以其渊博学识,创筚路蓝缕之功,罗王郭董,建其规模。如今罗王已故,董郭两氏,在其研究中,亦有困难很多的情况下,胡氏在中共统治地区在甲骨学界已处于这一学科第一人者之地位。所谓"堂堂堂堂,郭董罗王,观堂沉渊雪堂化,彦堂入海鼎堂忙,君不见胡君崛起四君后,丹甲青文弥复光",并非溢美之辞。犹如徐中舒氏以王董胡三人为甲骨学的正统一样。

因此这书在香港、台湾都有翻印本问世,上海书店也收入了"民国丛书"。

四

1945年日本投降,抗战八年终于取得胜利。因为齐鲁大学迁成都之时,明义士的甲骨并没有迁出。我想趁此时机回到济南齐鲁大学本校,探访一下这批东西。由成都到重庆路上,遇到傅斯年先生,他说,山东省主席何思源先生现在重庆,你可以搭他的专机去济南。我想了想,我可以搭他的专机去济南,但从济南回来,他不能用专机送我。最后我还是与袁同礼先生同机飞到北平。

袁同礼先生到北平是接收北平图书馆,我还得设法去济南,但飞机、火车都不通,只得留在北平和天津,乘机搜集一下抗战期间流散的甲骨。

这一停留,前前后后总计有40多天,竟也有意料不到的收获。我访遍了北平琉璃厂、前门、东四、西单和天津天祥商场和文庙一带的古书铺、古玩铺、碑帖铺、旧货摊等,凡是战后新出或未经著录过的甲骨材料,无论实物、标本,有见必收。一些公家或私人收藏的珍品亦多方设法借拓或钩摹。计得甲骨实物2 000片、拓本6 000张、摹写2 000幅,共约万斤而强。

由重庆飞北平路上,同机的袁同礼先生是北平图书馆馆长,到北平后他给了我一份聘书,邀我去北图任编纂委员。我婉言谢绝,说我是齐鲁大学的系主任,还得回成都,他又和我相商,把在平津收集的甲骨让给北图,我说这倒可以,在拓摹之后,就以原价让给了北图,经手人是在上海北图办事处的钱存训先生。

回到成都之后,齐鲁大学要复员回归济南校本部,我是中国历史社会学系主任,顾颉刚先生已去重庆,周谦冲、常乃德两先生也已离开,专任教授四个人只剩下我一个。

1946年秋,回到济南校本部,得悉明义士甲骨还留在学校,由医学院外籍院长杜儒德代管。杜氏答应函询明氏,等有回信,便可参观。不料静候数周,城外炮声隆隆,战事又起,形势难测,只好放弃夙愿,赶乘飞机南旋。

在南京、上海一带探访甲骨,也有收获。首先在昭通路禹贡古玩行收到一批甲骨，六七百片。又在中国古玩社买到甲骨一两百片，此外往来宁沪，于商肆藏家，零零碎碎亦收到一些，总计共得1 000而强。

清华大学图书馆成立文物馆，由潘光旦与陈梦家负责，两位先生听说我在宁沪收得一批甲骨，特来沪与我商量，请我让与清华，他们将送我拓本，并允许我去清华任意研究。结果我未去清华，连拓本也没有收到。倒是新中国成立以后，清华第一副校长、我的同乡刘仙洲先生送了我一份拓本。

五

1947年在上海，我去暨南大学访问老友丁山和陈述两位教授，他们约我同去复旦大学看望周谷城教授。周时任历史地理系主任，同我初次见面，相谈甚欢。他同丁、陈两位教授说，"咱们留下他好不好？"于是他找了文学院长伍蠡甫，又找了校长章益，三言两语就把我留下了，因为我在齐鲁大学是系主任，工资就定为580元，在当时是教授中最高的工资。

1947年至1956年，我在复旦整整十年，在历史地理系（后改历史系）任教授兼中国古代史教研室主任，开过"史料学""考古学""先秦史""商周史""春秋战国史"等课。陈子展教授是中国文学系的主任，硬让我也在中文系开课，先后开过"文字学""古文字学"和"甲骨学"等课。

1948年孙人和先生任暨南大学文学院长，新任院长总要请几位新人，在杭州浙江大学他请的是肖璋和谭其骧，在复旦大学请的是我，所以我还在暨南大学历史系兼课一年。

在复旦十年，我在上课忙迫之中，还出了八本书。除了《古代研究的史料问题》《五十年甲骨文发现的总结》《五十年甲骨学论著目》《殷墟发掘》四书之外，还把在京、津、宁、沪搜集的材料编为《战后宁沪新获甲骨集》《战后南北所见甲骨录》《战后京津新获甲骨集》和《甲骨续存》四书。

杨树达先生给我的《京津集》作序说：

> 甲骨诸家，能以故书雅记稽合甲文以证明古史者寥寥不过数人，胡君厚宣其一也。庐江刘氏藏一片，所记为四方风名，君以《尚书·尧典》及《山海经》诸故书证合之。是其事也。昔王静安以《楚辞》《山海经》证王恒、王亥，举世莫不惊其创获。及君此文出，学者又莫不惊叹，谓君能继王君之业也。君所著又有《商史论丛》诸编，治甲骨者莫不人手一编矣。愿君不以此自足，念甲骨之为物，质脆易破，未能久存，不亟搜讨，容可散失。于倭寇战败请降后，奔走南北，遍搜甲片，御风乘传，席不暇

温。私家之藏,婉辞以请;市肆所列,重金以求。亦既成《宁沪》《南北》两集矣,兹复成《京津集》,将付书坊,公之于世。忆甲骨初出,罗叔言编印《殷墟书契》前、后、续编及《菁华》,其传布之勤,士类莫不称之。今君既擅静安考释之美,又兼叔言播布之勤,以一人之身,殆欲并两家之盛业,何其伟也!

抑罗氏诸书,编次凌杂,散无友纪,而君则分时代,别门类,条理井然,于学者尤便。此又突过罗君,后来居上者也。

六

1954年,中国科学院新建立历史研究所第一、二所,第一所是研究从先秦到魏晋南北朝这一段的历史,所长是郭沫若院长兼任,副所长是尹达,要向复旦调我,复旦大学党委书记、副校长李正文说:"高教部曾副部长(昭抡)早就替我们挡驾了,调令根本没到学校来。"

1956年3月国务院成立科学规划委员会,起草科学研究12年远景规划,这一工作主要在北京举行,一部分也在上海举行。我参加了在上海的工作,在会上我提出了一项"甲骨文合集"项目,承蒙哲学社会科学规划组采纳,列为历史科学资料整理重点项目之一。

1956年的8月,复旦继任的党委书记、副校长杨西光找我说:"北京高教部杨秀峰部长打电话来又要调你,我说走不了,杨部长说你不要还价,连我都不能讲话,是周恩来总理亲笔写的条子。你若有困难,我们可以向上反映,学校给你成立研究室。"我说:"领导上考虑,让我走,我绝不留。让我留,我绝不走。我服从分配,绝不强调自己的困难。"就这样,我于1956年的下半年来到了北京中国科学院历史研究所第一所。

我的爱人桂琼英当时正在上海师范学院(现为上海师范大学)教书,我的学生裘锡圭从复旦刚刚毕业,又考上我的研究生,也一同调来科学院的历史所,都在我所主持的先秦史组工作。我任先秦史组组长,后改先秦史研究室,我任主任,我也是所学术委员会的委员。《甲骨文合集》原来准备我们三人合作,尹达副所长建议先秦史组除了参加《中国史稿》的人员以外,全部都参加《甲骨文合集》。他对我说:"只要你完成了《合集》,又培养出一批人来,既出了成果,又出了人才,这就是你的贡献。"这样《甲骨文合集》就成了集体的工作。

我们先成立了《甲骨文合集》编辑委员会,由郭沫若任主任委员,联合了全国十几位老一辈甲骨学专家。同时又组织了编辑工作组,由我任组长,有十多位刚从大学毕业的青年参加,他们在大学并不都学过古文字,于是我大课小课、大会小会开过不少,他们边学边干、边干边学,经过实践,情绪还是很高的,进步还是很快的。

经过几年筹备,1961年4月工作正式开始。首先是搜集资料,已经著录的专书和论文有100多种,未经著录的拓本有20多万片,举凡收藏甲骨的机关和个人,国内国外,都设法搜集在一起。当时正是我国暂时困难时期,我们南征北战,几乎跑遍了全国的大城市,在交通食住方面吃了不少苦头。"文革"以后,我又带领几个人补充探访了一些地方。

全国共有90多个单位和几十位私人收藏家。国外的材料,则利用出国访问讲学的机会,顺便加以搜集,或托人代为办理。这些材料经过对重、拼合、复拓、换片、选用、聚群、分期分类等一系列的科学整理,最后编辑成书。

但由于不断的政治运动,工作只能做做停停、断断续续地加以开展。最后因农村"四清""文革"运动,就把工作停了下来,把材料运往山里。

七

在"文革"后期,郭沫若同志曾派人找我,嘱咐我两件事,第一是把那箱底里的著作找出来,赶快出版;第二是趁我还年富力强,多培养几个接班人。我想郭老自己受到"四人帮"的迫害,在他困难的时候还想到我,使我很受感动,我就写了一封很诚恳的感谢信给他。我说,你嘱咐我的事,我一定照办;现在下到"干校"的同志陆续回来了,我有几个研究生,还有几个《甲骨文合集》编辑组的成员,《合集》的工作就要恢复。郭老在我这封信上做了批示,然后交给当时科教组的刘西尧同志,这样《甲骨文合集》的工作才成了国家的重要任务,也成了我们科学院历史所比较重要的任务。这书就由郭老任主编,由我忝任总编辑。1976年"四人帮"被打倒,十一届三中全会以后,国家安定团结,这一工作才按正常发展,顺利进行。书成之后于1978年开始付印,到1982年底、1983年初,十三大本才顺利地全部印完出版,收甲骨41 956片。

1978年,在中国科学院哲学社会科学部的基础上成立了中国社会科学院,在《甲骨文合集》刚刚印出两三本的时候,胡乔木院长在全院研究人员会议上就对《甲骨文合集》这一工作提出表扬,他还提出《甲骨文合集》和《中国历史地图集》这两部书应该做好宣传工作。

1980年7月,当《甲骨文合集》刚印出五本的时候,中国社会科学院就出了第52期简报,专门介绍《甲骨文合集》的出版。这一简报特别注明要报送党中央主席副主席、中央政治局委员和候补委员,国务院、全国人大和中央军委及其他中央各部门领导。

当《甲骨文合集》刚一出完,马上就受到国务院古籍整理出版规划小组的书面表彰和物质奖励,特别受到小组组长李一氓同志的重视。李一氓同志说,"这部书是新中国成立以来文化上最大的一项成就",他在《古籍整理简报》上多次发表谈话,多次发表论文,对这部书给予充分的肯定,说这部书学术价值很高。

中国人民大学为纪念已故校长、革命老前辈吴玉章,特设吴玉章奖金。1987年10月10日第一届吴玉章奖金评奖结果宣布,给我们这部书以历史学特等奖,在北京展览馆剧场,由李鹏、习仲勋和邓力群三位领导发给我们奖状和奖金。

1992年3月10日国家新闻出版署在人民大会堂举行"全国首届古籍整理图书评奖颁奖大会",就十多年来出版的4 000种著作中选出400种,在400种著作中评出了117种,设一、二、三等奖,还有特别奖七种。按得票次序排列,《甲骨文合集》获得属于国宝秘籍的特别奖的第一名,由新闻出版署图书管理司司长杨牧之颁发了获奖证书。

1993年12月15日,中国社会科学院又给了《合集》一个"优秀科研成果奖",在社科院报告厅颁发了奖金和奖状。

1993年12月14日,《光明日报》刊有国家图书奖初评入选图书名单,其中也有《甲骨文合集》,这已经是第五次获奖了。

1987年当我第二次访问日本时,立命馆大学著名中国古文字学家白川静教授特别赠我旧诗两首,其中一首也谈到了《甲骨文合集》:

　　合集书成蔚似林,遗珠十万彩华新;
　　四堂渐没金声已,犹听丁当是玉振。

也对《合集》予以赞扬。

总之,《甲骨文合集》出版以后,获得了一些奖励和好评,但我们作为编辑者自己并不满意,因为那是在一系列运动中完成的,还有一些这样、那样的缺点,为了纠正这些缺点并补充续出的新材料,我们准备再编辑一部补编。纵有成绩,也只说明过去,并不说明现在。现在《甲骨文合集释文》和《甲骨文合集来源表》两书已经在付印,我们要争取赶快把它印出,并编好《甲骨文合集补编》,争取早日出版,以不辜负领导对我们的要求和希望。

《甲骨文合集》编辑组已经于1992年11月由中国社会科学院批准改为中国社会科学院甲骨学殷商史研究中心,由我任主任,我们今后将在甲骨学和殷商史方面努力向前开展。

在国内、国外学术界的倡议下,组织了中国殷商文化学会,由筹备到成立,最后在国家民政部登记注册。大家推举我为会长。1984 年在安阳召开了一次"全国商史学术讨论会",出版了《全国商史学术讨论会论文集》。1987 年在安阳又开了一次"中国殷商文化国际研讨会",出版了《殷墟博物苑苑刊》。1988 年在安阳又开了一次"纪念殷墟科学发掘 60 周年学术座谈会"。1989 年在安阳又开了一次"殷墟甲骨文发现 90 周年国际学术讨论会",论文分别发表在《中原文物》《史学月刊》和《殷都学刊》等杂志上。1991 年在洛阳召开了"夏商文化国际研讨会"。1993 年在郑州召开了"郑州商城与殷商文明国际研讨会",在南昌召开了"南方青铜器暨殷商文明国际研讨会",目前论文集在印刷中。1994 年是中国殷商文化学会成立十周年,又是殷墟甲骨文发现 95 周年,国际会议将要在安阳举行。

我所主编的刊物有《甲骨探史录》《甲骨文与殷商史》《全国商史学术讨论会论文集》《殷墟博物苑苑刊》及《甲骨语言研讨会论文集》等。这些年所写专著和论文,连以前的算起来,共有 170 多种,在这里就不详细叙述了。

我的兼职有:曾任北京大学兼职教授,现任复旦大学、华中师范大学兼职教授,东北师大中西古典学术研究所名誉教授,郑州大学殷商文化研究所名誉所长,华中师大甲骨语言研究中心名誉主任,中国古文学研究会理事,曾任中国史学会理事,曾任中国考古学会理事,现为名誉理事,中国训诂学会、中国郭沫若研究学会、中国先秦史学会学术顾问,北京国际汉字研究会名誉会长,北京市语言学会顾问,武汉楚文化学会名誉会长等。

我曾赴苏联、日本、美国、加拿大等国及香港、台湾地区访问讲学并任德国"东亚文明"编辑部顾问、加拿大多伦多大学东亚人文科学研究所领导成员。

八

1990 年当我大学毕业 56 周年的时候,历史研究所为我们五个老人举行庆祝会,《中国史研究》还特别出版专辑,每个人都有人为之写传略,我非常感激。

1991 年在我 80 周岁的时候,历史所先秦史研究室还为我专门召开会议,几十个人每人都有一番热情洋溢的发言,使我极为感谢!《甲骨文与殷商史》还由王宇信同志主编,出了"纪念胡厚宣先生 80 寿辰专辑",收有论文 20 余篇,尤其宇信同志所写《甲骨学研究的发展与胡厚宣教授的贡献》一文和他所写的编后记,枉承过誉,殊不敢当,只有铭感而已。

尤其使我感动的是我的老师、著名教授缪彦威(钺)先生自成都寄来贺诗,并加序言。序言说:

余与厚宣弟相识六十余年矣。当厚宣十余岁肄业培德中学时,天资岐嶷,勤勉精进,余决其必成伟器,故赠诗有"美志云霄上,清才兰蕙芬"之句。其后数十年中,世路崎岖,沧桑多变,而厚宣以坚韧不拔之操,致力于甲骨文殷商史钻研之业,所撰专著论文以及资料之搜集,董理考订,补前修之未密,启后学以新途,广博渊深,蜚声国际,为士林所推重。光阴易迁,境缘无实,余今年垂九十,而厚宣亦庆八秩华诞。白头师弟,千里相思,聊赋其辞,以志祝贺。(1991年8月)

其诗曰:

师弟情亲六十年,江山相望各华颠。舟航已历风波险,论著真如日月悬。

锦里秋光宜隐逸,神京灵物正清研。一觞遥祝期颐寿,更喜高名万古传。

我从14岁开始,即从缪先生受业,于今70年矣,何止"六十"。"白头师弟,千里相思","师弟情亲",读之不觉泪下!

我虽耄老,今后将以有生之年,奋其余力,把要做的工作争取完成,以期不负党和国家及吾师对我之厚望。

1993年12月20日

(本文为《二十世纪甲骨文研究述要》前言,书海出版社2006年版)

我的求学历程和早期考古活动

胡厚宣

> 这是著名古文字学家、史学家胡厚宣先生20世纪90年代后期撰写的一篇文章。斯人已逝,风范长存。谨以此文纪念一代史学大师,并向为本刊提供此文的胡振宇先生致以诚挚的谢意。——编者

这样的一个题目,使我回忆起几十年前的往事来。

1928年,我在保定培德中学旧制四年毕业后,来到北京,考入北京大学文科预科,两年后,升入本科史学系,四年后毕业,得到了文凭。我在北大六年,前后经过了三个校长:蔡元培、陈大齐和蒋孟麟。在史学系,前后经过了三个系主任:朱希祖、傅斯年和陈受颐。

在史学系一年级,除了两门外国语之外,有三门必修课,即陶孟和先生教的社会学、浦薛凤先生教的政治学和陈豹隐先生教的经济学,以后还有中国通史和断代史、世界通史和断代史、史学原理和专门史等课,也有其他必修和选修课。主要教授有胡适、陈垣、马衡、孟森、钱穆、顾颉刚、邓之诚、蒙文通、张政烺、蒋廷黻等先生。

正好中央研究院历史语言研究所1929年从广州迁来北京,所址就在北海,总办公室和历史语言两组在静心斋,考古组在蚕坛。1931年史语所所长傅斯年兼任北大史学系主任,他自己并请史语所的研究员们在北大史学系兼课,以便物色合适的学生毕业后吸收到史语所来接班,用傅斯年自己的话说就是"拔尖主义"。

那时傅斯年先生自己开"中国上古史择题研究",李济、梁思永两先生合开"考古学人类学导论",徐中舒先生开"殷周史料考订",董作宾先生开"甲骨文字研究"。傅先生很有才华,上课时经常提出一些精辟的见解。李、梁两先生在蚕坛上课,以便结合利用考古组在安阳殷墟发掘出土的东西。徐先生的课连续开了两年,我上课时所记的笔记,后来被先生要去,供他的清华研究院的同学周传儒先生参考,周先生根据它写了《甲骨文字与殷商制度》一书,1934年在开明书

店出版。董先生上课,有自编的讲义《今后怎样研究甲骨文》,后来收进《平庐文存》和《董作宾先生全集》中。但董先生不经常上课,殷墟一有发掘,他就去安阳了。

这几位先生开的课,我都选修了。毕业以后,由于他们的介绍,我进了史语所的考古组。

到了史语所考古组,我首先参加了殷墟第10次和第11次的发掘,在河南安阳住了一年多。这时的中央研究院殷墟发掘团,已经由袁世凯旧居的洹上村袁家花园,搬到了城里的冠带巷26号,两进大院,比较宽敞。发掘的领队是梁思永先生,1934年秋季第10次发掘的工作人员是石璋如、尹达、祁延霈、王湘、尹焕章和我,河南省政府参加此项工作的是马元材先生。1935年春季第11次发掘的工作人员除第10次发掘的人员外,又增加了李光宇和清华毕业并曾留英的实习生夏鼐。发掘地点主要是侯家庄西北岗的王陵区。发掘团本部虽然设在冠带巷26号,但距工地较远,有12华里,来去不便,于是就在侯家庄租赁侯新文家的民房做工作站,大家住在那里。平时发掘工作比较紧张,只有到星期六下午才回到城里,过一个轻松愉快的星期天,理发、洗澡、换衣服,中午吃一顿,下午就又乘人力车回侯家庄了。工作站配有保安队10人,白天看守工地,晚上保卫工作人员的安全,连工作人员晚上去上厕所,都要有保安队跟着。工地上晚上另派壮丁10人看守。

为了熟悉考古,在侯家庄西北岗发掘的初期,我跟随梁思永、石璋如两位先生发掘过同乐寨小屯龙山与仰韶三层文化的遗址。发掘以前,先学认土,熟土、生土、灰土、夯土必须分别清楚。熟土是耕土层,生土是没有文化遗迹的黄生土,灰土是古代文化的堆积,夯土是墓葬内的填土。在发掘过程中,对于小屯龙山仰韶各期的遗迹和遗物也有了一定的认识。西北岗发掘工作进行了没多久,发掘团曾暂时休工,由安阳至水冶,转龙山、宝山、善应小南海,然后分两队沿洹河南北两岸归来,共发现遗址20来处。我和尹达发现了南彰武、洪岩村、南固现、北固现、寨子对岸、夏寒寨、车村、梁村、柴库、刘家庄等遗址,并做了调查。

发掘侯家庄西北岗,我除了学习认土之外,还要学习找边。大墓中央填的是夯土,夯土与生土显出泾渭分明的一道边缘,顺着这个边缘就可以找出大墓的全形。

第10次发掘,在西北岗西区发现了4个大墓,尹达主持1001号大墓的发掘,祁延霈主持1002号大墓的发掘,王湘主持1003号大墓的发掘,我主持1004号大墓的发掘。这4个大墓两次发掘到底,前后大约花了半年时间。墓室作亞形或方形,东、南、西、北四边各有一个墓道,面积大约在四五百平方米左右,南墓道直通到底,东、北、西三墓道或通墓底或直通二层台,十二三公尺深到底已达水面，出有玉鱼很多。墓底中心都经过古今多少次的盗掘，出土遗物只不过是盗掘的残余而已。4个大墓以1001号大墓最大，出东西也最多，主要有大理石雕刻和花骨白陶。当那件大理石雕刻的"饕餮"出土的时候，曾轰动一时，多少本地人争着要参观那个大家称作的"玉兽"的东西，所以我们赶快把它用棉被包起来运到城里保存起来。1002号大墓出土器物不多，但墓形最为完整，南墓道直通到底，东、西、北呈阶梯形。1003号大墓的特点是出土了1件带2行12字铭文的石殳断耳，这是这次发掘中文字最多的1件残器。1004号大墓出土器物最精，计有牛鼎、鹿鼎各1件，石磬1组，又带柄的铜戈1层，成捆的铜矛1层，还有各种兽头形的铜盔1层。东区的发掘由石璋如和夏鼐主持，发现了大批密集的小墓丛，内容可以分为好多种。有的腰坑内埋一人或一人一犬或一人一兵器，有的墓底四角还有殉葬坑。以上各层埋土都发现人祭，二层台上则有人殉的小墓，多系属于大墓的人祭和人殉。殉葬的贵族墓有殉葬器，也有精美的铜器。人祭的墓坑中，引人注意的是大批无头肢体葬和人头葬，一般10个人头一坑，也有多到几十个的。与甲骨文伐祭祖可证，商代杀人祭祖是不成问题的。

发掘工作由梁（思永）先生总其成，马（元材）先生各处观察，尹焕章则担任总务，经常来回往返城乡之间。由于王陵区大墓的发现，中华文化教育基金会特别拨给了发掘费4万元。东、西区大墓和东区小墓掘土堆积如山，每天共用工人三四百，工人每天工资4角，在当时算是较好的待遇。每次招工，应招工人上千，监工王文林在人群中排队挑选，好像部队一样。

每天白天发掘，随作记录、绘图、照相等；晚上回到工作站，整理发掘出土器物，画器物图，作工作日记。阴天不能发掘，就在家拨理花土。大墓二层台上即椁顶上的木皮称麻执事一类的东西，原料已朽，留下颜色贴在土上，我们叫它作花土。这些花土在史语所迁台时没能带走，留存于南京博物院。抗战时期日本梅原末治曾用彩色照相制成图版14幅，准备出书。1954年尹达随学术代表团访问日本，将这批图版买回，准备同西北岗大墓一起印出来。尹达还未出，梅原却在日本印行了200部出售。这批原物尚存南博，不过年久土松不易长期保存。那时候晚上做完了工作，大家也常聚在一起谈天，吴金鼎先生从英国归来，常讲一些英国老考古学家的故事[吴金鼎1933年从英国埃及考古学家彼特里（F. W. Petrie）在巴勒斯坦从事考古发掘工作]。马元材喜欢一些掌故笑谈，一次他忽然问大家，谁晓得《史记·秦始皇本纪》有多少"之"字，大家瞠目结舌，都交了白卷。有时我们还唱几段京戏，有余派的《搜孤救孤》《鱼肠剑》，马派的《打渔杀家》，梅派的《霸王别姬》和《凤还巢》。梁先生最欣赏《打渔杀家》，一来就说唱一段"飞过来飞过去"。夏先生最欣赏梅派的《凤还巢》，到了英国他还写信问起唱京戏的事呢。

1935年秋天的第12次发掘我没有参加。新发掘的大墓在西区有1217号、1500号、1550号,在东区有1400号、1443号,连西区1567号无墓道的假大墓,共计10座。东区小墓3次共发掘1 228座。新增加的人员则有李景聃、高去寻、潘悫。三次发掘的正式工作人员,除领队梁先生外,共10人,大家按年龄排为"十兄弟"。用李济的话说:"这一发掘代表了一个最活跃旺盛的时代。"

(原载《文史知识》2006年第4期)

胡厚宣先生与甲骨学商史研究

吴浩坤

在介绍和评述胡厚宣先生关于甲骨学商史研究方面的光辉业绩之前,我想首先简要地回顾一下我与先生从相识到相知长达40余年的师生情谊,借以寄托我的无限思念,同时期盼我系未来的莘莘学子中,能有更多的志趣相投者,在这块前人辛勤耕耘过的学术园地里,锲而不舍,刻苦钻研,不断取得新的成果,俾使这一学科得以传承并发扬光大,为国家的科学文化建设做出更多的贡献。

一、忆恩师,师恩难忘

我是1952年考上复旦大学历史系的。当时经过院系调整,历史系拥有周谷城、周予同、陈守实、胡厚宣、谭其骧、蔡尚思、马长寿、王造时、耿淡如、田汝康、章巽、程博洪、陈仁炳等一大批专家学者从事教学研究工作。1953年又增聘上海博物馆馆长杨宽先生来校任教。其中,胡厚宣先生一开始就为我们班级讲授"中国通史第一段"(先秦两汉部分)和"考古学通论"两门基础课,接着又为我们开设"古文字学"和"甲骨学商代史"等专门化课程,与我们班级接触最多,感情最为融洽。又因先生学识渊博,讲课内容充实而富有条理,特别是讲授甲骨文,如数家珍,引人入胜,所以我们班上如裘锡圭、潘悠、贺卓君、王文楚、崔恒昇、施勇云和我等都喜欢听他的课。此外,我对周予同先生开设的"历史文选"也颇有兴趣。周先生本是经学大师,亦精通史学史、古文献和版本目录之学,讲课基本上不看讲稿,口若悬河,滔滔不绝;只有写大段板书时才看一下笔记本。先生和霭可亲,待人以诚而有长者之风,也是我愿意追随的导师。

1954年,中国科学院历史研究所要调胡厚宣先生进京任职,被高教部和复旦大学婉言拒绝。我听胡先生说,中科院后来又调中山大学的容庚和商承祚两位去京,中山大学也没有同意,主要理由是容、商两先生不能适应北京的气候。我心想,胡先生是河北望都人,不好用这种理由作借口,总有一天要调离。果然,1956年接到高教部通知,说是周总理写了条子(也就是国务院的调令),复旦才同意放人。他的夫人桂琼英先生和研究生裘锡圭也随同调往北京。自从抗战胜利，为了搜集敌战区的甲骨资料，先生即从大后方成都赶赴北京、天津、南京、上海等地。后因铁路中断，于1947年应周谷城先生邀请，留复旦史地系任教，至1956年，整整十年。在这十年中间，除了繁重的教学任务之外，新中国成立初还要参加"土改""三反五反""思想改造""肃清胡风反革命集团"等一系列的政治运动，胡先生居然发表了《殷代农作施肥说》《释殷代求年于四方和四方风的祭祀》等重要论文八篇，撰写和出版《古代研究的史料问题》《五十年甲骨文发现的总结》《战后宁沪新获甲骨集》《战后京津新获甲骨集》《殷墟发掘》等八部著作，实非易事。

1955年读三年级时，系里要我们写学年论文。周予同先生给我出了"论墨子思想及其所代表的阶级性"这一题目。我写好后交给先生审阅，1956年略加修改又作为毕业论文通过。系里宣布毕业分配方案时，我被分配考周先生的研究生，攻读方向是"中国古代史学"。我来自农村，家庭经济比较拮据，周先生为我着想，曾找我谈话，劝我不考研究生，改做他的助教，这样工作比较稳定，生活也有保障，让我劝贺卓君考研究生。我想多读点书，而贺卓君不打算考研究生，此事只好作罢。当年秋季我考取研究生后，周先生给我开了一个读书清单，同时出了一个研究课题，让我边阅读边做整理研究《世本》或《古本竹书纪年》的工作。我先写成《〈竹书纪年〉的发现年代及其学术价值》一文，先生看过后表示满意。谁知风云突变，1957年在"整风反右"运动中，我被划为"右派"。历史系在1956年共招收十名副博士研究生，除我之外还有柏明、史书友、谢耀桦同时划成"右派"。另外，潘悠和我已婚，因休学一年，1957年做毕业鉴定时，班级领导要她对我的问题表态，她坚决不同意我被划为"右派"，结果受到取消学籍、不予分配工作并戴上"右派"帽子的严厉处分。她1959年在地区摘帽，但始终找不到正式工作，生活十分困难。

胡厚宣先生1956年到北京后，主要的任务就是编纂《甲骨文合集》和培养一支年轻的研究队伍。他很怀念上海，怀念复旦的同事和学生，直到1966年的十年中间，为了开会、探亲访友或搜集资料（包括利用寒暑假曾两次来复旦历史系对所藏300多片甲骨加以钩摹、墨拓），差不多每年要来上海一两次。值得慰藉的是，在当时的政治气氛下，先生不避嫌疑，一直和我们保持通信联系。特别是每次来沪，总是或写信或打电报预先通知我们接车，陪他和桂师母到上海大厦、春江宾馆或永嘉路亲戚家小住。有时也托我们购买一些书刊之类的东西寄往北京，他和师母总是多汇些钱款给我们，那真是雪中送炭啊！

1958年5月，我受处分被分配到校图书馆编目室工作。半年以后因患肺炎休息一段时间后，应王明根同志之邀，回到历史系资料室；1960年5月又把我调到历史地理研究室（后改历史地理研究所）做资料员。谭其骧教授是著名历史地理专家，教过我们"中国通史第二段"（魏晋南北朝隋唐五代部分）。他上课和写文章擅长分析考辨，丝丝入扣，脍炙人口。1955年接受上级下达的改编清末民初杨守敬《历代舆地图》（简称《杨图》）的任务。1958年改变主意，决定撇开《杨图》，扩大规模，直接编绘《中国历史地图集》，并从历史系抽调十名三年级学生提前参加编图工作。在史无前例的"文革"中，也只停止工作三年。我在这个先进单位常常一天三班倒，历时18年，为图集算是尽了点绵薄之力。

1978年，我和潘悠的右派问题得到改正。我被调到中国古代史教研室任教。胡厚宣先生知道情况后，立即写信到华东师大中国史学研究所，推荐潘悠做戴家祥教授的助手，协助编纂《金文大字典》。此事不久便落实，为我们解决了后顾之忧，我们心存感激。另外，1980年前后，我和资料室王明根、柏明等所编纂的《文史工具书的源流和使用》《中国古代史论文资料索引》《中国近代史论著目录》《五十二种文史资料索引》也由上海人民出版社、复旦大学出版社出版，算是我历经20年的图书资料工作的一个小结。

1979年4月，胡厚宣先生来沪洽谈《甲骨文合集》印刷事宜，应复旦历史系和华东师大之邀，在复旦做"80年来的甲骨学"这一学术报告，盛况空前，受到两校师生的热烈欢迎和好评。回到复旦外宾招待所，我们闲聊起"文革"中的往事，特别是回忆到周予同先生的遭遇，犹心有余悸。胡先生说自己在北京，因从事《合集》的集体项目，做事说话谨慎，没有受什么冲击。而周先生则不然，在上海《文汇报》召开的座谈会上发议论，曾说"将来研究中国封建社会的历史，只好取材外国资料了"；又说"吴晗我是熟的，他很爽直，文如其人，有错就认了。他是好人，是清官，但是他的政治敏感性大有问题"。胡先生在北京时读了《文汇报》，就知道予老闯祸了！果然，《文汇报》随后发表一大版以"反共老手"为题的批判周予同的文章。我也说，从那时起，有人在复兴中路周先生的住宅墙上用黑漆刷上"反共老手周予同"七个大字，从此各路红卫兵路过都要进去抄家和批斗他。尤其是批林批孔时，被山东的造反派押解到曲阜孔庙大批大斗，回到上海不久便中风瘫痪在床，眼瞎了，老伴走了，一直忍受病魔的折磨。有鉴于此，胡先生建议我务必少发议论，包括少发牢骚，多做实事，今后就专搞先秦史，尽量把精力放在研究甲骨文与商周史方面，我表示赞同。先生很高兴，略加思索后对我们说："现在想学甲骨文的人很多，不限于文科学生，如果正式出一本《甲骨学引论》之类的书，可以面向更多的群众，以应各方面的需要。"当即与上海人民出版社资深编审刘伯涵先生联系，让他向我们约稿。刘先生是复旦历史系1950年毕业的学生，是我们的学长，也是我们所撰《文史工具书的源流和使用》一书的责任编辑。他当即偕顾孟武先生前来讨论写稿事宜。刘先生手边另有任务，后来就由顾先生为责任编辑,直到 1985 年出书。其时周谷城先生正在主编《中国文化史丛书》,编委会常务联系人朱维铮先生看了我们的稿子后,决定将《甲骨学引论》改名《中国甲骨学史》,收入《丛书》中。后来因胡厚宣先生的影响和推荐,台湾贯雅文化事业有限公司为此书出了繁体字版,同时约我将已发表的论文和未发表的文稿合编成《古史探索与古籍研究》,一起于 1990 年出版;韩国的淑明女子大学中文系主任梁东淑教授也为《中国甲骨学史》花费很多精力,把它译为韩文,于 2002 年出版。

1981 年春,胡先生来沪参加中国史学会理事会,曾对拙著的初稿提了若干意见。1982 年我和潘悠等参加华东师大召开的"国际王国维学术研讨会",先生亦参加了。华东师大史学所自 1978 年起,在吴泽教授主持下,启动了重编《王国维全集》的工作,并由刘寅生、袁英光先生负责查访资料。其中就有胡厚宣先生提供的王国维《致罗振玉书》手迹,收入《王国维全集·书信》中,见中华书局 1984 年版。我和潘悠则为他们点校了王国维《戬寿堂所藏殷虚文字考释》一书,后来收入《王国维全集》第五卷,改由谢维扬、房鑫亮主编,由浙江、广东教育出版社 2009 年出版。1982 年会议的后半程,移师浙江海宁市,我们参加了"王国维故居揭幕仪式"并和胡先生合影留念,最后又一起去观潮。先生已是古稀之年,但在整个活动过程,始终精神矍铄,心情愉快,令人十分欣慰。

1983 年,国家文物局委托复旦历史系创办文物博物馆学专业,双方约定自 1984 年起先开设两年制的干部专修科,以后再招本科生和研究生。历史系领导委派我担任文博教研室主任,主持文博教学工作。我在这方面的经验不足,与文博界认识的人不多,心存疑虑,又是胡先生鼓励我大胆接受这一任务,并首先应聘兼职教授来复旦讲学,和我合招第一名研究生,指导和支持我参与筹建文博学院及复旦大学博物馆等工作。之后我晋升副教授、教授,被评为博士生导师等,也都仰仗先生的大力推荐。我所指导的八名博士生毕业论文的评阅、提修改意见或答辩,又让先生费了不少精力。1984 年以后,我也常去北京与国家文物局(包括教委)联系工作,或参加全国文物工作会议等,总要拜访先生。先生则热情接待,或留餐,或让参观书房挑选有复本之书刊相赠,如刊有先生文章的《殷都学刊》、先生主编的《甲骨文与殷商史》一至三辑、白川静签了名的《西周史略》等。

1987 年春,上海《文汇报》施宣圆编审(1965 年毕业的系友)嘱我写一篇介绍胡先生的文章,题为《胡厚宣与甲骨学商史研究》,刊于 5 月 26 日《文汇报》"学林"版。胡先生看到《人民日报》海外版曾予全文转载,认为文章虽短,但言简意赅,深表满意。而自文博专业开设初期,我的教学任务骤然增多,手边的科研工作也不少,例如当时《中国甲骨学史》正在修改中,历史系副系主任黄世晔先生(是我的上级,又是同乡)要我参加《中国通史》的编写,又让我参加杨宽先生组织编纂的《战国会要》的工作;因私交关系,还应邀为徐连达教授主编的《中国历代官制词典》编写先秦条目千余条约十万字。除此之外,筹建文博学院的杂务也很多,一时忙碌得不可开交,像中国先秦史学会、殷商文化研讨会等就很少参加。胡先生写信给我,希望我到甲骨文故乡安阳一聚,我于7月去参加了"中国殷商文化国际讨论会"。会上看到周谷城先生与胡先生两位老友相谈甚欢,并看了老同学裘锡圭教授提供会议讨论的重要论文《关于殷墟卜辞的命辞是否问句的考察》,参观了由我校兼职教授杨鸿勋先生设计的大型遗址公园"殷墟博物苑"等,大开眼界,收获很大。胡厚宣先生在复旦时,与谭其骧、周谷城等老师过从甚密,分开后也一直保持联系。凡是胡先生主持召开的重要会议,胡先生必请谷老参加,谷老必欣然到会。在1989年9月甲骨文发现90周年的会议上,两位老友再次相聚,周先生被推举为殷商文化学会名誉会长,胡先生为会长。我因教务缠身,未能参与,深表遗憾。但这年春季,复旦大学与国家文物局合作筹建的文博学院正式成立。文博界、教育界和书画艺术界的名宿、硕儒和大师纷纷馈赠墨宝以表祝贺,胡厚宣先生也曾以甲骨文书体写有条幅相赠。上海文管会办公室主任金阶平先生甚至陪我和陈春伦同志登门拜访沪上的部分书画家征求作品,共得名家名作70余幅,为文博学院的成立造气氛、添光彩,同时也为复旦大学博物馆增加了一个展室的展品和一笔珍贵的财富。另外有一个展室专门陈列由上海博物馆无偿调拨给学院的一整套中国古代钱币;还有一个展室陈列由复旦生命科学院借调来的300多件高山族文物。这些文物,台湾已很少;大陆只有复旦和厦门大学人类学系有收藏。再有一个展室展出的是复旦旧藏青铜、陶瓷等古器物,而以300多片甲骨最为珍贵(这些甲骨原是束世澂先生的藏品。束先生在暨南大学任教,胡厚宣先生来复旦任职后也在暨南大学兼课。束先生的甲骨1947年让给暨南大学,新中国成立后归复旦大学历史系所有)。

1991年,胡先生偕公子振宇来复旦讲学期间,特约我和潘悠一起去淮海中路看望谭其骧先生,振宇为我们摄影留念。又到泰安路看望周谷城先生,交谈时间过长,光线不好,未合影。

1993年,潘悠患了肝癌。1995年,又因脑溢血而中风,雪上加霜。岂料祸不单行,突然传来厚宣先生逝世的噩耗,我们全家感到震惊和哀伤!先生遽归道山的信息,最先来自我的学生权东五君。他当时正在韩国全南道正善实业大学边执教边赶写博士学位论文。接到他的长途电话,说是北京的胡老师过世了,我们无论如何不相信,以为他搞错了,因为在我们心目中,先生一向身体健康,从未听说有什么疾病。便打电话询问老同学裘锡圭,恰巧锡圭教授出差深圳未归,由他夫人在通话中告知了大体情况,不久又收到中国社科院历史所胡厚宣教授治丧委员会寄来的讣告,这不幸的信息再也不容置疑了,我们敬爱的老师真的离开我们了!相知 40 余年,老师的音容笑貌,犹历历在目;老师在复旦和以后的交往中对我们的谆谆教诲,无微不至的关怀,从精神到物质的鼓励与帮助,总之,所有的往事一齐涌上心头,哀伤之情,难以言表。我不能亲赴北京,只好代表留校的同学发了一份唁电,后来又写了一篇短文《敬爱的厚宣师,您将永远活在我们心中》,以托哀思,之后被收入《胡厚宣先生纪念文集》之中。

悠悠岁月,斗转星移。如今哲人日远……而晚辈亦垂垂老矣;然每一念及旧事,常黯然神伤,不胜唏嘘!

二、功在当代,名垂千秋

公元 1899 年(清光绪二十五年),在河南安阳小屯村发现了甲骨文,这是我国学术文化史上值得大书特书的重大事件。金石学家王懿荣,是第一个认识并用高价收购甲骨的人,可惜他第二年因八国联军攻入北京而殉节,没有对甲骨做进一步研究。他所购得的甲骨,其中 1 000 多片甲骨,为偿凤债,由他的儿子翰甫转售给刘鹗。刘鹗字铁云,是《老残游记》的作者,他多方罗致,共得甲骨 5 000 余片,1903 年选拓 1 058 片编为《铁云藏龟》,这是第一部将甲骨文拓印问世的材料书。但刘氏也没有对甲骨文字做深入的研究。朴学大师瑞安孙诒让看到《铁云藏龟》之后说:"不意衰年睹兹奇迹,爱玩不已,辄穷两月力校读之,以前后复缍者参互寀绎,乃略通其文字。"1904 年遂撰《契文举例》两卷,是为第一部考释甲骨文字的专著。该书分日月、贞卜、卜事、鬼神、卜人、官氏、方国、典礼、文字、杂例十篇,为后来的甲骨分类研究开创了先例。1905 年,孙氏又撰《名原》两卷,以甲骨、金文、石鼓文等与《说文》古籀互相比勘,分析偏旁,以证说古文字之形体,探求古文大小篆之沿革演化,这又开以甲骨文考证古文字之先例。由于所见材料局限《铁云藏龟》一部书,又未见实物,所以影响远不如他的《周礼正义》《墨子间诂》《古籀拾遗》《古籀余论》那样大,但"筚路椎轮"之功不可掩没。1988 年是先生诞生 140 周年、逝世 80 周年暨玉海楼建成 100 周年,我因教学任务繁忙,未能参加"孙诒让先生学术讨论会"。我想赶写一篇短文,聊表后学缅怀之情,也因事耽搁未遑寄出,后来才收进拙著《古史探索与古籍研究》中,篇名为《孙诒让与古文字研究》。另外,孙诒让纪念馆请胡厚宣、谭其骧诸师为之题词,胡先生用甲骨文书体题称"一代宗师,弘论永存",谭先生则用行书写了"经学集清代大成,小学开后世先河",皆精辟允当。

甲骨文的初期研究阶段,至 1927 年的近 30 年中,前十年的研究者,仅孙氏一人而已;后 20 年学者增多,但主要以罗振玉、王国维为代表,世称"罗王之学"。罗振玉,字叔蕴,一字叔言,号雪堂,浙江上虞人。他以一人之力,竟收集甲骨三万余片,先后编印成《殷虚书契》(也称《殷虚书契前编》)、《殷虚书契菁华》、《铁云藏龟之余》、《殷虚书契后编》和《殷虚古器物图录》等重要书籍,在甲骨的搜集、播扬与流传方面做出了巨大贡献。在考释文字、考证小屯为古籍所称之"殷墟",以及审释殷帝王名号方面也成绩卓著,主要反映在《殷商贞卜文字考》和《殷虚书契考释》两部著作中。王国维,字伯隅,又字静安,初号礼堂,后改观堂,浙江海宁人。王氏上承乾嘉之学,是中国封建时代最后一位史学大师,又有西洋资产阶级的哲学、逻辑思想和考古学知识,学贯中西,博大精深。1914年为罗振玉手写《殷虚书契考释》,叹为"三代以后言古文者未尝有"之书。1915年撰著《殷虚卜辞中所见地名考》《三代地理小记》及《鬼方昆夷玁狁考》等关于方国地理的考证,可供古史和历史地理研究者参考。1916年写《殷礼徵文》一卷,详考殷人以日为名之所由来,商先公先王皆特祭、殷先妣皆特祭,以及殷祭(即合祭)、外祭等,成为探求和研究殷商祀典的不朽名著。1917年王国维所撰《殷卜辞中所见先公先王考》及《续考》相继发表,"使《史记·殷本纪》和《帝王世纪》等书所传的殷代王统得到了物证,并且改正了他们的讹传",是对甲骨文研究的卓越贡献! 王氏在清华研究院提出考证古史必须利用遗留下来的古籍,如《诗》《书》《易》《礼》《春秋》《左传》《国语》《世本》《竹书纪年》《战国策》及周秦诸子和《史记》等,和地下发掘之材料(甲骨文、金文)相互印证的"二重证据法",这是非常精确的。郭沫若在《古代研究的自我批判》中说:"我们要说殷墟的发现是新史学的开端,王国维的业绩是新史学的开山,那是丝毫也不过的。"孙诒让,特别是罗、王的业绩,为后来的学者进一步研究甲骨学和商代历史打下了良好的基础。

自1928年开始的20年,是甲骨学的重要发展时期,新中国成立以后则进入甲骨学研究的新阶段。甲骨学的重要发展时期之所以用1928年划界,主要是因为此前的发现是私人零星挖掘的结果。1928年10月至1937年6月,中央研究院历史语言研究所在安阳殷墟进行有系统的、有计划的15次科学发掘,不仅在甲骨资料方面提供了空前的来源,而且由于科学的发掘,得知殷墟地层、坑位及与甲骨共存的遗物,这就为甲骨断代和对社会性质问题做出综合的研究创造了有利条件。这一时期,做出最大贡献的学者,当推郭沫若、董作宾、胡厚宣三位大师。郭沫若,字鼎堂,四川乐山人,1892年生。他早期深受罗、王的影响,然又发现"欲清算中国古代社会,我们是不能以罗、王两家之业绩为其出发点的,只有跳出了'国学'的范围,才能认清所谓'国学'的真相"。概括郭氏的意见,便是:第一,研究学问,应以马克思主义历史唯物主义为指导;第二,要弄清古代社会的起源和发展,必须掌握第一手资料,首先要钻研古文字学;第三,研究甲骨金文的最终目的,还是要利用文字工具攻破古史研究中的重要难关。郭氏1928年开始研究甲骨刻辞,1929年撰写《中国古代社会研究》,其中《卜辞中之古代社会》是一篇系统运用甲骨刻辞研究殷商历史的著作。1931年撰写《甲骨文字研究》,是书收录考释论文17篇,是"想通过一些已识未识的甲骨文字的阐释,来了解殷代的生产方式,生产关系和意识形态"。1933年出版《卜辞通纂》,1937年又出版《殷契粹编》,这是甲骨研究的两部重要著作。书中每多有创见,发前人所未发,为学习和研究甲骨学商代史的人所必不可少的参考书。董作宾,字彦堂,又作雁堂,别署平庐,河南南阳人,1895年生。他曾八次主持或参加殷墟的发掘,随后专门从事甲骨文字的研究。1931年,他在《大龟四版考释》中首先提出由"贞人"可以推断甲骨文的时代。1933年又发表《甲骨文断代研究例》,进一步确定以世系、称谓、贞人、坑位、方国、人物、事类、文法、字形、书体为断代的十项标准;并将殷墟出土的甲骨文划分为武丁(及以前盘庚、小辛、小乙),祖康、祖甲、廪辛、康丁,武乙、文丁,帝乙、帝辛五个时期,从而使甲骨文的研究走上了新的阶段,被学界誉之为划时代的著作。以上所述,就是胡厚宣先生从事甲骨学商史研究前的概况。下面介绍胡先生的事迹。

胡厚宣,1911年生,河北望都人。父亲为前清秀才、禀生,在天津教书,因包河工失败,家道中衰。先生读小学缴不起饭费,读中学早期先是借债作学费,后靠奖学金读完中学、大学预科和北京大学史学系。当时北大的校长是蒋梦麟,文学院院长是胡适,史学系则拥有陈垣、马衡、孟森、唐兰、钱穆、顾颉刚、裴文通等一大批名教授,又有中央研究院历史语言研究所所长兼北大史学系主任傅斯年和李济、梁思永、董作宾、徐中舒等专家前来兼课,使原本资质聪颖而又勤奋好学的胡先生受益匪浅,并从此打下了研究古史的扎实基础。就在先生攻读大学预科、本科之际,发表了《国难中请回想我们的学术界》(1929年)、《卜法管见》(译文,1932年)、《殷商文化丛考》(1933年)、《匈奴源流考》(1933年)、《楚民族源于东方考》(1934年)等论文,受到导师们和有关方面的重视。1934年毕业时,被傅斯年所长选拔进史语所考古组工作。同年10月3日即参加在侯家庄、同乐寨进行的第十次殷墟发掘;1935年3月15日又参加第11次殷墟发掘。虽未发现甲骨,却因此发现殷陵和出土比殷都更为丰富、更为珍贵的遗物,并了解了殷代统治阶级杀人殉葬的残酷事实。在同乐寨的发掘中,发现了仰韶、龙山和小屯等期的文化三层堆积,亦是一大收获。其中,由胡先生独立主持发掘的1004号大墓,发现了"牛""鹿"青铜大鼎等重要文物,引起极大轰动。直到20世纪50年代先生在讲授"考古学通论"时,提及此事,其喜悦之情犹溢于言表。

在参加两次殷墟发掘之后,胡厚宣先生转入室内,专门从事出土甲骨的整理研究工作。总计15次发掘,前九次得字甲4 411片、字骨2 102片,合为6 513片,除协助董作宾先生编纂《殷墟文字甲编》(著录3938号)外,先生则另作考释,撰写《殷墟文字甲编释文》(但此书迟迟未曾出书,颇为遗憾)。第13次发掘由郭宝钧主持，在小屯村北发现一个完好无缺的储藏甲骨文字的窖藏即YH127圆形坑，直径约两米，深一米余，满贮龟甲。据统计，共出龟甲17 088片、牛骨8片，合为17 096片。过去发现过"大龟四版""大龟七版"，这次却有完整的龟甲200多版，确是惊人的大发现。而且发现很多用朱墨书写的文字，卜兆多经契刻，卜法皆自上而下，纪序之数字自一至十井然不紊，又有贞人殷、邠签名于骨桥背面的例子甚多。凡此种种均为甲骨学上极其重要的发现。胡先生很是兴奋，立即写了《第十三次发掘所得甲骨文字举例》《殷墟127坑甲骨的发现和特点》（可惜亦未刊出）。第14次发掘得字甲2件。第15次发掘得字甲549片、字骨50片，合为599片。董氏将第13—15次发掘所得甲骨后来纂成《殷墟文字乙编》（著录9105号）。胡先生则对史语所的这三万片甲骨视若珍宝，一一加以揣摩审释，其用力之勤及治学之一丝不苟，少有其匹。在史语所期间，先生翻译出版了日本梅原末治所撰《中国青铜时代》（商务印书馆1936年版），和董作宾先生合编了《甲骨年表》（同上1937年版），发表了《甲骨文材料之统计》《中央研究院殷墟出土展品参观记》《论殷代的记事文字》《释牢》《卜辞杂例》《释丝用丝御》等重要论文。

1939年，顾颉刚先生担任成都齐鲁大学国学研究所主任，邀请胡厚宣先生任研究员。接着又任中文系教授兼系主任、历史社会学系教授兼系主任。其时先生刚到"而立"之年，精力充沛，除授课外，主要时间还是用在研究方面。先生认为："研治甲骨文字，倘欲免断章取义、穿凿附会之嫌，则所见材料必多。"于是发愤收集所有国内外公私已否著录之甲骨材料：凡已出版之图书，必设法购置；其未出版而知其下落者，必借拓钩摹。国内国外所藏，虽一片不遗，千金莫惜。据先生自己估计，他亲自揣摩过的甲骨，包括史语所发掘所得新资料，有七八万片，自藏摹本也有1.5万余片。日本学者白川静说："现在已知的甲骨文凡16万片，因此有一半已为胡氏所过目。在卜辞的学识上，如今要达到胡氏那样，殊非易事。"先生以掌握的大量的地下出土的实物资料，结合传世的古代文献，运用王国维先生的"二重证据法"，写出了一系列高质量、有创见的论文，收入《甲骨学商史论丛》这部学术巨著中，受到国内外学者的重视和赞赏，一举奠定了崇高的学术地位。

《甲骨学商史论丛》共四集，先出版初集、二集。初集1942年付印，1944年出书，为齐鲁大学国学研究所专刊之一。收有《殷代封建制度考》《殷代婚姻家族宗法生育制度考》《殷代焚田说》《殷代舌方考》《"一甲十癸"辨》《甲骨文四方风名考证》《殷代之天神崇拜》《卜辞下乙说》《殷人疾病考》《武丁时五种纪事刻辞考》等论文20篇。二集收有《卜辞中所见殷代农业》《气候变迁与殷代气候之检讨》《甲骨学绪论》等四篇论文。二集1945年3月出版，亦为齐鲁大学国学研究所专刊之一。其中，《殷代婚姻、家族、宗法生育制度考》一文，根据大量甲骨刻辞，首先从武丁之多妇考论殷王实行一夫一妻及变相的一夫多妻制；其次据卜辞有王族、子族、多子族、三族、五族和大宗、小宗等，考论殷商已有家族、宗法之制；此外又广泛收罗卜辞关于求生、受生、娩嘉、命名以及多子、多女、大子与小王等记载，详考殷人之生育制度，指出殷人有重男轻女思想，目的是为了"上以事宗庙，下以继后世"，为了"广嗣重祖"，与王位继承和宗法制度均有密切关系。

又如过去关于殷代历法，有两派不同的说法。董作宾、吴其昌认为殷代平年十二月，闰年十三月，大月三十日，小月二十九日。刘朝阳、孙海波则认为一年十二月，无闰月，月亦无大小，通常皆为三十日，唯在特殊情况下，某月可附加十日或二十日，故纪日干支与每旬月次比较固定，即逢一日为甲，逢十日为癸。两说不同，孰是孰非，关键在于"一甲一癸"说之能否成立。胡先生的《"一甲十癸"辨》，即用祖甲卜辞为例，证明一日非甲，十日非癸：

庚子卜，旅贞，今夕亡囚，在十月。
辛丑卜，旅贞，今夕亡囚，在十月。
壬寅卜，旅贞，今夕亡囚，在十一月。
癸卯卜，旅贞，今夕亡囚，在十一月。(《录》42)①

十月辛丑与十一月壬寅两日相连，则辛丑必为十月二十九日或三十日，壬寅必为十一月一日；然一日为壬而非甲，则十日必不能为癸日。至此，"一甲十癸"之说不攻自破，所以殷之历法仍以董作宾、吴其昌说为近是。

胡厚宣先生认为《尧典》"所谓四方之民与鸟兽者；亦与甲骨文及《山海经》之四方名及风名合。《山海经》中有一整套四方风名的记载：

东方曰析，来风曰俊，处东极，以出入风。(《大荒东经》)
南方曰因乎，夸风曰乎民，处南极，以出入风。(《大荒南经》)
有人名曰石夷，来风曰韦，处西北隅，以司日月之长短。(《大荒西经》)
北方曰鹓，来之风曰狻，是处东极隅，以止日月，使无相间出没，司其短长。(《大荒北经》)

胡厚宣先生据刘体智《善斋所藏甲骨文字》之一片，上刻20余字："东方曰析，风曰㕣；南方曰㚔，风曰岜；西方曰㝵，风曰彝；□□□，风曰殳。"郭沫若以为

---

① 见胡厚宣：《"一甲十癸"辨》，《责善》(半月刊)第2卷第19期，1940年12月。

伪刻,未收入《殷契粹编》。胡先生认为其字体遒整,应属武丁时期卜辞;又文理通达,亦与杜撰不同。其后于殷墟第13次发掘中,又得武丁时龟腹甲一版,其辞曰:

贞,帝(禘)于东方曰析,风曰劦;□□□□□□□□;贞,帝于西方曰彝,风□□;内,帝□北□□□□□。

可见刘氏所藏非伪刻。又《金璋所藏甲骨卜辞》第472片,为武丁时之牛骨卜辞,上刻"卯于东方析,三牛,三羊,青三",亦称"东方析",为祭祀四方风之卜辞。凡此均可证明《尧典》与《山海经》所载并非虚妄无稽。写到这里,正好看到上海的《新民晚报》2013年12月28日B8用一整版的篇幅刊出国家图书馆关于古籍普查和展出的信息。自2007年至今,国务院已颁布四批《国家珍贵古籍名录》,记者陶禹问:"为何最近一批甲骨才作为重要出土文献入选?"国家图书馆副馆长兼国家古籍保护中心副主任张志清回答:"我们编纂《古籍名录》,一开始是收录各种书,甲骨不是书,它属于档案文献,所以一直没收录。后来专家经过研讨,认为文献也非常重要,到第四批的时候就把甲骨也收录进来。"记者又问:"这次展出的甲骨有哪些精品?"张先生回答说:"这次主要展出了国图的18件甲骨。其中'四方风'比较有代表性,它是刘体智旧藏,最初学者认为这只是一片伪刻牛肩胛骨。1944年,著名甲骨学家胡厚宣先生发表《甲骨文四方风名考》,认为这块甲骨字体古朴,文理通达,属武丁时期刻辞。……还有胡厚宣旧藏,记录商武丁时期气象的龟甲,也很珍贵。"[①]我们前面说到胡先生引用刘体智《善斋所藏甲骨文字》有关四方风的整版牛肩胛骨,即这次见诸报端的图片。

《卜辞中所见殷代农业》的序言部分对程憬、万国鼎、吴其昌等人低估商代农业生产水平的做法提出了批评,接着从农业环境、农业区域、农业管理、农业技术、农业产品、农业礼俗等方面系统地论证了殷代农业之发达和农业耕作技术之进步,为商代社会历史的研究做出了贡献。

《气候变迁与殷代气候之检讨》则根据文献记载、卜辞和其他考古资料,指出古代黄河流域川流和湖泊纵横,雨量丰富,盛产蚕桑、稻竹,野猪、水牛、竹鼠很多,甚至有兕、象等热带或亚热带动物,因而推论"殷代气候,至少当与今日长江流域或更以南者相当也"。著名气象学家竺可桢非常赞同这一观点,在所著《中国近五千年来气候变迁的初步研究》中每加称引。

《殷代舌方考》《殷人疾病考》《殷代之天神崇拜》等分别为研究方国地理及战

---

① 《古籍普查新发现 填补研究的空白》,《新民晚报》2013年12月28日。

争、医学、宗教方面的重要参考文献;《卜辞下乙说》《武丁时五种纪事刻辞考》等,于考定殷王世系及甲骨断代研究多所裨益。总之,先生在运用甲骨文研究商代历史方面的成绩突出,发前人所未发,其取征之详、立论之不苟与夫匡正旧说、创立新义之多,实为学界所仅见。徐中舒先生在《甲骨学商史论丛序》中说:"余生既逢甲骨之发露,故师友间治此学者尤众,而陈义丰长,用志专笃,翕然为世所崇信者,则不得不推三人焉:曰海宁王静安先生,南阳董彦堂先生,望都胡厚宣先生。此三人者,或资宏富之收藏,或与发掘之工作,凡先民之手迹,不但有墨本可据,且得摩拂其物,而较其点画卜兆,故其所得弥为深切,实为甲骨学划时期之学者焉。若夫网罗放失、广征博引、比类并观,剖析微茫,此则厚宣今兹所努力以赴者也。"高亨先生亦于序言中称先生"博闻强记,于金石甲骨之学,钻研尤精。近著《甲骨学商史论丛》一书,荟文二十篇,巍然巨帙。其识察则内外炯彻,其议叙则上下条达,其组织则经纬得体,其运用则左右逢源。洵为积学深思之佳构,而非零摭滥裰之驳言也。"高氏并概括此书有五大优点:一曰取征甚详,二曰立论不苟,三曰匡正旧说,四曰创获新义,五曰证实古书。陈子展《题战后南北所见甲骨录》说:"君不见,胡君崛起四君后(指'四堂'),丹甲青文弥复光。"日本内藤戊申教授说《论丛》"不是通史,但几乎包含了殷代史的主要方面,确可称为殷代研究的最高峰。由于此书,一举而确定了胡氏在甲骨学界的地位,与王国维、董作宾先生并称为三大甲骨学者"。白川静教授在《胡厚宣氏的商史研究——〈甲骨学商史论丛〉》一文中则说《论丛》是"这一学科空前的金字塔式的论文集,是继董先生《甲骨文断代研究例》之后,又一划时代的著作"。又说:"甲骨学自孙诒让以其渊博学识,创筚路蓝缕之功,罗王郭董,建其规模。如今罗王已故,董郭两氏,在其研究中,亦有困难很多的情况下,胡氏在中共统治地区在甲骨学界已处于这一学科第一人者之地位。所谓'堂堂堂堂,郭董罗王。观堂沉渊雪堂化,彦堂入海鼎堂忙。君不见胡君崛起四君后,丹甲青文弥复光',并非溢美之辞,犹如徐中舒氏以王董胡三人为甲骨学的正统一样。"以上评语,恰如其分,并不夸张。《论丛》的出版,曾得到当时国民政府教育部的科学发明奖(包括 8 000 银洋)。此书亦收入周谷城先生主编的《民国丛书》(上海书店 1989 年版)。

1937 年,日本帝国主义发动了全面的侵华战争,中央研究院的殷墟发掘工作被迫停止。抗战期间,日本的机构和私人曾多次来安阳发掘,驻河南的日本军队也利用奸匪大事盗掘,出土古物都运往日本去了。战后出土的甲骨文字,相当一部分也已流散国外。所以抗战一胜利,胡厚宣先生立即从后方赶赴平、津等地调查和搜集,住在来薰阁,或买、或拓、或买拓片,共得 2 000 多片,回重庆开了一次展览会,回成都拓出后编印成书。1946 年又到南京、上海等地购买或抄、拓到千余片甲骨,后亦编印成书。据统计,这一时期先生编纂的材料书,除较早的《甲骨六录》收入《论丛》三集外;另有《战后平津新获甲骨集》《战后宁沪新获甲骨集》《战后南北所见甲骨录》《战后京津新获甲骨集》《甲骨续存》等。为战后及新中国成立初甲骨文的搜集和流传做出了杰出的贡献。

新中国成立后,学者们普遍学习和运用马克思主义的观点、方法来指导研究甲骨文,或用丰富的甲骨文与其他考古材料跟古文献相结合来考寻商代的社会历史,从而使甲骨学的研究进入了新的发展阶段。胡厚宣先生自1947年到1956年在复旦的教学研究情况,我们在本文开始就简约地提到过,兹不赘述。这里重点介绍一下1956年先生离开上海前提出编纂《甲骨文合集》的重大科研项目,到科学院历史所不久,就付诸实施:先是成立编委会,由郭沫若院长任主任,先生任编辑组组长;后改为郭沫若主编,胡厚宣总编辑,带领十多位大学毕业生边干边学。据胡先生说:"全书选录八十年来已著录和未著录的殷墟出土的甲骨拓本、照片和摹本,共41 956片。""该书编辑工作的程度是:蒐集材料,剪裁书刊,重新墨拓,恢复原形,校对重出,拼合断片,同文类聚,去伪存真,去粗取精,然后综合加以整理,最后是分期分类,编辑成书。书中对甲骨文的分期,基本上采取董作宾的五期分法:第一期,武丁;第二期,祖庚、祖甲;第三期,廪辛、康丁;第四期,武乙、文丁;第五期,帝乙、帝辛。但对第一期和第四期甲骨的具体处理略有不同,主要是将所谓子、午、自组卜辞全部集在一起,附于武丁卜辞之后。"《甲骨文合集》(1—13册),由中华书局于1978年至1982年分册出版。这是胡厚宣先生及编辑组全体成员历经20多年的劳动成果,也是甲骨学史上里程碑式的学术巨著。《合集》的出版,将对甲骨文和殷商史的研究起极大的推动作用,那是不言而喻的。在出书的同时,培养出一批优秀的人才,连带着出了一系列的学术成果,这也是先生提出课题时就持有的信念和愿望。至于由此获得领导和学术界给予的奖励、荣誉和国际国内产生的巨大影响,并非先生所刻意追求,但也是当之无愧的!

胡先生在编纂《合集》的同时,和《合集》出版以后,写了大量资料翔实、观点鲜明而富有独到见解的文章,据振宇师弟的《胡厚宣先生著作选目》,有100多篇,举不胜举,就不一一介绍了。另外,先生北上以后,在人才培养方面的情况,以及多次参加和主持国际国内的学术会议,为促进甲骨学和殷商文化的研究和交流方面的贡献,我知之不详,读者可参看振宇的《胡厚宣教授的甲骨学商史研究》(刊《殷都学刊》1990年第4期)、王宇信教授的《甲骨学研究与胡厚宣教授的贡献》(刊王宇信主编《甲骨文与殷商史》第三辑,上海古籍出版社1991年版)和郭少武执笔撰写的《一世学术,一代宗师》(见张香山主编、胡振宇副主编:《胡厚宣先生纪念文集》,科学出版社1998年版)。总而言之,在甲骨学商代史的研究领域里,胡厚宣先生是继往开来的学者。所撰论著近200种,堪称著作等身;他重视人才培养,的确是桃李满天下,堪称一代宗师;其《甲骨学商史论丛》《甲骨文合集》这类划时代的巅峰之作,将永载史册。而先生功在当世,亦必名垂千秋!

(作于2015年)

胡厚宣对甲骨文研究的重大贡献

赵 诚

胡厚宣(1911—1995),幼名福林,1911年12月20日出生于河北省望都县大王庄,6岁入国民小学,后入保定第二模范小学。1924年入保定培德中学。1928年考入北京大学预科,1930年入史学系,1934年毕业,入中央研究院历史语言研究所"先后做了两年研究生,四年助理研究员"①,并曾参加殷墟侯家庄西北岗1004号大墓发掘工作。1935年回南京,协助董作宾编纂《殷墟文字甲编》,撰写"殷墟文字甲编释文",参加清理殷墟第13次发掘出土的整坑甲骨②。1940年入齐鲁大学国学研究所,历任研究员兼中文系、历史系主任、教授。1947年入上海复旦大学任教授兼中国古代史教研室主任。1956年入中国社会科学院历史研究所任研究员、先秦史研究室主任兼学术委员,并任《甲骨文合集》编辑组组长、中国先秦史学会副理事长、中国史学会理事、中国古文字研究会理事、中国考古学会理事、中国训诂学会顾问、殷商文化研究会筹备主任。1995年4月16日逝世。

胡氏是"当代甲骨学家、殷商史学家、古文字学家及考古学家"③,一生著作宏富,据《胡厚宣先生著作选目》④统计,专著有17种(其中译文1种、合作2种、论文集4种、著录8种、研究资料及殷墟发掘情况介绍3种),论文有197篇,涉及各个方面。正如《胡厚宣先生纪念文集》第6页所论,胡氏"可说是世界上最熟悉甲骨文资料的人。他谈论起甲骨文如数家珍,对甲骨的著录细大不捐"。胡氏最大的贡献之一就是搜集、摹写、拓印、著录、编辑、出版了大量的甲骨文资料。

1.《战后宁沪新获甲骨集》,1951年4月由北京来薰阁书店出版,三卷,线装两册。共著录1143号,每片正反编为两号,摹本石印,为胡氏于1945年抗日战争胜利之后在南京、上海两地从古玩店及商贾、藏家那里多次购得的甲骨摹本,

---

① 胡厚宣:《我和甲骨文》,《书品》1997年第1期。
② 张永山主编:《胡厚宣先生纪念文集》,科学出版社1998年版,第3页。
③ 张永山主编:《胡厚宣先生纪念文集》,前言。
④ 见《胡厚宣先生纪念文集》,第348页。

据孟世凯《甲骨学小辞典》统计,与他书重出 16 片(第 133 页)。全书著录先分为四期:(一)盘庚、小辛、小乙、武丁时期;(二)祖庚、祖甲时期;(三)禀辛、康丁、武乙、文丁时期;(四)帝乙、帝辛时期。每一期下分为气象、农产、祭祀、田猎、征伐、行止、灾祸、杂项等类。

2.《战后南北所见甲骨录》,1951 年 11 月北京来薰阁书店出版,三卷,线装三册。共著录 3267 号,每片正反编为两号,摹本石印,为胡氏于抗日战争胜利之后从南北各地搜集的摹本,据孟氏《小辞典》统计,与他书重出 1 016 片,另有部分著录于《殷墟文字外编》(141 片)、《战后京津新获甲骨集》(76 片)、《殷契拾掇二编》(片数未记)。全书著录也是先分为四期,每一期下分为若干类。

3.《战后京津新获甲骨集》(以下简称《京津》),1954 年 3 月由上海群联出版社出版,线装四册。共著录 5642 号,拓本影印,为胡氏在 1945 年抗日战争胜利之后于北京、天津搜集到的甲骨拓本,据孟氏《小辞典》统计,与他书重出 1 159 片。全书分四期著录。此前,胡氏曾于 1946 年出版《战后平津新获甲骨集》一部,作为齐鲁大学国学研究所专刊一册,内收元嘉造像室 270 片、颂斋 13 片、双剑誃 254 片①。所以,胡氏在《京津》一书的《序要》第十条云:"本书出版后,前出《战后平津新获甲骨集》书名取消,所录《元嘉造像室所藏甲骨文字》将编入另外部分行之。"这是一种负责的态度。此前,胡氏于 1949 年出版过一部《战后京沪新获甲骨集》一册,摹本石印,著录 854 片②,《胡厚宣先生著作选目》及《小辞典》均未提及,可能已编入《京津》一书。

4.《甲骨续存》,1955 年 12 月由上海群联出版社出版,平装三册。前两册为上编,收拓本 2755 号,第三册为下编,收摹本 998 号,共 3 753 片。为胡氏从有关单位和个人搜集所得。全书著录先分四期,每期下再分为 24 类。据《小辞典》统计,与他书重出 457 片。

5.《苏德美日所见甲骨集》,1988 年 3 月由四川辞书出版社出版,精装一册。全书分四卷,著录甲骨摹本 576 片;另有三个附录,著录拓本或照片 6 片,合共 582 片。其中卷一所收 79 片,乃从"苏联国立爱米塔什博物馆所藏甲骨文字"中选出,胡氏于 1958 年 8 月参观该博物馆时摹得,不知为何未收入《甲骨文合集》。卷二所收 422 片摹本,为"德国西柏林民俗博物馆所藏甲骨文字",原为香港李棪斋于 1966 年在西柏林就甲骨实物摹写,"笔力极为精致",胡氏于 1983 年 9 月从香港带回后"又重摹一遍",发现其中 112 片的照片已为《甲骨文合集》所著录,但《合集》所著录的照片,或较原件缩小,或不清楚,或缺反、缺臼,或破裂,无问题者

---

① 董作宾:《甲骨学六十年》,艺文印书馆 1974 年版。
② 见《甲骨学六十年》。

仅编号110即《合集》38603一片。另外310片则为《合集》所未著录。卷三所收24片,乃胡氏于1983年5月至6月赴美国进行文化交流时从有关单位和私人所藏甲骨摹回,为周鸿翔《美国所藏甲骨录》所未收。卷四所收51片,乃胡氏于1981年2月访问日本时参观天理大学附设的天理参考馆时摹回。附录一之拓本及照片为同一版,乃德国私人收藏之牛胛骨卜辞。附录二之一片拓本,为香港大会堂美术馆所藏牛胛骨卜辞。附录三之四版照片(放大约2.5倍),为美国旧金山亚洲博物馆所藏牛胛骨卜辞。详见胡氏有关说明。所有著录无考释,也无释文。胡氏一再表示:"书中重要材料及其他特点,另详释文。"(第27页)"详见释文。"(第120页)"详见考释。"(第127页)但至今未见。胡氏指出,卷三所收之第一片"为武丁以前盘庚、小辛、小乙时代的"(第120页),如属实,则是一重大发现。这一问题值得研究。最后,胡氏于1988年2月4日写了一个追记:"最近天理参考馆藏品第五卷《甲骨文字》一书出版,承释文编集者伊藤道治教授惠赠一部,厚谊非常感激!《甲骨文字》既已出书,我书此卷本可取消,惟书稿已经制版,又念此乃根据原骨实物摹录,存之聊备泥爪。"可供参考。

6.《甲骨续存补编甲编》,1996年6月由天津古籍出版社出版,精装三册,署名胡厚宣辑,王宏、胡振宇整理。全书未编号,不知著录的确数。笔者计数两次,数目不一,只好阙如。据此书《后记》,《补编》分为甲编、乙编两部,甲编为拓片,"计四千五百余片",也只有一个约数。"待摹本内容付梓时,将于书之后附表列明《续编》各片之著录情况、现藏等项内容。"届时当可确知究竟著录有多少片。此书所收拓片,《后记》云:"材料源于友朋相赠、广肆求购、调查收集、真伪鉴定等等。"并云:"虽于其中有与《合集》重者、有与他书著录重者,但仍不乏有相当重要之使用价值,更有未见著录之材料。"其所重出者,多为史料价值较高或罕见之精品,如卷7第32页之"宰丰"刻辞(即《殷契佚存》518)。卷7第33页"其告于高祖王亥三牛"那一片,即《合集》30447,但不如合集清晰。卷6第237页记有四方风名的那一大片,即《合集》14294,也不如《合集》清晰而传真。卷6第225页记有"高祖乙岁三牢"那一大片,即《合集》32461片,但不如《合集》清晰而传真,也不如《合集》完整,仅有一大半。《合集》已拼合,且有正面,显然优于此。卷6第224页的那一大片,即《合集》32461正之一大半。卷6第223页那一大片,即《合集》19957正。卷6第222页那一大片,即《合集》31979。由于《合集》为珂罗版印制,比较清楚,如本片"庚寅贞"之寅字,《合集》是清楚的,《补编》则不太清晰。如此之类还有一些,此从略,而未曾著录者,多为残碎之小片。《补编》所收之小片,排列较疏,如果排得稍微密一点,再删去重出之片,则此书可能仅有不厚的两册,比现在的三厚册要少一些,成本相对会低得多,书的定价也就不会像现在这样高,一般的学者可能会感到不太昂贵而买得起,自然便于广为流传,有利于学术。总体来看,此书收入了一些未曾著录的拓片,本身就是一大贡献。其次,书末收入 8 片伪刻,一般未见过伪片的读者也可就此有所认识。最值得赞赏的,是崔志远在该书《前言》中所指出的,是卷 1 第 87 页所收胡氏的一个摹本,其拓本即《合集》10197,龟甲藏天津市历史博物馆(原藏天津市人民科学馆),登录号为 J. G. 1305。此半甲最先著录于《天壤阁甲骨文存》,编号为 79,后经曾毅公《甲骨缀合编》、陈梦家《殷墟卜辞综述》著录及考释。崔氏云:"因原拓不清晰,所释皆有阙憾:唐书释 44 字,缺释者 10,错释者 16;曾书缺释者 15,错释 12;陈书所释共 48 字。三家所说,皆未足此半甲卜辞之全数。"从 1964 年夏开始,胡氏即对照原甲,并"索求半甲放大照片","细加摹写","辨析卜辞全文"。"在七八十年代",胡氏"乘几度莅津之机,又反复审视原甲,最终得以如愿",共释出 66 字,其中第 3 辞记一次田猎计获引"虤(乳虎)2 只、兕(犀牛)1 头、鹿 21 只、豕 3 头、麋鹿 127 只、虎 2 只、兔 23 只、雉 27 只","为一次猎获种类最多者",为田猎卜辞提供了一条极为重要的材料,功不可没。胡氏"为廓清此半甲卜辞全貌,前后费时 20 余年。其矜慎不苟之治学精神,足可垂范后学,而令世人景仰"。

  从以上所列已出版的几种甲骨资料可以看出胡氏的贡献是突出的。胡氏在抗日战争胜利后的几年间,为寻求甲骨而东奔西跑,"御风乘抟,席不暇温。私家之藏,婉辞以请;市肆所列,重金以求"①,的确是相当费力。在此之前,胡氏于 1945 年将搜集到的甲骨资料编成一部《甲骨六录》,计著录 676 片,作为齐鲁大学国学研究所专刊之一出版,共一册。此书不易见到,后来胡氏即将这些材料又收入《京津》,甚便读者。胡氏搜集、整理、出版了那么多甲骨资料,正如他在《苏德美日所见甲骨集·总序》中所说:"以一个人的力量,能搜集出版这样的一些材料,我自认为是尽了心的了。"

  甲骨文资料的著录,最初仅是杂乱编排,后来发展到分类编排,到胡氏的《战后宁沪新获甲骨集》,则是先分为四期,在每期下再分若干类,又发展了一步,也可以说是首创,此当是长处。著录甲骨资料的专书,从《戬寿堂所藏殷虚文字》后附王国维考释开始,凡甲骨著录大多附考释,至少有释文,而胡氏著录各书则均无,于读者颇为不便,则是其短。但此不足以淹没胡氏编辑出版资料之大功。

  7. 为了编辑郭沫若主编的《甲骨文合集》,胡氏从复旦大学调到中国社会科学院历史研究所,任先秦史组组长,组改为室后任室主任。《甲骨文合集》编委会成立之后,郭氏任主任,胡氏任编委兼编辑组长。在近 30 年的时间里,胡氏于《苏德美日所见甲骨集·总序》云:"除了参加运动并经过'十年浩劫'之外,我只写了几十篇学术论文,此外,绝大部分的时间和精力,都带着十来位初学的年轻

---

① 杨树达:《战后京津新获甲骨集》,北京图书馆出版社 2000 年版,序。

同志,投入到搜集材料、整理、编排、核对、付印、出版《甲骨文合集》这一部书上。"其贡献显然。此外,还有这样几点值得称道。

(1) 胡氏曾主张甲骨刻辞分四期,所以他自己著录的《宁沪》《南北》《京津》《续存》等书,均按四期排列。后来编辑《合集》时,曾对甲骨刻辞的分期问题进行过多次讨论,编委和编辑们基本上主张分为五期,胡氏经过反复思考,终于接受,不因自己是组长而强行坚持。这种从善如流、虚怀若谷的态度是值得学习的。

(2)《合集》编辑工作开始时,只确定了主编是郭沫若,下设一个编辑工作组,胡氏任组长。《合集》是从第二册开始出版的,郭氏只看到第二册样书即逝世,以后的工作均是按照既定的原则在胡氏的领导下逐一做去,直至完成。《合集》最后出版的是第一册,有一个署名问题,胡氏做了大量的工作,只提出在封面后的扉页上署名为总编辑,而整套书则署名为郭沫若主编、中国社会科学院历史研究所编。由此可见胡氏的实事求是精神。

(3)《合集》的全部拼合工作是由胡氏的夫人桂琼英担任,做出了重大的贡献,这其中当然也有胡氏的功劳。最典型的是《合集》的 13931,是一块腹甲,拼合得完整无缺。而《殷虚文字丙编》也有这一片,编号为 190,由张秉权"根据《乙编》的四片残甲复原的",但缺少"一块右尾甲",不如《合集》"完整"①。拼合完整是一大贡献,但是,材料搜集得齐备,则是拼合完整的基础。由此也可说明胡氏几十年来搜寻所得之材料,真是功莫大焉。

《合集》是一个集体编辑的国家项目,这里所讲只是与胡氏关系较为密切的一点点,以说明胡氏的贡献。稍微全面和详细的情况,将在后面介绍。

除了搜集、出版资料,胡氏在学术论著方面也多所创获。

1. 早年刘体智善斋曾藏有甲骨 28 000 多片。后请郭沫若精选考释,郭氏选录 1 595 片编成《殷契粹编》一书。善斋所藏有一"四方风名"刻辞,郭氏以为伪而未收录。后来,胡氏"在史语所见到第 13 次发掘所得武丁时一版完整的龟甲,上有'四方风名',与刘氏所藏大体相同"。因此次所得甲骨为科学发掘所出,绝无伪片,胡氏"乃确定刘氏所藏大骨非伪刻,又在《山海经》、《尧典》等书中找到相关资料,撰为《甲骨文四方风名考证》一文……用甲骨文证明《山海经》、《尧典》等并非荒诞不经之作,而确实保留有不少史料"②,做出了重要贡献,学术界颇为赞赏。杨树达于《胡厚宣战后京津新获甲骨集序》中云:"甲骨诸家能以故书雅记稽合甲文以证明古史者,寥寥不过数人,胡君厚宣其一也。庐江刘氏藏一片,所记为四方风名,君以《尚书·尧典》及《山海经》诸故书证合之,是其事也。昔王静安

---

① 严一萍:《再评〈甲骨文合集〉》,载中国文字编辑委员会:《中国文字》新二期,中国文字社 1982 年版。
② 胡厚宣:《我和甲骨文》,《书品》1997 年第 1 期。

以《楚辞》、《山海经》证王恒、王亥,举世莫不惊其创获。及君此文出,学者又莫不惊叹,谓君能继王君之业也。"①由于胡氏于"四方风名"有的字未识或所释不确,或者有不同看法,杨树达《积微居甲文说》、陈邦怀《殷代社会史料征存》、于省吾《甲骨文字释林》等均有专文论述,把认识引向了深入。但首创之功则当是胡氏。胡氏《甲骨文四方风名考》,收入所著《甲骨学商史论丛》初集第 2 册;后胡氏又有《甲骨文四方风名考补证》一文,刊于齐鲁大学国学研究所《责善》半月刊 1942 年 2 卷 22 期;再后,胡氏又扩写成《释殷代求年于四方和四方风的祭祀》,刊于《复旦学报》1956 年第 1 期。

2. 武丁卜辞常见祖先名中有"下乙"之称,在祀典中占有相当重要之地位,可学者们不甚注意,且有以为是地名者,胡氏特撰《卜辞下乙说》加以论证。据《史记·殷本纪》,殷商世系于武丁之前名乙之先王有报乙、大乙、祖乙、小乙四人。胡氏据武丁卜辞称小乙为父乙,以证下乙非小乙。有一片卜甲唐(大乙)与下乙并称(《合集》1335),胡氏据此推断下乙非大乙。又有一片之辞云"自上甲至下乙"(《合集》419 正),为卜祭上甲至下乙之辞,胡氏指出,卜辞经常祭祀自上甲六示、十示、廿示,或自上甲至于多毓(后),绝无相连之二王同祭,从而断定下乙绝非报乙,必是祖乙无疑,另有一片见于《殷虚文字乙编》5303(《合集》6947 正),有辞云:"桒于上甲、成、大丁、大甲、下乙。"下乙位于大甲之后,既非报乙,也非大乙,更非武丁之父小乙,完全可以作为确证,充分说明胡氏之说实不可易,有益于更好地了解卜辞关于商王世系的记载。胡氏《卜辞下乙说》先刊于 1940 年《北京大学 40 周年纪念论文集》乙编上册,后于 1944 年收入《甲骨学商史论丛》初集第 3 册。

3. 胡氏云:"陈邦怀藏一甲骨称'余一人',据此我写有《释'余一人'》一文(刊于《历史研究》1957 年第 1 期)。后又找到 35 条卜辞有'余一人',最有趣的是上海博物馆藏片'乙巳卜王曰贞余一人亡灾',于是,我又将其和金文资料如《大盂鼎》、《毛公鼎》、《叔夷钟》以及《诗经》、《尚书》、《左传》、《国语》、《孟子》、《吕氏春秋》、《淮南子》等大量古籍相印证,写成《重论'余一人'问题》(刊于 1981 年《古文字研究》第 6 辑,又刊于 1982 年《四川大学学报丛刊》第 10 辑《古文字研究论文集》),证明'一人'或'余一人'乃殷周奴隶社会最高统治者唯我独尊的专称。"②

4. 董作宾《殷虚文字乙编序》云:"甲桥刻辞,龟腹甲和背甲相连的部分,叫作'甲桥',背甲锯下之后,甲桥留在腹甲的两旁,这一类刻辞均在反面。以前著

---

① 杨树达:《积微居小学金石论丛》增订本,中华书局 1983 年版,第 271 页。
② 胡厚宣:《我和甲骨文》,《书品》1997 年第 1 期。

录过很多,因为没有完整的龟版,不容易看出这种刻辞在腹甲上的部位,胡厚宣君曾参加整理 H127 坑的大批武丁时完整的龟版,在腹甲反面甲桥部分,见到这一类刻辞,于是这一个秘密乃被他发现,以后他便作了一篇《武丁时五种纪事刻辞考》(收入《甲骨学商史论丛》初集第 3 册)。"①由于胡氏有所发现,并有专文行世,所以在学术界有相当影响。所谓"记事刻辞",是指非占卜而记事的刻辞,与"甲骨卜辞"有别。两者合在一起可统称为甲骨刻辞。"五种记事刻辞"指:(1)甲桥刻辞,所记如"雀入二百五十"(《合集》12487 反),意为"雀这个诸侯国贡入 250"龟甲。(2)甲尾刻辞,所记如"吹入"(《合集》9359),意为"吹贡入",刻在龟腹甲正面右边尾部,一般只有两字或三字。(3)背甲刻辞,所记如"小臣入二"(《合集》1823 反),意为"小臣贡入二"(背甲)。殷墟出土的背甲,多是从整个背甲中部对剖开的半背甲,记事辞的字刻在半背甲反面靠近原中缝处。(4)骨臼刻辞,所记如"癸巳,妇井示一屯。亘"(《合集》130 臼),意为"癸巳这一日,妇井示牛胛骨一对,史官亘(保管或验收)",其中"示"的用义至今未有定论,或以为送致,或以为安放、搁置,或以为是"眡高作龟"之义(等于相视龟骨之何处可以钻凿),或以为检视之意,但王襄、叶玉森、胡厚宣释为祭名则被认为不确。一块牛胛骨的正面、反面、骨臼均可刻字,记事辞刻在骨臼上。(5)骨面刻辞,所记如"乞自喦廿屯,小臣中示,兹"(《合集》5574),辞均刻在牛胛骨正面或反面的下部或近骨之边缘,骨较薄的地方。据研究,这五种记事刻辞中的一、二、三、四种均只见于武丁时期;而第五种既见于武丁时期,也见于武乙、文丁时期,所以有学者以为统称为"武丁时五种记事刻辞"并不完全准确。不止一位学者认为,既然不属于占卜刻辞者均可以称之为记事刻辞,则记事刻辞就不能说成仅有此五种。如虎骨刻辞,所记为:"辛酉,王田于鸡录(麓),只(获)大罴虎,在十月,隹(惟)王三祀,协日。"非卜辞,经鉴定此骨"为老虎的右上膊骨","其上镶有绿松石","当是帝辛猎老虎的珍贵纪念品",见许进雄《怀特氏等收藏甲骨文集》B1915,有拓片。原骨藏加拿大多伦多皇家安大略博物馆。又如人头骨刻辞,所记有"方白(伯)用"之辞,刻在人头盖骨之上。方伯,指敌对方国之首领;用,指用以祭祀。商王在战争中俘虏对方首领之后,将其头割下,取其头盖骨刻辞,以作纪念,并用以夸耀。人头骨刻辞有多块,此其中之一。拓片见《殷墟卜辞综述》图版 13,《合集》38 759。再如兕头骨刻辞,辞云:"……于录(麓),只(获)白兕,叙于……在二月,隹(惟)王十祀,彡日,王来正(征)孟方白(伯)……"释文依《殷虚文字甲编考释》3939,原大拓本见《甲编》3939 及《合集》37398,缩小影本见《卜辞通纂》577 片,记商王田猎获白兕并用兕之头盖骨刻辞,以作纪念,也是为了炫耀。兕是野牛之一种,所

---

① 董作宾:《董作宾先生全集》甲编,艺文印书馆 1977 年版,第 1160 页。

以也被称为牛头刻辞。此外还有宰丰刻辞(《殷契佚存》518)、鹿角器刻辞(《甲编》3942,仅亚雀两字,近似一图案画)、鹿头骨刻辞(《合集》36534,有辞云:"戊戌,王蒿田……文武丁祉……王来正(征)……")、干支表等。有关记事刻辞,详可参看严一萍《甲骨学》、王宇信《甲骨学通论》、孟世凯《甲骨学小辞典》,此从略。由于胡氏首先系统地介绍记事刻辞,引起重视,得以有更广泛的考察,获得较为深入的认识。

5. 1955年5月,学习生活出版社出版了胡氏的《殷墟发掘》,全一册,32开本。此书前有《绪言》,后有附图100幅,中部的正文分三章:(1)早期甲骨文的发现和研究。(2)新中国成立前的殷墟发掘工作。(3)新中国人民的殷墟考古学。该书比较系统地介绍了位于河南安阳小屯的殷墟被发现以及1928年以来历次发掘的过程,使读者能比较具体地了解商代后期遗址以及每一次发掘出土甲骨刻辞的情况,是一部有相当参考意义的作品。

1925年9月,王国维发表于《学术》第45期的《最近二三十年中中国新发现之学门》一文第一部分"殷虚甲骨文字"①列出了有关甲骨文著录及研究的书目之后,陆续出版了多种甲骨文论著目录,如黄立猷《甲骨类书目》②、容媛《甲骨类目》③、董作宾《甲骨文论著目录》、邵子风《甲骨文录解题》、胡厚宣《甲骨学类目》等,甚便读者。后来,胡氏在这些书目的基础上编写了一部《五十年甲骨学论著目》,1952年1月由中华书局出版,更便于使用。但也有不足,如:(1)胡氏自己有《甲骨学商史论丛》四集,辑录了若干篇文章,《论著目》并不将《论丛》作为四种收入而分别据文章一一收入。杨树达在湖南大学有一本《古文字学研究》讲义本,内有考释文章若干,《论著目》也是不将《研究》作为一种收入,而分别据文章一一收入。这样的做法,使胡、杨两氏的论著数目明显增多,胡氏在《序言》之五做了一个统计:"10种以上的作家,有下列18人:杨树达92种、胡厚宣54种、董作宾42种、孙海波23种、罗振玉20种、陈梦家20种、王国维19种、郭沫若18种、金璋17种、丁山15种、唐兰15种、王襄12种、商承祚12种、吉卜生11种、明义士11种、戴家祥10种、闻一多10种、金祖同10种。"不言自明,杨、胡两氏的文章最多。据文章收入《论著目》不仅不错,而且是一个优点,可以使读者了解得更具体,但问题是胡氏没有将这一原则用于每一位作者,如于省吾有《殷契骈枝》《续编》《三编》三种,共有考释文章98篇,加上《论著目》所收的3种,共有102种。但是,胡氏却违反他自定的原则,不据文章收入,所以于氏只有6种。

---

① 王国维:《王国维遗书》第三册,上海古籍出版社1983年版,第700页。
② 见黄立猷编:《金石书目》,沔阳黄氏万碑馆1926年版。
③ 见容媛辑:《金石书录目》,历史语言研究所1992年版。

又如郭沫若《甲骨文字研究》这一种，原来收有论文17篇，而《殷契余论》这一种也收有论文9篇，而胡氏也不据文章收入，仅收入《研究》和《余论》2种，使郭氏的论著数目仅这两种就减少了24种。这属于收入的原则不统一。(2)唐兰有一部《殷虚文字记》，是在北京大学授课时的讲义，写于1934年，共收考释甲骨文字的论文33篇，曾石印，在学术界影响很大；而胡氏又是唐氏的学生，听过唐氏的课，不可能不知道，但《论著目》不仅没有收其论文，连《文字记》也未收，可以说是不应该有的失误。(3)过去的有些论著目录，还附以必要的说明，如邵子风的《甲骨书录解题》，于所收每一种论著之下皆有简介，颇便读者，而胡氏的《著录目》则无。(4)胡氏此书偶有失误。如第88页收有唐兰《关于尾右甲卜辞》一文，云见于1936年6月《考古社刊》第6期《怀铅随录》所收。查唐氏《随录》，前一部分刊于《考古社刊》第5期，后一部分刊于第6期，均无此文，不知何以致误。又胡氏此书第88页收入唐兰《卜辞彝铭多侧书》一文，经查，侧书当为倒书之误。尽管胡氏《著录目》有某些不足，仍是一本很有用的工具书，所以学者们基本上是人手一本。

6. 丁山释出"疾"字①之后，人们即可据此从甲骨刻辞知道商代人曾有过什么疾病，如"疾目"（《合集》456正）是眼睛病了，"疾自"（《合集》11506正）是鼻子病了，"疾耳"（《合集》13630）是耳朵病了，"疾朕天"（《合集》20975）是我的头顶病了等，但认识是零散的、不系统的。到了1943年，胡氏搜集了大量材料，撰写了《殷人疾病考》一文，先是发表于《学思》第3卷第3、4期，后又收入《甲骨学商史论丛》初集第3册。就当时所见的资料而言，此文比较全面系统地排列出了商代人疾病的种类，在此基础上，胡氏指出殷人的16种疾病，"具备今日之内、外、脑、眼、耳、鼻、喉、牙、泌尿、妇产、小儿、传染诸科"，为我国的医学研究史提供了一个很重要的文献。胡氏的论文主要是排列材料，提出意见，而于"疾"字本身无说法，仅据丁山之释。所以，杨树达于1945年撰有《读胡厚宣君殷人疾病考》一文②，指出丁山所释之疾，从字形而论，乃"象人有疾病倚著之形"，当是疒字，但又指出："疒、疾文虽小异，义实无殊，以之读卜辞诸文，固无碍隔也。"③从甲骨文此字构形而论，杨说是；从此字之用而言，丁释亦是。这就能使人们更好地认识到甲骨文此字之构形和用义。此外，杨氏对胡氏此文还提了一些不同的看法，如胡氏云："雨字疑用为动词，与降同意。"杨氏以为非是。④ 后来于省吾也认为胡

---

① 载《历史语言研究所集刊》1930年第1本第2分。
② 载杨树达：《积微居甲文说》，上海古籍出版社2006年版，第84页。
③ 杨树达：《积微居甲文说》，第85页。
④ 杨树达：《积微居甲文说》，第89页。

氏此说"非是"①。但是这一些意见只是补胡氏所释之不足,并不影响胡氏排比材料之功。

7. 商代的农业一直为学术界所关注,在1937年以前就有不少论著问世,如郭沫若《中国古代社会研究·卜辞中的古代社会》②、万国鼎《殷代的农业》③、吴其昌《甲骨金文中所见的殷代农稼情况》④、英国吉卜生《商代之农业》⑤等。这些学者的基本看法大体可以分为两类。一类如吴氏所说:"商民族还大部在田猎游牧时代。"另一类如万氏所说:"商民族已达农业时代……盖犹在原始之自然农业阶段也。"此后,胡氏撰《卜辞中所见之殷代农业》一文,1945年收入《甲骨学商史论丛》二集第1册,共列出2 014条刻辞,分为农业环境、农业区域、农业管理、农业技术、农业产品、农业礼俗等六个方面加以分类排列并略做说明,最后得出结论:"农业者,乃殷代之主要产业,殷代之农业,已极为进步发达。"以为商代已主要是农业生产,与万氏同;认为已极为进步发达,则与万氏异。由于胡氏此文征引甲骨文材料丰富,在学术界颇有影响,甚受关注,同时也从一个侧面证明了万氏在十几年前已看到"商民族已达农业时代"确实"表现出科研上的敏感性"⑥。换句话说,胡氏此文同时肯定了万氏之说实具卓识,这也是胡氏的一大贡献。现在,学术界已认同商代已进入以农业生产为主的时代,但处于何种发展阶段,尚有不同意见。这里也有胡氏的贡献。胡氏此文有一些释字不确之处,可参看于省吾《商代的谷类作物》⑦、裘锡圭《甲骨文中所见的商代农业》⑧、彭邦炯《甲骨文农业资料考辨与研究》⑨,此从略。

8. 胡氏曾云:"我掌握的甲骨材料,全国第一。"⑩这一点,很多学者都是相信的,所以经常从胡氏的论著中去了解甲骨材料的收藏与著录情况,并奉为圭臬。1951年,胡氏出版了《五十年甲骨文发现的总结》⑪一书,为学术界提供了一部很详尽的有关甲骨文资料的专著,的确是一大贡献,学者们可以很方便地查找到所需要的有关情况,非常实用,因而竞相购买,很快售罄,第二年即再版。在一段时

---

① 于省吾:《甲骨文字释林》,商务印书馆2010年版,第320页。
② 郭沫若:《中国古代社会研究》,现代书局1934年版。
③ 载1930年金陵大学《金陵光》第16卷第2期、第17卷第1期。
④ 载《张菊生先生七十生日纪念论文集》,1937年。
⑤ 《中国杂志》第26卷6号,1937年6月。
⑥ 见李学勤为彭邦炯著《甲骨文农业资料考辨与研究》所作的"序"。
⑦ 载《东业人民大学人文科学学报》1957年第1期。
⑧ 载《古文字论集》。
⑨ 彭邦炯:《甲骨文农业资料考辨与研究》,吉林文史出版社1997年版。
⑩ 胡厚宣:《我和甲骨文》,《书品》1997年第2期。
⑪ 胡厚宣:《五十年甲骨文发现的总结》,商务印书馆1951年版。

期里,学者们所说甲骨文材料的情况大多来自此书,可见影响之大。出土的甲骨文材料究竟有多少呢？胡氏在该书《引言》中云:"据我们粗略的统计,在这短短的五十年里,出土的甲骨共有十六万一千九百九十九片。"此后,学者们在谈到甲骨文资料时大多说成 15 万片,基本上由胡氏之说而来。但是,对于胡氏的这一统计,也有少数学者表示不同意。如陈梦家于 1954 年发表于《文物参考资料》第 5 期的《解放后甲骨的新资料和整理研究》一文中指出:"总数约为十万片,这是一个比较近乎事实的数字。"又在 1956 年出版的《殷墟卜辞综述》第 47 页指出:"由此可知出土的甲骨大约十万片。"无独有偶,海峡对岸的董作宾所著《甲骨学五十年》①特立了"甲骨材料的总估计"一章,也是详细介绍已见著录和未著录的甲骨文字材料,最后指出胡氏的统计是"故意夸张","距离真实性太远",董氏以为:"我们如果讲老实话,十万片的估计,已经是只多不少。"②和陈氏的意见基本相同,也可以说是不谋而合,这是很有意思的现象。不过董氏也指出,胡氏"所采的办法是宁滥无缺,大体总算是完备"③。可见胡氏之书在董氏的眼里也是有参考价值的。尤其是在 20 世纪 50 年代初的大陆,研究甲骨文资料的学者为数极少,有了胡氏此书,在一定意义上可以说起到了填补空白的作用,价值就更为重大。关于甲骨文资料究竟有多少,是可以再进行核实、研究、统计的一个学术问题,今后一定有学者会作为一个课题深入考察,做出正确的结论。值得注意的是,胡氏晚年写的文章如《八十五年来甲骨文材料之统计》④以及为彭邦炯《甲骨文农业资料考辨与研究》所作的"序",仍坚持"已出土的甲骨文资料,估计可达 15 万片以上",应很好考虑。

9. 董作宾于 1945 年出版的《殷历谱》下编卷九《日谱》云:"《日谱》之作,所以试为'断代研究'更进一步之新方案也。"所谓新方案,"不外两种原则、六种方法"。六种方法中的第一种,董氏称之为"同文异版"。董氏云:"殷人贞卜,一事不止一次,少则二三卜,多者乃至五六卜,而以十卜为限。本编《旬谱》七八,所举'同文互缀法'(《旬谱》第 12 页下称'同文连缀'之例,互相补苴),即利用此类卜辞。同时卜同一事,卜非一次,刻辞亦不止一版。凡同文之版,其卜兆上记卜次之数字必异,而贞人间有更易,字句间有繁省,然大体则同,一览可知。同文异版,其文辞残于此者,未必不存于彼,故互相补苴,所知益多,郭沫若氏所谓'残辞互足'之例也。"(《日谱》第 1 页)由此可知,同文异版现象,首先由郭氏发现,而董

---

① 1955 年出版,后来增加了"最近十年的甲骨学"一章成了《甲骨学六十年》,于 1965 年出版,已收入《董作宾先生全集》乙编。
② 董作宾:《董作宾先生全集》,第 137 页。
③ 董作宾:《董作宾先生全集》,第 120 页。
④ 刊《史学月刊》1984 年第 5 期。

氏则继之扩大应用。后来,胡厚宣为了让更多的学者知道这一现象,在郭、董两氏的基础上,增加一些材料,写成《卜辞同文例》一文,刊于《历史语言研究所集刊》第九本,于1947年出版。全文有"序言",先引古文献有三卜、四卜、五卜之记载,说明古代"卜不仅一",然后历举甲骨卜辞中一事一卜、一事二卜、一事三卜、一事四卜、一事五卜、一事六卜、一事七卜、一事八卜、一事九卜、一事十卜、一事十一卜、一事十二卜、一事十三卜、一事十四卜、一事十八卜之现象作为例证,并特别指出"殷人之卜,决不只一事十次而已"(第140页),显然是针对董氏而言。关于卜十次以上的兆序,胡氏云:"所可异者,卜兆纪序之数字,十之后,仍由一起,绝不用十一、十二等类合文。"这是一个新发现,值得重视。关于同文异版现象,胡氏称之为"卜辞同文之例",并于"序言"之后,列出98例共273版,分为一辞同文例、二辞同文例、三辞同文例、四辞同文例、五辞同文例、六辞同文例、八辞同文例、多辞同文例、辞同序同例、同文异史例、同文正反例共11项加以简要说明。所谓"同文异史例",胡氏谓为"辞相同而掌贞卜之史官异者"(第181页),即董氏所谓"贞人间有更易,字句间有繁省,然大体相同"之异版同文之现象。这一类异版同文卜辞,关键是掌贞卜之史官有异,而卜辞内容有的全同,如例88之第252版和第253版;有的则略异,如例89之第254版和第255版。第254版之文为:"辛丑卜,㱿贞:今春王比望乘伐下危,受有佑。"第255版之文为:"辛丑卜,宾贞:令多尹比望乘伐下危,受有佑。"所谓"同文反正例",胡氏云:"同文,而一贞正面,一贞反面者。"(第83页)如例97之第270版和第271版。第270版之文为:"乙酉卜,争贞:乎(呼)帚(妇)好先收人于庞。"第271版之文为:"乙酉卜,争贞:勿乎(呼)帚(妇)好先于庞收人。"由于胡氏将异版同文材料做了如此系统、全面的分类整理,引起了学者们的充分注意,产生了相当影响,实有益于甲骨文研究。

  胡氏对于甲骨文资料是一位非常细心的学者,凡是有利于论证者,均会一一征引,从不放过,所以郭沫若和董作宾用过的例证,胡氏大体上均已纳入文中。如胡文第146页例7的第56版和第57版,即郭氏《残辞互足二例》中例1的第1版和第2版。又如胡文第158页例44之乙、丙、丁、戊(第144、145、146、147版),即郭氏《二例》中例2之甲、乙、丙、丁四版①。再如胡文例77的第225版和第226版,即董作宾《殷历谱》下编卷8《旬谱》8第12页上整版摹本中部所引之《续》3·19·7(《合集》36848)和《旬谱》8第11页下左边所引拼合版摹本上部之《前》2·14·2(《合集》36854);胡文例80的第232版、第233版和第234版,即董氏《旬谱》8第11页上左边所引拼合版摹本之《前》2·14·1(《合集》37863),《旬谱》8第12页上整版摹本下部所引之《前》2·14·4(《合集》

---

① 郭文见《郭沫若全集·考古编》第1卷,科学出版社2017年版,第373—380页。

36856)和《旬谱》8第12页上右下角所引之摹本《前》2·14·3(《合集》36855)。胡氏所引董氏这几片,是董氏《旬谱》中之核心材料,其主要卜辞为:

癸卯卜,在上鼍,泳贞:王旬亡𫝹,在二月。(《续》3·19·7即《合集》36848)

癸卯卜,贞:王旬亡𫝹,在二月,在上鼍。(《前》2·14·2即《合集》36854)

癸未,王卜,贞:旬亡𫝹。在九月,在上鼍,王廿司(祀)。(《前》2·14·1即《合集》37863)

癸未卜,在上鼍贞:王旬亡𫝹,在九月,王廿司(祀)。(《前》2·14·4即《合集》36856)

癸未卜,在上鼍贞:王旬亡𫝹。王廿司(祀)。(《前》2·14·3即《合集》36855)

董氏再收入其他卜辞,共得"记年月者为23辞",已"据以连缀推排其前后各月卜旬",推知商王由廿祀五月癸巳经七月癸酉至廿二祀四月癸酉,"在上鼍之期间,至少有23阅月,前后亘67旬也",而"由殷都至上鼍之程途,必在5旬以上"。(《旬谱》,第13页上下)对董氏这一研究结论,胡氏也相当重视,而予以简化引用在例77之后。胡氏云:"此殷王在上鼍连续卜旬之辞,考殷王在上鼍,至少自廿祀七月癸酉,至廿二祀四月癸酉,凡居61旬,即20个月又10天。"①胡氏之例77仅两片,无论如何也推考不出这一结论,显然是用了其他材料,但胡氏未曾明说。胡氏引董氏用过的材料还有,但大体性质相同,此从略。由于胡氏充分引用郭、董两氏所用的材料以及某些结论,显然是对郭氏"残辞互足"和董氏"同文互缀"法之肯定,使学者们对于郭、董两氏的研究能有更深的认识,并由胡氏增加若干材料写成的《卜辞同文例》,进一步去探索卜辞之间的关系,加深对于卜辞的认识,是非常有益的。从这种意义上可以说,胡氏不仅是甲骨文研究的贡献者,也是郭、董两氏的功臣。

当然,胡氏此文也有不足之处。如胡文例44之丁辞,即从郭氏《二例》一文第二例之丁辞直接引入。此片已经拼合,即《合集》7153正之左下半,所记与其他各版(指郭氏之甲、乙、丙)非同一事,郭氏此文作于1933年秋之前,写于日本,所见资料不多而致误。胡氏之文发表于1947年,则可能是完全相信郭氏而未细加检核因随之而误。这一类不足,均为小误,不足以影响胡氏《卜辞同文例》在学

---

① 载《历史语言研究所集刊》第9册,第174页。

术界产生的良好作用。

  10. 胡氏在《我和甲骨文》一文中云:"我到史语所考古组……协助董作宾先生编辑《殷墟文字甲编》……撰写《殷墟文字甲编释文》并有简单的考证……后来所迁台湾,因为我已经离开,就由屈万里以考释名义出版了。"(载《书品》1997年第1期,第7页)董作宾于1947年12月所写的《殷虚文字甲编自序》云:"甲编的考释,是胡厚宣君担任的。"1940年冬,"他被顾颉刚先生拉去齐鲁教书时,把甲编的全部释文交了卷,可是考释还没有着笔。后来李孝定、张秉权两君,都曾把释文校对过一遍。现在也只好先印图版,把考释部分,留待以后出版了"。屈万里于1960年8月所写的《殷虚文字甲编考释·自序》云:"当初的计划,本打算着《甲编》和《甲编考释》同时出版。后来因为胡厚宣君只作了《甲编》的释文,没作考证;不久他又离所他就。"以上都能证明胡氏曾撰有《甲编释文》,为甲骨文研究做出过贡献。至于胡氏所说"并有简单考证",则不知其下落。屈氏《自序》又云:"在释文方面,本编是参考着胡厚宣君的底稿而重作的。因为胡君的释文,是作成在20年前;那时所不能识的字,所不能了解的文义,现在已有许多可以认识,可以了解了。况且本编拼合了200多版,又有补遗的10版;再加上背面有刻辞而原来被忽略的,背面有书写之辞而原来没有注意到的种种情形,所以原来的释文,已不适用。"随着学术的发展,旧有的认识不适用于新的时代,是非常正常的现象。既然新的释文"是参考着胡厚宣君的底稿而重作的",在新的释文里,除了反映新情况、新认识的释文之外,就必然有旧释文的影子。这对了解胡氏有重大作用,因为胡氏著录甲骨各书既无释文,更无考证。学术研究总是长江后浪推前浪式的发展,常常是后来居上,本极正常。如果胡氏晚年再来作《甲编释文》,也许会有更多的发现。

  从以上十项的简单介绍,可证胡氏对于殷墟甲骨文研究确曾做出过重大贡献,功不可没。

(原载《二十世纪甲骨文研究述要》,书海出版社2006年版)

杨　宽

杨宽(1914—2005),字宽正。江苏青浦(今属上海市)人。历史学家。专长先秦史。

1926年至1932年先后就读苏州江苏省立第一师范学校和苏州中学。1932年夏考入上海光华大学中文系,1936年毕业后参与上海博物馆的筹建工作。1937年秋赴广西梧州,入勤勤大学教育学院文史系任讲师。1938年夏回上海后,在光华大学和正风(后改诚明)文学院担任历史系副教授、教授。1940年和1941年曾两度赴苏北参加敌后抗日文化工作。1942年至1945年隐居青浦故乡,从事战国史研究。抗战胜利初,任上海鸿英图书馆史料部主任。1946年出任上海博物馆馆长,兼光华大学历史系教授。1949年5月上海解放后,改任上海历史博物馆、上海博物馆馆长,直至1960年。1953年至1956年兼任复旦大学历史系教授。1960年调任上海社会科学院历史研究所副所长。1970年回复旦大学历史系任教授。1984年赴美国讲学,此后定居美国。

上海解放后历任上海市文物保管委员会主任秘书、古物整理处处长,中国先秦史学会第一至第三届副理事长。

在大学任教期间,讲授"中国上古史""春秋战国史""先秦史料学"等课程。

2018年入选上海社会科学联合会评定的"上海社科大师"。

发表学术论文300余篇,出版学术专著10余部。其代表作有《中国上古史导论》《古史新探》《古史探微》《西周史》《战国史》《战国史料编年辑证》《中国古代陵寝制度史研究》《中国古代都城制度史研究》《先秦史十讲》《杨宽古史论文选集》等。有《杨宽著作集》。参与修订《辞海》《中国通史词典》;标点《宋史》;编绘《中国历代地图集》先秦部分。

杨宽先生与他的史学研究

钱林书

杨宽先生,1914年1月生,上海青浦白鹤江镇人。曾求学于苏州中学师范科,1936年毕业于上海光华大学中国文学系。1946年就任上海博物馆馆长兼光华大学历史系教授,1953年任复旦大学历史系教授,1960年调任上海市社会科学院历史研究所副所长,1970年又专任复旦大学历史系教授。1984年赴美国定居,2005年9月1日,在迈阿密的家中平静地走完了他波澜生活中的第92个春秋。

杨先生一生从事教学、史学研究及博物馆工作。由于其以犀利的锐气、独到的见识和非常严谨的学风,向我们展现了不少令人振奋的新的研究成果,且又著作宏富,所以成为中国史学大家,为国际史学界所瞩目。这绝不是偶然的。杨先生从在苏州读中学时就开始涉足先秦学术领域的探讨,曾对《墨子》及《墨经》做系统的研究,写出了第一篇学术论文《墨经校勘研究》。1932年进入大学后,师从吕思勉、蒋维乔等名师,继续对墨家进行更深入的探索,先后发表了多篇论文。在此基础上写成了《墨经义疏》,1935年在《制言》半月刊上发表,修改后由重庆正中出版社在1942年出版,改名《墨经哲学》。同时在蒋维乔老师的指导下,与两位同学一起完成了《吕氏春秋汇校》,被学校列为"光华大学丛书"之一种,后来又与沈延国同学一起完成了百余万字的《吕氏春秋集解》,但由于历史原因,直到半个多世纪以后的1989年才由中华书局付印。还是大学时代,因为看到王国维《观堂集林》中有讨论历代尺度的文章,于是把博物馆的实物和文献结合起来,对历代尺度做详细的考定,结果发现王氏所考定的宋代尺度有很大错误,就写了高中时即开始研究的《中国历代尺度考》一书。不久抗战爆发,故此书到1938年才由商务印书馆出版。

20世纪二三十年代,在中国史学界发生了三次古史大辩论,其中有古史传说真伪的辩论。据杨先生在《自传》中讲,他在进大学的第二学期起,在研究《墨子》《吕氏春秋》的同时,已开始对中国古史传说进行系统的探索,目的是想在《古史辨》讨论的基础上,发挥长处,改正短处,从而彻底解决古史传说的真伪等争论性的重大问题。故而他从古书中搜集古史传说的资料,以传说中的人物为中心,按传说系统的时代分类编辑,从而观察其演变的痕迹,写成读书笔记。其后写成了《禹治水传说之推测》《盘古传说试探》等论文,发表在《民俗》等杂志上,后来写了《中国上古史导论》,认为夏以前的古史传说全部来自殷周时代的神话;认为古史传说可以区分为殷人-东夷和周人-西戎两大系统。他认为古史传说的复杂内容是出于殷周时代东、西两大系统神话的分化演变;古史传说系统的形成,主要是长期经过分化演变的东、西两大复杂神话传说逐渐混合而重新组合的结果。其文收入《古史辨》第七册。

早在大学时期,杨先生就参加了筹建上海博物馆的工作,被聘为艺术部研究干事,负责陈列布置及编写说明。1937年由于日寇全面进攻上海,博物馆解散。先生受聘于广东省立勷勤大学教育学院文史系,开"中国通史""古器物学概论""历史研究法"及"中国上古史"等课。一年后回到上海,不久通过老师吕思勉引荐,在母校光华大学历史系任教,开设"先秦史"及"明清史"。1941年12月,太平洋战争爆发,日寇侵入上海租界,杨先生回到了故乡青浦白鹤江镇隐居,直至抗战胜利。在此期间,主要是编辑战国时代240年的史料,编著一部《战国史料编年》,使与《左传》的年代衔接,作为研究春秋战国史的依据。但是要考定每年发生的历史事件及相关人物的活动困难很大。因为战国不像春秋时代的历史,有一部完整的编年史《左传》可以凭信,更不像秦汉以后每个朝代有着完整的历史记载。《史记》及《战国策》是研究战国历史的主要史料,但两书对于战国历史事件的叙述很紊乱,许多重要历史事件连年代都有错误,甚至有些历史人物的生卒年代的记载也有分歧。前人对此虽然有过考订,但还不够精准。除《史记》《战国策》以外的战国秦汉著作,诸子百家、重要的地理著作和出土的简书、帛书、铜器铭文与石刻等都有战国历史事件的记载。杨先生对这些都进行了全面而广泛的搜辑,并考订甄别,以补充或纠正战国史料的不足和错乱。先生也注重近代学者的研究成果,如清末黄式三的《周季编略》综合所见史料加以编年排比,较为完备,但不够完善。近人钱穆的《先秦诸子系年》对先秦诸子相关的史事、各国君王在位年代做了新的考订与编排,纠正了《史记》所载战国史事年代的紊乱,但未曾对战国时代各国重大史事做全面、系统的考订与编排。于是杨先生利用掌握的大量史料及前人研究成果,再进行分门别类的整理和考订,然后把书中需用的史料分条剪下,再按年代先后顺序粘贴起来。这样虽然剪掉了不少书籍,但可减少传抄之误,保证书的质量。此项工作先后进行了两年九个月,编成了180多年历史的初稿,取得了很大的收获。但还存下的60年没有编完,一直延续到20世纪90年代末才最后完稿,2001年由上海人民出版社出版,定名为《战国史料编年辑证》,全书22卷(其中第17、18两卷由他的研究生高智群先生协助完成),共

90多万字。据先生说,在编著这部书的过程中,对所有史料真伪的鉴别及年代的考订的认识是不断提高的。如苏秦的年世,在20世纪40年代已断定苏秦做齐相在五国合纵伐齐的前后,苏秦发动五国合纵攻秦是在五国合纵伐齐之前,但不敢断言苏秦是作为燕的间谍而入齐的。直到1972年山东临沂银雀山汉墓竹简《孙子兵法》及1973年长沙马王堆三号汉墓帛书《战国纵横家书》出土,里面有战国时人附加的"燕之兴也,苏秦在齐"的话,故重新考订苏秦原是以燕的间谍而入齐的。其他对张仪、乐毅等人的事迹也进行了去伪存真的考订。又对魏、齐、赵、韩、宋、越国君的年世进行了考订。这样一来,便把学术界长期真伪混乱、模糊不清的史料梳理得清清楚楚,恢复了历史原来的真实面貌。编著此书前后经历了半个世纪,是先生所有著述中历时最久、费力最多的一部,也是迄今为止唯一一部上接《左传》之终年(公元前468年),下连秦王政(始皇帝)统一东方六国(公元前221年)的史书。全书共有248年的战国史料汇编和考订,按年编辑,脉络清楚而承前启后,史实可靠而真伪分明,又在重要史料之后作有疏证,以明辨史实真伪。它为研究战国历史的学者,提供了极大的方便。

杨先生在编著完《战国史料编年》180多年的初稿后,在1946年到1949年,根据这个稿本,对一些重大历史事件及重要历史人物又做考证,先后写成了30篇论文,发表在当时的《东南日报》及《益世报》的副刊上。到1955年上半年,就根据此稿本和此后所做的考证及研究,写成了《战国史》一书,同年9月出版,共20多万字。在此扎实史料基础上写出来的书,当然是内容丰富多彩、史实详尽可靠、观点不容置疑的好的史书了。我在1960年进入复旦历史系后,虽然没有见过杨先生本人,却见到了他的这部《战国史》,当时觉得此书叙述脉络分明、条理清晰,书中分门别类地列有许多大小标题,题下叙述题意,文简而意明。战国是中国历史上变革和发展的时代,它在政治、经济、文化、科技等各方面都有很大的进步,这些内容都可以从中找到,即使是合纵连横和兼并的各种战争,也不例外,而且观点鲜明。所以当时我就觉得这是一部好读的书。

20世纪70年代在考古工作中出土了多种重要的战国新史料,如《战国纵横家书》、秦《编年记》和《秦律》等,于是杨先生对《战国史》中不少重要的历史事件重新进行探讨并做了修订、补充或改写。1980年出了第二版,字数增至42万有余。新版《战国史》着重叙述春秋战国间因农业、手工业及商品经济的发展,引起社会制度的变革,促使各国出现变法运动,逐步建成中央集权的国家机构及重要制度,于是出现了魏、秦、齐、赵、韩、楚、燕七雄并立的局面,以及各国之间进行合纵连横和兼并的各种战争,同时思想文化上也有重大发展,出现了"百家争鸣"的局面,最终由秦始皇统一。全书展现了战国时期这一"古今一大变革之会"的历史画面。此书到1983年先后印刷十次,共发行5.7万多册。先生说,这是他所有学术著作中印数最多、影响较大的一部。后来随着考古工作的巨大发展及学术界出现的新成果,他又对《战国史》重加修订、补充。新版《战国史》(增订本)篇幅更增至56万多字。于1997年完成,1998年出版。《战国史》早已成了国内外历史学界十分注目的权威著作。许多中外学者在研究、撰写战国时期有关史书文章时,往往会转引《战国史》的史料或采用杨先生的观点,并给予很高的评价。最近又听说有一英国著名大学已将《战国史》列入译成英文出版的计划,以便外国史学家更清楚地了解中国古代战国时期这一段光辉灿烂的历史。

  1946年杨宽先生就任上海博物馆馆长,1953年1月起兼任复旦大学历史系教授,主要讲授"春秋战国史""先秦史料学"。但主要工作还在博物馆,与古文物打交道。1954年春天,有一炼钢厂的工作人员参观博物馆时看到了古代钢铁制的刀剑,写信给先生,提出"炼铁炼钢需要较高的温度和一定的技巧,我国古代劳动人民是怎样杰出地创造这种技术的?是掌握了怎样出色的技术来炼成宝刀宝剑的?"当时这个领域的研究近似空白,没有现成的资料,没有科学的结论,无法作答。于是先生把它作为一个重要课题列入了他的研究计划,开始了这方面的探索。杨先生原对冶铁炼钢的知识是缺乏的,于是他研读了近代欧洲学者所著有关欧洲冶铁技术发展史的著作,把欧洲古代冶铁技术和中国古代冶铁技术的发展途径做了比较研究,这有助于对中国古代冶铁技术的进一步理解;又把流传到近代的土法冶铁、炼钢技术的资料进行研究,探求其起源和发展,从而追溯我国古代冶铁、炼钢技术。先后写了《战国时代的冶铁手工业》《中国冶铁鼓风炉和水力冶铁鼓风炉的发明》《试论中国古代冶铁技术的发明和发展》《论南北朝时期炼钢技术上的重要发明》等多篇论文,阐述了战国时代新兴的冶铁手工业的特点;探索了中国使用的"水排"(水力冶铁鼓风炉)的发明及构造;中国冶铁技术的发明和发展有自己的特色,与欧洲不同,而且中国生铁冶铸技术要比欧洲早1 900年,因而铁农具能很早被普遍使用;正确阐明了用生铁的铁液注入未经锻打的熟铁块而炼成钢铁的"灌钢"冶炼技术,纠正了当时人们对灌钢冶炼技术的误解。先生认为这是钢铁冶炼技术还处于用熟铁低温冶炼阶段的一种独特的冶炼方法,成本低、工艺简便而比较能够保证质量,这是中国早期炼钢技术上一种创造性的成就。在这一基础上,他写成了《中国古代冶铁技术的发明和发展》一书,于1956年10月出版。出版后立刻引起了国内外学者的注意。英国著名汉学家李约瑟见到此书后,来中国时曾与先生讨论了一些相关的问题,表示很同意此书的看法,特别是灌钢冶炼法的源流问题,并表示希望找到像先生这样的专家到伦敦去和他共同研究,以便早日完成他的多卷本《中国科学技术史》巨著。1958年,李约瑟发表了《中国古代铁和钢的工艺学的发展》一文,其中讲到宿铁和灌钢冶炼法,就是采用先生的观点,他进一步认为欧洲的生铁冶铸技术是由中国传过去的。我国至迟在春秋晚期已发明生铁冶铸技术,这比欧洲要早 1 900 多年,我国至迟在战国早期已创造了铸铁柔化处理技术,已能把生铁铸件经过柔化处理变为可锻铸件,这又比欧洲早 2 300—2 400 年。先生呼吁史学、考古学及研究冶金的学者,共同来加强这一领域的研究。

1958 年,全国开展大炼钢铁运动,杨宽先生搜集到近代各地流传的土法炼铁和炼钢的资料,结合古文献有关这方面的工艺技术做进一步的研究,初步了解了我国冶铁发展历史的基本轮廓和线索,于是把旧著进行改写,定名为《中国土法冶铁炼钢技术发展简史》,1960 年由上海人民出版社出版。书出版后影响很大,记得在 1977 年 12 月的一天,北京钢铁学院柯俊教授来我系做关于越王勾践剑的学术报告,会前提出要拜见杨宽教授,对其在我国古代冶铁炼钢技术发展史中所做出的贡献表示敬意。此事我印象深刻。其后 20 多年,考古学的发展取得了可喜的成果,例如在古代冶铁遗址发掘方面,从 1958 年以来,先后发掘汉代冶铁遗址 15 处,这就使得大家对汉代冶铁炉和化铁炉结构及冶炼、铸造技术有了直接的证据。与此同时,还出现了对古代铁器的化验及金相鉴定工作,对各地出土的战国和汉、魏时期的代表作品作有铁器检验并发表的论文就有多篇,这为我们进一步了解古代冶铁、铸造技术提供了科学的依据。而且当时有关冶铁技术史的学术讨论取得了可喜成绩。先生认为在中国古代冶铁技术史的研究有了进一步发展的今天,有必要对过去所写冶铁史的著作再次加以增补改写,新书定名为《中国古代冶铁技术发展史》,于 1982 年出版,在学术界产生了很大影响。此书 1986 年获"上海市哲学社会科学著作奖",1989 年又获"首届全国科技史优秀图书荣誉奖"。

在初版《战国史》出版以后,杨宽先生即准备写《西周史稿》,首先对西周春秋的农业生产工具及生产技术状况进行探索。1957 年发表了《论西周时代的农业生产》及《关于西周农业生产工具和生产技术的讨论》,其后又发表了多篇相关论文。1960 年,他离开了工作多年并为之付出了巨大心血的上海博物馆,调到了上海市社会科学院历史研究所任副所长。在此所期间,先后发表了十多篇有关西周礼制等方面的论文,后汇集成论文集,定名为《古史新探》,1965 年由中华书局出版。论文集分前后两部分。前面部分讨论西周的农业生产和生产关系、西周春秋时期的井田制和村社组织、乡遂制度和社会结构、宗法制度和贵族组织及学校制度等。后面部分则分别讨论了与上述制度相关的六种古代礼制。

杨先生通过对西周井田制、籍礼、乡遂制度、社会结构、军队编制、乡饮酒礼、大蒐礼、射礼、宗法制度、贵族组织和冠礼、贽见礼、学校等一系列重要礼仪制度进行探究,了解了当时贵族推行这种礼仪的意图及目的,从而揭示出西周各种典章制度的真相,并试图通过讨论来全方位地搞清西周社会这些制度的特点及作用,以便更准确地来确定西周社会的性质及出现的社会现象。由于先生充分依据古代文献,充分吸收古今学者的研究成果,并结合现代考古学、古文字学和民族学的知识进行分析比较,同时也注意到了与西方古代社会制度做比较,追溯各种古礼的起源及演变,才正确理解了这种礼制在维护当时经济制度和政治制度中所起的作用。由于此书在"文革"前夕出版,当时大批判已在各地开展,故印数只有3 000册,是先生所有著作中印数最少的一种。但由于引用史料丰富、考证详尽,所以同样受到中外学术界的好评。日本著名史学家贝冢茂树曾称赞《古史新探》是第二次世界大战以后的"一级作品"。

1966年,"文革"开始,全国在搞"大批判""大批斗",一场声势浩大的政治运动席卷全国。杨先生也被作为"牛鬼蛇神"进行"隔离审查"而关进"牛棚",1968年被送到奉贤"五七干校"劳动。正当各地各单位在大搞政治运动时,复旦大学历史系历史地理研究室却在1969年恢复了编绘《中国历史地图集》的工作。之所以会如此,是因为这是毛主席交下来的任务,为了让毛主席早日看到此图,故而在当时军宣队、工宣队的领导下,大家日以继夜地工作,晚上也不回家。《中国历史地图集》的编绘始于1955年,在谭其骧先生的领导及主持下,经过十多年的努力,除了秦、汉图组及先秦图组外,其他在"文革"前已基本完成,现在很快又完成了秦图、汉图,留下的先秦图组除原始社会图交由中国社会科学院考古研究所负责外,夏、商、周、春秋、战国图,由于它的特殊性,除非对这段历史非常熟悉的人否则是无法胜任这一工作的。于是1970年5月把杨宽先生从"五七干校"借调到复旦大学历史系历史地理研究室参加《中国历史地图集》第一册的夏、商、周、春秋、战国图的编绘。当时领导让我这个大学毕业不久的青年教师任他的助手,于是我第一次见到了杨先生。他与我们同吃、同住、同编图,在工作中,我尊重他,在他的教导下,我获益匪浅。他也常听我的意见,精益求精。我们配合得很好,相处也十分融洽。

由于杨先生熟悉先秦史料及前人对先秦地理的考证,因而在他的策划设计下,很快制订出了夏、商、周、春秋、战国图的体例,我们两个就迅速展开了全面的工作。经过半年多的日夜努力,到1971年上半年,我们图组的图稿基本完成。1974年《中国历史地图集》八册内部本出版,是八开本的。第二年又出版了十六开本的,也是内部本。因考虑到当时史学界比较多的学者认为商代是确切存在的,有甲骨文可证,而对夏则心存疑虑。如范文澜主编的《中国通史简编》修订本第一编目录中就有"夏代传说"及"假说的夏代遗迹"两节,其文曰:"夏代文化遗址,迄今还没有确实的证明。但龙山文化层在仰韶之上,殷商之下,却是确然无疑的事。"又说:"本节所说,只是一种假设,合事实与否,有待于更多的地下发掘。"另外,我们所画的夏图,依据的史料主要是《古本竹书纪年》《世本》等战国以来的传说,实际上也不能真正代表真实的夏代。所以根据领导意见,夏图不另立一幅,而仅取名为《传说中的夏》附在《商时期全图》幅的左下角。

内部本出版以后,在受到学术界高度赞誉的同时,读者及编者也发现了一些图中存在的错误及缺点。于是在谭先生的领导下,对整个《图集》进行了必要的改正修订及增补。先秦图组中,杨先生提出了改《传说中的夏》图为《夏时期全图》而单独成幅。理由是当前在讨论商以前考古发掘遗址中,许多学者都肯定其中有夏文化遗址的存在,特别是在对二里头文化遗址的讨论中,从地层叠压关系和放射碳素断代的数据来看,它晚于属父系氏族社会时期的河南龙山文化,而早于二里岗期商文化。又因其文化遗存分布地域与夏人活动地域相一致,所以越来越多的学者把它列为夏文化。另外当时的历史教科书也都从夏代讲起。于是先生想根据《诗·商颂》《左传》《古本竹书纪年》《世本》《史记·夏本纪》等有关夏代史料及有关夏文化遗存绘出夏代图,将夏作为正式朝代名单独立幅,来替代《传说中的夏》图。我们把这一想法向主编谭其骧先生汇报,他很赞同。于是我把这一意见写信告诉中国社科院考古研究所,他们是负责原始社会遗址图编稿的,并请他们把当前史学界多数人认为是夏文化的遗址从原始社会遗址图中删去。不久,收到回信说,关于夏时期问题,经夏鼐所长及有关同志反复考虑,认为原图名《传说中的夏》还是比较好的。从考古学的角度来看,夏文化的探索虽然取得了较大进展,但毕竟尚未得到确认。考古学界存在较大分歧,没有办法上图。在原始社会图幅中,暂时也没有办法删。如龙山文化晚期,绝对年代可能晚于夏代,有人甚至把它当作夏文化,断然删掉,既不妥当,又有实际困难,因为现有的研究状况并未达到明确区分的地步,仍在深入讨论之中。这种说法,似也有理。

我立即把考古所的回信给了杨宽先生,他看后认为,考古所从考古的角度慎重考虑此事,是可以理解的。但现在学术界关于夏代是否存在分歧不大,唯夏所在的区域有不同意见。所以像我们这样的《中国历史地图集》,如不画一幅夏代图,恐不妥当。商量的结果是,我们还是想画一幅夏代图,其文化遗址,我们只画目前史学界比较公认的二里头文化遗址。于是我把考古所的来信及我们的想法写信给正在北京开会的谭先生。不久,谭先生回沪后告诉我,他在京时拜访了夏鼐所长,讲了夏图的事,并把信给夏老看了,最后夏老也就同意了我们的意见。于是在1989年出公开本时,就有了单独立幅的《夏时期全图》,并附有《安邑、帝丘附近》扩大图。在与杨宽先生共事的这段时间里,他对先秦史料的熟悉、对工作的认真负责态度及高效率,在我的心中留下了深刻的印象。

从1971年起,杨宽先生的工作从编绘先秦历史地图转到标点《宋史》,后又调入历史系古代史教研组,担任工农兵学员的教学工作。组织关系也早已正式从上海历史研究所转到复旦大学历史系。粉碎"四人帮"以后,大学开始恢复招生,杨先生又给本科生上课。1982年,他第一次,也是唯一一次招收研究生,高智群、王贻樑及姚平成了他的弟子,同时还带日本留学生高木智见和太田有子从事中国考古学的研究。作为导师,先生不仅在课堂上详细讲解,还带他们进行实地考察。1983年上半年,就带他们去山东、河北、河南、陕西、湖北等地教学实习,考察先秦古代都城,每到一地,他白天带学生实地考察,晚上还要查资料做笔记。他对学生要求也十分严格,听说在实习时,有一同学晚上因看世乒赛决赛没能及时整理考察资料,便受到他严厉的批评。

20世纪80年代初,杨先生对历代的陵寝及都城制度产生了兴趣,所谓陵寝,就是始于战国的最高统治者的,用大量人力、财力、物力修建规模巨大的陵墓及用来供奉、祭祀、朝拜的建筑。从先秦开始到清代,作为推崇皇权和加强封建统治的一种制度,经历了2000多年的历史。历代陵寝的建筑都是按照当时宫廷格局设计的,又是按照当时礼制的需要规划的,所以各个时期陵寝中的房屋、陈设都能反映当时社会的政治、经济、文化发展的水平,更反映了当时建筑技术及雕刻艺术的最高成就。于是先生首先把它列入了研究的范围。1981年2月,他应邀在日本东京大学东洋文化研究所做了"中国古代陵寝制度的起源及其演变"的学术报告,后即译成日文,改名为《中国皇帝陵的起源与变迁》,由日本专门出版考古图书的学生社于1981年11月出版。后又根据近年来考古发掘成果,以及亲自到西安、洛阳、巩县等地有目的、有计划地去调查研究现存的历代帝陵的遗迹,从战国时期的秦王陵、秦始皇陵起,到西汉、东汉、西晋、北魏、唐和北宋诸陵,之后相继撰写了《秦汉陵墓考察》《秦始皇陵园布局结构的探讨》等文。为了推动对中国古代陵寝制度发展变化规律的研究及对其所起的历史作用进行探索,先生最后把《中国皇帝陵的起源与变迁》作为上篇,继续写成的《关于古代陵寝制度若干问题的探讨》作为中篇,《古代陵寝和陵园布局的研究》作为下篇,合成为《中国古代陵寝制度史研究》一书,于1985年由上海古籍出版社出版。

由于历代统治者实行"事死如事生"的礼制,所以杨先生在研究陵寝制度的同时,已开始了对古代都城制度的探索。除了搜集古代文献资料外,还带三位研究生考察了淄博、邯郸、安阳、新郑、郑州、洛阳、西安、咸阳、宝鸡、凤翔等历代重要都城遗址。考察中,他又接受邀请,给当地大学历史系及博物馆做有关都城制度的演讲,发表自己的见解。考古和文献给合的研究,使先生对整个都城制度的发展变化加深了理解。1983年初,先生被邀参加在日本召开的第31届亚洲北非人文科学会议,其中有讨论都城历史的内容,于是写了《中国都城制度的起源与发展》一文,内容从先秦讲至唐代,讨论了所谓"坊里"制度和集中贸易的"市"的制度下形成的"封闭式"的都城制度。居民所住的"坊里"和开设商店的"市",

四周都筑有围墙,所有墙门都有官吏管理,早晚定时开放,夜间不准出入。这一时期又可以按城郭连接的不同布局分为三个发展阶段:商代是有城无郭阶段,西周到西汉是西城连接东郭阶段,东汉到唐代是东西南三面郭区环抱中央北部城区的阶段。大会发言以后,即被译成日文,作为已翻译出版的《中国皇帝陵的起源与变迁》一书的姐妹篇。由于不断发现新史料,不断追改,这部日文本晚至1987年出版,同样受到日本史学界的好评。

在《中国都城制度的起源与发展》完稿以后,先生继续对宋代以后都城制度的变迁及其重要设施即所谓"开放式"的都城制度及其转变的过程进行探索。由于宋元以后都城的基址至今还在使用,现在的城市建筑往往压在宋元明都城的基址上面,故不便进行全面的考古调查和考古发掘。于是先生就查阅各种地方志及有关笔记,进行综合分析研究。他认为由于当时社会经济的发展,人口的不断增长,于是在交通方便的地方首先出现由各种行业商人联合组织的"行市",逐步形成以新"行市"为中心的街市,或以酒楼、茶坊为中心的街市,新的街市终于替代了原来"封闭式"的"坊里""市"的旧都城制度。之后终于写成了《宋代以后都城制度的变迁及其重要设施》一文。后来把《中国都城制度的起源与发展》作为上篇,把《宋代以后都城制度的变迁及其重要设施》作为下篇,合成名为《中国古代都城制度史研究》一书,于2003年由上海人民出版社出版。

20世纪80年代,杨宽先生在《古史新探》研究的基础上,进一步重视对西周历史的研究,后来写成了《西周史》,将《古史新探》中的精华内容也融入其中,1999年由上海人民出版社出版。全书分成七编,第一编是西周开国史,第二编是西周时代的土地制度、农业和手工业生产,第三编是西周王朝的政府机构、社会结构和重要制度,第四编是西周王朝的军政大事,第五编论述了西周时代的楚国和曾国,第六编是西周时代的文化教育和礼制,第七编论述了西周王朝的衰亡和东迁。由此可见,这与他先前所写的《战国史》,虽然同属断代史,但因西周史料的局限性,所写方法不同,叙述也各有差异。这部贯穿西周200多年历史的《西周史》,是选择西周历史中的重大事件及若干历史侧面来进行重点论述的。例如在"西周王朝公卿官爵制度的分析"一章中,他根据可靠文献,结合西周金文,又以古代礼书作旁证来论述,在肯定他人研读成果的同时,也指出其存在的错误,并提出自己对当时"公"及"太保""太师""太史""司马""司徒""司工"等大臣的地位、作用及相互关系的理解。这是杨宽先生在晚年献给世人的又一史学研究成果。

到晚年,杨宽先生除积极锻炼身体保健养生之外,仍然坚持研究史学。他曾来信告诉我,作为一个知识分子,最大的痛苦莫过于不能自己动手写书、写文章。他也曾写信劝其好友谭其骧先生说,年纪大了,应该把以前积累的资料整理出版。是的,杨先生是主张学者应将研究心得变为论著公开发表的人,他认为只有这样才可以进行交流与争鸣,才可推进研究的深入,促进学术的繁荣。所以到了晚年,先生还修订、发表了不少论著,在此不能一一介绍。他还写了自传《历史激流中的动荡和曲折》,在台湾出版,后改名《历史激流》。书中除叙述了他成长的过程及一生怎样研究史学外,又对自己所经历过的事及熟悉的一些人所说的话、所做的一些事,提出了自己的看法,发人深省。他还把在沪家中的全部藏书捐献给了上海图书馆,其中有元、明、清刻本等善本书共 6 000 余册,以供史学研究者阅览,表现了一个老年知识分子的宽广胸怀。

杨宽先生虽然已经离开我们多年,但他在史学领域那种孜孜不倦、精益求精的探索研究精神却永远值得我们学习,他在史学领域所取得的成就也将永垂史册,使人怀念。

(作于 2013 年 11 月 25 日)

杨宽先生的学术生涯和成就

高智群

20世纪五六十年代直到80年代初,是复旦大学历史系鼎盛时期,名家济济,成果累累。这些学者之中,就有享誉中外学术界,被公认为一代史学大家的杨宽先生。从1953年开始在复旦担任兼职教授,到"文革"期间正式调入,最后在1984年前往美国,直至2005年9月在美国疗养胜地迈阿密平静地走完辉煌生涯,杨宽先生和复旦的关系,亲密而疏离。他倾注心血完成的一系列论著,已经成为珍贵的史学遗产,随着时代的推移,愈发凸显出其在当代学术界的地位和价值。

一、早慧而多产的学术生涯

杨宽先生出生在青浦白鹤江镇一个医师家庭,五岁进入鹤溪小学读书,在接受新式教育的同时,也受到严格的旧学训练,打下非常扎实的古文基础。1926年考入苏州中学后,他开始迈进学术殿堂。当时这所江苏名校正处于黄金时期,校长汪懋祖是留美归来的著名教育家,担任过北平师范大学校长,具有先进的办学理念。校内许多任教老师都有很高的学术水平和教学能力,丝毫不逊于大学教授,其中后来成为学术界翘楚者就有历史学家钱穆、杨人楩,词曲名家吴梅,语言学家吕叔湘等。学校还经常聘请著名学者如章太炎、胡适、顾颉刚等人来校演讲。在这样浓厚的学术氛围、出色的师资条件和自由宽松的学习环境中,发奋用功的杨宽先生眼界大开,学业上得到了飞跃式的进步。他已经不满足于一般知识的获取,课外开始大量阅读古书和学术著作,将"深、精、专"作为奋斗的目标。初中阶段,受胡适《中国哲学史大纲》和梁启超的《先秦政治思想史》的影响,他对墨子产生浓厚兴趣。孙诒让的《墨子间诂》成为他全部通读的第一部古书。他最早的学术探索成果便是在高中阶段用三年的时间对《墨子》和《墨经》进行重点攻读和系统钻研,并写成第一篇学术论文《墨经校勘研究》,投寄著名的学术刊物《燕京学报》,得到主编容庚先生的赞许。这时他年仅16岁,已经是一个学业初成的早慧学者了。多年以后,他回首早年这段苏州求学生涯,自认为这是他学术人生的一个黄金时期。他深情地说:"我探讨学问的基础是那时打好的,钻研学问的方向是那时决定的,探索学问的门径是那时开辟的,学术论文和学术著作是从那时开始写作的,可以说,都是出于教师们教导和栽培的结果。"①

1932年,杨宽先生考入上海光华大学文学系,师从吕思勉、蒋维乔等著名学者,吕先生朴实严谨的治学态度和系统综合的研究方法给予他很大影响。凭借中学时打下的文史功底,加上刻苦求学、名师指点,他很快在学术界初露头角。他在大学求学期间所进行的学术研究,主要有三个方面的成果:一是继续对墨家进行更加深入的探索,写成《墨经哲学》一书,后来交由正中书局出版(1942年)。二是完成高中阶段就开始起草的《中国历代尺度考》,1937年由上海商务印书馆出版,1955年又重加修订再版,该书至今仍然是研究中国古代度量衡制度的一部重要参考书。三是在老师蒋维乔的指导下,和同窗沈延国等人一起合作进行《吕氏春秋》的校勘和注释工作,编成《吕氏春秋汇校》。后来在此书的基础上,杨先生和沈延国合作,完成了百余万言的《吕氏春秋集释》。这部书稿,由于时局变动一直不得出版,最后在1989年才交中华书局准备付印,这已经是半个多世纪以后的事情了,可惜这部重要的书稿又拖了近30年,至今还未面世。

20世纪二三十年代的中国,战乱频仍,内忧外患,同时又是新思潮激荡、不同学派迭兴、充满生机的一个学术转型时期。这期间学术界发生的三次古史大辩论——古史传说的真伪、井田制度的有无、中国古代社会性质,深深吸引着杨宽先生,他的学术兴趣也开始转入到中国上古史领域,并作为后起的青年翘楚,积极加入到古史传说的讨论中。从1933年起,他开始分别以中国上古传说中的人物为中心,对其神话来源及其分合演变进行整理,陆陆续续写成系列论文,最后汇集成《中国上古史导论》一书,收入《古史辨》第七册。而中国社会史论战对杨先生带来的深刻启发,便是促使他认识到春秋战国之际的社会大变迁,是三代以前和秦汉以后的一大界限,是中国古史领域必须首先解决的关键问题。他和友人童书业相约,分别致力于春秋和战国史的研究,通过这样的分工合作、齐头并进,逐一解决相关的一系列问题。在1941年日寇铁蹄践踏上海的艰难时局中,杨先生举家隐居青浦家乡,开始了为时两年多的战国史料编年辑证工作。在这样非常扎实的史料整理的基础上,杨先生在20世纪50年代初期完成并出版了他的代表著作——《战国史》。

早在大学期间,杨先生就开始参加上海博物馆的筹办工作(1937年)。以后除了在广西勷勤大学和上海光华大学担任过短期的副教授职务之外,他一直任

---

① 《历史激流——杨宽自传》,台湾:大块文化2005年版,第58页。

职于上海博物馆,1948年开始担任馆长,直到1960年离任担任上海社会科学院历史所副所长。前后长达20来年的文博界生涯,对杨先生学术的一个重要影响,便是注重历史文献和文物考古相结合,这成为他治学的一大特色。

杨宽先生与复旦大学的结缘始于20世纪50年代初。1953年到1958年,他受聘担任复旦大学兼职教授,讲授春秋战国史和先秦史料学。"文革"期间(1970年),他借调到复旦大学担任编绘《中国历史地图集》第一册先秦历史地图的工作,此后他一直在复旦从事教学和研究工作。20世纪80年代,他在复旦工作的主要学术成果是主编《战国会要》,撰写中国古代陵寝制度和都城制度两部著作,修改《战国史》。1984年,他应邀远赴美国讲学,从此和夫人卜居迈阿密海滨,谢绝外界邀请应酬,潜心整理旧作,完成最后的重要著作《西周史》一书和《历史激流——杨宽自传》。晚年他皈依罗马天主教,在平和的心境中走完人生最后的一站。

二、重要的学术著作简介

杨宽先生在70多年的学术生涯中,为后人留下了300多篇论文和10多部学术著作,研究范围包括中国上古史、中国古代科技史、度量衡史、古史分期、古代农民战争、重要历史人物、历史地理、文物考古、学术文化、陵寝都城制度等方面。其中最重要的著作有如下几种:

(一)古史辨派最后的辉煌——《中国上古史导论》

这是杨先生24岁时发表的成名作,由此他被顾颉刚、童书业等人看作古史辨派最后阶段的生力军和"集'疑古'古史学大成的人"[①]。该书的主要观点是认为夏以前的古史传说全部出自殷商时代的神话,这些神话按其来源可以分为东(殷人-东夷)、西(周人-西戎)两大系统,这两系民族神话经过各自长期的分化演变,最后逐渐混合重组,在商周时代形成了上自黄帝下至夏代的古史传说系统。许多上古的圣帝、贤王、人臣,其原型不过是上天下土的鸟兽神物,因此推断三皇五帝时期和夏代的历史是不存在的。杨宽先生曾期望在将古史传说还原为神话之后,能够进一步由原始神话而深考其历史背景,"以恢复其史料上原有之价值"。可惜这部拟作中的《中国古神话研究》续书,最后并没有完成。在杨宽先生晚年的论著中,他仍旧坚持早期的基本观点,就是反对古史界把神话传说看作夏商以前的史料,不赞同利用这些传说来重建原始社会历史和族群分布及其相互斗争、融合的过程。但另一方面,他又非常注意从神话传说中捕捉其中蕴含的原

---

① 见《古史辨》第七册童序。

始社会的历史信息。在《西周史》有关后稷传说的章节中,他就认为后稷应该是商代周族人的祖先,有关后稷的种种神话传说反映了周族经由母系社会转变到父系社会、重视农业生产的真实社会状况。类似的观点、方法,还见于晚年所写的神话学论文中,从中可以看出先生学术思想的嬗变轨迹。古史辨派的学术倾向,前期是顾颉刚先生的"层累地造成的中国古史说",后期是杨宽先生为代表的"神话分化演变说"。他们这种将历史传说还原于神话的探索,和徐旭生等人将神话传说历史化的努力,正好是两种不同的学术视角,在20世纪三四十年代都拥有相当的学术影响。新中国成立以后,由于政治等原因,古史辨派一蹶不振,他们的研究成果长期得不到应有的重视,反而在海外汉学界拥有众多知音。矫枉过正的一个后果,便是近年来国内古史界信古过头的倾向,开始有蔓延的趋势。然而近年来地下出土文献研究表明,在古史传说的研究中,必须很好地继承古史辨派的成果①。这其中就包括作为该学派代表人物杨先生的研究成果。

(二) 当代断代史权威之作《战国史》与《战国史料编年辑证》

从20世纪40年代起,杨宽先生开始进行战国史的研究。当时他遇到的最大困难,便是现存的战国史料残缺、分散、紊乱,《史记》与《资治通鉴》中的战国部分记载,既有不少错乱和失误,又有夹杂虚构伪托的作品,因此研究的第一步工作,便是对所有战国史料,包括战国秦汉著作,重要地理文献和新出简牍帛书、铜器铭文与石刻等资料,全方位加以收集和考订,做出系统的编年。这是一项难度极高的基础工作,从20世纪40年代初开始整理,完成战国180多年的编年初稿,到20世纪90年代末最后杀青,编写这部《战国史料编年辑证》前后经历了半个世纪,这是他所有著述中历时最久、最费工夫的一部,也是迄今为止第一部上接《春秋》《左传》(公元前468年),下迄秦王政统一中国(公元前221年),共248年的战国史料编年,首次在战国年代学方面,将原来分散混乱、年代讹误、真伪混杂的史料,梳理得有条不紊、真伪分明。每段史料之后还附有作者疏证,以考辨前人考订之得失,明辨史实之真相,阐明史料之价值。其中很多考证都解决了战国年代学中很重要的问题。可以这么说,当代中国断代史迄今还没有一部专著,在史料的鉴别和史实的考证方面下这么大的功夫,这也足以说明,建立在如此厚实材料基础上的《战国史》会驰誉史林的真正原因了。

杨宽先生的《战国史》一书,总共有过三个版本:1955年初版;1980年再版;1997年又随着考古工作的巨大进展,新资料层出不穷而重加修订、补充和改写。每次再版,都增加很多内容,篇幅从初版的20多万字扩到二版的近43万字,三版更增加到56万字,经过近半个世纪的不断充实和提高,内容大为翔实和丰富,

---

① 裘锡圭:《中国出土古文献十讲》,复旦大学出版社2004年版,第38页。

观点愈见显豁精审。作者以如椽的史笔展现出战国时期这一"古今一大变革之会",社会激荡、政体革新、群雄并起、百家争鸣的纷异多彩的历史长卷,以全新的面貌成为国内外学术界极为注目的断代史权威著作。有学者这样评价:"这部断代史研究的经典,不仅可以看作上一世纪古史研究高水准成果的一个纪念,又为学界新人提供了具有标范意义的学术样板。"[1]

(三) 驰誉史坛的《古史新探》

在初版《战国史》问世之后,杨宽先生开始了《西周史稿》的前期准备工作。当时的古史领域正围绕着历史分期问题展开热烈的讨论,为了解决这个问题,杨宽先生将西周春秋的社会结构和周代各种政治制度,如井田、乡遂、宗法、学校以及各种礼制作为研究重点,同时还着重探讨了周代农业生产工具、生产技术状况,试图通过这样的具体讨论,进而深入解剖周代社会结构,辨明重要制度的作用,以便更准确地认识古代社会性质。围绕这一中心,杨先生先后撰写了14篇论文,汇成《古史新探》一书,这成为他后来《西周史》的基本骨架。此书出版于1965年,当时正处于"文革"前夕,学术界风雨欲来,一片萧瑟景象。该书虽然印数只有3 000册,但问世后很快受到学术界的重视,40多年来一直成为上古史研究必备的参考书,堪称学术经典,并被日本史学泰斗贝冢茂树誉为"第二次世界大战后第一流作品"。此书也是杨宽先生的得意之作,他对《新探》的研究方法和成果十分自信。这本书最具特色,也是最受学术界推崇的部分,便是跳出传统礼学,从历史学等角度对中国上古礼制做了令人耳目一新的研究。

(四) 中国最早的冶铁科技史专著——《中国古代冶铁技术发展史》等书

1954年春,为了答复博物馆观众对于中国古代钢铁兵器如何制造的疑问,他开始了冶铁技术史这个学术处女地的开垦,在短短两年的时间中,完成了一系列论文和《中国古代冶铁技术的发明和发展》(1956年)这本冶铁史领域的第一部专著。该书的出版,比1958年"大跃进"大炼钢铁运动早了一年多。后来有人批评这部书是配合时局的跟风之作,并不确切。由于杨宽先生在古史研究中十分重视古代科学技术对提高社会生产力、促使生产关系变革的重要作用,他对古代冶铁技术的系统考察一直没有中断。1982年,他在两部旧著《中国古代冶铁技术的发明和发展》和《中国土法冶铁炼钢技术发展简史》)基础上,重新改写为25万字的《中国古代冶铁技术发展史》(上海人民出版社1982年版)。他这几部冶铁史的著作,广泛搜集农书、方志等文献资料和生产实物资料,注重中外技术的比较和生产工具对中国古代社会发展的影响,在研究途径和方法上别开生面。

---

[1] 王子今:《评新版杨宽〈战国史〉》,中国秦汉史研究会信息网,2003年12月。

对杨先生这方面所做的工作和贡献,国内科技史学界和英国著名学者李约瑟都给予了高度评价。

(五)研究领域的新开辟——《中国古代陵寝制度史研究》与《中国古代都城制度史研究》

这两部著作分别发表于1983年、1984年,可以说是关系密切的姊妹篇。因为历代君王实行"事死如事生"的礼制,陵园中陵寝的布局和规格常常是按照生前所居都城格局来设计的,因此两者必须联系起来加以探讨。两书的共同特点,是根据丰富的文献和考古资料,对2 000年来陵寝和都城制度的起源和演变、时代划分与特点分别进行了深入的系统研究,其中很多见解都是发前人所未发,例如商周别都制度、周代都城的布局和特点等。书中最精彩的地方,是密切联系古代礼制对考古现象做了合理的解释。例如,为什么都城会有大小城制度?为什么大城在东、宫城在西?这就与古代都城的功能和"以西为贵"的礼俗有关。类似的见解实际上反映了一个历史学者严肃的治学原则,就是对考古遗迹做出的分析判断,必须密切结合古文献特别是《三礼》资料,必须充分汲取汉唐经学家和清代考据学的成果,必须注意古今民族社会礼俗的比较,否则就容易"以古律今",主观臆断。因此,杨先生这两部专著,不仅仅是可观的研究成果,它的治学方法和途径也很值得考古文物界同仁借鉴。

(六)晚年封笔之作——《西周史》

20世纪80年代初期,杨先生在数十年研究的基础上,开始了《西周史》的撰著。由于年代久远,史籍佚缺,导致西周年代错乱,人物、事件、制度湮灭不详。这部专著综贯西周可靠文献,结合数百篇金文和考古发现,参考儒家传世礼书,重新构建西周近300年失落的历史。由于史料的限制,该书选择西周史的若干历史侧面进行重点叙述,如西周开国、武王克商、东都营建等章节,都有十分细致、精彩的分析考证。这部专著和《战国史》一样,对制度史方面给予特别的关注,这也是两书最有学术价值的部分。它的问世,无疑是西周史研究最重要的学术成果。

《西周史》是在杨先生移居美国以后,80多岁高龄时完成的。由于他深居简出,国内学术信息不畅,加之精力渐衰,研究条件有限,因此这部专著尚不及一再修订的《战国史》那么成熟。如果不是由于先生遽归道山,相信以他认真严谨的治学态度,书中不足之处是会在重版时得到修正的。

以上只是简略介绍杨宽先生学术成就的主要方面。他还是《中国历史地图集》先秦分册、《辞海》历史分册、《中国简明历史词典》、《战国会要》和《宋史》标点本的主编。他多产的学术生涯,一直延续到生命的终点。

三、治学的方法与特点

(一) 重视各种相关门类史料的充分占有和严格甄别

杨宽先生治学素以严谨扎实而闻名。他每研究一个课题,务必广搜材料,博及群书,不发空泛之言。他在撰写《战国史》时,曾编辑数十万字的《战国史料编年》。为了完成《西周史》一书,他对有关文献、文物考古和古文字材料进行了全面的爬梳、归类与考证,做了大量带有研究性质的笔记和表格。杨宽先生对史料真伪的甄别特别严格,他对《尚书》《逸周书》各篇的成书年代和性质,还有《周礼》等先秦文献资料的取舍,都用现代辨伪学眼光和手段加以审视,去伪存真,绝不随意引用,在他的《西周史》等书中,完全没有将伪古文尚书这样的材料当作研究素材的,而对于曾被人怀疑的所谓伪书、晚书,他深思熟虑后认为可信的,也毫不犹豫加以使用。早在青年时代,他虽然为古史辨派的后起之秀,但发表文章为刘歆辩护,认定《左传》不伪;在对待《逸周书》问题上,他对各篇章的年代和价值做了仔细评估,不是笼统的肯定或否定。杨宽先生重视并擅长考据,但都是为了解决其系统研究中的某些疑难问题,毫无饾饤琐屑、支离破碎之弊。

(二) 致力于历史规律的总体把握,重视史学理论的指导作用

杨先生虽是考据名家,但学术研究远没有停留在材料整理阶段,而是着重于理论指导下的综合研究和融会贯通。他在青年时代进行的上古神话传说的研究,已经借鉴了西方神话学的理论和方法,新中国成立后开始接受马克思主义教育,与当时社会文化精英一样,异常热烈地拥抱马列新学说,并试图根据自身的理解,运用唯物史观来指导和从事古史分期的研究与讨论。他对马列经典的重视和探究,使得他拥有那个时代宏观的学术视野和良好的理论素养,以及在理论指导下结合古典文献与出土资料来探讨古代社会发展规律的出色能力。以《古史新探》为例,我们可以看到杨宽先生深受马克思《〈政治经济学批判〉导言》和恩格斯《家庭国家和私有制起源》乃至当时苏联史学理论的影响,例如他关于中国古代宗族组织和宗法制度的特征的论述,就明显带有恩格斯《起源》和摩尔根《古代社会》的印痕;在讨论中国古代农村公社问题时,也可以看到他对所谓"亚细亚生产方式"理论的重视。20世纪80年代他招收上古史研究生,给我们所开的一门讨论课就是马列经典作品,重点讨论的问题便是争论不休的"亚细亚生产方式",说明在他出国定居之前,仍旧重视在马克思主义史观指导下从事中国史学习与研究。

杨宽先生对古史分期的看法有数次变化。1957年之后,杨宽先生所持的观点从"西周封建领主制说",转变为"战国封建论",并一直坚持到20世纪80年

代。他认为西周是奴隶制时代,春秋开始社会变革,到了战国进入封建时代。持这种观点的还有郭沫若等一大批史学家,后来成为古史分期的主流。杨宽先生之所以成为其中的代表性人物,不仅是他比较娴熟、相对准确地运用马克思主义理论,充分借鉴人类学、民族学的理论方法和成果,运用丰富扎实的史料,更重要的是,他对古史分期所涉及的许多方面,如周代生产工具和土地制度、社会结构、政经制度、文化礼俗等,都进行了广泛而深入的专题研究,在这样具体而细致的研究基础上所得出的对中国古代社会性质和特点的认识,在深度、广度上走在了当时史学研究的最前沿。

从 20 世纪 50 年代开始,就有学者对五种社会形态说提出了质疑,20 世纪 80 年代后,史学界主流开始对过去古史分期研究的理论方法进行反思,并提出了新的分期法。思想的解放和视野的开阔,无疑也促使已经出国定居的杨宽先生重新思索中国古代社会的性质问题。晚年他的看法有了根本的变化,不再承认中国古代有过所谓奴隶制社会阶段,最终放弃了"五种社会形态说"。他认为,西周春秋社会的主要生产者是农村公社农民(庶人),他们根本不是君主占有的私有财产;战国以后社会的主要生产者是国家控制下的个体小农。他们也都不是奴隶。结论是,中国历史发展的规律,根本不同于欧洲历史,既没有经历希腊罗马那样的典型奴隶制,也没有经历欧洲中世纪那样领主的封建制[①]。杨先生并不否认西周、春秋乃至战国奴隶阶层的存在,只不过奴隶制不占据整个社会的支配地位。他在《西周史》和新版《战国史》中删除了诸如"奴隶制""封建"种种带有社会分期色彩的字样。不过,杨先生并没有对周代社会性质定以某种名称,他有时使用"贵族社会"的术语。这种观点的变化反映了杨先生晚年试图以更加实事求是的态度看待中国独特的历史发展道路,这也是他总结了 70 多年的古史研究后,对历史发展的一个总体认识。可惜他没有专文更加详细地论述这个重要的史学理论问题。

(三) 利用三礼资料研究古代社会

几千年来,中国一直是"礼仪之邦"。礼的起源可以追溯到原始社会时期,礼文和礼典的编纂也不迟于周代。所谓"礼经三百,威仪三千",浩繁的周代礼制部分保留在《周礼》《仪礼》和《礼记》之中,但这些文献已经过战国、两汉儒家按照其政治伦理观念重新加以整理编订,很多方面并非周代的原貌。汉唐学者如郑玄、孔颖达等人对三礼做了很详细的注疏,三礼研究从此成为儒家经学的重要组成部分,历代与之有关的学术成果可谓汗牛充栋。但直到 19 世纪末 20 世纪初,传统礼学的研究重点还是放在三礼的注疏阐释、成书时代、真伪辨析以及礼仪典章

[①] 《历史的激流——杨宽自传》,第 384 页。

的分类汇编上,不离文字、音韵训诂与名物、制度疏证,虽然成就可观,但研究方法日渐僵化陈旧,考证论述枯燥乏味,尤其在五四运动之后,西学兴起,国学衰微,礼仪和礼学被当作"吃人的孔教"成为冲击和打倒的对象,传统式研究逐渐衰落,学术界开始引入近代人文科学研究的方法,结合考古发现和新出土文献资料,同时沿用汉学的考据手段去研究三礼,取得了有限的成果。可惜新中国成立后一度将礼学视作封建学术余孽加以批判,为数不多的治礼专家不得不转变学术研究方向。在古史研究领域,几乎很少有旧时代过来的学者会再结合礼学探索古代社会,更遑论旧学底子薄弱的新人了。

然而,三礼记载的不仅仅是些没有实用性的繁文缛节,其中更有丰富珍贵的历史和文化资料。因为周代礼制既是整个贵族社会的行为规范和道德准则,更涵盖了各种典章制度,渗透到社会肌体的各个方面,如同杨宽先生所言,"要对古代制度作比较深入的探索,就无可避免地要进入这个'礼'的领域,做好各方面的开荒工作,对各种古礼必须作好新的探索"①。为此,在《古史新探》一书中,杨宽先生先后考察了籍礼、冠礼、大蒐礼、乡饮酒礼、射礼、贽见礼六种代表性的古礼,以及属于礼制范畴的宗族、宗庙、学校、职官诸制度,探源疏流,详细分析了各种古礼的特点、意图与作用,为深化了解西周历史提供了极大助益。

杨先生的礼学研究具有如下特色:

首先,他充分吸收从两汉到清代的经学家有关"三礼"的注释和考证成果,注意搜集和阅读前人有关礼和名物制度的著作和资料汇编,但他对经学家的说法,或择善而从,或正讹匡谬,绝不盲从迷信。正因为他的礼学研究全面综合了前人的考证成果,因此他对礼书所蕴含的经义、礼义的阐释就比较精确,对礼节的铺陈条理清晰,善于运用通晓畅达的语言,描写深奥晦涩的礼典内容,展现出深厚的经学功底和文字表达能力。礼学读物的学术性与通俗化,在他的论文中达到很好的统一。

其次,他突破了传统礼学专重注疏考证的路子,开始结合多种学科如民族学、民俗学、考古学、古文字学、文献学乃至历史学,将现代先进的研究方法和手段运用于礼学研究上。他有关民族学的材料主要来自摩尔根的《古代社会》、恩格斯的《家庭国家和私有制的起源》,还有新中国成立后西南与东北少数民族的社会调查报告。他经常将包括礼制在内很多中国早期的历史现象和摩尔根、恩格斯的著作进行比较,试图找出人类普遍的发展规律,揭示中国上古制度的起源。他重视对民主改革之前还处于"奴隶制阶段或氏族制阶段"的少数民族实地调查的成果,也是因为其社会生活更接近我国中原地区古代的社会情况,更适合用于历史比较。

杨宽先生之所以要借鉴和运用多种学科的研究手段和成果,最主要的原因

---

① 《历史激流——杨宽自传》,第243页。

是他将古代礼制当作研究历史的重要资料,需要考辨其源流、性质和功用。因为礼制具有保守的特性,变化相对缓慢,因而能够结合古文献、古文字和民族学资料,由下而上追踪,找出源头,再溯流而下,观察变化。通过这样多种学科研究手段的交叉运用和不同材料的相互比勘,在杨宽先生的笔下,许多古礼的原始来源被一一揭橥,例如大蒐礼和射礼起源于原始社会的狩猎活动,籍礼来源于远古的农耕仪式,贽见礼源自狩猎采集时代的礼物交换……杨宽先生在找出古礼之源后,还进一步对其性质的历史变化做了追踪考察。他认为西周的礼俗时尚虽然很多都有远古的来源,但已经变质,被贵族阶级利用、改造和发展,成为维护统治的有力手段。因此他研究的重心就放在对礼制的性质与作用的阐述上。这样,他已经跳出了传统礼学的藩篱,打破经学界限,与历史学融合为一体,形成其礼制研究的一大特色。后来他从事陵寝制度和都城制度史的研究,也用深厚的礼学素养,结合历史学和考古学,对很多历史现象做了生动合理的阐释。

(四) 宏观的综合研究和微观的史料考辨相得益彰,多学科手段有机结合

杨宽先生特别重视综合系统的史学研究,这方面,可以看到老师吕思勉先生治学的影响。他赞赏友人陈梦家先生的《青铜器断代》,也正是因为其研究已经跳出古文字学的窠臼。杨宽先生的断代史、制度史等专题研究,无不自成体系,视野广阔,同时对历史的观察和描绘也更为仔细和精致。由于方法系统、资料详实、观点鲜明、结论公允,使得他的一批论著具有很高的学术价值。值得深味的是,这些著作涉及艰深晦涩的上古文献和非常专门的学术课题,它们却都是学术畅销书。他的著作如此广受读者欢迎,除了作者知名度、学术质量原因之外,还和讲究写作技法大有关系。杨先生早年受过严格的旧学训练,写得一手漂亮的古文。后来他完全用白话文写作,文字表述朴实通畅,文章结构清晰紧凑,思路富有条理,善于对复杂的学术问题做简明通俗的表述,着笔层层推进,状如剥笋,很是畅快。

随着当代学术的飞跃发展,历史学与其他社会学科相互结合、交叉渗透已经成为必然的趋势。如前所述,杨宽先生在学术研究中,既重视运用社会科学理论,继承前人优秀成果,又充分吸收考古学、民族学、古文字学等相关学科的最新成就,不断开拓新的研究领域。他特别重视出土文字资料在古史研究上的重要性,尤其在西周史研究上,他认为数百篇金文的价值等同甚至超过《诗》《书》,应充分运用。因而他重视吸收古文字学家的研究成果,虽然不专门研究古文字,但凭借雄厚的文献功底,以历史学家的眼光写出的有关青铜器问题的文章,往往受到古文字学家的认可。他从历史的角度用汉字文化学解释一些文字,立意新颖,见解深刻,考证角度也与文字学家不同。杨宽先生是中国文博事业的先驱者,20余年的文物工作经历,使他有能力在论著中大量运用新出土的考古资料,以期解决古史研究中的疑难问题。他不仅从文物考古刊物和发掘报告中搜集资

料,更重视实地考察。为了撰写陵寝史和都城史,他以花甲之年两次考察山东、河北、河南、陕西等省有关王陵和城址,并系统地结合遗迹和文献进行学术探讨,很多见解都来自实地考察的收获。杨宽先生在著书立说时,很注意了解最新学术动态,凡国内外发表的有关文章和著作,他都尽可能地泛览细读,吸取他人之长。如他对西周官制的研究便受到日本学者的启发,而加以深入地论证和发展。正因为杨宽先生在学术上毫无保守习气,努力吸收最新成果、更新的知识,因而他始终站在学术发展的最前沿。

在当代史林中,杨宽先生属于高产的史学家之一。他主张学者要尽快将研究心得转化为论著公开发表,通过这样的抛砖引玉,求得交流、批评与争鸣,从而推进研究的进一步深入。他的绝大多数专著,每过若干年后都要进行重大修改,不断充实完善,这其中就包括对不同学术批评意见的思考和汲收。他不少学术性很强的论文,如西周农业中的"菑新畬"、西六师和殷八师的性质、周代是否存在墓祭等,就是在学术争论中撰写的,对很多历史问题的认识也是在相互诘辩中得到升华的。这样的讨论,完全是认真平和的学术交流,并不夹杂个人私怨。

杨宽先生在复旦大学历史系执教多年,他是粉碎"四人帮"、高校恢复招生以后,历史系唯一一个为本科生上课的老教授,那时他已经60多岁,身患胃病,到复旦上课要倒两部公交车,十分辛苦。1982年,他第一次也是唯一一次招研究生,我有幸成为门下弟子。印象中的老师,生活简朴,经常穿的衣服是洗得有点发白的卡其布中山装。他不讲究饮食,家中常见的"滋补品"不过是普通的红枣赤豆汤。1983年四五月间,他带我们到山东、河北、河南、陕西、湖北考察先秦古代都城,一路风尘仆仆,马不停蹄,经常和我们共宿一屋招待所,同挤火车硬座厢,从来不要求地方文物部门特别款待。每到一地,他不是实地考察,就是应邀做学术演讲,晚上还要看资料、思考问题,非常珍惜时间,异常勤奋。老师做学问向来都是亲自动手,身体力行,就连借阅资料也从来不要我们帮忙,希望我们专心学习,迅速成才。1984年老师出国后,我们保持密切的书信来往。他在海外20余载,生活充实安定,可谓一生圆满。

近年来,复旦大学出版社为杨宽先生先后出版了《中国先秦史十讲》和《复旦大学百年经典文库·杨宽卷》。我有幸承担两书的编选工作。上海人民出版社更是汇总出版了杨宽先生的主要著作,大大有惠史林。一代史学大家杨宽先生虽然离我们远去,但他的著作已经成为不朽的学术经典。

谨以此文纪念敬爱的导师杨宽先生。

(原载《文汇报·文汇学人》2016年9月9日)

章巽

章巽(1914—1994)，字丹枫，浙江金华人。历史学家、中国历史地理学家。专长中西交通史、中国历史地理等。

1930年考入浙江大学，后转入中央大学历史系。1934年大学毕业后，历任《大公报》和中华书局编辑。1944年赴美任《大公报》记者，并先后就读于美国哥伦比亚大学、约翰·霍普金斯大学和纽约大学等校研究院历史系，获文学硕士学位。1947年任中央大学教授。1956年转任复旦大学教授。

兼任上海市历史学会理事、中国中亚文化研究协会理事、中外关系史学会名誉理事、中国海外交通史研究会顾问、新加坡亚洲研究学会荣誉会员。

在大学任教期间，讲授"中西交通史""中国历史地理"等课程。

2018年入选上海社会科学联合会评定的"上海社科大师"。

与顾颉刚合编《中国历史地理集》古代部分，主编《辞海》中西交通史分科；整理和校注《大唐西域记》和《法显传》；出版《我国古代的海上交通》《古航海图考释》《国学经典导读——〈大唐西域记〉》等著作。发表学术论文《丝绸之路的西端——大秦中国间直接航海交通的开辟》《元"海运"航路考》《论〈海道经〉》《〈法显传〉的宋、金刻本和古钞本》等。其全部著作收入《章巽全集》(上、下册)，约300万字。

婺州学子多俊彦　丹枫接钵继前贤

郑宝恒

北京中南海毛泽东主席菊香书屋常用书架上插有紫红色封面的《中国历史地图集(古代史部分)》,此书的两主编之一,即是我的老师,著名的中西交通史和航海史学家章巽教授。

一、艰辛勤奋的求学路

1914年4月23日,浙江省金华县城内十分宁静,入赘于汪志洛家中的穷秀才章毓湘的小房里,传来婴儿呱呱的啼哭声,这个刚出生的男婴就是后来的章巽先生。他的父亲给他取《易经》中的"巽"字作大名,为"吉顺"之意。他的母亲汪芙卿自幼读书识字,娴熟旧体诗词,为人贤惠,一家其乐融融。但天不作美,章师两岁那年,父亲突发重病撒手人寰,留下母子和刚出生两个月的妹妹。此后长期寄居在外祖父家中,母子三人生活的窘困是可以想知的。幸而母亲意志坚强,决心抚童成人,以舌耕自给,在乡间简屋陋房授徒执教,维持一家生计。章师稍长时,其母受聘担任义乌县立女子高等小学校长,家业随之迁往义乌。当时她日课诸生,夜间秉烛教子,令其诵读《通鉴纪事本末》等史书。章师就在"儿读史,母吟诗"的氛围中接受国学启蒙教育,并顺利地通过了小学阶段的学习。

旧时许多男子除正名外,常有表字,平日多呼表字以代正名。小学毕业前夕,其母也为章师起个表字曰"丹枫",寓意秋季的红枫分外鲜艳,又能经受风霜。这一表字章师十分喜欢,到晚年仍在沿用。

章师自幼颖悟,勤奋好学。加上母亲的精心培育,读小学时经常跳级,9岁半时便已小学毕业,10岁考进金华的浙江省立第七中学(今金华一中),七中是全省的名校之一,当时规定要13岁以上方能报考,章家在小学的毕业证书上加填了3岁才得以报名入试。由于试后成绩优异,这件事也一直不被人提起。16岁高中毕业即跨进杭州的浙江大学文理学院,读了半年,浙大经费发生困难,停办了部分文科,章师便转学到南京的中央大学(今南京大学的前身)历史系,于

1934年完成了大学的学习任务,获得文学学士学位。自踏进中学以后,特别在大学时代,求学费用频频遇到困难,幸得到亲友的鼎力相助,艰辛走完学习全程。他平时每谈及当年经济拮据,数次面临辍学的甘苦经历,说者动情,听者动容。

二、投身抗日救亡运动,撰专文见报端

大学毕业后,章师由母校南京大学介绍到天津南开中学执教一年。1935年春,适天津《大公报》招考编辑,章师应试被录取,旋任该报各地新闻助理编辑。1936年春,《大公报》增设上海版,调往上海,与徐铸成、许君达三人任该报要闻版编辑。1937年抗日战争全面爆发,《大公报》记者范长江和新闻界同仁胡愈之、夏衍、恽逸群、羊枣等人组织"中国青年新闻记者协会"(简称"青记"),章师、孟秋江、陆怡等人也是发起人。在"青记"会议地点选址、具体联系落实,乃至协助起草"青记"章程等方面,他都倾注了心血。那时在范长江的带领下,章师白天上班编报,晚上广泛联络进步青年记者,积极投身抗日救亡运动。他曾对我们说,这段生活是"既紧张、愉快、又充满战斗激情"。1937年11月,上海除租界外,其他地区为日军占领,在《大公报》人手奇缺的情况下,章师仍坚守岗位,每天奋笔疾书,连续发表了《对日抗战中的国际形势》《国际发动制止侵略》《华北国防线》《远东九国公约会议展望》《调解失败后的比京会议》等文章;同时翻译了大量的外国报刊文章并转发国外通信社的稿件,介绍国际形势以及外国对中国的评论,如《义大利的外交路线》《义相在北非的活动》《新加坡之危机》《英记者的亲德论》《英义外交新发展》《粤省国防建设》等,大大鼓舞了国人坚持抗战到底的信心和勇气。1937年10月14日,在《大公报》上刊登的《(中国)西战场之军事地理》,分析透彻,富有创见,被收进范长江的《西线风云》中。1937年12月,上海《大公报》及其姐妹刊物《国闻周报》因抗拒日军的新闻检查,相继停刊,《国闻周报》停刊号上他撰写了《国族的前途》一文,对日军侵略中国的根源做了剖析,阐明在日军侵略面前国民党政府的软弱和无力,指出只有全国上下团结一心,各尽所能,长期应战,才是取得最后胜利的唯一出路。该文当时在上海滩上反响强烈。1938年春末,《大公报》创办香港版,章师调往香港,仍当要闻版编辑,旋任香港《大公报》晚报版主编。1939年9月,章师由老友姚韶华介绍入上海中华书局编辑部任编辑,工作了两年。1941年太平洋战争爆发,上海租界被日军强占,不能存身,又不愿意在敌占区生活,就和金兆梓结伴西行入川。1942年春抵重庆后,为了读书方便,章师回到当时迁到沙坪坝的母校中央大学,聘为历史系讲师,同时兼任重庆中华书局特约编辑和《新中华》杂志主编。1943年暑假,因桂林《大公报》编辑主任乏人,应邀赴任此职。1944年又以《大公报》驻美记者的名

义前往美国。该年5月,在赴美途中经过印度,他有幸采访刚刚脱离牢狱的圣雄甘地,撰写了《访甘地先生》上、下两篇长文,于1944年7月5日、6日分别在《大公报》"战时旅行"栏上发表。

留美三年(1944—1947)期间,章师主要是继续求学深造,先后就读于哥伦比亚、约翰·霍普金斯和纽约等大学,1947年春毕业于纽约大学研究院历史系,获文学硕士学位,因经济发生困难,于1947年暑假回国。

在担任《大公报》《国闻周报》和《新中华》等报刊编辑期间,据不完全统计,他发表文章达百篇以上,章师二公子嘉平先生的《老报人章丹枫(巽)先生旧作》一书中辑录有其主要文章。

十载的编辑生涯,虽很杂乱,但阅览众多书籍,接触知识甚广。这时章师养成每天只要有片段空余就不闲着的习惯,总是利用点滴时间抓紧看书,并经常推敲文字技巧。这样,他不仅增添了知识的积累,而且在语言的表达能力上也有了长足的进步。他的文章写作规范、内容严谨、文笔流畅,在复旦历史系教师中颇受赞誉,是与该时期担任编辑工作有很大关系的。

三、黉宇执教　果实丰硕

1947年章师回国后,应聘母校中央大学历史系教授,在《大公报》仍挂名编辑,直至1948年8月才完全脱离报馆。1948—1949年间,还兼任过上海复旦大学历史系教授。1951年因患严重的呕血病,由南京回上海家中疗养,在顾颉刚创办并担任总编辑的大中国图书局任特约编辑。1956年春,正式到复旦大学任历史系教授,后被授予博士生导师,直至1994年12月走完了80岁的生命历程。其间曾兼任上海历史学会理事、中国中亚文化研究协会理事、中外关系史学会名誉理事、《中外关系译丛》名誉主编、中国海外交通史研究会顾问、新加坡亚洲研究会荣誉会员等职衔。

章师在大学历史教学中,一直和科学研究工作相结合进行,研究成绩斐然,硕果累累。今分五大方面叙述于后。

（一）历史地理方面

在大学读书的时候,章师就特别注意到历史科学中的人、地、时三个方面,及其这三者之间的关系;同时认为人类的历史演变总离不开他们所进行各种活动的空间,因此在从事历史研究时,应该给历史地理以充分的重视。当时他阅读了明末清初历史地理学家顾祖禹的名著《读史方舆纪要》,爱不释手,反复披览,加深了对历史地理的兴趣和钻研精神。1942年回重庆沙坪坝中央大学任教,有机会和著名的历史地理学家顾颉刚先生共事,其后十年,顾先生又邀请他到大中国图书局担任特约编辑,更有了长期同事的机会,友谊深厚,结成忘年之交。在顾先生的鼓励下,章师编译成"上古之部""中古之部上"和"中古之部下"三套《世界历史地图》,于1952—1955年间在大中国图书局出版,一时风行全国。接着又有与顾颉刚合编、谭其骧审校的从上古至鸦片战争为止的《中国历史地图集(古代史部分)》,于1955年由地图出版社推出。这是谭其骧先生主编,1982年至1987年出齐的八卷本《中国历史地图集》问世以前读史习地的主要参考书。篇头语已述,毛泽东主席常用书架上便有此书[①]。自20世纪60年代以降,上海辞书出版社开始出版巨型辞书《辞海》,章师一直担任该书编辑委员和中西交通史的分科主编,这部分词目包含很广泛的外国地区,从中可以看到他对国外历史地理的深入了解。

建立在黄河中上游一带,大体上和两宋相始终的夏国(宋人对党项羌所建立的大夏政权称西夏,以与以前的夏朝和十六国的夏相区别),自从元昊嗣主(1032年),经称帝(1038年)至末主李睍为蒙古所灭(1227年),立国近200年,关于夏国地理方面的著述很少。章师发表在《开封师范学院报(哲学社会科学版)》1963年第1期上的《夏国诸州考》,对夏国早、后两期20余个州的州名、地域及其演变情况都做了详细的考订,填补了这方面的空白。该文1984年8月"后记"中提出:"雄踞西北的夏国,就航海史和中西交通史的角度来看,它阻塞了两宋西北的对外交通,逼迫宋人另谋出路,这出路之一就是向海洋去求助,所以两宋时代航海事业的加速发展、航海技术的飞快进步,包括指南针应用于航海这样的重大发明,应当都和来自西北的压力有关。铜山西崩,洛钟东应,历史事件的交错发展也正是这样的。"宋、夏间重大事件彼此互相影响的论点,受到了学术界的重视。

(二) 中西交通史方面

谈到中西交通史,更是章师研究卓有成就的方面。他一向认为中国和外国的历史,自古以来就存在着互相融通、互相交流的关系。这一认识促使他注意中西交通史的研究。从20世纪40年代开始,他就不断搜集这方面的材料,撰写这方面的论文,20多年来,他一直在复旦讲授中西交通史的课程,并指导这方面的研究生和博士生。据统计,章师和由他领导的博士点,培养研究生达30余人。他的许多门生学有专长,在学术上都有建树。

在中西交通史的著作中,章师根据名著《法显传》整理完成《法显传校注》,1985年由上海古籍出版社出版。在这本书的编写过程中,他搜集了大量的资料,参照的底本就有《法显传》的北宋本、南宋本、金刻本和日本所保存的古抄本

---

① 见孙宝义等编著:《向毛泽东学读书》,台海出版社2011年版。

等,做了严密的文字校勘工作。又因《水经注》里面引用了许多《法显传》的传本,所以他又利用了《永乐大典》本以下的明、清多种校注本《水经注》来进行校勘,结果不但有助于校正《法显传》,同时也订正了现传本《水经注》的许多错误。

上已述及,章师多年担任《辞海》的中西交通史分科主编,其中有关中西交通史的所有条目,都是经过他亲手编写或校订的,工作量大,质量上乘,其严谨治学的态度给人留下了深刻印象。

(三) 西域史方面

中西交通史的探讨很大一部分有赖于对古西域历史的钻研。古西域的范围很大,包括今天我国的新疆,以及中亚、西亚等地。对于古西域交通线的分布和地域区分等,他都写过专文加以讨论,把由东到西网行分布的"丝绸之路"具体明确地描述出来。由美国麦高文著、章师编译的《中亚古国史》,自1958年由中华书局出版后,至今一直是研究中亚史的重要参考书。1977年10月,上海人民出版社出版了由章师校点的唐玄奘《大唐西域记》,他以金陵刻经处本作为校点底本,并参阅了敦煌唐写本、南宋安吉州资福寺刊本、宋碛砂藏经本、明末嘉兴府楞严寺刊本、高丽新藏本、日本石山寺古写本等,详加校勘,并对其中的地名做了考释。这是研究7世纪时中亚和南亚的历史地理以及佛教的一本必不可少的书籍。

发表在《中华文史论丛》1983年第2辑上的《桃花石和回纥国》一文,对新疆喀什市附近出土钱币上阿拉伯铭文的"桃花石",提出了新见解,他引用多种文献,认为"桃花石"起源自"大汗",而非来自"拓跋"。同时他对范文澜《中国通史》第四册第五章里把回纥在我国北部建立的政权称为"回纥国",将其年代定为公元647—846年,而把以后西迁中亚和今新疆西部的回纥人所建国家称为喀拉汗国表示不同意见,主张这个西迁所建的国家当如辽、金、元史籍之所载,也应称为"回纥国",还它本来的国号,并将年代统一定为公元846—1212年;为区别起见,不妨把公元647—846年迁于北方的称为北回纥国,把公元846—1212年建于西方的呼为西回纥国。他说道,我们对西迁的契丹人所建国家不称为喀喇契丹,而称为西辽,现在把西迁的回纥人所建国家不称为喀喇(拉)汗王朝,而称为回纥国或西回纥国,不正是同样合理吗?

(四) 航海史方面

章师学术领域的又一重点是对于航海史的研究,在这方面他做出了许多喜人的成绩。1956年3月,由商务印书馆出版(1986年出增订版)的《我国古代的海上交通》,是有关19世纪中叶以前我国海上交通的一部简史,书一出来就受到广大读者的欢迎,之后苏联也在莫斯科出版了俄文本。此外,章师还经常有关于我国航海史方面的论文发表。如对于公元前3世纪以前我国对季风的利用和认识,公元前3世纪以前"丝绸之路"西端的大秦(罗马帝国的东部)和我国的航海交通,六朝以下佛教经籍中所载的航海史料,元代"海运"所采取的几次航行路线的改变,元、明、清各代的一些航海史迹等,章师都曾进行过探索,并有所收获。

在航海方面,章师还有一册著名的出版物,即1980年3月由海洋出版社出版的《古航海图考释》。这本书从初见原始素材,经艰辛考订,再到公开出版,经历了漫长的过程,说来还有一段鲜为人知的故事:1956年春天某日下午,章师到上海汉口路的来青阁书庄寻书,要找的书没有找到,却在店堂墙角书架下面见到一大堆残缺的破书,看样子是准备当作废纸送出去处理的。章师俯身下去翻寻了一下,看见有一本黄色毛边纸的旧抄本,上面尽是一些不规则的小图形,却又有一些不常见又不易解的注文,注文中有一些看起来是地名的样子。由于他熟悉古代的原始航海图籍,当时就感到这册抄本可能和古航海图有关,于是就买了回来。以后章师便对着这个旧抄本,穷思苦想,东查西对,这样断断续续地钻研了十年,才从钻研的困境中基本解脱出来。从各方面分析,证实它果然是我国民间遗留下来的一种古航海图的孤本。抄本内航海的地域范围很广大,北起山海关旁的辽东湾,向南一直连到珠江口以外,把我国大陆边缘绝大部分的近海航线都包括在内。为了能早见成果,"文革"中,章师白天要去单位做"专政对象",参加劳动,晚上回家,仍舍不得放弃钻研,还是一灯相对,忘我工作。打倒"四人帮"后,这册《古航海图考释》终于正式出版,为我国古代的航海地图史填补上一个空缺,增加了一份重要的资料,凡后来所出版的讨论航海史或航海地图史的书籍,总要提到这册书。

(五) 有关地理学史方面

河水重源说是我国古代地理上一件著名的公案。所谓重源,大约就是说,黄河的上源出自远方的西域,先流入盐泽(即蒲昌海,今新疆罗布泊),然后从地下伏流,直至积石山(今青海省东部),再冒出地面,东流而为黄河。我们今天都知道黄河正源是青海省中部今札陵湖西北卡日曲,它在积石山之西,而和罗布泊没有什么关联。所以古代所盛传的河水重源说并不合乎事实,但是此说曾经流传了2000余年之久,清代乾隆和道光时,本早已找到真正的河源,而官修诸书如《河源纪略》(乾隆四十七年撰)、《大清一统志》(道光二十二年重修)等还仍是将西域河源伏流重发的传说牵连附会记载进去,足见这一传说的影响之大。所以从地理学史上看起来,这一河水重源说究竟是在怎样的情况下产生、发展、形成的,依然是一个值得加以研究的问题。章师在《学术月刊》1961年第10期发表的《论河水重源说的产生》一文,提出古代河水重源说的产生有两个来源:一是张骞自西域传入,时间在公元前2世纪后期,这就是《史记·大宛列传》和《汉书·西域传》的记载。另一个来源则由东来的佛教徒所传入,时间当较张骞稍迟。这些由西域东来中国的佛教徒,把古代印度诸大河流同出一源而四向分流的观念,扩展到中国境内,认为中国的黄河也只是源出阿耨达池的斯陀河的伏流再出。一篇论文将千年公案的来龙去脉及其产生的原因简明扼要地理清了。

四、三层楼舍　五车藏书

> 深杯酒满心宜足,小圃花开意亦舒。
> 莫笑衰翁贫且老,传家尚有五车书。

这是1984年12月章师送给笔者岁杪《漫笔》的一首七言诗。

上海山阴路恒丰里章师三层寓所内书籍琳琅满目,藏书达1.2万余册(函),并有专橱放置。《古今图书集成》《百衲本二十四史》《四部丛书》(初、二、三集)等大型类书、丛书俱全,且均为首印本。另有50多年来他亲手搜集起来的书籍。这些书籍包含中国历史地理的历代传本、中西交通史的历代传本、有关中国航海史的图书、有关中国历代边疆的图书以及好几套中国著名的丛书如《津逮秘书》《知不足斋丛书》《小方壶斋舆地丛抄》以及补编、再编和《士礼居丛书》等,颇有使用价值。"文革"前最后购进的大部头书是《大藏经》。属于精品书籍的为数也不少,如胡刻初印本《资治通鉴》、原刻初印本《续资治通鉴》,明嘉靖刻棉纸本《艺文类聚》,明刻本《筹海图编》《大学衍义》《大学衍义补》,越南刻本《南国地舆》。四大册《广舆图》系明万历版,较为罕见,弥足珍贵。还有《十八省地图说》乃清扬州阮氏旧藏本。刘承干精印的《八琼宝石补正》是民国时期所出版的最精美的金石图书。《水经注》研究诸书,是章师多年精心蒐集自明《永乐大典》以下各家研究《水经注》书籍的总汇,采进书达29种,为研究《水经注》者提供了较大的方便。

五、殷切期望　寄语后昆

笔者长期受业于章老师,经常聆听其教诲。他的许多治学经验和殷切期望,铭记于心,难以忘怀。

章师常对学生说,研究学问应该先具有比较广的知识面。他引述前人的话"为学者如金字塔,底要广大塔要高"。底要广大,就是先要具有较广的知识面;塔要高,即在具有较广知识面的基础上,再攀登学术的高峰便方便多了。就研究历史而言,历史书籍资料本身浩如烟海,而在此以外,诸如考古学、方志学、地理学、民族学、文字学、语言学(包括外语)、生物学、社会学、宗教学等,无不和历史研究有种种关联。他谦虚地说道,自己对于这些学科的学习虽极不够,但在研究工作中还是得助于对这些学科的粗浅知识。用二十四史的《地理志》，再加上《元和郡县图志》《太平寰宇记》《大清重修一统志》等总志，乃至《读史方舆纪要》等书来追述各地建立郡县的沿革，固然是抓住了主要的一面，但仅靠上述这些书是不足的，还要依赖其他的资料，这就需要有较广博的知识面。他以福建泉州地区陈时曾置过一个梁安郡为例，说道：叙述泉州地区的地理沿革，过去学者只知道南朝梁、陈曾在这里设立过一个南安郡，佛教史籍《续高僧传》传一《拘那罗陀传》（拘那罗陀的汉译就是真谛）则云这位真谛于梁、陈时在中国旅行，曾到一个梁安郡的地方。又据真谛所译《金刚般若波罗密经》的后记中说，真谛就在这个梁安郡译出此经。另据乾隆《泉州府志》载，真谛译经所在地即在今泉州附近。这样看来，今泉州附近在梁、陈时候，还曾设过一个梁安郡。章师就根据这些佛教资料，再结合其他的史料，经过缜密的考证，写成《真谛传中之梁安郡》一文，指出今泉州地区在梁、陈时曾设梁安郡，陈代才改成南安郡。因此他建议今泉州地区的地方史中似应加进一个梁安郡。

章师教诲学生读书、治学要三多，即多动手、多比较、多思考。多动手，就是多抄卡片，把读过的书，里面认为具有参考价值的抄成卡片。一个人的记忆十分有限，一经抄成卡片，以后翻检起来就方便多了。这项工作很艰苦，一定要持之以恒，千万不要三天打鱼，两天晒网。卡片抄好后，还得将一张张分散、零星的东西加以编排分类，使之变成系统的知识。做到这一步，使用时就能得心应手。章师还有一本待出版的辞书——《中西交通史地名词典》，在编委会上，他希望有人能通读、搜集一下二十四史中有关中西交通方面的材料，研读后摘抄在卡片上。有位年轻的编辑遵嘱用了约两年的业余时间，泛读了二十四史，足足抄出两万张卡片。章先生见后兴奋之情溢于言表，建议用四角号码把这些卡片编排起来。通过辛苦的劳动过程，摘抄者既为词典的编写打下了坚实的基础，又把二十四史中有关中西交通的资料有条不紊地握在手中。拥有这一大套卡片，在学习与工作中，真有左右逢源之乐和受惠不尽之感。

古书因为流传年久，经过多次的手抄和翻刻，很容易产生错误，这就特别需要多比较、多思考。章师在闲聊中曾谈到：唐僧人玄奘的年岁，传世的古籍里，有63、65、69等不同说法。那么，究竟采取哪一种呢？现在多数学者采用65岁说，因为此说出自《续高僧传》，其作者道宣，和玄奘年岁相近，且曾共事译经，其记载当较可信。又如《大唐西域记》前列"燕国公"序文，有的刻本作"燕国公张说"，有的刻本作"燕国公于志宁"。原来唐代张、于两人都封过"燕国公"，那么究竟以哪一个为是呢？于志宁是唐高宗时人，和玄奘同时，张说是唐玄宗时人，远较玄奘为晚，所以学者们认为以于志宁为是。以上两例所下的结论，都是经过比较和思考而得来的。

此外,章师写过《〈水经注〉中的扜泥城和伊循城》的论文,指出现行本《水经注》内有一段错简,应该予以纠正,即《水经注·河水注》里,从"扜泥城其俗谓之东故城"向下一直到"负水担粮迎来汉使"这96个字,应该往前移到"注滨河又东径鄯善国北治"这11个字之下。经过这样改正后,本段文字通顺起来了,将扜泥城移到西边,把伊循城挪到东边,地理位置得以纠正,从而解决了古楼兰国历史地理上的一大问题。从楼兰国改成鄯善国,并无迁都之事,扜泥城一直是楼兰国和鄯善国的王城。本篇论文顺利写就,得力于拿《水经注》文和《汉书·西域传》文对勘,不断比较,不断深思,遂能由96个字的错简摸清真相,推衍而成。这又是一个多比较、多思考的实例。一位学生曾问过章老师何以能别具慧眼,看出这段错简。他笑而答曰:不过是因多读、多想、多比较,熟能生巧而已。这个"熟"字,包含着多少勤学苦读啊!

章师十分注重外文的学习,他比喻说,一种外文好像一对眼睛,多学一种外文就等于多生一对眼睛。他自己除了早年就打下英、日文的基础外,壮年以后还攻读俄文,晚年仍经常到寺庙向方丈、阿訇请教梵文和阿拉伯文。外文的学习为他打开了广阔的视野,使他在科研工作中受益无穷。他撰写的《法显传校注》,里面就有大量梵文的人名、地名和术语,他在注释中都能规范化地恢复它们的梵文原名,使注释更臻完善。在其《明初我国通使日本的主要针路——〈使倭针经图说〉考释》一文中,遇到当时航行所经过的一些地名,前人都未曾考出,他则求助于一册日文地图,确定其中的"亚慈理美妙"即今日本四国东南部的足摺岬(アシズリヤマ)而其中的"伮鸟佳眉",即今日本四国东南部八阪八滨以东的大岛(オシマ)。而其中的"而是麻",即今日本纪伊水道西边的伊岛(イシマ)。这样,在完成求证确实地点的同时也考出了当时航线的方向。少数几组日语则为文章的立论提供了重要的依据。

章师是位纯朴的学者,平时说话不多,总是专心于读书与写作,业余喜爱赋诗填词。不吸烟,不饮酒,唯一的嗜好就是买书、看书。在几十年的教育生涯中,他对学生和蔼可亲,诲人不倦。他学识渊博,为人低调,谦称自己是一个平凡的知识分子,其实他在"平凡"之中,却做出许多不平凡的事情。

随着我国国际地位的日益提高,对外事业蓬勃发展,特别是如今的中国已向海上强国迈进,神州大地实践、研究中西交通和航海的人才不断涌现,不少人业绩卓著,章师的后继者不乏其人。他如有在天之灵,当含笑于九泉之下。

斯人虽逝,风范永存;高山仰止,景行行止。谨撰此文缅怀与祭奠章师。

(原载章嘉平等编:《丹枫苍桧——章巽百年诞辰纪念文集》,广东人民出版社2015年版)

田汝康

田汝康(1916—2006)，云南昆明人。历史学家、社会学家。专长社会学、东南亚史和华侨史。

1935 年至 1937 年就读于北平师范大学教育心理学系；后转入西南联合大学学习哲学心理学，在校期间参加燕京大学和云南大学合办的社会学研究工作站，从事社会学研究。1945 年入英国伦敦大学政治经济学院，1948 年获哲学博士学位。毕业后，受英国殖民地社会科学研究理事会（Colonial Social Science Research Council）委任，前往砂拉越从事砂拉越华人社会结构的研究。1948 年至 1949 年在砂拉越进行田野调查工作。

新中国成立后回国参加祖国建设，1950 年出任浙江大学人类学系教授。1952 年起至 1979 年，任复旦大学历史系教授、亚洲史教研室主任。1988 年任复旦大学社会学系主任。1979 年后，出任英国剑桥克莱尔学院客座研究员、澳大利亚国立大学太平洋研究院访问学者、日本京都大学东南亚研究所访问教授、荷兰莱顿大学汉学院访问教授、美国哈佛大学费正清东亚研究中心访问学者、康乃尔大学东南亚研究访问学者、南加州大学人类学系访问教授、加州伯克利分校中国研究中心访问学者等。

兼任中国社会学学会副会长，中国华侨历史学会副会长、顾问，中国东南亚研究会顾问等职。

在大学任教期间，讲授"人类学概论""考古学通论""原始社会史""世界上古史""东南亚各国史""民族解放运动史""近代国际关系史"等课程。

主编《世界文化史丛书》、《中国近代史料丛刊·第二次鸦片战争》西文资料；主持《辞海》世界史分科修订，参与编著《沙俄侵华史》《西方史学流派文选》《水运技术辞典·古代水运及木帆船》等。

以中英文发表《沙捞越华人三十年来的变迁》《婆罗州客家公司》《中国与胡椒贸易》等论文 40 余篇。其代表作有 The Chinese of Sarawak、《芒市边民的摆》、《中国帆船贸易和对外关系史论集》、《男性阴影与女性贞节》等。

田汝康与中国的新文化史研究

周 兵

说起新文化史,自然而然想到的是欧美史学自20世纪七八十年代以后兴起的史学新潮,其影响之大以至于在20世纪的最后二三十年里成为当代西方史学中最显著的一个现象。在国内,一般把它看作一个完全外来的历史理论和方法。近年来,不论是海外汉学界还是国内史学界都开始日益关注起新文化史这一史学前沿,并将之运用到中国史研究的实践当中,其中自然不乏上乘佳作和令人耳目一新的研究成果,但也有一些研究在方法的使用上显得生硬造作、流于模仿,未能真正对国外史学理论兴起背后的理论渊源以及被运用中的学术背景做充分的了解,也没有对中国史课题在史料、文献上与西方历史研究之间的差异有足够的认识。此外,不少国内史学研究者在本身的知识结构、理论素养和实践能力的准备上仍然不够,尤其是在跨学科的研究能力上尚有亟待加强的地方。一些对引入新文化史心存疑虑的批评往往也是因此而发。

当然,对于新文化史与中国史研究相结合的可能性及其前景,应该是毋庸置疑的,这在今天的学界已是一个普遍的共识。关键的问题在于:如何使这种可能更加可行?如何使这一前景结出丰硕的成果?笔者试图以一位中国世界史学界的前辈学者、已故复旦大学教授、著名历史学家田汝康先生(1916—2006年)为例,来说明这种可能确实是可行的,而且他和他的研究成果在国外史学界也早已得到了极高的评价,如果我等后辈能够循其轨迹而继续努力的话,未来的前景自当可期。

一

田汝康1916年出生于昆明的一个大家族,家学深厚,自小受到了良好的中英文学术熏陶①。1935年中学毕业后考取北平师范大学心理学系,学习教育心

---

① 王爱国:《谁为杜文秀平了反——为田汝康先生逝世两周年而作》,《回族研究》2009年第1期。

理学。两年后,因"七七事变"爆发,学校停课内迁,田汝康随难民潮辗转回到了昆明。在昆明期间,他先是暂时在当地一所中学任教了一年,然后很快便复学回到了内迁昆明的西南联大哲学心理学系①。根据当时西南联大的学制,该系属于文学院,学生还需另外修读两门课程,结果田汝康选修了"劳工问题"和"社会学",这两门课对其日后的学术生涯产生了很大的影响。

当时在西南联大主持社会学课程的是著名的社会学家吴文藻,不过在田汝康入学不久,吴文藻即携妻子冰心离开昆明去了重庆,接替其教学的是另一位著名的社会学家费孝通。根据田汝康的回忆:"当时选修这门初级社会学的学生不多,上课是在费(孝通)教授的家里。谈话轻松,随问随答,这种教法很有启发。"②由这门课开始,田汝康不仅逐渐改变了自己的研究兴趣,也与费孝通结成了终生的师生关系。

1939年,当时还是大学三年级在校学生的田汝康便受费孝通之招集,参加了在吴文藻和费孝通倡议下由云南大学社会学系和燕京大学合作创办的社会学实地调查工作站的工作。这个工作站主要致力于运用国外的社会人类学和文化人类学的方法在当时的中国进行实地的社会调查研究,由于设立在呈贡大古城村的魁星阁,因此又被称为"魁阁"。在这里诞生了中国社会学和人类学科最早的一代学者,除了吴文藻、费孝通之外,还有如陶云逵、许烺光、张之毅、史国衡等人③。当1940年田汝康自西南联大毕业、获得文学硕士学位之后,他并没有像他在哲学心理学系的同学殷海光那样继续从事哲学或本专业的心理学研究,而是义无反顾地转投费孝通门下,留在"魁阁"担任助理研究员。自此至1945年为止,在"魁阁"工作的五年期间,作为"魁阁"重要成员之一的田汝康,参加了由吴文藻和费孝通主持的一系列重要的社会调查工作。

正式加盟魁阁不久,田汝康完成的第一项课题是与史国衡一起在1940年夏天前往昆明的一家纺织机械厂做实地调查,"他们俩一个负责调查'劳工',一个重点调查'女工'"④。1943年,他们的研究报告以史国衡主著的《昆厂劳工》为题正式发表,1944年在美国访问的费孝通发现该书与哈佛大学正在进行的西屋电

---

① 当时西南联大的哲学心理学系原属于清华大学理学院,因当时这两个学科的学生较少,故将心理学与哲学合并为一系,最初学生只有两位,除了田汝康之外,还有殷海光;教授中包括汤用彤、金岳霖等。
② 房汉佳、林韶华:《中国爱国学者田汝康教授》,砂拉越人民联合党总部研究与资料中心2004年版,第53页。
③ 参见潘乃谷、王铭铭:《重归"魁阁"》,社会科学文献出版社2005年版;谢泳:《魁阁——中国现代学术集团的雏形》,《北京大学学报(哲学社会科学版)》1998年第1期。
④ 傅德华、于翠艳:《"魁阁"的重要成员田汝康先生》,载《近代中国》第20辑,上海社会科学院出版社2010年版,第126页。

气公司霍桑工厂调研项目相辅相成,故将其翻译成英文在哈佛大学出版社出版①。田汝康所做的关于女工的调查报告均作为附录,附于史国衡的中英文书后发表。这是田汝康所做的第一项独立的社会学调查,他在书中特别提到,这项研究的目的旨在"抛砖引玉,我们日夕盼望有人能继续这个研究,作一更深刻和详尽的分析,使大家能明了女工的问题是怎样的一个重要而极有兴趣的问题"②。

结束昆明的调查工作不久之后,田汝康便在1940年前后进行了第二项调查工作:前往云南西部的边陲小镇芒市,深入边远的傣族山寨——那木寨(又名纳木寨、那目寨等),进行了长达十个月的细致调查,研究芒市傣族(原称"摆夷")的重要宗教活动"摆"。1941年,他发表了《摆夷的摆》一书,导师费孝通亲自为他刻写了油印本,之于1946年由重庆商务印书馆以《芒市边民的摆》为题正式出版。田汝康在芒市傣寨的考察和研究,带有鲜明的人类学的特点,费孝通将之定义为一种"宗教人类学"的探索,"他(田汝康)从那目寨的实地观察出发,将'非摆'的实利主义特征与傣族生活实践中的社会分化事实联系起来,同时,他认为,'摆'是克服社会分化的宗教手段,对傣族来说,是一个涵盖和克服内部差序的体系"③。

费孝通在为该书正式出版所写的"序言"中对田汝康的研究给予了高度的评价,认为:"汝康在这本书中就把人类学经过了几十年所获得的方法和概念,用具体的例子,介绍给了我们国人。他不但介绍了人类学中最近的成绩,而且也是第一个人用这些方法和概念来实地研究我们自己国内的宗教活动。这是他的处女作,希望他还能继续努力,扩大完整体系的研究范围,完成人类学者尚没有做成的工作。"④当代中国的人类学研究者也注意到了20世纪三四十年代中国学者在人类学、社会学领域的开拓性贡献,王铭铭即对费孝通与田汝康师生的学术成就评论指出:"他(田汝康)的这项研究不仅拓展了费孝通在禄村的研究中提出的'消暇经济'概念的文化视野,而且……为我们指出了'边民'异文化的研究能为汉人本文化研究开拓的跨文化对话空间。"⑤

如同前文中费孝通所期许的那样,田汝康追随着费孝通的脚步在人类学的

---

① 史国衡:《昆厂劳工》,商务印书馆1943年(抗战胜利后于1946年再版);英文本为 China Enters Her Machine Age,Harvard University Press,1946。
② 史国衡:《昆厂劳工》,商务印书馆1946年版,第173页。
③ 王铭铭:《继承与反思——记云南三个人类学田野工作地点的"再研究"》,《社会学研究》2005年第2期。
④ 费孝通:《序言》,载田汝康:《芒市边民的摆》,云南人民出版社2008年版,第12页。
⑤ 王铭铭:《继承与反思——记云南三个人类学田野工作地点的"再研究"》,《社会学研究》2005年第2期。

领域继续求索。1945年,田汝康考取了抗战后第一批公费留学的资格,赴伦敦政治经济学院攻读博士,师从于著名的人类学家雷蒙德·弗思(Raymond Firth)。经过三年多系统的人类学训练,田汝康以《芒市边民的摆》为基础修改完成了自己的博士论文,获得了人类学博士学位①。1948年,田汝康获得英国殖民地社会科学研究理事会(British Colonial Social Science Research Council)的奖学金资助,前往马来西亚的砂拉越地区进行实地调查②。当时与他同行的还有伦敦政治经济学院人类学系的其他四位英国同学,包括后来著名的人类学家埃德蒙·利奇(Edmund Leach)等人,田汝康负责的主要是对当地华人社区的研究③。

田汝康在砂拉越一年多的调查研究最终孕育了一部经典的人类学著作——《砂拉越的华人》(The Chinese of Sarawak: A Study of Social Structure),于1953年由伦敦政治经济学院正式出版。此书不仅是第一部系统研究砂拉越华人社会的专著,也是最早的有关海外华人社会的一项人类学研究成果,在海外华人华侨史研究领域具有开拓性的地位,至今仍然被奉为经典之一。

1950年,田汝康放弃了受聘海外大学的机会,毅然回到了祖国,先是任浙江大学人类学教授,后于1952年在院系调整后进入复旦大学历史系任教,直至退休。在这一阶段,除了"文革"中因所谓的"历史问题"受到冲击迫害之外,其大部分时间都是以历史学家的身份出现的,相关的研究也基本集中在历史学的领域④。

二

1952年,进入复旦大学历史系的田汝康37岁,正值壮年。他拥有深厚的传统学术功底、突出的外语能力和海外留学的经历,接受过系统深入的心理学、社会学和人类学的教育和训练,有着丰富的田野调查的实践经验,并在社会学和人

---

① T'ien Ju-K'ang, *Religious Cults and Social Structure of the Shan States of the Yunnan-Burma Frontier*, London, 1948; Cornell University Press, 1986.
② Alan Macfarlane, "Tien Ju-Kang interviewed at his home in Kunming, China", filmed by Xiaoxiao Yan, http://www.alanmacfarlane.com/DO/filmshow/tien_fast.htm.
③ 其他几人分别是 William Geddes、Derek Freeman、Stephen Morris,其中田汝康因在1949年10月1日参加古晋当地华人举办的新中国成立茶会,而被当地殖民政府驱逐出境,遣返回英国。房汉佳:《田汝康博士旧照片》,马来西亚古晋《国际时报·风下副刊》第526期B,2006年10月15日;参见http://www.intimes.com.my/yeo-html/yeo526b.htm。
④ 田汝康晚年还曾积极参与中国社会学学科的重建工作,于1979年中国社会学研究会成立后,被推选为第一副会长,当时的会长正是他当年的恩师费孝通。他也参加了复旦大学社会学系的重建筹备工作,1988年该系恢复成立后,受谢希德校长任命担任第一任系主任。

类学领域均已有了崭露头角的开拓性成果,然而,却阴差阳错地开始了历史学的研究生涯。这种特殊的学术经历和背景,为田汝康此后在历史学研究中所取得的成就留下了独特的印记。他的历史视野和兴趣广泛,在研究领域上跨越了多个方面,前期的研究重点主要有三个方面:一是中国古代海上交通史和海外华人华侨史;二是围绕杜文秀事件的考释所展开的云南民族史及近代对外关系史的研究;三是在西方史学史研究中对国外史学前沿的译介。而在后期,则更在此基础上有了进一步的拓展,尤其是如本文题中所指,在运用新文化史于中国史研究实践中做出了开拓性的贡献。

田汝康对于中国古代航海史及海外华人华侨史的关注,一方面与在砂拉越对海外华人社区所做的田野调研经历有关,另一方面也是个人研究兴趣转变使然。据其自述,他在1947年前后便已将兴趣逐渐转向历史研究,产生了研究中国古代帆船和贸易的想法,并在伦敦的大英图书馆搜集相关史料①。

20世纪50年代,来到复旦大学历史系后的田汝康开始专注于这一方面的研究。1956年发表的第一篇相关的论文《十七世纪至十九世纪中叶中国帆船在东南亚洲航运和商业上的地位》便在史学界产生了巨大的影响,甚至引起了海外学者的关注,产生了广泛的回应,"在美国、英国、澳大利亚、荷兰、日本、新加坡和中东国家连续出现了一些讨论中国帆船在世界各地区情况的专著"②。这一学术评价,时至今日仍然常常为国外学者所称道。荷兰历史学家包乐史在他最近的一部书中便这样写道:"早在五十年前,中国历史学家田汝康便首先注意到了十七和十八世纪期间中国帆船贸易在东南亚的重要地位。此后,其他历史学家才认真关注到这一近代早期航运网络的各个不同方面,于是乎逐渐开拓出新的研究路径。"③

在这篇具有开创性的研究论文中,田汝康认为,较之于欧洲近代的航海技术,"古代中国帆船在制造技术上是极先进的",并且很早便开始活跃于东南亚地区的贸易活动当中,"中国帆船远航东南亚各国甚而超越印度洋远达红海地区的时间最迟应在五世纪前后"。中国帆船贸易最为繁荣的时期,当属16—17世纪,这主要是因为在这一阶段"中国工商业曾获得空前的发展,相应地国外贸易业有一定的增长";与同期在东南亚地区活动的葡萄牙、西班牙、荷兰及英国的商船相比,在航运和商业上"中国帆船在东南亚洲海面上确是占有领导的地位"。进入

---

① 房汉佳、林韶华:《中国爱国学者田汝康教授》,第157页。
② 田汝康:《中国帆船贸易和对外关系史论集》,浙江人民出版社1987年版,前言第1页。
③ Leonard Blussé, *Visible Cities: Canton, Nagasaki, and Batavia and the Coming of the Americans*, Harvard University Press, 2008, p.14.中译本见包乐史:《看得见的城市:东亚三商港的盛衰沉浮录》,赖钰匀、彭昉译,浙江大学出版社1980年版。

18世纪中叶以后,中国帆船业的发展才逐渐出现了停滞和衰退①。

1957年,他的第一部历史学专著《十七—十九世纪中叶中国帆船在东南亚洲》出版,进一步奠定了田汝康在这一领域的权威地位。20世纪80年代初,剑桥大学出版社甚至有意约请他撰写一部《中国帆船史》,但因与其他研究计划冲突而被暂时搁下。

研究中国帆船在东南亚的贸易活动,自然要涉及在这些地区生活的华人华侨。田汝康在此后其他的多项研究中涉及南洋海上贸易和东南亚华人史的诸多重要论题。在晚年寓居昆明期间,田汝康还曾计划撰写一部《东南亚华侨史》,可惜由于年龄和身体的原因终未能完成。

此外,身为云南人的田汝康也对20世纪50年代起史学界曾经激烈争论的有关"杜文秀外交关系"的问题进行过深入的研究,直接参与了对这一历史疑案的平反、辨误工作。早在1963年,他便在《历史研究》上发表了《有关杜文秀对外关系的几个问题》一文,运用大量一手的外文史料,对当时盛行的"叛徒说""卖国论"提出了质疑。但慑于当时极不正常的政治气候,他给出的只是一个模棱两可的结论,是"为了提防挨整而故意在这篇文章中留下一漏洞,以便将来能为自己辩护"。②

"文革"后,田汝康再次利用出国访学的机会搜集、补充史料,对这一课题展开进一步的研究。经过细致的考证,他于1981年在云南《民族学报》上发表了重要论文《杜文秀对外关系以及刘道衡"使英"问题的研究》,"从而彻底洗刷了杜文秀的罪名,震动整个学术界"③。此外,田汝康还在这前后在国外发表对这一问题的看法,产生了重要的学术影响④。对此,有研究者感叹其学风史德总结道:"这样,田汝康先生对杜文秀历史疑案的研究和最后澄清,经历了近30年的时间。论文的写作,从1962年初稿动笔,到1981年在澳大利亚宣读定稿,其间也经历了20年的时间。在数十年的时间中,先生追求真理锲而不舍,治学行文严谨求实,其学术精神和学术品质极为纯粹,也由此确立了田汝康先生在国际学术界的声誉和地位。"⑤

---

① 田汝康:《中国帆船贸易和对外关系史论集》,第2、4、19页。
② 房汉佳、林韶华:《中国爱国学者田汝康教授》,第246页。
③ 马颖生:《杜文秀历史疑案真相大白于天下——我国史学界50余年讨论杜文秀对外关系问题评述》,《回族研究》2009年第1期。
④ 1980年,田汝康在澳大利亚参加学术会议宣读了其最新的关于杜文秀研究的论文;1982年,经修改补充后以《杜文秀使英问题辨误》为题,发表于日本《东洋文库研究部年报》(总第40号),这也是东洋文库40年来首次发表外国学者的学术论文;该文后收录于田汝康著《中国帆船贸易和对外关系史论集》,浙江人民出版社1987年版。
⑤ 王爱国:《谁为杜文秀平了反——为田汝康先生逝世两周年而作》,《回族研究》2009年第1期。

田汝康史学成就的第三个重要方面,乃是参与国外史学理论的引介工作,这主要体现于其与金重远选编的《现代西方史学流派文选》一书①。这本在20世纪80年代流传甚广、对介绍现代西方史学理论产生过积极影响的小书,缘起于1961年高教部为组织编写外国史学史教材在上海召开的编选会议②,会议对外国史学史学科进行了重要的规划,做出决定:由耿淡如先生主持编写《外国史学史》,由田汝康先生负责编译西方史学流派的资料。前者因耿淡如先生患病而被搁置,而后一项工作则在田汝康的认真编选和精心组织下,在1964年即已基本完成了翻译工作。然而由于"文革",书稿被束之高阁。所幸在"文革"结束后,书稿被重新找到,又再经金重远先生的校订和补充,于1982年正式宣告出版,成为新时期国内学界了解西方史学前沿理论的最重要的参考书之一。即便在今天,从当时所选译的篇目中,仍可看到诸位前辈学者精到深刻的历史意识和扎实严谨的学风、文风。

"文革"结束之后,田汝康长期受到压抑的学术生命一下子恢复了活力,并变得非常的活跃,他不仅在国内积极从事研究和教学工作,参与中国华侨史学会、中国社会学学会的学术活动和领导工作,更利用长期的出国交流和访学机会,在许多国外知名大学担任访问学者,进行学术交流和研究,产生了广泛的学术影响。可以说,他是20世纪80年代在海外学术最活跃和知名度最高的来自中国大陆的历史学家之一,另一位可以给予如此评价的历史学家,则是已故的北京大学教授张芝联先生。

三

除了前文所提到的有关研究成果之外,田汝康还有一部重要的论著更引起笔者的注意,也最能够体现他多学科(尤其身兼人类学与历史学之长)的学术背景,这就是1988年他在72岁时用英文发表的《男性的忧愤与女性的贞节》(又名《男性阴影与女性贞节》,*Male Anxiety and Female Chastity: A Comparative Study of Chinese Ethical Values in Ming-Ch'ing Times*)一书。

该书主要讨论中国明清社会中父系制度下女性(尤其是寡妇、烈女)自杀数量骤增的特殊现象,他写道:"本研究旨在证明道德、法律、宗教及其他文化因素对于女性在婚姻上恪守忠贞所具有的作用,并着重于明朝后期与这种观念习俗

---

① 田汝康、金重远选编:《现代西方史学流派文选》,上海人民出版社1982年版。
② 出席会议的有北京大学的张芝联,武汉大学的吴于廑,南京大学的蒋孟引和王绳祖,中山大学的蒋相泽,杭州大学的沈炼之,华东师大的王养冲和郭圣铭,复旦大学的耿淡如、田汝康和金重远等人。

相关联的寡妇和未婚少女自杀人数急剧增加的历史背景之上。"①在这本书中，田汝康进入到一个他之前从未涉足过的研究领域，研究聚焦于明清（尤其是明朝中后期）中国社会（重点关注安徽徽州、福建泉州和漳州三府），并拓展到了妇女史研究的新领域，在资料上使用了大量的地方志史料，其中主要的有166种之多。据说，当年"荷兰莱顿大学的著名汉学家许理和（Erik Zurchor）询问他讨论那些自杀的明清时期的妇女的资料来源时，田先生极为坦诚地回答，'来自几百种明代方志和上千种清代方志'。这样的回答体现了一种学术的自信，这种自信完全是建立在田先生爬梳图书馆资料的基础之上，建立在真正一本本地去阅读的基础上"②。

尽管所要讨论的问题和领域并不是田汝康原本之所长，但在研究方法和视角上，却显示出极强的创新特点，尤其体现了他的多学科背景，即从心理学和人类学角度向历史学的切入。有关古代妇女节烈问题的研究在学界并不鲜见，尤其在五四时期曾经集中对传统的贞节观念展开了批判，并且早有史家根据《古今图书集成》等文献对历代节妇烈女的数据进行过统计③，对于明清乃是中国历史上贞节观念最强的时期甚至几近宗教化的论断，也是学界一般的共识。不过在探寻这种贞节观念出现的根源时，比较有代表性的观点是："明清两代盛行的以明代尚死烈、清代倡守节为特征的要求妇女接受的贞节道德，主要是出于齐家治国的伦理需要，而不是由于对人欲特别是妇女欲望的控制。国家、社会、家庭共同在贞节道德方面塑造妇女，妇女也在接受塑造、适应需要而牺牲自我以成全家国。"④

而田汝康的观点却大不一样，在研究中他认为："更准确地说，本研究显示，在明代中国妇女自杀人数的急剧上升，在表面上是为了遵守婚姻的忠贞，但也与当时的道德、法律、宗教和其他文化因素有关，并且直接与经历科举考试落第之痛的男性文人数量的增加有着直接的关联。就后一方面而言，女性的自尽是男性的焦虑忧愤通过一种道德替代的心理机制与其明确关联在了一起。通过称颂那些忠诚地遵从普遍道德规范的妇女们的痛苦和烦恼，男性认为他们自身也在分担道德义务的实现，并在事实上也把这种美德向其自身的转移也看作是同样符合道德规范的。这样一种机制就使得他们可以享受与传统道德价值体系相一致时的满足感，而同时又可以免除严格附属要求更加严格的道德义务，以及免除

---

① T'ien Ju-K'ang, *Male Anxiety and Female Chastity*, Leiden: E.J.Brill, 1988, p.ⅺ.
② 赵旭东:《不应被忘却的灵魂——忆田汝康教授》,《中华读书报》2007年8月17日。
③ 董家遵:《历代节妇烈女的统计》,《现代史学》1936年第3卷第1期。
④ 杜芳琴:《明清贞节的特点及其原因》,《山西师范大学学报（社会科学版）》第24卷第4期,1997年10月,第45—46页。

社会或道德压力导致的挫折或焦虑。除此之外,再无别的解释可以解释为什么成千上万的人会满怀喜悦和兴奋的心情观看一个女子上吊自尽这样令人痛苦的场面。于是乎,男性的忧愤与女性的贞节被联系在了一起。"①

对于此书,有评论认为:"这是一部完全根据史料写成的一部有着人类学意味的著作。"②20世纪80年代的大部分时间里,田汝康一直辗转在西方许多著名的大学访学,同海外学界有着非常密切的接触和交流,也亲身经历并参与了那一时期西方史学正在发生的以新文化史兴起为代表的"文化转向"。田汝康的人类学背景为他参与这一进程提供了得天独厚的条件。如彼得·伯克(Peter Burke)便专门谈到,对于文化史家而言,人类学最主要的价值在于:"它帮助他们第一次去注意并理解过去的'他性'(otherness)。其他文化的知识不仅是从相对的角度提供的帮助,而且也是一种互补的去熟悉化(defamiliarization)和再熟悉化(refamiliarization)的过程。一方面,关于其他文化的知识帮助历史学家认识到通常认为理所当然的事情也可能是存在问题和需要解释的,从而避免了所谓的'内在盲目性'(home blindness);另一方面,它帮助我们解决了文化距离(cultural distance)的问题,通过将之置于一个比较的语境中来'捕捉他性'(capture otherness)。"③此外,田汝康还敏锐地注意到将这项研究与妇女史、心态史等历史学新领域结合在一起。于是乎,在新文化史兴起的大背景下,一位来自中国大陆的历史学家率先将新文化史的研究方法与中国史研究实践结合在一起,而其人类学背景和在历史研究领域的积淀,使他比起其他许多中国史研究者来说能够更好地把握新文化史的研究方法,也为中国史研究者提供了一个如何更好地借鉴新文化史进行中国史研究的成功范例。

《男性阴影与女性贞节》一书开拓性的观点,为后来的学者研究明清妇女贞节问题打开了一扇新的窗口。明清节烈妇女问题的研究成为20世纪80年代后中国妇女史和社会文化史领域的热点之一④。海外汉学界也对这部英文出版的中国妇女史著作给予了充分的关注,当时的书评虽然一时不能完全接受田汝康所提出的观点,但也承认"男性的忧愤毫无疑问是认识明清时期男性对待妇女态度的一个关键,但仅仅强调科举考试是造成这种焦虑的唯一原因似乎并不得当,诸如经济增长、社会流动和地位等问题也许更应予以关注"⑤。事实上,评论中

---

① T'ien Ju-K'ang, *Male Anxiety and Female Chastity*, p.xiii.
② 赵旭东:《不应被忘却的灵魂——忆田汝康教授》,《中华读书报》2007年8月17日。
③ Peter Burke, "Historians, Anthropologists, and Symbols", Emiko Ohnuki-Tierney, ed., *Culture Through Time: Anthropological Approaches*, Stanford: Stanford University Press, 1990, p.270.
④ 参见王传满:《明清节烈妇女问题研究综述》,《广播电视大学学报(哲学社会科学版)》2008年第3期。
⑤ Paul S. Ropp, "Book Review", *Journal of Asian Studies*, 48(3), Aug.1989, p.605.

有所保留的意见也是同当时西方学界对于刚刚出现的新文化史的基本态度是相一致的。书评作者保罗·若普(Paul Ropp)后来在与其他学者合著的研究明清妇女节烈问题的专著中,已在一定程度上接受了田汝康的部分观点①。此外,田汝康的"男性忧愤"概念也被一些史家借用于对中国文化史的分析中,如艾尔曼关于明清科举考试的文化史考察②。

近年来,我们在介绍和引入海外新文化史的过程中,遗憾的是并未注意到田汝康早在1988年即已开拓的这项研究成果,其实像他这样能够身兼人类学与史学两门学科之长的历史学家即便在西方也是不多见的。在国内学界,由于他的不少著作是以英文发表在海外,国内没有中文译本,随着他在20世纪90年代正式退休后因身体原因渐渐淡出学界,史学界对他的了解反而渐渐少了③。希望本文能够借对史学前辈曾经做出的重要学术贡献的重新认识而给今天我们的研究工作带来一些启示,为我们在现时代更好地推进西方新文化史与中国历史研究的结合提供有益的借鉴作用。

最后,谨以此文纪念田汝康先生④。

(原载《复旦学报(社会科学版)》2012年第6期)

---

① Paul Ropp, Paola Zamperini and Harriet Thelma Zurndorfer, *Passionate Women: Female Suicide in Late Imperial China*, Leiden: Brill, 2001, p.10.
② Benjamin Elman, *A Cultural History of Civil Examinations in Late Imperial China*, University of California Press, 2000, p.298.
③ 田汝康先生所著《沙捞越的华人》、《男性的忧愤与女性的贞节》等英文著作由复旦大学历史系组织翻译,收入复旦大学出版社2015年出版的"复旦百年经典文库"之田汝康专集中。
④ 2006年7月27日,田汝康先生在昆明逝世,享年91岁。

桃李不言自成蹊

——记我与田汝康先生的交往兼评其芒市傣族研究及其对人类学的贡献

褚建芳

前段时间,听同事杨渝东说田汝康先生去世了。我心里顿时一惊:怎么会呢?怎么没有听说这个消息呢?我前几天还想要给他寄去一本我的书呢!

我的心一片悲痛、茫然、遗憾、惋惜……

回到家后,我怀着复杂的心情上网把有关田先生的情况下载下来,以作纪念。奇怪的是,关于田先生去世的具体日期,我在网上竟看到两个版本,一是2006年7月20日[①],一是2006年7月27日[②]。一时间,我不知哪一个是准确的[③]。而我,作为与田先生有直接联系的晚辈,竟然没有及时知道他去世的消息,实在是不应该!

在复杂的心情中,我不禁想起我同田先生接触的情景来。

一、我和田先生的几次接触

提起我和田汝康先生的缘分,应该起始于我的博士论文研究。2001年,我所就读的北京大学社会学人类学研究所启动了一项与云南民族学院(现在改为云南民族大学)的合作研究计划"云南著名人类学田野调查地点的再研究"课题,作为该课题中一个子课题的承担者,我被安排对田汝康先生当年在云南芒市的研究进行再研究。

[①] 参见 kmhouchong,2006,"人物专栏:田汝康先生逝世",该文所在网址为 http://www.ywsl.com/bbs/bb8show.aspx? id=38315。

[②] 参见复旦大学退休教职工管理委员会:《"一代学人——田汝康教授追思会"在光华楼历史系举行》,2006年,该文载于复旦大学退管会网站,http://retiree.fudan.edu.cn/tgh/main/newa_view.j8p?id=192。

[③] 最近,我终于同田先生的长子田敬国先生取得联系,从他那里得知田先生去世的确切日期是2006年7月27日。

经过10个多月的准备后,我于2002年3月24日到达昆明,在云南民族学院招待所住下。3月25日,我从一位老前辈那里欣喜地得知田先生住在昆明,并得到了田先生的联系方式。当时,我既兴奋不已,很想登门拜见田先生,又忐忑不安,怕遭到他的拒绝,毕竟先生已经86岁高龄了。于是,我便请当时与我同在昆明正准备去大理做研究的同学梁永佳帮我给田先生打电话,看看能否约个见面时间。没想到的是,田先生欣然应允,答应第二天下午在他家里同我们见面。3月26日下午,我与梁永佳一起,到田先生家里拜访先生。田先生身材很魁梧,讲话不紧不慢。他向我们讲述了他当年学习与研究的历程:他从北京师范大学到西南联大学习并在毕业前一年旁听了吴文藻先生和费孝通先生课程,后来对社会学人类学产生兴趣,进入"魁阁"从事调查研究,后来到芒市从事田野研究。他介绍了当年芒市傣族的一些情况,还讲述了他后来以攻读心理学的名义到英国学习并听从福斯建议转读人类学的经过,田先生向我们提了一些有关如何进入田野以及在田野中应注意的问题方面的建议①。后来,我们分别同田先生合影留念,然后便告辞离开。

第二次见到田先生是在2002年的11月9日。这时我已经从田野地点完成调查工作回到昆明。按照预约,我在这天上午同云南民族大学②的邹逢佳老师一起来到田先生家。田先生热情地向我询问了当地的基本情况,我一一向他做了汇报。在此期间,田先生也向我讲到了他当年在芒市做田野调查时的一些背景情况和一些逸闻故事,比如当年有一个关于芒市附近一个池塘中龙的传说、当年负责接待他的芒市土司代办方克光的一些事迹、他与芒市土司家处好关系的经过等。此外,田先生还向我讲述了他当年从英国毕业后谢绝美国两所大学的邀请毅然回国,在半路上接到福斯的来信赴砂拉越(Sarawak)③从事华侨研究的经过,讲述了他对人类学的一些看法,还就我的博士论文写作提出了一些建议。后来,他还拿出一些当年从事砂拉越研究时的照片和海内外对此项研究及其贡献的评价资料给我们看。中午,田先生留我和邹逢佳老师与他一起吃饭。饭间,田先生告诉我,他正在准备写一本关于伊斯兰教在云南的传播情况的书。86岁高龄的人仍然有这样的心境!我不禁对田先生更加敬佩。

从云南回到北京后,在写作博士论文的时候,我收到一封田先生给我的来信。在信中,田先生对我给予了鼓励,并随信寄来有关他个人学术经历和研究情况的一些资料。这对我的博士论文研究起到了很大的帮助。

---

① 先生给我提出的建议对我帮助很大,使我很顺利地进入田野并完成调查工作。
② 当时云南民族学院已经改名为云南民族大学。
③ 马来西亚的一个地区。

此后,我通过电话同田先生联系了几次。

2003年11月14日,我到昆明出差,同田先生见了第三次面。同时,我把我的博士论文和一篇关于芒市傣族研究的回顾性论文送给田先生,请他批评指正。田先生知道我已经在南京大学任教后,告诉我南京大学是一所很好的大学,并鼓励我好好工作,努力取得更大成绩。

二、我与田汝康先生的特殊缘分

通过与田先生的几次接触,我深深地感慨并敬佩先生做学问和做人的品格。我觉得,田先生热情、真挚、善良、谦虚,而且在生活中与世无争、甘于寂寞,对待学问也是认真踏实、朴实无华。尤其是他对我这个后生晚辈的鼓励和支持,更体现出一种无私的品质和博大的胸襟。他让我感受到老一辈学者身上特有的那种"纯粹的知识分子"的精神气质。

其实,除了对田先生人品和学问的敬仰外,我对先生还有一种超乎寻常的亲切感。这或许是因为与田先生还有着特殊的缘分:我们都是从心理学转到社会学人类学这个领域中来的。在我去昆明见到田先生以前,我在准备博士论文开题的时候读到田先生的一篇散文《忆芒市》,文中除了提到作者对芒市的念念不忘之情以外,还提到他在大学时所做的一个动物心理实验:"起初是红灯下有食物,绿灯下有电的刺激;瞬刻间又是绿灯下有食物,红灯下有电的刺激,结果把白老鼠变得疯狂起来。"①这段话让我感到既兴奋又亲切,我当时猜想,田先生在大学时代可能学的是心理学。后来,当我在田先生家向他谈起这个话题时,得到了他的肯定答复。他还说,他在离开"魁阁"去伦敦学习时,最初选择的仍是心理学。

共同的学术出身,不仅使我对田先生生出一种更亲切的感觉,而且使我们在谈论问题时有了更多的共同语言。不过,另外一个方面的因素使我对田先生更有一种认同感:田先生朴实无华的写作风格使我感到熟悉和亲切,在我眼中,田先生不仅是一位学术前辈,还是一位慈祥可亲的长者。

可惜的是,由于性格的疏懒,再加上害怕打扰这位前辈和长者,自2003年11月份那次见面以后,我没有再同田先生联系过。我的博士论文出版后,我从出版社买了几本,本想抽空去昆明亲自把一本书送到田先生手上,当面聆听先生的教诲,没想到,竟忽然听到先生驾鹤西去的消息……

尽管心中充满悲痛、遗憾和内疚,以至于难以静下心来,我还是想把我所知

---

① 田汝康:《忆芒市——边地文化的素描》,《旅行杂志》1943年第17卷第3期。

道的有关先生的情况介绍一下,作为对先生的纪念。而且,我希望我以后能继续做一些这方面的事情。

三、田汝康先生的生平、主要研究及著作

田汝康先生于 1916 年生于云南昆明,1935 年至 1937 年就读于北京师范大学,后因抗日战争,转入时在昆明的国立西南联合大学求学,专业为心理学。后来,由于旁听了吴文藻先生和费孝通先生的课,田先生对社会学的调查和人类学的田野研究产生了浓厚的兴趣。因此,他的本科毕业论文便选了社会学人类学的题目。1940 年,田汝康先生毕业于当时的西南联大,获文学学士学位。毕业以后,田先生加入了由吴文藻创建、当时由费孝通主持的燕京大学-云南大学社会学实地调查工作站,即后来享有盛誉的魁阁工作站①。在此期间,田先生先后对昆明纱厂的女工和滇缅边境的傣族社会进行了调查,写出《内地女工》②和《摆夷的摆》两篇调查报告。后来,《摆夷的摆》被收入吴文藻主编的《社会学丛刊》乙集第四种,由重庆商务印书馆于 1946 年出版,书名改为《芒市边民的摆》③。

1945 年,田先生远赴英国伦敦政治经济学院留学,最初选择的专业是心理学,后来听从福斯(Firth)的劝告,转而学习人类学,并根据自己在滇缅边境傣族社会的调查材料写成 Religious Cults and Social Structure of the Shan States of the Yunnan-Burma Frontier 一文,于 1948 年以此文获得哲学博士学位。

博士毕业后,田先生受英国殖民地社会科学研究理事会(British Colonial Social Science Research Council)的委任,前往砂拉越,于 1948 年 9 月至 1949 年 10 月对砂拉越华人的社会结构进行了田野调查研究,写出调查报告 "A Report on the Organisation of the Chinese Community in Sarawak"(《砂拉越的华人社区组织报告》),于 1950 年 9 月呈交砂拉越政府。该报告书经修改后于 1953 年以专书的形式由伦敦大学人类学系出版,书名是 The Chinese of Sarawak: A Study of Social Structure。1997 年,砂拉越研究资料中心将该书再版。此书是

---

① 2003 年 11 月 14 日,田先生告诉我,在自己本科最后一年还未毕业的时候,他便在费孝通先生的邀请下加入了魁阁工作站。
② 田先生在 1940 年 8 月即已得到当时教育部和中国农行的资助,准备对滇缅边境的少数民族进行研究,参见田汝康:《芒市边民的摆》(重庆商务印书馆 1946 年版),所以,《内地女工》可能是他的学士学位论文。不过,遗憾的是,我当时并没有向田先生问及此事,因而这只是一种猜测。
③ 60 多年以后,田汝康先生当年从事田野研究的学术指导,当年担任魁阁社会学工作站主任的费孝通先生回忆道,《摆夷的摆》一书的油印稿是他本人亲自刻印出来的。该书在后来正式出版时,根据时任云南大学校长的熊庆来先生的建议,改名为《芒市边民的摆》(根据费孝通先生于 2003 年 6 月 17 日在家中就我的博士论文对我进行指导时的谈话内容)。

最早一本系统研究砂拉越华人社会的专著。

1950年，田汝康先生出任浙江大学人类学系教授。自1952年起，田先生在上海复旦大学历史系任教授、博士生导师。20世纪60年代至70年代的"文革"中，田先生受到迫害①。"文革"结束后，他在学术上非常活跃。在1979年至1992年间，他曾担任英国剑桥大学克莱尔学院客座研究员，澳大利亚国立大学太平洋研究院访问学者，日本京都大学东南亚研究所访问教授，荷兰莱顿大学汉学院访问教授，美国哈佛大学、康奈尔大学、加州大学伯克利分校及普林斯顿大学东南亚研究所访问教授。中国社会学重建后，田汝康先生曾任中国社会学学会副会长②、中国华侨历史学会副会长、中国东南亚研究会顾问。

田汝康先生一生致力于海外华人的社会经济结构、中世纪中国航运史及中国云南省社会文化与宗教等方面的研究。其主要著作有《芒市边民的摆》、《中国帆船贸易的兴起与衰落》、*The Chinese of Sarawak: A Study of Social Structure*、《中国帆船贸易和对外关系史论集》及《17—19世纪中叶中国帆船在东南亚洲》等。此外，他还以中英文发表了《砂拉越华人30年来的变迁》《婆罗洲客家公司》及《中国与胡椒贸易》等论文40多篇。

四、田汝康先生的傣族研究对社会学、人类学的贡献

由于田汝康先生的研究论著作所涵盖的领域非常广泛，不仅涉及社会学和人类学，还包括历史学和心理学的内容，对此，相关领域的学者已经有所评价，再加上这些领域的不少论文尚未找到，因而，我只对田先生对社会学、人类学的贡献做出一些回顾和个人评价。

在社会学、人类学方面，田汝康先生的贡献主要包括他对云南傣族社会文化和对砂拉越华侨的研究。其中，最为突出的应该是他对芒市傣族宗教生活、经济

---

① "文革"期间，田汝康曾因受到严重迫害而割静脉自杀，幸而被及时发现，才保住性命（转引自谢咏：《1949—1976年间中国知识分子及其他阶层的自杀问题》，载于《理性中国论坛》，http://www.xici.net/Cul/Society/b366543/d32673553.htm）。

② 1979年3月15日召开的社会学座谈会，决定成立中国社会学研究会，并通过了《中国社会学研究会工作条例（草案）》。选举出的第一届理事会由50名理事组成。其中费孝通为会长，田汝康、陈道、杜任之、李正文、罗青、林耀华、雷洁琼为副会长（参见郑杭生：《费孝通对中国社会学的巨大贡献——纪念费孝通先生从事学术研究70周年》，《江苏社会科学》2006年第1期）。1982年5月，中国社会学研究会在武汉召开年会。会上决定将中国社会学研究会改名为中国社会学会，并将这次年会作为第一次社会学代表会议。会议讨论修改了会章，选出69名理事。第一届第一次理事会推选费孝通为中国社会学会会长，田汝康、杜任之、陈道、李正文、罗青、林耀华、雷洁琼为副会长，吴承毅为秘书长，聘请于光远等24位知名的社会学老专家为顾问（转引自马克思主义研究网，马克思主义数据库"中国社会学研究会年会"条，http://myy.cass.cn/file/2005122214131.html）。

伦理和社会秩序的一系列研究,包括三部著作和一篇英文论文。

田先生第一次在芒市傣族进行田野调查的时间是1940年底到1941年5月,共五个多月。后来,他又零星地到芒市进行了三个月左右的进一步考察①。在此基础上,田先生写出了调查报告《摆夷的摆》。该书最初是手工刻字的油印本,后来由重庆商务印书馆于1946年出版,书名改为《芒市边民的摆》。1948年,田汝康先生在《摆夷的摆》基础上,写成英文博士论文 Religious Cults and Social Structure of the Shan States of the Yunnan-Burma Frontier,以此获得伦敦政治经济学院(LSE)的哲学博士学位。1949年,田先生根据自己在芒市那目寨的田野调查,写成"Pai Cults and Social Age in the Tai Tribes of the Yunnan-Burma Frontier"(《滇缅边地傣族的摆与社龄结构》)一文,发表在 American Anthropologist(《美国人类学家》)第51卷第46—57页上。1986年,田先生对其博士论文加以修改,以康奈尔东南亚计划的名义在美国出版,书名为 Religious Cults of the Pai-i along the Burma-Yunnan Border。

在《摆夷的摆》等一系列作品中,田汝康先生根据自己在芒市那目寨的田野考察,详细描述了芒市傣族的超自然信仰的团体活动——"摆",并将其与当地非摆性的超自然信仰团体活动进行比较,集中对"摆"的功能进行了分析。根据田先生的描述,在这种被称为"摆"的仪式活动中,人们的集体游行、向佛敬献财物的展示以及聚餐和娱乐为其显著特征,"摆"成为人们大量消费财物的场合。田先生指出,"摆夷人"(当时的汉人对当地傣族人的称呼)对于"做摆"有着一种异乎寻常的狂热痴迷:为了做摆,他们可以牺牲所有,不顾一切。那么,他们为什么如此热衷于做摆呢?田先生写道,如果去问当地人,他们将会一致回答:做了摆,可以在天上订下一个宝座,当自己离开这个尘世后,就能有一个极乐和尊荣的去处。从而,在当地人们的生活中,做摆成了一种人生的中心和目标,形成了一个人的思想与行为,使其达到了人格完整的境地。而且,通过做摆,一个个的个人共同合作,被整合到整个社区的生活当中,人与人的差别得到化解,社会得以完整化②。

可以看出,田先生的《摆夷的摆》等一系列作品体现出鲜明的功能主义的特色。这是与田先生当时所处的集体学术背景有关的。正如本文前面指出的,田汝康先生是中国社会学人类学者所熟知的"魁阁"的重要成员之一,而"魁阁"成

---

① 参见田汝康:《芒市边民的摆》"导言"(重庆商务印书馆1946年版);T'ien Ju-K'ang, Religious Cults of the Pai-i along the Burma-Yunnan Border, Cornell Southeast Asia Program, Cornell University, Ithaca, New York, p.6。

② 田汝康:《芒市边民的摆》,重庆商务印书馆1946年版;另见李景汉:《摆夷的摆》,《边政公论》第1卷第7、8期,1942年,第51—63页。

员及其作品的一个特色就是运用功能主义的视角和分析方法,揭示有关社会的制度构成及其相互关系。在"魁阁"成员中,田汝康先生虽然并不是最著名的一个,却是这些人中比较突出和有代表性的:他的研究很好地展现了"魁阁"团体的功能主义范式细腻、实在、朴实的风格,代表了"魁阁"研究所达到的最高水平。因而,在我看来,田先生的《摆夷的摆》可被算作堪与费孝通先生的《江村经济》和《云南三村》、林耀华先生的《金翼》和《凉山夷家》比肩的作品,是"社会学中国学派"的代表作①。

在这里需要指出的是,田汝康先生对人类学的学术贡献并不仅止于此。换句话说,田汝康先生对芒市傣族的摆的研究的意义不仅体现在他的功能主义视角上。在做博士论文的时候,我常常觉得,田先生关于芒市傣族的摆的著作有一种很强的人类学味道。这种味道甚至超越了"魁阁"其他成员的作品。不过,我当时只是将其归结于田先生对功能主义理论与方法的杰出运用方面。后来,随着自己学力的增加以及阅读和思考的深入,我发现,田先生对摆的研究之所以更具有人类学的味道,还有另外一个或许更重要的原因:在田先生关于芒市傣族研究的民族志作品中,有着一种超越当时的时代、超越功能主义范式的地方,即其"文化批评"或"文化比较"的视角和眼光。在《摆夷的摆》等一系列民族志作品中,田先生总是不断地把傣族特有的文化价值观念同当时自己所在的中国汉族社会以及西方资本主义社会的文化价值观念进行比较,从而对当时主流的价值观念进行反思和批评。这一点尤其体现在他著作的最后一章中②。

关于这种"文化批评"或"文化比较"的视角或眼光,由于当时的见识所限,我在此前对田先生研究的评述③中并未给予足够的关注。对此,王铭铭曾经做出委婉的批评。在他看来,这种"文化比较"或"文化批评"的视角是田先生著作中"一个特别精彩的地方",其精彩之处在于田先生的民族志描述所呈现出的"消耗"与"工作"之间的地方关系:"对于傣族来说,'工作'是积累财富的手段,但与现代经济模式不同的是,在这个民族当中,积累财富不是为了通过'扩大再生产'

---

① 褚建芳:《人神之间:云南芒市一个傣族村寨的仪式生活、经济伦理与等级秩序》,社会科学文献出版社 2005 年版,第 12 页。
② 关于这种"文化批评"或"文化比较"的视角,王铭铭予以了极为精当和中肯的评价。在他看来,田先生研究的魅力恰恰在于其"从'异文化'中发掘正在成为主流的'市场'观念体系的论说",不仅拓展了费孝通先生在禄村的研究中提出的'消暇经济'概念的文化视野,而且还在一个谦逊的表述中,为我们指出了"'边民'异文化的研究能为汉人本文化研究开拓的跨文化对话空间"。正因如此,田先生对芒市傣族的"摆"的研究成为"魁阁"时代人类学撰述里对他"最具有吸引力"的研究(王铭铭:《继承与反思:记云南三个人类学田野工作地点的'再研究'》,《社会学研究》2005 年第 2 期)。
③ 我在博士论文(《人神之间:云南芒市一个傣族村寨的仪式生活与等级秩序》,北京大学 2003 年博士学位论文)以及后来在博士论文基础上修改完成的专著《人神之间:云南芒市一个傣族村寨的仪式生活、经济伦理与等级秩序》(社会科学文献出版社 2005 年版)中都没有注意到这一点。

来造成人与人之间的阶级地位差异,而只是为了通过'消耗'在宗教仪式上来平衡不同社会等级中的人之间的差异。"①

关于芒市傣族社会中"消耗"与"工作"之间的这种地方关系,田先生认为,其核心在于傣族社会中与众不同的价值观念。他说:"我最不能忘记的还有芒市的那种稀有的价值观念,一种不愿意在物质上求竞争的价值观念。在芒市用以衡量物质价值的是施舍而不是获得。收入多的,施舍应该更多,越是有钱,自己越发感觉自己的施舍不够。因为别人不像自己富有,而在施舍上却超过自己若干倍。由于有这种特殊价值的存在,所以在芒市坝财富并不太可贵,财富更不足以凌人;反而财富愈多,对于所有者愈是一种负担,愈为所有者加上一种责任。对于贫穷的,大家是一种怜恤的看法;对于富有而不施舍的,大家却群出之以讥诮,盲目崇拜富有的情形是不会在芒市坝看到的。而且就在施舍上来说,由劳力换来的血汗钱与不劳而获的财货,价值上也相差得很远。据说在佛的眼光里,后者远不如前者的宝贵。了解这一种价值观念以后,当看到许许多多特异的事物时,方不致大惊小怪,不然,为什么土司的母亲和家属竟会出来替老百姓家整天的割谷子,这岂不是一种疯狂的举动,而多少贵族老太太竟在通衢上摆小摊出售零食,其动机究又作何解释。"②

于是,田先生为我们指出,在芒市傣族人的眼中,财富的多少总是被赋予道德的内涵。换句话说,在他们看来,最有价值的不是财富的多少,而是与财富相伴的道德实践,这种道德实践一方面强调"取财有道",即用自己的劳动获得财富;另一方面则提倡"为富要仁",即越有财富,就越要施舍。

这样的强调财富的道德含义的价值观无疑可以对诸如"理性""利益最大化""效率""发展"这样的西方资本主义理念构成一种借以反思自己的标尺。同样,这种价值观也为包括中国在内的正在西方资本主义身后亦步亦趋以之为发展目标的发展中国家的所谓"现代""文明""科学""进步"的理念提供了一面反观自己的镜子。

现在看来,我以前从田先生著作中所感觉到的"人类学的味道"并不仅仅在于其对功能主义理论与方法的经典运用,还在于其所展现出的文化比较的方法和视角。因为人类学并不满足于仅仅对某个地区或人群的社会与文化进行就事论事式的描述与分析,也不满足于突出强调作为研究对象的文化所具有的独特性、合理性或相对价值和意义,从而为之鼓与呼,而是将其作为全人类众多样式中的一种,站在文化批评或文化比较的立场上,以一种超然的态度心平气和地对

---

① 王铭铭:《继承与反思:记云南三个人类学田野工作地点的"再研究"》,《社会学研究》2005年第2期。
② 田汝康:《忆芒市——边地文化的素描》,《旅行杂志》1943年第17卷第3期。

包括作为研究对象的文化和占世界主流的强势文化在内的全人类文化进行审视和反思。这种关怀并不是狭隘地针对某一特定文化的,而是针对全人类文化,是普世性的。

从这个意义上说,田汝康先生的研究对社会学、人类学这种自认为"人的研究"①的学科的贡献并不仅仅在于其对芒市傣族社会文化所得出结论,还在于其对这门学科的方法论的启发。这一点是超越于田先生所处的那个时代的。在田先生发表芒市傣族研究的几十年以后,他的这种研究路数成了国际人类学发展的一个趋势和方向。我想,如果田先生那个时代的研究路数及学术精神能够延续下来,当今的中国人类学将会在世界的舞台上占有很重要的地位并为世界人类学做出更多的贡献。

对此,作为比田先生晚生半个多世纪的年轻人类学者,在对先生的学术造诣和开拓进取、勇为天下先的精神感到钦佩之余,我常常对自己的平庸无为感到惭愧,同时也觉得自己应该努力向先生学习,为人类学做出一份应有的贡献。我想,不只是我个人,我们这一代人类学者都应该继承先生及那一代人的治学态度和学术精神,这样我们才能在自己的学科领域做出应有的贡献。

这里,我还想特别提到的一点是,田先生对社会学、人类学的贡献绝不仅限于其对芒市傣族的研究。事实上,他是一个非常渊博和好学的学者,这不仅体现在他后来对马来西亚华人的社会结构、基督新教和伊斯兰教在云南的传播、中国帆船贸易与对外关系、郑和航海与胡椒分布、男性焦虑与女性贞节观念等方面的精彩研究上,还表现在他晚年对结构主义理论和方法的批评性讨论中②。田先生在这些领域的探索不仅使我们看到他不断超越自己、勇于创新的努力,而且,所有这些研究都具有极大的启发性。这种启发性同样不仅仅来自其所提出的有关研究对象的具体结论或理论,而且还来自这些研究所采用的视角给我们带来的思考和借鉴意义。

"桃李不言,下自成蹊。"这位富于思想洞察力、开拓创新精神以及学科远见并不断追求自我超越的学术前辈,这位热情、真诚、善良、谦虚、令人感到亲切的长者,这位在世俗生活中与世无争、甘于寂寞、认真踏实、朴实无华的"纯粹的知

---

① 关于"人的研究"这样的说法,参见费孝通:《人的研究在中国》,天津人民出版社 1993 年版。
② 关于田先生晚年对结构主义的批评性讨论,参见田汝康:《结构主义与中国古字的人类学研究》,载王筑生主编:《人类学与西南民族》,云南大学出版社 1998 年版,第 2—12 页。我觉得,田先生这种广博的学术领域固然与其所处外部环境的影响有关,比如当时的岗位或学科设置的约束等,然而,同样不可忽略的一点是,田先生本人的渊博知识、广泛兴趣、良好训练和踏实好学的特质也是促成其在如此广博的领域取得令人羡慕成就的重要因素。

识分子"虽然默默地走了,但他的作品给我们带来的学术贡献和精神启发以及他的为人品格和学术精神不应该被我们忘记。

2007 年 9 月 26 日于南京

(原载田汝康:《芒市边民的摆》附录,云南人民出版社 2008 年版)

田汝康先生的非凡学术生涯

傅德华

2006年8月,复旦大学历史系从文科楼搬迁到光华楼西主楼,在摆放田汝康教授的赠书时,我的同事突然告知我复旦网页上已有消息说,田先生于7月27日与世长辞。当时,我简直不相信自己的耳朵。因为在这之前不久,他还从昆明给我来过电话。但这毕竟是事实。在奉命筹划召开"一代学人——田汝康教授追思会",撰写他的生平简介时,让人费解的是,他1953年在浙江大学人类学系任教授,同年调至复旦大学历史学系任教,仍旧被聘为教授;但查了复旦大学出版社已出版的两本《复旦大学教授录》中,竟然都没有找到他的名字。好在2005年9月出版的《复旦大学百年志》中田汝康教授的简历是由笔者撰写的,由于此书人物卷所收教授简历的字数限制,人们从中很难看出他坎坷的经历和对中国学术界所做的突出贡献。借此机会,特将其在社会学、人类学和中国帆船贸易等领域的研究成果做一详细介绍,以此表达对田先生的怀念之情。

一、社会学研究取得重大成果

田汝康教授1916年生于云南昆明。他的兄弟姐妹都曾留学法国和美国,都是非常杰出的专业人士,对国家和社会做出过特殊的贡献。1940年,田先生以优异的成绩毕业于西南联大哲学心理学系。西南联大的全称为"国立西南联合大学",抗战期间,由清华大学、北京大学及南开大学于昆明组成。学校的校务由清华大学校长梅贻琦、北京大学校长蒋梦麟和南开大学校长张伯苓负责。郑天挺任总务长。田汝康先生在西南联大念的哲学心理学系原属清华大学理学院。该院对学生要求很高。学生的物理、化学和生物三科必须要具有中等以上水平,外语要念两门,所以报考这一学系的学生很少。因心理系学生少,就与哲学系合并,称为哲学心理学系,隶属文学院。田先生就读这一学系时,学生只有两位。除他之外,还有殷海光(后去了台湾,系台湾大学教授)。根据当时的规定,心理学系属文科,文科学生需要多选修两个科目,结果田先生选了"劳工问题"和"社会学"。这与田先生后来成为社会学研究的专家不无关系。西南联大主持社会学的教授起初为著名的社会学家吴文藻博士,但是在田先生入学两个星期后,这位教授就和妻子谢冰心前往重庆去了。来接替他的是蜚声国内外学术界的学者费孝通教授。据田先生后来回忆说:"当时选修这一门初级社会学的学生不多,上课是在费教授的家里。谈话轻松,随问随答,这种教法很有启发性。"念到第三年时,田先生被费教授叫去参加他和吴文藻正在筹备的社会学研究工作站。至此,他开始边学习边工作,结果以优异的成绩获得学士学位。据清华大学档案室收藏的西南联大历届优秀毕业生名单,田汝康的名字排在第一行的第二位。

大学毕业后,田汝康继续留在社会学研究工作站从事社会学研究。这似乎是为田先生研究社会学专门建造的一个平台,他如鱼得水。

社会学是研究人类社会现象的一门新学科。它同时也是一门与人类社会现代化紧密联系在一起的学科,可以说是现代化发展的产物。在旧中国,最初的社会学调查是由教会学校的外国教授指导学生从事的小型调查,如1914年和1915年北京社会实进会对302个洋车夫生活情况的调查,这是我国较早的社会学调查。20世纪三四十年代,我国正处于内忧外患时期,但并没有影响社会学调查和研究的发展。在这个时期,我国社会学出现了一片繁荣景象,因为正是这样内乱外患、社会问题丛生的现状,促使社会学家们认真思考、调查和研究,从而大大推动了我国社会学的发展。田汝康师从吴文藻、费孝通两位当时名声很大的社会学家并有幸参与了他们俩主持的一系列社会调查工作。1940年夏天,他当时与另一位工作站的助理研究员史国衡一起被分配到昆明一家纺织机器厂做调查。他们通过与工厂管理人事的干部沟通,被允许吃住到厂里。在与该工厂女工大量接触调查后,田汝康撰写了《内地女工》的调查报告。此文先于1944年以"Female Laboring Kunming Factory"为名作为史国衡著 *China Enters the Machine Age* 一书的附录由哈佛大学出版。1946年该书中文版由商务印书馆出版(书名为《昆厂劳工》),该文也作为附录收入。此文被学术界认为是继清华大学社会学系的陈达教授在1927年完成的《中国劳工问题》一书后,我国发表的影响较大的社会学研究成果。这是田汝康先生对社会学的一大贡献。该文也成为后来田先生从剑桥大学心理学系转到伦敦政治经济学院攻读人类学博士学位的动因。

田先生被留在工作站的第二年(1941年)即被派去边疆,到芒市去研究少数民族,负责设计如何在少数民族地区开展民众教育。经过对那目寨将近九个月的调查研究,他完成了《芒市边民的摆》一书。这本书描述的是云南和缅甸交界处一个傣族村寨的宗教生活,用的分析概念在当时来说非常先进,如涂尔干、莫斯的理论等。费孝通为该书写了序,称赞此书同时是一本极好的宗教人类学论著。

1979年3月,胡乔木同志任社会科学院院长时,曾在北京召开了一次"社会学座谈会"。会上他为中国社会学从政治上平了反,在学术理论上澄清了一些过去流行的不正确的观点,为社会学的重建、恢复和发展开辟了道路。在这次会议上,经过与会代表的酝酿,一致赞成成立了"中国社会学研究会",并推选费孝通为会长,田汝康、雷洁琼等为副会长。在担任副会长期间,田汝康先生先后以英文发表了《中国人对待精神疾病的传统观念和态度》《明末清初福建省所建佛教寺庙在17、18世纪的衰败》和《清朝刑法的持久性》等文章,受到国外社会学界的高度关注。之后的1988年,复旦大学决定成立社会学系时,鉴于田先生在国内外学术界的地位,经谢希德校长竭力说服,田先生出任社会学系首任系主任的职务。这是学术界和复旦大学对他在社会学研究所取得的成就的充分肯定和信任。

二、人类学研究独辟蹊径

人类学泛指社会与文化人类学,它是研究社会现象的总称。其源自欧美,以研究非西方社会文化与生活方式为主旨。20世纪20年代,人类学渐渐传入中国,并与中国社会学研究结合成为研究中国社会的一种独特方法,即社区研究法。社会乃由人所构成,人的活动自然离不开衣食住行等基本生存需求,这便有了资源的分配以及相应的经济生活与政治统治形态,同时这些活动也受制于人们自己所创造的象征符号,如语言和文字等,如此便有了象征性的支配以及统合的宗教存在。这些物质的精神方面的文化与社会形态构成了人类学家所关注的异文化的整体社会生活之要件。人类学家的任务不仅仅是对这些要件加以描记,而且还试图对这些要件之间的互相关系给出一种理解和解释。

在当时的中国,人类学研究领域以费孝通、李安宅、田汝康、许烺光等最为知名,并渐成一派。而田汝康先生的贡献在于以民族志的研究方式,采用田野调查的方法,对一个特定民族群体的社会和文化制度进行详细的调查、描述和研究。田野调查是人类学家或民族学家在特定的民族区域或社区中进行的调查。20世纪40年代,田汝康在英国伦敦政治经济学院教授、博士生导师雷门·费尔斯(Raymond Firth)的指导下,于1948年到砂拉越研究华人社会。1953年其撰写的 The Chinese of Sarawak (中文译名为《砂拉越华人》)出版。该书用上述方法阐述了砂拉越华人人口迁出和移民、华人社团的组建、华人社区的性质、农村经济和家族关系、职业类别和当地市场经济、当地市场经济和橡胶贸易、权力问题、华人与祖国的关系等,是典型的民族志式的研究。其内容涉及被研究社区华人的政治、经济、社会和文化领域，是第一本系统研究砂拉越华人社会的专著，也是人类学家研究海外华人的经典著作之一。一位名叫维特·巴索（Vitor parcell）的人在他的《东南亚华人》（*Chinese in Southeast Asia*）一书中这样写道："我清楚记得田氏的名字，那是在殖民部社会服务研究理事会时期，那时候他正在砂拉越从事一些重要工作。当年我是英国驻东南亚最高官员，而且我经常到砂拉越旅行。田氏的学术著作获得高度的评价。"

国内学术界在总结人类学走过 50 年历程时，这样写道："以 1953 年田汝康著《砂拉越华人》的出版为起点，中国民族学的海外华人研究已经历 50 年的历程，其突出特点在于运用民族志式的研究和采用田野调查的方法，运用民族学的理论和方法，可以从微观进而宏观的角度追踪分析和探讨华侨华人的人口迁移、华人社群的结构和性质、华人的经济活动和家族关系、华人的教育和同化、华人与祖国的关系等。"此书至今未有中译本。笔者手头的一本是其逝世后由庄锡昌教授赠送给历史系资料室珍藏的。1997 年砂拉越研究资料中心再版时，在书的封底上增加了一张田先生的照片和他的个人简历。

1981 年，鉴于田先生在华侨史方面所做出的杰出贡献，第一个全国性华侨史学术团体"华侨历史学会"（1986 年改为"中国华侨历史学会"）在北京成立时，他被推举为副会长。1992 年，他从国外许多大学访问及讲学回国后，复旦大学为更好地发挥其在华侨史方面的专长，特批将复旦第三宿舍一套住房租给他做研究室用。他本人也雄心勃勃地从笔者这里把历史系收藏的有关华侨方面的专著及华侨华人报刊论文索引及剪报全部借了回去，准备再做进一步的研究。遗憾的是，由于年龄、家庭等诸多因素，他的这一宏愿最终未能实现。1997 年，他的《结构主义与中国古字的人类学研究》一文，发表于《思想战线》1997 年第 4 期上。在这之前，田先生围绕人类学还发表和出版了《砂拉越华人：三十年变迁》《婆罗洲客家公司》《男性阴影与女性贞节》等一系列文章和专著，从而进一步确立了他在国内外这一领域的重要地位。

在上述著述中，田先生用力最多的是《男性阴影与女性贞节——明清时期伦理观的比较研究》一书。这也是他生前很满意的一部著作。这本书的特点，德国汉学家傅吾康教授是这样概述的，"他认为西方汉学家无法掌握那么多的资料，而中国研究者又无法运用这么多的西方社会科学知识。"而田先生最终成为解决这一难题的典范。法国的阿沙维博士（Dr. Archaive）在有关此书的书评中这样写道："要是我们还能介绍一本极端引人入胜的书的话——那就是这本书。"由此可见，田先生是多么善于利用国内外的资料对感兴趣的问题做深入细致的研究。

三、帆船贸易研究赢得国际声誉

1956年,田汝康教授在《历史研究》第8期上发表了《十七至十九世纪中叶中国帆船的发展》一文。1957年2月,又由上海人民出版社出版了《17—19世纪中叶中国帆船在东南亚洲》一书。之后即一发不可收拾,相继发表了《再论十七至十九世纪中叶中国帆船业的发展》《元朝的渔盗与海运》《郑和海外航行与胡椒运销》《渡海方程——中国第一本刻印的水路簿》《十五至十八世纪中国海外贸易发展缓慢的原因》等七篇专论。田先生在回忆其为什么要研究这一课题时曾这样写道:"中国帆船在国外早已成为中国古代文明成就的象征。各国海运博物馆设有专门陈列室或陈列柜。有关中国文明史的书籍总得有几幅中国古代帆船的插图。""多年来,在英国举办的香港宣传图,引人注目的标志展览品,便是在泰姆士河上的一艘模制中国古代帆船,香港旅游广告上总离不开帆船图片。"1955年,印度尼西亚总理沙斯特罗阿米佐约在访问中国时,屡次提及古代中国帆船在增进东南亚各国间友好关系方面所做的贡献。他指出:"自从中国具有冒险精神的远洋航船第一次开通了两国间的航路以来,中国和印度尼西亚的人民,就一直是友好邻邦。""中国的航船不仅带来了货物,随之而来的还有许多中国商人、工人、手工业者。""虽然过去我们彼此的了解主要是由于商务关系,而差不多在同时,从这个古老的国家却发出它文化的影响,这种影响对于亚洲的许多文明,曾有过美好的作用。""直到现在,我们许多的岛屿上还保留着这些中国文化的影响。"对此,田先生曾感叹地说:"可惜国内还没有专门的海运博物馆,自然也谈不上帆船模型陈列问题。至于帆船贸易在东南亚洲航运和商业上的地位,更没有受到应有的重视,这是促使我对中国帆船贸易进行探索的原因。"出乎田先生意料的是,自从1956年他的第一篇关于中国帆船贸易的文章发表后,竟然在国内外学术界引起了不小的反响。在美国、英国、澳大利亚、荷兰、日本、新加坡和中东国家连续出现了一些讨论中国帆船在世界各地区情况的专著。田先生因此成为国际学术界所公认的航海史专家。

从此以后,每逢国际上举行历史学会航海分会会议时,田先生都受邀参加。自1985年至1988年,他先后出席了在德国斯图加特举行的航海学会会议,在美国东海岸召开的国际航海史学会会议和在澳门召开的纪念哥伦布东方航行500周年专题会。田先生在澳门出席会议期间还为美国同行解决了一艘美国船只在中国海岸外沉没的时间和地点问题,因为他在澳门的公共墓园里发现了这艘船船长的坟墓。

田汝康先生所发表和出版的有关中国帆船贸易的数篇文章和小册子,在国际上产生了较大的影响。其贡献在于,他从国内外浩瀚的中外文资料文献中,将中国的帆船贸易及中国航海史在早期国际贸易及国际航海史的地位勾勒得一清二楚,从而赢得了国内外同行们的一致赞赏,同时他也成为这个领域里最有权威性的专家学者。

田先生认为,中国帆船不仅向为东南亚各族人民所熟知,而且在一般欧洲的文献、字典、辞书中已经成为一个专用的名词。中国帆船远航东南亚各国甚而超越印度洋远达红海地区的时间最早应在5世纪前后。由此以后直到15世纪前后,中国帆船不断地出现在印度洋上。根据印度历史学家研究,约自1427年前后,与印度间的联系便中断了。从此以后,中国帆船航行的范围便集中在印度洋以东的亚洲海面上。到了16—17世纪,由于中国工商业曾获得空前的发展,相应的国外贸易也有一定的增长。因而在此时期内,中国帆船在东南亚航运上的地位更显重要。田先生认为,中国商船在东南亚受到欢迎,还不仅由于出售载运货物的价格低廉,更由于在当时亚洲海面上这是唯一定时航运的工具。在17世纪初中国帆船的活动还限制了英、荷两国在亚洲各国的掠夺行为。明清两朝交替,并未使中国帆船对日贸易遭受什么严重的影响。而在东南亚其他国家中,中国帆船也仍然保持着应有的地位。

田先生还认为,中国帆船贸易走入谷底是在五口通商之后。要是没有南京、天津、北京等条约的摧残和破坏,中国帆船海外贸易仍然是可以继续发展的,封建势力和外国资本主义的双重压榨才绞杀了中国远航帆船业发展的前途。

田先生上述对中国帆船的论述,赢得国内外学术界的一致认可,从而奠定了他在这个学术领域中崇高的地位。有鉴于此,浙江人民出版社于1987年即田先生退休后的第二年,特意将其在国内外发表的有关这一领域有代表性的数篇学术论文结集出版了一本《中国帆船贸易与对外关系史论集》。书中所收中国帆船的图片是英国科学家李约瑟博士和日本关西大学大庭脩教授所赠。复旦大学仅有的一本现收藏于复旦人著作陈列室,扉页上盖有"汝康敬赠"之印章,尤显得特别珍贵。

田汝康教授1948年从伦敦政治经济学院获得哲学博士学位,完成《砂拉越华人》一书后,毅然决然地放弃国外多座名校的盛情邀请,决心回国为新中国贡献自己的微薄之力。起初在浙江大学从事人类学的教学与研究。1952年调到复旦大学历史系任教。因所谓"涉嫌"海外关系,以及前往砂拉越从事华人社会调查是受英国殖民地社会科学研究理事会委任之事,他长期受到不公正的待遇。尽管如此,这位当年在砂拉越升起第一面五星红旗的热血青年,始终相信党组织一定会把历史问题的处理归于客观和公正的。

1984年4月,复旦大学党委派专人赴美国,向正在南加州大学人类学系进行访问的田汝康教授宣布对他的平反决定,结论是田先生于1945年8月至1950年6月在英国留学及在南洋砂拉越从事学术活动期间,历史是清楚的,此间,他积极参加当地进步活动,关心中国共产党领导的国内革命战争,热烈拥护新中国的诞生,这些都是进步的,过去对田先生的怀疑是没有根据的。之后,老人对此始终保持豁达、平静的心态。在历史系举办"一代学人——田汝康教授追思会"上,与会者无不对田先生一以贯之地热爱祖国、倾心学术、提携后学、关心他人等高尚情操,给予很高的评价;并一致赞同姜义华教授的提议,尽快组织人力将田汝康教授生前在国内外发表的最具代表性的学术论著整理出来,结集出版,这是对他最好的追思。姜义华教授的这一愿望,经过历史系同仁的多年努力,终于在复旦大学建校110周年之际得以实现。田汝康先生的文集被列入《复旦百年经典文库》,已于2015年正式问世,田先生在天之灵,定会感到欣慰的。

(原载田汝康:《芒市边民的摆》附录,云南人民出版社2008年版)

程博洪

程博洪(1917—2001),湖南醴陵人。历史学家,专长世界近代史、拉丁美洲史等。

1942年,毕业于昆明西南联合大学政治系。1947年,在上海创办并主编《时与文》周刊。新中国成立初,任沪江大学副教授。1950年入复旦大学政治系,次年进入历史系,任副教授、教授。1964年参与创办复旦大学拉丁美洲研究室,并任该研究室主任。

兼任中国拉丁美洲学会、中国拉丁美洲史研究会顾问等。

在大学任教期间,讲授"世界近代史""拉丁美洲史"等课程。

参与撰写《战后世界历史长编》,并负责拟订有关拉丁美洲的篇目;负责《中国大百科全书》和《辞海》有关拉美条目的撰写;编校《拉丁美洲史》。主持编译《卡斯特罗与古巴》《古巴革命战争回忆录》《格瓦拉传》等书;编辑出版《拉美问题译丛》和《拉美问题资料》等。撰写《联邦辨析》《美国大学的历史系和拉美学》《里约热内卢军事条约的签订和美洲国家组织的建立》等学术论文多篇。

程博洪先生——从名门望族走出的布衣教授

刘文龙　陈才兴

程博洪先生(1917—2001年)在20世纪50年代初到80年代任复旦大学历史系教授。他出身于名门望族,是程潜先生第三任夫人周幼华女士所生,也是程潜先生十分赏识的长子。众所周知,程潜(字颂云)是国民党元老,曾任国民政府军事委员会总参谋长、第一战区司令长官、湖南省政府主席等职。新中国成立后,任国防委员会副主席、全国人大常委会副委员长。年轻时,程博洪先生曾随父在中原地区度过短暂的戎马生涯;中年时,1950年4月在武汉担任中南军政委员会文化教育委员会委员,但他仅参加了一次会议就辞去此职,回到上海进入学界。同年10月由沪江大学转入复旦大学,从此在学海中探赜索隐,教书育人。几十年来历史系师生对程先生的学问和为人十分钦佩,特别是对其治学严谨、淡泊明志、布衣蔬食的印象非常深刻。

一、治学严谨

在复旦大学任教初期,他拟开设"国家与革命""苏联与新民主主义国家""资本主义国家"等课程,到1964年前给本科生开设了"世界近代史"和"拉丁美洲史"课程,并带了两名拉美史研究生,而两人同时担任其助教(其中之一的张森根现为北京拉丁美洲研究所研究员、博士生导师、《剑桥拉丁美洲史》翻译出版的组织者和校订者)。他全身心地投入教学和培养研究生的工作中。每堂课他都精心准备,走进课堂从不带教本,讲课的内容都深印在他的脑海里,繁杂、枯燥的历史事变,他总能深入浅出、简略而生动地表达得清晰明了,他的授课风格在历史系广为传颂。程先生时常告诫学生要多读书、多积累,千万不要匆忙写文章。同时他忠告青年教师,在动笔前要把问题考虑透彻些、想得周全些,只有这样才能写出有质量的文章。他认为,与其耗时费力写一大堆没有多大价值的文章,不如潜下心来,多读书、多充实、多思考。他总是一丝不苟而不求闻达地对待学问,从不追求空名、虚名。

1964年复旦大学成立拉丁美洲研究室,校领导决定由程博洪担任研究室主任。这是名下无虚的任用,因为程先生是中国拉丁美洲研究的开拓者之一,实际上,早在20世纪40年代初,他就在重庆的国际问题研究所和国民政府外交部涉猎拉丁美洲问题。不过,初创的拉美室不久就受到"文革"的影响,研究工作一度中断,但每年向国外订购一两批外文专著和百余种外文报刊的工作仍在继续。1970年,拉美室开始恢复工作,他就全身心地投入到研究和教学工作中。一方面,继续负责校订"文革"前已与商务印书馆约定的美国艾·巴·托马斯著的《拉丁美洲史》一书的译稿;另一方面,参加《战后世界历史长编》的撰写工作,负责拟订有关拉丁美洲的篇目,并亲自撰写1947年"里约热内卢互助公约的签订和美洲国家组织的成立"这一章。以后,又负责《中国大百科全书》和《辞海》有关拉美条目的撰写。此外,他还根据国内外形势,选择有关外文书籍和文章,组织室内外人员编辑出版,供中央和地方有关部门参考。先后编译出版了《卡斯特罗与古巴》《古巴革命战争回忆录》《格瓦拉传》等十多部书;在复旦出版社出版了近20期《拉美问题译丛》和《拉美问题资料》,在国内的拉美研究领域产生了一定的影响。

治学严谨,这是程博洪的座右铭。他不仅要求学生这么做,他本人也是如此实践的。程先生在校订托马斯著的四卷本《拉丁美洲史》译稿时,加了近400条译者注,其中多处指出了原作者写作上的讹误,这是我们所见到的众多译著中绝无仅有的高质量译作,由此可见先生的学术功底。对年轻人编写的书稿、文章或资料,他都能从具体内容到文字表达提出许多具体意见,并加以修改。他在校订一些译者的书稿时,常因某句译文要与靳文瀚、田汝康等老先生认真讨论。这种字斟句酌、一丝不苟的严谨态度,给我们留下了极其深刻的印象。

1987年,年届70的程博洪退休后,应《复旦学报》约请,着手撰写《联邦辨析》一文。文章分成五部分:(一)缘起;(二)国家结构的两种体制;(三)区别传统联邦制和传统单一制;(四)传统联邦制与传统联邦国;(五)社会主义联邦国家;(六)结尾。1990年,他在写完的前四个部分(约4.75万字)基础上,再加上一个续编:《吁请不要滥用"联邦"称谓》。其文明确指出,巴哈马"联邦"、多米尼加"联邦"和波多黎各"自由联邦"的译法都是站不住脚的,应尽早加以纠正。文稿因多种原因,《复旦学报》没有刊登。最后,由他的学生张森根教授将其文稿浓缩成两篇文章,分别刊登在中国社会科学院内刊《学术动态》和《拉丁美洲研究》上。为此,程博洪与张森根之间多次研究商谈。这些信件后来刊发在《拉美史研究通讯》和复旦《校史通讯》上。从这些稿件中,我们不难看到这位长者对学问的执着追求。

程博洪的事业心和责任心很重,他把拉丁美洲研究工作的希望寄托在年轻人身上。"文革"后,他先招收了两名研究生,接着又同意带五名研究生。这在当时历史系的老先生中是很少见的。他认为,从事拉丁美洲研究的硕士生,至少要懂两种外语,不能只懂英语或西班牙语。为此,拉美室专门调进一位教师,给硕士生开设西班牙语课。他多次强调,研究室成员尽量从研究生中选留。而研究生主要从经济系、国际政治系、历史系、外文系等部门挑选,以便日后分别从事拉丁美洲政治、经济、历史和文化的研究。他认为懂研究对象国的语言,只是具有从事研究工作的必要手段,最主要的是要有各方面的专业知识。至于研究室的规模,他主张少而精,专职研究人员最多不要超过十人。然而,后来由于诸多原因,他所培养的大多数研究生都去了美国,其设想未能实现。

二、淡泊名利

程博洪先生一生淡泊名利。他在20世纪三四十年代有着不平凡的经历,当时他把很多精力放在创办多种时政性或政治性刊物方面;特别是在解放战争时期,不仅在其创办的刊物上发表进步人士的文章,而且以实际行动劝说其父停止内战,积极协助实现湖南的和平解放。对于这一切,平时他不愿提及,更没有居功自傲。他也从未向组织上要求特殊待遇。

中青年时期,程博洪对创办时政性刊物情有独钟,这也许同他所学的专业及爱好有关。实际上,他在西南联合大学法学院政治系就读之前,1938年在长沙就已创办了《客观旬刊》社,并任编辑。1942年大学毕业后,经过在重庆官方机构的四年研究工作,最终来到上海,开始创办并主持《时与文》周刊社(1947—1948);被迫停刊后,他又创办了时代文化出版社(1948年10月—1950年1月)。

特别是他创办并主编的《时与文》在当时产生了很大的社会影响。该杂志同抗战胜利后上海出现的《周报》《观察》《民主》等几家时政性刊物一样,为周刊,时效性强,都能及时报道和评论重大事件。杂志以社会时评类的专论为主,以"进步、独立、理性、坚定"为宗旨,对中间路线、内战等社会热点问题进行讨论。该杂志一经问世,就吸引了上海一大批政治进步且声名卓著的知识分子加盟,常发表沈钧儒、吴晗等进步人士的文章,宣传和平民主、反独裁反内战,并抨击国民党政府镇压民主运动的行径等。为了解决杂志社的经费,程博洪于1947年考取自费留学,借以从国民党当局手中"诳得"美金5 000元,他以其中的一部分用作杂志社的运作资金。尽管杂志受到进步知识分子的欢迎,但是引起了国民党当局的不满和憎恨。

1948年9月初,国民党当局明确指出:"《时与文》替共产党张目,必须查封,当然最好是程博洪自动停刊。"淞沪警备司令兼上海市警察局长宣铁吾托人告知:"上面明示,查封《时与文》。"并对他反复陈明利害:"这可不光是你个人的事,它关系到你父亲同蒋介石的关系,你可要三思而行啊!"程博洪被迫答应自动停刊。从1947年3月14日创刊到1948年9月24日被迫停刊,该杂志总共出了71期,历时一年半。

《时与文》杂志停刊后,蒋介石亲自召见了肖作霖,还特意说:"程颂云先生有个儿子,曾经想到美国去,却用那笔钱办了个什么刊物替共产党作宣传,明明受了共产党的作用,恐怕颂云先生还不知道。听说最近他把那个刊物自动停刊了,这就很好。你也认识他吗?我想要他到我这里来当秘书,你回去对颂云先生谈一下。"但对国民党政府的腐败无能很不满的程博洪,是不可能到南京给蒋介石当秘书的。相反,到20世纪40年代末,当人民解放军以排山倒海之势、雷霆万钧之力迅猛推进到中南和西南地区之时,他积极配合中共地下党组织,劝说父亲起义,脱离国民党政府,投向人民怀抱。

正是在这个关键时刻,程博洪返回湖南老家,父子见面,一番家常话后,程博洪掏出一封信递给父亲,程潜接过一看,非常惊讶:"啊,原来是行严兄的信!"(行严,即章士钊)信中有这么几句话:"历史雄辩地证明:清王朝敌不过北洋军阀,北洋军阀敌不过国民党。现在国民党更敌不过共产党。吾辈唯有顺乎民心,改弦更张,慎终追远,以敬将来。回溯辛亥时间赞襄黄兴的革命经历,借古鉴今,今人不胜又叹惋之至矣!……此番感中共相邀,得以会晤毛泽东先生、周恩来先生。开诚相见,交浅言深。周先生说:'忘记过去,咸与更新。'毛先生则估计颂云贤弟绝非久困之士,终归投向人民的怀抱,时不我待,望颂云贤弟好自为之,莫负厚望。……"读完此信,程潜凝立,久久不动,程博洪见父不语,又以自己的亲身经历劝说父亲,终于使程潜相信共产党是说话算数的。此后,程潜采取了很多措施,推进和平进程,1949年8月14日,程潜、陈明仁领衔通电起义。这样,湖南大部分地区避免了一场血战。

尽管在解放战争时期,程博洪创办的《时与文》杂志具有明显的进步政治倾向,并最终在蒋介石的压力下被迫停刊,但是并不属于中共及其外围组织的刊物。此外,程博洪为湖南的和平解放做出了贡献,但是空口无凭。因此,1987年他没有作为离休干部退休。对此,了解其过去经历的校系领导以及他的多位学生多年为他奔走呼号,替他争取离休待遇。按照校组织部的意见,当时帮他办理此事的历史系党总支组织委员刘文龙请他写一点创办《时与文》杂志的具体情况,他淡泊地说:"已经是过去的事了,不要再去提了。"他多次请大家不要为他离休的事到处奔波。1994年,按照上级指示,校老干部办公室老韩和刘文龙专程赴长沙找到湖南省委前书记周里,请他提供程博洪为湖南的和平解放做出贡献的材料。周书记不仅回忆了程潜在起义前夕的情况,而且亲自书写了说明材料:

程博洪确实配合中共地下党组织,积极参与推动湖南的和平解放进程。不久,上海市委有关部门据此批准给予程博洪离休待遇。这一问题解决后,他认为自己的物质条件已经很好了,因此再没有提出其他待遇要求。后来,他女儿要结婚,住房有困难,他夫人请陈才兴向学校反映,按照他的级别能否扩大一点住房面积,把一套分成两套。程先生知道后非常生气,专门打电话给陈才兴,要他千万不要向学校提出申请,并明确地说:"我的住房已经够宽敞的了。"

除此之外,在复旦大学历史系工作期间,对于名利,程博洪也是十分谦让的。"文革"后高等学校逐步恢复了职称评定的制度,当时系领导考虑将程博洪列入晋升教授的名单中,他知道后谦让地表示:"还是先考虑中青年教师吧,他们比我更需要相应的职称。"在拉丁美洲研究室工作期间,经他指导反复修改的论文发表,他绝不留名。他校订的《拉丁美洲史》也都是以"复旦大学拉丁美洲研究室"署名。20世纪80年代初,时任历史系副主任的姜义华教授请他带博士生,但他说自己精力和能力有限,从而婉言拒绝了。做过他学生的人都一致认为,程先生带研究生是高度负责且十分严格的,但他不要挂博士生导师的虚名。此外,他的英语水平是相当高的,听说读写能力都很强,平时阅读英文图书报刊,从不查英汉词典,因此历史系同仁都很佩服他,不过,他在填写履历表时,仅表述为"略懂英语"。

三、布衣蔬食

程博洪虽出生在富有家庭,但他平时生活非常简朴,穿着朴素随便。在历史系老先生中算他最年轻,他曾同师生一起参加三夏三秋劳动,与大家同吃、同住、同劳动。历史系设在100号时,每天上午中间休息时,他经常同中青年教师在一起打乒乓球,十分平易近人。他最忌讳别人送东西给他。程先生对学生说:"你们来看我,千万别带东西。"有一次,张森根根据其文稿浓缩成文刊登在《学术动态》上,后来该文章获奖,张托方幼封教授用所得奖金购买火腿等物品送给程先生,但他拒绝收受,弄得方老师十分尴尬。偶尔他接受别人的小礼物,但必定设法回赠。有一次陈才兴赴古巴讲学回来,送他一支古巴雪茄烟(因他喜欢抽烟),他欣然收下。过了一段时间,他回赠了一支笔。这样,他的学生和同事为不增添他的麻烦,也就不敢送东西给他了。

在其生命的最后一段时间,程先生还是首先考虑到别人,不给他人带来麻烦。他因前列腺肿大住院开刀一个月了,他也不让家人告诉系里任何人。后来,他再次重病住院,庄锡昌副校长、靳文翰先生和陈才兴去医院看望他,他感到非常过意不去,十分动情地说:"务必告诉准备来看我的人,大家的心意我领了,千万不要来看我,否则我心里反而会感到不安。"正是他不愿麻烦别人,却导致耽误了治病的最佳时机。其实,早在一年之前家人就发现他胃口差,身体明显消瘦,夫人建议他请学校有关人员帮助把医疗关系从第六人民医院转到离他家较近的中山或华山医院,但他不让夫人联系,一拖再拖,直到实在熬不过去了才同学校有关部门联系。当转到华山医院检查时,发现癌症已扩散到肺部和淋巴。后来医生根据他的病情,透过胃镜确诊是胃癌,但为时已晚,因已大面积扩散,无法开刀。如果此病早一点发现,及时进行手术和治疗,也许就不会这么早地离开我们,因为他毕竟是历史系老先生中最年轻的,而且也是身体最好的一位。

笔者行文至此,感喟不已。我们作为程博洪先生的晚辈,随着岁月的流转,如今也已年过古稀,但是过去他对我们研究工作的指点和教诲不仅在当时使我们受益匪浅,而且至今仍然是我们治学的宝贵财富。同时,他的高尚人格也是我们为人处世的楷模。

(2005年5月初稿,2015年9月修改稿)

缅怀恩师程博洪先生

张森根

2010年10月9日和13日,我和老伴赶在上海世博会闭幕之前有幸进场参观了两次。头一天由一位在沪的老友引导,观赏中国、法国、意大利、澳大利亚、泰国等热门馆。另一天,出于对专业的关注,专程看了拉丁美洲的展馆。

世博会为33个拉美国家走向中国提供了舞台,它同时也成了中国人了解拉美的窗口。三个拉美大国(巴西、墨西哥和阿根廷)、四个中等国家(智利、哥伦比亚、委内瑞拉和秘鲁)及古巴都设有独立的展馆,中美洲、加勒比和其他南美洲国家等25国,则分别在两个联合馆内设有自己的展位。在加勒比共同体15个成员国的联合展馆中,我的目光曾凝视在多米尼克和巴哈马的展位上,乃至于勾起了我对一段往事的回忆。因为这两个岛国国名的重新认定还有一段小故事。

1994年之前,于1973年和1978年独立的这两个说英语的国家的正式名称分别为多米尼加联邦(the Commonwealth of Dominica)和巴哈马联邦(the Commonwealth of the Bahamas)。这样别扭的名称在我国的正式出版物和官方文书中一直采用了许多年。大家好像也默认了,并不认为有什么不妥。然而我的恩师、复旦大学教授程博洪先生却多次向我指出,这两个官方译名是误译,必须尽早予以更正,并要我设法向有关方面反映。1984年在烟台举行中国拉美学会成立大会期间和后来同我的五六封通信中,他不厌其烦地跟我说,英文"commonwealth"这个多义词被国人误解,除了上述脱离英国而独立的这两个西印度群岛中的微型国家,还有所谓的波多黎各"自由联邦"(the Commonwealth of Puerto Rico)和北马里安纳"自由联邦"(the Commonwealth of the Northern Marianas)。前两个政治客体是单一制国家而不是联邦制国家,把"联邦"的帽子扣在它们的国名上,简直是笑话;后两者是在美国联邦制度支配下行使部分内部自治职能,其本身委实无邦可联,只可指称为联系邦。此外,对"英联邦"和"不列颠联邦"中的"commonwealth",也不应机械地加以理解。因为它是个多义术语,表明它是一个国家联合体,眼下有48个独立成员国组成,十分松散。这些成员国有的奉行联邦制,有的奉行单一制。总而言之,以上五个名称中的

"commonwealth"有不同的含义,我们不应该把五个根本不施行联邦制的政治客体一概误称为"联邦"。

我十分赞同程先生的看法,后来还把他的主张写成《程博洪教授吁请不再滥用"联邦"称谓》一文,分别登在中国社会科学院内刊《学术动态》(1991年4月17日)和《拉丁美洲研究》(1991年第3期)上。程先生的见解得到外语界前辈程镇球先生的赞赏,并把上述文章转载在《中国翻译》上。尽管在此前后我曾不断地在同行中或在学术讨论会上播扬程先生的主张,但国名误译的事仍未解决,直到1994年初才有了转机。

1993年11月,我国领导人出访拉美之前,我所主管外事的徐世澄副所长布置我就中拉关系中的一些问题写成专文向高层呈递。在那篇策论中,我大胆建议我国政府应及时同美洲发展银行和美洲国家组织等多边机构建立关系,同时还写道:"要解决好政府领导部门与研究部门之间的信息沟通的问题。据报道,10月7日江主席接见了多米尼加联邦总统。实际上,'多米尼加联邦'国名本身就是明显的误译。上海复旦大学教授程博洪早在1984年就指出,不能把英文'commonwealth'这个多义词译成'联邦'并加以滥用。所谓的'多米尼加联邦',根本无邦可联,采用与联邦制迥异的单一制国家结构。他建议把这个独立于1978年、以说英语为主的微型国家,译成'多米尼加国',以区别于1844年独立、以西班牙语为主的多米尼加共和国。……但程的意见迄今无人答理。一个译名尚且如此,别的什么看法要真正反映上去,着实不易。"也许这一段话起了作用。不久,有关部门让我把中国社科院内刊《学术动态》《拉丁美洲研究》和《中国翻译》上刊载的文章送去。程先生十来年前的主张,这一次总算有了回应。1994年1月14日,外交部办公厅正式发文下达《关于更改多米尼加联邦、巴哈马联邦和波多黎各自由联邦译名的通知》。文件指出,"根据有关专家的意见",将上述三种名称分别改译为"多米尼克国""巴哈马国"和"波多黎各"。由于程先生的意见引起高层的重视,我的那篇策论被评为中国社科院1994年好信息,与其他四位学者一起荣获一等奖。这个奖名义上发给我,实际上是授予程先生的,我只是个"二传手"。

这段往事记录了老一辈学者做学问的执着精神。程先生是复旦拉美室的创建人,也是我国拉美研究事业最早的开拓者之一。1961—1964年期间,我有幸被他选为拉美史研究生,他给本科生开设了"世界近代史"和"拉丁美洲史"两门课程,我充当助教。程先生对我的恳切教诲、耳提面命、言传身教,令我终身获益。他的人品与文品更让我铭记不忘。他对工作极端负责,尽心竭力而不务空名,这在复旦历史系是人所共知的。他把时间与精力都耗尽在教学、培养研究生(前后共九名)和组织拉美室的集体攻关项目上。拉美室一度有20人之多,每个人的工作和课题他都安排得井然有序。拉美室出版的10多部书和20多期刊物,从选题、审稿、编排到发稿,他都恪尽职守,力求做到精益求精。他为集体、为他人的科研作品和翻译成果,倾筐倒箧而在所不惜。他本人学术底蕴厚实,讨论问题时常常是点石成金、一语中的、精当不易。

20世纪40年代下半期,他曾是名噪一时的《时与文》杂志的发行人和主笔,下笔成章,是一位笔锋犀利、严气正性的政论家。他的文章体大思精,每每令读者茅塞顿开。但自20世纪60年代初承担拉美史教学与研究任务以后,他几乎没有以个人名义发表过科研作品。对这一情况,我分析有两方面的原因。一则是因为他全身心地投入教学与科研组织工作,甘心为他人作嫁衣,雪中送炭,自己却淡泊名利。二则他治学严谨,对研究文章的要求和标准近于苛刻。他时常告诫我们,要多读书、多积累,千万不要匆忙写文章。在他看来,我们与其耗时费力写一大堆没有多大价值的文章,倒不如潜下心来,多读书,多充实,多思考。对待学问,他总是一丝不苟、百锻千炼而不求闻达。20世纪80年代初,他要求大家搞好马克思主义和历史唯物主义方面的学习。他写道,这一点,当前比"文革"以前有显著退步,而且还读不太懂马恩著作或误解其意,有的甚至"随意解释这些著作,用实用主义态度去对待,妄图一遂自己的需要,故意曲解……我有时简直为此失望和愤慨"。研究现状问题时,他认为热点的存在应不妨碍冷门的研究,谁知今日冷门会不会在明日转化为热点,因而要"冷热互不干扰,或说冷门热门并行不悖"。他还要求我们学会利用外国著作的本领。他说,我们研究外国,不可能占有很多的或够多的原始的二手的材料,但通过必要的比较和对照,只要善于使用,照样可以从西方著作中找到可用的东西。对照程先生的这些教诲以及他的人品与文品,我深感自己做得很不够,心中十分惭愧。

拉美所即将迎来建所50周年喜庆。50年来,我国拉美研究事业取得了重大进展,作为拉美所的老人,我对此感到十分欣慰。但是学科建设要靠几代人不懈的努力。迄今为止,中国人虽然对拉美的了解远胜于拉美人对中国的了解。但总体上说,我们对这个地区的了解,依然是"抽象的概念多于具体的知识,模糊的印象多于确切的体验"。中国人要真正了解并走进拉丁美洲可能还需要几代人连续不断的奋斗。当下,上级要求我们以研究重大现实问题为主攻方向,并充当好"智囊团"和"思想库"的角色,步入"最高学术殿堂"去构建具有中国特色、中国风格、中国气派的理论创新体系。面对如此神圣的使命和庄严的要求,我们一定要发扬老一辈学者求真求实的科学精神,在日常的研究工作中努力处理好政治性、现实性与科学性、学术性之间的关系,处理好当前政治任务与实事求是之间的关系。如果做不到这一点,若干年后,今日之成果兴许将化成他日之次品或废品。

这是我从两个岛国的正名、对恩师的缅怀,再联想到对本所未来研究工作的愿景,也是我的肺腑之言,不当之处恳请指正。

(2011年6月16日于北京　中国社会科学院拉丁美洲研究所)

附录　程博洪教授吁请不再滥用"联邦"称谓

张森根

中国拉丁美洲学会和中国拉丁美洲史研究会顾问、复旦大学程博洪教授针对拉丁美洲-加勒比地区三个译名问题,再次吁请有关人员不再滥用"联邦"称谓。程博洪教授指出,把20世纪70年代脱离英国统治而独立的西印度群岛中间两个微型国家巴哈马和多米尼加(位于向风群岛)称作"联邦",把美国支配下的波多黎各称作"自由联邦",不仅是张冠李戴,而且也是对于"联邦"一词缺乏了解。早在1984年在山东省烟台市召开的中国拉丁美洲学会成立大会期间,程教授就曾向拉丁美洲研究所有关同志提出过这一看法。在最近的一次通信中,他再次发出了上述呼吁。

程博洪教授指出,由于对英文"commonwealth"这个多义词的误解,人们把上述三个"联邦"以及"英联邦"和北马里安纳"自由联邦"这五个根本不是联邦的政治客体误称为"联邦"。这五个"联邦",不仅三个不是联邦,而且分别属于三类不同客体,所谓的巴哈马"联邦"和多米尼加"联邦",事实上是同联邦完全对立的单一制国家;波多黎各"自由联邦"和北马里安纳"自由联邦"都还没有组成国家,是在美国联邦支配之下行使部分内务自治职能而本身委实无邦可联的联系邦。至于"英联邦"或"不列颠联邦",实际上是十分松散的"国家共同体",目前由45个独立成员国组成。The British Commonwealth of Nations,准确的汉译,应为"不列颠国家共同体"。它是为适应当时各自治领已成为完全独立的国家的现实变化而出现的,正式见诸英国典章始于1931年。第二次世界大战之后,不列颠帝国土崩瓦解,为顺应潮流,1946年(另一说为1949年)舍弃"不列颠"字样,径称"the Commonwealth of Nations",当译为"国家共同体"。从政治要求上考虑,在汉语称呼上实在不该继续保存"不列颠"或"英"字样。在这个由48个成员国组成的"国家共同体"中,实行联邦制的有加拿大、澳大利亚、印度、马来西亚、尼日利亚、肯尼亚、乌干达以及圣克里斯托弗-尼维斯八个成员国,但其中也只有马来西亚、尼日利亚与圣克里斯托弗-尼维斯在国名中标出"联邦"字样,其余

40个成员国都采用了与联邦制迥异的单一制国家结构,其中就有巴哈马和位于向风群岛的多米尼加这两个"commonwealths"。因此,总的来说,这五个"联邦"中,两个是单一制国家,两个是无邦可联的美国统治下的从属地区,一个是独特的国家联合组织。这三类互不相同的政治客体都一律被冠以"联邦"的帽子,久未得到匡正,有的竟长达40年之久,而且屡见于厚薄不一的出版物中,畅通无阻。考虑到巴哈马和多米尼加(属向风群岛)两国都还没有同我国建交,考虑到两个非独立地区也有最终跻身国际社会的可能性,考虑到"英联邦"牵扯到很多国家,因此及早给上述三类实体的五个对象的汉语称谓正名,其必要性是自不待言的。

程博洪教授指出,"the Commonwealth of Puerto Rico"姑且不论"自由联邦"的汉译与原文相去甚远,而且就其所谓"联邦"云云,首先是一种错误套用。波多黎各境内的地方政府类似美国50州下面的地方政府;50州都是美国联邦的成员,它们本身是"邦""州",而不是联邦,波多黎各既不是美国联邦的成员,其本身更不是"联邦",而是同美国联邦相"联系"的联系邦。联合国1953年的决定认为,它已不是殖民地而是一个自治地区。"联系邦"表明它对美国的从属地位。因此,"联邦"之说既扭曲了其内部结构,又掩盖了其外部关系。在波多黎各,英语和西班牙语并用,同英语"commonwealth"并用的正式西语称谓为"estado libre asoeiado de Puerto Rico",译成汉语当为波多黎各联系自由邦。这自由邦的称谓,使人联想到独立为共和国之前作为英国自治领的爱尔兰自由联邦(Irish Free State,1922—1937)。实际上,今天的波多黎各比那一阶段的爱尔兰从属性更强。战后四五十年来,波多黎各一直处在三岔路口:是独立?是继续做美国的联系邦?还是变成美国联邦的第51个邦?这是它的首要问题。

程教授认为,"the Commonwealth of the Bahamas"应译为巴哈马国,犹如日本国、巴勒斯坦国、以色列国、卡塔尔国。1969年它取名为"the Commonwealth of the Baham Islands",似受波多黎各影响,只能说当时是英国的联系邦。它于1973年独立,改用现名,成为由英国任命的总督行使礼仪性元首职务的独立国家。其本身无邦可联,不实行联邦制。它的大小岛屿上的地方政府由中央政府所任命的高级专员、专员或助理专员分别治理。

至于"the Commonwealth of Dominica",程博洪教授主张译成多米尼加国,以区别于1844年建国的多米尼加共和国。也就是说,在加勒比海有两个多米尼加,前者独立于1978年,位于小安的列斯群岛;后者则位于大安的列斯群岛,习惯上用多米尼加共和国全称已逾百年之久。前者曾是英属西印度联邦(1958—1962)的"三大七小"成员之一。短暂的联邦解体后,除蒙特塞拉特外,均陆续独立。"The Commonwealth of Dominica"在1978年独立之前,曾于1967年成为英属西印度联系邦之一,有一定自治权。1978年独立后以共和国(总统为国家元首)身份参加"国家共同体"(就是所谓"英联邦")。在新生的加勒比诸国中,唯Federation of St. Christopher and Nevis 认定自己是联邦,并以国名全称昭告天下。余者,包括前述的多米尼加国,都实行单一制。多米尼加国被划分为十个叫作Parish的行政区,地名开头都有"圣"(Saint)字,一概由中央政府直辖治理,中间不存在上一级地方政府,同巴哈马国一样。

程博洪教授认为,要还上述五个误称的"联邦"以真实面目,应首先从正面理解和辨别联邦和联邦制。他指出,所有近代的和当代的国家,不论性质上是社会主义的、资本主义的抑或前资本主义的,不论是发达的工业国家抑或第三世界发展中国家,对于国家的根本结构只能就单一制或联邦制这两大类别决定取舍,择一而从,非此即彼(其中个别国家曾做改弦更辙的再抉择),使这两种体制同各个国家的政权制度融合起来,成为整个国家制度的一个重要侧面。国家的单一结构通常要比国家的联邦结构轻简灵便。它包含着互相紧密结合的两个特征:其一,国家的权力本源只有一个,原则上在中央;其二,国家结构中的各级地方,首要的便是第一层级地方,例如省、区、郡、市,在法律上和事实上都仅仅是中央政权所管辖的普通行政区域。但单一制并不排斥地方分权,成熟的、基本定型了的单一国,经常通过立法途径,授权地方或多或少形成自下而上从中央分权自治的支流,以作为对中央集权主流的补充和支撑。英国和法国都是最先实现立宪代议制度的单一国,中央与地方的权力关系和地方自治格局在资本主义工业化进程中就已固定下来,其稳定性和持续性都达到可观的程度,并且各具特色,形成可供对比的两种模式,分别被世界各处多少走着宪政道路的新老国家所借鉴和效仿。同为单一国结构,法国模式侧重于集权中央;英国最终演化为相对倾向于地方分权的模式。但单一制两种模式的差异,毕竟只是量的差别,而它与联邦制的分野才是质的差别。联邦制具有不同于单一制的两项特征:一是国家权力不唯联邦中央所独有,众邦依据宪法拥有或多或少的部分权力,独立行使,不容联邦干预。在这些领域,无所谓上级和下级,更谈不上众邦地方服从联邦中央。有人甚至据此推论,联邦国的主权是二元的、双层的,为联邦与众邦所分掌。二是众邦的地位殊异于单一制下的隶属性行政区域,乃是一国之内具有特殊宪法地位的地方性政权实体。如美国、墨西哥、巴西等联邦国的邦,加拿大和阿根廷等联邦国的省(与单一制下的"省"同名异质)。

程博洪教授指出,联邦制在拉美的早期遭遇和表现显然很不相同。19世纪初叶,遍及拉美的独立战争和独立运动彻底清除了西班牙和葡萄牙在美洲大陆的殖民统治,战争结束后,西班牙只剩下古巴和波多黎各两个殖民地。除巴西和海地外的广阔拉美大地上,建立什么样的新生独立国家成为独立后各国的头等大事。自1776年以后,西班牙美洲殖民地设立了四个总督区,其下再分成名目繁多的行政(军政、民政)区域。北美洲有庞大的新西班牙总督辖区,总督驻在墨西哥城;南美洲有三个总督辖区,秘鲁总督驻利马,新格拉纳达总督驻波哥大,拉普拉塔总督驻布宜诺斯艾利斯。随着独立战争的胜利进展,一个以殖民地时期四个统治中枢为轴心的,大体上以原总督辖区为假想疆土范围的建国蓝图逐步展现出来。但为实现这一蓝图的建国活动却没能像北美洲独立的13州从邦联过渡到联邦制统一国度那样大功告成,而是以流产和分裂告终。不论是拉普拉塔联邦(省)、单一制的大哥伦比亚,还是一度兼并中美洲的墨西哥帝国和该帝国倾覆之后的中美洲联邦(省),以及独立后的秘鲁-玻利维亚"邦联"的创制努力,截至1838年,统统以失败而告终,先后分裂为14个国家,加上不在此列的智利,总计15个国家。这是联邦建制企图在实践中的挫折。从统一的西班牙殖民帝国转变到独立战争期间和尔后多国划疆独立和分散建国的局面,关键原因不外乎两个:一是前资本主义生产方式的长期牢固存在,有利于形成数目较多的分散的统一小市场;二是地理因素,原总督辖区所涉地域十分辽阔,地区之间相距遥远,地理阻隔较多,地域差别显著。因此,在拉美多数国家出现普通形态的单一制的同时,一些领土广袤或较大的国家,如墨西哥、哥伦比亚、委内瑞拉、阿根廷和巴西,也经历了单一制和联邦制交替采用的过程,其中哥伦比亚到1886年才最终恢复了单一制结构;阿根廷和墨西哥两国在经过国家结构形态的激烈的内部争议后,联邦制逐渐发挥了其推进国家统一和缓解众邦(州)隔阂的作用而被普遍接受;巴西则在废除帝制而成为共和国以后,1891年宪法宣布改制为联邦;委内瑞拉在1830年脱离大哥伦比亚,根据1864年宪法宣告组成联邦制国家——委内瑞拉合众国(此名称保持到1953年)。这样,联邦制这种特殊形态,在拉美四个经济和文化相对发达的国家维持下来。如果说,联邦制在巴西共和国从一个方面防止了广阔疆土上重演19世纪三四十年代反抗帝国中央的分裂危机,那么,对阿根廷来说,1853—1888年间能够走上逐步统一的康庄大道,可谓联邦制的大功劳。墨西哥联邦制蔚为革新力量的光荣传统。不论外界对它的实际运行如何评价,受人尊重的1824年、1857年、1917年(现行)宪法都以联邦制为号召,足见长期以来联邦制在墨西哥始终保持着生命力。当然,墨西哥政治体制有它的特点和问题。它导致一种侧重联邦作用的联邦结构,不同于相对倾向州权的美国式联邦结构。除了上述四个联邦国外,在加勒比地区,由两个同名岛组成的圣基茨和尼维斯联邦国,在1983年独立前,与安圭拉曾被合并为英国的一个联系邦而施行"内部自治"。1983年,圣基茨的少数党不顾多数党的反对,与尼维斯的原先倾向单独建国的政党达成共建联邦的妥协,在取得英国同意和不曾举行独立前选举的情况下,宣告国家独立。两岛建成联邦,可能还怀有虚席以待相隔较远的安圭拉作为第三个成员参加的期望。诚然,拉美传统联邦制国家在政治生活的各个侧面仍尚未定型和不够成熟,这是人所共知的。倘用它们政坛人物常用的话来说,依旧需要推进政治民主化、"文治化"、法律化和制度化。宪法规定了国家政治体制,但是,常言道"徒法不能自行",其实,徒制也不能自行。看来,民主化、"文治化"和法治化三位一体仍是拉美联邦制各国在目前社会经济形态框架内向前发展的政治要着。

联邦制国家结构,首先必须有邦可联,把五个根本不是"联邦"的政治客体误解为联邦,恰好犯了这种界限混淆的错误。汉译不改过来,将贻患后人。人们不应再托庇于"约定俗成",长期将错就错。

最后,程教授表示,为翻倒顽案他乐此不疲,也算是一种应用研究。他不无遗憾地说:眼前有大堵的"约定俗成"的墙,但是,既然是"约""俗",虽已"定""成",总可挽回。废约破俗持之以恒,定能还事物以本来面目。

(原载《拉丁美洲研究》1991年第3期)

胡绳武

胡绳武(1923—2016),山东枣庄人。历史学家。专长清史、中国近代史、辛亥革命史等。

1948年毕业于复旦大学史地系。1952年后,历任复旦大学历史系任讲师、副教授、中国近现代史教研室主任、历史系副主任等。1974年调北京《历史研究》编辑部。次年调入国家文物局,任文物出版社副总编、古文献研究室负责人。1980年入中国人民大学清史研究室,后任中国人民大学教授、清史研究所学术委员、国家清史编纂委员会文献整理项目"立宪运动"负责人。兼任北京历史学会常务理事。

在大学任教期间,讲授"中国近代史""中国通史""中国近代政治思想史""辛亥革命史"等课程。

主编《戊戌维新运动史论集》《清史研究集》(第4—7辑)、《中华文明史》第10卷(清后期卷)。发表论文《论中国资产阶级民主派的形成》《民初会党问题》《列强侵略与中国近代政局》《论孙中山革命思想的形成和兴中会的成立》等数十篇。与金冲及教授合著《辛亥革命史稿》第1—4卷(获孙中山基金会授予的"1949至1992年中国大陆孙中山研究学术著作一等奖")、《从辛亥革命到五四运动》、《论清末的立宪运动》、《孙中山》等。另撰著《甲午中日战争》、《唯物主义历史观的形成》、《清末民初历史与社会》、《二十世纪全史》第1卷《辛亥风雷》等。

胡绳武自述[*]

胡绳武

一、动荡中考入复旦大学

我的祖籍是现在山东省枣庄市台儿庄区泥沟乡夹坊村,家庭成分是地主兼商人。我 1923 年出生于台儿庄镇,6 岁开始读书,1935 年小学毕业后,考入枣庄市中兴煤矿公司所办的中兴职业中学,学习工科。两年后,抗日战争爆发。到 1938 年初,因战火临近,学校停办,接着著名的台儿庄大战爆发。战后,家乡沦陷,从此失学在家。

当时我 15 岁,失学居家数年后,觉得长期失学在家甚为不妥,便说服家中克服经济困难,到当时敌占区的济南,考入私立的正谊中学学习。在学习期间得知,在后方四川绵阳有所国立第六中学,这所学校是抗战后山东省多所流亡到四川的中学合并而成的,可以接收流亡到四川的山东籍的学生入学,并给予公费待遇。我得此消息后,决心前往就读。

我在弄清楚到六中的途径与必需的学习手续后,就约了两位同学,于 1943 年春节过后,从家乡出发,经江苏、安徽、河南、陕西等省于 1943 年 3 月初到达四川绵阳。我凭借沦陷区学生证明,顺利地进入国立六中高中部十级三班(高中二年级下学期)学习。当时在校的学生都是与家乡失去联系的山东籍的流亡学生,经济来源已经断绝,全靠公费生活。所谓公费就是不收学费,并每人每月发二三斗平价米为伙食费,所以生活极为艰苦。

到了 1944 年 5 月,十级四个班应届毕业的同学们都在做大学梦。因为能考

---

[*] 本次采访时间为 2012 年 7 月 2 日,由中国人民大学校史研究室负责采访、录音整理,并根据胡绳武教授本人提供的材料编辑,主要参考了邹兆辰发表于《历史教学问题》2007 年第 3 期的《在清末民初历史与社会问题中艰辛探索——访胡绳武教授》一文。2013 年 5 月,胡绳武教授本人又做了部分修改补充。

上大学,不仅可以深造,而且沦陷区学生可以享受公费待遇,免得找不到工作,生活产生问题。当时最有办法的同学,是功课好又能筹到路费的,这些人去昆明考西南联大,其次是去成都考川大,或去重庆考中大。最没有办法的是步行去距离绵阳 120 里外的三台考东北大学。我当时是属于最没办法的一群。

正在去向难定之际,学校当局出布告说校方联系到一批去重庆的运粮船,毕业班的同学愿意去重庆考学的可以免费坐船前往。恰在此时,在复旦大学读书的六中校友来信介绍复旦大学的情况,说复旦大学已经于 1942 年改为国立大学,地处重庆北碚夏坝的小平原上,风景优美,欢迎六中毕业班校友报考。根据这一情况,我又考虑到有一位同乡在重庆工作,到重庆后可借住他处。于是,我就决定报考复旦大学史地系。报考史地系完全是我的个人兴趣,记得当时考语文要写两篇作文,文言文和白话文各一篇。文言文的题目是"战地无勇非孝也",白话文的题目我就记不起来了。发榜时我们这一班仅取 12 名,我有幸在其中。

抗战后期,在重庆北碚复旦大学史地系的一段学习生活是令人难忘的。当时复旦史地系的教授中,周谷城、顾颉刚、邓广铭、方豪、潘硌基、史念海诸位先生都是国内史学界知名学者,我们受其教育,打下了较好的治学基础。那时老师的讲课,各有特点。邓广铭先生讲中国通史,他声音洪亮,讲话较慢,条理清楚。我记得他的中国通史课没有讲完,大约讲到两汉魏晋就结束了。潘硌基先生上课不带讲稿,讲话慢而有力,一节课下来,讲稿就是一篇短文章。顾颉刚先生的口才不是很好,但他的板书非常漂亮,弥补了口才的缺陷。周谷城先生上课先写 20 分钟黑板,然后照着黑板讲课。

在这些老师中,对学生要求最严的是邓广铭先生。我记得我读大二时,他开了一门中国历史研究法的选修课,选课的有十几个人。他第一节课就宣布选课的三个要求,能做到的才能选:第一,读《四库全书》史部目录提要,而且要交读书笔记;第二,《二十四史》当中选读一部;第三,读完后交一篇论文。下课后,有一半同学退选。当时我也很犹豫,但我没退选,因为我当时已与邓先生交往较多,就坚持把这门课学下来。课程结束时,我交了读书笔记和读了《三国志》之后写的一篇《论赤壁之战》的文章。抗战胜利后到 1946 年春复旦大学复员回上海时,邓先生还特别请我和另一山东籍的比我高一班的同学王和光(李天佑)到家中吃饭。后来,复旦复员到上海时,我还看见邓先生的书籍是运到了上海,可是他去了北大,没回复旦。我调到北京工作后,也常去看望邓先生。

在课程设计上,当时我们实行的是学分制,有较多的课外学习时间。在复旦大学男生宿舍附近,沿嘉陵江边有众多的茶馆,这成了同学们课外活动的场所。在茶馆里面,可以打桥牌、看书、讨论问题,也可以写文章,有些同学的毕业论文就是在茶馆中写的。有不少同学除了睡觉、吃饭、上课、去图书馆和晚自习,基本上都是在茶馆度过的。

当时正处于国共合作抗战的后期,马、恩、列、斯和毛主席的著作,在学校都能看到。特别是周恩来同志所领导的南方局在重庆出版的《新华日报》和《群众》杂志,在促进同学的思想进步方面起了很大的作用。为了同学们提高写作水平和分析问题的能力,当时在校园里盛行各种壁报,有30个壁报团体联合会的社团组织,可见壁报团体之多。

当时在复旦校园中,除了盛行壁报外,还有各种名义的晚会。最有名的是新闻系同学举办的每周六的新闻晚会。届时根据当时重大的新闻事件,由主持人事先约定评论人进行评议。参加会议的人都可以自由发言,有时也邀请校内外的专家在会上做专题报告。史地系也有自己的名为"十日谈"的晚会,会前选定中外历史上的重大事件或人物,约定发言人在会上做专题发言。在我的记忆中,给我留下印象最深的一次是1945年8月毛主席赴重庆和蒋介石进行和平谈判期间,由政治系同学发起的"和平奋斗救中国"晚会。在会上,许多教授和同学发言,强烈呼吁蒋介石实行民主,与共产党合作,共建新中国。

抗日战争胜利后,1946年5月,复旦开始复员回上海,9月初正式开学。回上海后,环境发生了很大的变化。当时内战全面爆发,同学们痛恨蒋介石,关心国家的命运和前途。到了1946年12月中旬,发生了美军强暴北大女学生事件,学生们举行了反对美军暴行的游行。1947年5月,全国又开展了反内战、反饥饿,要求增加公费(贷金)、抢救教育危机运动。5月20日,南京、上海、杭州和其他各地学生代表在南京向国民党政府请愿,遭到反动派残酷镇压,接着反动派又在上海对各高校进步学生进行大逮捕。轰轰烈烈的学生运动被镇压下去了。运动虽然被镇压下去了,但是国民党反动派却在全国丧失了人心。

二、留复旦大学任教

1948年7月,我从复旦大学史地系毕业后,一个很偶然的机会被留系做助教,为大学选修班讲授中国通史。1949年,上海解放后,我被学校调到政治课教学委员会担任商学院政治课教员,讲授社会发展史和新民主主义论这两门政治课。1950年秋,我回史地系任教学秘书,协助系主任周予同先生处理有关教学事务。1951年秋,我随史地系师生到皖北参加土改。1952年初返校,我和谭其骧先生被华东教育部借调去编写《中国通史》教材,供华东地区抽调机关干部进入高等学校补习班使用。这个补习班设在沪江大学,随后我又被留在这个班做中国通史的教员。与此同时,思想改造运动已经开始,我一面在这个班任教,一面回复旦大学参加知识分子的思想改造。

1952年秋,我回到复旦。这时华东地区院系调整已经结束,华东地区多所高校院系学科合并到复旦大学,复旦史地系改为历史系,教授人数由原来的8人增加为16人。各院系普遍开展学习苏联高等教育模式,制订新的教学计划。按照新的教学计划,中国近代史被确定为历史学专业基础课,讲授一年,每周六个课时。当时复旦历史系这16位教授皆有专长,没有人愿意开新设的中国近代史课。中国史学界向来重视中国古代史,专家名流集中于先秦史的研究,秦汉以后就多为断代史研究。至于鸦片战争以后的中国近代史,研究的人很少,实际上当时中国近代史还不被承认为是一门学科。究竟谁来上这门课,系里一再讨论,结果决定让我这个在教师中年纪最轻、中国史方面唯一的一名助教来担任,同时决定提升我为讲师,以示鼓励。因为当时这门课马上就要开课,根本没有时间来准备,我实在不敢承担。最后,经过讨论,公推系里在理论方面最有修养的陈守实先生和我共同承担这门课,陈先生讲课,我来辅助,半年之后由我接替。

1953年春季开学后,我就独立承担这门课的讲授任务。那时会议多,有时开会到午夜,而我第二天的讲稿还没写好,十分被动。1953年秋,新闻系又向历史系提出开设一门每周三课时、为期一年的中国近代史课程。我就邀请先后任校团委书记、教务处教学科科长的金冲及同志来历史系做兼任教师,负责为新闻系讲授中国近代史。我们两人常有机会在一起交流教学问题。1960年,我任副教授、副系主任,开始招收中国近代史的研究生,并增开了中国近代史政治思想史和辛亥革命史这两门专门化课程,这段时间是我担任授课任务比较重的时期。

三、参加高校文科教材《史学概论》的编写

1962年6月,我接到了教育部文科教材编写办公室的通知,要我到北京教育部文科教材编写办公室参加教材《史学概论》的编写,当时我是很不愿意参加这项工作的。一是我知道这部教材很难编写;二是我去北京工作,会打断我和金冲及同志合作辛亥革命史的研究计划。但校领导决定要我参加此项工作,我只好前去报到。当时文科教材办公室设在高级党校服务科南楼。报到后得知这部教材的主编是从中央政治研究室新调到《历史研究》杂志任主编和在近代史研究所任副所长的黎澍同志。据说原拟借调的有10人左右,但实际报到的仅有北京师院的宁可、吉林大学的李时岳和复旦大学的我三人。当时我们三个人都是30多岁,黎澍同志也刚到50岁,他精力充沛,谈吐风趣,我们三人背后都以"主编"称呼他。他叫我们三人拟出一份编写大纲。

根据黎澍的要求,我们三人认真研读由他主编的1961年出版的《马克思主义经典作家论历史科学》一书,同时准备编写提纲。我们每周三到黎澍同志的住

所讨论学术,听取他的指导意见。他决定分四个部分编写:第一部分为"历史研究之成为科学",由我执笔;第二部分为"历史的研究方法与叙述方法",由宁可执笔;第三部分为"史学与史料学",由李时岳执笔;第四部分为总结性质,由他自己动手。

根据这份大纲,我们开始写作。从1962年夏到1964年春,我们的写作过程遇到不少困难,进展很慢,我们担心编不出来,曾向黎澍汇报过。他说编不出来不要紧,有时间读书也是好的。我决定先写两篇论文,一篇是论历史学的任务,一篇是唯物主义历史观的形成。宁可和李时岳两人也各自决定编写的题目。经过努力,到了1964年春夏之交,我们三人都完成了编写的题目,但还不具备编写一部马克思主义的《史学概论》的条件。不久,黎澍同志被指定组织力量写批"苏修"和中俄关系方面的文章,他就与教材办公室商量暂时中止《史学概论》教材的编写,把宁可和我先后调入新成立的中苏关系问题研究小组,李时岳因学校有事,提早返回吉林大学。当时有十多名近代史方面的学人参加这个研究小组,给我的工作是和中华书局的总编李侃同志编写一部《马克思主义经典作家论沙皇俄国对外侵略扩张》的历史文献。我在这里工作了三个多月,一直到1964年8月。

四、在"四清"与"文革"期间的经历

1964年秋,全国农村开展社会主义教育运动,要求大批干部参加,我从北京回到上海,随即同1965年毕业的同学去上海郊区奉贤参加社会主义教育运动工作队,先在头桥公社蔡桥大队工作,后期被调到公社任调研组成员。奉贤"四清运动"结束后,我又参加了宝山县的"四清"。1966年夏初返校后,"文革"开始,一切正常工作就中断了。

1970年以后,开始逐步恢复教学工作,我负责为新进校的工农兵学员讲授中国近代史。1971年初,周总理要求上海编写一套中国近代史丛书,学校指定我负责组织中国近代史教研室的人员进行编写。当时确定编写《鸦片战争》《太平天国》等十本。规定出书时署名"中国近代史丛书编写组",不署个人姓名,也不设主编。由于时间紧,人力不够,还借调了华东师大历史系的陈旭麓、李道齐两位来复旦参加编写。我当时负责编写《鸦片战争》和《甲午中日战争》两本。这套书从1972年开始,由上海人民出版社陆续出版,并且不断再版,有的书出版发行到数十万册。

1972年,复旦大学历史系决定编写《沙俄侵华史》和《日本军国主义史》两部书,《沙俄侵华史》由我任主编。书还没编完,1974年7月中旬,我接到国务院科

教组的调令,被第二次借调到北京。当时毛主席指示复刊《历史研究》,我被安排在新成立的《历史研究》编辑部工作。当时参加这项工作的共有23人,都是来自全国各地13所高等院校历史系的中青年教师。科教组指定编辑部领导小组由三人组成,其中有北京师院的宁可、中国人民大学的王思治和复旦大学的我,同时指定我为领导小组的召集人。为什么指定我做召集人?据说借调来的人员中,以我的年龄最大,刚过五十岁,同时还有个副教授的头衔,其他的成员皆为讲师或助教。当时我对这项工作和召集人的头衔,真是极为惶恐,但又不敢推辞。在具体分工方面,因为我在编《沙俄侵华史》,所以我负责批"苏修"的稿件,王思治和宁可负责"批林批孔"的稿件。后来编辑部成立了一个支部,原任北京理工大学党委办公室副主任、当时借调科教组工作的曹青阳同志任支部书记。主管《历史研究》工作的是原为周总理办公室的副主任、时为科教组副组长的李琦同志。每次发稿前都由我和曹青阳同志向他汇报稿件内容。《历史研究》是"文革"期间第一个复刊的学术刊物,其内容不可避免有十分显著的时代烙印。1975年9月初,中国科学院哲学社会科学学部各研究所恢复工作,科教组把《历史研究》交回学部编辑。这样,从各地调来参加这项工作的成员,有的回原校,有的继续留在《历史研究》编辑部工作。我经金冲及同志推荐到国家文物局,先后任文物出版社副总编辑、古文献研究室负责人,在文物局工作了五年。

五、调入中国人民大学

1980年12月,戴逸同志给我和金冲及同志写了一封很长的信,我记得很清楚,有七页纸,希望我和金冲及到人大来。当时北大历史系的陈庆华同志也希望我到北大任教,但是戴逸同志的信写得很诚恳,我考虑了一下,决定来到人民大学。12月底,我就到人民大学报到了。那时人民大学清史研究所刚刚成立,清史所的戴逸同志、王思治同志我都很熟悉。

来到人大之后,清史所给我安排了一个任务。当时清史所经教育部同意开办了近代史进修班,全国来了30多人,全都是各高校的助教。所里让我负责这个班的授课任务,除我之外,也邀请了校外的近代史学者来讲课,我负责组织。这个进修班办了一年,后来因为太费精力且影响研究就停办了。此外,让我主编《清史研究集》,我和马汝珩两人负责,我是主编,他是副主编。《清史研究集》我们组织编写了第四到第七辑,在四川人民出版社和光明日报出版社各出版两辑。

我来到人大的第二年就晋升为教授。之前我是1960年被评为副教授的,一下子过了20年,还是在人民大学才评上了教授。当时学校评教授还要教育部批准,人民大学那次批了13个教授,还张榜公布,我是其中之一。

我在人民大学工作的时间不长,但是从教学和学术研究方面来讲,一辈子能够集中精力于教学与科研就是在人大这段时间了,因为之前一直要做行政工作,政治运动不断,没法全身心投入到教学与学术研究中。在清史研究所,我能全力投入到教学与学术研究。《辛亥革命史稿》第四卷50多万字,都是在这个时段写成的。

1991年我离休了,但是学术研究工作并没有停止。早在1986年的时候,中华书局编辑部曾想编辑一部"立宪运动"的文献资料,邀请我作为这部文献资料的主编。虽然当时我正在撰写《辛亥革命史稿》,无暇承担此项工作,但后来还是勉强接下来,开始注意有关立宪运动文献资料的搜集。2002年国家清史纂修工程启动后,戴逸同志动员我组织力量将"立宪运动"这部文献资料的整理工作作为国家清史纂修工程文献整理的项目之一继续下去,争取完成。我考虑到早在1986年就接受中华书局近代史编辑室委托,承担立宪运动史料的主编工作,虽因客观原因一直未完成,但总觉得对学术界和出版社欠了一笔账,感到有些内疚,这次是完成此项工作的好机会。于是在2004年向国家清史编纂委员会提出申请,获通过,正式立项。我牵头组织了一个项目组,邀请了来自社科院和高校的12位中国近代史方面的研究者共同参与。这套资料是第一套较为全面地反映立宪运动整体面貌的史料专辑,文献整理从立宪运动本身的研究出发,尽量搜集直接相关的文献资料,从官方的档案史料、政书、报纸、期刊到私人著述、外文材料,取材范围广泛。这套资料跟清史委员会签订的合同规定是1 200万字,最终成果为1 680万字,由山西人民出版社正式出版。

六、与金冲及同志合作从事近代史研究

在学术研究方面,我长期和金冲及同志合作。他是1930年生的,比我要小7岁。他在1947年不足17岁时考入复旦大学史地系的时候,我已经是大学四年级了。当时系里学生比较少,全系加起来也不过几十人,他又是新生中年纪最轻的一个,穿一件西服不打领带,像个中学生,很引人注目。我们很快就认识了,但是交往并不多。1948年春,他因参加学运被校方开除。上海解放以后,他返校复学,任学生会主席。我们两个人相见后,非常快慰。他1951年毕业留校,先任团委书记,后任教务处学生科科长。由于工作关系,我们两人常有接触。1953年他来历史系中国近代史教研组为新闻系讲中国近代史以后,我们经常在一起讨论教学和学术问题。

1956年的时候,我打算写一篇关于清末立宪运动的文章。我所以起意要写这篇文章,是感到在研究辛亥革命时期的革命派的同时,也应该研究它的对立面

立宪派。另一个原因是由于当时我在复旦大学图书馆发现了共计12册的《梁任公先生年谱长编初稿》,是个油印本,上面有许多材料都没有被人使用过,我就约金冲及同志合作写这篇文章。经过讨论以后,我们两个人在许多方面的观点都是一致的,就决定由他负责写第一部分,关于"立宪运动的阶级基础和背景";我写第二、三部分即"立宪运动的发展过程"和"有关立宪运动的若干问题"。文章写出以后,由于字数太多,不宜在刊物上发表,后来就由上海人民出版社在1959年出版了。

其实在这本书出版以前,两个人已经有合作的成果发表了。那是在1957年关于"天朝田亩制度"的课堂讨论会上,我们两个人分别发表了一些意见。会后不久,金冲及就写成一篇《关于天朝田亩制度的实质问题》的稿子。他对我说:"您在会上的发言我很赞同,我现在把讨论会上的内容综合成一篇稿子,您看我们联名发表如何?"我说:"文章是您写的,还是以您一个人的名义发表好了。"他说:"许多意见是您讲的,还是联名发表吧!"这篇文章后来发表在《学术月刊》1957年第10期上。这是我们长期合作的开端。后来,我写《论清末立宪运动》的时候,邀请他和我合作撰写,实际上也是对他邀我合作撰写太平天国这篇文章的好意的回应。

在我和金冲及同志合作完成《论清末立宪运动》之前,上海人民出版社的吴慈生同志已经约我把1955年发表的《中国资产阶级革命派的形成》的论文扩写成一部30万字的专著,并签订了出版合同。这时我和金冲及已经开始合作撰写《论清末立宪运动》,彼此合作非常愉快,所以我就约他共同完成这部书。我们商量,各人先围绕课题撰写一些专题论文,然后再写成专著,这样可以保证专著的质量。这样,由我执笔写了《同盟会成立前留日学生中革命思想的发展》一文,发表在1959年11月的《光明日报》上,《辛亥革命时期章炳麟的政治思想》一文发表在1961年第4期的《历史研究》上;金冲及也在《历史研究》1960年第5期上发表了《论孙中山革命思想的形成和兴中会的成立》一文,这些文章都是为写这本专著做准备的。后来,我们又进一步商定这部专著由他负责写1903年以前的部分,由我负责写1903年到同盟会成立前的部分。这部书稿写到1962年4、5月,大体上就完成了。

在写作此书的过程中,1961年10月,我和金冲及受邀参加在武汉举行的辛亥革命50周年学术讨论会。受到会上提倡写大书的影响,在坐船回上海的旅途中经过研究,决定合写一部四卷本的《辛亥革命史稿》,并且准备以当时正在写作中的"中国资产阶级革命派的形成"作为第一卷,并对以后各卷做了初步设想。

1962年5月份,我和金冲及同志合作撰写的《中国资产阶级革命派的形成》一书大体已经完成了,恰在此时,教育部文科教材办公室来函调我去北京参加由黎澍主编的《史学概论》教材的编写。当时我心里是不想去的,因为这将打断我和金冲及合作写《辛亥革命史稿》的工作,但组织决定了,我只好前往。临行之前,我将已经写成的稿子和有关资料都交给了金冲及,请他统稿后交上海人民出版社出版。1965年,由于金冲及同志被调往北京文化部工作,两人再合作的可能性已经很少,此事也就未再提及。

事情是在变化中的,可能有某种因缘的作用。当1975年9月初,国务院科教组将《历史研究》交回中国哲学社会科学学部编辑后,我一时去向难定,金冲及同志从各方面为我着想,建议我到文物出版社去和他一起做副主编。这时,我们两人就有了再次合作研究的可能。不过,当时我们两人都没有考虑再次合作研究的问题,因为当时形势的发展还难以预料。到了1979年,我们发现1962年交给上海人民出版社那部《中国资产阶级革命派的形成》的稿件并未丢失,金冲及同志就对稿件进行了修订,再交到上海人民出版社,以《资产阶级革命派的形成》为书名于1980年正式出版。这之后,我们才开始考虑续写《辛亥革命史稿》后三卷,争取于1991年辛亥革命80周年纪念日之前四卷全部出齐。我们还议定,第二、三卷主要由金冲及同志负责,我写少数节、目,第四卷完全由我执笔。之所以如此分工,主要是因为第四卷需要使用报纸的资料,工作量较大的关系。此后,经过近十年的努力,我们终于完成这部书的撰写,并在辛亥革命80周年时,四卷完全出齐。

《辛亥革命史稿》一至四卷被同行专家评论为"代表了我国现今对辛亥革命史研究最高水平的一部佳作"。1993年,中山大学孙中山研究所教授段云章同志在为本书所写的书评中说:"作者在本书中摘引的史料,极少是转引的,绝大多数是第一手史料,其史料来源之浩繁实属罕见。"又说:"初步统计,图书报刊资料约达540种,其中很有份量的报刊杂志140种。"这段评论是符合实际的。由于我们掌握了丰富的有关史料,所以这部书对当时客观形势,各种历史现象、历史事件和各种政治力量、历史人物的论述,能够建立在可靠的史料基础之上。

我和金冲及同志合作研究中国近代史,除了一部四卷本的《辛亥革命史稿》外,还有《从辛亥革命到五四运动》这部上、下两卷本共63万字的论文集。这部论文集被认为"对辛亥革命到五四运动这一历史时段的诸多深层历史问题作了详细而深入的研究,论证了辛亥革命与五四运动的内在联系和必然趋势,具有很高的学术价值,堪称研究辛亥革命的开创性成果之一"。

我和金冲及同志几十年之久的合作关系,在史学界也称得上一段佳话吧。我们两人之所以能如此合作,除了彼此对中国近代史的基本认识和研究方法十分接近之外,还由于彼此在学术问题上经常一起交换意见。这样,即使碰到某些问题一时有不同看法,经过交换意见,也比较容易取得一致。可以说,我们两个人见面就交流学术,几十年来已经形成一种习惯。这种习惯,直到今天还保持着。现在我们两个人平时见面的机会比较少了,但是只要有机会见面,如有时间,我们总会彼此交换一些对当前近代史研究状况的一些看法的。

七、治学感悟

20世纪90年代初,《史学理论研究》编辑部曾经举行一次"世纪之交的中国史学"专题座谈会,主题是"回顾过去,展望未来"。我当时曾经就史学方法论的问题谈了一点自己的意见。我始终有这样一种看法:改革开放以来,不少史学工作者认为不应该把唯物史观和史学理论与史学方法论等同起来,不应该认为历史唯物论以外别无其他属于马克思主义的史学理论和方法论。根据这样的认识,有关史学理论和史学方法论问题的讨论空前活跃,涉及这方面的论文非常多,涉及面也非常广。其中,涉及外国史学所运用的一系列新的研究方法介绍的最多。但是,在这场关于史学方法论的讨论中,对于和唯物史观直接相关的史学方法却没有得到认真的讨论。有的研究者谈到,马克思主义的阶级分析方法绝不是历史研究的唯一方法,马克思主义的史学方法论是由多种方法组成的方法论系统,阶级分析方法只是其中的一种。但是没有人指出马克思主义的史学方法除阶级分析外还有哪些方法,也没有说清楚马克思主义的史学方法论系统,究竟是怎样的一种系统。对于阶级分析方法,也只是指出过去在"左"的路线影响下,使用阶级分析方法的公式化、概念化、绝对化、教条主义以及危害,但没有能结合过去的经验教训和史实来深入研讨应该怎样运用这种方法。

我觉得为了掌握、运用和发展马克思主义的史学方法,首先应该重新研究马克思和恩格斯的著作,弄清楚他们在分析社会历史问题的过程中究竟运用过哪些方法,把它们归纳出来。其次,在引进当代外国史学使用的各种方法的过程中,加强对它们的分析与批判,肯定它们在具体历史研究中确实有成效的一面,同时批判其明显的唯心论的东西。再就是,应该认真研究近现代中外史学家的成功之作,总结它们的行之有效的方法。这里所说的成功之作,既包括马克思主义史学家的著作,也有非马克思主义史学家的著作。我觉得有些非马克思主义的史学家,能够从事实出发,运用正确的研究方法来科学地说明历史现象,探求历史规律,也可以写出体现唯物史观的令人信服的史学专著。像法国史学家兼批评家丹纳所著的《艺术哲学》就是这样的著作。这部书从种族、时代和环境三个原则出发,这里面就包括政治、法律、道德、宗教、风俗人情、思想感情等一切属于上层建筑的东西,用非常丰富的材料,对西欧各国历史上各个时期的文学、各种艺术形式和流派的形成和发展规律,都做了非常精彩、令人信服的分析和说明。这里涉及绘画、雕塑、建筑、音乐等艺术形式。如果我们分析、总结像这种著作的研究方法,对于我们丰富和发展马克思主义的史学方法,肯定会有帮助。另外,任何一种研究方法都不可能离开传统的史学方法孤立地加以运用。中国有着世界上最丰富的史学遗产和优良的史学传统,我们应该重视对传统史学方法的研究,努力把新史学方法和传统史学方法结合起来。最后,我感觉无论史学理论还是史学方法的论述,都应该结合具体史实进行。只有在具体的历史研究实践中做出令人信服的成果,才有说服力,才能够被人们接受和利用。

  我这一生的主要精力确实都用在了对辛亥革命前后的中国历史与社会问题的研究上了。这50年来,围绕辛亥革命的问题包括各种事件、团体、人物等进行了一系列的研究,我的研究成果主要体现在《辛亥革命史稿》和《从辛亥革命到五四运动》(上、下卷)这两部书里,还有一些文章汇集在《清末民初历史与社会》一书中。回顾这几十年来的研究工作,我觉得我所坚持的研究方法,即以唯物史观为指导,严格遵照事实为历史研究的出发点,在分析任何历史与社会问题时,都把问题放到一定的历史范围之内来考察,是我一贯坚持的原则,也是我的研究之所以取得一点成绩的重要原因。这也是我从事中国近代史研究的一点体会吧。

(原载中国人民大学《校史研究通讯》2013年第1期)

忆合作数十年的老大哥：胡绳武

金冲及

1981年，我随胡绳同志到日本参加纪念辛亥革命70周年的国际学术活动。在京都大学一次讨论会上，当我起立发言时，主席台上的前辈学者、京都大学名誉教授岛田虔次插话说：在我们印象中，你和胡绳武先生的名字总是联系在一起的。会后，韩国研究中国近代史的泰斗闵斗基教授问我：在学术界，两人共同署名发表研究成果是不少的，但像你们这样能持续合作几十年的很少，你们为什么能做到这样？

记得我当时回答了两点：第一，我们长期相处，相聚时谈的大多是中国近代史方面的学术问题，时间一长，对许多重要问题都逐渐形成共同的看法，而且不断深化。如果彼此看法很不一致，那就谈不上长期合作了。那时新中国的近代史研究还在起步阶段，许多新问题总觉得两个人商量着做，彼此取长补短，比一个人埋头单干要有把握些。第二，合作中可能遇到的一些具体问题，如署名和稿酬等，比起来都是小事，不放在心上，一开始决定怎么做以后就延续下来，没有改变，从来没有发生过矛盾。

这是30多年前说的话，现在想起来仍是如此。如果要讲得稍具体些，那就说来话长了。

一

胡绳武同志（70多年来，我一向叫他"老胡"，没有改过口。以下仍这么叫，以免觉得别扭）1923年出生于山东枣庄，抗战时流浪到大后方，1944年在重庆考入复旦大学史地系（新中国成立后改为历史系）。我是复旦迁回上海后，在1947年入学的。那时我在一年级，他在四年级，虽然相差七岁，总还算是同学。经过八年全民族抗战，在当时这是普通的事。和他同年级的张靖琳是资历很老的共产党员，1941年太平洋战争爆发后，张靖琳是和胡绳同志等一起从香港经东江游击区辗转到大后方的。她看到我的学生证上写着"16岁"时，笑道："真是个小孩子!"我的同班同学魏绍杰(新中国成立前曾和我在地下党同一个党小组)也比我大五岁。

  当时史地系的同学人数很少,这在当时也很普遍。我们一年级人最多,一共15人,他们的名字我至今还全部讲得出。四年级只有五人或六人,彼此往来自然很容易。1947年是解放战争发生大转折的一年,学生运动十分活跃,毛泽东同志把它称为"第二条战线"。一般说来,史地系一年级同学年轻些,行动比较激烈。四年级同学年长些,行动比较稳重。但大家的政治态度是一致的,而且他们的理论水平比我们高,读过不少理论著作和进步书籍,生活经验也比我们丰富。记得老胡当年就对我说过:"你们过去生活在沦陷区,抗战胜利时对蒋介石还抱着不少希望,我们生活在大后方,在抗战后期对他就不抱什么希望了。"我们有时把这些老大哥(还有和他同年级的赵人龙同志等)称为"元老派",对他们很尊敬。

  一年过去,到1948年8月间,我被国民党特种刑事法庭以"扰乱治安,危害民国"的罪名传讯并通缉,根据党组织的安排我匿藏了起来。四年级同学这时毕业了。当时有一句流行的话:"毕业即失业。"大学四年级学生到最后一年,都得忙着寻找职业。老胡毕业后曾到光复不久的台湾省想当个中学教师,没有成功,又回到上海。因为业务成绩好,被学校聘为史地系助教。那时的情况和以后大不相同:复旦史地系没有讲师,史学方面的助教只有比老胡高一个年级的林同奇一人,但我始终没有见过他。还有一个地理方面的助教叫闵煜铭。这样,在将近一年里我和老胡没有来往。

  这里有个小插曲:"文革"期间,复旦有人找我"外调",盘问老胡那一年去台湾干什么。意思自然是问去台湾同国民党特务机关有没有关系,我说,台湾刚光复时就像福建一样是一个省,没有什么特别的特务机关,这和1949年以后很不一样。当地中学生很多还不会讲普通话,需要补充一些大陆去的大学生当中学教员,去找工作的人很多。老胡没有找到工作岗位,只能回上海,结果倒是回到了复旦。我对来"外调"的人说:"你们如果要那样怀疑,当时国民党政府和特务总机关都在南京,是不是去过南京的人都要怀疑和进行'外调'?"这事自然不了了之。说说这类花絮,也可以看到"文革"中的"审查"常常荒唐到何等程度。

  1949年5月上海解放。党组织要我回到复旦,先后担任复旦校务委员会常务委员(学生代表)、学生会主席、第二届上海各界人民代表会议青年界代表。老胡担任上海解放后新设的政治课教师。各人忙各人的,相见就少了。

二

  我们两人关系的重要变化,发生在1952年下半年。

那时,全国高等学校进行大规模的院系调整。教育部制订的大学历史系教学计划中规定:都要开一年的中国近代史课程。

复旦历史系的教师队伍很强。那时,一级教授有周谷城先生,二级教授有周予同、谭其骧、胡厚宣、陈守实、蔡尚思、王造时六位先生,讲中世纪世界史的有耿淡如先生,讲中国民族史的有马长寿先生,讲亚洲史的有田汝康先生。但过去史学界的风气,除太平天国史以外,往往不把中国近代史看作学问,老先生中极少有专治中国近代史的。这门课没有合适的教材。新中国成立之前我读过金陵大学陈恭禄教授的《中国近代史》和武汉大学李剑农教授的《最近三十年中国政治史》,但不适合当时的教学需要。复旦历史系在1952年成立了中国近代史教研组,由专长明清史和中国古代土地制度史的陈守实先生当教研组主任,成员还有老胡和我两个人。这年本系开设的这门课由陈先生来讲,老胡和我以范文澜同志的《中国近代史》上册(讲到义和团运动为止)和胡绳同志的《帝国主义与中国政治》为主要依据,参考苏联叶菲莫夫教授的《中国近代史》讲义,编写这门课的教学大纲。1953年,陈守实先生不再讲这门课了,历史系这门课由老胡来讲,新闻系这门课(是讲一年的必修课)由我来讲。教研组成员在几年内陆续增加了戴学稷、赵清、陈匡时、张遵骧、余子道、黄美真等。后来,教育部借调老胡去北京,在黎澍同志主持下,和宁可、李时岳一起编写《史学概论》教材,从1960年毕业的那个年级起,本系《中国近代史》课程就由我接着讲,直到1965年我被调到北京工作为止。

因为在十多年内,我们两人一起编《中国近代史》教学大纲,又同时讲这门课程,而当时除原始资料外,可供参考的中国近代史研究著作极少,所以,在教学和研究工作中遇到的问题,两个人总是一起商议探讨、达成共同认识后去做,这就形成两个人的学术见解高度一致的情况。这是以后能够在学术研究上(包括写论文和著作)如此长期亲密合作的根本前提。

我们合作所写的第一篇文章(谈不上学术论文)是20世纪50年代中期在《学术月刊》上发表的关于太平天国《天朝田亩制度》实质的论说。当时,我在讲课时尝试采取一种方式:对一些比较重要而又为大家感兴趣的问题,在介绍事实的基本情况后停着不讲下去,而是提出问题,请同学们自由起立发言,讲讲他们的看法,在几位同学发言后,再讲自己的分析和判断,其实也包括了同学们发言中一些很好的看法。我把这种做法称作小"习明纳尔(课堂讨论)"。它不仅使课堂上思想活跃,也是教学相长的有效途径。有一次在课堂上对《天朝田亩制度》的实质组织过这样的讨论,自己也从讨论中形成一些新的认识。课后,我把这些看法详细地告诉老胡,他又讲了他的意见。我把这些综合起来,写成一篇文章,在《学术月刊》上发表。因为里面包含了他的意见,我建议文章由我们两人共同署名,他答应了。这是我们第一次这样做。以后,我们合作写的论文总共有二三十篇,那是正规的学术论文,不少在《历史研究》上发表。那时史学刊物还非常少,因此引起了史学界的关注。

  我们第一本合作撰写的史学著作,是1959年由上海出版社出版的《论清末的立宪运动》。这本书本来是出版社约老胡写的。他提出由我们两人合作写,我也答应了。我写的是第一部分"立宪运动的阶级基础和背景",他写的是第二部分"立宪运动的发展过程"和第三部分"有关立宪运动的若干问题"。各部分的内容都经过两人反复讨论。书中比较引人注目的是:提出立宪派的阶级基础可称为"地主-资产阶级",也就是指刚由或正在或准备向资产阶级转化的地主阶级分子。他们往往是地主和资产阶级一身而二任,不仅多由地主阶级转化而来,而且常把资本所得又用来购买土地进行封建剥削,因此它们的两重性不同于西方初期和中国后来资产阶级具有的革命性和软弱性并存,而是资本主义性和封建性并存,这是半殖民地半封建社会早期的中国特殊的现象。这种论断,没有人这样说过,如果没有经过两人充分讨论,单独一人也许不敢这样贸然提出。和我们同在上海常相见的华东师范大学陈旭麓教授向我们表示过:这个讲法也有一定道理。我们以后也没有放弃这个看法,只是因为多数人对此觉得生疏,就不再多说了。这也显示两个人合作有时的确比一个人闷头苦想有它的长处。

  以后,湖南人民出版社出版过我们合著的《从辛亥革命到五四运动》,山西人民出版社又出版了它的两卷的增订本。

  在合作研究和写作中,也曾看到熟识朋友间在署名和稿酬分配等具体问题上产生不快和矛盾,甚至因而分手。我们在几十年的密切合作中没有发生过一次这类情况。原因大概是:彼此都觉得这种合作获益很大,那些小事不值得计较;而且从同学开始,几十年相交、无话不谈的挚友,这类事从来没有放在心上。从一开始合作起,自然地形成一种"不成文法":两人共同署名时,谁执笔或主要执笔,谁就署在前面;稿酬,不管是谁执笔的,一律平分。几十年来没有过例外。彼此都习以为常,十分自然。如果两人分在各处,没有经过共同商量的作品,就各自署名。但这种情况在当时很少。

三

  我们两人学术合作中最重要的成果,是由上海人民出版社陆续出版的四卷本150万字的《辛亥革命史稿》。

  这以前,因为讲中国近代史的课程,在教学中遇到一些问题,也相应地发表过一些文章。那时的中国近代史课程,讲的只是从鸦片战争到五四运动那一段历史。关于太平天国、洋务运动、甲午战争、戊戌变法、义和团运动等我们也都写过文章。这样做，在最初是有好处的，对整个中国近代史的基础打得扎实些，视野宽一些，不至于一开始就把自己的眼光限制在一个太狭窄的范围内；对教学也有好处，也可以练练笔，而且刚处在入门阶段，确实还没有能力选择最适宜自己的重点研究方向。但这门课教了几年后，如果研究力量长期太分散，就不容易深入，并且常会和别人做重复劳动。我和老胡在这方面处境相似，往往在一起议论这个问题。

经过反复比较，终于确定把辛亥革命作为研究的重点方向。下这个决心，有几个原因。第一，这个题目很重要，辛亥革命推翻了统治中国几千年的君主专制制度，建立了共和政体，理由是不需要多说的。第二，它在当时恰恰是近代史研究工作的薄弱环节：范文澜同志的《中国近代史》刚好写到义和团运动就停笔了，国民党统治时期一些有关书籍的内容不是很适合新中国的需要，值得研究的问题不少，我们对这些问题有很浓厚的兴趣（"文革"以后，这种研究薄弱的状况完全改变了）。第三，复旦大学图书馆中这方面的资料不少，特别因为复旦新闻系的历史久，所藏清末民初的报纸、刊物和其他原始资料比较丰富，在当时是不多见的。

下这个决心，我们的想法是一致的。

在辛亥革命研究上，对我们起了极大作用的，是1961年10月由中国史学会和湖北省社联在武汉举行的辛亥革命50周年学术讨论会。

现在的年轻学者也许难以想象，当时国内史学界这种大型学术活动极少。复旦不算闭塞，我同好多从事中国近代史教学和研究的学者神交也已多年，但参加全国性的学术讨论会还是破天荒头一次；除1955年被中国人民大学点名叫到北京去参加他们学校的学术讨论会，同戴逸同志辩论中国近代史分期问题外，这也是我第一次参加上海以外的学术讨论会。

这次武汉会议盛况空前。我和老胡写了两篇关于辛亥革命的论文到武汉参加会议。久仰的前辈学者如吴玉章、李达、范文澜、吕振羽、吴晗、白寿彝、何干之等都是在会上第一次见到，还听了范、吕两位的讲演。同辈学者章开沅、李文海、龚书铎、林增平、陈庆华、茅家琦、张磊、萧致治、段云章等也是在这次会议上第一次见面，之后成为挚友。

这次会上，学术论文众多，讨论热烈，使我们大开眼界。黎澍同志在大会上有个发言。他说辛亥革命的研究还很薄弱，如黄兴这样的重要人物，至今连一篇论文也没有。又说，我们不单是写论文，还要写出"大书"来，并且做了一个很厚的书的手势。这些给我们两人留下很深的印象。回到上海，我们就商议自己该做些什么。第一件比较容易做的，是两人商讨后由我执笔写了一篇《论黄兴》，在

《历史研究》上发表。这篇论文,经黄兴的女婿、美籍华人、马里兰大学教授薛君度译成英文和法文,在海外发表。第二件是下决心写一部黎澍同志所说的"大书",即四卷本的《辛亥革命史稿》。

对这部书怎么写,我们进行了详细的讨论,确定第一卷是"中国资产阶级革命派的形成",从1894年甲午战争期间兴中会成立写到1905年中国同盟会成立之前。在第一卷后记中说明:全书的着眼点是考察这场革命运动的发生、发展、胜利和失败的全过程,这自然必须叙述当时的时代背景、社会状况、对外关系和各种政治力量间的较量等,但并不企图把它写成这个时期的中国通史,因为这是我们两人当时的力量做不到的。第一卷的撰写分工是1903年以前由我执笔,1903年到中国同盟会成立前由老胡执笔,并同上海人民出版社约定由其出版。

工作立刻抓紧开始了。当我们在紧张地工作时,教育部来文,借调老胡到北京,在黎澍同志主持下,由他和宁可、李时岳三人执笔编写《史学概论》的教材,时间是1962年至1964年。老胡负责的是马克思主义唯物史观的形成那一部分,他在年轻时对马列主义经典著作读得很熟,至少比我要熟。他曾对我说:"因为是年轻时用心读的,这些观点在头脑里根深蒂固。"为了写好这部教材,他除重温这些经典著作外,还认真读了达尔文的《物种起源》、摩尔根的《古代社会》等有关著作,以后写成并出版了一本探讨历史唯物主义形成的专著,这在当时是少见的。去北京前,他已认真读了一批1903年留日学生出版的刊物,如《江苏》《浙江潮》《湖北学生界》《游学译编》等,并把摘录的资料留给我,成为我写这部分书稿的主要依据,虽然有些我也又读了一遍。

1963年,我把《史稿》第一卷写完。他因在北京,故要我把书稿直接送给上海人民出版社。出版社编辑看过后,同意出版,并把一些具体意见写成纸条,夹在书稿的有关部分内。本来,万事已经齐备,只要稍加修改后就可出版。但这时国内的政治空气已日益紧张。听说当时夏衍同志准备拍一部关于秋瑾的电影,江青说:"怎么?现在还要宣传国民党。"这样一来,拍摄工作就此搁置下来。我们这部书是讲从兴中会成立到同盟会成立前这段历史,不更要被说成"宣传国民党"吗?不是自己迎着枪口往前撞吗?不如暂时先放一下,看看情况再说。哪里想到,这一放就足足放了13年,到1980年才见天日。

这以后,政治局势越来越紧张。老胡在1964年从北京回到上海,到上海郊区的奉贤县参加"四清运动",我先到中共华东局和上海市委主办的刊物《未定文稿》和写作组工作了一年多,接着在1965年1月随华东局宣传部长兼上海市委文教书记石西民同志调到北京,参加文化部的"整风"工作组。还没多久,"文革"就开始了。老胡是复旦历史系副系主任,运动初便被拉上"斗鬼台"批斗。我先是在1968年1月被复旦造反派学生从北京以"走资派"名义用火车押送到上海,在复旦学生宿舍关了整整一年,和老胡虽曾远远望见过,但也无法打招呼和说话。这年12月,我被押回北京,审查了四年,有三年不准回家。我们两人自然被迫多年中断往来,连消息也不能互通。

1973年初,轰动中外的马王堆汉墓被发掘后不久,我被国务院"图博口"调回北京担任文物出版社副总编辑(没有总编辑)。第二年,老胡也被国务院科教组借调到北京刚复刊的《历史研究》工作,我们又可以自由见面了。

然而,到《历史研究》编辑部工作这件事,又使他蒙受不白之冤。此事经过,我很清楚。当时,国务院科教组决定让"文革"开始后停刊已久的《历史研究》复刊。这本来是件好事,但做得很神秘。这时我们已经可以自由来往了,老胡来看我时告诉我:科教组发给上海的信说要他来参加编制大学历史系的教学大纲,到北京后安排住在前门饭店,但对工作怎么做一点也没有透露,只说等从各地借调的人都到齐后再谈。他讲这些时还"丈二和尚摸不着头脑"。我自然同样也不明白,告诉不了他什么。等到章开沅、宁可、谢本书、刘曜等一批学者先后从各处来到后,才宣布要筹备《历史研究》的复刊。后来,戴逸同志告诉我:要老胡来,是他提名的。在这群人中,也没有指定由谁负责。因为只有老胡一个人是50岁以上的,也只有他是副教授,其他都是讲师,大家就推他牵头。老胡是道地的书生,做组织工作本非所长。大家呼他"胡司令",是从京剧《沙家浜》中套来的,带有开玩笑的性质。他们编了几期,老胡负责处理的是关于"批判苏修"的文章。这本来属于临时性质,各人的工作关系仍在原单位,没有转来。隔了不长时间,又由"文革"前《历史研究》原有的班子恢复工作。调整时,新来的这批学者,比较多的人回原单位,也有些人留下。事实本来就是如此。但"文革"一结束,因为老胡是从"四人帮"控制的上海来的,又当了"司令",就在一些人中出现一种流言,说他是"四人帮"从上海派来《历史研究》编辑部"夺权"的,没有任何根据,却又流传甚广,这对老胡以后造成不应有的影响,使他长期心情难以平静,而又无处声辩。从这里可以体会到什么叫"人言可畏"。现在,老胡已不在世,我是大体了解这事的经过的,有责任在这里留下几句公道话。

他离开《历史研究》时,"文革"并未结束。因为他有"文革"初期那段痛苦的经历,不想回复旦去。我就推荐他到文物出版社当副总编辑,事实上负责马王堆、银雀山等出土竹简帛书的整理工作,之后又担任国家文物局新建立的古文献研究室负责人。

"文革"一结束,万众欢腾。他应戴逸同志的邀请,担任中国人民大学清史研究室教授。这时,我们搁置13年的《辛亥革命史稿》编写又能重新提上日程了。记得我当时说过:这件事,不管如何(包括我1981年到中央文献研究室工作后),一定要做完,咬紧牙关,"走不到,爬也要爬到"。他也下了同样的决心。原有的

第一卷初稿,稍加修改后,在1980年仍由上海人民出版社出版。

接着,我执笔写成第二卷和第三卷(其中第二卷第十七节是根据老胡所写长篇论文《二十世纪初年的中国无政府主义思潮》改写而成的),他执笔写成第四卷,也就是最后一卷。为了完成这项工作,他在三四年时间里,几乎每天到北京图书馆查阅清末民初很多种报纸和刊物,逐日地看,对重要原始资料做了详细摘录,在此基础上经过反复思考和推敲,写出第四卷来。虽然我写了两卷,他写了一卷,但他投入的时间和精力绝不比我少。他写作的特点是:史料扎实可靠,分析细腻,有自己的独到见解。只要把书稿仔细地看一下,不难看出这些事实。全书在1991年出齐,之后获得了第一届郭沫若历史学奖。如果不是两人同心合作,要写成这部150万字的著作是不可能的。完稿时,他67岁,我60岁,了却了我们一生中一件重大心愿。

这以后,我在中央文献研究室根据工作需要,已把研究重点和主要精力转到中共党史方面,他在人民大学清史研究室,也有许多任务,各人重点不同,住处相隔又较远,很难随时商讨,他的体力也逐渐衰退,特别是右手写字时颤抖得很厉害,难以下笔,两人就没有再共同写作,但彼此仍常往来,天南海北地谈论。他有两个优点:一个是一直关注和阅读新发表的史学论著,看得很多;一个是不少年轻的史学工作者喜欢常到他家去聊天,因此,他对各个阶段史学界(特别是中国近代史方面)的动向和涌现了哪些新的学者和论著相当熟悉,也可以说消息十分灵通,并且发表他的看法。这对我很有帮助。

2013年他90岁诞辰的时候,我们两人一起到外面吃了顿饭,向他祝寿。2016年,也是他离世的一年,他家是我前往拜年的唯一一处,也是我同他最后一次相见。当时他的精神还好。回想起来,这些多少对自己也算一点安慰。

今年,得知复旦历史系要编一本对已过世的老教授的纪念文集,其中相当多是我的老师,这是很有意义的。余子道同志从上海打来电话,要我为胡绳武教授写一篇纪念文章,这当然义不容辞。虽然写得拉拉杂杂,总算得是一个相交70多年的老友向他献上的一瓣心香。

(作于2019年5月)

怀念胡绳武先生

王鹤鸣

复旦大学历史系、中国人民大学清史研究所教授、著名辛亥革命史专家胡绳武先生，2016年6月15日在北京病逝，享年93岁。

胡先生1923年10月7日出生，山东枣庄人。1948年毕业于上海复旦大学史地系，留系任助教。1952年秋任复旦历史系讲师、系教学秘书，负责新开设的中国近代史课程的教学工作。1953年加入中国共产党。1960年任副教授、系副主任，招收中国近代史研究生。1962年由教育部借调到北京编写教材《史学概论》。1964年秋回复旦参加社教运动。1970年负责为新进校的工农兵学员讲授中国近代史。1974年借调至《历史研究》编辑部工作。1975年10月，到国家文物局工作，先后任文物出版社副总编辑、古文献研究室负责人。1980年12月到中国人民大学清史研究所工作。1981年秋评为教授。

胡绳武教授长期从事中国近代史的研究，著有《鸦片战争》《甲午中日战争》《唯物主义历史观的形成》《清末民初历史与社会》，合著有《论清末立宪运动》、《从辛亥革命到五四运动》（上下卷）、《辛亥革命史稿》（四卷本）、《孙中山》、《二十世纪全史》第一卷《辛亥风雷》。主编有《戊戌维新运动史论集》《清史研究集》《中华文明史》（清后期卷）。发表论文百余篇。

一、没有教过我一节课的导师

1964年7月，我从复旦历史系本科毕业，考取复旦历史系中国近代史专业研究生，胡绳武先生是我的指导老师。1967年7月我研究生毕业，适逢"文革"，毕业推迟至1968年5月，被分配至安徽省图书馆工作。在我近四年的研究生学习生活中，胡先生没有找我谈过一次话、上过一节课。这在今天看来真是匪夷所思，但在那个特殊年代似乎又是完全可以理解的。记得我研究生入学时，历史系近代史教研室陈匡时老师找我与同时考取研究生的李清禄谈过一次话，称胡先生在北京从事教材编写工作，由他代表胡先生布置学习任务，要我们借阅中国近代史的几套专题资料,从鸦片战争到辛亥革命,一本一本认真阅读,练好近代史研究的基本功。1964年秋,全国开展社教运动。胡先生回复旦,先后参加奉贤县、宝山县的社教运动。我也参加了奉贤县头桥公社的运动。当时,我住公社,胡先生与1965届学生吃住在大队。其间,我与胡先生有所接触并有过交谈,但谈的都是"四清"之类的问题。"文革"爆发后,胡先生作为复旦历史系仅次于周谷城、周予同的"反动学术权威",在复旦大学第十宿舍操场受到批斗。我当时任校学生会主席,成为复旦保守派红卫兵的负责人,"一月风暴"后,受到学校造反派隔离审查,日子也很不好过。这时候,我与胡先生自然没有任何接触。

1978年十一届三中全会以后,拨乱反正,我与胡先生的接触与交谈多了起来。

1982年9月,我赴北京中央党校学习,当时胡先生60岁。有一天,我约中国社科院近代史所的朱宗震同学一起,前往中国人民大学静园看望胡先生。我向胡先生汇报了在中央党校学习一年回安徽后,准备调到省社科院历史所,从事安徽地方史研究。胡先生非常支持,认为安徽的李鸿章集团、安徽的辛亥革命活动在全国有重大影响,值得研究。

1992年9月,安徽省中日关系史学会在黄山举行"中日关系史和中日邦交正常化20周年学术讨论会"。届时胡先生70岁,我邀请胡先生和师母与会。胡先生在会上发表了两万余字的《近代中日友谊史上的感人篇章》论文,给大家留下了深刻印象。第二天,胡先生、师母和我们一起乘缆车上了黄山。

1995年9月,因工作需要,我调回上海图书馆任党委书记,主持刚合并的上海图书馆、上海科技情报所的工作。上海图书馆是仅次于国家图书馆的特大型公共图书馆,藏书丰富,尤其是家谱收藏更为世人瞩目,是海内外收藏中国家谱数量最多的单位。我当时兼任历史文献研究所所长,深知家谱的史料价值和学术价值,就直接领导上图家谱文献的整理和研究工作。其间,我有机会就向胡先生请教家谱文献的研究。2000年5月8日,由上海图书馆主办的中国族谱国际学术研讨会在上图召开,我请胡先生专程来上海主持了研讨会的开幕式。

2000年10月,我年届60,卸下繁琐的党政事务后,便将全部精力和时间投入到家谱文献的整理、开发和研究中去。

2002年胡先生80岁,新著《清末民初历史与社会》由上海人民出版社出版,于是由上海历史学会、复旦大学历史系等单位联合于10月25日在上海图书馆举行了"胡绳武先生八十华诞暨《清末民初历史与社会》出版座谈会"。胡先生在沪期间,我也向先生汇报了退休后的打算,准备利用上图的家谱资料写些家谱论文。胡先生非常支持我的设想,他说,上图的家谱资料得天独厚,当今中国家谱研究领域尚没有一部稍具规模的中国家谱史著作,为此,他鼓励我:"不仅要写论文,要下决心撰写一部中国家谱史的专著,沉下去五年,一定会有收获。"

"沉下去",沉到家谱文献的海洋中去!退休后,遵照先生指导,我先后在上海、北京和安徽等地查阅2 000多种家谱,将重要资料做了摘抄、复印,并按专题进行分类。仅此一项,字数就有千万计,为撰写家谱专著打下了比较扎实的资料基础。"十年磨一剑"。2010年初,60万字的《中国家谱通论》由上海古籍出版社出版了,次年再版,并入选国家第三届"三个一百"原创出版工程奖(人文社科类),还荣获上海市第十一届哲学社会科学优秀著作三等奖。

2014年10月19日,我应国家图书馆邀请,在"文津讲坛"作家谱文化讲座,会后即去海淀区世纪城看望胡先生。那天先生精神很好,谈风甚健,表达了若身体许可想再次回上海复旦看看的打算。我对胡先生说:当年我做您的研究生,1967年7月没交毕业论文就算毕业了,现在在您鼓励与指导下,《中国家谱通论》出版了,并获了奖,就算我的毕业论文吧!胡先生笑了。先生的音容笑貌犹在脑际,想不到这次会面竟成了永别!

二、毕生贡献辛亥革命史研究

胡绳武先生毕生追求学术,在中国近代史研究特别是辛亥革命史研究领域潜心钻研,深入探索,取得了丰硕成果,做出了重要贡献。

胡先生回忆,自己走上中国近代史教学、研究道路,带有偶然的因素。2007年,胡先生接受北师大历史学院邹兆辰教授采访时说:"我在1948年从复旦大学史地系毕业后,由于一个偶然机会我被留系当助教,为大学先修班讲授中国通史。(1952年)院系调整后,各系普遍开展了学习苏联制订教学计划的活动……中国近代史被确定为历史专业的专业基础课,讲授一年,每周6课时。这样一门分量很重的专业基础课谁来开呢?当时的复旦历史系……阵容是非常强大的。但是这些教授各有专长,没人愿意开新设的中国近代史课。……究竟谁来上这门课,系里一再讨论……结果决定让我这个在教师中年纪最轻、中国史方面唯一的一名助教来担任,并决定提升我为讲师以示鼓励。当时,我实在不敢承担,因为这每周六课时的中国近代史,马上就要开课,我就以没有时间备课来推辞。最后,经过讨论,公推系里在理论方面最有修养的陈守实先生和我共同负责这门课,陈先生讲课我辅助,半年之后由我接替。1953年春季开学以后,我就独立地承担起中国近代史的教学任务。"

胡先生决心将自己毕生精力放在中国近代史特别是清末民初的历史和社会的研究方面,则是在充分认识这段历史的重要意义后做出的选择。胡先生认识到,近代中国,人们在争取民族独立、国家富强、人民幸福的过程中,清末和民初是一个重要的历史时期。这一时期出现了前所未有的新情况。一方面,甲午战争后民族危机空前严重,19世纪和20世纪相交之际,人们已痛切地感受到自己的国家面临被瓜分灭亡的危险,所谓国无时不可亡。与此同时,也出现了新的社会力量,即以康有为、梁启超为首的改良派和以孙中山为首的革命派,他们是中国社会从未出现过的一种新的社会力量,他们的活动给人们带来了希望。在这一时期内,客观环境和人们的思想都处在激烈的变动中,各种社会矛盾都表现得异常尖锐、复杂,一切变化也来得格外迅猛。具体地来考察这一时期的历史,对历史研究来说,无疑是特别有意义的事情。再者,从20世纪50年代初中国近代史研究的状况来看,这段历史也是研究比较薄弱的部分。基于这种认识,胡先生将研究的重点放在了清末民初的历史和社会方面。胡先生在这方面最重要的研究成果就是与金冲及先生合著的四卷本《辛亥革命史稿》。他说:"我这一生的主要精力确实都用在了对辛亥革命前后的中国历史与社会问题的研究上了。这50年来,围绕辛亥革命的问题包括各种事件、团体、人物等等进行了一系列的研究,我的研究成果主要体现在《辛亥革命史稿》这部书里。"

《辛亥革命史稿》从20世纪50年代开始酝酿到1991年正式出版,经历了30余年时间。胡先生回忆:"在我与金冲及同志合作完成《论清末的立宪运动》之前,上海人民出版社的吴慈生同志已经约我把在1955年发表的那篇《论中国资产阶级革命派的形成》的论文,扩写成一部30万字的专著,并且签订了出版合同。这时候,我和金冲及同志已经开始合作撰写《论清末的立宪运动》,彼此合作非常愉快,所以我就约他和我共同完成这部书。我们商量,个人先围绕课题撰写一些专题论文,然后再写成专著,这样可以保证专著的质量。""后来,我们又进一步商定这部专著由他负责写1903年以前的部分,由我负责写1903年到同盟会成立前的部分。这部书稿写到1962年4—5月,大体上就完成了。就在我们准备最后完成的关键时刻,教育部文科教材编写办公室来信借调我去北京参加黎澍主编的《史学概论》教材,当时我心里是不想去的。去北京,一来打断了我们合作写书的计划;另一方面我也觉得这部教材很难编。可是领导已经决定了,我只好前去。""临走之前,把已经写成的稿子和有关的资料都交给金冲及同志,请他完成统稿的任务。这部稿子后来他整理了出来,并且交给了上海人民出版社,但是书稿在'文革'之前并没有正式出版。"

胡先生还讲到过:"到了1979年,当我们发现1962年交给上海人民出版社那部《中国资产阶级革命派的形成》的稿件并未丢失,后来经过金冲及同志修订再交上海人民出版社于1980年正式出版后,我们才开始考虑续写以后三卷,争取于1991年辛亥革命80周年纪念日之前四卷全部出齐。并议定,第二、三卷,主要由金冲及同志负责,我写少数节、目,第四卷完全由我执笔。之所以如此分工,主要是因为第四卷需要使用报纸的资料,工作量较大的关系。"

经过数十年的努力,四卷本《辛亥革命史稿》终于在1991年辛亥革命80周年前夕由上海人民出版社发行。2011年5月,在辛亥革命100周年前夕,由上海辞书出版社重印发行。

《辛亥革命史稿》问世后,与金冲及先生同年出生的中山大学孙中山研究所段云章教授以《一部博大精深的辛亥革命史》[①]为题发表了书评。段教授指出:"作者努力把本书作为一场革命运动的过程来考察。对它的发生、发展、走向高潮,又终归失败作了历史的、具体的合乎情理的剖析。它不是一块块的拼凑,而是指导思想明确、脉络线索清楚、一环紧扣一环,阶段性特点划然分明,而又一气呵成、浑然一体。一部150万字的巨著,犹如一篇前后融贯的生动文章。"《辛亥革命史稿》四卷本出版后,被同行专家评论为"代表了我国现今对辛亥革命史研究最高水平的一部佳作"。《辛亥革命史稿》获得第一届郭沫若中国史研究奖和中国大陆1949—1992年孙中山学术研究优秀成果学术著作一等奖,台北的"中研院"近代史研究所刘凤翰教授也发表了两万字的长篇书评加以推介。

三、胡、金亲密合作成史学界一段佳话

在学术研究方面,胡绳武先生和金冲及先生长达一个甲子之久的亲密合作,称得上是中国史学界的一段佳话,为广大学术研究人员所敬佩和称赞!

胡先生与金先生1947年在复旦大学史地系(后来改为历史系)开始成为系友。那时胡先生是四年级学生,金先生是一年级新生。

1953年秋天,新闻系向历史系提出开设一门每周三课时、为期一年的中国近代史课。胡先生就邀请当时在学校先任团委书记、后任教务处教学科科长的金冲及同志来系里兼任教师,负责为新闻系讲授中国近代史。自此开始,两人一起在复旦大学历史系刚成立的中国近代现代史教研组工作,经常在一起讨论教学和学术问题。

1957年关于"天朝田亩制度"的讨论会上,胡先生和金先生与会并分别发表了一些意见。会后不久,金先生就写成一篇《关于天朝田亩制度的实质问题》的稿子。他对胡先生说:"您在会上的发言我很赞同,我现在把讨论会上的内容综合成一篇稿子,您看我们联名发表如何?"胡先生说,文章是您写的,还是以您一个人的名义发表好了。金先生说,许多意见是您讲的,还是联名发表吧!这篇文章后来发表在《学术月刊》1957年第10期上。这是胡先生与金先生长期合作的

---

① 刊《近代史研究》1993年第4期。

开端。

1956年的时候,胡先生打算要写一篇关于清末立宪运动的文章。胡先生之所以起意要写这篇文章,是感到在研究辛亥革命时期的革命派的同时,也应该研究它的对立面立宪派。另一个原因是由于当时胡先生在复旦大学图书馆发现了共计12册的《梁任公先生年谱长编稿》,是个油印本,上面许多材料都没有被人使用过,胡先生就约金先生合作写这篇文章。

从此以后,两位先生数十年的学术研究合作便开启了。以后的合作大体上是先交换意见,进行讨论,然后一个人执笔来写。写出以后,另一个人看过,或者做修改补充后发表。两人联名共发表20多篇文章。胡先生回忆:"我和金冲及同志合作研究的中国近代史,除了一部四卷本的《辛亥革命史稿》外,还有《从辛亥革命到五四运动》这部上、下两卷本六十三万字的论文集。"

胡先生与金先生在学术研究上的亲密合作不仅为中国学者称赞,也引起海外学者的关注和赞扬。1981年,日本京都大学名誉教授岛田虔次先生在京都一次学术会议上曾风趣地对金先生说:在我们的印象中,你们两位的名字一直是联系在一起的。有一次,韩国研究中国近代史的泰斗闵斗基教授在东京问金先生:"我想问一个问题:你们两位为什么能够合作这样长的时间?一般说来,这是并不容易的。"金冲及先生回答:"第一,我们俩在复旦读书的时候就是同学,他是四年级,我是一年级。以后,我们又一起在中国近代史教研室工作,经常在一起交换意见,交流看法,在长时期的交流中形成了一致的观点。没有这个条件能保持长期一致是不可能的。第二,我们都感到两个人在一起的力量比一个人要大。四卷本的《辛亥革命史稿》如果由一个人搞谈何容易。我们一起合作时,没有什么个人计较。通常容易发生计较的,一个是署名,一个是稿酬。我们的办法是,谁执笔的或主要执笔的,就把谁的名字写在前边。你看《辛亥革命史稿》这部书,第一、二、三卷,署名金冲及、胡绳武著,第四卷署名胡绳武、金冲及著,写文章的署名也是这样。至于稿费,任何情况下都是两个人对分,谁多谁少都不在乎,有这两条就可以长期合作了。"

胡先生与金先生历时一个甲子之久的亲密无间的合作,不仅是中国史学界优秀学风的典范,也是世界史坛的一段佳话。

四、以唯物史观指导史学研究

胡绳武先生在治学过程中十分重视以唯物史观指导自己的史学研究。

2013年11月复旦大学《校史通讯》刊载了《胡绳武自述》一文,结尾处,胡先生强调:"回顾这几十年来的研究工作,我觉得我所坚持的研究方法,即以唯物史观为指导,严格遵照事实为历史研究的出发点,在分析任何历史与社会问题时,都把问题放到一定的历史范围之内来考察,是我一贯坚持的原则,也是我的研究所以取得一点成绩的重要原因。"

胡先生在"文革"前参加黎澍同志任主编的《史学概论》的编写工作,这一过程中,曾撰写《唯物主义历史观的形成》一书,1984年由四川教育出版社出版。胡先生在书中指出:"马克思和恩格斯把辩证唯物主义的原理,推广来研究社会生活和社会历史,从复杂的社会历史现象中发现了客观的规律,确立了唯物主义历史观的基本原理,给社会历史的研究提供了唯一科学的理论和方法,从而使历史学成为一门真正的科学。""唯物主义历史观的形成,标志着对世界历史全部理解上的一个根本的变革,一个真正的革命。""唯物主义历史观,给人们提供了研究社会历史问题的立场、观点、方法,和一些基本原理,但它却不能代替对历史的具体研究。"

《唯物主义历史观的形成》一书的写作,对胡先生后来的辛亥革命等课题的研究发挥了重要的指导作用。"它使我掌握了分析社会历史问题的基本理论和基本方法,这种指导作用是潜移默化的,不是教条主义的套用。"以《辛亥革命史稿》为例,这部书之所以被称为"佳作",首先是以鲜明的马克思主义历史观点来分析一个时代、一个社会中所产生的各种历史现象、历史事件和各种政治力量、政治派别、历史人物。胡先生认为,辛亥革命这样一个发生在中国近代社会的紧要阶段的重大历史事件,它的发生、发展,乃至从胜利到失败的过程是非常复杂的,其中很多情况让人感到眼花缭乱。要把这一复杂历史过程交代清楚,必须抓住最基本的线索。我们把这个革命的基本内容界定为:由中国民族资产阶级领导,当然是通过最先觉悟的中国资产阶级、小资产阶级的知识分子领导,旨在推翻实际上已成为帝国主义在中国的代理人的清朝政府、建立资产阶级共和国的一场革命。所以,我们的书把论述中国民族资产阶级的发生、发展及其特征,资产阶级民主革命力量的组织和成长,民主革命的纲领、战略、策略的形成和运用,以及对这一过程中出现的人物功过、事件成败的评估作为重点。《辛亥革命史稿》这部书之所以被称为"佳作",还因为这部书在占有史料方面见长。段云章教授的书评中说:"作者在本书中摘引的史料,极少是转引的,绝大多数是第一手史料,其史料来源之浩繁实属罕见。"又说:"初步统计,图书报刊资料约540种,其中很有分量的报刊杂志140种。"

胡先生在《胡绳武自述》一文最后一节"治学感悟"中,对如何掌握、运用和发展马克思主义的史学方法提出了建议:"首先应该重新研究马克思和恩格斯的著作,弄清楚他们在分析社会历史问题的过程中究竟运用过哪些方法,把它们归纳出来。其次,在引进当代外国史学使用的各种方法的过程中,加强对它们的分析与批判,肯定它们在具体历史研究中确实有成效的一面,同时批判其明显的唯心论的东西。再就是,应该认真研究近现代中外史学家的成功之作,总结它们的行之有效的方法。这里所说的成功之作,既包括马克思主义史学家的著作,也有非马克思主义史学家的著作。我觉得有些非马克思主义的史学家,能够从事实出发,运用正确的研究方法来科学地说明历史现象,探求历史规律,也可以写出体现唯物史观的令人信服的史学专著。……另外,任何一种研究方法都不可能离开传统的史学方法孤立地加以运用。中国有着世界上最丰富的史学遗产和优良的史学传统,我们应该重视对传统史学方法的研究,努力把新史学方法和传统史学方法结合起来。最后,我感觉无论史学理论还是史学方法的论述,都应该结合具体史实进行,只有在具体的历史研究实践中作出令人信服的成果,才有说服力,才能够被人们接受和利用。"

  作为老一辈的马克思主义史学家,胡先生结合自己60余年从事中国近代史教学和研究工作的实践,留给我们关于如何掌握、运用和发展马克思主义的史学方法的"治学感悟",对我们从事史学研究有着重要的启示意义。

(原载《文汇报》2016年7月22日)

金重远

金重远(1934—2012)，江苏常州人。历史学家。专长法国近现代史、第二次世界大战史等。

1952年考入复旦大学外文系俄文专业，次年在北京俄语专修学校第二部学习。1954年赴苏联列宁格勒大学历史系留学，主修法国史。1959年毕业后，至复旦大学历史学系任教，历任讲师、副教授、教授。2000年任复旦大学俄罗斯与东欧研究中心主任。

1979年起，先后兼任中国法国史研究会理事、上海市哲学社会科学联合会常务理事、上海市世界史学会副会长、中国社会科学院马克思主义研究院特邀研究员等职。

曾荣获"全国优秀教师""上海市优秀教育工作者"称号。并分获俄罗斯联邦"圣·彼得堡三百周年荣誉勋章"及证书和法国"棕榈教育骑士勋章"。

在大学任教期间，开设"世界现代史""世界近代史""世界当代史""法国近现代史""第二次世界大战史""世界近现代史专题研讨""世界当代史专题研讨""战后世界史""20世纪世界史""现代西方史学评述""外文史学资料选读""历史理论与创作""战后苏联与东欧"等课程。

主编《战后世界史》(获上海市高校优秀教学成果奖一等奖)、《第二次世界大战百科词典》、《寻求秩序、安全与发展——俄罗斯转型中的挑战与对策》、《法国通史》等。并负责《中国大百科全书·外国史卷》、《大辞海·世界历史卷》的编写工作。

撰有学术论文《法国近代史上的复辟与反复辟问题》《第五共和国的建立——兼论外部因素在各共和国建立中的作用》《欧洲均势与世界稳定：回顾与展望》等数十篇；译著有《戴高乐与欧洲》《第二次世界大战史大全：大战前夕1939年》等。其代表作有《战后西欧社会党》《炮火中的文化——文化和第二次世界大战》《墨西哥之梦——小拿破仑美洲覆师记》《20世纪的法兰西》等。

永远难以忘怀的金重远老师

潘 光

称学界前辈为老师，大都是出于尊敬，但金重远先生，却是我名副其实的老师，一位永远难以忘怀的老师。

一、两次答辩

那一次去金老师家，大约是在1981年夏季一个炎热的下午。作为"文革"后的第一届世界史专业硕士研究生，我们即将进行毕业论文答辩。我的导师王养冲教授邀请金老师做论文答辩委员会委员，要我把论文送交给他。那时还没有我们现在司空见惯的快递业务和出租车，我便骑着自行车直奔金老师家。金老师当时住在北京东路一条旧式里弄里，正在昏暗的斗室中照料自己的孩子。见我来到，金老师立即放下手上的杂事，与我攀谈起来。他说"文革"以来已很久没有参加研究生论文答辩了，这次能担任答辩委员十分荣幸和高兴。他对我的论文题目很感兴趣，说在苏联学习法国史时就读过许多关于拿破仑远征埃及的故事。在我介绍了自己的想法后，他说，在没有读完你论文全文前我不能做什么评论，我会仔仔细细地读你的文章。记得在后来的论文答辩会上，金老师对我提出了许多尖锐的问题，同时也对我的论文给予了高度评价。如果没有认真读过论文全文，这样的问题和评价是提不出来的。那次，论文答辩委员会对我论文的评价是"优"。

很多年后，当我在职攻读博士学位的论文进行答辩时，我的导师陈崇武教授又请金老师参加我的论文的答辩，并担任答辩委员会主席。我博士论文的题目是《犹太人与中国》，有近40万字。金老师对这个题目并不熟悉，却认真地通读全文，还查阅了许多相关资料，密密麻麻地写了读文札记和备忘录。在答辩时，他的提问和评论一针见血，既肯定了论文的成功之处，又指出了论文的不足和缺陷，对我后来修改并出版这一成果有重要的指正作用。

两次答辩集中体现了金老师对我的指导，使我受益匪浅。不过，金老师对我的帮助和影响并不只是这两次答辩，而贯穿于我和他30多年的交往之中。

二、严谨学风

金老师最使我感动的,便是他严谨踏实的学风。以下几件事给我留下了最为深刻的印象。

他赠我的《20世纪的法兰西》至今仍然在我的书架上。这部力作长达50余万字,其中资料翔实、论据确凿,全面阐述了20世纪法国政治、经济、社会、文化、军事、外交等方面的发展和演进,是他几十年心血的凝聚。他曾对我说,为了考证一个史实,他有时不得不查阅法、英、俄等多种外文资料,将史家的许多说法反复比较,直到找到其中最令自己信服的一说为止。我想,他之所以能成为一个大师,就是有这样一种锲而不舍的精神。

五年留苏经历,使他对苏联历史研究情有独钟。然而,他从不满足于几十年积累的那些对苏联历史的传统见解。早在苏联解体之前,他就说过,关于苏联发展的很多传统说法是特殊历史条件下的政治产物,缺乏历史事实的依据。随着苏联解体后档案材料的解密,他立即如饥似渴地研究新史料,对许多老问题提出了新见解。例如,他反对以非黑即白的标准来衡量苏联的一些具体政策,认为苏联进行的毕竟是史无前例的探索,虽有错误,对后人总有可鉴之处;根据解密档案文件,他指出1948年的苏南冲突主要是国家、民族利益之争,并非纯粹的意识形态纷争;对中苏关系,特别是1959年后中苏关系破裂,乃至进行公开论战的历史,他也根据新发现的史料提出了独到而又公允的见解。

他2010年出版的新作《百年风云巴尔干》考察了巴尔干地区复杂的民族、宗教关系,剖析了"巴尔干火药桶"形成的历史原因。我曾经研究过奥斯曼帝国兴衰史和"东方问题",对巴尔干问题很有兴趣,因此将他送我的书仔仔细细地读了一遍,十分惊叹书中极为丰富的史料。有一次向他问起此书的资料来源,他颇为得意地说:"要研究巴尔干历史,光听英、俄列强的说法是不行的,还要看看巴尔干人自己怎么说,我蹩脚的塞尔维亚语、保加利亚语这次发挥了作用。"原来,为了写这本书,他还收集了塞尔维亚语、保加利亚语的史料。

以上几例,均显示了金老师对史学研究是多么一丝不苟。有文章提到,1989年下半年,偌大的复旦大学图书馆西文阅览室曾出现无一人进出,一整天只有金老师一人在座的"奇观"。对此,我丝毫不感到奇怪。

三、广博知识

金老师的知识如此博大精深,因此他特别善于旁征博引、纵论古今,进行比较研究和综合分析。

把他签名赠我的著述放到一起,其中不但有他精通的法国史、苏俄史著述,还有关于第二次世界大战史、拉美史、波兰史、德国史、西班牙史、土耳其问题、日本问题等各方面的著述,如《第二次世界大战百科词典》《20世纪的世界——百年历史回溯》《墨西哥之梦——小拿破仑美洲覆师记》《半岛战争——大拿破仑伊比利亚覆师记》等。他不但善于剖析政治、经济、军事问题,对文化问题也颇有研究。他的专著《炮火中的文化——文化和第二次世界大战》,从文化的角度来研究第二次世界大战,在国内首次全面介绍了第二次世界大战中的文化发展,具有重要的创新意义。

2005年11月,我们组织了纪念世界反法西斯战争胜利暨犹太难民来华避难60周年系列活动及研讨会,邀请来自世界各地的专家学者及当年来华的犹太难民到上海参加活动和研讨,金老师也应邀参加。他虽然没有专门研究过犹太人问题,但凭着对欧洲民族、宗教问题和第二次世界大战历史的长期研究和资料积累,在会上做了精彩发言和点评,还十分自如地主持了一档专题讨论,与会者对他的广博知识和高深学问都十分赞叹。

金老师是历史学家,但对现实问题也十分关注,而且长于剖析现实热点问题的历史根源。我曾邀请他参加我们每两年举办一次的"中亚和上海合作组织国际学术研讨会"。由于他对苏联的发展和解体很有研究,因此在会上就苏联解体后中亚的发展、中亚-中国-俄罗斯三者之间的关系及新生的上合组织提出了很精辟的见解,并用英、俄两种语言直接与外国学者进行交流。"9·11"事件后,他对国际恐怖主义的历史根源和发展演变也发表了独到见解。由于他善于以史论今,因此谈问题时总比那些只看今日、不知历史的人深刻得多。

每年上海市世界史学会召开年会,我作为会长总要请他讲话。无论是我在担任副会长的时候,还是卸任副会长后,他从不推辞。他讲演时从不用讲稿,有时手中拿一张小卡片,总能抓住热点问题即席发挥,语言幽默生动,知识面宽,信息量大,深入浅出,娓娓而谈,深深吸引听众。

四、扎实功底

金老师的世界史学术功底十分扎实,这特别表现在其使用外语的超强能力和其独到的史学研究方法方面。

金老师精通俄、英、法等国语言,还能使用德语、西班牙语、塞尔维亚语、保加利亚语等。他在一篇文章中提到,留苏期间他用使馆发的零用钱到学校附近的旧书店里买各种语言的旧书。列宁著作的俄文版本,马克思、恩格斯原著的德文版本,雨果、大仲马、巴尔扎克小说的法文版本,都是他一本又一本地从旧书堆里"淘"来的。他通过"啃"这些原著,大大提高了外语水平,一年考一门外语,五年通过了俄语、法语、英语、德语、西班牙语五门考试。20世纪80年代初,王养冲老师请法国革命史权威索布尔教授来华东师范大学讲学,金老师经常用流利的法语与他展开交流,令我们印象深刻。我们上海市世界史学会与外国学者交流,凡需同时使用多种外语,还涉及历史、政治、经济等多方面内容的,一定要请他出场,他也总能应答如流。

在史学研究方法上,他强调微观研究与宏观认识相结合,以具体的案例研究为基础,构建自己的宏观史学理论体系。他所倡导的分散与整体的分合世界史体系独树一帜,为研究人类发展史提供了一种独特的视角和方法。有学者指出,他所谓的"分散",是指世界史的视野从传统的政治史、经济史、国际关系史扩展到科学技术与思想文化史,在地理范围上则从欧美扩展到广大亚非拉国家;他所谓的"整体",在宏观上是指将历史现象从本质上精心编排,归纳出各个历史阶段的总体特性,使各个分散的历史事件在历史主题的统领下成为具有内在联系的有机整体,而在事件跨度上强调历史长河发展的阶段性和整体性。金老师对战后世界历史的通盘审视和20世纪百年历史的整体考察都体现了历史发展的整体性研究视角。他主编的《战后世界史》,是运用分合世界史体系的初步探索。此后在他主编的《20世纪的世界——百年历史回溯》中,又使分合世界史体系进一步完善。

由于扎实的功底和卓著的成果,金重远老师荣获法国政府授予的"棕榈教育骑士勋章"和俄罗斯普京总统颁发的"圣彼得堡300周年荣誉勋章",还获得了全国优秀教师、上海市优秀教育工作者称号和复旦大学"校长奖",并被评为复旦大学首席教授。

金老师走了,但我总觉得他还在上海,对学生侃侃而谈、对我们谆谆教诲。金老师永远活在我们心中!

(原载《金重远先生纪念文集》,上海辞书出版社2013年版)

读书・教书・著书：任重而道远

顾云深

2012年6月7日早晨，上海辞书出版社林益明兄突来电话告诉我，金重远教授于清晨突发心脏病去世了，噩耗如晴天霹雳，让我顿时懵了，这怎么可能呢？想想几天前刚与金先生约好，7日下午一起去上海展览中心参加《大辞海》《辞海》主编扩大会议；金先生作为《大辞海・世界历史卷》的分科主编，还要代表编委会发言。当天下午，因为会议重要，出版社方面希望我在会上代读金先生的发言稿，说实话，拿着金先生的稿子，金先生的音容笑貌一直浮现在我的眼前，我是含着热泪读完稿子的。最后我说："对于《大辞海》这样的国家级文化工程，金重远先生可谓是倾注了无数心血，并做出了重大的贡献，无论是选词、释文、审订，甚至标点符号，无不亲历亲为，一丝不苟，那种对学术追求的科学严谨的精神真是值得我们后辈学人好好学习。"

回想30多年来跟着金先生学习与共事的经历，我深深地体悟到，作为一名普通的大学教师，金先生的一生可以用六个字来概括：读书，教书，著书。看似平凡，且不惊天动地，但是要真正做好这三件事，那是谈何容易，平凡之中蕴含着崇高的境界与伟大的品格！

金先生最常自诩的身份是"读书人"，只要有书读，他就感到快乐、感到满足，无论是在抗战时期颠沛流离中辗转求学，还是远在异国他乡留学访学；无论是"文革"中受到冲击被隔离，还是在"五七"干校的拉练途中，只要有机会，他就读书、思考问题，始终关注着国家和民族的前途与命运。进入改革开放的新时代，金先生仿佛焕发了青春，更是如饥似渴地大量阅读各种文献史料，在学校图书馆大库、参考阅览室、历史系资料室常常能见到金先生的身影，教研室所藏的几部英文、俄文及法文历史工具书几乎被金先生翻"烂"了。金先生知识之渊博、学识之精深、谈吐之优雅风趣是出了名的，岂不知正是这样勤奋刻苦的读书，孜孜不倦地在知识海洋中的上下求索，才铸就了金先生深厚的知识底蕴和治学的才识。金先生有着极高的语言天赋，青少年时代学习英语，考上复旦大学外文系俄语专业之后，被中央编译局派到苏联列宁格勒大学（今俄罗斯圣彼得堡大学）攻读历史,求学期间又修读了法语,自学了德语和西班牙语。"文革"期间许多专业书刊不许读了,金先生就阅读各种外语版本的《毛泽东选集》,来巩固与提高自己的外语水平。记得历史系的前辈学者周谷城教授就曾说过,要办好历史系,除了汉语之外,还至少必须有英、法、德、俄、西、日等六种外国语言,这样才能了解国际史学界最新、最前沿的学术发展动态和趋势。而金先生一人就懂五种欧洲主要语言,是一件非常了不起的事情。历史系资料室有些冷僻的外文专业期刊,除了金先生,真的就鲜有问津者。自20世纪80年代后,随着国际交流的增多,来学校访问的外国政要与学者也越来越多,学校的外事部门十分倚重金先生的学识和语言才华,经常请金先生出场接待各国的学者,金先生也十分乐意参加与各国学者的交流和对话。他始终认为,在这样的交流和对话中,可以学到不少东西,进一步开阔自己的视野。因为他长期对中法、中俄学术文化交流所做的贡献,先后被法国与俄罗斯政府授予荣誉勋章。金先生对生活中的物质条件要求不高,并力求简约,我们常常可以看到他的铅笔用到短得不能再短,能用的纸张绝不随便丢弃,一叠叠的卡片抄写满了各种史料;在炎热的夏天,他常常光着膀子、打着扇子,自得其乐地在家读书和从事写作。但是,对于学术研究上该花的钱,他十分舍得。在物资相对匮乏的80年代,他把到法国进修省下来的钱,买了一大批原版的外文史书带回国内,以供学术研究与教学所用。他对精神生活的追求,却有着很高的品位,其业余生活虽然比较简单而又十分丰富,他的阅读面十分广泛,古今中外的文学作品读了很多,尤其对俄罗斯文学、法国文学有着几乎是天然的爱好,对雨果、托尔斯泰、肖洛霍夫等文学巨匠的作品可谓是如数家珍,哪怕是细节上的描述,也是熟稔于心,因此在课堂教学中,他常常会引用文学作品中的形象和语言,来加深学生对史学的理解。每天听一小时的外语广播,是金先生几十年来养成的习惯,直到晚年他始终坚持着,从不间断。欣赏和聆听古典音乐是金先生的又一爱好,莫扎特、贝多芬、柴可夫斯基、肖斯塔科维奇和拉赫玛尼诺夫都是他的最爱!

记得1978年初我们1977级新生刚进大学的时候,历史系的前辈大师如周谷城、周予同、谭其骧、杨宽等教授的声名都已经是如雷贯耳,让人高山仰止、心向往之。但是学长们还给我们介绍了历史系的一批青年才俊,其中就有金先生。后来我修读了金先生的"法国近现代史""第二次世界大战史"等课程,果然是名不虚传。许多人都说,聆听金先生的课是一种莫大的享受,其知识渊博,谈吐风趣幽默,旁征博引,举一反三,深入浅出,没有讲稿,只有几张小卡片,全球史事风云尽在胸中,高屋建瓴,点评天下兴亡,让人钦佩不已。留校任教后,系里派我给金先生当助教,我随堂听课,学习金先生对课程内容和要点的把握,认真体会金先生教课的方法和技能,参与学生课堂讨论,批改学生讨论提纲和作业,这样的

"学徒"过程真是获益匪浅,一辈子受用。按规定助教也要在主讲教师的课程中承担一部分"试讲"任务,说实话我自己感到压力巨大,忐忑不安,但是金先生一直鼓励我、帮助我,与我讨论讲课提纲与内容,让我有了信心,并很好地完成了在大学课堂上的第一课。金先生经常告诫我:"在历史系任教,一定要上好'通史'课,这是基本功,这好比造房子时的结构施工,一定要非常扎实。"所以,世界通史课里的近代、现代和当代部分,我每一段都去上,在认真阅读、思考和备课的过程中,纵横交错、点面结合,使自己的视野开阔了,确实大有好处。在向金先生学习和请教的过程中,我深深地体悟到金先生那种对教学的投入和认真,领会到小卡片与大学问之间的逻辑联系,他总是把学术界最新的研究进展和动态引入教学中,把他自己对问题的思考和批判与学生分享,他绝不固执己见和墨守成规,别人说得有根据、有道理,他都能采纳和接受。我印象最为深刻的一件事是,在一次课堂上他所列举的历史数据有误,正好我看到的材料与他不同,我就告诉他材料的出处,事后金先生又去仔细核实,在后一次课的课堂上,他就对学生们说出他列举的错误,并说:"是顾老师发现并指出了我资料引用上的错误,我要对他表示感谢。"他的一番话真是让我感动不已,他的那种虚怀若谷的胸襟、严谨求实的学风,让人肃然起敬。他待人谦和可亲,从来没有大教授的架子,课后总是乐意和学生在一起讨论各种各样的问题,有求必应,不厌其烦。无论是本科生还是研究生、本系学生还是外系学生、中国学生还是外国学生,学生们真正愿意与金先生接近,向他请教,因为与智者的对话可以让人茅塞顿开、豁然开朗。只要是学生的事,在金先生的眼里就是天大的事。学生组织学术社团,他欣然担任学术顾问与指导老师。学生邀请的学术讲座,他从不推辞,到 70 岁高龄还继续担任复旦学院新生的导师。一辈子教好书,做学生们的良师益友,是金先生的人生目标和最高追求。金先生教课教得好,深受学生们的欢迎,金先生也因此承担了大量的教学和讲座任务,无论是上海市东北片高校课程共享平台,还是复旦学院的通识教育,无论是中学的史学讲座,还是干部轮训的讲席,无论是本科生的基础课,还是博士生的专题研讨班,到处都可以看到金先生不知疲惫的身影,可以听到他铿锵有力的话音。从 20 世纪 80 年代中期开始,金先生开始带教和指导研究生,到他荣休离岗,为国家培养了几十名优秀的硕士、博士与博士后,如朱学勤、王海良、张勇安、李海东等已经成为史学界的栋梁之才和后起之秀。由于金先生常年在教学第一线辛勤耕耘,他主编的《战后世界史》《20 世纪的世界——百年历史回溯》等教材和讲授的课程都被评为上海市优秀教材和精品课程,他本人也获得过全国优秀教师称号,并荣膺复旦大学"校长奖"。

探研学问,著书立说,追求真知,也是金先生毕生追求的境界,并乐此不疲,游弋在学术的海洋之中。从 1964 年参加吴于廑等主编的商务印书馆版"外国历史小丛书"之《拉丁美洲独立战争》编写开始起,到 2013 年 6 月 2 日在上海《东方早报》上发表《从突厥铁骑到"欧洲病夫"——奥斯曼帝国兴衰记》为止,在差不多半个世纪的学术研究生涯中,金先生发表的著述、论文和译著有几百万字。他的研究领域涉及法国史、第二次世界大战史、苏俄史、拉丁美洲史等,在《世界历史》《历史研究》和《复旦学报》等刊物上发表的一些重要学术论文,如《论英法资产阶级革命的"保守"和"彻底"》《戴高乐的五月十三日》《初探第二次世界大战中的"第二战场"》及《法国"新史学"简介》等,都在史学界引起重视和学术反响;他的专著《20 世纪的法兰西》《炮火中的文化——文化和第二次世界大战》《战后西欧社会党》等,都是在世界史领域中具有拓展性的研究。金先生学术研究的特点是视野开阔,尤其是能使用多种语言的原始文献史料,并又具有独特的史学分析与批判精神,得到史学界的认可和好评。从 20 世纪 80 年代开始起,国内学界开展了一些重大的文化工程,如《中国大百科全书》《大辞海》等的编写与出版,可以说这是学科发展的基本建设,金先生对此十分重视,并积极投身其中,不但撰写重要的条目,还担任了《大辞海·世界历史卷》的分科主编。为纪念世界反法西斯战争胜利 50 周年,金先生与李巨廉先生一起主编了中国第一部《第二次世界大战百科词典》,这是体现出中国学术界对第二次世界大战史研究的认识水平与阶段性研究成果的总结。由于金先生精通数种语言,翻译国外历史文献资料与国外优秀学术著作也是他学术生涯中非常重要的一个部分。他先后参加《沙俄侵华史》、中国近代史资料丛刊《第二次鸦片战争》等外文资料的翻译,也翻译过《戴高乐与欧洲》《国际事务概览·大战前夕》和《国际事务概览·战时中东》等学术专著。值得注意的是,金先生与田汝康先生共同编选的《现代西方史学流派文选》在 1982 年出版,为当时国内史学界打开了了解现代西方史学的一个窗口,对国内西方史学史研究的发展具有重要的学术意义。金先生的学问与为人,使他在国内外学术界结交与赢得了一批好朋友,如国内著名学者张芝联、王养冲、沈炼之、陈启能、陈崇武和李巨廉等,国外著名学者索布尔、米歇尔·伏维尔、玛丽安·巴斯蒂等。同时他也长期活跃在国内外一些重要学术会议上,如 1989 年在上海组织与主持"法国大革命 200 周年国际学术讨论会",同年代表中国法国史学会参加在美国举行的法国大革命 200 周年学术会议等。

在金先生执教和治学的半个多世纪中,听过他精彩绝伦的讲课,读过他视野开阔、文笔优美的文章,得到过他对学位论文写作、评阅、答辩悉心指导的学子有许许多多,人们怀念其提携后辈的深情,也追思他治学为人的风范。

(原载《金重远先生纪念文集》,上海辞书出版社 2013 年版)

金重远教授学术生平

张勇安　赵庆寺

著名历史学家,复旦大学首席教授、历史学系教授,复旦大学俄罗斯研究中心首任主任金重远因突发心脏病,于 2012 年 6 月 7 日 7 时 54 分在家中逝世,享年 78 岁。

金重远 1934 年 5 月 12 日出生于江苏常州。1952 年考入复旦大学外文系俄语专业(今复旦大学外文学院俄语系),1953 年在北京俄文专修学校(今北京外国语大学俄语学院)第二部学习。1954 年赴苏联留学深造,1959 年毕业于列宁格勒大学(今圣彼得堡大学)历史系,获欧美史专业优秀文凭。1959 年起在复旦大学历史学系任教,1980 年任副教授,1985 年任教授,1990 年由国务院学位委员会批准为世界近现代史博士生导师。曾任复旦大学俄罗斯与东欧研究中心主任、中国法国史研究会理事、上海市世界史学会副会长和上海市哲学社会科学界学会联合会(今上海市社会科学界联合会)常务委员。1991 年获全国优秀教师称号,1995 年获上海市优秀教育工作者称号,曾多次获复旦大学校级和上海市优秀教学成果奖,享受政府特殊津贴。2004 年 5 月 12 日荣获由俄罗斯总统普京签署命令授予的"圣彼得堡 300 周年荣誉勋章"及证书,表彰其为促进中俄友谊,特别是上海与圣彼得堡结为姐妹城市友好关系方面做出的努力。2006 年荣获法国政府授予的"棕榈教育骑士勋章",表彰其为增进中法两国人民友谊所做出的杰出贡献。2011 年荣获复旦大学第八届"校长奖"。

金重远是中国著名的世界史学家、历史教育家,在复旦大学历史学系从事世界近现代史和当代史的教学与研究工作 50 余年。金重远思想敏锐、博学多才,擅长宏观思考,亦擅长史实考辨,历史叙述文笔流畅、风格活泼。在世界近现代史、法国史、史学理论诸多领域都做出了独创性贡献,为中国培养了大批优秀史学人才,是 20 世纪 50 年代成长起来的史学工作者中出类拔萃的代表。

金重远的学术研究侧重于法国近现代史和第二次世界大战史,同时也涉足拉丁美洲近现代史和中外近代关系史。曾先后撰写、主编、合编并出版《战后西欧社会党》《20 世纪的法兰西》《百年风云巴尔干》《法国通史》《第二次世界大战百科词典》《20世纪的世界——百年历史回溯》等重要学术著作。还参与或牵头负责了《辞海》(第三至六版)世界历史部分、《中国大百科全书·外国历史》、《大辞海·世界历史卷》的编写工作。一直到晚年,金重远仍然笔耕不辍。

　　法国近现代史研究是金重远留学苏联时的主要研究方向。在留苏期间,他开始学习法语,并对法国的历史和文化产生了浓厚的兴趣。从20世纪80年代起,金重远陆续撰写了一系列有关法国大革命和法兰西第五共和国的学术论文。1989年3月,他在复旦大学主持召开"法国大革命200周年国际学术讨论会",随后又赴美国出席相关主题的国际学术会议。金重远还曾担任《法国通史》的副主编,并首次系统地向中国读者介绍了法国从古至今的历史,获得史学界的好评。其个人专著《20世纪的法兰西》长达50余万字,2004年秋问世后引起很大反响。该书讲述了从20世纪初至2002年希拉克执政期间法国历史的方方面面,如政治、经济、社会、文化、军事、外交等。这是当时国内唯一一部全面阐述20世纪法国历史的著作,为金重远半生心血凝聚所成。

　　第二次世界大战史是金重远自大学时代便予以关注的重要研究领域。从20世纪80年代起,他开始系统研究第二次世界大战的历史。对于第二战场、西班牙的"中立政策"及第二次世界大战中的波兰问题、德国问题、土耳其问题、苏南冲突等都一一做了专题探讨。以这些专题研究为基础,金重远和上海的世界史专家通力合作,撰写出版了《第二次世界大战百科词典》,该书于1995年获得全国首届辞书奖三等奖;专著《炮火中的文化——文化和第二次世界大战》是由中国学者撰写的第一部全面介绍第二次世界大战文化史的著作,填补了中国第二次世界大战史研究的一项空白。而他从文化史视角考察和研究第二次世界大战史,更填补了第二次世界大战史上的一个学术盲点。

　　金重远的学术眼光长远而宽广,他在史学方法上强调在历史研究中必须做到微观研究与宏观认识相结合。既在微观的具体个案研究中推陈出新,提出了许多发人深省的见解,又在宏观的史学理论层面构建了世界史学科体系,形成了"一家之言"。金重远所创建的分散与整体的分合世界史体系独树一帜,为人们认识和研究纷繁芜杂的世界史构建了一种新的视角和方法。他主编的《战后世界史》是对分合世界史体系的初步探索,该书在1997年获得上海市高校优秀教学成果奖一等奖。他主编的《20世纪的世界——百年历史回溯》一书,又对分合世界史体系做了更深入的探索。该书一经出版,便在学界内外引起了很大反响,复旦大学出版社两次重印,2001年2月香港三联书店还出版了海外版。在本书中,其论断之精辟、功底之深厚,观点反映出的科学性、先进性和超前性,都已经走在了这个学科的前沿。

　　金重远著史的首要原则是忠于史实,努力做到"如实直书",在占有大量史料的基础上，经过仔细分析和梳理，去伪存真，还历史本来之面目，通过史实本身来勾勒20世纪发展的道路。从整体观念出发进行写作则是金重远著史的另一重要原则。在20世纪，世界各个国家、各个地区的发展都是相互影响、紧密联系的。因此，任何一个历史事件都不能孤立起来看，应该把它放到世界范围内去进行考察。他著史的第三个重要原则是用动态的观点审视历史的发展，也就是把20世纪的历史看作人类社会不断运动、不断变化、不断进步的过程。人类社会绝非死水一潭，20世纪尤其如此，即使是当今最偏远、最落后的国家和地区也在近百年中走出"静止"状态，加入历史发展的总体进程中去，而这正是他所追踪研究的。第四个重要原则是，改变以往把丰富多彩的历史简化为一部政治史的做法，对经济、社会、文化、科技也予以高度的重视。

多年来，金重远一直在探索一种著述历史的方法，在准确翔实的基础上力求生动活泼，尝试用一种文学化的历史叙述手法来展现历史真实。这种著述方法的第一次探索体现在其个人专著《墨西哥之梦——小拿破仑美洲覆师记》中，该书以人物为线索勾勒出丰富多彩的历史画面；第二次探索体现在历经18年的资料积累和仔细考辨的学术专著《半岛战争——大拿破仑伊比利亚覆师记》中。这两部专著大量引用英、法、俄等语种的历史文献，写作中遵循资料的准确性、叙述的连贯性和文字的流畅性等原则。总之，这两部书既有厚实的学术底蕴，又富有文采，堪称探索历史叙述的典范。

金重远的研究既追溯历史，又关注当下世界之走势，努力从历史走向透视现实。他对欧洲战后历史的研究既是对历史的"深描"，又是对现实的积极回应。《战后西欧社会党》是中国第一部全面研究战后西欧各国民主社会主义的专著，该书在2000年获得上海市第五届哲学社会科学优秀成果奖二等奖。而从历史视角对后冷战时代的深度思考，更成就了他在欧洲史、俄罗斯史、东欧史和巴尔干史等领域的诸多深度研究。其中，论文《欧洲均势与世界稳定——回顾和展望》较为全面地反映了这些研究领域的成果，并在1996年获上海市哲学社会科学优秀成果奖二等奖。

金重远具有极高的语言天赋，熟练掌握了俄语、法语、英语，还通晓德语、西班牙语、塞尔维亚语、保加利亚语。他以深厚的学术功底和超强的语言表达能力在外事接待和对外交流中大显身手。在复旦，金重远接待了一批又一批的外国著名史学家，其中有法国的索布尔、乔治·迪比、米歇尔·伏维尔、雅克·勒维尔，美国的方纳、斯泰恩和苏联的齐赫文斯基、布尔拉茨基等。

金重远长期活跃在大学教学第一线，教学独具风格，不仅以高屋建瓴的视野、睿智深刻的辩证逻辑、风趣幽默的语言赢得了学生的普遍赞誉，而且尤为重视教学内容的学术水平，不断将学术创新成果融入课堂教学，编写学术水平高的教材,由此影响了广大的学子。多年来,他一直担任历史学系主干课程的教学工作,曾为本科生、硕士生和博士生开设"世界近现代史专题研讨""世界当代史专题研讨""战后世界史""20世纪世界史"等课程。他长期担任复旦大学复旦学院的特聘导师,为学生开设各类时政类学术讲座,坚持为本科生讲课,直到75岁时才正式离开教学岗位。他培养学生,重视言传身教;不光做学问,做人方面也从严要求,并注意因材施教,绝不限制学生的学术个性;既尊重学生的独立思考和见解,更鼓励学生在学术思维和研究方法上多方探索。

"所谓大学者,非谓有大楼之谓也,有大师之谓也。"金重远之所以成为享誉学界的史学名家,是与他学问高深、著作等身分不开的,但又不止于此。金重远之所以受人敬重和爱戴,还在于其"学高为师、身正为范"的道德文章楷模。金重远平易近人,心胸坦荡,精神上追求自由,学术上追求严谨,生活上追求淡泊。金重远胸怀世界,学贯中西;筚路蓝缕,含英咀华。金重远少年得志,大器早成;中年之后大展抱负,教书育人,桃李不言,下自成蹊,终成一代师表。

(原载《金重远先生纪念文集》,上海辞书出版社2013年版)

朱维铮

朱维铮(1936—2012),江苏无锡人。历史学家。专长中国经学史、中国思想文化史等。

1960年毕业于复旦大学历史系中国古代史专业,旋留校任教。历任讲师、副教授、教授。1980年参与组建历史系中国思想文化史研究室,后任该研究室主任。兼任复旦大学文史研究院学术顾问、社会科学高等研究院顾问,中国史学会理事,国际儒学联合会副会长、顾问,孔子基金会顾问,上海海峡两岸学术文化交流促进会常务理事,上海市徐光启研究会会长等职。并被香港城市大学、加拿大多伦多大学、美国印第安纳大学、德国慕尼黑大学、海德堡大学、哥廷根大学、韩国高丽大学、香港中文大学、台湾大学等多所高校聘为客座教授。曾获德国汉堡大学荣誉博士学位。

在大学任教期间,讲授"中国史学导论""中国史学史""历史文选""经学史""中国古代文献史""历史上的中国与世界"等课程。

协助周予同主编《中国历史文选》。整理编辑《周予同经学史论著选集》。

主持编辑《中国文化》研究集刊、"中国文化史丛书"、"中国近代学术名著丛书"、《传世藏书》和《儒藏》五经总义类等。并主编国际学术会议论集《中国传统文化的再估计》《基督教与近代文化》《儒家思想与未来社会》等。辑编校释《章太炎选集》注释本(合作)、《章太炎全集》第三卷、《康有为卷》(中国现代学术经典本)、《中国现代思想史资料简编》(五四卷);主编文集《马相伯集》《利玛窦中文著译集》《徐光启全集》等。已刊史学论文约200篇。其代表作有《走出中世纪》《求索真文明——晚清学术史论》《中国经学史十讲》《走出中世纪(二集)》《重读中国近代史》《朱维铮史学史论集》等。

朱维铮先生与 20 世纪 80 年代的"文化史"

邹振环

朱维铮先生(1936—2012)是一位有人格魅力的教授,他不仅是书斋里的学者,同时也是学界活跃的学术活动的组织者。他的一生,不仅学问可以从多种角度去阐释,即使他的故事也会有许许多多不同的版本。所有的人,不同时期的同学、同事和朋友,及门的弟子和不及门的学生,社会媒体,包括他的家人,所看到的和叙述的,都仅仅是他一生的某个阶段或某个侧面,所有关于他的回忆都仅仅是其丰富人生的一个片段。

在 20 世纪 80 年代"文化热"的大合唱中,朱维铮先生是为数不多的几位"领唱者"之一。很多文章称,朱先生是 20 世纪 80 年代中国文化史研究的主要倡导者、开拓者和建设者,但是对于他是如何"倡导""开拓"和"建设"的,多语焉不详。本文叙述的也仅仅是朱先生在 20 世纪 80 年代中国文化发展进程中,所做的几项重要的工作及其代表作《走出中世纪》,通过这些叙述,笔者尝试阐明朱先生作为 20 世纪 80 年代中国文化史学科建设和规划的主要策划人的贡献。

一、中国文化史研究学者座谈会

1982 年春天,笔者考上了朱先生指导的第一届专门史(中国文化史·明清思想文化)的硕士生,由于当时朱先生是所谓"待批"的副教授,无法直接招生,因此是和当时上海市文管会主任方行一起挂名招生。入学后所做的第一项学术活动就是参与筹备朱先生所在的历史系中国思想文化史研究室组织的"中国文化史研究学者座谈会"。会议是以复旦大学中国思想文化史研究室和中国社会科学院近代史所中国近代文化史研究室两家首先成立的以"文化史"研究为旨趣的学术机构所构成的《中国文化研究集刊》的编委会,和联合国教科文组织《人类科学文化史》中国编委会共同出面,中国编委会的负责人是庞朴教授。这是复旦大学历史系中国思想文化史研究室自 1978 年成立以来所主办的第一次大规模的学术活动,是"文革"结束后国内学术界著名学者在复旦大学召开的第一次规模最大的高水平的学术会议。会议之前朱先生还专门写信告诉《文汇报》的施宣圆:"中旬拟开一个中国文化史研究学者座谈会,人数 30 人左右,北京和外地将有一些学者来参加。"并称:"此次请的学者,各方面人物都有,以实干家为主,包含了十多个学科,年纪多在 50 上下,也有几位老者,事先都做了些准备,也许会开得较好。"朱先生还请他帮助查询上海戏剧学院研究服装史的专家姓名和联系方式①。座谈会前后四天,自 1982 年 12 月 16 日至 19 日,地点在复旦大学的第九宿舍(当时学校的专家楼),记得专家招待所的核心位置是原来的陈望道故居,周边一些两室一厅的住宿也整修过,被作为参加会议专家的专家楼。开会的地点在现在的物理楼会议室,这是当时复旦大学最拿得出手的会场。

朱先生和姜义华先生新招生的五位硕士研究生,即我和张永平、吴根梁、王慕民、屠传德在当时历史系办公室主任季云飞的带领下,承担了会务的工作。会务工作主要是赴虹桥机场和火车站接送参会者和会议期间根据录音整理会议纪要。朱先生也一改自己上午睡觉下午开始办事的习惯,会议期间每天一早他就赶到第九宿舍专家楼,现场指挥,安排学校车队的司机赴机场或车站接送。当时的出租车很少,很难叫到,有时他也亲自到街头去拦出租车,也和我们研究生分头赴机场或车站接送外地专家。应邀出席座谈会的专家来自北京、天津、广州等地,上海的学者也不少。其中很多都是曾经在书籍和论文见识过大名的专家,如北京大学的周一良、中国社会科学院历史所的李学勤和马雍、北京师范学院的宁可、中央美术学院的金维诺教授等,还有一些当时还算年轻的专家,如北京师范大学的刘家和、北京大学的严绍璗、南开大学的刘泽华等。上海市区外单位来的专家有王元化、罗竹风、顾廷龙、唐振常、胡道静、陈旭麓、周锡保、黄裳等。

会议是由周谷城致开幕词的,我记得他用"草鞋没样,边打边象"来形容"文化",就是在开幕词上说出来的,当时大家觉得非常形象。很多学者在会议的讨论中都提到中国文化史研究的重要性和必要性,目前中国文化史研究的现状,同几千年来中国文化的光辉历史不相称,同新中国成立以来中国人民在各个领域取得的巨大成就不相称,从学科上来讲缺乏从整体性上对中国文化史进行综合性研究,因此造成这门学科仍属于巨大空白,希望有多学科交流的机会。与会学者就"文化与文明""文化史的对象与范围""文化形态诸问题""中国文化传统的估计""中外文化的交流问题""文化中心问题",以及"关于研究方法"提出了自己的分析和建议。会议讨论的主要内容后来都收入 1984 年 3 月出版的《中国文化研究集刊》第一辑中。

---

① 1982 年 12 月 9 日朱维铮致施宣圆信,原信未记月日,年份系本文作者根据前后事情的关联确定。以下凡不特别注明的信函手稿,均由施宣圆先生提供,特此鸣谢!

会议中有一些有趣的花絮，如中国科学院自然科学史研究所的严敦杰教授，非常谦和，我们到火车站去接他，他却已匆匆乘着公交车来复旦了，到达复旦后他告诉我们，他从来就不要别人接送的。中国历史博物馆的史树青和国家文物局的谢辰生两位一碰见就互相嘲讽对方不懂文物鉴定，谢辰生后来是苏勇硕士论文的指导教师。史树青对我们特别热情，回京后还给我们这几位研究生寄过书，1984年夏，我和屠传德去北京图书馆查资料，还到中国历史博物馆去拜见过他，他还记得我们，并请我们在博物馆的食堂里吃了一顿炸酱面。会议期间有学者建议应该编纂不同学派色彩的中国文化史专书，组织各学科专家协同进行综合性研究的工作，委托一个或几个单位牵头，根据国家有关部门下达的任务，自行设法组织力量进行专题研究，应该多多通过学术研讨会，建立研究中心等形式来加强中国文化史研究学者之间的交流。

二、《中国文化研究集刊》

在"中国文化史研究学者座谈会"举办之前，复旦大学历史系中国思想文化史研究室和中国社会科学院中国近代文化史研究室已经合作，计划推出《中国文化研究集刊》。集刊聘请于光远、刘大年、李新、周谷城、胡绳、顾廷龙、梅益、黎澍、谭其骧、蔡尚思为顾问，由方行与丁守和任主编，编委有朱维铮、刘志琴、姜义华、黄沫、李华兴、汤纲、王学庄等。这是20世纪80年代第一个专门从事中国文化史研究的学术园地，旨在促进有关中国文化史的百家争鸣和学科建设。

《中国文化研究集刊》（下简称《集刊》）第一辑问世于1984年3月，由复旦大学出版社出版。从《集刊》编委会拟订的《稿约》中可见，关于研究中国文化的历史过程的发展规律的通论性著作和言之有物的短论特别受欢迎；也刊载研究中国文化史具体问题的论文和札记，主要为社会政治思想史、学术史、科学史、艺术史、宗教史、民俗学、民族文化史、民间文化史、文化运动史、文化事业史、中外文化交流、中外文化比较等方面；集刊欢迎近代学者的手稿、遗著，当代学者的有关回忆录等；同时刊登关于国内外研究中国文化史论著的文摘和书评，以及关于国内研究中国文化史各种动态的报道。

《集刊》大致计划每年出一辑，第一辑分"通论""专论""资料与回忆"和"文摘与辑览"几个部分。"通论"部分收入了周谷城、于光远、姜椿芳、陈元晖、楼宇烈、杨宽、张岱年、蔡尚思、冯友兰等名家的短论，其中也有一些是名家遗稿，如曾刊载已故山东大学教授许思园的《论中国文化二题》，即《中国文化之背景》《中国文化之评价》等。"专论"部分中不少都是后来中国文化史研究中的名篇，如庞朴的《"火历"续探》、刘志琴的《晚明城市风尚初探》等；"资料与回忆"中首次刊载了由美国弗吉尼亚州立大学教授汪荣祖提供的康有为《实理公法全书》的校点本,上海图书馆所藏的柳亚子书信选辑,1928年陈守实记梁启超、陈寅恪诸师事的《学术日录》等;"文摘与辑览"是陈齐、董进泉、吴杰等从英文、俄文、日文文献中编译的研究信息。第二辑于1985年2月出版,除了包遵信的《王学的崛起和晚明社会思潮》、李学勤的《考古发现与中国文字起源》、马雍的《中国姓氏制度的沿革》等名篇外,也首次向国内读书界介绍了美国勒文森的《我的儒教中国观》和卜德的《中国物品西传考》等,第一、二辑各印刷8 000本,之后每辑各印刷3 000本。第三辑出版于1986年11月,陆续有一些年轻学者的成果刊出,如张宁的《试论秦王朝的文化政策》、马小鹤等的《隋唐时代洛阳华化月支胡初探》、黄万盛的《晚明的科学与中国传统文化》、贺圣迪的《指南车的发明年代》等。之后似乎因为来稿日多,编辑部有改一年刊为半年刊的打算,第四辑出版于1987年1月,第五辑出版于1987年6月,两辑除刊载有刘泽华的《先秦礼论初探》、杨志玖的《元代西域人的华化与儒学》、王尧的《西藏佛教文化十讲》、黄心川的《印度教与中国文化》、向仍旦的《中国古代文化结构》等名篇外,也刊载有周振鹤、葛兆光、王子今、熊月之、谢选骏、卢云、任荣康、周勤、于醒民、马自毅等不少当时还属于年轻学者的论文,其中还刊登过林太和杨志刚的译文。两辑中刊载了由陈匡时和宁树藩整理校点的《开智录》。这份珍贵的集刊刊出后颇受学界重视。

《集刊》上海方面的负责人是朱先生,北京方面的负责人是丁守和,其他编委也参与组稿和审稿。朱先生不像一般的刊物编辑,仅仅做做文字编校,因为《稿约》规定"编者保留删削权"。集刊名义上是上海、北京两单位合编,据我所知,因为在复旦大学出版社出版,实际上具体的编辑工作和编务工作都由朱先生一人承担,甚至为了赶着发稿,还请我们帮助来做版面的编务,他怕我们不熟悉字体,还请施宣圆帮助提供了两张印刷字体表①。他常常不辞劳苦对来稿从头到尾进行删减修饰,有些文章被改得满篇红色,之后会叫我们研究生将之重新誊抄。如此删改,于年轻学者无疑是极大的帮助,但是对于略有资历的长者,这样的辛苦工作却经常吃力不讨好,特别是一些原本也是属于编委的来稿,也会改得面目全非,因此就有了种种误解。

《集刊》第一辑问世后反响颇大,龚书铎等在书评中高度评价了《集刊》出版的意义:文化史是历史的重要组成部分,它最能反映时代的特点和社会的风貌。然而这么一个重要的领域,新中国成立以后非但没有受到学术界的充分重视,而且可以说是相当得沉寂,《中国文化研究集刊》第一辑有丰富的内容,填补了历史

---

① 1982年12月9日朱维铮致施宣圆信。

学领域的一个薄弱环节①。遗憾的是《集刊》第二辑的出版,就遭遇了经费问题,为此丁守和曾经委托耿云志到复旦大学出版社找社长李龙牧谈《集刊》的出版问题,对于《集刊》的长期出版,李龙牧表示有困难。耿云志也承认,《集刊》能够坚持到1987年6月出版至五集,朱先生的努力功不可没②。但我个人似乎有一种感觉,即这一集刊没有能够持续出版下去,原因有多种,其中很大部分的原因是北京方面没有了兴趣,并非仅仅是单一的经费问题。朱先生在编辑上太过于"负责"和"较真",也是无法使上海、北京两家继续合作下去的一个原因。

三、"中国文化史丛书"

1983年5月,在长沙举行的全国历史学规划会议上,通过了关于由上海人民出版社出版"中国文化史丛书"的规划。同年6月由金观涛、包遵信等策划了"走向未来丛书",1984年春天又在复旦大学举办了由朱先生等中国思想文化史研究室同人组织的小型"中国文化史丛书"学者座谈会。记得在会上,包遵信将"走向未来丛书"的第一辑《人的发现》《增长的极限》《GEB——一条永恒的金带》《现代物理学与东方神秘主义》等12种带到了会场,引起与会者浓厚的兴趣,特别是金观涛的《在历史表象的背后》和刘青峰的《让科学的光芒照亮自己》,尽管大家认为书中的观点和写法有颇多争议,但在研究生中引起强烈反响。包遵信在会上介绍了策划"走向未来丛书"的经验,会议还邀请一些"中国文化史丛书"的作者来介绍他们的写作构想,我就是在会上第一次听到了周振鹤先生介绍他与游汝杰合作的《方言与中国文化》的写作思路。记得周先生说了十几分钟,与会专家都纷纷称赞,认为该书颇有特色。

"中国文化史丛书"由周谷城担任主编,编委有王尧、刘再复、刘志琴、刘泽华、纪树立、李学勤、李致忠、张广达、张磊、金冲及、金维诺、姜义华等,开始的编委会常务联系人是朱先生和庞朴两人,丛书的"编者献辞"是由庞朴和朱先生共同起草的③,看稿、审稿的主要是朱先生。最早通过审稿的是沈福伟的《中西文化交流史》一书,最初书名为《中西交通史》,朱先生在给叶亚廉和王有为的信函中称,1984年3月底拿到书稿后寄庞朴转张广达审稿:"张广达极其认真,细读了两遍,写了近万字的书面意见,历时两个月……对沈福伟稿表示肯定、赞赏,说

---

① 龚书铎、吴杰:《读〈中国文化研究集刊〉第一辑》,《史学史研究》1985年第1期。
② 耿云志:《回忆守和先生》,载耿云志、左玉河编:《五四精神的守护者——丁守和先生纪念集》,社会科学文献出版社2009年版,第10页。
③ 1985年5月7日朱维铮致叶亚廉、王有为信。

是难得之作,建议作者修改后早日出版。"并称"张广达不轻许人,亦称难得,故学术质量是可放心的,文字也很好,我读后颇感兴味"。朱先生还专门去苏州和沈"凡谈两个半天","提出详细修改意见并讨论了修改方案。现已同沈确定:书名改为《中西文化交流史》",并要求作者将原来的 50 万字删减为 30 万字,8 月中旬交出清稿。朱先生办事非常细心,他在信中称:"沈说他那里没有大稿纸,除已打印的可用白报纸贴补,还有十万字需誊清",希望出版社能提供给他大稿纸 200 张(500 字的)①。郑为的《中国彩陶艺术》文字稿处理后,朱先生就写信给上海人民出版社的历史编辑室主任叶亚廉,称已与庞朴磋商,对该书的扉页正反面及封三(或封四)设计提出了设想,并称:"近日为几部稿件,忙得头昏脑胀,但郑稿仍列首位处理,幸勿以粗疏为罪。"②第二天叶亚廉托人送来了吴浩坤的书稿《甲骨学引论》,建议放入"丛书",朱先生认为该书"从内容到形式,都与丛书内容合拍",提出了非常详细的审稿意见,建议书名改为《中国甲骨学史》③。

"中国文化史丛书"1985 年 12 月开始出版,我记得最早出版的三种是沈福伟的《中西文化交流史》、郑为的《中国彩陶艺术》和吴浩坤的《中国甲骨学史》,首先在 1986 年 1 月首届中国文化国际学术研讨会上作为会议赠书分发。之后陆续约稿的还有葛兆光的《禅宗与中国文化》、吴淑生和田自秉的《中国染织史》、周振鹤和游汝杰的《方言与中国文化》等。陆续问世的还有《道教与中国文化》《楚文化史》《中国饮食文化》《中国岩画发现史》《佛教与中国文学》《园林与中国文化》《中国古代图书事业史》《中外比较教育史》《中国文人的自然观》《中国舞蹈发展史》《中国杂技史》《中国创世神话》《中国历代官制与文化》《中国古代火炮史》《士与中国文化》《中国小学史》《少数民族与中国文化》《理学与中国文化》等,涉及了中国文化史的方方面面。其中《方言与中国文化》《禅宗与中国文化》与《道教与中国文化》,在思想的敏锐性与文化的把握上、表述的方式上,都有显著的特色,很受学界的欢迎。1987 年 12 月推出的余英时的《士与中国文化》,是一部具有较为厚重的文化史色彩的专题论著,在学界引人注目。"中国文化史丛书"与以往和同时期的同类型丛书比较,有两大特点:一是设想从各个层面和各个角度来探求中国文化的奥秘,如区域文化、民族文化、考古学文化、科学工艺、生活起居、思想学说、语言文字、艺术文学、体育武术、宗教神话、文化制度、文化事业、文化运动、文化交流与比较等。为配合"中国文化史丛书"的规划,1986 年朱先生

---

① 1984 年 6 月 15 日朱维铮致叶亚廉、王有为信。
② 1984 年 7 月 6 日朱维铮致叶亚廉信。
③ 1984 年 7 月 7 日朱维铮致叶亚廉信。

还专门写有《中国文化史分类试析》一文,刊载于《中国文化研究集刊》第三辑上,讲述了他对文化史学科分类的看法。二是"企求在不齐中略见一致",力求能以文化史的眼光观照中国文化的方方面面,各个专门研究虽独立成书,但都尝试通过部类反映文化史的整体面貌。

20世纪90年代中期,丛书增加陈昕为常务联系人,丛书的常务编辑王有为退休后,不再设常务编辑,由胡小静担任责任编辑。1985年7月,我留校任教后还为朱先生到上海人民出版社送过好几次书稿,王有为非常热情,还邀我到他们的职工食堂吃饭。"中国文化史丛书"前后历经十年余,原计划在五年内先刊行50种,以期初见系统性,计划十年刊行100种,使之分而为新见迭出的专题著述,而合之即为一部整体性的文化史。可惜最后仅出版了30多种,其中有一件事可以说一说,即1989年下半年丛书将有11种付型待印,但其原因尚难深究。

葛兆光在回忆朱先生的文章中指出:"朱先生一直在做的一个工作是我们现在人很少去做的,就是他作为学术的组织者和数据的整理者的工作。我跟朱先生交往二三十年,我觉得他更大的贡献可能在这里。""很多人可能著作很多,可是那些著作过两年就过掉了,而朱先生的东西是会留下来的。他编的'中国文化史丛书'将来会在学术史上被反复提及。"葛兆光称自己"1986年出版的《禅宗与中国文化》是朱先生编的。我那时候只是硕士研究生刚毕业,朱先生就把它编到《中国文化史丛书》里,而且他要我第二年再交一本《道教与中国文化》。这两本书在1980年代'文化热'的时候有一定影响,那是跟朱先生有很大关系的。朱先生帮助周谷城先生主编的《中国文化史丛书》,其实在某种意义上推动了1980年代的'文化热'。'文化热'在当时有好几种力量和不同的取向,我想朱维铮先生和庞朴先生担任常务编委的《中国文化史丛书》应该是其中很重要的一股。……那时候大家心往一块儿想,劲往一块儿使,有一个明确的取向,有一个走出中世纪或者启蒙主义的想法。朱先生在这里面起的作用非常大"[①]。葛兆光先生也是在20世纪80年代"文化热"的大合唱中的重要成员,我觉得上述这一段对于朱先生及其担任常务编委的"中国文化史丛书"的分析和评价,非常公允。

四、首届国际中国文化学术讨论会

1985年7月,我留校任教后被历史系领导指派参加的第一项工作,是在庄锡昌先生、朱先生和姜义华先生的指挥下,参与筹备首届国际中国文化学术讨论

---

① 葛兆光:《学"不随术变"坚持启蒙主义立场》,《文汇报》2012年3月19日。

会。历史系安排正式参加的青年教师,除了中国思想文化史研究室的吴根梁和我之外,还有世界史专业的徐峰、任荣康,其中吴根梁负责会务工作,我负责秘书组的录音整理,徐峰、任荣康两人负责外宾接待和翻译工作。会议的会标还是我设计的,W 上两个圆内是编钟和马踏飞燕,W 表示世界 World,三个 C 分别表示 China、Culture 和 Conference。国际研讨会于 1986 年 1 月 6 日至 10 日在上海西郊的龙柏饭店举行。

会议主题一是中国文化传统的再估计,二是中国文化与西方文化的相互联系。出席会议的中外学者多达 70 余人,分别来自国内外 21 所大学和 10 多个研究所或其他文化学术单位。记得著名的海外学者有日本的大庭修、苏联的齐赫文斯基、美国的杜维明、魏斐德和成中英,联邦德国的庞纬和傅敏怡,加拿大的秦家懿。由于此次参加会议的海外代表特别多,接待外宾的工作较为繁重,后来又邀请了世界史专业的朱理胜、周涛和陶德民先后参加了接待和翻译工作。

这次会议的规格相当之高,后人很难想象。周谷城致开幕词后,是由谢希德校长代表组织委员会报告会议的筹备过程。我们现在的学术会议请校长出席都很难了。然后市长江泽民致辞,闭幕式是由当时的上海市人民政府顾问汪道涵致辞。会议一共收到 45 篇论文,11 篇是外国学者的论文,会议前后进行四天,六次全体会议,六场分组报告,当时还是硕士生的马勇、苏勇、张荣华、李天纲、夏克、卢云、杨志刚、徐洪兴、陈翔燕和钱志坤等,都是每天从复旦大学乘校车赶到龙柏饭店的会场参加录音和记录工作。很多新闻单位都发了报道,苏联领事馆、美国驻沪领事馆都派文化参赞等参加会议。会议录音很多,所以记录整理耗时甚多,我记得在十号楼程洪留给我的研究生宿舍里我每天按着录音键整理会议录音,用了好些天时间。有些学者没有正式的论文稿,需要从录音中整理其发言,如杜维明说话很快,出口成章,而磁带录音效果不好,很多专业词汇都听不清楚,朱先生为此还给了我好几篇杜维明的文章,让我熟悉他的说话语气。我们各位研究生合作整理的会议纪要,最后由我整理后交给朱先生,朱先生用红笔批改后返还给我,由我分配给各位分头修改,再由我誊抄呈送,前后好几次。会议纪要最后归纳出集中讨论的问题涉及"中国文化的特征""中国文化的结构""中国文化的阶段""中国文化中的儒学""中国文化传统的总体估价""中外文化交流问题"等,许多代表希望在"首届"之后还定期举办第二届、第三届,并对召开下届会议提出了各种建议。

首届国际中国文化学术讨论会是 1949 年以来首次在中国大陆召开的关于中国文化的国际学术研讨会,这次会议的成果就是后来朱先生主持编辑的《中国传统文化的再估计——首届国际中国文化学术讨论会(一九八六年)文集》,由上海人民出版社1987年5月出版。论文集对此后中国大陆的文化史研究产生了重大影响，一些重要的学术观点，如谭其骧提出的中国历史上不同时代和不同地区的文化差异，并指出："中国文化并不是一个统一的文化，时代的差异、地区的差异，远远超过中国文化的统一性。"而这些以往研究文化史的学者并没有予以足够的注意，这种"中国文化长期不变、全国统一"的见解必须加以修正。谭先生的这一极具启示意义的观点，就是在大会发言的《中国文化的时代差异和地区差异》一文中阐发的。后来很流行的"西体中用"说，也是在那一次根据李泽厚的发言录音整理出来的。一些后来广为人知的海外学者，如杜维明、魏斐德教授就是在那次会议上首次为大陆学人所知的。他们的一些重要见解，如"新儒学发展第三期"之说，就是通过杜维明的发言整理出来的而观点流传的。

五、《走出中世纪》

20世纪80年代，也是朱先生学术创作的高峰时期。1987年12月，上海人民出版社出版了一套"思想者文丛"，其中有其《走出中世纪》一书。这是朱先生平生第一本正式出版的个人文集。我留校后就听朱先生说自己应约在编一本论文集，他说这本文集区别于时下一些高头讲章的论著，对于中国历史时期的认识，不同于所谓五种社会形态的划分法，而是用了"中世纪"的核心概念。他说自己把秦到满清称为中世纪，虽然这种说法未必严密，但至少比用五种社会形态来分析中国历史要合理得多。中国从晚明逐渐开始走出中世纪，并不意味着中国就已经步入近代化或现代化，它只是通过自己内在的变化，在走一条逐渐崩解的道路。中国国家很大，人口众多，也有很多的民族和悠久的传统，怎么可能仅仅因为外来势力的冲击，就能改变呢？这一历史划分法，同时也包含着他对历史不同的解释和评价。该书的第二个特点是编纂体例，他反复强调自己是教授中国史学史的，最重视著作的体例。但是该书没有采用通常著作的章节体，收入的很多也不是所谓"大头娃娃装上条一看便知是假的长长的尾巴"的长篇大论①，而是用了一种类似古人读书笔记和读史札记的形式，也有不少是关于历史的"断想"。出版后朱先生送了一本给我，说我将来可以在那些札记和"断想"中找到很多可以写成专题学术论文的问题意识。

《走出中世纪》一书因为正好符合了新成立的上海人民出版社文化编辑室策划的"思想者文丛"的宗旨，因此被该编辑室主任倪为国确定为"文丛"的第一种。

---

① 《谈学——朱维铮答李天纲》，载朱维铮：《音调未定的传统》（增订本），浙江大学出版社2012年第2版，第411—412页。

这是朱先生20世纪80年代的学术代表作。该书提炼了以往明清史研究的成果,展示了从晚明到晚清开始走出中世纪的艰难而又波澜壮阔的进程,反映着朱先生学术的博通特色,那些札记中,朱先生将绵密的考证和复杂的观念编织得非常巧妙,确实需要有相当的学术训练才能慢慢进入他的语境,读出其文字背后深刻的含义。该书当时被编者列入"思想者文丛",也说明学界很早就认识到他首先是一个思想家,其次才是文化史家。《走出中世纪》正续编代表了朱先生对中国文化史的基本看法,正如章太炎的《訄书》及《检论》,这些零篇散记不仅展示了作者对中国文化史的宏阔视野,而且蕴含着作者尝试重新解释中国历史和构建文化研究新体系的雄心。与后来朱先生的所有著作类似,这些尽管是讨论历史的论著,却常常给读者一种强烈的现实关怀。该书揭示着一个现实的命题:我们需要走出中世纪。或有人批评朱先生似乎不理解当时不仅生产力落后,但他哪里会不知道近代的所谓"落后",当然不仅仅是生产力落后,实际上还包括制度文化上的落后。朱先生是想通过这些问题来阐明政治上的"腐败"对于现代中国的危险性。他的这种对现实的强烈关怀,可以说贯穿着他整个的学术生命。该书是他尝试接续20世纪30年代的中国文化史研究,吸收了1949年之后关于"资本主义萌芽"问题的讨论,并从"文化史"的角度突破政治史、经济史乃至于思想史研究的框架,特别是努力摆脱意识形态的限制,为学界提供的一本不仅内容扎实,而且见解独到的学术论著。上海人民出版社文化编辑室的编辑屠玮涓后来回忆道:"《走出中世纪》刻录了从晚明到晚清的思想文化史的若断若续的发展脉络,因而,其间的思潮、学说、人物、事件在书中纷然杂陈,经学、宗教、科技、文学也胼然丛集。由于朱维铮在学术界的名望和独特的研究视角,此书出版后,在读者中引起强烈反响。"[1]20多年来,该书畅销不衰,受到学界的瞩目,影响深远。"走出中世纪"一度成为学界的一个流行的关键词。该书非同寻常的学术价值和思想内涵、其对中国历史分析的独到眼光和尖锐思想,引起敏感的海外学者和汉学家们的注意,该书后被翻译成英文。朱政惠认为:"这本著作使他走出国门,走向世界;他向世界推介中国,而海外学者也把它视为了解中国的窗口之一,窥探中国学术及其变革。"也因为《走出中世纪》,他甚至被德国汉堡大学授予名誉博士学位[2]。朱先生对自己20世纪80年代出版的《走出中世纪》格外重视,认为其最能代表他的学术思想和学术理念,晚年又对其进行了修订,2007年由复旦大学出版社出版了修订本,并将相关文章另行汇集,出版了《走出中世纪二集》。

---

[1] 屠玮涓:《引领学术风潮的文化室》,《出版博物馆》2011年第2期。
[2] 朱政惠:《中外文化交流史研究的新成果——读〈走出中世纪〉(增订版)、〈走出中世纪二集〉》,《探索与争鸣》2008年10期。

朱先生去世后,有人将他的著作概括为挽联——"毕生问学,新梦旧梦,音调未定,期盼走出中世纪;一世傲立,近代当代,春秋壶里,竭虑求索真文明。敬挽朱维铮先生千古。"我以为真是非常巧妙。

六、余言

20世纪30年代,中国学界曾经有过一些文化史论著出版和发表,并渐呈蓬勃之势,但1949年后的30年中,文化史研究的领域却几乎成为一片荒漠之地。20世纪80年代重开中国文化史研究之风,使文化史研究成为整个社会思想启蒙的重要环节。葛兆光认为,20世纪80年代"很可能是我们这30年学术最有生气——不能说最精深,但是最有生气的年代"[①]。确实,如果我们今天来绘制20世纪80年代的文化地图,上述"中国文化史研究学者座谈会"和五集《中国文化研究集刊》,可以视为新时期中国文化史学科开始复兴的标志,之后由朱先生任常务编委的"中国文化史丛书",和1986年首届国际中国文化学术讨论会以及之后出版的会议论文集,都可以看作20世纪80年代第一波异常强劲的"文化热"中的实实在在的工作。这些工作是20世纪80年代中国文化史研究最为重要的历史事件,也成为之后20年文化史研究的重要学术资源。参与这些活动也使我得到了很大的锻炼,我的一些基本学术组织能力的最初培养,就是从参加筹备这些国内国际一流学术会议和参与编纂论文集开始的,以后自己一直比较留意学界的学术信息,关注当代学术史的演变,也是当时参与撰写这些会议综述培养出来的习惯。

20世纪80年代以来文化史著作异军突起,特别是近20年来中国文化史研究呈现出天翻地覆的变化。短短若干年间,有关文化与文化史的丛书、专著、译著纷纷问世,国际性的、全国性的、地区性的文化研讨会、文化沙龙、文化书院如雨后春笋般出现,文化与政治、文化与经济、文化与科学、文化与人生、传统文化与现代文化等理论问题,区域文化、社区文化、企业文化、校园文化、妇女文化、青年文化、饮食文化、旅游文化、雅文化、俗文化等范畴,都成为学界乃至于社会关注和讨论的对象。尽管其中还有种种问题,但这一中国学界学术研究取向上的根本性转变,是与20世纪80年代以来中国文化史学科建设的兴起密切相关的。朱先生所做的《中国文化研究集刊》的编辑工作和学术讨论会所建设的研究平台,使文化史研究初期所呈现出的分散状态,由于这一平台的建立而得以改观,文化史学者因为《集刊》和"中国文化史丛书"渐渐有了研究成果的交流园地。特

---

① 葛兆光:《学"不随术变"坚持启蒙主义立场》,《文汇报》2012年3月19日。

别是丛书的出版,成为 20 世纪八九十年代中国学术界最为重要的历史事件之一。因此,我们确实可以说,朱先生是 20 世纪 80 年代中国文化史研究的主要倡导者、开拓者和建设者,他为改革开放 30 多年来中国文化史学科建设所做的切切实实的贡献,我们将永志不忘。

(原载《怀真集:朱维铮先生纪念文集》,复旦大学出版社 2013 年版)

复旦兮忆吾师

李天纲

《中国近代学术史论》是朱维铮先生编辑《中国近代学术名著》(丛书)时为各书写的"导言",加上相关论文的结集,曾名《求索真文明》。这次再为增订若干文章,汇为一册,以飨读者,兼怀斯人。1997年,上海古籍出版社曾以《求索真文明:晚清学术史论》为题首次结集出版朱老师的这部心血之作。朱师更愿意用《晚清学术史论》为题,但是出版社希望有一个出跳点儿的书名。古籍社的社长、总编和编辑们都很熟悉朱师,便和大家一起不得已、从俗地想了个"求索真文明",放在正题位置。这次再结集,用《中国近代学术史论》作书名,是朱师在病榻上的本意,更加妥帖。提起书名往事,也想说明:师生之间的朱老师,其实是随和的,既能商量,也能妥协,并不像有人传说那样的"难合作"。

记得1987年年底的一天下午,朱老师把我叫到家中,说:"又替自己套上了一条绳索,给三联书店编一套《中国近代学术名著》丛书。"朱师说,这套丛书是书店总经理董秀玉先生提议的,还说动了钱锺书先生做名誉主编。当时,朱师和庞朴先生合作,在京、沪两地共同主编"中国文化史丛书",由上海人民出版社出版。两人的约定,是准备五年出50种,十年100种,超越20世纪30年代商务印书馆王云五(1888—1979)主编的"中国文化史丛书"。《中国近代学术名著》丛书,朱师独自执行主编,带研究生们一起做,希望用五年时间先编30种,并说:"以后是不是也编个100种,就看你们了。"刚在"知天命"之年的朱师,那些年做学问,真的很拼命。20世纪80年代的"中国文化研究热"出现后,大陆学术界急需这样一套资料书。后来,董先生把这套书从北京带到香港三联,利用台湾、香港和海外的发行网络,由大陆学者编辑这套丛书,朱师不愿放弃这个机会。

"文革"刚结束,复旦大学历史系建立"中国思想文化史研究室",这个专业在全国公认是领先的。庞朴先生几次讲,联合国有个"中国文化"项目落到他头上,查遍全国,只在复旦有半个研究室做"文化"。于是,就用这个"思想文化史"机构来组织和推动"中国文化研究"。此前,室里的几位先生已在蔡尚思教授主编下出版了《中国现代思想史资料简编》,五四以后思想人物的文选历有收录。朱师接手《中国近代学术名著》，在"现代"之上，再编一套"近代"，顺理成章。他说，乘此机会，编辑一部能够传下去的文献丛书，对得起后人，也不让台湾学者独美。今天的学者，面对唾手可得的文献，想象不到30年前学术资料之难得。当时的情况几乎就是：占得资料，就是学者。因此，编资料书是一件功德事。

那些年里，朱师常常自嘲干的是《儒林外史》里"马二先生的活"，是个"选家"。这个故事，他写在《走出中世纪》的《马纯上与匡超人》一文中。其实，自年轻时为周予同先生编辑《中国历史文选》时，尝到文献中的甘苦，他是非常看重"文选"的。明代的江南书商做"文选"，确是生意。清代却是大学者注书、编书、刻书，做文献研究，校勘文字，既掌握了基本功，又嘉惠他人，更恩泽后世。三联书店的董秀玉总编辑，主张学者编书，甚至说动了钱锺书先生来主编这套丛书。钱先生向来不挂名主编，但对朱师破例，同意担任。钱先生看了朱师拟定的30种书目后，又加上了马建忠和辜鸿铭。这份批改稿，朱师复印了给我，指定我编一部马相伯、马建忠兄弟合集《马氏文集》。我和其他研究生一起，已经领了《弢园文新编》《〈万国公报〉文选》；《辜鸿铭文集》就邀请了哲学系同届研究生汪堂家来做，从历史所图书馆和徐家汇藏书楼复印了《春秋大义》《尊王篇》《清流传》，由汪堂家来翻译。

1986年以后，"中国文化热"越来越热，从上海热到北京，从学术界热到了社会上。朱师守在书斋，编辑《中国文化研究集刊》、"中国文化史丛书"，还有《中国近代学术名著》。稿件要看，资料要收，书信要回，来客要见，他仍然是"文革"初养成的习惯，中午起床，下午杂务，彻夜写作，上午睡觉。这样的工作节奏，加上烟酒，无疑是不健康的；有几次心脏病发作，躺在地板上喘粗气，好在边上有人，才用保心丸救回来的。"为什么要这么干？"很多人问。"不干，干什么？"这是他答非所问的回答。真的要回答，也很容易。从"文革"中走出来的人，内心都有从头做起，抓回逝去十年的急迫心情。太多的学问要补做，太多的问题要回答。朱师说，要让大家知道，中国还是有人在思考，会做学问的。朱师后来对那些满腔热血的学生们说，面对危局，中国社会需要思考，思考要用脑，不要用脚。这个话，既是对我们这一辈学生，也是对他那一辈的学者说的。

整理中国近代学术遗产，离不开的思考是：中国社会如何会走到今天这一步，又如何真正"走出中世纪"？这是朱老师和中国思想文化史研究室，还有研究生们都在思考的。研究室在草创不充分的条件下，仍然培养了一些学者，和室里有这样的"问题意识"密切相关。编辑"中国近代学术名著"丛书时，朱老师刚刚出版了《走出中世纪》(1987)，在学界影响很大。一位年长些的先生质疑：中国不可能"走出中世纪"，只能被"轰出中世纪"。另一位年轻些的先生则说，中国没有中世纪，"走出中世纪"是"西方中心论"的说法。这些质疑各执一词，却都有重大的理论问题。100多年来,"中国往何处去"的问题没有解决,当然是要和"中国从哪里来"的问题一起思考。非常可惜,当时中国的思想家们只顾想着符合自己意愿的终极方案,却很少关注前人走过的道路,无论其是荣耀、是虚妄,是崇高、是卑劣,是深刻、是肤浅。编辑"中国近代学术名著",当然含有这样的思考。

必须马上就加以限制的是,在学术和政治的关系上,朱老师断然地拒绝"学随术变",他为"清中叶的汉学家"们辩护,一直"强调学与政的疏离"。正是这样的反复强调,加上他擅长用考据发微否证各种各样的陈词滥调,有人称他是"汉学家"。被人问到历史研究有什么用时,他也都会没好气地说:"没有用!"说说也就算了,还负气地填在表格上,无怪乎他从来拿不到什么"重大项目"。"文革"以后,朱师再也不愿意把自己的学问和政治绑在一起。任何趋炎附势的"学问",都会被他识别出来,斥为"政术"。把"学问"和"政术"区别开来,正是他在20世纪90年代特别强调的。"学与术二字合为一词,据我寡闻所及,通行在11世纪王安石变法以后。依据周予同先生的考察,中世纪中国的统治学说形态,由汉唐经学演化为宋明理学,表征是'孟子升格运动'。"朱师对于董仲舒、王莽、王安石、张居正,直至康有为那样用"经术"来"干政"的做法,都做了"学问"和"政声"的区分,态度就是揭露,不以为然。

"学随术变",是朱老师在经学史研究中提出的重要命题,是对周予同先生"经学是统治学说形态"理论的发展。"学贵探索,术重实用",朱老师在编辑"中国近代学术名著"时,着意于揭露经学史中掩藏着的"帝王南面之术"。通过"学随术变"这一线索去理解《求索真文明》中的一些文章,会很有意思,比如书中对康有为的揭露,就是这一原理。朱师研究康有为的文章发表后,有人问:"怎么和康有为杠上了!"确实,在《重评〈新学伪经考〉》一文中,他说:"假如康有为的经学造诣,能同他的政治野心相称,那么我们覆按他引用的原始儒学和两汉经学的史料,也许可以承认他还颇有学问,从朱次琦三年,至少通读过《史记》、《汉书》等。不幸,我们覆按《新学伪经考》那些浩繁引证的结果,发现它们不是袭自龚自珍、魏源、廖平,便是袭自刘逢禄、陈寿祺、陈乔枞、顾櫰三、侯康等的著作。本书编者不拟逐一指出康有为的印证来由,但部分校记,可证明我们所言非虚。"在这里,"本书编者"是朱师和廖梅,他们查考出《新学伪经考》的来源,坐实"抄袭",以及"师心自用""倒填日月"的流传说法,当然要把真相说出来。康有为有历史影响,但那是"政术",而不是"学问"。

这些年来,由一些理论家构造起来的宏大叙事越来越不能自圆其说。孔祥吉的《康有为变法奏议研究》(辽宁教育出版社 1988 年版)、茅海建的《戊戌变法史事考》(生活·读书·新知三联书店 2005 年版)都揭示了康有为的造假和抄袭行为,在今天的"凤凰大讲堂"上,康有为头上的光晕已经散去,关于他的专题已经命名为《传统名士的固执与虚妄》。然而,戳破康有为神话的工作,确实是朱师在30多年前首先开始的,在研究室的课堂上早有讨论。在《走出中世纪》中的《阳明学在近代中国》(1987)一文中,他已经说过:"自信得好像目空一切,顽强得好像执拗不堪,而且领袖欲膨胀到自我感觉'安石不出,如苍生何'的地步。"这就是朱老师给"中国的马丁路德"康有为画出的"通天教主"形象。中国近代史上,"伟光正"的神话所在多有,难道不应该用恰当的方式——戳破吗?

20世纪80年代初期的中国思想史,差不多就是"政治史"的附庸。90年代稍稍深入,学界试图贯通政治、经济、社会与文化来讨论思想和学术。众说纷纭之中,朱师的独特优势,在于他给中国近代学术研究带来了"经学史"的视野。今天的南北学界,"经学"和"经学史"已经热得发烫,当年却是冷门得无人知晓。1949年以后,大陆学界坚持研究经学史的学者,只有范文澜(1893—1969年,浙江绍兴人)、蒙文通(1894—1968年,四川盐亭人)和周予同(1898—1981年,浙江瑞安人)先生。由于周先生的坚持,复旦大学是唯一系统开设"中国经学史"课程的学校。朱师是复旦大学历史系"中国古代史专门化"培养的第一届学生,毕业后留校在中国古代史教研室,给陈守实先生(1893—1974年,江苏武进人)当助教,更协助周予同先生研究经学史。

经学史之所以重要,在于其曾经贯穿在2 000年来的儒学、儒家和儒教的所有问题中。学者必须以经学史的方法剖析学术,很多症结才能破解,比如清末"保皇派"和"革命派"背后的"经今古文之争"。1898年以后,保皇党康有为和革命党章太炎曾有过激烈交锋,争论的焦点很多并非直接关于"国体""政体",而是集矢于经学上的"今文""古文"。相比在20世纪90年代"揭露"康有为,朱师对章太炎的研究进行得更早,始于"文革"后期,表现在《章太炎选集》注释本(与姜义华合作,1981年),以及《章太炎全集》第三卷对《訄书》(1984)的标点和整理上。"中国近代学术名著"丛书既收入了经今文学派康有为的《新学伪经考》,又收录了经古文学派章太炎的《訄书》,都是双方的代表作。《訄书》从全集本移用,而"导言"则是增订重写的。1986年春,华东师范大学历史系陈旭麓教授参加我的硕士论文答辩,夸赞朱老师整理《訄书》功劳很大,从此大家能念懂《訄书》了。

1983年,我升入中国思想文化史研究室做研究生的时候,方向是"中国近代思想史",在另一位导师李华兴的名下,开始搞不懂"康章之辩"。朱师讲授"经今古文之争"后,才明白其中的核心道理。"康有为不是说孔子'托古改制'么?章炳麟说没有那回事。孔子只是'删定六艺',做了点老子、墨子不愿降低志向去做的事,岂知秦以后人们没书读,孔子便因此获得了过大的名声。"康有为取今文经学的看法,说孔子编书,藏着"微言大义",搞的是"托古改制",即用周代制度来改造社会。康有为想搞改革,本身并不为错。他的"虚妄",在于自命"素王",想当

"教主",还要用孔教会统治中国。于是,事情涉及如何确定孔子在历史上的地位。章太炎在《訄书·订孔》中持古文经学的观点,朱师说"订孔"其实就是"订康"。章太炎认认真真地与康有为讲学问:"孔氏,古良史也。"也就是说,孔子只是周代文化的传承人,不是像耶稣那样的创教者。下面的问题,即康有为"欲侪孔子于耶稣",自己做"中国的马丁路德",再改儒家为孔教,这些也都不能成立。从清末"经今古文之争"的例子,我们看到思想争议的背后,有着经学史、学术史、文化史和社会史的复杂背景。研究思想史,有易有难。舍去背景、望文生义、任意发挥很容易;实事求是、沉潜往复、探根究底就困难。朱老师舍其易,取其难,身教言传,鼓励了我们这一辈学生的向学之心。

我常常觉得,朱师对太炎先生比较呵护,不似他研读康有为,旨在揭露。在这方面,应该无关乎"经今古文之争"的门户之见,章太炎"实事求是"的学术作风,以及"独立不羁"的自由精神,是朱师欣赏的。康有为固然也是一个科举时代的读书人,但身在江湖,心在魏阙,还有一些不可思议的"教主"式的想入非非,这确实是些让人忍俊不禁的事情。尽管朱老师曾在和我的谈话录中说,他不像别人那样,喜欢谁就研究谁,或者是研究谁就喜欢谁。朱师自陈,他"有一个纯属个人的'怪癖',我在历史上发现自己喜欢的思想、行为,当自以为弄懂之后,便不想公之于众,一起谈论。相反,当我自以为憎恶的对象,被我弄明白底蕴之后,便很想发表"。不敢说朱师是因"憎恶"而研究康有为,康有为的学问还是属于"弄懂"以后,值得玩味的那种。但是,朱老师偏向章太炎,胜于他认同康有为,这是可以肯定的。章太炎的革命宣传,有过甚其辞的说法。和同代人一样,章太炎的不少学术观点也和政治生涯关联,也变了好几次,朱师也说有"学随术变"的嫌疑。但章太炎以学术为本,不曲学阿世,勇敢地"匡谬"——自我纠正,这是难能可贵、值得欣赏和"喜欢"的。"康章之争"中,朱师在情感和理智上都偏向于太炎先生,这是看得出来的,也是有原因的。2000 年我在《收获》上发了一篇谈 1900 年的文章,有用《孟子》句"虽千万人,吾往矣"来说章太炎的性格。手呈时曾问朱师:是否贴切?他是颔首的。

20 世纪 80 年代,朱老师的不幸与幸,都因他能在校园关闭、学界星散、思想钳制的"文革"中有机会读书,系里的其他老师说朱维铮是因祸得福。他先是给"占领上层建筑"的工农兵们做陪读,后是为解决内衷里的苦闷自觉地读。章太炎最难读,让"小朱"去啃,当年的安置,在他是求之不得的事情。在许多人或浑浑噩噩,或无可奈何的时候,他不但接续了 50 年代的"白专道路",还把"新时期"最为需要的学问做出来了。1986 年冬,在上海龙柏饭店召开的复旦大学"首届国际中国文化学术讨论会",差不多变成了一场重评儒学思想的会议。朱师的论文《中国经学与中国文化》首次系统地提出:"经学、儒学和孔学,并非同一概念。"

"在孔子之前,'儒'早已存在","中国文化没有一以贯之的传统。"这些都是朱老师后来一直强调的观点,常常用以辩驳那些喋喋不休的"道统论"者。厚积薄发、排珠似亮出来的观点,有理有据。朱老师提出这些观点后,谭其骧、庞朴、李学勤等历史学者都首肯赞成,我则以为这一系列观点就此构成了朱师"学随术变"论断的基础框架。

近代以前,中国学术注重积累,强调师承,这方面比西方学校有过之无不及,这也是经学史、学术史对思想研究很重要的原因。朱老师能得出"学随术变"的精辟论断,和他研究章太炎《訄书》中的"儒分"与"学变"思想有关。章太炎先生当年矢志革命,重订《訄书》(1904),首列《客帝匡谬》《分镇匡谬》之外,为了辩驳康有为的"孔子改制说""新学伪经说",更在开篇的地方增写了《原学》《订孔》《学变》《学蛊》等篇目,对儒家源流有透彻的剖析。在章太炎看来,"儒分为八","儒墨""儒道""儒法""儒侠""儒兵",不能一概而论,"儒、道、佛"三教就更不是一回事了。把中国文化传统定为儒学一家,儒学之中又定"孔孟之道"(而非儒教之整体)一义为儒之全部,并非表彰儒家,反而大大地限制了"博大精深"的中国文化传统。朱老师发展太炎先生的"学变说",概括说:"儒术独尊以后的六百年学术史,认为那期间学术有五变,就是说儒术不但没有稳住统治地位,相反不断受到来自非官方的异端言行的挑战,乃至于在魏晋时它自己也成了异端。"在这里,朱老师的"学随术变"论断,不单是批评儒士们"权术"行为,还指明了儒学本来的生存之道,就是"权变"。

1955年,朱老师入学复旦大学历史系,专门学习中国古代史;1960年,毕业后留校在本系中国古代史教研室,分配研究隋唐一段;1963年,在《历史研究》发表《府兵制度化时期西魏北周社会的特殊矛盾及其解决——兼论府兵的渊源和性质》,备受史学前辈们的瞩目。当时的学校领导片面理解"科学性",按照苏联大学的经验,严格划分"专门化",专业与专业之间壁垒森严。这种"专业分工"的格局,至今还在限制大学文、史、哲学者的治学境界,甚至造成部门之间的利益纠缠。朱老师说:"二十来年前,由于偶然的机缘,我开始介入清学史领域,而且首先以清末民初那段思想学说史为重心。"这篇《求索真文明》的"题记"写在1996年,也就是说,朱老师介入近代学术史研究,正是从"文革"后期研读章太炎开始的。

复旦"新三届"(1977、1978、1979)的文、史、哲系学生,曾在校刊上讨论过"专家"和"通才"的关系问题。不少人认为"文革"弄坏了学风,"以论代史",什么都是"通史",拨乱反正,能做个"专家"就不错了。然而,更多人以为做专家易,成通才难,而通才能兼专家,或专家能为通才则难上加难。复旦老一辈学者,很多是民国时期通才型的专家。说到中年学者,中文系的章培恒先生、历史系的朱维铮先生,是大家经常提到的,当时他们都还不到 50 岁。朱老师虽然被"专门化"为中国古代史,但陈守实、周予同先生的学问却是贯通古今中外的。陈先生在清华研究院随王国维(1877—1927 年,浙江海宁人)、陈寅恪(1890—1969 年,江西义宁人)学习,一生研究中国土地制度史、史学史、会党史、明史,还精读《资本论》,用作研究方法。周先生的经学史研究,是五四运动前后,随章太炎的东京讲学弟子钱玄同(1887—1939 年,浙江吴兴人)先生在北京高等师范学校学习后,独自开创的。周先生也懂西学,一直在与欧洲思想史的参照比较中讨论经学史。陈、周两先生学问扎实,称为"京派",同时他们思路开阔,体系创新。20 世纪 50 年代以后,朱老师有幸在复旦前辈大师的视野、志向和学问的感染下,成为能兼专家的通才型学者。

20 世纪 80 年代初期,"洋八股"开始流行。在这样的氛围中,朱老师等一批学有传承的中年学者把自己的学问与清末民初积累起来的"古今中外"之学沟通,对于"文革"后从僵死教义中恢复起来的中国学术非常重要。朱老师也真的是"专"而"通",和他一起参加过无数次的国内外学术会议,每次都会给讲者提出很多他称之为"是什么"的事实问题,然后逼着你自己去想那些"为什么"的理论问题。常常遇到一些轻率出手的"通才"型学者被他逼问得无路可退,好些自信的"专家"也会忽然发觉这么重要的资料怎么没有注意。主编"中国文化史丛书"的十多年里,各个领域内的稿子寄来,朱老师都马上给出令作者们佩服的意见,有的甚至都是重新改定大纲,大量增补材料,留下的只是一个题目。很多本书,包括后来一些借以成名的学者著作,都包含了他的意见,有好多本甚至都是朱老师和庞先生出题命意,才顺利完成的。

在这里,就着行文的方便,尝试着提出朱老师的两个治学特点,供同仁们讨论商榷:以古代史的眼光看近代史(或者相反),用考据学的方法做思想史(或者结合),应该可以作为朱老师一生治学并取得如此成就的两大关键。以我的理解,朱老师主编"中国文化史丛书"是这样,主编"中国近代学术名著"更是这样,在《走出中世纪》《求索真文明》等书的许多篇章中,还有将来都会出版的"中国史学史""中国经学史"遗稿中,都有这些特点。朱老师最后一年多在肺科医院、肿瘤医院、中山医院和新华医院治疗期间,我在探视中数次以这样的概述是否妥帖为问。朱师还是一贯地不喜欢"被总结",他总是以大度的态度说:怎么样做学问,是你们自己的事情,不一定要照我的路子走。然而,朱师留给我们的学术遗产,现在和将来都是要总结的。我以为,这两个治学关键很重要,它们配得上清代晚期学者讨论的问题,即"贯穿古今,横通汉宋";它们也应该和王元化(1920—2008 年,湖北江陵人)先生提倡的"有思想的学问,有学问的思想"一起讨论。顺便说及,20 多年里,朱老师和王元化先生交往最为相契。有一次,王元化先生在衡山路庆余别墅201房间特别对我讲:在上海,最喜欢和你们的朱老师谈学问,不但有学问,而且有真思想。

按既定教科书的规定,中国近代史从1840年的鸦片战争开始。按朱老师提倡的观点,中国近代历史至少应该贯穿整个19世纪,即从嘉道年间开始,透彻一点的话,还应该上推至明末清初。记得朱老师1983年初次给我们一帮研究生上课的时候,大家就认真而激烈地讨论过这个问题。"以古代史的眼光看近代史",19世纪前后两段历史当然是连贯一致的,中国人的道路,正邪先不论,毕竟都是自己走出来的,其中有更多的延续性。这也是朱老师没有办法苟同说中国不能自己走出中世纪,只能被"轰出中世纪"的原因。显然,说朱老师借用"中世纪"概念便是"西方中心论"也不成立,因为朱老师早就提出19世纪清朝内部有"自改革"的主张。龚自珍本人在《乙丙之际箸议第七》中提出:"与其赠来者以劲改革,孰若自改革!"没有鸦片战争,清朝也已经搞不下去了,必须改革。2000年,朱老师、龙应台合作编辑的《未完成的革命》出版大陆版,易名为《维新旧梦录》在北京三联书店出版,线索就是"自改革"。我顺此思路,应命写了书评《历史活着》,得到了朱老师的首肯。

因为这样的历史观,朱老师便不会割断清代的历史,也去弄一部半吊子的近代史。《中国近代学术名著》收入的首部著作便是江藩(1761—1831年,江苏甘泉人)在嘉庆二十三年(1818年)刻印的《汉学师承记》和道光二年(1823年)刻印的《宋学渊源记》,还有方东树(1772—1851年,安徽桐城人)在道光年间刊刻的《汉学商兑》。这三本书都为一册,以清代中叶的"汉宋之争"作开端,再以清代末年的"康章之争"(经今古文之争)为结束,这样的一部"中国近代学术史",已经呈现出一个"经学史"的条贯,比一般外缘式的评论叙述深入许多。这三部"汉学与反汉学"作品是叙述清代学术的代表作,学者多用作"乾嘉故老"们的谈助资料。朱老师却是通过考证其中的"吴派""皖派""扬州学派"与"桐城派"的复杂关系,令人信服地证明那场剑拔弩张的"汉宋之争"背后,"原是清统治者施行的分裂文化政策的产物",是清朝内部日益激化的社会矛盾。在乾隆皇帝这种"挑动学者斗学者"类型的辩论中,隐含着清朝宫廷的文化政策。"汉学家"基本上保持着民间学者的独立立场,后期为乾隆表彰,也是为了粉饰政治。而"从李光地到方苞、姚鼐之流,标榜义理,而识见唯以在位君主的是非为是非",则"桐城派"基本上是趋炎附势的辞章派。乾嘉以后,"桐城派"和"汉学"并存,清代同治、光绪年间,"汉学家"们仍然在"实事求是"地做学问,而曾国藩扶持的晚期"桐城派",却因提倡考据、义理、辞章,再一次流行官场,这样算来"汉学与反汉学"又是一条贯穿19世纪学术思想的主线。通过这样的揭露,朱师再一次显示了他"用考据学方法做思想史"的犀利之处。

中国近代学术的基本命题在鸦片战争之前已经次第展开。一部近代学术史，至少要从清代汉学说起，这个观点在逻辑上是很自然的，朱师在《中国经学的近代行程》《汉学与反汉学》《汉宋调和论》等几篇文章中的证明也很充分。这样的学术史会多么精彩！可是转身看一看，我们又有多少篇目的"中国近代学术史"是这样撰写的？为了建立一套完整的以"清学史"为内涵的中国近代学术叙述体系，中国思想文化史研究室做了大量工作。主编"中国近代学术名著"丛书只是开始，接下来的是每项重要的著作、人物和事件，朱老师都安排了博士生、硕士生专门研究。这期间的工作十分繁巨，那些由他指定的学位论文，他都会从主旨、结构和资料上加以辅导，甚至还口授观点。20多年中，朱老师带研究生已经不下百名。每篇论文，他都和学生一起再把原始资料读一遍，按早期有心情开玩笑时的说法，就是"陪太子读书"。这样的"陪读"生涯，耗费了大量时间，他却乐此不疲；结果就是耽误了自己写东西，却带出了不少能做研究的学生。

按王韬在19世纪60年代上海租界里感受到的情况来说："世变至此极矣，中国三千年以来所守之典章法度，至此而几将播荡渐灭。"那么，李鸿章那句"三千年未有之大变局"的名言，最早或许就是王韬发明的。3 000年里，中国经历的不过是"古今之变"，而"至此极矣"，发生的还是自有"西学"输入后日益严重的"中西之辨"。"以古代史的眼光看近代史"，朱师在"古今之变"议题中已经有很多发明。也正是有这样的敏感，朱师提示"西学"在中国近代学术史上另有一种极端的重要性。"中西之辨"也是朱师极其重视的："晚清的学术，的确属于明末清初中西文化发生近代意义交往以后的过程延续。它的资源，固然时时取自先秦至明清不断变异的传统，但更多的是取自异域，当然是经过欧美在华传教士和明治维新后日本学者稗贩的西方古近学说。"这样的理路，支撑了《求索真文明》的另一个思想体系。

选编《中国近代学术名著》的时候，朱师按商定的"五年三十种"计划，在后期遴选了更多涉及"西学"的著作。除了第一辑十种已经收录的《万国公报文选》等之外，第二辑的十种内准备了更多的"西学"论著。钱锺书先生建议的《马氏文选》《辜鸿铭文集》之外，还有魏源《海国图志》、容闳《西学东渐记》、冯桂芬《校邠庐抗议》、郑观应《盛世危言》、严复《严复集》、章太炎《国故论衡》、梁启超《清代学术概论》等。这些文集、文选都已经整理完毕，朱师已经带着我们这一批学生们开始研究和写作了。历经周折，第一辑十种是在编辑完成后，在香港搁置了十年，1998年才由敢于自任的董秀玉先生带回北京三联出版的。如果当年出版顺利，第二辑十种会体现出更浓重的"西学东渐"色彩。钱锺书先生在20世纪80年代初出版的《管锥编》里阐释"东海西海，心理攸同"的学术理想，我想朱老师一定是理解、赞成和尊重的。董秀玉先生追忆，钱先生是认可了朱老师的学问之后,才愿意担任主编的。还有,朱师晚年和香港城市大学的张隆溪先生有绝好的交谊,和复旦大学中文系的王水照先生也堪称益友,他们都是曾在钱先生近旁治学,为先生器重的人,却和朱老师格外相契。朱老师和钱先生合作,虽可惜未曾谋面,但心理是通的,并不需要"谬托知己"式的牵扯。

在第一辑10种中,朱老师放进了由我编校的两种,即《弢园文新编》和《万国公报文选》。以私心来讲,这是个人的幸运,两本都出了,劳作没有白费。然而,以学术之公心来讲,则觉得非常遗憾,因为没有加上第二、三辑的20种、30种,《中国近代学术名著》仅有10种是不完整的。在这10种中,钱先生、朱老师的编辑意图并没有完整地体现出来。如果一本一本地编下去,"导言"还会一篇一篇地写下去,这将会是更加壮观的"中国近代学术导论"。这个遗憾,是我们参与这套丛书的边上人才能感觉到的。话说回来,就是这10本也仍然有它不可替代的作用。编辑完成十年后,由于出版环境的改善,各种各样的近代学术著作丛书,或影印,或排印,层出不穷。但是,朱老师主持的这一套丛书仍然被人接受,以至加印,甚至重版,那是因为它们在选书、编目、标点、校勘和导读等各方面,都还有可取之处。

随朱师编辑"中国近代学术名著",是我学术道路上非常重要的一环。1986年春,硕士毕业已经可以自己找单位,不必"等分配"。我的硕士论文是《〈万国公报〉研究》,虽然是从思想史角度入手,但因和基督教来华传教运动相关,就联系好了去上海社会科学院的宗教研究所做研究。因此,我的论文答辩请了上海宗教学会会长罗竹风(1911—1996年,山东平度人)先生来主持。朱师非常希望我留下,可我不是他名下的学生,他也无权在留系问题上发表决定性的意见。得知我将会离开复旦去社科院,他曾经急切地去找过系总支汪瑞祥书记,也找过留学生办公室陈仁凤主任,设法让我暂时在复旦某个机构留下。我清楚地记得,那一年初夏,天已经非常热,朱老师大汗淋漓地自己去跑。要知道,三年课堂下来,朱老师只是传授学问,耳提面命,醍醐灌顶,我们感觉的都是崖岸陡然。这一次,我第一次看到朱老师仆仆道途,是赤子般的热情和真诚,全无架子。之后在他近旁,我又不断看到这一点,后来才体会到:朱老师为自己事情,公或私,都不会去求任何人;但是,为了学生挺身而出,他愿意做的,超出大家的想象。

在那一次答辩中,担任答辩委员会副主任、时任上海社会科学院历史研究所副所长的唐振常(1922—2002年,四川成都人)先生,热情地让我从院里直接转去他主持的本所上海史研究室工作,做基督教研究或者做近代思想史,都可以随我的愿望。研究条件,仅从时间充裕和资料丰富来说,历史所更好,因此我在那里待了16年,直到2003年回复旦。到历史所上班报到后的第二天,我就去看朱师。朱师就说:以后你就在我这里帮忙,可以不必介意其他关系了。唐先生是

"海纳百川"般的大度,对我在朱老师那里的事情并不干预,反而对我转述的朱老师学术和观点都很欣赏。朱老师和唐先生在章太炎研究问题上有过一点小嫌隙,再次见面时,立刻冰释,成为上海学术界有名的一对好朋友,经常聚在本帮菜"德兴馆"。在我初踏上学术道路的时候,幸运地得到了朱师的严格要求、唐先生的宽容相待。任何人只要感受过这些不同类型的激励,就不敢有太久的懈怠。两位阅历丰富、识见高明、学问精湛的恩师,曾引领过如此多的后辈和学生,如今均弃教而去,生命的华美、短暂与无情,叫人战栗。

忽然觉得,手下的这篇文章已经不成体例。开始想做的是"学述",渐渐窜入的是"行状";起初好似在学理上谈什么问题,后来却抑制不住地夹杂进片段零散的回忆。干脆由它,用信马由缰的跑题来结尾吧。《中国近代学术名著》中,还有几部未曾提及,传教士报纸《万国公报文选》是朱老师让我从硕士论文的影印资料中清理出来、选编而成。由于是从台湾华文书局 1976 年的影印本间接复印的,其中不少脱漏和错排,因交稿时人在旧金山大学访问,没有检出,责任在我,出版后却让朱老师承担了。我的序言,虽然有硕士论文的底子,却也没有写好。朱老师不满意,自己花了时间,用在海外访问的机会收集资料,重新写了《西学的普及:〈万国公报〉与晚清"自改革"思潮》一文。上海出身的变法思想家王韬的《弢园文新编》,也交给我做。王韬是我本科生时喜欢的人物,原来准备拿他撰写硕士论文,读了一阵以后才经由他的事迹,转至《万国公报》的研究。朱老师比较肯定我给王韬此书写的导言,做了修改以后,成为收录在《求索真文明》里的另一篇文章《"天下一道"论:王韬的"弢园文"发凡》。朱老师在文末注明:"1990 年秋据李天纲初稿修改。"在《复旦学报》(1995 年第 5 期)发表为《清学史:王韬与天下一道论》时也注明"与李天纲合著"。除了在"文革"前给《学术月刊》《文汇报》《解放日报》和写作组使用"陈嘉铮"(陈守实、允佳、朱维铮)等笔名合作发文章外,朱老师从未用真名与人合署作文。朱老师自己说是"第一次",我观察以后也没有"第二次"。一个初入学界的青年人,从中得到的鼓励和信心,是不言而喻的。

硕士毕业以后,继续在朱师的指导下学做研究,不断思考,努力探寻,见识各种各样的人与事,真的是一种幸运。在当时学术氛围不那么理想的情况下,朱老师仍然带我们一群学生一起做事。有一次,朱老师从国外访学回来,对我们几个人说:"中国不是哪几个人的地方,我还想要住住呢!"看着各色人物的登场离台,目睹壮怀激烈的出国、回国,如烟往事,潮来潮去,至今已经不可细究。那么多年中,朱老师只是坚守在复旦大学教工第五宿舍 34 号的陋室里做着自己的事情,遂有《走出中世纪》《求索真文明》《壶里断春秋》《重读近代史》等著作出版。1994 年春,历经周折,朱老师第一次招中国古代史专业的博士生,我考回了复旦，做了兼职博士生。入学的那一天，仍然是在家中，当然不是那种拜师礼，朱老师只是说了一句："以后你可以算是我的正式学生了。"以后，朱老师对我的学术要求，确实更严格了。

记得徐光启（1562—1633年，上海人）的学生孙元化（1581—1632年，江苏嘉定人）曾有一句话形容他们之间的师生关系，说是"初淡如水，后苦如茶"。向朱老师请益学问，讨论治学，庶几近此，是一种纯粹的学术交往，也是万般繁复的人生况味。一直想知道朱老师是怎样看待自己如此丰富的人生的，问他，他是不会说的。直到有一天，看到他的文章后面署上了室名——"破壁楼"。我以为透过"破壁楼"的室名，可以窥见朱师的一部分人生态度。"破壁楼"的室名，署在《求索真文明·题记》的后面："1996年7月14日，夜半于复旦一隅破壁楼。""破壁楼"，即复旦第五宿舍34号，是日本淞沪占领军建造的一上一下日式简易小楼。沿用到20世纪90年代，漏水透风，四壁已经破败，朱师用周谷城先生题写的条幅遮挡着。有一天，我在《郑板桥文集》中读到一联"两间东倒西歪屋，一个南腔北调人"，觉得送给朱老师蛮合适的。呈送文稿的时候，大着胆子说了出来。朱老师板着脸，但不生气，只问道："是吗？"以后，就看到他署上了——"破壁楼"。"破壁"，除了陋室自嘲的含义，当然还有"面壁十年图破壁"（周恩来诗），或者"画龙点睛，破壁而去"的含义。20世纪90年代的朱老师，居陋室，图破壁，他唯一使用过的室名，正是最为贴切的写照。

《求索真文明·题记》后面署上的写作日期，更加值得回味。"1996年7月14日"，正是朱师的60寿辰生日。这一天的晚餐，由高晞、朱圣弢、陈维在思南路复兴路"沈记靓汤"做东，廖梅、钱文忠、许敏、杨志刚、张完芳、傅杰、孔令琴、吕素琴和我出席，给朱老师祝寿。大家念及的还有去年"假寿"前来出席，今年"真寿"将不克参加的马勇、夏克、徐洪兴、苏勇等。我们都不知道，朱师当天还写了一篇自寿文，文中称我们这群老学生是"小友"。正是7月13日晚间，他一如既往地校订着《中国近代学术名著》丛书，赶着将它们最后出版。漏经子夜，万籁俱静，已是新的一日，想到当天晚上将和"小友"们相聚，朱师兴味盎然，另外铺了一张稿纸在案头，为自己的60岁生日写下了《花甲行》，为七言韵文。凡有三稿，其中第三稿有小记，公诸于左：

> 去岁今日，诸小友同邀我赴宴，说是我已虚龄六十初度，"庆九不庆十"。不料今年同日，诸小友又以"真寿"为由，邀聚会。我绝不信灵魂说，以为生老病死，时至便行，虽类似宿命，自以为豁达矣，然难拂诸小友好意，今晚仍将赴约。独坐校书，忽有感，实不能诗，勉作韵语，述我史也。诸小友为高晞、朱圣弢、陈维、李天纲、廖梅、钱文忠、许敏、杨志

刚、张完芳、傅杰、孔令琴、吕素琴等。去岁来赴者马勇、夏克、徐洪兴、苏勇等,因故均不能赴也。古云"桃李不言,下自成蹊"。我教书已三十六年,于一九七八年重上课堂后曾带教之学生稍众,而诸小友或离校多年,迄今还记得导师的生日,令我感动,但愿从此不要累他们挂念。一九九六年七月十四日夜尽自记。

朱师珍视和我们之间的师生关系,学生成了他生命中的重要部分。学业和学友,就是他的全部生活。这篇文章,作为中西书局重新出版朱老师《中国近代学术史论》的导言,原是应该来概述一下朱老师的学术主张和思想的。可是,向朱老师"问学",和朱老师"谈学"的种种经历之回顾,始终挥之不去,悲伤之情反复来袭。再说,评论自己老师的学术成就是一件严肃的事情,在完全出版和仔细研读朱师的全部著作之前,贸然谈论,轻下断语,都是十分鲁莽的行为。这也是这篇导言写得异常艰难、犹豫再三的原因之一。朱师把我们当作谈论学问的对象,真的是我们的荣幸。如今,斯人已去,学问孤寂,捧读朱师《花甲行》,实在是情难自禁,鉴者谅之。

"旦复旦兮怀斯人",原来是给朱师周年祭纪念文集起的名字。后来,高晞想到了"怀真集",显然更加合适,那就转用作这篇原意要做学术评论的怀念文章题目吧,稍改为《旦复旦兮忆吾师》,兼做朱师文集的导言。转眼间,朱师离开我们已近一年了,"旦复旦兮",师友们怀念朱维铮先生的文字还在断断续续地发表,我们相信:朱老师的治学成就,还有他那特立独行,"虽千万人,无往矣"的自由人格,也将为学者、读者们更加珍视,播之广大,传之久远。

(此文为《中国近代学术史论》导言,原载《怀真集:朱维铮先生纪念文集》,复旦大学出版社 2013 年版)

朱维铮先生的学术历程

刘 涛

2012年3月10日下午,在地铁上,手边未带书,遂刷微博看消息,忽然发现上海几位师友不约而同地说朱维铮先生去世了,不禁难过许久。说来也惭愧,尽管我硕士、博士均就读于复旦大学,但只听过朱先生一次课,且因有事,那一次课也未全部听完。但是,朱先生的《走出中世纪》《走出中世纪二集》等是我常常参阅的,他所编的《梁启超论清学史二种》《周予同经学史论著选集》《马相伯集》《利玛窦中文著译集》等书,也是我常读、常引之书。朱先生去世已三月有余,作此文,以为纪念。

一、两位老师

朱维铮先生生于1936年,江苏无锡人,1955年考入复旦大学,1960年毕业。朱维铮生长于混战时期,是新中国培养的第一代学者,他经历了"文革"与改革开放两个大时代,尽管一度履于险地,但毕竟厉而无咎。复旦大学前身是复旦公学,校名取自《尚书大传·虞夏》"日月光华,旦复旦兮",创始者之期许与志向可见。首任校长马相伯先生,度百岁乃去,在晚清、民国政界与学界均影响颇巨。20世纪50年代,由于院校调整,诸多大学的许多专业并入复旦大学,实力倍增,时有"东南第一学府"之称,一时人才济济。朱维铮先生入复旦之际,恰是复旦逐渐走入繁盛之时,历史系名师如云,譬如有"二周"周谷城先生、周予同先生,又有陈守实等诸先生。朱维铮在复旦度过57年,他借了复旦之气,复旦也借了他的气,名校与名师互相带动,交相辉映。朱维铮先生遗嘱中有言"在复旦找一棵树把我埋了",可见他对学校感情之深。

复旦历史系有两位老师对朱维铮影响颇大,一为陈守实,一为周予同。陈守实教授是专家型学者,周予同教授是思想家型学者。师,乃是在空间范围内引人向上者,友亦是如此,唯师乃长者,友为同年而已。朱维铮的学术视野、学术品格,大致由此两师得以奠定。

朱维铮毕业后先担任陈守实教授的助手,专业为中国土地制度史。陈守实(1893—1974),江苏武进人。1925年考入清华大学研究院,师从陈寅恪等诸先生。陈守实自觉追踪新思想,是较早结合马克思主义进行历史研究的学者之一。朱维铮曾说:"业师陈守实先生,生平最服膺陈寅恪先生的品格学识,曾告诫我们如不博古通今,就读不懂这位太老师的诗文。"①陈守实在清华大学期间即博览清初文人文集,从撰写万斯同年谱入手,钩沉抉微,写就《明史稿考证》,考辨了《明史稿》的来龙去脉,以确凿的证据证明此书是万斯同之作,而为王鸿绪剽窃、篡改。1948年,陈守实入复旦大学历史系任教,1974年逝世。2004年,朱维铮自述随陈守实先生读书之情况:"犹忆45年前,我大学毕业,留本系担任陈守实教授的助教。首次拜谒陈先生,请教该读何书,陈先生素来严峻寡言,无语半小时,讲了一句话:'你去把《资本论》读一遍。'我大吃一惊,因为没料到他对中国土地制度史的新任助教的第一个要求,竟是通读连《剩余价值学术史》在内的四大卷《资本论》。那时正值'三面红旗'在实践中大败的开端,复旦党委书记公开提倡青年助教要服从导师,乃至应有'倒夜壶'精神。陈先生不以旧行会的徒弟相待,却要我通读马克思首要经典。这使我既困惑又感动,领了第一个月工资,赶紧去买了《资本论》,从第一卷序跋读起,每周写一篇读书笔记,呈送陈先生。如此年余,读毕第一卷,即因受命同时兼任周予同教授主编的大学文科教材《中国历史文选》的助手,又开始主讲本系基础课,而无法全力以赴。岂知陈先生每于傍晚散步时光临寒舍,照例很少说话,但每说必指点我治学门径,包括如何读《资本论》。正因如此,我渐悟出陈先生其实要我摆脱大学时代所受《联共(布)党史简明教程》的斯大林教条的影响,从读马克思原著做起,理解唯物史观是怎么回事。"②朱维铮在病中对其学生曾说:"给陈守实先生做助教,是真的做学术助理,我和你说过,做了好多卡片。陈守实的脾气很大,动不动让余子道(复旦大学历史系教授)来说,不要我了。但陈守实是复旦最精通马克思的人。他第一次就让我读《资本论》。《资本论》的翻译者是王亚南和郭大力,他就是和郭大力一起研究《资本论》。我去见他,他半小时不说话,开口就叫我读《资本论》。如果不是他的话,我不会读那个三大卷。"③2004年,朱维铮向《南方周末》推荐的书竟是《资本论》:"那么结合我50年来的治学历程,能向读者推荐的一部常读书目,便是马克思的《资本论》第一卷,首先是此卷的序跋,其次是论'劳动日'、'原始积累'诸章。我不佩服海内某些经济学家的高论,因为彼辈恰如《资本论》再版跋所批判

---

① 参见朱维铮:《顾颉刚铭"九鼎"》,《上海书评》2009年2月22日。
② 朱维铮:《我的书架没有秘密——答〈南方周末〉编者刘小磊先生》,载《走出中世纪二集》,复旦大学出版社2008年版,第318—319页。
③ 参见《朱维铮病中谈话》,《东方早报》2012年3月15日。

的那种辩护论者,将官商勾结或盗窃国库或脧剥民工而大发横财的若干豪富的发迹史,描绘成诗意般的夏秋更迭。如果读者没有时间,那就希望他们读一读载于《资本论》第一卷的初版序和再版跋。二文都很短,浏览不需半小时,如果不挟成见,或许读后会由思而悟吧?"①求学时代朱维铮在陈守实指导下读《资本论》,为师时代向社会推荐的书还是《资本论》,可见当年陈守实先生对朱维铮影响之大。

1962年之后,朱维铮调任为周予同先生助手,协助主编教育部委托的《中国历史文选》。是书分上下册,上册收录《尚书》《诗经》《春秋左传》《国语》《战国策》《史记》《汉书》《后汉书》《三国志》《世说新语》《水经注》《洛阳伽蓝记》部分内容;下册收《史通》《三通》《通鉴》《宋史纪事本末》《明实录》《明儒学案》《读通鉴论》《读史方舆纪要》《章氏遗书》《潜研堂文集》《廿二史札记》《龚自珍全集》《海国图志》《中西纪事》《孔子改制考》《饮冰室合集》《章氏丛书》部分内容。上下册始于卜辞,终于梁启超,上下2 000多年,中国古今最为重要的史书几乎网罗殆尽。中国古代史教研组的教师与研究生都参与了这项工作,朱维铮在其中起了承上启下的作用。朱维铮协编此书时,应将这些著作全部摸过,收获肯定很大,亦为其日后的研究奠定了扎实的基础。

周予同师从钱玄同,钱玄同乃"疑古玄同",周予同可谓"疑经予同",只是钱玄同为人称道者乃语言学研究,周予同则是经学史研究。两者所涉领域不同,成就不同,但所本精神相同,皆是五四思潮的产物,唯一为开创者,一为继承者而已。两者亦皆宗今文经学,钱玄同留日之际师从章太炎研究小学,之后"背师",服膺崔适、康有为,宗今文经学,曾为《新学伪经考》作了极长的序言,推广、宣传此书②。1928年,周予同曾注释皮锡瑞《经学历史》,较为推崇此书,可见其倾向。五四之际,钱玄同与胡适、陈独秀、鲁迅、刘半农等互相应和,写了数量可观的随感录,推动了五四新文化运动,现在尚为人称道者是他化名王敬轩与刘半农演了一出双簧戏,提高了《新青年》的关注度;又与顾颉刚唱和,以研究实绩推动了"古史辨"运动。"古史辨"派之产生与晚清今文经学的兴起密切相关,甚至可以说古史辨派就是今文经学的流变。顾颉刚也说:"到了清代后期,经今文学派的兴起,疑古的精神大炽,刘逢禄怀疑《左传》,魏源怀疑《毛诗》和汉《古文尚书》,郝懿辰怀疑《逸礼》,都是怀疑古文经的先声,等到廖平、康有为、崔适等继起,更大举对古文经攻击,而且又连带地怀疑古史传说上,认为古史传说多出诸子的创造,用来达到他们'托古改制'的目的的,这样一来,'疑古'的学风便一发不可遏

---

① 朱维铮:《我的书架没有秘密——答〈南方周末〉编者刘小磊先生》,载《走出中世纪二集》,第320页。
② 参见钱玄同:《论今古文经学及〈辨伪丛书〉》,载《钱玄同文集》第四卷,中国人民大学出版社1999年版,第225页。

了。"①所以,古史辨派中人大抵推崇今文学家。

周予同的思路与钱玄同大致相同,他研究经学史意在批判经学,反对北洋政府、国民政府提倡读经的教育方针。经,常也,似为神圣不变者,经学史就是研究经之变,研究经形成的历史、背景及原因等。经学颇似政治神学,经学史家则是通过经学史研究以打破经学的神圣性。且看周予同先生自道:"最后,我正式的宣示我的意见吧。经是可以研究的,但是绝对不可以迷恋的;经是可以让国内最少数的学者去研究,好像医学者检查粪便,化学者化验尿素一样,但是绝对不可以让国内大多数的民众,更其是青年的学生去崇拜,好像教徒对于莫名其妙的《圣经》一样。……如果你们顽强的盲目的来提倡读经,我敢作一个预言家,大声的说:'经不是神灵,不是拯救苦难的神灵! 只是一个僵尸,穿戴着古衣冠的僵尸! 它将伸出可怖的手爪,给你们或你们的子弟以不测的祸患!"②是文作于1926年,乃为应对孙传芳提倡读经之局而作,其实成就周予同者,一为五四,此为顺增上缘;一为北洋、国民政府提倡读经,此为逆增上缘。周予同将经称为"僵尸",将提倡读经称为"僵尸的出祟",将研究经学视为"检查粪便""化验尿素",其经学史研究的目的不言而喻。

周予同自述其志:"我年来时常作如此的计划,假使我的环境与学力允许的话,我将献身于经学史的撰著。我将慎重地著撰一部比较详密扼要的《经学通史》,使两千年来经学的变迁,明晰系统地呈现于读者。其次,分经撰述,成《易学史》、《尚书学史》、《诗经学史》等书;其次分派撰述,成《经今文学史》、《经古文学史》、《经宋学史》及《经今古文学异同考》、《经汉宋学异同考》等书;再其次,以书籍或经师为经,以时代为纬,成《历代经部著述考》与《历代经学家传略》;再其次,探究孔子与经学的关系,成《孔学变迁史》与《孔子传记》;最后我将以我个人的余力编辑一部比较可以征信的《经学年表》与《经学辞典》。"③其时,周予同30岁,而立之年万丈的豪情跃然纸上。惜乎,此后战乱不断,1949年之后又运动不断,事业未竟而溘然长逝。这份写作计划是典型的五四精神之再现,若此计划完成,经学将万劫不复,为周予同所踏倒。

周予同的这份写作计划,大体上体现出了其志向与成就,他所完成的只是计划的一部分,现唯有一本不甚太厚的《周予同经学史论著选集》行世。周予同先生一生孜孜不倦,惜乎事业未竟而逝。朱维铮继承周予同先生遗愿,研究经学

---

① 顾颉刚:《当代中国史学》,上海古籍出版社2002年版,第123页。
② 参见周予同:《僵尸的出祟——异哉所谓学校读经问题》,载《周予同经学史论著选集》,上海人民出版社1983年版,第603—604页。
③ 参见周予同:《经学史与经学之派别——皮锡瑞〈经学历史〉序》之附录,载《周予同经学史论著选集》,上海人民出版社1983年版,第105页。

史,提出"学随术变""经学是中世纪的统治学史"等观念,尤为卓识。朱维铮曾编校了《周予同经学史论著选集》,写了极长的编校记《中国经学史研究五十年——〈周予同先生经学史论著选集〉后记》,介绍其生平,解读、研究其作品,可见周予同先生在朱维铮心目中的地位。朱维铮的志向、成绩与局限也可从其老师这份写作计划中看出。朱维铮的一生是继承周予同志向,试图完成老师写作计划的一生,唯两人所处时代不同。

二、推动思想文化史研究

部分20世纪30年代出生的学者,在新中国担任了"拔白旗"的任务,他们中的多人或因参与政治运动而落马,或因受政治运动遭到牵连。1963年,朱维铮在《历史研究》上发表《府兵制度化时期西魏北周社会的特殊矛盾及其解决:兼论府兵的渊源和性质》一文,是年27岁。此文一发表,引起各方面重视,朱维铮开始崭露头角。朱维铮尽管曾介入"文革",但终于还是潜心于学术,以学者身份名世。"文革"结束之后,朱维铮继续任教于复旦大学历史系,劫难之后,他一心一意做学术研究,以教书、著述为主,经学史家朱维铮的形象逐渐树立起来。

1978年,朱维铮等诸先生在复旦大学历史系创办了全国高校中第一家以"思想文化史"命名的研究室。朱维铮传道、授业、解惑,在复旦开设经学史课程,培养学生,还通过编辑刊物、举办会议、编辑丛书,推动了中国思想文化史的研究。朱维铮一方面显示出扎实的学术功底,也显示出优秀的组织、策划等能力。经学史研究,劫后重生,今日渐趋繁荣,朱维铮居功甚伟。

朱维铮为师52载,一直坚持在教学第一线,既为硕士、博士开小课,也为本科生开大课。因为他学识渊博,经历丰富,思维活跃,所以他的课精彩纷呈,深受复旦师生的好评。我入复旦之初,师兄、师姐们曾予以指点道,复旦几位老师的课必听,其中即有朱维铮。朱维铮去世之后,复旦大学历史系学生们自发组织了悼念活动,校园中挂满了白色的千纸鹤以为纪念,可见学生们对于朱老师的感情之深。朱维铮所指导的硕士、博士、留学生,很多已卓然成家,成绩卓著,譬如李天纲、邓志峰、马勇等都是中国文化、思想史研究等领域的佼佼者。

朱维铮与庞朴一同主编了"中国文化史丛书",集一时之秀,推出了系列优秀著作。"中国文化史丛书"中,较著名者有:余英时的《士与中国文化》,周振鹤、游汝杰的《方言与中国文化》,葛兆光的《禅宗与中国文化》等。且看昔年当事人的说法,葛兆光说:"以我本人而言,我1986年出版的《禅宗与中国文化》是朱先生编的。我那时候只是硕士研究生刚毕业,朱先生就把它编到"中国文化史丛书"里,而且他要我第二年再交一本《道教与中国文化》。这两本书在1980年代'文化热'的时候有一定影响,那是跟朱先生有很大关系的。朱先生帮助周谷城先生主编的"中国文化史丛书",其实在某种意义上推动了1980年代的'文化热'。'文化热'在当时有好几种力量和不同的取向,我想朱维铮先生和庞朴先生担任常务编委的"中国文化史丛书"应该是其中很重要的一股。比如,影响更大的余英时先生的《士与中国文化》也是在那套丛书里。朱先生编丛书、推动文化史研究,都与1980年代的'文化热'有很大关系。"①

1986年,复旦大学组织召开首届中国文化学术国际研讨会,这是1976年以后首次在国内举行以中国文化为主题的国际学术研讨会,产生了重要的影响。会后朱维铮主持编纂了一书《中国传统文化的再估计》(上海人民出版社1987年版),昔年盛会由此可得重睹。《讨论会纪要》对这次会议的情况有一些描述和说明:"首届国际中国文化学术讨论会,由复旦大学主办,于一九八六年一月六日至十日在上海举行。会议主题,一是中国文化传统的再估计,二是中国文化与西方文化的相互联系。出席本届讨论会的中外学者共七十余名,分别来自国内外二十一所大学,十多个研究所,以及其他文化学术机构,代表着文化和文化史研究的近二十个相关学科。他们中间有:谭其骧、蔡尚思、大庭修(日本)、王元化、包遵信、庞朴、金观涛、汤一介、朱维铮、林岗、董乃斌、黄万盛、杜维明、李泽厚、李学勤、周谷城、魏斐德(美国)、姜义华……本届会议收到论文提纲四十五篇,内十一篇是外国学者的著作。会议实际进行四天。这期间举行了全体会议六次,分组报告六场。"②由此名单和所刊发的论文可知,这真是一次盛会,其时海内外中国文化思想史研究的佼佼者几乎皆与会,有德高望重的学界前辈,有正当壮年的学术新星,有海外中国研究者,如杜维明、魏斐德等。

20世纪80年代,朱维铮和庞朴等人编辑《中国文化研究集刊》,共出五辑,一时佳文荟萃,推动了中国文化与思想史研究。以第一辑为例,此辑共分四部分:一为通论,其中有《中国文化史研究学者座谈会纪要》《中国文化研究的意见和希望》(周谷城、于光远、姜椿芳、陈元晖、楼宇烈、杨宽、张岱年、蔡尚思、冯友兰、李祖德)等;二为专论,其中有《"火历"续探》(庞朴)、《关于〈太平经〉成书问题》(汤一介)、《方言和文化史研究》(周振鹤、游汝杰)等;三为资料与回忆,其中有康有为《实理公法全书》、章太炎旅台文录、柳亚子书信选辑等;四为文摘与辑览,其中有《什么是文化和文化史》(黄沫辑录)、《两种文化》([英]C·P.斯诺)、《论文化史的若干方法论问题》([苏]A·M.萨哈罗夫)。由此可见,《中国文化研

---

① 葛兆光:《学"不随术变" 坚持启蒙主义立场》,《文汇报》2012年3月19日。
② 参见《首届国际中国文化学术讨论会纪要》,载《中国传统文化的再估计》,上海人民出版社1987年版,第1—2页。

究集刊》的视野非常广泛,既从总体上论述了中国文化有关的问题,也专论了中国文化的具体问题,不仅选辑了一些珍贵的资料,还翻译介绍了外国学者有关文化史研究的一些理论和他们研究中国文化的若干见解。《中国文化研究集刊》团结了一大批成绩卓著的中国文化、哲学、历史研究等方面的学者,阵容极为豪华。

朱维铮也写了诸多关于"文化""传统"方面的文章,譬如《音调未定的传统》《传统文化与文化传统》《文化的类型》《中国文化的历史及其它》《中国文化史的小史》等。朱维铮对传统的态度是"音调未定""没有不变的传统",他依然秉承"五四"启蒙的态度,对传统进行批判性继承。朱维铮说:"毫无疑问,传统是一种巨大的惰性力量。但也毫无疑问,惰性力量不等于反动力量。我曾把传统比作人体的免疫机制。免疫机制的作用,就在于保护人体功能的稳定、平衡,在正常状态下可以抵御致病菌毒的入侵,否则将使人体处于无抵抗状态。……然而,当人体处于疾病状态,需要输入健康血液或者移植健康器官,那时如何克服自身免疫机制对于异体的抗拒排斥功能,则又使群医为难。……既然传统是维系社会稳定的惰性力量,那不消说,社会的更新也就意味着惰性的克服,或者说用新传统代替旧传统。从这个意义上反传统本无可非议。"①对于儒学传统,他说:"在我看来,这种所谓儒学传统,实际是清代提倡的那套程朱理学传统。理学是唐宋间经学更新运动的产物。由程颐到朱熹,理学渐次定型化。理学要说有'新'意,主要在于它怀疑和否定旧经学,也就是体现过时了的维持社会公认的合宜的行为规范那套经验的统治学说。但理学所认定的合宜的行为规范,不仅被扩大了的世界交往证明是不合宜的,而且被明代日益发展的商品经济证明是不合宜的。"②

新中国成立之后,经学云云早已被打倒,扔进了历史垃圾箱,在这样背景下成长起来的学人,其理论武器与思想资源以马列为主。所以在当时,经学、经学史皆是过时了的冷门专业,无人问津。20世纪80年代,出现了以批判封建主义之名批判"文革"的做法,譬如其时的"寻根文学"寻出来的多是国民劣根性。其时大势是改革开放,兴起向西方学习的思潮,所以"文化:中国与世界"编委会一炮走红,诸多新潮的西方理论蜂拥而至,一波又一波,在这样背景下成长起来的学人其思想资源与理论武器多是西方流行理论。但是,80年代也掀起了"文化热",官方和学者主要从思想解放和现代化建设的需要方面对传统文化进行了反省与批判,故传统文化与现代化的关系、近代以来中西文化关系等问题成为其时学术研究的热点。朱维铮通过教书、举办会议、编刊物、出丛书的方式,推动了学界对中国文化的正视和研究,促进了思想文化史学科的蓬勃兴起,推动了20世

---

① 参见朱维铮:《音调未定的传统》,辽宁教育出版社1995年版,第5—6页。
② 参见朱维铮:《传统文化与文化传统》,载《音调未定的传统》,第22页。

纪80年代的"文化热"。

三、著述

朱维铮流传最广、为人乐道者是其"中世纪系列"著作,《中国经学史十讲》代表对经学的态度,另有《求索真文明:晚清学术史论》《音调未定的传统》《壶里春秋》《重读近代史》等;编有《梁启超论清学史二种》、《章太炎全集》(第三卷)、《周予同经学史论著选集》、《马相伯集》、《利玛窦中文著译集》等。朱维铮的研究范围主要集中于:经学史研究、中西文化交流史、晚清及近代学术史研究等领域。

"走出中世纪"可谓朱维铮学术的关键词,也是其志向和贡献。1987年,朱维铮曾将其部分论文结集,编成一书,名为《走出中世纪》。2007年,又出版《走出中世纪》增订本,增补入一些新文章。2008年,朱维铮又出版《走出中世纪二集》,收录2000年前后的新作,但依旧以"走出中世纪"为名,可见对此书名之偏爱。朱维铮几十年来一直苦苦地与中世纪这个幽灵进行着搏斗,在他那里,"中世纪"就是史学界习用的"封建时代"。朱维铮自道:"关于中国走出中世纪过程的研究,在学术界其实早已开展,不过是在关于资本主义萌芽问题讨论的名义下进行的,并且受到名义本身的限制。这场讨论,从我还在做大学生的年代便已开始,此后时断时续三十年,也吸引了我的注意力三十年。"①朱维铮所做的工作是从文化史的角度参与探讨"走出中世纪"的问题:"我们便可以讨论中国由中世纪到近代的历史过渡了。这一历史过渡,我把它叫做走出中世纪的过程。在我看来,过程的开端,至少可以上溯到十六世纪晚期,即我们习惯地略称晚明的那个时代;过程的终端,则至少可以按照我们关于'半殖民地半封建社会'的定义,将下限定在中华人民共和国前夜,即本世纪的四十年代。就是说,这个过程,长达三个半世纪以上。"②这三本书尽管论题不一,但范围大致在明末清初到清末民初这一阶段,总体志趣皆指向了"走出中世纪"这一核心问题。

朱维铮另外非常重要的一本书为《中国经学史十讲》,此书将其关于经学史的研究汇聚于一处。朱维铮对经学的态度大致秉承了周予同的思路,秉承了五四运动启蒙精神,他如此理解经学:"经学,特指中国中世纪的统治学说。具体地说,它特指西汉以后,作为中世纪诸王朝的理论基础和行为准则的学说。"③朱维铮的经学史研究就是要清理这份遗产,以经学史的研究方式批判经学,他讨论

---

① 朱维铮:《走出中世纪》,上海人民出版社1987年版,第2页。
② 朱维铮:《走出中世纪》,第14页。
③ 朱维铮:《经学史十讲》,复旦大学出版社2006年版,第9页。

"中世纪与中国经学史""中国经学与中国文化""中国经学的近代行程""儒术独尊的转折过程""《论语》结集过程"等问题,大致皆本此精神。

朱维铮也重视中西文化交流史的研究,从整理资料到躬亲研究,均成绩卓著。他先后主持编纂了《马相伯集》(1996年)、《利玛窦中文著译集》(2001年)、《徐光启全集》(2011年),这些重要文献的整理、出版,为后学进行研究打下了坚实的基础。朱维铮也写下《利玛窦在中国》《利玛窦与李卓吾》《徐光启与晚明史》《十八世纪的汉学与西学》《汤若望与杨光先》《跋几份"反洋教"揭帖》《基督教与近代文化》《晚清上海租界的宗教文化》等论文,从诸多方面对中西文化交流问题做了研究。

晚清与近代学术史研究,也是朱维铮用力甚勤之处,他一方面做基础性整理工作,另一方面做学术研究,编校了《中国现代学术经典·康有为卷》,主编《章太炎全集》,精心校订了《梁启超论清学史二种》。关于晚清学术史研究方面,朱维铮著有《求索真文明:晚清学术史论》一书,研究了江藩、张之洞、王韬、康有为、章太炎、辜鸿铭、马相伯等人及其著作。

朱维铮去世之后,有媒体误报,将其称为"经济学家",若钱玄同、周予同、朱维铮诸先生听闻,不知有何感想,其功欤,其过欤?五四运动之后成长起来的知识分子于经学越来越陌生,竟至于将经学视为经济学。五四运动90多年矣,经学遭到了批判、废除,几位先生贡献颇大。20世纪90年代以来,因为苏联解体等原因,世界范围内意识形态的对立逐渐在淡化,故亨廷顿提出"文明冲突论"而非意识形态冲突论,以应对新的世界局势。中国亦是如此,20世纪90年代以后,对于传统文化日益重视,费孝通提出"文化自觉"论即是征兆。因此,20世纪90年代以来,对于五四运动的质疑之声一直不绝。有将其与"文革"等同视之者,若林毓生、王元化;有抬出晚清,贬低五四者,若王德威;有提倡国学、经学,贬低五四运动者,若蒋庆。昔年周予同先生发下的研究宏愿,或许将被今天的时代精神修改,周予同、朱维铮批判经学的功劳也遭到了质疑。在纪念朱维铮之时,李零说道:"我们都看不惯1989年后风起云涌的保守主义:传统文化热和尊孔读经风,以及肉麻吹捧大师,有如大师转世、附体显灵的所谓学术史,被人视为欺师灭祖。"①

关于这一点,我认可李零,所以今天纪念朱维铮先生,还是有重要意义的。

(原载《传记文学》2012年第8期)

---

① 李零:《维铮先生二三事》,《上海书评》2012年4月22日。

附录　15位教授主要论著目录[①]

一、陈守实主要论著目录

(一) 著作

《中国古代土地关系史稿》,上海人民出版社1984年版。

《中国古代土地关系史稿　中国土地制度史》(姜义华编),复旦大学出版社2015年版。

(二) 报刊、集刊文章

《我国历史上的义仓制度》,《解放日报》1961年7月7日。

《读蔡著〈王荆公年谱考略〉——略谈历史人物历史事件的评价问题》,《文汇报》1962年4月12—13日。

《关于王船山史论的现实性问题——几个论点的分析》,《文汇报》1962年11月27日。

《明史稿考证》,《国学论丛》1927年第1卷第1期。

《明清之际史料》,《国学月报》1927年第2卷第3期。

《清初奴患》,《史学与地学》1928年第4期。

《明史抉微》,《国学论丛》1928年第1卷第4期。

《关于东西汉学家考证中国边疆史的态度问题》,《勤勤大学师范学院季刊》1934年第1卷第2期。

《蒙古斡哥歹汗南征时之完颜绰华善》,《勤勤大学季刊》1935年第1卷第1期。

《明初宫闱稽疑——再论懿文太子及成祖生母问题》,《文理月刊》1940年第4、5期合刊。

《考证学的新趋势》,《文化杂志》1941年第1卷第2期。

[①] 本目录收入15位教授主要论(译)著,每位教授的学术研究成果共分为著作(含译著、编著)与报刊、集刊文章两部分。专(译)著以出版时间顺序排列,第二部分则先报纸、再期刊,最后系论文集中的文章,均以时间先后编排。少数研究成果较多者,如周谷城、蔡尚思两人,则只收录其专(译)著部分。15位教授的排名以其出生年月先后为序编排。

《东陂类稿(之一)·王守仁招抚田州土酋移剿断藤八寨事考辩》,《新中华》复刊1943年第1卷第12期。

《东陂类稿(之二)·明代妇女遭际检论》,《新中华》复刊1943年第1卷第12期。

《中国封建社会发展法则中之寄生层》,《昌言》1946年6月号。

《〈金史·忠义传〉完颜彝战迹及年月考——蒙古史料研究之一》,《新中华》复刊1946年第4卷第10期。

《蒙古社会制度史(书评)》,《新中华》复刊1946年第4卷第13期。

《克拉维约东使记》,《新中华》复刊1946年第4卷第21期。

《新疆井渠余说》,《瀚海潮》1947年第1卷第8期。

《明初与帖木儿关系试探》,《新中华》复刊1947年第5卷第17期。

《文献学的新解蔽》,《新中华》复刊1948年第6卷第10期。

《格义比附与中庸主义的解析》,《新中华》复刊1948年第6卷第11期。

《中国农民战争的组织形态》,《新中华》复刊1951年第14卷第18期。

《谈〈永禁机匠叫歇碑记〉》,《复旦》1959年第7期。

《跋〈苏州织造局志〉——明清特种史料考释之一》,《复旦》1959年第10期。

《论曹魏屯田》,《学术月刊》1960年2月号。

《一条鞭法施行后的丁徭问题》,《学术月刊》1962年7月号。

《特种"隶属状态"的历史考察》,《复旦学报(社会科学版)》1979年第2期。

《关于秘密会社的一些问题——在历史进程中一种运动形态的考察》,《学术月刊》1979年3月号。

《曹操与天师道》,《中国史研究》1979年第3期。

《明初与蒙古关系》,《复旦学报(社会科学版)》1980年第1期。

《土地问题检论——史料与结论的再考核》,载《中华文史论丛》第2辑,中华书局1962年版。

《中国农民战争散论》,载《中国农民战争史研究集刊》第1辑,上海人民出版社1979年版。

《农民运动与宗教》,载《中国农民战争史论丛》第2辑,河南人民出版社1980年版。

《明史散论》,《明史研究论丛》第1辑,江苏人民出版社1982年版。

二、周予同主要论著目录

(一) 著作

《经今古文学》,商务印书馆1926年版。

《朱熹》,商务印书馆1929年版、1947年版。
《经学历史》(周予同注释),商务印书馆1929年版、1959年版。
《中国学校制度》,商务印书馆1930年版;1931年收入万有文库。
《群经概论》,商务印书馆1931、1933年版。
《开明本国史教本》,开明书店1934年版。
《汉学师承记》(周予同选注,王云五、朱经农主编),商务印书馆1934年版。
《中国现代教育史》,良友图书公司1934年版;福建教育出版社2007年版。
《孔子》,开明书店1934年版。
《开明本国史教本》(2册),开明书店1934年版。
《本国史》(4册),开明书店1947年版。
《中国经学史讲义》,上海文艺出版社1999年版。
《周予同经学史论》(朱维铮编校),上海人民出版社2010年版。
《经学和经学史》(周予同原著,朱维铮编校),上海人民出版社2012年版。
《孔子、孔圣和朱熹》(周予同原著,朱维铮编校),上海人民出版社2012年版。
《中国经学史讲义:外二种》(周予同原著,朱维铮编校),上海人民出版社2012年版。
《群经通论》(周予同原著,朱维铮编校),上海人民出版社2012年版。
《中国历史文选》(主编),上海古籍出版社2013年版。

(二) 报刊、集刊文章

《生活改造的宣言》(与陈尽民等合作),《晨报》1920年10月20日。
《孔教学院讲学记》,《工商日报》1934年4月18、25日,8月28日,11月28日,1935年4月3日。
《经、经学与经学史》,《文汇报》1961年2月3日。
《王莽改制与经学中的今古文学问题》(与汤志钧合作),《光明日报》1961年5月16日。
《有关中国经学史的几个问题》(与汤志钧合作),《文汇报》1961年11月19日。
《儒家之精神的社会政策》,《民铎》1924年第5卷第3期。
《纬书与经今古文》,《民铎》1926年第7卷第2期。
《僵尸的出祟——异哉所谓学校读经问题》,《一般》1926年第1卷第2期。
《"孝"与"生殖器崇拜"》,《一般》1927年第3卷第1期。
《朱熹哲学述评》,《民铎》1929年第10卷第2期。
《纬谶中的孔圣与他的门徒》,《安徽大学月刊》1933年第1卷第2期。
《"汉学"与"宋学"》,《中学生》1933年第35期。

《对于读经问题的意见》,《教育杂志》1935 年第 25 卷第 5 期。

《纬谶中的"皇"与"帝"》,《暨南学报》1936 年第 1 卷第 1 期。

《大学和礼运》,《中学生》1936 年第 65 期。

《怎样研究经学》,《出版周刊》1936 年第 195、196 期。

《孝经新论》,《现代父母》1936 年第 4 卷第 9 期。

《治经与治史》,《申报·每周增刊》1936 年第 1 卷第 36 期。

《春秋与春秋学》,《中学生》1937 年第 71 期。

《五十年来中国之新史学》,《学林》1941 年第 4 期。

《儒、儒家和儒教》,《青年界》1948 年新第 5 卷第 4 期。

《"厚今薄古"与历史科学大跃进》,《学术月刊》1958 年第 5 期。

《关于中国经学史中的学派问题——中国经学史论之二》,《学术月刊》1961 年第 3 期。

《有关讨论孔子的几点意见》,《学术月刊》1962 年第 7 期。

《博士制度和秦汉政治》,《新建设》1963 年第 1 期。

《从顾炎武到章炳麟》(与汤志钧合作),《学术月刊》1963 年第 12 期。

《"六经"与孔子的关系问题》,《复旦学报(社会科学版)》1979 年第 1 期。

《火烧赵家楼——五·四·杂·忆》,《复旦学报(社会科学版)》1979 年第 3 期。

《从孔子到孟荀——战国时的儒家派别和儒经传授》,《学术月刊》1979 年第 4 期。

《周予同自述》,《晋阳学刊》1981 年第 1 期。

《章学诚"六经皆史"说初探》(与汤志钧合作),载《中华文史论丛》第 1 辑,中华书局 1962 年版。

《关于孔子的几个问题》,载《中华文史论丛》第 1 辑,上海古籍出版社 1979 年版。

《朱熹之经学》,载《朱熹与中国文化——武夷山朱熹研究中心成立大会论文集》,学林出版社 1989 年版。

三、耿淡如主要论著目录

(一) 著作

《近世世界史》,(黑斯、蒙合著,与沙牧卑合译),黎明书局 1933 年版。

《高级中学外国史》(3 册)(与王宗斌合编),正中书局 1936 年版。

《希特勒执政后之德意志》(耿淡如等著),正中书局 1937 年版。

《世界中古史(高等学校交流讲义)》(耿淡如编),中央高教部代印 1954 年版。

《世界近代史文献(1870—1918)》(3 册)(阿·伊·莫洛克、维·阿·奥尔洛夫合编,耿淡如译),高等教育出版社1957年版。

《世界中世纪史原始资料选辑》(与黄瑞章合作译注),天津人民出版社1959年版。

《中世纪经济社会史(300—1300年)》(上下册)(汤普逊著,耿淡如译),商务印书馆1961年版、1963年版。

《西方史学史文献摘编》(耿淡如编译),复旦大学历史系资料室藏本1964年版(未刊)。

《历史研究》(下册)(与曹未风等合译),上海人民出版社1964年版。

《十九世纪历史学与历史学家》(2册)(乔治·皮博迪·古奇著,耿淡如译),商务印书馆1989年版。

《耿淡如先生国际论文集》(2册),耿氏家族编印(繁体未刊)2000年版。

《西方史学史散论》(张广智编),复旦大学出版社2015年版,收录"复旦百年经典文库"。

(二) 报刊、集刊文章

《资产阶级史学流派与批判问题》,《文汇报》1962年2月11日。
《西方资产阶级史家的传统作风》,《文汇报》1962年6月14日。
《拿破仑对历史研究的见解》,《文汇报》1962年10月14日。
《太平洋委托治理地问题之另一观察》,《外交评论》1933年第2卷第5期。
《美国对华政策之核心》,《外交评论》1933年第2卷第6期。
《太平洋日本委托治理地之争端》,《外交评论》1934年第3卷第1期。
《美国与国际法庭》,《外交评论》1935年第4卷第2期。
《意阿战争与英国地中海政策》,《外交评论》1935年第5卷第5期。
《国社党与反犹运动》,《东方杂志》1935年第32卷第22期。
《意阿冲突与殖民政策》,《东方杂志》1935年第32卷第20期。
《埃及反英运动之检讨》,《东方杂志》1936年第33卷第1期。
《德国外交政策之前瞻与后顾》,《外交评论》1936年第6卷第1期。
《从洛桑会议到蒙德娄会议》,《外交评论》1936年第7卷第2期。
《法意中所论之中国政制》,《复旦学报》1936年第3期。
《西班牙内战与不干涉协定》,《外交评论》1936年第7卷第3期。
《莱茵区德军驻防问题》,《东方杂志》1936年第33卷第7期。
《意大利合并阿国之前因后果》,《东方杂志》1936年第33卷第12期。
《巴力斯坦事件之剖视》,《东方杂志》1936年第33卷第15期。
《德奥协定与欧洲局势》,《东方杂志》1936年第33卷第17期。

《德俄关系与远东危局》,《东方杂志》1936 年第 33 卷第 21 期。

《比利时宣布中立之前因后果》,《东方杂志》1936 年第 33 卷第 22 期。

《地中海英意关系的调整与世界局势》,《东方杂志》1936 年第 33 卷第 24 期。

《罗约国会议问题之回顾与前瞻》,《东方杂志》1937 年第 34 卷第 1 期。

《英意地中海协定与欧洲政局》,《外交评论》1937 年第 38 卷第 1 期。

《葡萄牙最近之内政与外交》,《外交评论》1937 年第 8 卷第 3 期。

《五年来之欧洲政局》,《外交评论》1937 年第 9 卷第 1 期。

《美国中立法之回顾与前瞻》,《东方杂志》1937 年第 34 卷第 5 期。

《德意志要求殖民地问题》,《东方杂志》1937 年第 34 卷第 7 期。

《达达尼尔海峡之新地位》,《年华》1937 年第 6 卷第 7 期。

《意南协定与欧洲政局》,《东方杂志》1937 年第 34 卷第 9 期。

《西欧公约问题》,《新中华》1937 年第 5 卷第 9 期。

《新洛迦诺公约与比利时的中立》,《新中华》1937 年第 5 卷第 11 期。

《太平洋公约问题》,《新中华》1937 年第 5 卷第 14 期。

《英国圈地运动》,《历史教学》1956 年第 12 期。

《尼德兰革命——性质和历史意义》,《历史教学》1957 年第 4 期。

《社会学研究中的继续性与变更》(威廉士著,耿淡如译),《现代外国哲学社会科学文摘》1959 年第 8 期。

《科学史的教学问题》(勒纳·塔东著,耿淡如译),《现代外国哲学社会科学文摘》1959 年第 10 期。

《印度史学的近况》(华德尔著,耿淡如译),《现代外国哲学社会科学文摘》1960 年第 9 期。

《海叶克:〈自由的宪法〉》,《现代外国哲学社会科学文摘》1960 年第 11 期。

《新首领与经理革命》,《现代外国哲学社会科学文摘》1961 年第 3 期。

《论汤因比的历史哲学》(索罗金著,耿淡如译),《现代外国哲学社会科学文摘》1961 年第 3 期。

《什么是正义》(凯尔逊著,耿淡如译),《现代外国哲学社会科学文摘》1961 年第 8 期。

《关于巴斯摩尔论历史的客观性一文的讨论》,《现代外国哲学社会科学文摘》1961 年第 10 期。

《历史中的相对主义》(雷蒙·阿隆著,耿淡如译),《现代外国哲学社会科学文摘》1961 年第 10 期。

《什么是史学史》,《学术月刊》1961 年第 10 期。

《历史解释》(穆顿·怀特著,耿淡如译),《现代外国哲学社会科学文摘》1963 年第 3 期。

《历史上的边疆问题》(拉铁摩尔著,耿淡如译),《现代外国哲学社会科学文摘》1965 年第 1 期。

《中国研究(汉学)与社会科学关系的讨论》,《现代哲学社会科学文摘》1965 年第 5 期。

四、周谷城主要著作目录

《实验主义伦理学》,商务印书馆 1923 年版。
《生活系统》,商务印书馆 1924 年版、1928 年版,收录《民国丛书》第 1 编第 3 册。
《文化之出路》,新宇宙书店 1928 年版。
《战后世界政治之关键》(亚诺得著,周谷城译),春潮书局 1928 年版。
《中国教育小史》,泰东书局 1929 年版。
《农村社会新论》,远东图书公司 1929 年版。
《中国社会之结构》,新生命书局 1930 年版,收录《民国丛书》第 1 编第 77 册。
《中国社会之变化》(又名《现代中国社会变迁概论》),新生命书局 1931 年版,收录民国丛书第 1 编第 77 册。
《中国社会之现状》,新生命书局 1933 年版,收录《民国丛书》第 1 编第 77 册。
《社会学大纲》(吉林和布来克曼著,周谷城译),大东书局 1933 年版。
《泛说小品文》,生活书店 1935 年版。
《中国通史》,开明书店 1939 年版、1948 年版再版,上海人民出版社 1957 年版,收录《民国丛书》第 3 编第 62 册。
《中国政治史》,中华书局 1940 年版、1982 年版再版。
《新英国与新世界之建设计划》(C. B. Purdom 著,周谷城译),独立出版社 1943 年版。
《美国与战后世界之关系》(中山文化教育馆战后世界建设研究会编,周谷城译),独立出版社 1943 年版。
《中国史学之进化》,生活书店 1947 年版,收录《民国丛书》第 1 编第 72 册。
《世界通史》(3 册),商务印书馆 1949 年版,收录《民国丛书》第 1 编第 71 册。
《黑格尔逻辑学大纲》(黑格尔著,周谷城译),商务印书馆 1951 年版。
《古史零证》,新知识出版社 1956 年版。
《爱科学》,上海人民出版社 1955 年版。
《世界通史》(修订本第 3 册),商务印书馆 1958 年版。
《形式逻辑与辩证法》,科学出版社 1959 年版,生活·读书·新知三联书店 1962 年版。

《史学与美学》，上海人民出版社 1980 年版。
《周谷城史学论文选集》，人民出版社 1983 年版。
《中国文化史丛书》（主编），上海人民出版社 1984—1990 年版。
《诗词小集》，湖南人民出版社 1985 年版。
《中国通史》（简本），山西人民出版社 1986 年版。
《中国近代经济史论》，复旦大学出版社 1987 年版。
《世界文化史丛书》（主编），浙江人民出版社 1988—1991 年版。
《周谷城全集》（第 1 卷），上海社会科学院出版社 1988 年版。
《中国社会史论》（2 册），齐鲁书社 1988 年版。
《周谷城学术精华录》，北京师范学院出版社 1988 年版。
《辩证法原著选读》，山西人民出版社 1989 年版。
《周谷城文选》，辽宁教育出版社 1990 年版。
《周谷城教育文集》，吉林教育出版社 1991 年版。
《周谷城文化·艺术文集》，教育科学出版社 1991 年版。
《周谷城学术论著自选集》，北京师范学院出版社 1992 年版。
《中外历史论集》（姜义华编），复旦大学出版社 2015 年版，收录"复旦百年经典文库"。
《周谷城全集》（16 册），上海人民出版社 2018 年版。

五、王造时主要论著目录

（一）著作

《社会问题》（爱尔乌德著，与赵廷为合译），商务印书馆 1922 年版。
《国际联盟与中日问题》，新月书店 1932 年版。
《为中日问题敬告日本国民》，出版单位不详，1933 年版。
《瑞士政府》（费巩著，王造时主编），世界书局 1934 年版。
《中国问题的分析》，商务印书馆 1935 年版。
《荒谬集》，自由言论社 1935 年版。
《现代欧洲外交史》（莫瓦特著，王造时译），商务印书馆 1935 年版。
《历史哲学》（黑格尔著，与谢诒徵合译），商务印书馆 1936 年版；生活·读书·新知三联书店 1957 年版；上海书店出版社 2006 年版。
《美国外交政策史》（莱丹著，王造时译），商务印书馆 1936 年版。
《国家的理论与实际》（拉斯基著，王造时译），商务印书馆 1937 年版。
《日本备战论》，开明书店 1937 年版。

《王造时:我的当场答复》,中国青年出版社1999年版。

(二) 报刊、集刊文章

《一封公开的信》,《前方日报》1942年6月7日。

《我们关于对日问题的意见》(与褚辅成等合著),《大公报》1947年8月3日。

《中国人民救国会结束宣言》,《人民日报》1949年12月19日。

《我们的民主生活一定日趋丰富美满》,《人民日报》1957年3月20日。

《把放鸣的重点放到基层去》,《文汇报》1957年5月21日。

《王造时反对官僚主义的看法》,《解放日报》1957年5月21日。

《我的检查》,《文汇报》1957年9月11日。

《一次被捕始末记》,《清华周刊》1919年第175、177、178期。

《本刊的缘起及使命》,《京报》"上海惨剧特刊"1925年第1期。

《新国家主义——救国良药》,《京报》"上海惨剧特刊"1925年第3—10期。

《我们的根本主张》,《主张与批评》1932年第1期。

《致斯大林元帅的公开信》,《民意》(周刊)1941年第179期。

《保守主义者的解剖》(法兰西士·威尔逊著,王造时译),《现代外国哲学社会科学文摘》1961年第9期。

《安德生编:〈法律哲学研究〉》(布利支著,王造时、安德生编),《现代外国哲学社会科学文摘》1962年第3期。

《法律生长社会学》(王造时译),《现代外国哲学社会科学文摘》1962年第8期。

《卡尔·贝克尔论历史》(培莱·查哥林著,王造时译),《现代外国哲学社会科学文摘》1962年第9期。

《查哥林对贝克尔的解释:一些观察》(里奥·日尔旭依著,王造时译),《现代外国哲学社会科学文摘》1962年第9期。

《在五四运动中》,《复旦学报(社会科学版)》1981年第3期。

《历史有意义吗》(卡尔·包勃尔著,王造时译),载《现代西方史学流派文选》(田汝康、金重远选编),上海人民出版社1982年版。

《人人都是他自己的历史学家》(卡尔·贝克著,王造时译),载《现代西方史学流派文选》(田汝康、金重远选编),上海人民出版社1982年版。

《李公朴先生事略》(与沈钧儒合作),载《李公朴纪念文集》(方仲伯编),云南人民出版社1983年版。

《王造时自述》,载《上海文史资料选辑》第45辑,上海人民出版社1984年版。

《清华学风和我》,载《中华文史资料文库》第17辑,中国文史出版社1996年版。

六、蔡尚思主要著作目录

《中国思想研究法》,中华书局 1938 年版;商务印书馆 1939 年版;湖南人民出版社 1988 年版,收录《民国丛书》第 3 编第 1 册;复旦大学出版社 2001 年再版,2015 年收录"复旦百年经典文库"。

《中国历史新研究法》,中华书局 1940 年版,收录《民国丛书》第 1 编第 73 册。

《中国传统思想总批判》,棠棣出版社 1950 年版、1951 年增订版,湖南人民出版社 1981 年新版。

《蔡元培学术思想传记》,棠棣出版社 1950 年版。

《中国传统思想总批判补编》,棠棣出版社 1952 年版。

《中国新民主主义革命时期通史》(第 1 卷),高等教育出版社 1959 年版。

《中国新民主主义革命时期通史》(4 卷)(与李新、彭明等合著),人民出版社 1961 年 7 月—1962 年初版,1980 年 8 月—1981 年再版。

《中国文化史要论(人物·图书)》,湖南人民出版社 1979 年版、1980 年修订。

《谭嗣同全集》(2 册)(与方行合编),中华书局 1981 年版。

《孔子思想体系》,上海人民出版社 1982 年版。

《中国现代思想史资料简编》(5 卷)(主编),浙江人民出版社 1982—1983 年版。

《孔子思想体系》,上海人民出版社 1982 年版。

《蔡元培》(李妙根助编),江苏人民出版社 1982 年版。

《中国文化的优良传统》,湖南人民出版社 1983 年版。

《王船山思想体系》,湖南人民出版社 1985 年版。

《中国近现代学术思想史论》,广东人民出版社 1986 年版。

《中国文化名著选读》(主编),浙江人民出版社 1989 年版。

《中国古代学术思想史论》,广东人民出版社 1990 年版。

《中国礼教思想史》,香港中华书局 1991 年版;复旦大学出版社 2015 年版,收录"复旦百年经典文库"。

《周易思想要论》,湖南教育出版社 1991 年版。

《诸子百家精华》(2 册)(主编),湖南教育出版社 1992 年版。

《蔡尚思学术自传》,巴蜀书社 1993 年版。

《论语导读》,巴蜀书社 1996 年版;中国广播电视大学出版社 2013 年版;中华书局 2018 年再版。

《蔡尚思文集》,上海人民出版社 2001 年版。

《十家论墨》(主编),上海人民出版社 2004 年版、2008 年再版。

《蔡尚思全集》(8 册),上海古籍出版社 2005 年版。

《十家论易》（主编），上海人民出版 2006 年版。
《蔡尚思全集集外集补编》（傅德华编），上海古籍出版社 2015 年版。

七、谭其骧主要论著目录

（一）著作

《中国历史年代表》，大中国图片出版社 1954 年版。
《中国历史地图集》，地图出版社 1955 年版。
《太平天国革命运动图》，教育图片出版社 1956 版。
《中国古代地理名著选读》（第一辑），科学出版社 1959 年版。
《辞海 历史地理分册》（主编），上海辞书出版社 1989 年版。
《中国历史地图集》（8 册）（主编），中国地图出版社 1982—1988 年版。
《中国自然地理·历史自然地理》（与史念海等合作主编），科学出版社 1982 年版。
《长水集》（2 册），人民出版社 1987 年版。
《简明中国历史地图集》，中国地图出版社 1991 年版。
《长水集续编》，人民出版社 1994 年版。
《中国历史大辞典·历史地理》（主编），上海辞书出版社 1996 年版。
《谭其骧全集》（2 册），人民出版社 2015 年版。

（二）报刊、集刊文章

《历史上的金门和马祖》，《文汇报》1958 年 9 月 27 日。
《论曹操》，《文汇报》1959 年 3 月 31 日。
《读郭著"蔡文姬"后》，《文汇报》1959 年 7 月 27 日。
《讨论曹操收获多》，《文汇报》1959 年 10 月 1 日。
《关于上海地区的成陆年代》，《文汇报》1960 年 11 月 15 日。
《再论关于上海地区的成陆年代——答丘祖铭先生》，《文汇报》1961 年 3 月 10 日。
《多出人才 多出战果》，《文汇报》1962 年 2 月 9 日。
《李往裕谪册》，《文汇报》1962 年 6 月 30 日。
《必须树立批判的旗帜》，《文汇报》1964 年 4 月 9 日。
《历史时期渤海湾西岸的大海侵》，《人民日报》1965 年 10 月 8 日。
《上海学术界部分人士座谈吴晗的〈关于《海瑞罢官》的自我批评〉》（谭其骧的发言），《文汇报》1966 年 1 月 13 日。
《漫谈"清官"和"好官"》，《文汇报》1966 年 4 月 23 日。

《中国内地移民史·湖南篇》,《史学年报》1932年第4期,又以《湖南人由来考》为题刊于《地理杂志》1933年第6卷第9期。

《汉百三郡国建置之始考》,《地学杂志》1933年第21卷第2期。

《评〈东洋读史地图〉》,《大公报》1934年1月24日。

《介绍〈方舆考证〉》,《大公报》1934年2月17日。

《中国历代地名辞典四种》,《地理杂志》1934年第7卷第3期。

《再评〈模范新世界年表〉》,《大公报》1934年3月3日。

《西突厥史料》,《大公报》1934年5月12日。

《〈辽史·地理志〉补正》,《禹贡》1934年第1卷第2期。

《〈清史稿·地理志〉校正(直隶)》,《禹贡》1934年第1卷第3期。

《论两汉西晋户口》,《禹贡》1934年第1卷第7期。

《〈清史稿·地理志〉校正(奉天)》,《禹贡》1934年第1卷第9期。

《〈北魏六镇考〉跋》,《禹贡》1934年第1卷第12期。

《元福建行省建置沿革考》,《禹贡》1934年第2卷第1期。

《辽代"东蒙""南满"境内之民族杂处——满蒙民族史之一页》,《国闻周报》1934年第11卷第6期。

《新莽职方考》,《燕京学报》1934年第15期。

《晋永嘉丧乱后之民族迁徙》,《燕京学报》1934年第15期。

《黄河与运河的变迁》,《地理知识》1955年第8期。

《改造我们的学术思想》,《破与立》1958年9月号。

《蔡文姬的生平及其作品》,《学术月刊》1959年8月号。

《何以黄河在东汉以后会出现一个长期安流的局面——从历史上论证黄河中游的土地合理利用是消弥下游水害的决定性因素》,《学术月刊》1962年2月号。

《鄂君启节铭文释地》,载《中华文史论丛》第2辑,中华书局1962年版。

《再论鄂君启节地理答黄盛璋同志》,载《中华文史论丛》第5辑,中华书局1964年版。

《论〈五藏山经〉的地域范围》,载《中国科技史探索》,上海古籍出版社1982年版。

《海河水系的形成与发展》,载《历史地理》第4辑,上海人民出版社1986年版。

八、胡厚宣主要论著目录

(一)著作

《甲骨学商史论丛初集》,齐鲁大学国学研究所1944年版,收录于《民国丛书》第一编(82)"历史·地理类",上海书店 1989 年影印本;或《甲骨文研究资料汇编》第 9 册,国家图书馆出版社 2008 版。

《甲骨学商史论丛二集》,齐鲁大学国学研究所 1945 版,收录于《民国丛书》第一编(82)"历史·地理类",上海书店 1989 年影印本;或《甲骨文研究资料汇编》第 10 册,国家图书馆出版社 2008 版。

《甲骨六录——甲骨学商史论丛三集》,齐鲁大学国学研究所 1945 版,收录于《民国丛书》第一编(82)"历史·地理类",上海书店 1989 年影印本;或《甲骨文研究资料汇编》第 10 册,国家图书馆出版社 2008 版。

《古代研究的史料问题》,商务印书馆 1950 年版;复旦大学出版社 2015 年版。

《战后宁沪新获甲骨集》(胡厚宣编),来薰阁 1951 版;收录于《甲骨文研究资料汇编》第 12 册,国家图书馆出版社 2008 版。

《战后南北所见甲骨录》(胡厚宣编),来薰阁 1951 版;收录于《甲骨文研究资料汇编》第 12 册,国家图书馆出版社 2008 版。

《五十年甲骨文发现的总结》,商务印书馆 1951 版。

《五十年甲骨学论著目录》,中华书局 1952 年版、1999 版。

《甲骨续存二编》(3 册)(胡厚宣编),群联出版社 1955 年。

《殷墟发掘》,学习生活出版社 1955 版;复旦大学出版社 2017 年版。

《甲骨探史录》(胡厚宣等著),生活·读书·新知三联书店出版社 1982 版。

《甲骨文与殷商史》,上海古籍出版社 1983 版。

《全国商史学术讨论会论文集》(主编),殷都学刊编辑部 1985 年增刊。

《甲骨语言研讨会论文集》(与黄建中合编),华中师范大学出版社 1993 年版。

《甲骨文合集释文》(4 册)(主编),中国社会科学出版社 1999 年版。

《甲骨文合集材料来源表》(3 册)(主编),中国社会科学出版社 1999 年版。

《殷商史》(与胡振宇合著),上海人民出版社 2003 年版。

(二) 报刊、集刊文章

《殷代农作施肥说》,《历史研究》1955 年第 1 期。

《释殷代求年于四方和四方风的祭祀》,《复旦学报(人文科学)》1956 年第 1 期。

《释"余一人"》,《历史研究》1957 年第 1 期。

《说贵田》,《历史研究》1957 年第 7 期。

《殷卜辞中的上帝和王帝(上下)》,《历史研究》1959 年第 9 期、第 10 期。

《殷代农作施肥说补证》,《文物》1963 年第 5 期。

《殷代的蚕桑和丝织》,《文物》1972 年第 11 期。

《殷代的刖刑》,《考古》1973 年第 2 期。

《临淄孙氏旧藏甲骨文字考辨》,《文物》1973年第9期。

《中国奴隶社会的人殉和人祭(上篇、下篇)》,《文物》1974年第7期、第8期。

《甲骨文所见商族鸟图腾的新证据》,《文物》1977年第2期。

《殷代的冰雹》,《史学月刊》1980年第3期。

《〈甲骨文合集〉的编辑和内容》,《历史教学》1982年第9期。

《关于〈殷虚书契考释〉的写作问题》,《社会科学战线》1984年第4期。

《论殷人治疗疾病之方法》,《中原文物》1984年第4期。

《八十五年来甲骨文材料之再统计》,《史学月刊》1984年第5期。

《关于刘体智、罗振玉、明义士三家旧藏甲骨现状的说明》,《殷都学刊》1985年第1期。

《泰州博物馆所藏甲骨文字辨伪》,《殷都学刊》1986年第1期。

《从甲骨文字看殷代农业的发展》,《中国农史》1986年第1期。

《记香港大会堂美术博物馆所藏一片牛胛骨卜辞》,《中原文物》1986年第1期。

《卜辞"日月又食"说》,《上海博物馆集刊》1986年。

《关于"西周夔纹铜禁"问题》,《华夏考古》1987年第1期。

《释王懿荣早期所获半龟腹甲卜辞》,《殷都学刊》1987年第1期。

《说"来见"》,《华夏考古》1987年第2期。

《殷代称"年"说补证》,《文物》1987年第8期。

《王国维的"二重证据法"》,《历史教学问题》1988年第3期。

《李济〈安阳〉中译本序言》,《中原文物》1989年第1期。

《说"宅丘"》,《史学月刊》1989年第2期。

《读〈殷墟甲骨历劫记〉》,《中原文物》1990年第3期。

《〈东北史纲〉第一卷的作者是傅斯年》,《史学史研究》1991年第3期。

《关于〈瓠庐谢氏殷墟遗文〉的藏家》,《华夏考古》1992年第1期。

《结合考古资料重建中国上古史》,《中原文物》1992年第2期。

《郭老与古文字学——深切怀念郭沫若同志》,《文献》1993年第3期。

《章太炎先生与甲骨文字》,《中国史研究》1994年第4期。

《齐鲁大学国学研究所回忆点滴》,《中国文化》1996年第14期。

《再论甲骨文发现问题》,《中国文化》1997年第15、16期。

《元嘉造像室所藏甲骨文字》(胡厚宣编),载《甲骨文研究资料汇编》第11册,国家图书馆出版社2008版。

《颂斋所藏甲骨文字》(胡厚宣编),载《甲骨文研究资料汇编》第11册,国家图书馆出版社2008版。

九、杨宽主要论著目录

(一) 著作

《中国历史尺度考》,商务印书馆 1938 年版;上海人民出版社 2003 年版。
《墨经哲学》,正中书局 1946 年版。
《战国史》,上海人民出版社 1955 年版、2003 年版、2016 年版、2019 年版。
《中国古代陵寝制度史研究》,上海人民出版社 1955 年版、2003 年版。
《商鞅变法》,上海人民出版社 1955 年版。
《西周史》,上海人民出版社 1955 年版、1999 年版、2003 年版、2016 年版。
《中国古代冶铁技术的发明和发展》,上海人民出版社 1956 年版;又以《中国古代冶铁技术发展史》为题,上海人民出版社 1982 年版、2004 年版。
《秦始皇》,上海人民出版社 1956 年版。
《古史新探》,中华书局 1965 年版;上海人民出版社 2003 年版、2016 年版。
《中国古代都城制度史研究》,上海人民出版社 1993 年版、2003 年版、2016 年版。
《战国史料编年辑证》,上海人民出版社 2001 年版、2003 年版、2016 年版。
《杨宽古史论文选集》,上海人民出版社 2003 年版。
《战国会要》(与吴浩坤合编),上海古籍出版社 2005 年版、2012 年版。
《历史激流:杨宽自传》,台北大块文化出版股份有限公司 2005 年版。
《先秦史十讲》,复旦大学出版社 2006 年版。
《中国上古史导论》,上海人民出版社 2016 年版。
《汉字中的九州》,人民出版社 2017 年版。

(二) 报刊、集刊文章

《伯益考》,《齐鲁学报》1941 年第 1 期。
《月令考》,《齐鲁学报》1941 年第 2 期。
《春秋战国间封建的军事组织和战争的变化》,《历史教学》1954 年第 4 期。
《历史教学中有关处理战国年代的问题》《历史教学中有关处理战国年代的问题(续完)》,《历史教学》1954 年第 9 期。
《试论中国古代冶铁技术的发明和发展》,《文史哲》1955 年第 2 期。
《论南北朝时期炼钢技术上的重要发明》,《历史研究》1956 年第 4 期。
《试论中国古代的井田制度和村社组织》,《学术月刊》1959 年第 6 期。
《关于水力冶铁鼓风机"水排"复原的讨论》,《文物》1959 年第 7 期。
《论太平经——记我国一部农民革命的理论著作》,《学术月刊》1959 年第 9 期。
《再论王桢农书"水排"的复原问题》,《文物》1960 年第 5 期。

《论中国农民战争中革命思想的作用及其与宗教的关系》,《学术月刊》1960 年第 7 期。

《我国古代大学的特点及其起源——兼论教师称"师"和"夫子"的来历》,《学术月刊》1962 年第 8 期。

《"大蒐礼"新探》,《学术月刊》1963 年第 3 期。

《回顾与前瞻》,《学术月刊》1964 年第 10 期。

《再论西周金文中"六𠂤"和"八𠂤"的性质》,《考古》1965 年第 10 期。

《马王堆帛书〈战国策〉的史料价值》,《文物》1975 年第 2 期。

《论战国时代齐国复辟的历史教训》,《历史研究》1975 年第 2 期。

《战国中期的合纵连横战争和政治路线斗争——再谈马王堆帛书〈战国策〉》,《文物》1975 年第 3 期。

《吕不韦和〈吕氏春秋〉新评》,《复旦学报(社会科学版)》1979 年第 5 期。

《曾国之谜试探》(与钱林书合作),《复旦学报(社会科学版)》1980 年第 3 期。

《〈老子〉讲究斗争策略的哲理》,《复旦学报(社会科学版)》1980 年第 4 期。

《我国历史上铁农具的改革及其作用》,《历史研究》1980 年第 5 期。

《西周时代的楚国》,《江汉论坛》1981 年第 5 期。

《中国古代陵寝制度的起源及其演变》,《复旦学报(社会科学版)》1981 年第 5 期。

《先秦墓上建筑和陵寝制度》,《文物》1982 年第 1 期。

《战国秦汉的监察和视察地方制度》,《社会科学战线》1982 年第 2 期。

《释青川秦牍的田亩制度》,《文物》1982 年第 7 期。

《关于长平之战的时间》,《历史教学》1983 年第 3 期。

《西周初期东都成周的建设及其政治作用》,《历史教学问题》1983 年第 4 期。

《释何尊铭文兼论周开国年代》,《文物》1983 年第 6 期。

《先秦墓上建筑问题的再探讨》,《考古》1983 年第 7 期。

《再谈长平之战的时间》,《历史教学》1983 年第 11 期。

《商代的别都制度》,《复旦学报(社会科学版)》1984 年第 1 期。

《西周中央政权机构剖析》,《历史研究》1984 年第 1 期。

《西汉长安布局结构的再探讨》,《考古》1989 年第 4 期。

《关于越国灭亡年代的再商讨》,《江汉论坛》1991 年第 5 期。

《秦〈诅楚文〉所表演的"诅"的巫术》,《文学遗产》1995 年第 5 期。

十、章巽主要论(译)著目录

(一) 著作

《历史知识挂图(世界历史组)》,大中国图片出版社 1954 年版。

《中国历史地图集(古代)》,地图出版社1955年版。
《我国古代的海上交通》,新知识出版社1956年版。
《中亚古国史》(麦高文著,章巽编译),中华书局1958年版。
《古航海图考释》,海洋出版社1980年版。
《法显传校注》(芮传明编),上海古籍出版社1985年版;复旦大学出版社2015年版,收录"复旦百年经典文库"。
《章巽全集》,广东人民出版社2016年版。

(二)报刊、集刊文章

《美帝侵略中国的开始》,《新华日报》1950年11月16日。
《关于亚州中部和西部古代历史的研究》,《文汇报》1960年12月30日。
《我国古代的海上交通》,《地理知识》1955年第11期。
《秦汉三国时代的海上交通》,《地理知识》1955年第12期。
《隋唐时代的海上交通》,《地理知识》1956年第1期。
《宋元时代的海上交通》,《地理知识》1956年第2期。
《元"海运"航路考》,《地理学报》1957年第1期。
《秦帝国的主要交通线》,《学术月刊》1957年第2期。
《论河水重源说的产生》,《学术月刊》1961年第10期。
《夏国诸州考》,《开封师院学报》1963年第1期。
《百年来中国报纸之发展及其趋势》,载《章巽全集》,广东人民出版社2016年版。
《大唐西域记》(玄奘著,章巽校点),载《章巽全集》,广东人民出版社2016年版。

十一、田汝康主要论著目录

(一)著作

《芒市边民的摆》,商务印书馆1946年版;云南人民出版社2008年版。
《17—19世纪中叶中国帆船在东南亚洲》,上海人民出版社1957年版。
《中国帆船贸易的兴起与衰落》,上海人民出版社1957年版。
《俄国侵华史》(与金重远等合编),上海人民出版社1975年版。
《第二次鸦片战争》(6卷)(与齐思和、林德惠等合编),上海人民出版社1977—1980年版。
《水运技术辞典》(与石阶池合编),人民交通出版社1980年版。
《现代西方史学流派文选》(与金重远合编),上海人民出版社1982年版。
《中国帆船贸易与对外关系史论集》,浙江人民出版社1987年版。
《滇缅边地摆夷的宗教仪式 中国帆船贸易与对外关系史论集 男权阴影与贞

妇烈女：明清时期伦理观的比较研究》（傅德华编），复旦大学出版社 2015 年版，收录"复旦百年经典文库"。

《男性阴影与女性贞节：明清时期伦理观的比较研究》（刘平、冯贤亮译校），复旦大学出版社 2017 年版。

《滇缅边地摆夷的宗教仪式》（于翠艳、马硕译校），复旦大学出版社 2017 年版。

Report on Survey of Overcrowding in Kuching, Sarawak, 1949.

The Early History of the Chinese in Sarawak, with Barbara E. London, 1956.

Religious Cults of the Pai-i along the Burma-Yunnan Border, Ithaca, N. Y.：Cornell University Press, 1986.

Peaks of Faith：Protestant Mission in Revolutionary China, Leiden：E. J Brill, 1993.

（二）报刊、集刊文章

《17 世纪至 19 世纪中叶中国帆船业的发展》，《历史研究》1956 年第 8 期。

《再论 17 至 19 世纪中叶中国帆船业的发展》，《历史研究》1957 年第 12 期。

《18 世纪末期至 19 世纪末期西加里曼丹的华侨公司组织》，《厦门大学学报（哲学社会科学版）》1958 年第 1 期。

《近代华侨史的阶段问题》，《厦门大学学报（哲学社会科学版）》1958 年第 1 期。

《海外华人现代史的分期》，《厦门大学学报（哲学社会科学版）》1958 年第 2 期。

《关于杜文秀外交的一些问题》，《历史研究》1963 年第 2 期。

《新的先驱者抑是侵略者？》，《历史研究》1974 年第 1 期。

《古代中国与东南亚》，《复旦学报（社会科学版）》1974 年第 2 期。

《杜秀文对外关系以及刘道衡"使英"问题的研究》，《民族学报（云南民族研究所）》1981 年第 1 期。

《郑和海外航行与胡椒运输》，《上海大学学报》1985 年 80 周年专号。

《渡海方程——中国第一本刻印的水路簿》，载《中国科技史探索》（李国豪编），上海古籍出版社 1982 年版。

"Pai Cults and Social Age in the Tai Tribes of the Yunnan-Burma Frontier", *American Anthropology*, Vol.51, No.1, 1949.

"Tow Kuching Jars", *Sarawak Museum Journal*, Vol.5, No.1, May 1949.

"The Chinese Junk Trade：Merchants, Entrepreneurs and Coolies, 1600 - 1850", *Maritime Aspects of Migration*, edited by Klaus Friendland, Bohlau Koln, and Wien Bohlau Verlag, 1989.

"The Decadence of Buddhist Temples in Fujian in Late Ming and Early

Ch'ing", *Development and Decline of Fukien Province in the 17th and 18th Century*, edited by E. B. Vermeer, Leiden: E. J. Brill, 1990.

"The Immutability of the Ch'ing Dynasty Penal Code", a book review of *Murder and Adultery in Late Imperial China*, by M. J. Meijer, *T'oung Pao*, Vol. LXXVII, 4-5, 1991.

十二、程博洪主要论著目录

《客观的认识与使命（发刊词）》，《客观旬刊》1938年第1期。
《国际新趋势与日本的孤立》，《客观旬刊》1938年第2期。
《从节流中去开源！》，《客观旬刊》1938年第3期。

十三、胡绳武主要论著目录

（一）著作

《论清末的立宪运动》（与金冲及合著），人民出版社1959年版。
《戊戌维新运动史论集》，湖南人民出版社1983年版。
《唯物主义历史观的形成》，四川教育出版社1984年版。
《清史研究集》，光明日报出版社1990版。
《清末民初历史与社会》，上海人民出版社2002年版。
《从辛亥革命到五四运动》（与金冲及合著），山西人民出版社2010年版。
《辛亥革命史稿》（3册）（与金冲及合著），上海辞书出版社2011版。

（二）报刊、集刊文章

《武昌起义告诉了我们什么》（与金冲及合作），《解放日报》1961年10月9日。
《同盟会成立前留日学生中革命思想的发展》（与金冲及合作），《光明日报》1959年11月26日。
《对华东师大〈中国近代史讲义〉的意见》（与金冲及合作），《文汇报》1959年4月4日。
《历史科学必须为无产阶级政治服务》（与金冲及等合作），《文汇报》1959年12月22日，《复旦》1960年第1期。
《试论自立军的性质》（与金冲及合作），《文汇报》1961年8月24日。
《"军国民教育会"史实考辩》（与金冲及合作），《光明日报》1962年11月21日。
《参加社会主义教育运动与提高历史科学水平》，《文汇报》1965年11月4日。
《孙中山"举袁"是为避太平天国式失败》（与金冲及合作），《中国新闻出版报》2011年9月23日。

《论中国资产阶级民主革命派的形成》，《复旦学报（社会科学版）》1955年第2期。

《孙中山初期政治思想的发展及其特点》，《复旦学报（人文科学版）》1957年第1期。

《孙中山从旧三民主义到新三民主义的转变》，《复旦学报（社会科学版）》1958年第1期。

《论孙中山革命思想的形成和兴中会的成立》（与金冲及合作），《历史研究》1960年第5期。

《辛亥革命时期章炳麟的政治思想》（与金冲及合作），《历史研究》1961年第4期。

《读史劄记——纪念辛亥革命五十周年》（与金冲及合作），《解放》1961年第10期。

《论黄兴》（与金冲及合作），《历史研究》1962年第3期。

《关于天朝田亩制度的实质问题——兼评郭毅生"略论太平天国革命的性质"一文的若干论点》（与金冲及合作），《学术月刊》1957年第9期。

《关于梁启超的评价问题》（与金冲及合作），《学术月刊》1960年第2期。

《义和团运动时期的各阶级动向》，《学术月刊》1960年第11期。

《辛亥革命是革帝国主义的命》（与金冲及合作），《学术月刊》1961年第1期。

《西方资产阶级文明在中国的破产》（与金冲及合作），《学术月刊》1961年第4期。

《辛亥革命准备时期革命与改良两条路线的斗争》（与金冲及合作），《学术月刊》1963年第1期。

《参加社会主义教育运动与提高历史科学水平》（与金冲及合作），《历史教学》1966年第1期。

《孙中山在临时政府时期的斗争》（与金冲及合作），《历史研究》1980年第2期。

《临时政府结束后的孙中山》（与金冲及合作），《近代史研究》1981年第3期。

《民初会党问题》，《民国档案》1985年第1期。

《财政问题与民初资产阶级革命党人》（与戴鞍钢合作），《民国档案》1986年第1期。

《民初社会风尚的演变》（与程为坤合作），《近代史研究》1986年第4期。

《孙中山让位于袁世凯的历史环境》，《历史研究》1987年第1期。

《民国初年的振兴实业热潮》（与程为坤合作），《学术月刊》1987年第2期。

《民元定都之争》，《民国档案》1987年第2期。

《国民党"一大"后孙中山革命思想的发展》（与戴鞍钢合作），《史林》1987年第2期。

《20世纪初年长江中下游地区反洋教斗争的几个问题》(与程为坤合作),《安徽史学》1988年第1期。

《义和团运动后的官绅与教案》(与程为坤合作),《史学集刊》1989年第1期。

《民元南京参议院风波》,《近代史研究》1989年第5期。

《伸张中华民族正气的虎门销烟》,《群言》1989年第6期。

《义和团运动期间江南的社会环境》(与戴鞍钢合作),《东岳论丛》1991年第1期。

《武昌起义后筹组中央临时政府的议争》,《北京社会科学》1991年第3期。

《梁启超与民初政治》,《近代史研究》1991年第6期。

《中国近代史上的第一次飞跃》,《群言》1991年第10期。

《辛亥革命史研究的"百科全书"——读〈辛亥革命辞典〉》,《近代史研究》1992年第1期。

《甲午战争的历史地位》,《清史研究》1994年第4期。

《一部探讨中国近代社会思潮的力作——戚其章著〈中国近代社会思潮史〉》(与桑咸之合作),《清史研究》1995年第2期。

《历史研究要从史实出发》,《高校理论战线》1995年第8期。

《一部研究晚清学术思潮的专著——介绍〈晚清国粹派〉》,《中国文化》1995年第2期。

《试论严复的人口思想》,《清史研究》1998年第4期。

《客家研究与近代中国》,《历史教学问题》2001年第3期。

《辛亥革命时期的思想解放》,《学术月刊》2001年第10期。

《在清末民初历史与社会问题中艰辛探索——访胡绳武教授》(与邹兆辰合作),《历史教学问题》2007年第3期。

《同盟会与光复会关系考实——兼论同盟会在组织上的特点》(与金冲及合作),载《纪念辛亥革命七十周年学术讨论会论文集》,中华书局1983年版。

《孙中山民初活动研究述评》,载《回顾与展望:国内外孙中山研究述评》,中华书局1986年版。

十四、金重远主要论著目录

(一) 著作

《戴高乐与欧洲》(马西康著,金重远译),上海人民出版社1973年版。

《拉丁美洲独立战争》(编著),商务印书馆1974年版。

《第二次鸦片战争》(与齐思和等合编,故宫博物院明清档案部编),上海人民出版社 1978 年版。

《现代西方史学流派文选》(与田汝康合编),上海人民出版社 1982 年版。

《法国通史》(张芝联主编,金重远参与编撰),北京大学出版社 1989 年版。

《多洛雷斯的呼声:拉美民族解放风云录》(金重远等著),商务印书馆 1990 年版。

《炮火中的文化:文化和第二次世界大战》,浙江人民出版社 1991 年版。

《墨西哥之梦:小拿破仑美洲覆师记》,复旦大学出版社 1993 年版。

《第二次世界大战百科词典》(与李巨廉合编),上海辞书出版社 1994 年版。

《战后世界史》(主编),复旦大学出版社 1995 年版。

《战后西欧社会党》,上海人民出版社 1997 年版。

《20 世纪的世界:百年历史回溯》(2 册)(主编),复旦大学出版社 2000 年版。

《寻求秩序、安全与发展:俄罗斯转型中的挑战与对策》(与唐贤兴、刘军梅合编),文汇出版社 2002 年版。

《半岛战争:大拿破仑伊比利亚覆师记》,上海辞书出版社 2003 年版。

《世界现当代史》(与冯玮、李海东合著),复旦大学出版社 2004 年版。

《20 世纪的法兰西》,复旦大学出版社 2004 年版。

《百年风云巴尔干》,复旦大学出版社 2010 年版。

《兴衰之叹》,译林出版社 2013 年版。

《法国当代史》,上海社会科学院出版社 2014 年版。

(二) 报刊、集刊文章

《法国近代史上的复辟和反复辟问题——澄清"四人帮"在此问题上制造的混乱》,《世界历史》1978 年第 1 期。

《海地革命》,《复旦学报(社会科学版)》1980 年第 2 期。

《拉萼尼使团和中法黄埔条约》,《世界历史》1981 年第 1 期。

《论英法资产阶级革命的"保守"和"彻底"》,《复旦学报(社会科学版)》1981 年第 4 期。

《初探第二次世界大战中的"第二战场"》,《世界历史》1984 年第 2 期。

《当今法国史学界》,《复旦学报(社会科学版)》1985 年第 2 期。

《戴高乐的五月十三日》,《复旦学报(社会科学版)》1985 年第 5 期。

《法国大革命和土地问题的解决——兼论其对法国历史发展的影响》,《史学集刊》1988 年第 4 期。

《雅各宾专政和最高限价政策》,《复旦学报(社会科学版)》1989 年第 1 期。

《英法资产阶级革命中土地问题的对比研究》,《史林》1990 年第 10 期。

《第二次世界大战中的波兰问题》,《复旦学报(社会科学版)》1991 年第 6 期。

《评佛朗哥在二战中的"中立"政策》,《世界历史》1991年第6期。
《第二次世界大战中的德国问题》,《复旦学报(社会科学版)》1993年第1期。
《人民的凯旋——纪念世界反法西斯战争胜利五十周年》,《复旦学报(社会科学版)》1995年第7期。
《欧洲均势与世界稳定——回顾和展望》,《学术月刊》1995年第10期。
《"全球化",路漫漫兮!》,《复旦学报(社会科学版)》1996年第6期。
《欧洲均势纵横谈》,《探索与争鸣》1997年第5期。
《第二次世界大战中的土耳其问题》,《复旦学报(社会科学版)》1997年第5期。
《巴尔干:历史与现实》,《复旦学报(社会科学版)》1999年第6期。
《马克思主义?民族主义?——1948年苏南冲突的再审视》,《史林》2000年第1期。
《第二次世界大战中的日本问题》,《复旦学报(社会科学版)》2000年第6期。
《科索沃战争后的巴尔干》,《复旦学报(社会科学版)》2003年第1期。
《法国极右翼政治势力的历史与现实》,《华东师范大学学报(哲学社会科学版)》2003年第3期。
《独立战争:西班牙19世纪的第一次革命》,《史林》2003年第5期。
《苏联外交和第二次世界大战》,《俄罗斯研究》2005年第2期。
《巴尔干和第二次世界大战》,《复旦学报(社会科学版)》2005年第3期。
《农民问题的解决:大国现代化的必由之路——英、法、美、俄的历史分析》,《江苏行政学院学报》2006年第1期。
《法国和冷战的爆发》,《历史教学问题》2007年第3期。
《巴尔干和第一次世界大战》,《复旦学报(社会科学版)》2007年第4期。
《半岛战争——初探伊比利亚半岛人民的抗法斗争》,《复旦学报(社会科学版)》2011年第5期。

十五、朱维铮主要论著目录

(一) 著作

《中国历史文选》(周予同著,朱维铮校注),中华书局1961年版、2013年版。
《章太炎选集》(与姜义华合作注释),上海人民出版社1981年版。
《周予同经学史论著选集》(周予同著,朱维铮编),上海人民出版社1983年版。
《梁启超论清学史二种》(梁启超著,朱维铮校注),复旦大学出版社1985年版。
《走出中世纪》,上海人民出版社1987年版。
《基督教与近代文化》(主编),上海人民出版社1994年版。

《音调未定的传统》,辽宁教育出版社 1995 年版;浙江大学出版社 2011 年版。

《传世藏书·诸子·子库》(6 册)(与李国钧合作主编),海南国际新闻出版社 1995 年版。

《求索真文明:晚清学术史论》,上海古籍出版社 1996 年版。

《马相伯集》(马相伯著,朱维铮主编),复旦大学出版社 1996 年版。

《中国现代学术经典·康有为卷》(刘梦溪主编,朱维铮编校),河北教育出版社 1996 年版。

《传世藏书·经库·经学史》(2 册)(主编),海南国际新闻出版社 1996 年版。

《清代学术概论》(梁启超撰,朱维铮导读),上海古籍出版社 1998 年版。

《未完成的革命:戊戌百年纪》(与龙应台合作编注),台湾商务印书馆股份有限司 1998 年版。

《维新旧梦录:戊戌前百年中国"自改革"运动》(与龙应台合作编著),生活·读书·新知三联书店 2000 年版。

《利玛窦中文著译集》(利玛窦著,朱维铮主编,邓志峰编校),复旦大学出版社 2001 年版;香港城市大学出版社 2001 年版。

《中国经学史十讲》,复旦大学出版社 2002 年版。

《壶里春秋》,上海文艺出版社 2002 年版。

《马相伯传略》(朱维铮等著),复旦大学出版社 2005 年版。

《走出中世纪二集》,复旦大学出版社 2008 年版。

《重读近代史》,中西书局 2010 年版。

《徐光启全集》(10 册)(与李天纲合编),上海古籍出版社 2011 年版。

《中国经学史基本丛书》(8 册)(主编),上海书店出版社 2012 年版。

《经学与经学史》(周予同著,朱维铮编校),上海人民出版社 2012 年版。

《孔子、孔圣和朱熹》(周予同著,朱维铮编校),上海人民出版社 2012 年版。

《中国经学史讲义:外二种》(周予同著,朱维铮编校),上海人民出版社 2012 年版。

《群经通论》(周予同著,朱维铮编校),上海人民出版社 2012 年版。

《訄书:初刻本》(重订本)(章炳麟著,朱维铮编校),中西书局 2012 年版。

《刘师培辛亥革命前文选》(刘师培著,李妙根编,朱维铮校),中西书局 2012 年版。

《书目问答二种》(张之洞著,陈居渊编,朱维铮校),中西书局 2012 年版。

《康有为大同论二种》(康有为著,朱维铮校),中西书局 2012 年版。

《新学伪经考》(康有为著,与廖梅合作编注),中西书局 2012 年版。

《近代学术导论》,中西书局 2013 年版。

(二) 报刊、集刊文章

《史华兹的"思想世界"》,《文汇报》2007年1月4日。
《"世界公民"利玛窦》,《文汇报》2010年5月29日。
《文化需要与文化普及》,《文汇报》2013年5月20日。
《府兵制度化时期西魏北周社会的特殊矛盾及其解决——兼论府兵的渊源和性质》,《历史研究》1963年第6期。
《"五四"时期科学与蒙昧主义的斗争》(1—2)(与姜义华等合作),《复旦学报(社会科学版)》1979年第3—4期。
《〈民报〉时期章太炎的政治思想》,《复旦学报(社会科学版)》1979年第5期。
《跋〈夏曾佑致宋恕函〉》,《复旦学报(社会科学版)》1980年第1期。
《〈訄书〉〈检论〉三种结集过程考实》,《复旦学报(社会科学版)》1983年第1期。
《论"三通"》,《复旦学报(社会科学版)》1983年第5期。
《中国文化史研究散论》,《复旦学报(社会科学版)》1984年第4期。
《中国文化史的过去和现在》,《复旦学报(社会科学版)》1984年第5期。
《中国经学与中国文化》,《复旦学报(社会科学版)》1986年第2期。
《关于晚年章太炎》,《复旦学报(社会科学版)》1986年第5期。
《传统文化与文化传统》,《复旦学报(社会科学版)》1987年第1期。
《十八世纪中国的汉学与西学》,《复旦学报(社会科学版)》1987年第3期。
《中国经学的近代行程》,《复旦学报(社会科学版)》1989年第4期。
《从文化传统看中国经学》,《复旦学报(社会科学版)》1990年第3期。
《重评〈新学伪经考〉》,《复旦学报(社会科学版)》1992年第2期。
《晚清上海文化:一组短论》,《复旦学报(社会科学版)》1992年第5期、1993年第5期。
《清学史:汉学与反汉学一页》(上下),《复旦学报(社会科学版)》1993年第5、6期。
《清学史:王韬与天下一道论》(与李天纲合作),《复旦学报(社会科学版)》1995年第3期。
《晚清的六种使西记》,《复旦学报(社会科学版)》1996年第1期。
《〈国故论衡〉校本引言》,《复旦学报(社会科学版)》1997年第1期。
《孔子论史——〈论语〉夜读小札》,《史学月刊》1998年第3期。
《史学史三题》,《复旦学报(社会科学版)》2004年第3期。
《班固与〈汉书〉——一则知人论世的考察》,《复旦学报(社会科学版)》2004年第6期。

《历史观念史:国病与身病——司马迁与扁鹊传奇》,《复旦学报(社会科学版)》2005 年第 2 期。

《史官与官史——韩、柳的史官辩》,《复旦学报(社会科学版)》2006 年第 3 期。

《历史编纂学:过程与形态》,《复旦学报(社会科学版)》2006 年第 6 期。

《王沈〈魏书〉的考证》,《复旦学报(社会科学版)》2013 年第 2 期。

后　　记

2020年是复旦大学历史学系建系九十五周年，我们谨以《曦园星光　史苑流芳——复旦大学历史学系建系九十五周年纪念文集》一书敬献给学界同仁和广大读者。

复旦大学历史学系自1925年正式建系以来，特别是新中国成立后开拓前进，历经几代人艰苦卓绝的奋斗，取得了具有历史意义的成就。在此期间，历史学系群贤毕至，星光璀璨，聚集了诸多的史学名家。他们长期奉献自己的心血，为培养史学人才、推进学术研究和繁荣哲学社会科学而鞠躬尽瘁。他们贡献卓著，成就非凡，影响遍及海内外。

为了纪念历史学系的前辈学者，铭记他们所创造的光辉业绩，发扬他们的爱国情怀和科学精神，我们汇集了回忆15位已逝世史学名家的纪念文章和部分自述，选编成这部文集。

本书收入的文章按传主出生年月先后排列。已发表过的文章，凡明显的错别字和史实不确之处做了修正外，大致保持原状。个别文章在编辑过程中进行了适当处理。

文集前言由张广智教授执笔；各篇小传由陈宗海教授撰写；主要论著目录由傅德华教授汇编；文档管理和编辑协调事宜由李春博老师负责；历史学系资料室主任于翠艳老师、校史研究室钱益民副研究员、上海书店出版社第一编辑室主任曹勇庆先生等，在本书编辑工作中提供了帮助；熊钿、刘润雨、王伊艺、钱虹、郭坤杰、董逸非、李威、张双、朱丽晖、庄琛等同学参与了文稿中的部分文字输入和校对工作。

由于篇幅和时间所限，尚有多位在历史学系做出重要贡献的学者的文章未及收入，待今后出续编时予以弥补。

全书的编纂工作始终是在历史学系党委刘金华书记和系主任黄洋教授的指导关心下进行的，并且得到历史学系、文博系和历史地理研究所领导与离退休老同志的鼎力相助。复旦大学出版社领导对本书的立项和出版给予大力支持；责任编辑史立丽、赵楚月细心审阅书稿，对提高本书质量做出了贡献。在此谨一并表示真切的谢忱和敬意！

由于时间紧迫和编写人员的水平所限，书内一定存在不少缺点和问题，祈望读者批评指教，以便再版时订正。

2019年5月27日

图书在版编目(CIP)数据

曦园星光　史苑流芳:复旦大学历史学系建系九十五周年纪念文集/余子道主编. —上海:复旦大学出版社,2020.8
ISBN 978-7-309-15005-6

Ⅰ.①曦…　Ⅱ.①余…　Ⅲ.①复旦大学历史学系-纪念文集　Ⅳ.①G649.285.1-53

中国版本图书馆 CIP 数据核字(2020)第 070382 号

曦园星光　史苑流芳:复旦大学历史学系建系九十五周年纪念文集
余子道　主编
责任编辑/史立丽　赵楚月

复旦大学出版社有限公司出版发行
上海市国权路 579 号　邮编:200433
网址: fupnet@ fudanpress.com　http://www.fudanpress.com
门市零售:86-21-65102580　团体订购:86-21-65104505
外埠邮购:86-21-65642846　出版部电话:86-21-65642845
江阴金马印刷有限公司

开本 787 × 1092　1/16　印张 33　字数 610 千
2020 年 8 月第 1 版第 1 次印刷

ISBN 978-7-309-15005-6/G·2106
定价:180.00 元

如有印装质量问题,请向复旦大学出版社有限公司出版部调换。
版权所有　侵权必究